U0648085

杭州国际城市学研究中心
浙江省城市治理研究中心　联合专项课题成果
浙江大学旅游与休闲研究院

ATL
Academy of Tourism and
Leisure,Zhejiang University

Leisure
and Urban
Development

庞学铨 主编

休闲与城市发展

（上册）

ZHEJIANG UNIVERSITY PRESS
浙江大学出版社

图书在版编目（CIP）数据

休闲与城市发展 / 庞学铨主编. —杭州:浙江大学
出版社,2021.12

ISBN 978-7-308-21660-9

Ⅰ.①休… Ⅱ.①庞… Ⅲ.①城市旅游－旅游业发展
－研究－杭州 Ⅳ.①F592.755.1

中国版本图书馆 CIP 数据核字(2021)第 159970 号

休闲与城市发展

庞学铨　主编

策划编辑	吴伟伟	
责任编辑	马一萍	
责任校对	陈逸行	
封面设计	周　灵	
出版发行	浙江大学出版社	
	（杭州市天目山路 148 号　邮政编码 310007）	
	（网址:http://www.zjupress.com）	
排　　版	浙江时代出版服务有限公司	
印　　刷	杭州高腾印务有限公司	
开　　本	710mm×1000mm　1/16	
印　　张	47.5	
字　　数	853 千	
版 印 次	2021 年 12 月第 1 版　2021 年 12 月第 1 次印刷	
书　　号	ISBN 978-7-308-21660-9	
定　　价	128.00 元(上、下册)	

版权所有　翻印必究　印装差错　负责调换

浙江大学出版社市场运营中心联系方式:0571－88925591;http://zjdxcbs.tmall.com

前　言

在我国，休闲与城市发展问题成为广泛讨论的话题和城市建设的实践，开始于21世纪初，迄今差不多20年。休闲与城市发展问题实际上说的是休闲对城市发展的作用问题，其内容基本涉及两个方面：一方面，是休闲对城市发展的显性作用。良好的生态环境、优美的自然人文景观、完善的基础设施、美丽而有特色的城市建筑、发达的休闲产业和服务业，以及市民较高的消费能力等，是一个城市休闲发展的重要标志，也是一个城市经济、社会发展水平的重要表现。另一方面，是休闲对城市发展的隐性作用。这就是休闲文化对城市发展的作用。所谓休闲文化，就是使人回归人的本性，使人成为人的休闲生活及其要素的总和。不同时代、民族、地域和城市的休闲文化，是在长期积累中逐步形成的。对于个人来说，从呱呱落地到长大成人，耳濡目染，潜移默化，休闲文化已成为人们的一种无意识的观念、爱好、行为方式、习惯，甚至性格，内在地存在于人的观念中，内化为人们自身的素质，自然而习惯地在人的言行过程中表现出来并发挥作用。对于一座城市来说，城市的自然环境、历史文化和传统习惯，促使并构成了该城市独有的休闲文化，而当这种休闲文化成为一座城市及其市民无意识的观念、爱好、行为方式、习惯甚至性格，内化于城市发展的各方面，从而成为城市活动的常态和自觉时，这座城市才拥有了成为休闲城市的真正基础，从而也使该城市中的人拥有高品质的生活，能够更好地满足广大市民追求美好生活的愿望。当然，人们的休闲生活和活动，又会创造并形成新的休闲文化，如此而使休闲文化呈现出传承与发展密切结合、不断丰富的形态与过程。

杭州具备成为世界著名休闲城市的历史传统、经济条件、资源禀赋、环境优势和产业基础。进入 21 世纪以来,特别是自筹备举办第一届世界休闲博览会开始,杭州在推广现代休闲理念、发展休闲产业、建设休闲城市的道路上,始终走在全国前列,在实践中创造和形成了许多具有引领和典范意义的经验,改变了城市形象,让城市更宜居,使城市更具创新活力,进一步提升了城市境界。在中国特色社会主义进入新时代,在互联网+、人工智能快速发展、大力建设智慧城市的新背景下,杭州同样面临进一步创新发展休闲事业和休闲产业,开创"休闲时代"2.0 版;在建设世界名城、发展休闲城市、提升城市品质、满足人民日益增长的美好生活需要的道路上,继续发挥引领和典范作用的机遇、挑战和任务。这就为我们研究、总结杭州休闲发展已有的成就和经验奠定了极好的理论与实践基础,也为我们展望、提升杭州休闲发展未来的路径和内容提供了开阔的视野与多样的方法。

浙江大学亚太休闲教育研究中心(现浙江大学旅游与休闲研究院)与杭州国际城市学研究中心自 2012 年签订全面合作协议以来,在联合培养博士后、进行城市休闲研究等方面开展了富有成效的合作。其中一个重要的合作内容便是设置休闲与城市发展的专项研究课题,作为两个单位的年轻研究人员和研究生相互交流学习、研讨的学术平台。专项课题每年围绕一个休闲与城市发展相关的主题——

2013 年:休闲文化与城市品质生活;

2014 年:城市休闲与新型城市化;

2015 年:智慧城市建设与休闲生活发展;

2016 年:城市国际化与城市休闲发展;

2017 年:休闲文化与城市休闲、同城同待遇指数研究;

2018 年:杭州建设"休闲时代"2.0——基于数字城市的视角;

2019 年:休闲与乡村振兴。

这些专项课题的研究,既是对近 20 年来杭州市发展休闲业、建设休闲城市在各方面成就和经验的总结,也是对未来休闲与杭州城市发展趋势和前景的展望。每年度专项课题,都通过申报、评审的严格程序遴选项目,所有入选项目都获得一定的经费支持,结题评审优秀的课题还可获得一定的奖励。

现从 2013 年至 2019 年已经结题的专项课题中,选取部分成果,以"休闲与城市发展"为名编辑出版。这既是两个单位年轻的研究人员和研究生们研究成果的展示与存留,也为以后继续高质量地推进这个合作项目提供参照,表达期待。

　　感谢休闲学博士方芳为本书的编选所付出的辛劳,感谢浙江大学出版社编辑为本书出版所做的严谨细致的工作。

庞学铨

2020 年 8 月 10 日

于西子湖畔浙大

目 录

第一编　休闲与城市转型

流动人口服务管理提升的探索与思考 …………………………………… 3

基于系统集成视角的智慧城市大运营模式构建与城市转型升级研究 ……… 33

沿着艺术史的路线复原历史城市景观：基于"智慧城市"与"艺术城市"

　　的互动视角 …………………………………………………………… 59

志愿服务在城市休闲文化发展中的功能、特点与对策 ………………… 93

第二编　休闲与乡镇发展

"景中村"的可持续发展研究 …………………………………………… 115

生态文明背景下"生产—生活—生态"空间的重构与赋能 …………… 145

乡村文化记忆与休闲空间构建 ………………………………………… 160

第三编　休闲与社区

基于休闲教育的老龄化进程中的城市休闲发展策略 ………………… 177

基于美好生活品质的智慧社区建设模式与成效研究 ………………… 209

社区休闲文化形成的心理机制研究 …………………………………… 238

第四编　休闲与产业

"智慧旅行社"建设思考 ……………………………………… 259

休闲生活服务类 App 使用研究 …………………………… 289

城市国际化背景下会展业发展研究 ……………………… 328

文化规划推动创意城市建设的产业集群研究 …………… 360

花果文化旅游休闲融合研究 ……………………………… 376

第一编　休闲与城市转型

流动人口服务管理提升的探索与思考

——以杭州市为例

接栋正[*]

一、绪 论

(一)研究背景

改革开放以来,伴随我国工业化、城镇化的快速发展,大量的农村人口向城市迁徙流动,流动人口群体日益扩大,既促进了城市经济的发展,加速了城乡交流和信息、技术的传播,也对流入地城市公共服务提出了新挑战。一方面,城市与流动人口之间在经济利益上形成互补、共赢关系;另一方面,城市居民与流动人口在生活方式、价值观念等方面存在异质性,致使流动人口的集聚引发了许多社会问题。流动人口服务管理创新成为当前乃至今后相当长时期内城市经济社会发展和治理无法回避的重要课题,亟待进行观念创新和制度完善。

作为长三角地区的区域性中心城市,杭州也是流动人口的重要流入目的地。近年来,杭州坚持"共建共享"的发展理念,既关注共建,也关注共享;既关注杭州人的共享,也高度关注"新杭州人"的共享,将流动人口问题提升到"三农"问题范畴之中,围绕流动人口最关心、最现实的待遇问题,出台了一系列政策举措,重点突出、循序渐进,既有理念引领又有制度支撑,探索了一条城市流动人口服务管理的"杭州解法"。

[*] 杭州国际城市学研究中心、浙江省城市治理研究中心。

(二)研究思路

本文从近年杭州市流动人口服务管理的实践探索出发,总结流动人口服务管理的"杭州解法",并基于问卷调查,总结政策绩效、把握政策需求、剖析政策难点,从政策体制改革、资源承载力、政策整合供给、改革成本等方面剖析杭州市深化提升流动人口服务管理面临的现实问题,并紧紧围绕经济社会发展对流动人口服务管理工作的需求,提出杭州市提升流动人口服务管理工作的总体思路和重点举措。

二、杭州市流动人口服务管理的经验做法

从杭州市的情况看,流动人口数量增多是近年来城市人口结构变化的最明显特征。据第六次人口普查统计,杭州市区本地城镇户籍人口为 424.3 万人、本地农业人口为 139.2 万人、流动人口 260.5 万人。杭州为破解城市流动人口服务管理问题,从自身实际出发重点围绕流动人口在城市如何安居乐业进而逐步实现市民待遇,从经济、社会保障、住房、教育、文化、组织、安全、法律保障等方面,进行了有益的实践和探索,确立了服务管理流动人口的科学理念。

近年来,杭州从工业化、城市化发展的实际出发,把化解城市流动人口问题作为推进新型城镇化、提高城市发展质量、推动城乡融合发展的重心,提出在近中期把落实流动人口在城市的安居乐业作为工作重点,进而着眼于长远推进流动人口的"同城同待遇"问题的解决。① 正是在这一分情、分步的理念指导下,杭州按照"渐进性""相适性"的原则,有效推动了流动人口的服务管理工作。

在解决流动人口服务管理问题上,杭州没有标新立异,提出所谓的"新理念""新思路",而是采取务实的态度和做法,针对流动人口最迫切的需求,统筹解决流动人口最关心、最直接、最现实的问题。2005 年,以流动人口安居乐业为重点,杭州市制定出台了《中共杭州市委、杭州市人民政府关于做好外来务工人员就业生活工作的若干意见》,加强流动人口工作统筹协调机制建设,提出了让流动人口有收入、有房住、有书读、有医疗、有社保、有组织的"六个有"目标。2008 年,又出台《关于进一步落实农民工生产生活工作的通知》,提出"有安全"

---

① 王国平.城市论(下册)[M].北京:人民出版社,2009:1101-1135.

"有救助",把"六个有"的目标扩充为"八个有",明确了杭州流动人口服务管理工作的方向、目标和要求,着力为流动人口营造一个公平、和谐、包容的社会环境。

(一)率先出台了服务管理流动人口的地方性法规

当前,由于缺乏国家层面的立法安排,城市流动人口服务管理工作仍处于探索阶段,各地出台的流动人口政策,主要形式还是地方政府依照行政职权制定的行政规章和其他规范性法律文件,而地方人大以立法的形式进行确认的法规文件较少[①]。也就是说,城市流动人口服务管理政策还没有实现法制化,完全可能随着职能机构调整和领导变更而变动,因此,这些政策缺乏稳定性和连续性。

2012年6月,以《浙江省人民政府办公厅关于贯彻实施〈浙江省流动人口居住登记条例〉的意见》为依据,杭州市人大常委会制定出台了《杭州市流动人口服务管理条例》(以下简称《条例》)。《条例》从杭州经济社会可持续发展的高度,以立法的形式将流动人口服务管理工作确立下来,解决了流动人口服务管理政策缺乏法制保障的难题,有效推动了流动人口服务管理工作法制化、正规化和系统、持续的发展,也使许多政策执行层面的问题迎刃而解。

(二)创设了一系列服务管理流动人口的主体机构

2012年2月,杭州市成立了流动人口服务管理委员会,综合协调全市流动人口服务管理工作。从调研情况看,杭州各区、县(市)流动人口服务管理机构按两种模式设立,模式一是在区府办增挂流动人口服务管理办公室,或在区府办内设流动人口服务管理科;模式二是设立流动人口服务管理非常设机构,日常工作由公安局承担,或在公安局内设流动人口服务管理科[②]。同时,各街(镇)建立集公安、计生、教育、劳动保障等部门于一体的流动人口服务中心,在流动人口密集的村(社区)和企业设立流动人口服务站点,对辖区内的流动人口实现全面服务管理。

杭州市对涉及流动人口服务管理的10个主要部门,即公安部门、人力资源和社会保障部门、教育部门、人口和计划生育部门、卫生部门、民政部门、住房和

① 接栋正.流动人口服务管理的立法实践与制度安排.城市学研究[M].北京:中国社会科学出版社,2013:134-135.

② 接栋正.城市流动人口服务管理的"杭州解法"[J].城市问题,2013(6):103.

城乡建设部门、工商行政管理部门、司法行政部门、财政部门,按照"定机构、定职能、定编制"的要求,明确了各部门在涉及流动人口服务管理方面的法定职责、权利和义务,以管理责任清晰化来推动各职能部门主动承担起服务管理流动人口的责任。

(三)提出了许多服务管理流动人口的新办法

针对各地普遍面临的基层服务管理组织不健全、人员经费短缺的问题,杭州市整合协管员队伍,并将协管员充实到社区、村、基层管理服务点,受派出所、警务室的领导,归公安部门管理,保持协管员队伍的基本稳定。协管员队伍建设的经费由市、区(县)两级财政各承担一半。其中,区级的经费支出有两部分来源,一部分来自区财政安排的专项资金,另一部分主要依靠出租房的管理费,通过对"群租房"进行管理,把征收的房屋出租税用于协管员队伍建设,这也是创新社会管理的一种探索和尝试。

在破解服务管理资源紧缺的难题上,杭州除了强调发挥政府主导作用,还注重发挥各类经济、社会组织和流动人口自身在服务管理中的主体作用。2012年10月,杭州市成立了流动人口服务管理协会,吸纳相关行业、单位和个人入会,充分调动和发挥了社会各界参与服务管理工作的主动性。同时,依据流动人口的需求提供相应的服务内容,吸引流动人口主动接受服务管理,调动流动人口参与服务管理的主体性、积极性和创造性,鼓励流动人口的自主服务、自我管理。在国内有重要影响的"草根之家"组织,就是杭州积极培育流动人口自我服务管理组织的典型样本[①]。

流动性大、信息不透明,是流动人口服务管理面临的首要难题。针对流动人口信息准确性不够、实时性不够、共享性不够、标准化不够等问题,杭州市按照"市级建库、联网运行、资源共享"的目标,明确规定相关职能部门采集的流动人口信息,统一汇入流动人口信息共享平台。信息共享平台分报告登记制度、动态更新制度、台账管理制度、分析通报制度四部分,通过规范企业用工和房屋租赁行为,健全基础台账,努力在信息互通中实现资源共享,在部门联动中实现管理互补,基本实现了对不同来源流动人口信息的跨系统、跨部门、跨地区共享和综合利用,实现了对各类流动人口信息的交叉对比和分析研判,及时有效掌握流动人口的流动轨迹和活动动态,提高了服务管理效能。

---

① 王小章.走向承认:浙江省城市农民工公民权发展的社会学研究[M].杭州:浙江大学出版社,2010:174-214.

三、杭州市流动人口服务管理的绩效评价

为全面深入地掌握杭州市流动人口服务管理工作的政策绩效、存在问题以及城市管理者、专家学者、市民、流动人口四类群体对这些问题的原因分析与对策建议,杭州国际城市学研究中心联合杭州市民情民意调查办公室于 2013 年 11 月开展了问卷调查(杭统〈2013〉176 号),共回收有效问卷 1247 份。

城市管理者卷:回收有效问卷 125 份,其中,市区(县)两级流动人口服务管理委员会办公室工作人员,共 30 份;街道、镇社会管理综合治理(流动人口服务管理)中心工作人员,共 28 份;社区、村社会管理综合治理(流动人口服务管理)站工作人员和流动人口协管员,各 20 份;市级相关部门,包括市公安局治安大队、市人口计生委、市人力资源和社会保障局、市教育局、市民政局、市财政局、市发改委、市住房保障和房产管理局、市总工会政策研究室、市城乡建设委员会,共 10 家单位,共 27 份。被调查者中,职务在处级以上占 21.8%,科级职员占 24.4%;在政府部门工作时间在 10 年以上的比例为 42.5%,而在杭居住时间超过 10 年的人数占比更是高达 82.4%。

专家学者卷:回收有效问卷 122 份,89.9%的调查对象是在省市高校、科研院所从事社会学、人口学、经济学专业的专家学者,另有 10.1%的被调查者是来自相关职能部门的专家型管理者。

市民卷:回收有效问卷 500 份,调查对象是具有杭州城镇户籍的人口。被调查者中,学历在高中以上的人数占比 72.3%,在杭居住 10 年以上的人数占比高达 86.7%。

流动人口卷:回收有效问卷 500 份,调查对象是在杭州工作生活的流动人口,以农民工为主,也包括持外地城镇居民户籍的流动人口。被调查者中,以青壮年劳动力为主,21～30 岁、31～40 岁和 41～50 岁三个年龄段分别占 33.6%、29.0%和 22.4%;户口性质上,61.6%为农业户口,36.8%为非农户口;文化程度上,超过四成属初中及以下文化程度,29.2%有高中文化,大专以上学历占 27.1%;婚姻状况方面,已婚比例高达 78.1%;流动人口的流动区域较大,来自全国 21 个省(区、市),其中来自本省的占 48%,外省较多的为安徽(11.8%)、江西(7.8%)、河南(5.8%)。

对调查数据进行分析，杭州市流动人口服务管理政策绩效体现在以下几个方面。

（一）"八个有"政策落实到位，流动人口安居乐业工作取得了显著成效

近年来，杭州市高度重视在杭流动人口的生产生活，围绕流动人口安居乐业问题出台了一系列政策法规，工作卓有成效。被调查的城市管理者、专家学者、市民和流动人口四类群体，均对杭州解决流动人口安居乐业问题的成效做出积极肯定的评价（见表1）。超过半数的城市管理者和市民认为工作成效较好；即使流动人口群体本身，做出积极评价的比重也超过三分之一，有34.5%的流动人口认为工作成效"好"或"比较好"，仅有约十分之一的受访者评价较低。

表1　对杭州解决流动人口安居乐业问题的成效评价（按调查群体）　单位：%

调查群体	好	比较好	一　般	不太好	不　好
城市管理者	12.2	47.2	36.6	4.0	0.0
专家学者	2.5	29.4	49.6	16.0	2.5
市　民	12.3	41.4	39.6	5.2	1.4
流动人口	11.3	23.2	52.6	10.1	2.8

安居乐业政策措施得到有效落实。仅有4.0%的城市管理者认为《杭州市流动人口服务管理条例》以及一系列促进流动人口安居乐业的举措落实情况不好。作为利益相关者，94.3%的市民支持政府出台《杭州市流动人口服务管理条例》以及一系列促进流动人口安居乐业的举措，可见，落实流动人口安居乐业政策既有利于杭州发展，也符合全体杭州人民的意愿，是一项"民主民生"政策。

安居乐业措施也得到了流动人口的普遍认可。具体到流动人口群体对"有收入、有房住、有书读、有医疗、有社保、有安全、有救助、有组织"八个方面的评价看（见表2），超过80%的流动人口对"有收入""有书读""有医疗""有社保""有安全""有救助""有组织"表示满意，即使是满意度最低的"有房住"，也达到了71.0%。

表 2　对杭州解决流动人口安居乐业问题的成效评价(按调查类别)　单位:%

调查类别	满　意	比较满意	基本满意	不太满意	不满意
有收入	12.7	20.7	48.5	14.2	3.9
有房住	10.1	16.6	44.3	20.0	9.0
有书读	11.8	21.0	48.9	12.3	5.9
有医疗	12.5	23.9	46.9	11.8	4.8
有社保	14.1	24.5	46.0	10.4	5.1
有安全	15.4	28.5	46.7	6.9	2.5
有救助	11.7	23.0	46.7	12.7	6.0
有组织	11.1	22.4	50.0	11.8	4.8

(二)"共建共享"理念深入人心,流动人口与市民享受"同城同待遇"得到了普遍支持

城市管理者、专家学者和市民三类群体,普遍对流动人口享受"同城同待遇"表示支持,前两者对各项平等待遇政策的赞同度普遍在80%以上,市民群体的赞同度也普遍高于70%。从三类群体对流动人口享受同城待遇的态度对比看,医疗保障、流动人口子女受教育机会、平等就业机会的赞同度排名最靠前。城市管理者和专家学者对流动人口享受经济适用房和居委会选举的赞同度最低,市民对流动人口享受经济适用房和最低生活保障的赞同度最低。实际上,这也凸显了经济适用房和最低生活保障两项待遇政策的高"含金量"。

对城市管理者的调查发现(见表3),94.5%的人赞成流动人口在医疗保障上与市民享受同城待遇;93.7%的人赞成在子女教育方面同城同待遇;92.3%的人认同流动人口应该享受平等的就业机会;其他待遇方面赞同度由高到低依次为:养老保障(86.5%)、最低生活保障(84.9%)、公租房(82.2%)、廉租房(80.9%)、失业救济(80.6%)、居委会选举(66.6%)、经济适用房(53.7%)。

表 3　城市管理者对流动人口与市民享受同等待遇的态度　单位:%

调查类别	赞　同	比较赞同	基本赞同	不太赞同	不赞同
公租房	46.5	15.0	20.7	12.6	5.3
廉租房	42.5	17.5	20.8	14.3	4.6
经济适用房	21.2	14.7	17.9	28.4	17.9

续表

调查类别	赞　同	比较赞同	基本赞同	不太赞同	不赞同
子女义务教育权利	47.5	23.5	22.7	2.7	3.5
最低生活保障	40.1	15.9	28.8	7.1	7.9
平等就业机会	49.8	21.6	20.8	4.6	3.0
失业救济	37.1	18.5	25.0	12.9	6.4
养老保障	41.9	18.7	25.9	6.7	6.7
医疗保障	46.7	24.3	23.5	1.1	4.3
居委会选举	26.0	18.7	22.0	20.4	13.1

在对专家学者的调查中(见表4),赞同度由高到低依次为:平等就业机会(100%)、子女义务教育权利(98.3%)、公租房(96.6%)、医疗保障(95.9%)、最低生活保障和廉租房(95.1%)、养老保障(94.2%)、失业救济(93.4%)、居委会选举(89.2%)、经济适用房(83.6%)。

表4　专家学者对流动人口与市民享受同等待遇的态度　　　　单位:%

调查类别	赞　同	比较赞同	基本赞同	不太赞同	不赞同
公租房	55.7	35.2	5.7	2.5	0.8
廉租房	59.8	32.8	2.5	4.9	0
经济适用房	41.0	24.6	18.0	11.5	4.9
子女义务教育权利	71.3	25.4	1.6	1.6	0
最低生活保障	63.1	28.7	3.3	4.1	0.8
平等就业机会	73.8	22.1	4.1	0	0
失业救济	60.7	27.0	5.7	5.7	0.8
养老保障	55.7	28.7	9.8	4.9	0.8
医疗保障	62.3	25.4	8.2	3.3	0.8
居委会选举	44.6	28.9	15.7	7.4	3.3

在市民对流动人口享受同城待遇的态度上,调查发现(见表5),平等就业机会(85%)、医疗保障(82.1%)依然有较高的赞同度,可见在这两方面实现同城同待遇是民心所向。其余各项赞同度也均超过半数,多数市民愿意与流动人口共享城市的公共资源。但是在经济适用房方面,接近半数的市民"不赞成"或

"不太赞成"与流动人口共享这一高含金量的待遇政策。

表5 市民对流动人口与市民享受同等待遇的态度　　　单位：%

调查类别	赞　同	比较赞同	基本赞同	不太赞同	不赞同
公租房	15.7	13.9	41.9	21.3	7.2
廉租房	13.7	11.1	41.4	25.1	8.7
经济适用房	12.2	10.1	29.2	33.7	14.8
子女义务教育权利	15.1	11.5	44.9	21.5	7.0
最低生活保障	15.0	10.3	37.1	27.4	10.1
平等就业机会	29.5	19.1	36.4	9.8	5.3
失业救济	19.5	17	33.5	20.7	9.2
养老保障	23.2	16.5	42	12.4	5.9
医疗保障	23.7	18.4	40	12.4	5.5
居委会选举	20.1	13.6	37.6	18.7	10.1

(三)市民对流动人口的接受度较高,新老杭州人相处融洽

杭州市民与流动人口关系融洽,对外地人无偏见。市民认为自己与流动人口关系融洽的超过53.2%,感觉不融洽的仅占4.9%(见表6)。调查中,明确表示不想自己或子女与流动人口有婚姻关系的占29.4%(见表7),不太愿意与流动人口子女同班读书的仅占10.3%(见表8)。由此可见,杭州市民对流动人口的态度总体上是很包容的。

表6 市民认为本地居民与流动人口之间的融洽程度　　　单位：%

程　度	比　例
融　洽	14.0
比较融洽	39.2
一　般	41.9
不太融洽	3.5
不融洽	1.4

表 7　市民对本人或子女与流动人口及其子女结婚的态度　　单位:%

程　度	比　例
愿　意	17.0
比较愿意	12.7
一　般	40.9
不太愿意	18.2
不愿意	11.2

表 8　市民对与流动人口子女同班读书的态度　　单位:%

程　度	比　例
愿　意	32.7
比较愿意	17.4
一　般	39.6
不太愿意	6.7
不愿意	3.6

　　流动人口在杭州市民的日常生活中扮演着重要的角色。在调查中,53.3%的市民确认自己所在单位聘任了流动人口,并且在这部分市民中感觉自己和单位聘用的流动人口交往密切的占 41.8%(见表 9)。此外,55.2%的市民聘请过流动人口提供家庭服务。

表 9　市民对单位有聘用流动人口及自己与流动人口的交往频率　　单位:%

程　度	比　例
经常交往	41.8
偶尔交往	25.1
一　般	25.9
不太交往	5.7
不交往	1.5

　　市民对流动人口给杭州经济社会发展及其自身生活带来的影响持肯定评价,同时也认为流动人口一定程度上加剧了城市公共资源紧张。被调查的市民中,96.4%认为流动人口为市民生活提供了便利,94.4%认为流动人口推动了

杭州经济社会发展,93.5%认为流动人口干了城里人不愿干的脏活、累活、危险活,86.9%认为流动人口增加消费、繁荣了市场,85.5%认为流动人口提供廉价服务从而降低了市民的生活成本。但82.4%的市民认为流动人口增加了城市的犯罪率,80.9%的市民认为流动人口存在乱摆乱卖、贩卖假冒伪劣产品、扰乱市场秩序的现象,此外市民还认为流动人口冲击了本地人的就业机会,稀释了城里人的原有教育、住房、医疗卫生等资源,而且影响了城市的环境卫生(见表10)。

表10　市民对流动人口可能给城市发展和市民工作生活带来影响的评价 单位:%

调查类别	赞　同	比较赞同	基本赞同	不太赞同	不赞同
推动了杭州经济社会发展	46.5	20.9	27.0	4.2	1.4
为市民(农民)生活提供了便利	45.7	26.3	24.4	1.4	2.2
提供廉价服务,降低了市民(农民)生活成本	33.6	20.9	31.0	9.5	5.1
增加消费,繁荣了市场	34.1	19.7	33.1	10.4	2.6
干了城里人不愿干的脏活、累活、危险活	45.0	23.3	25.2	4.3	2.2
冲击了城里人的就业机会	24.3	22.9	28.8	16.5	7.6
稀释了城里人的原有教育、住房、医疗卫生等资源	23.4	24.4	30.5	16.4	5.3
导致违法犯罪现象增加	27.9	23.4	31.1	13.3	4.3
影响城市卫生环境、市容市貌	25.6	18.9	34.0	14.3	7.2
造成城市交通拥堵	27.3	21.4	29.4	14.9	6.9
乱摆乱卖、贩卖假冒伪劣产品,扰乱市场秩序	26.3	22.2	32.4	13.9	5.1
败坏城市社会风气	18.0	11.6	30.4	28.8	11.2

(四)流动人口较好地融入了杭州,对在杭工作生活的满意度较高

流动人口来到杭州后,通过自身努力,不断缩小自己与城市居民的差距,适应城市生活,多数流动人口较好地融入了城市生活,并且与本地居民成为朋友。调查显示,62.4%的流动人口融入度较好,其中29.7%的流动人口认为融入地很好,对杭州的认同感强,32.7%的流动人口认为融入地较好,有一定的社会交际面,只有7.8%的流动人口没有很好的适应和融入杭州(见表11)。

表 11　流动人口对融入杭州程度的感受　　　　　　单位:%

融入程度	比 例
融入得很好,对杭州认同感强	29.7
融入得较好,有一定交际面	32.7
融入感一般	29.5
不太融入,感觉当地人有点排外	7.8
不融入,感觉不适应杭州的生活	0.2

　　调查还发现,流动人口工作之余的交往联系对象中,来杭州之后认识的朋友超过了一半,达到 53.3%(见表 12),这也是流动人口融入杭州的一个重要表征。

表 12　流动人口工作之余的交往联系对象　　　　　　单位:%

交往联系对象	比 例
来杭州之前认识的朋友	10.4
来杭州之后认识的朋友	53.3
家人、亲戚	33.4
其　他	2.8

　　在流动人口与市民的比较中,52.1%的流动人口认为总体来说工作生活状况与市民差不多,并没有感受到明显的差距。具体到工作环境条件、收入水平、生活质量、社会地位、公平待遇、精神文化生活等方面,流动人口感到差距最大的前三位分别是生活质量、收入水平和公平待遇,分别有 47.7%、45.0%和42.1%的流动人口表示有差距,详见表 13。

表 13　流动人口与市民工作生活的感受比较　　　　　　单位:%

调查类别	差很多	差一些	差不多	好一些	好很多
工作环境条件	9.1	25.1	51.2	10.1	4.7
收入水平	14.0	31.0	42.3	10.2	2.5
生活质量	15.1	32.6	40.2	8.4	3.7
社会地位	10.6	29.5	51.0	5.5	3.3
公平待遇	11.1	31.0	48.6	5.5	3.8
精神文化生活	7.2	24.1	54.1	10.1	4.5
总体评价	6.5	28.2	52.1	8.8	4.3

（五）流动人口对杭州总体评价较高，留杭意愿增强，取得户籍身份和市民待遇的期望较高

流动性较大、稳定性低，长期漂泊在外、走南闯北，是流动人口生存状态的一个重要特征。随着时间的推移和条件的变化，越来越多的流动人口期望能在城市长期居住、生存下去，居住时间普遍延长，一部分人已经成为事实上的城市常住人口。调查显示，流动人口在杭州居住 5 年以上的所占比重最大，达到58.4%，居住 3～5 年的占 19.6%，居住 1～3 年的占 15.5%，1 年及以下的占6.6%，居住时间趋长。

同时，流动人口留杭定居的意愿增强。调查显示（见表 14），55.3% 的流动人口希望未来在杭州发展、定居，这充分反映了杭州市近年的安居乐业工作确实为流动人口创造了良好的环境，多数流动人口希望能留在杭州发展。良好的发展空间和教育环境等优质资源的集聚，是杭州吸引流动人口定居的重要因素。调查显示（见表 15），多数流动人口在选择定居地时，首先考虑的因素是发展机会多、空间大（43.6%），其次是子女教育条件好（40.0%），再就是生活便利（32.6%）。

表 14　流动人口对未来生活的设想　　　　　　　　单位：%

设想类别	比　例
在杭州发展、定居	55.3
赚钱或学到技术后回老家城镇定居	19.3
赚钱或学到技术后回老家农村定居	12.9
到其他城市发展	1.7
在家乡和外地城市两头跑	9.1
其他	1.7

表 15　流动人口选择定居地的主要考虑因素　　　　单位：%

选择定居因素	比　例
生活成本低	19.6
发展机会多、空间大	43.6
工作容易找	12.8
收入高	18.2

续表

选择定居因素	比　例
社会保障水平高	24.2
子女教育条件好	40.0
就医方便	26.2
生活便利	32.6
休闲娱乐项目丰富	6.8
其　他	3.0

　　杭州的城镇户口对相当一部分流动人口具有吸引力(愿意将全家户口迁到杭州的占36.5%,愿意只将本人户口迁到杭州占15.2%)。但是表示对此"不感兴趣"的占19.5%,表示"难以决定"的占26.8%,这可能是由于相当一部分流动人口在杭州生活,由于收入有限,住房消费压力太大,因此没有留杭的打算。

　　流动人口争取户籍身份和市民待遇的期望较高。多数流动人口渴望拥有杭州城镇居民户口,认为取得杭州城镇居民户口重要的占50.0%,认为重要性一般的占34.9%,认为不重要的占15.1%(见表16)。如果具备获得杭州城镇居民户口的条件,有36.5%的流动人口会选择"将全家户口从家乡迁到杭州",15.2%的流动人口选择"只将本人户口从家乡迁到杭州",26.8%的流动人口表示难以决定(见表17)。

表16　流动人口对取得杭州城镇居民户口重要性的认识　　　　单位:%

程　度	比　例
重要	26.1
比较重要	23.9
一　般	34.9
不太重要	11.2
不重要	3.9

表 17　流动人口如果具备条件获得杭州的城镇户口的选择　　单位:%

选择类别	比　例
将全家户口从家乡迁到杭州	36.5
只将本人户口从家乡迁到杭州	15.2
对此不感兴趣	19.5
难以决定	26.8
其　他	2.0

四、杭州市流动人口服务管理的问题分析

21 世纪以来,杭州在解决流动人口问题上取得了显著成效,但也面临着一些突出的问题。一方面,政府解决流动人口安居乐业问题的难度有所增加,服务管理工作还面临着公共资源短缺、服务管理体制不健全、宏观体制改革不到位等难题,《杭州市流动人口服务管理条例》也有待进一步深化落实;另一方面,还面临着流动人口利益诉求多与国家体制政策突破难的挑战,流动人口本身最为关注的住房难、收入低、看病贵等问题都亟待解决。

(一)解决流动人口安居乐业问题的难度加大,面临公共服务资源压力大等诸多难题

近年来,随着流动人口规模的持续增长和利益诉求的多元化,城市政府解决流动人口安居乐业问题的难度有所增加。调查中,59%的专家学者认为杭州市解决流动人口安居乐业问题比前几年更为容易,但 64%的城市管理者和77.6%的市民却持相反意见,他们并不认为问题变得容易了(见表 18)。

表 18　对杭州解决流动人口安居乐业问题的难度的评价　　单位:%

评价者	难很多	难一些	差不多	容易一些	容易很多
城市管理者	12.5	25.0	26.8	29.2	6.7
专家学者	1.6	9.0	30.3	29.5	29.5
市　民	8.9	24.2	44.6	19.0	3.4

公共服务资源压力大是杭州解决流动人口安居乐业面临的首要难题。81.1%的专家学者和 76%的管理者将"公共服务资源压力太大"视作开展安居

乐业工作的主要难题。68％的专家学者和46.4％的城市管理者认为"宏观体制改革不到位,相关政策缺少省级乃至中央的顶层设计"是次位因素;64.8％的专家学者和54.4％的城市管理者认为服务管理体制不健全也是影响流动人口安居乐业的重要因素(见表19)。

表 19   对杭州解决流动人口安居乐业问题面临困难的认识   单位:％

问题类别	城市管理者	专家学者
公共服务资源压力太大	76.0	81.1
宏观体制改革不到位,相关政策缺少省级乃至中央的顶层设计	46.4	68.0
市民的排斥、抵触	19.2	28.7
服务管理体制不健全	54.4	64.8
其　　他	2.4	4.9

(二)流动人口住房难、收入低、看病贵等问题亟待解决,面临体制政策突破难等挑战

从调查看,城市管理者、专家学者、市民和流动人口普遍认为收入低、租房贵、看病贵、劳动时间太长是流动人口实现安居乐业普遍面临的四大难题。超过半数的市民认为,工资被拖欠也是流动人口需要面对的重要难题(见表20)。

表 20   流动人口在城市安居乐业面临的最突出困难   单位:％

困难类别	城市管理者	专家学者	市　民	流动人口
收入低	57.6	63.1	69.3	41.2
租房贵	49.6	59.0	41.3	51.6
看病贵	56.0	54.1	54.1	33.2
子女入托入学难	24.0	30.3	23.6	19.2
工资被拖欠	35.2	36.1	45.3	1.6
劳动时间太长,很少有休息时间	72.0	64.8	51.5	26.6
没有劳动合同,工作不稳定	21.6	27.0	25.3	8.2
与家人不在一起,比较孤单寂寞	12.0	31.1	7.6	20.6
被当地人歧视、排挤	1.6	0.0	1.0	3.8
其　　他	23.2	14.8	16.0	3.2

从流动人口自身角度看,租房贵被视为实现安居乐业需要破解的首要难题。51.6%的流动人口面临租房贵的现实难处。目前,杭州市流动人口不仅在总量上不断增加,在结构上也由初期的单身型向家庭式转变,不少流动人口长期在杭工作,已成为企业的技术骨干或中层管理人员,为杭州经济社会发展做出了贡献,但他们的居住条件却不容乐观。调查中,在流动人口所选择的两项主要开支上,除57.4%的流动人口选择"日常生活用品开支"外,流动人口最大的开支源头就是"租房",56.4%的流动人口每月开支主要用于租房。从流动人口住房状况的调查数据看,65.2%的流动人口自己租房,15.3%的流动人口居住在工作单位提供的宿舍里,可见城郊出租房和单位宿舍仍然是流动人口的主要住所,这些出租房不仅配套设施不全、卫生状况差,而且存在着消防、治安等隐患。由于住房问题得不到有效解决,一些流动人口难以真正安下心来工作,导致频繁跳槽,流动性大。流动人口的住房问题已成为当前杭州开展流动人口服务管理工作和破解"招工难""留工难"的瓶颈制约。

就流动人口安居乐业难的成因看(见表21),城市管理者多数(56.8%)认为经济社会发展不平衡是导致流动人口安居乐业难的首要原因,而专家学者(65.6%)认为"城乡分割的二元社会体制"是首要原因。城市管理者认为主要原因依次是:经济社会发展不平衡、农民工自身的文化程度偏低、城市承载压力太大。专家学者认为流动人口安居乐业难的主要原因依次是:城乡分割的二元社会体制、政府管理和职能转变不到位、相关法律法规不健全。

表 21 流动人口在城市安居乐业难的主要原因　　　　　　单位:%

类　别	城市管理者	专家学者
城乡分割的二元社会体制	35.2	65.6
相关法律不健全、法制不完善	35.2	45.1
政府管理和职能转变不到位	29.6	50.8
经济社会发展不平衡	56.8	28.7
企业社会责任感不强	17.6	13.9
农民工自身的文化程度偏低	41.6	30.3
城市承载力压力太大	38.4	25.4
其　他	0.8	1.6

(三)流动人口服务管理工作有待深化提升,面临资源整合、政策供给等条件约束

近年来,杭州市流动人口服务管理工作成效显著,通过出台《杭州市流动人口服务管理条例》,以立法的形式有效保障了对流动人口服务管理的效果,切实维护了流动人口的合法权益。但另一方面,流动人口服务管理工作仍然面临着服务管理的责任主体落实不够、提供的服务与农民工的实际需求契合度不够、政策信息不对称等问题,资金、人员等保障资源需进一步整合,体制机制和政策设计需要逐步加以完善。

调查中(见表22),超过半数的城市管理者认为"工作人员和工作经费不足"(54.4%)是当前杭州流动人口服务管理工作存在的首要问题,近六成专家学者则认为"服务管理的责任主体落实不够"(59.8%)是当前存在的首要问题。从表22可以看出,城市管理者与专家学者的看法基本一致。城市管理者认为流动人口服务管理工作存在的主要问题依次是:工作人员和工作经费不足、服务管理的责任主体落实不够、提供的服务与农民工的实际需求契合度不够、政策信息不对称;专家学者认为主要问题依次是:服务管理的责任主体落实不够、提供的服务与农民工的实际需求契合度不够、服务均等化程度还不够、政策信息不对称。

表22　杭州流动人口服务管理工作存在的主要问题　　　　单位:%

存在的问题	城市管理者	专家学者
尚未纳入当地国民经济发展规划	27.2	24.6
服务管理的责任主体落实不够	53.6	59.8
服务均等化程度还不够	27.2	55.7
工作人员和工作经费不足	54.4	21.3
提供的服务与农民工的实际需求契合度不够	40.0	55.7
政策信息不对称,许多优惠政策农民工不了解	39.2	42.6
其　　他	0.8	0.0

工作人员和工作经费不足是城市管理者在开展流动人口服务管理工作中面临的最大难题。以基层的流动人口协管员队伍建设和个人发展为例。在对协管员队伍建设存在的最突出问题的调查中(见表23),42.2%的城市管理者认为"不能专职专用,经常被挪作他用",33.9%的城市管理者认为"招不到人、留

不住人"。在对协管员自身面临问题的调查中(见表24),52.9%认为工资收入低,低于城镇平均工资,23.5%认为缺少发展空间,此外"工作量太大、甚至超过了社工的工作量"也是较为突出的问题,这些问题严重影响了协管员队伍的稳定。

表 23　协管员队伍建设存在的最突出的问题　　　　　　单位:%

问题类别	比　例
招不到人、留不住人	33.9
不能专职专用,经常被挪作他用	42.2
专业性不够	20.2
其　他	3.7

表 24　协管员自身面临的最突出的问题　　　　　　单位:%

问题类别	比　例
工资收入低,低于城镇平均工资	52.9
工作量太大,超过了社工的工作量	17.6
缺少发展空间	23.5
其　他	5.9

提供的服务与农民工的实际需求契合度不够、政策信息不对称也是流动人口服务管理工作存在的重要问题。在调查流动人口对可享受待遇的了解情况中(见表25),除了办理社会保险(50.8%)、办理机动车驾驶证及注册登记手续(41%)、办理公园年票(31.0%)等直接关乎流动人口切身利益的保障性待遇和生活便民服务项目知晓程度稍高外,大部分流动人口对可以享受的相关待遇并不十分了解。"创业就业扶持、职业指导、职业介绍""劳动法律法规、安全生产、职业技能等培训教育""专业技术资格评定、职业资格考试"是各地政府为促进流动人口立足城市、融入城市而着力改善、重点扶持的政策项目。近年来,这些政策得到广泛而深入的宣传,按理说广大流动人口应该普遍了解,但本次调查却发现,对以上三项政策表示了解的流动人口分别只有19.0%、20.0%和22.4%,均不足四分之一。而对"缴存、提取住房公积金""享受大病救助等特殊困难救助"这些含金量高的亮点政策,流动人口的了解情况也差强人意,表示了解的只有27.6%和28.2%。

表 25　流动人口对在杭工作生活可享受待遇的了解程度　　　　单位:%

待遇类别	了解程度
持临时居住证满足一定条件可以获得居住证甚至杭州户口	38.4
享受大病救助等特殊困难救助	28.2
缴存、提取住房公积金	27.6
参加专业技术资格评定、职业资格考试	22.4
享受创业就业扶持、职业指导、职业介绍等	19.0
办理机动车驾驶证及注册登记手续	41.0
办理市区公园年票等便民服务	31.0
参加劳动法律法规、安全生产、职业技能等培训教育	20.0
参加养老、医疗、工伤、失业、生育等社会保险	50.8
享受子女义务教育阶段免费教育权、学前阶段同等教育权	26.6

五、杭州市提升流动人口服务管理的理念思路

(一)树立治理理念,创建综合治理流动人口问题的工作格局

从长远的角度看,流动人口问题绝不是一个暂时性的问题,而是今后长期面临的一个常态性问题。因此,要按照"创新社会治理体制、改进社会治理方式"的要求,坚持治理理念,加快形成政府主导、部门协同、社会参与、区域协作的综合治理城市流动人口问题的工作格局,促进流动人口工作向注重统筹兼顾和权益保障的服务型管理转变。

调查发现,城市管理者和专家学者一致认为,流入地政府应该在实现流动人口安居乐业和落实流动人口市民待遇问题上承担首要责任(见表26)。相关调查也得出相同的结论。在"让符合一定条件的流动人口子女享受与流入地市民子女同等的义务教育机会和资源,是不是流入地城市政府应尽的责任"的调查中,城市管理者、专家学者、市民和流动人口分别有82.4%、88.5%、75.9%和89.2%做出肯定答复。在"让符合一定条件的流动人口按照与流入地市民同样的条件和门槛来享受保障房政策,是不是流入地城市政府应尽的责任"的调查中,该比例分别为68.8%、77.1%、56.5%和89.1%。

表 26　解决流动人口在流入地城市市民待遇的首要责任主体　　　单位:%

责任主体	城市管理者	专家学者
中央政府	39.6	39.4
流入地政府	50.9	53.2
流出地政府	9.4	1.8
农民工所在的企业	0.0	1.8
农民工自身	0.0	1.8
其　他	0.0	1.8

因此,杭州要建立按照常住人口配置建设用地、公共设施等公共资源的制度,将流动人口工作纳入公共预算,并逐步加大存量和增量投入。建立流动人口服务和管理工作的经费保障机制,承担相应的财政支出责任,将涉及流动人口的就业技能培训、社会保障、子女教育、计划生育、治安管理等有关经费,纳入本级财政预算,增强对流动人口的公共服务保障能力。

除了发挥政府主导作用外,还要注重发挥各类经济、社会组织和流动人口自身在服务管理中的主体作用。要充分调动社会各界参与服务管理工作的主动性,同时依据流动人口的需求来提供相应的服务内容和方式,发挥流动人口参与服务管理的主体性、积极性和创造性,鼓励流动人口自主服务、自我管理。

(二)统筹解决流动人口安居乐业和市民待遇问题

在目前的发展条件下,流动人口与流入地市民还难以实现"同城同待遇"。除了 42.2%的专家学者认为现阶段"同城同待遇"目标有可能实现外,城市管理者(49.6%)和市民(51.2%)都认为,短期内实现"同城同待遇"的可能性并不大(见表 27)。因此,在现阶段还无法实现"同城同待遇"的条件下,解决流动人口问题就必须务实推进,在短期内以实现流动人口安居乐业为主,以"同城同待遇"为辅,待发展条件成熟后,再以实现"同城同待遇"为重点。

要按照中央提出的积极稳妥、规范有序、尊重意愿、分类实施的指导意见,树立"两手抓"的战略思路,即将流动人口问题解决的途径分成"离乡不离土"和"离乡又离土"两类,分别按照两大不同目标、两种不同政策、两类不同办法同时推进。调查中,64.0%的城市管理者和 73.6%的专家学者赞成按照"离乡不离土"和"离乡又离土"两种不同政策解决流动人口问题(见表 28)。

表 27　现阶段实现流动人口与流入地市民的"同城同待遇"的可能性　单位:%

调查对象	有可能	有一定可能	一　般	不太可能	不可能
城市管理者	5.6	32.0	11.2	40.8	10.4
专家学者	8.3	33.9	18.2	34.7	5.0
市民	6.5	19.0	24.9	40.3	9.3

表 28　对"离乡不离土"和"离乡又离土"分类解决流动人口问题的态度　单位:%

调查对象	赞　同	比较赞同	基本赞同	不太赞同	不赞同
城市管理者	17.6	17.6	28.8	26.4	9.6
专家学者	20.7	32.2	20.7	20.7	5.8

对"离乡不离土"流动人口,解决途径是在保留流动人口在原户籍所在地的承包土地和宅基地,在保持流动人口的农村居民户籍身份不变的特征下实现流动人口在流入地安居乐业,享受"准同城同待遇"。安居乐业的目标是流入地城市切实解决"八个有"问题,即实现流动人口"有收入、有房住、有书读、有医疗、有社保、有安全、有救助、有组织"。

对"离乡又离土"流动人口,解决途径是在流动人口自愿放弃原户籍所在地的土地承包经营权和农村宅基地使用权,并将相关土地指标带到流入地城市的前提下,"以土地指标换城镇户籍、换住房、换社保",享受与流入地城市城镇居民的"同城同待遇",从而实现真正的市民化。

(三)坚持人群、领域、空间、时间"四个有序"的理念

基于现实基础和流动人口的主观意愿,为满足多元化需求、增强政策举措的针对性和有效性,应该采取分步分类、渐进有序的解决办法。

所谓人群有序,就是要根据流动人口的特点与意愿,优先推进有需求、有能力、条件成熟的流动人口市民化,进而形成示范作用,逐步推动更多的流动人口转为市民。

所谓领域有序,就是考虑财政负担能力,分轻重缓急、先易后难,集中解决服务管理中面临的紧迫问题。

所谓空间有序,就是对城市的功能区块和产业结构进行重新规划,引导流动人口有序迁移。通过对一些城市中的专业市场(如服装市场、家具市场等)、企业进行重新布局,引导流动人口在不同区域合理布局、协调发展。

所谓时间有序,就是结合流动人口的定居意愿和落户意愿,以及规划和政

策制定实施的主要期限,综合做出市民化和安居乐业工作的时序安排。

六、杭州市提升流动人口服务管理的重点举措

(一)切实抓好《杭州市流动人口服务管理条例》的贯彻落实

做好流动人口服务管理工作,既需要社会提供一定的物质基础,也需要以人为本、公平正义等理念支撑,更需要法律法规和制度建设的规范、引领、促进和保障。近年来,为了解决流动人口的安居乐业问题,进而解决流动人口的待遇问题,各地都在制定各具特色的地方政策。一个省中各个城市的政策不一样,甚至同一城市的不同区(县)政策也不一样。在城市化早期出现这种情况尚可理解,但随着城市化深入推进,如果政策不在现有的基础上加以提升、加以完善、加以法制化,甚至加以统一,势必会严重影响流动人口服务管理的成效[①]。因此,当前迫切需要适应经济社会发展新形势,推进权利与义务相对等、国家与地方相协调的流动人口服务管理法制化建设,将流动人口服务管理工作提高到法制化的高度。需要指出的是,涉及流动人口子女初高中阶段的就学、保障性住房、社会保险等重大问题,不是一个城市或者一个省可以解决的,国家层面也要抓紧研究这些问题,将相关条例法规上升到省级层面,甚至国家层面上去制定,才能在现有体制框架下切实保障流动人口的权益。

就杭州而言,《杭州市流动人口服务管理条例》的落实到目前虽然已经初见成效,但是仍然存在一定问题,比较突出的就是执行层面的信息不对称和执行力不够,许多流动人口对《条例》知晓不多[②]。因此,要坚持"以民主促民生",进一步做好《条例》的宣传推广工作。针对当前存在的思想认识偏差、机构和人员不健全、公共服务缺位等突出问题,进一步抓好《条例》的贯彻落实,切实保障在杭流动人口实现"八个有"。

---

① 王国平.以服务管理政策法规化推动流动人口待遇落实.城市学研究[M].北京:中国社会科学出版社,2013:98-101.

② 接栋正.杭州流动人口居住证政策认知与服务需求.杭州蓝皮书:2012年杭州发展报告(社会卷)[M].杭州:杭州出版社,2013:198-213.

(二)完善流动人口服务管理体制

目前,杭州已经组建了流动人口服务管理委员会,设立了流动人口服务管理办公室,统一协调政府各部门对流动人口的服务管理,区一级也设立了相应的流动人口服务管理委员会和流动人口服务管理办公室。在街道(乡镇)一级设立了流动人口服务管理中心,在社区(村)设立了流动人口服务管理站。相较过去,这是一个明显的进步,但一个体制要想真正发挥作用:第一,要增强流动人口服务管理体制的权威。流动人口服务管理委员会,从本质讲,只是一个协调机构,它与政府其他部门之间,没有行政隶属关系。在一些地方,由于相关的政府部门能够自觉配合,因而,这套体制的运行效果相对比较好。还有一些地方,由于主要领导对流动人口服务管理工作非常重视,因此,这套体制的运行也不错。但是,建立在"相关部门自觉配合"和"主要领导重视"基础上的体制运行,终究是不可靠的。体制的功效必须建立在体制自身的权威上。因此,既然建立了流动人口服务管理的领导体制,就必须赋予其相应的领导权威。

第二,需厘清流动人口服务管理的归属关系。在现实中,流动人口的管理关系一般有三种:一是如果流动人口在正规企业上班,其计划生育、治安、教育等问题归所在的企业负责。如果企业有上级主管单位,则归企业主管单位管理。二是流动人口在城市租住,其计划生育、治安、卫生等问题按属地原则,归所在街道(乡镇)、社区(村)管理。三是对流动人口每一个相应的问题如社会保障、教育等,在政府中又都有一个相应的业务部门负责服务管理。面对上述这三种服务管理的归属关系,如果不加以梳理,可能会造成某些服务管理事务上的交叉和重叠,或因相关责任部门相互推诿而形成服务管理的盲区。所以,为了有效避免流动人口服务管理的混乱状况,必须明确各种服务管理主体的责任顺序:一是凡正规就业的流动人口,其服务管理事项,首先应确定其所在企业及其企业上级主管单位是第一责任人;二是自主就业的、无正当职业的或零星就业的流动人口,其服务管理事项,明确为所居住地的街道(乡镇)、社区(村)管;三是与流动人口服务管理问题相关的政府部门负责对这些流动人口用工企业和居住街道(乡镇)、社区(村),就流动人口具体服务管理问题进行检查和督促。

第三,需要组建一支能确保流动人口服务管理体制健康运行的工作人员队伍。现在服务管理流动人口的人员,基本上由两部分人员组成。一是由机关中指定一批干部兼管流动人口工作;二是流动人口管理中心、站招聘的流动人口协管员。针对流动人口服务管理人员的这种体制安排,实质上是将"流动人口现象"当作一种暂时现象来应对的。就发展形势看,流动人口在今后还会呈现上升的态势,而且还会呈现家庭式迁移的趋势。因此,建设流动人口服务管理队伍,我们必须改变思路。首先,要尽快在机关中抽调一大批精干人员,专门从事流动人口服务管理工作,条件允许的话,可以借鉴嘉兴经验,建立"新居民事务局",统一服务管理流动人口,适时探索将服务管理机构实体化的可能性和操作路径。调查也发现,61.3%的城市管理者和58.6%的专家学者认可嘉兴做法,将其视为一种比较有效的服务管理模式(见表29),74.7%的城市管理者和55.0%的专家学者都赞成对杭州市、区两级流动人口服务管理委员会办公室进行实体化运作(见表30)。其次,为弥补机关专职人员的不足,协管员固然可以招聘,但必须明确协管员的地位和身份,以稳定人心,保证协管员专心流动人口服务管理工作。当然,同时也必须开展对这些协管员的专业培训和管理,使其尽快胜任流动人口服务管理工作。

表 29　对嘉兴通过实体管理机构开展流动人口服务管理工作的评价　　单位:%

调查对象	好	比较好	一　般	不太好	不　好
城市管理者	23.4	37.9	33.1	0.8	4.8
专家学者	4.1	54.5	33.1	5.8	2.5

表 30　对市区两级流动人口服务管理机构进行实体化运作的态度　　单位:%

调查对象	赞　同	比较赞同	一　般	不太赞同	不赞同
城市管理者	46.4	28.0	18.4	4.8	2.4
专家学者	14.8	40.2	32.0	9.0	4.1

(三)深入推进"居住证＋积分制"改革举措

户籍制度与"人的城镇化"直接相关,是实现"人的城镇化"的一个最基本的方面[1]。杭州要通过分层次、分类别推行多元化户籍制度改革举措,实现人口型新型城镇化。

第一,继续落实好人才入户、投资入户、购房入户等特殊政策,同时,放开小城镇户籍限制,推行租房入户、劳动关系入户等政策。近年来,山东省、四川省等地区先后尝试出台了吸引优秀农民工落户的租房入户相关政策,降低了户籍门槛,取得一定成效。劳动关系入户是云南省部分城市加快推进城市化进程的

---

① 张卫枚.农民工融入城市过程中的文化适应[J].城市问题,2012(8):65-66.

特殊举措,规定在大中型企业就业且签订 5 年以上劳动合同的,可以在就业单位合法产权的驻地申请入户。杭州市域范围内的小城镇也可以学习借鉴相关城市的做法,推行租房入户、劳动关系入户等特殊政策,加快流动人口市民化进程。

第二,深化完善"居住证＋积分制"管理措施。当前,社会各界普遍赞同流动人口通过积分贡献获取市民待遇的做法,在"是否赞同采取凭贡献获取积分的方式,即流动人口在流入地城市工作越久、贡献越大,就可以享受更多的待遇甚至获得流入地城市的城镇居民户口"的调查中(见表 31),城市管理者、专家学者、市民、流动人口中分别有 85.5％、75.6％、86.7％、96.1％的人表示赞同。

表 31　对流动人口通过贡献积分换取市民待遇的态度　　　　单位:％

调查对象	赞　同	比较赞同	基本赞同	不太赞同	不赞同
城市管理者	28.2	25.8	31.5	10.5	4.0
专家学者	21.0	31.1	23.5	14.3	10.1
市　民	27.6	21.8	37.3	10.1	3.2
流动人口	43.1	27.0	26.0	2.4	1.4

(四)探索逐步解决流动人口的住房、社保、就业等核心难题

收入低、租房贵、看病贵、劳动时间太长是流动人口实现安居乐业普遍面临的四大难题。而在流动人口"最希望得到政府哪些方面的帮助"的调查中(见表32),住房难、收入低、社保差等仍然是主要方面。43.2％的流动人口希望政府能帮助加强社会保障,41.6％的流动人口希望能帮助改善居住条件,此外子女教育、劳动就业等仍然是流动人口希望得到支持的重要内容。流动人口问题的解决,有赖于经济社会领域配套改革的协同推进,特别是当前流动人口最为关注的住房、就业、社保等问题,亟须制定相应的统筹推进政策和制度创新。

表 32　流动人口最希望得到政府帮助的内容　　　　单位:％

求助内容	比　例	求助内容	比　例
改善工作环境	14.2	子女享受与城里孩子同等对待	38.8
提供招工信息	12.6	降低各种收费	34.4
规范劳务市场	9.8	帮助维护正当权益	18.4
改善居住条件	41.6	提供工作技能培训	9.6
加强社会保障	43.2	其　他	1.6

第一,制定将流动人口纳入城镇住房保障体系的支持政策。一是要稳妥推

进农村产权制度改革,推进农村户籍流动人口的财产权利市场化和城乡要素平等交换的进程,探索流动人口享受城镇保障性住房与农村宅基地退出挂钩的机制,同时加快建立农村集体经营性建设用地产权流转和增值收益分配制度,让流动人口在自愿基础上探索财产转让的多种方式,带着"可变现"资产进城,为解决住房问题提供资金基础。二是要顺应城镇化发展趋势,稳步推进覆盖流动人口的城镇保障性住房体制改革。健全覆盖包括流动人口在内的常住人口住房供应体系,将符合条件的流动人口纳入住房公积金制度,将在城市稳定就业、居住一定年限的流动人口纳入公租房保障范围,同时,要创新制定在现行法规政策下流动人口可以享受廉租房和经济适用房的支持政策。

第二,健全流动人口就业服务制度。一是规范职业中介机构,目前作为流动人口寻找工作的重要途径的职业中介机构,还得不到流动人口的充分信任。调查显示,34.4％的流动人口希望降低各种收费,12.6％的流动人口希望提供招工信息,9.8％的流动人口希望规范劳务市场。二是整合资源,建立和完善外来流动人口就业市场,既有利于政府部门对流动人口进行有效的管理,同时也可降低流动人口的失业风险。三是鼓励有条件的流动人口自主创业,从政策到资金给予流动人口扶持。如已经推出的针对大学生自主创业的相关鼓励政策可尝试逐步放宽到流动人口。

第三,建立有效覆盖流动人口的社会保障体系,提高参保比例和保障水平。一是适应流动人口流动性大和劳动关系不稳定的特点,坚持分类指导、稳步推进,优先解决流动人口工伤保险和大病医疗保障问题,逐步解决养老保障问题,努力探索社保关系异地转移与接续的联动政策,确保流动人口在流动就业中的社会保障权利。二是以扩大流动人口社会保障的覆盖面为重点,兼顾流动人口工资收入偏低的实际情况,实行低标准进入、渐进式过渡,建立适合流动人口的社会保障体系,调动流动人口参保的积极性,同时适度降低费率和单位参保比例,让流动人口能在同等条件下参加城镇职工社会保险,实现同工同酬,提高参保率。三是要抓住流动人口劳动保护、社会保障等突出问题,加强体制、机制研究,公平处理用人单位与流动人口的关系,从制度上促使用工单位进一步承担起应有的社会责任,改善流动人口的生产和生活环境,保证流动人口得到应有的报酬和待遇。

(五)逐步开展流动人口的社会化服务管理

尽管城市政府对服务管理流动人口责无旁贷,但也面临服务管理供求错位、无法适应流动人口多元化需求等问题。为此,在继续强调政府对流动人口服务管理主体责任的同时,要积极加强城市对流动人口的社会化服务管理。

第一,最大限度实现流动人口服务管理重心向社区下移。由于流动人口在城市中的工作生活变动性大,政府部门并不适合直接服务管理流动人口①。所以,流动人口的服务管理重心要下移,最好下移到社区。一是与流动人口服务管理对应的政府部门应在基层流动人口服务管理中心(站)设立相应的窗口,让流动人口方便接受服务管理。二是把流动人口的管理和服务权限同时下放到社区居委会,实行居住地管理。同时,政府对流动人口的公共服务也主要由社区来提供。三是政府流动人口管理体制的运行,要依靠基层流动人口服务管理中心(站)。诸如对流动人口如何服务管理、服务管理的决定内容等问题,要以基层流动人口服务管理中心(站)的工作意见为主要依据。

第二,发展、规范流动人口中的社会组织,促进流动人口的自我服务、自我管理。在流动人口中,目前存在着三类流动人口的社会组织②:一是流动人口自发成立、自主发展、自行运作和自我治理,具备一定规模、拥有组织章程和组织框架的社会组织,往往被称为"自组织",如同乡会、出租车协会等。二是在政府推动下组建的流动人口社会组织,如"流动人口协会"。三是由城市社会党工委主抓的流动党员组织。其中,流动党员组织在三类社会组织中规模最大、力量最强。

由社会组织来更多承担服务管理流动人口的功能,不但可以弥补政府管理的不足,而且因其扎根流动人口之中获得了广泛认同。因此,要为流动人口社会组织创造良好的制度环境,开放政策、加强扶植,同时进行必要的规范和引导。

第三,适度采取由政府向社会外包"服务管理流动人口"项目的举措。政府向社会外包服务管理流动人口的项目,并非推卸自责任,而是基于三点考量。一是就专业程度而言,一些社会组织开展的流动人口的服务(如针对流动人口的心理干预),可能比政府部门更专业。二是就服务管理的成本而言,不少社会组织人员精干、充满激情,其工作效率可能比政府部门更高。三是就工作手段而言,社会组织也更加灵活。

---

①   张卫枚.农民工融入城市过程中的文化适应[J].城市问题,2012(8):65-66.

②   方秀云.流动人口自组织的特征、意义、困境及其突破[J].中国行政管理,2013(1):54-60.

（六）将土地出让金纳入流动人口服务管理的成本支付平台

第一，落实好中央财政转移支付政策，即"费随人转"。按照把常住人口作为财政分成依据，逐步调整各级政府之间的财政分配关系。建立健全财权与事权相匹配的财政管理体制，实现基层政府"事权"与"财权"的对应，确保基层政府具备提供公共服务和以一定财政资金调配人口空间分布的能力[1]。在"是否赞同采取中央政府加大对流入地政府财政转移支付的方式，来解决流动人口在流入地城市的市民待遇问题"的调查中，92.8％的城市管理者和87.7％的专家学者都表示赞同（见表33）。杭州要在中央政策指导下，先行先试，进一步探索建立财政转移支付与农业转移人口市民化挂钩的机制。

表33　对中央财政转移支付方式解决流动人口市民待遇问题的态度　　单位：％

调查对象	赞　同	比较赞同	基本赞同	不太赞同	不赞同
城市管理者	37.6	25.6	29.6	6.4	0.8
专家学者	27.9	39.3	20.5	8.2	4.1

第二，探索出租屋管理费等新渠道，解决"有钱办事"。在服务管理经费方面，征收出租屋管理费作为探索流动人口服务管理资金渠道的创新做法，在深圳实施后取得了显著效果，既在一定程度上缓解了服务管理资金短缺的难题，也强化了对出租屋的管理。在"是否赞同通过征收出租房管理费，专款专用来提高流动人口协管员等基层工作人员的工资待遇"的调查中，城市管理者中有48.8％表示赞同，36.0％表示不赞同；专家学者中有53.3％表示赞同，32.8％表示不赞同（见表34）。杭州可以借鉴深圳等地的做法，探索征收出租房管理费等新形式，缓解服务管理工作资金紧缺的问题。

表34　对通过征收出租房管理费提高协管员工资待遇的态度　　单位：％

调查对象	赞　同	比较赞同	一　般	不太赞同	不赞同
城市管理者	28.8	20.0	15.2	17.6	18.4
专家学者	17.2	15.6	13.9	28.7	24.6

第三，将土地出让金纳入流动人口服务管理成本支付平台。土地出让金收

---

[1] 《中国农民工战略问题研究》课题组.中国农民工现状及其发展趋势报告[J].改革，2009(2)：5-27.

支是推进社会财富"二次分配"的重要手段。作为城市建设者,流动人口为城市发展做出了突出贡献,将土地出让金用于流动人口服务管理和市民化工作,符合土地出让金取之于民、用之于民的宗旨。要正确认识和评价土地出让金,将其纳入流动人口服务管理成本支付平台,进而解决流动人口服务管理的资金难问题。

杭州市流动人口服务管理,必须充分考虑更长时期内杭州人口发展形势,在人口调控压力、人才需求、财政支付能力、政策接轨等一系列宏观背景和约束条件下进行。在我国经济发展进入新常态的大背景下,杭州应保持清醒的认识和判断,积极主动、全面系统、扎实有序地推进流动人口服务管理工作。就当前而言,要认真总结"杭州解法"的成功经验,统筹兼顾地方经济发展与劳动力供求平衡关系,切实提高流动人口服务管理工作水平,为促进杭州可持续发展打好基础。从长远来讲,在推进发展方式转变和经济社会转型的过程中,应着眼于提升流动人口整体素质,推动流动人口与发展方式同步转变、经济社会同步转型。

(2014"城市休闲与新型城市化"专项课题)

参考文献:

刘谦,赵华鑫.目前我国流动人口服务管理实践的基本模式和特征[J].北京联合大学学报(人文社会科学版),2010(2):91-95.

张瑞.中国流动人口管理与服务问题研究综述[J].山西大同大学学报(社会科学版),2012(6):17-22.

基于系统集成视角的智慧城市大运营模式构建与城市转型升级研究

——以杭州市为例

朱文晶*

一、智慧城市和智慧经济概述

(一)智慧城市理念的引入

2007年,欧盟率先提出建设智慧城市的设想。2008年全球金融危机的爆发和蔓延为智慧城市的发展带来机遇,IBM(国际商业机器公司)在其年度论坛活动中提出"智慧地球"的新理念。该理念作为智能项目被世界各国视为应对国际金融危机和振兴经济的重点。从本质上而言,"智慧地球"是IBM运用先进信息技术建构新的世界运行模式的愿景,其引入中国始于2009年2月在北京召开的IBM论坛,IBM以"点亮智慧的地球,建设智慧的中国"为主题,推广智慧地球的理念并建议优先建设智慧的电力、智慧的医疗、智慧的城市、智慧的交通、智慧的供应链、智慧的银行等六大行业,随后国内十余个省市相继与其签署了智慧城市共建协议。2009年8月7日,时任国务院总理温家宝视察无锡时提出"加快建立中国的感知中国中心",物联网被正式列入国家五大新兴战略性产业并写入政府工作报告,进一步促进了智慧城市在中国的发展。从2010年开始,国家及地方"十二五"发展规划陆续出台,许多城市把建设智慧城市作为未来发展重点,且给予了丰厚的经费支持。2013年1月,由住房和城乡建设部组织召开的智慧城市试点创建工作会议在北京召开,会议公布首批国家智慧城

* 杭州国际城市学研究中心、浙江省城市治理研究中心。

市试点共 90 个，住房和城乡建设部与第一批试点城市代表及其上级人民政府签订了共同推进智慧城市创建协议。具体名单见表1。

2013 年 9 月，国家发改委会同多部委印发了《物联网发展专项行动计划(2013—2015)》。该计划包含了顶层设计、标准制定、技术研发、应用推广、产业支撑、商业模式、安全保障、政府扶持、法律法规、人才培养 10 个专项行动计划。各个专项计划从不同角度对 2015 年物联网行业要达到的总体目标做出了规定。2014 年 3 月 16 日，《国家新型城镇化规划(2014－2020 年)》正式下发，明确要推进智慧城市建设，统筹城市发展的物质资源、信息资源和智力资源利用，推动物联网、云计算、大数据等新一代信息技术创新应用，实现与城市经济社会发展深度融合。

2014 年 8 月，国务院等八部委正式出台了《关于促进智慧城市健康发展的指导意见》，标志着发展智慧经济已经正式上升为国家战略。

表 1   住房和城乡建设部公布第一批国家智慧城市试点名单

行政级别	数量	城市(区、镇)
省会城市	5	武汉市、郑州市、石家庄市、太原市、拉萨市
地级城市	30	常州市、无锡市、温州市、珠海市、铜陵市、威海市、东营市、淮南市、金华市、芜湖市、镇江市、平潭市、南平市、泰州市、株洲市、德州市、萍乡市、秦皇岛市、雅安市、吴忠市、咸阳市、六盘水市、蚌埠市、漯河市、鹤壁市、辽源市、邯郸市、廊坊市、长治市、乌海市、铜仁市
县级市(县)	18	新泰市、寿光市、诸暨市、万宁市、韶山市、迁安市、库尔勒市、郫县、肇东市、肇源县、桦南县、济源市、新郑市、昌邑市、奎屯市、肥城市、磐石市
城区	11	北京市朝阳区、北京市东城区、杭州市上城区、宁波市镇海区、佛山市顺德区、广州市番禺区、武汉市江岸区、重庆市南岸区、贵阳市乌当区、福州市仓山区、朔州市平鲁区
新区、生态区、示范区	23	上海市浦东新区、北京市丽泽商务区、北京市未来科技城、中新天津生态城、天津市津南新区、南京市河西新城、广州市萝岗区、苏州工业园区、成都市温江区、盐城市城南新区、深圳市坪山新区、株洲市云龙示范区、北戴河新区、南昌市红谷滩新区、济南西区、重庆市两江新区、沈阳市浑南新区、大连生态科技新城、昆山市花桥经济技术开发区、洛阳新区、杨凌示范区、长沙市梅溪湖国际服务区、昆明市五华区
镇	3	昆山市张浦镇、佛山市乐从镇、浏阳市柏加镇

2013 年 8 月 5 日，住房和城乡建设部对外公布了 2013 年度第二批国家智慧城市试点名单，共确定 103 个城市(区、县、镇)为 2013 年度国家智慧城市试

点。此次智慧城市试点名单距2013年1月29日首次公布试点名单只有7个月的间隔，由此也可看出政府对于智慧城市工作推进的决心。具体名单见表2。

表2　住房和城乡建设部公布第二批国家智慧城市试点名单

省（区、市）	试点区域	省（区、市）	试点区域
北京市	北京经济技术开发区	福建省	莆田市
	房山区长阳镇		泉州台商投资区
天津市	武清区	江西省	新余市
	河西区		樟树市
河北省	唐山市曹妃甸区		共青城市
	唐山市滦南县		上饶市婺源县
	保定市博野县	河南省	许昌市
山西省	阳泉市		舞钢市
	大同市城区		灵宝市
	晋城市	湖北省	黄冈市
	朔州市怀仁县		咸宁市
内蒙古自治区	呼伦贝尔市		宜昌市
	鄂尔多斯市		襄阳市
	包头市石拐区	湖南省	岳阳市岳阳楼区
黑龙江省	齐齐哈尔市		郴州市永兴县
	牡丹江市		郴州市嘉禾县
	安达市		常德市桃源县漳江镇
吉林省	四平市		长沙市长沙县
	榆树市	广东省	肇庆市端州区
	长春高新技术产业开发区		东莞市东城区
	白山市抚松县		中山翠亨新区
	吉林市船营区搜登站镇	广西壮族自治区	南宁市
辽宁省	营口市		柳州市（含鱼峰区）
	庄河市		桂林市
	大连市普湾新区		贵港市

续表

省(区、市)	试点区域	省(区、市)	试点区域
山东省	烟台市	云南省	红河哈尼族彝族自治州蒙自市
	曲阜市		红河哈尼族彝族自治州弥勒县
	济宁市	贵州省	贵阳市
	任城区		遵义市(含仁怀市湄潭县)
	青岛市崂山区		毕节市
	青岛高新技术产业开发区		凯里市
	青岛中德生态园		六盘水市盘县
	潍坊市昌乐县	甘肃省	兰州市
	平度市明村镇		金昌市
江苏省	南通市		白银市
	丹阳市		陇南市
	苏州吴中太湖新城		敦煌市
	宿迁市洋河新城	四川省	绵阳市
	昆山市		遂宁市
	徐州市丰县		崇州市
	连云港市东海县	西藏自治区	林芝地区
安徽省	阜阳市	陕西省	宝鸡市
	黄山市		渭南市
	淮北市		延安市
	合肥高新技术产业开发区	宁夏回族自治区	银川市
	宁国港口生态工业园区		石嘴山市(含大武口区)
	六安市霍山县		银川市永宁县
浙江省	杭州市拱墅区	新疆维吾尔自治区	乌鲁木齐市
	杭州市萧山区		克拉玛依市
	宁波市		伊宁市
	宁波市宁海县	重庆市	永川区
	临安区昌化镇		江北区

（二）智慧城市的概念

智慧城市的普及和发展速度令人惊叹，其在国内外大型城市中的运用也得到了实践方面的验证。由于智慧城市这一理念提出不久，在理论界还属于新兴概念，因此关于这一理念至今没有一个确切的统一定义。

工业和信息化部站在以智慧城市促进产业发展的角度，认为智慧城市的建设不仅是多方位的需求，也是最具备各种条件并且一定能建设成功的重大任务。国家发改委强调在智慧城市建设上要加速推进重点，加快标准制定，并将基于新一代信息技术的智慧城市理念归结为立体感知、智能计算、协同服务、绿色体验。自然资源部认为存在一个数字城市的概念，它是"物理城市"的虚拟对照体，而智慧城市则是通过物联网把"数字城市"与"物理城市"连接在一起，本质上是物联网与"数字城市"的融合。中国科学院从系统论角度把智慧城市作为一个类生命体的大系统，通过感知、认知、学习、成长等环节的培育发展，不断增强自身的智慧化水平。智慧城市的本质是解决社会转型期城市发展中的焦点、难点、重点问题，目前主要集中于产业转型升级、社会治理、民生保障、环境保护、投融资平台。IBM公司作为"智慧地球"这一理念的提出者，认为智慧城市就是运用信息和通信等技术手段感测、分析以及整合城市运行核心系统的各项关键信息，并根据所得信息对包括民生、环保、公共安全、城市服务、工商业活动在内的各种城市和居民的需求做出智能响应。究其实质，智慧城市就是运用先进的信息技术，实现城市的智慧式管理和运行，进而为城市居民创造更美好的生活，促进城市的和谐、可持续发展。

除了以上国内外不同组织机构对智慧城市表达的概念认识外，众多专家学者也表达了他们对智慧城市的见解。中国工程院原副院长、国家信息化专家咨询委员会原副主任邬贺铨指出，所谓智慧城市就是一个由物联网作为主要标志的网络城市。两院院士、武汉大学教授李德仁则运用一个等式形象地说明了他对于智慧城市的理解，即智慧城市等于数字城市加物联网加云计算。北京工商大学世界经济研究中心主任季铸提出，智慧城市是一种城市形态，通过人脑智慧、电脑网络、物理设备三位一体模式进行建设。智慧城市是包含了人脑智慧、电脑网络和物理设备三个基本要素的一个综合系统，并会形成新的经济结构和社会形态。国际欧亚科学院院士、时任致公党中央常务副主席王钦敏认为，智慧城市是在有效利用信息化技术的基础上，通过监测、分析、整合城市信息以及智能响应等方式，整合优化现有资源，综合各职能部门，以提供优质服务、营造绿色环境、促进和谐社会,为城市内的企业及居民创建一个良好的工作、生活及休闲的环境,保证城市的可持续发展。时任国际电信联盟秘书长哈马德·图埃提出,通过智慧城市理念的推广和实施,每个国家的城市都将通过信息通信技术的应用和普及,使居民的生活变得更加便捷,城市的建设更加美好。

综合各机构及学者对于智慧城市的概念可以看出,作为一种新的城市理论,智慧城市的实质就在于对物联网等现代信息技术的综合应用,从而改善城市生产,优化生活环境,最终实现城市的可持续发展。在这个不断发展的过程中,人类对于智能变化的需求和便捷优质城市生活的需求成了最为强劲的推动力。我们认为,广义上的"智慧城市"就是城市信息化,即通过建设宽带多媒体信息网络、地理信息系统等基础设施平台,整合城市信息资源,建立电子政务、电子商务、社会保障等信息化社区,逐步实现城市国民经济和社会的信息化。

(三)智慧产业和智慧经济的概念

近年来,新经济、新技术发展日新月异,智慧经济、信息经济、智慧产业风起云涌,已经日益成为许多国家和城市发展的重要机遇。随着云计算、大数据、物联网、移动互联网等新技术的迅速发展,世界各国都紧盯紧跟这一轮科技创新和产业变革。

智慧产业是知识经济的核心产业之一,诞生于英国,发展在欧洲,是 20 世纪末期支撑欧洲 GDP 发展的主要产业之一。目前,世界上创意类产品有 70% 来自英国,智慧产业是伦敦仅次于金融业的第二大产业。智慧产业是指运用人的智慧进行研发、创造、生产和管理等活动,形成有形或无形的知识产品,主要包括教育、科研、培训、咨询、策划、设计、软件、动漫、影视、艺术、法律和会计等知识性服务产业,具有知识要素密集、附加值高等特点。我国知识产业与智慧产业研究出现在 20 世纪末期,张守一、陈禹和孙东生等分析了知识产业的概念、内涵和特征,并探讨了其对知识经济的影响作用。随着知识经济的兴起,时建人、姜云飞等结合大连智慧产业发展提出了若干建议。2010 年前后,智慧产业研究进入高峰期,冯茂岩、蒋兰芝以南京为例,针对智慧城市与智慧产业发展进行了研究,提出了以创新为先导,通过智慧城市建设带动相关产业发展的思路。

智慧经济作为一种新的经济形态,是继农业经济、工业经济、信息经济、知识经济之后的第五大经济发展形态,是一种创新型经济。智慧经济将改变和丰富人类的生活方式,通过智慧经济在交通、医疗、教育、养老、社区等领域的广泛应用,人类的生活方式也将随之发生重大改变。程扬从经济社会发展阶段的角度出发提出,智慧经济是继农业经济、工业经济、信息经济之后的第四大经济发展形态。从学理上来说,智慧经济是指集科技、信息、知识、环境、文化、伦理、道德于一体的战略性、创新型经济;从社会经济发展来说,智慧经济是在物质资本高度发达的基础上,使劳动者的智慧成为推动经济发展决定性因素的一个重要经济发展阶段,包括知识经济、IT 经济、虚拟经济、智能经济、创意经济等新生经济。孙建行认为智慧经济建立于强大的技术发展基础之上,是知识经济更广泛的应用和产业化。庄渝霞也从生产要素的角度解释了智慧经济的形态,她认为智慧经济是指凭借人类的智慧进行生产的经济,不但表现在经济上各种要素(资金、劳动者、能源、技术)、各个领域(生产、流通、交换、消费)、各个主体(国家、企业或厂商、家庭或个人)间的最佳结合,实现帕累托最优,而且实现经济与环境、能源、社会的最大限度的可持续发展,实现代内、代际、群体之间、国与国之间的平等和公正。

因此,智慧经济是和谐社会时期社会经济发展的典型形态。傅白水认为,智慧经济是基于新一代信息技术应用,通过大数据共享开放营运,既带动传统经济转型升级,又催生新经济、新业态,集科技、信息、知识、环境、文化、伦理、道德于一体的战略性和创新性经济。其核心是信息化与工业化"两化"深度融合,并推动信息化、工业化、城镇化、农业现代化"四化融合",表现形式是产业智慧化和智慧产业化。发展智慧经济,推进智慧管理,提升智慧生活,不仅可以塑造一个产业和一种创新经济,还可以以智慧化来推进经济发展方式转变,以应对新一轮竞争,营造发展新优势,这对处于换挡期和爬坡期的浙江来说,具有十分重大而深远的意义。

国家信息中心研究员乌家培认为,信息经济是信息革命的产物,它以信息技术为物质基础,由信息产业起主导作用,靠信息、知识和智力来发展,有数字经济、网络经济、知识经济、智能经济等各种叫法。王国平认为智慧城市经济就是产业的智慧化和智慧的产业化相结合,城市的智慧化和智慧的城市经济化相结合。要把握物联网、云计算、移动宽带网络技术等新一轮信息技术加快发展契机,充分发挥政府主导作用,充分发挥市场需求牵引及市场主体作用,乘势而上、围绕"智慧城市经济",强力推进智慧基础设施建设,积极营造智慧设备研发制造氛围,打造形成智慧应用服务先发优势。他认为,智慧产业指直接或间接利用人的智慧进行研发、创造、生产、管理等活动,形成有形或无形的智慧产品以满足社会需要的产业,它是智慧城市建设的主要支柱。传统的智慧产业指的是用智慧技术去改造提升农业、工业和服务业。智慧产业是一种新的智慧城市经济,是由智慧城市建设催生出的一个新的产业门类,这个产业门类的发展应坚持"网络建设(含物联网)""产业发展""应用服务"三位一体的理念。

我们认为智慧经济就是智慧城市经济,包含智慧城市建设过程中各种底层技术以及智慧应用服务涉及的产业门类,它涵盖了智慧城市建设产业链条的所有环节,产业的智慧化和智慧的产业化是它的核心内容。

二、杭州智慧城市建设与智慧经济发展现状

(一)杭州智慧城市建设发展历程

杭州是长江三角洲城市群的核心城市,是我国著名的历史文化名城。以物联网、云计算、大数据、系统集成等为核心的信息产业高度发达。20 世纪末及 21 世纪以来,杭州在城市信息化方面走在了全国的前列。1990 年 10 月,原国务委员、国家科委主任宋健提出了杭州国家高新区的发展目标——"天堂硅谷"。从此以后,杭州以此为目标,着力抓杭州高新技术产业开发区,在钱塘江南岸建设杭州高新软件园,以软件、微电子、通信企业为代表的高新技术产业群迅速崛起。我们梳理了 20 世纪末以来杭州的城市信息化和智慧城市建设历程,如表 3 所示。

表 3　杭州智慧城市建设发展历程

时　间	内　容	来　源
1999 年 8 月	提出撤销江干区、拱墅区、西湖区、滨江区有线广播电视台,4 个区有线网络统一并入市有线网,并成立杭州市有线广播电视网络中心。为杭州建设"网络城市"打下坚实的基础	《关于有线广播电视"一城一网"建设的实施意见》
2001 年 5 月	市委、市政府组建杭州网通信息港有限公司。用 8 个月时间建成了国内第一张有线宽带城域网,创造了全球有线宽带网络建设的速度之最,在全国省会城市中率先实现了宽带"全程全网"	《杭州日报》:《引领数字城市建设的先行军》
2003 年 5 月	实现了从模拟电视向数字电视的转变,杭州成为我国首批实现"模转数"城市和整体转换率先突破百万用户大关城市,成为全国广电数字化发展示范城市	人民网:《杭州:走向数字城市》

续表

时　间	内　容	来　源
2008年8月	无线宽带城域网完成市区各交通道路、背街小巷等网络的道路覆盖以及广场、景区等热点网络覆盖;移动电视网络和移动多媒体网络覆盖主要公共场所已安装无线基站2900多个,是国内无线覆盖基站个数最多的网络	人民网:《杭州成为全国首个"无线数字城市"》
2011年10月	浙江省政府办公厅正式发布《关于开展智慧城市建设试点工作的通知》,将杭州列为全省智慧城市建设示范试点城市之一	《关于开展智慧城市建设试点工作的通知》
2012年2月	杭州市第十一次党代会明确提出要加强"三城三区"建设,推进"三网融合",深化"无线城市"建设,打造"智慧杭州"	杭州网:《深化无线城市 打造智慧杭州》
2012年4月	中国工程院确立"中国智慧城市"试点城市名单包括北京、西安、杭州、武汉、宁波五大城市	国脉物联网:《我国五大智慧城市试点建设背景分析与趋势点评》
2012年4月	浙江省智慧城市建设试点工作启动大会召开,研究制定开展智慧城市建设试点、推出《2012年智慧城市建设试点工作方案》,杭州、宁波、嘉兴、绍兴、台州、丽水6个试点城市为智慧城市试点示范。杭州主要推进智慧城管、杭州智慧安监的建设	《2012年智慧城市建设试点工作方案》
2012年9月	2012年9月,市政府批复同意《"智慧杭州"建设总体规划(2012—2015)》,这是"智慧杭州"建设的规范性、指导性文件,明确了许多具体目标。明确提出了"构建智慧创新城市 打造东方品质之城 建设幸福和谐杭州"的智慧城市建设目标	《"智慧杭州"建设总体规划(2012—2015)》(杭经信推进〔2012〕430号)
2012年10月	初期接入终端以手机、传感器、物联网等接入服务为主。首期开放接入点2000个,全面覆盖杭州主城区。WiFi网络在公共区域的免费开放工作,是杭州在建设全国第一个"无线城市"基础上的第二次跨越	新华网:《杭州成为全国首个免费开放WiFi城市》
2014年3月	提出要"以智慧城市建设为载体,大力推进杭州第四次产业革命",要建设智慧城市3.0版,一手抓产业的智慧化,一手抓智慧的产业化,大力发展智慧城市经济,实现城市2.0版带动经济2.0版升级	杭州国际城市学研究中心:《以智慧城市经济为载体,推动杭州智慧城市建设》

续表

时　间	内　容	来　源
2014 年 3 月	杭州市政府与中国工程院在北京正式签订建设智能城市战略合作框架协议,共同推进建设全国一流、国际先进的"智能杭州"	新华网:《杭州与中国工程院携手打造"智能杭州"》
2014 年 3 月	杭州引进的第一家世界 500 强企业,思科中国总部落户杭州暨思科参与智慧城市建设发布会隆重召开	《杭州日报》:《思科中国总部落户杭州》
2014 年 7 月	杭州市委召开第十一届七次全会,做出加快发展信息经济和智慧经济的总体部署,全力推进"一号工程"落地建设	《杭州日报》:《市委十一届七次全体(扩大)会议召开》

注:根据有关文件和报道整理。

(二)杭州智慧城市建设和智慧经济发展的优势

杭州市委十一届七次全体(扩大)会议审议通过了《关于加快发展信息经济的若干意见》,提出围绕"一基地四中心"战略定位和建设美丽中国先行区目标要求,以全面深化改革为动力,深入实施创新驱动发展战略,以智慧产业化和产业智慧化为重点,坚持基础建设、产业发展、应用服务"三位一体",加快发展信息经济、智慧经济,着力提升经济增长质效、生态环境质量、群众生活品质和社会治理水平,全面推动生产美、生态美、生活美的"美丽杭州"建设,努力建成美丽中国先行区。同时,明确了发展目标:到 2020 年,力争建成国际电子商务中心,基本建成全国云计算和大数据产业中心、物联网产业中心、互联网金融创新中心、智慧物流中心、数字内容产业中心,信息基础设施配套完善,智慧应用和信息服务广泛深入,信息化发展指数、信息化与工业化融合指数位居全国前列,率先成为特色鲜明、全国领先的信息经济强市和智慧经济创新城市。

1. 信息化和网络基础设施全国领先

高度发达的信息基础设施是杭州智慧城市建设的基石。杭州的信息化基础设施处于全国领先地位,城市全网综合通信能力在全国名列前茅。杭州素有"天堂硅谷"之称,拥有大容量程控交换、光纤通信、数据通信、卫星通信、无线通信等多种技术手段的立体化现代通信网络,被列为"三网融合"首批试点城市。为了让更多的杭州人在智慧城市中畅享"无线"生活,2012 年,杭州市政府免费向市民开放室外 WiFi 网络,杭州也成为全国首个免费向公众开放 WiFi 的城市。杭州现代化的广播电视、综合信息覆盖网络体系已经建成,发展水平居全国前列;第三代通信网络建设加快推进,国产自主创新技术 TD—SCDMA 得到广泛使用,3G 网络实现全覆盖;传输网"光(纤)进铜(缆)退"工程逐步实施,提升了宽带传输和接入的速率和容量,满足了新业务发展需求。以无线传感网、射频识别、信息技术应用等为基础的物联网技术应用快速推进,建成了一批智能电网、综合交通、安防监控、智能楼宇、工业控制等方面的智慧基础设施。在电子商务、物流、安防监控等领域中,云计算"运营"和"运维"两大核心管理系统开发取得重大进展。

2. 信息产业规模结构效益协调发展

迈入 21 世纪以来,杭州信息产业快速发展,已拥有国家软件产业基地、集成电路设计产业化基地、电子信息产业基地、动画产业基地、数字娱乐业示范基地、云计算服务示范城市、服务外包基地示范城市、中国电子商务之都、中国快递示范城市等多个国家级荣誉称号,信息产业已成为全市重要的支柱产业。电子信息制造高端化,高端芯片及面向数字电视、物联网、4G 通信、云计算、信息安全、汽车电子、工业控制等领域的专用集成电路设计开发和应用水平大幅提升。安防监控设备产业取得重大突破,规模和技术水平具有国际影响力。光电子产业实力明显,光纤预制棒及特种光纤的生产能力国内领先。软件和信息服务业特色明显,形成了以"民营当家、自主产权、内需为主、应用领先"为鲜明特征的"杭州软件"品牌,在电子商务、金融财税、工业控制、安防监控、集成电路研发和设计、数字电视、云计算等领域已走在全国前列。涌现出的阿里巴巴、华数、海康威视、网易、华为、华三、大华、银江、网新、中控等相关企业都处于业内领先地位。2014 年 8 月科技部火炬中心公布的全国 106 家国家高新区综合排名中杭州国家高新区继上期评价超越西安高新区、进入第一方阵之后,又超越上海张江,列北京中关村、深圳、武汉、成都四个高新区之后,位居第五,进一步稳固了在国家高新区第一方阵的位置。在此次排名的四个一级指标中,杭州高新区知识创造和技术创新能力、产业升级和结构优化能力均列第五名,国际化和参与全球竞争能力列第八名,高新区可持续发展能力列第十二名。

3. 信息化与工业化融合成效明显

杭州市作为国家"三网融合"和"云计算"首批试点城市,信息化与工业化融合不断深化,电子商务快速发展,城乡信息化应用水平不断提高,公共信息服务体系不断健全,信息化带动工业化成效显著。电子商务全国领先,全省形成了千余家电子商务网站集群,中小企业上网比重、行业网站数量、B2B 和 C2C 综合交易平台交易额均居全国第一,并涌现了一批知名电子商务企业。试点开展手机电视、IPTV 等新业务,积极开发移动互联网资源,大力发展物联网,培育形成了海康威视等一批龙头企业。

4. 公共服务和管理领域信息化深入推进

杭州市市民卡、数字城管、96345 服务信息化统一平台、权力阳光电子政务系统、政务信息资源共享和业务协同等一批应用项目相继在全国率先建成。基本建成人口基础数据库、法人单位基础数据库、空间地理基础数据库和社会经济统计指标基础数据库,形成了全市统一的电子政务综合交换平台。城市自然地理空间全面数字化,教育、科技、医疗、社会保障等方面的信息化应用水平、城市运行管理等功能的智能化程度不断提高。交通物流信息化深入推进,物流公共信息平台建设取得突破性进展。公交出行系统、售票系统、出租车管理系统等交通公共服务系统建设全面展开。教育信息化公共服务体系建设工程、数字校园示范工程等建设成果显著。文化信息资源共享工程建设稳步推进,文化市场数字化监管系统初步建成;城乡社区卫生服务信息系统基本建立,县级以上医院全部实现了信息化管理,远程会诊系统覆盖面不断扩大。

5. 智慧城市技术研发优势明显

浙江大学、杭州电子科技大学、浙江工业大学等高校集聚了浙江省重要的信息技术研发力量,拥有信息、通讯、计算机、软件专业学科和人才资源优势。以大院名校共建载体战略引进的中科院微电子所杭州分支机构等已成为全省乃至全国信息行业的重要基地。浙江省计算所、中国电子科技集团公司第52研究所、中船重工第715所、广电所等一大批科研院所,中控集团、浙大网新等一大批创新型企业,阿里巴巴电子商务高新技术研发中心等企业研发中心,有线数字电视网络技术重点实验室等11个省级以上重点实验室,在信息技术研发领域异军突起。

6. 信息化发展环境较好

杭州努力优化适宜信息产业发展、信息技术推广应用、信息资源开发利用的制度环境,先后制定出台了《杭州市信息化条例》《杭州市市民卡管理办法》《杭州市政府信息公开规定》《中共杭州市委、杭州市人民政府关于加快发展信息产业,推进信息化与工业化融合的意见》《杭州市人民政府关于进一步推进信息服务业发展的若干意见》等地方性法规、制度和政策,在信息产业扶持、电子商务发展、两化融合、政府投资信息化建设项目管理、电子政务建设及应用等方面制定了一系列切合实际、行之有效的政策措施。2012 年 9 月,杭州市政府批复同意《"智慧杭州"建设总体规划(2012—2015)》,杭州城市信息化建设与"智慧杭州"建设相辅相成,探索取得了一些成绩和进展,支撑了城市智慧化的品质提升。

（三）杭州智慧城市建设和智慧经济发展的难点

智慧城市建设的热潮很大程度上源于政府的推动，智慧城市的营造正成为全球城市之间竞争的基础要件之一，是证明一个城市信息化水平的"名片"，是保持城市竞争力的重要手段。当前智慧城市建设还存在一些问题。智慧城市的提出绝不是噱头，更不是盲目跟风，而是时代发展的产物，是人们追求美好生活的产物。陶斯亮指出，智慧城市的建设是一个长期复杂的过程，城市是否已经做好前期的准备工作、城市当前的智慧度如何、城市建设是否有足够的人才支撑等，都是目前比较紧要的问题。智慧城市的建设绝不是一时的功夫，而是一个长远的发展过程。智慧城市的建设在国外都是从智慧小区开始的，在我国则始于整个城市面的建设。

1. 认识水平、体制机制和商业模式有待提升

由于缺乏顶层设计和统一规范，对现代信息网络技术及对智慧城市建设的认识水平不足，各行业自行其是，部门利益、条块分割普遍存在，"智慧城市"的快速复制和规模推进受到了影响，各地、各部门、各行业各搞一套信息化系统，形成了大量的"信息孤岛"，城市基础数据难以共享，集成很难，无法发挥信息融合的综合效应。同时，适合智慧应用和智慧产业发展的商业模式缺乏，市场在智慧城市建设中的基础作用不明显。

2. 缺乏统筹规划，重复建设亟须规避

智慧城市建设离不开政府强有力的领导。政府是智慧城市的倡导者、管理者和应用者。目前国内信息化全局工作缺乏有效的统筹规划，导致出现了大量低水平重复建设情况，造成资源的严重浪费。科学合理、行之有效的智慧城市建设顶层设计还有待进一步加强，缺乏统一协调的组织领导，整体推进速度较为迟缓，政策、资金支持也较为缺乏。

3. 地区、行业和企业间信息化应用不平衡

地区、行业、企业间的信息化发展程度总体上还存在不平衡现象。部分城市化水平较高的城区的信息化发展水平较高。部分地区由于受制于体制机制、产业转型升级等因素，信息化水平还有较大提升空间。行业和企业信息化应用也不均衡，信息科技、高端装备等高新技术企业普遍采用了信息化的平台和工具进行生产、销售、运营管理，不少传统行业和领域应用信息技术的深度和广度有限，有些中小企业仅仅满足于办公自动化、财会电算化等基本应用。此外，农村信息化发展水平明显滞后，农业信息资源开发利用明显较弱。

4. 信息技术和信息产业发展后劲不足

信息技术创新能力有待进一步提升,国家级大型、骨干研发机构缺乏,世界级国家级信息龙头企业数量不多,政府扶持的公共研发平台发展不快,企业研发能力不强。信息产业发展所需人才总量不足,结构不合理,难以满足信息技术和信息产业长期快速发展。由于缺少政府强有力的扶持和引导,民间资本对电子信息产业的投资,尤其是投资规模 10 亿元及以上的重特大项目动力不足。

5. 法规不完善,网络信息安全面临挑战

网络社会蕴藏着对现实社会管理的冲击和挑战。随着网络社会影响日益扩大,信息安全、舆情冲突、网络袭击等风险压力日渐加大。必须切实提高网络时代的社会管理能力和水平。目前,对网络与信息安全管理尚缺乏较完善的法律法规、统一的安全标准。"垃圾信息""邮件炸弹""电脑病毒""黑客攻击"等行为越来越威胁网络安全。例如,杭州的电子商务产业,涉及大量的用户数据,如果网络安全保障工作不到位,那么损失是无法估量的。

6. 缺乏完整、统一、科学的标准体系和合适的运营模式

目前国家层面很多部委都在进行智慧城市的研究和试点工作,但是由于缺少统筹,一直难以形成统一的城市信息化标准体系。同时也出现了不同部门组织制订的信息化标准不协调的情况。目前,中国的智慧城市建设依然缺乏科学、实用的城市信息化建设的总体框架和总体规划,也缺乏适合不同类型城市自身实际的建设与运行模式。对杭州来说,这些都是需要面对和解决的难题。

三、杭州智慧城市建设大运营模式构建

基于对杭州智慧城市建设和智慧产业发展状况的分析。我们构建了杭州智慧城市建设和智慧经济发展的战略模型,见图 1。

杭州智慧城市建设与智慧经济发展战略模型的总体思路是以"基础设施+应用服务+产业发展"三位一体为整体布局,以"党政机关、企事业单位、城乡居民家庭"三位一体为用户需求,以"规划设计、解决方案、设备供应、基础建设、运营维护、管理咨询"整体系统输出为内容,通过杭州智慧城市建设,按照以用促建的原则打造智慧经济。我们认为,智慧经济发展和智慧城市建设是相辅相成、互相促进的,整个智慧城市建设产业链条的发展直接作用于杭州智慧城市建设。同时,由于杭州智慧城市建设产业门类全,可以按照系统集成的理念对

用户层（党政机关、企事业单位、城乡居民家庭/中外游客）

	智慧应用（平安城市、交通、环保、医疗等）	应用层		政府			规划设计
智慧城市安全保障	公共服务平台、电子政务平台、数据中心	平台层	解决方案	网络和设备供应商 / 方案供应商			解决方案
	通信网、互联网、物联网、广电网	网络层	工程建设	集成商 / 工程商			设备供应 / 基础建设
	移动终端、RFID、智能卡、GPS、视频采集	感知层	内容服务	内容商 / 运营商			运营维护 / 管理咨询
				用户			

| 政府主导 | 企业主体 | 市场配置 | 科技创新 | 人力资本 | 金融风投 |

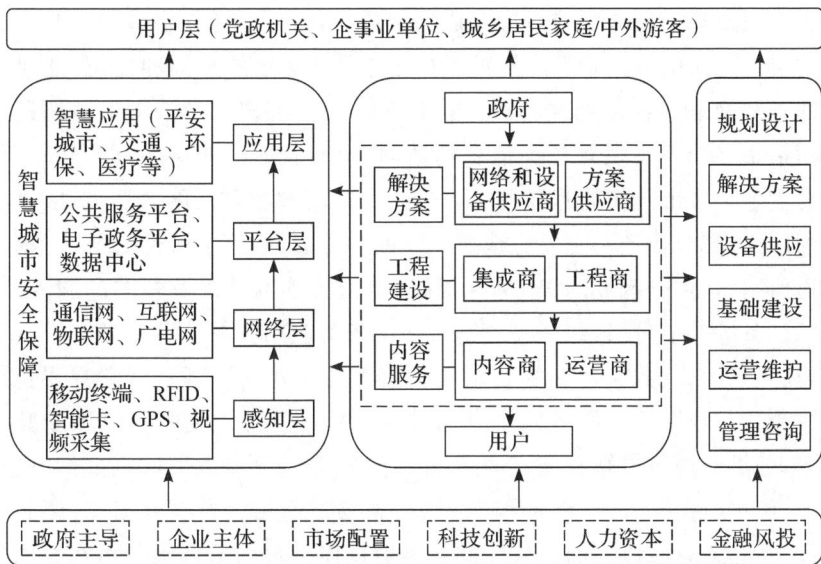

图 1　杭州智慧城市建设与智慧经济发展战略模型

外输出整体智慧城市建设解决方案。

（一）构建杭州智慧城市建设总体架构

智慧城市建设的模式有很多，方法有很多。无论是从技术层面还是城市规划层面，不同城市都有不同的解读。我们认为，智慧城市不仅是方法，也是一种道路，通过信息化的手段，以物联网、云计算、大数据等技术工具实现城市的智慧化管理、人民的安居乐业和经济的转型升级。具体来说，杭州智慧城市建设要主要围绕以下内容开展。第一，全面实现城市资源数字化、网络化。利用信息技术、物联网技术和互联网技术打造杭州信息中心，构建超强的信息感知、获取、交换、传送、存储与安全控制系统，为智慧城市与智慧产业打下坚实的软硬件基础条件。第二，城市管理智能化、虚拟化和服务化。改变传统城市管理与发展的思路，利用智慧技术和虚拟技术，实现城市各类资源智能化运行，如智能交通、远程监控、电子政务和云服务等。政府职能部门需向服务化方向转变，从而实现城市各类事务高效、和谐、健康地运行。第三，智慧产业快速提升，知识性服务产业居于主导地位。智慧城市不仅要"建城"，还要创造高端智慧产业，通过集聚智慧产业创新人才，发展智慧城市核心技术，重点发展泛在网、数字媒体、数字家庭、时尚创意设计、网络教育及知识性服务产业等，同时对外输出整体智慧城市建设解决方案。

　　智慧城市建设架构目前一般分成四个层次,分别是感知层、网络层、平台层和应用层。感知层,即"端"。感知层主要侧重于信息的感知和监测,通过全面覆盖的感知网络如各类光、电、声、热、湿度感应器,GPS终端,RFID设备,摄像头视频采集终端等实现对各类信息的透明、全面获取。网络层,即"管"。网络层由覆盖整个城市范围的互联网、通信网、广电网和物联网融合构成,实现各类信息的广泛、安全传递。主要有线及无线网络传输设施,包括通讯光纤网络、3G无线通信网络、重点区域的WLAN网络、微型传感网等以及相关的服务器、网络终端设备等。平台层,即"云"。平台层由各类应用支撑公共平台和数据中心构成,利用云计算、数据仓库等技术实现信息的有效、科学处理,它主要包括数据集成管理与数据信息服务两个方面。数据集成管理主要是指借助于数据仓库技术,分类管理组成智慧城市的数据库系统,涉及基础人口数据库、基础地理数据库、历史数据库、资源和环境数据库、旅游管理相关专题数据库、遥感影像数据库、视频资料库以及面向应用的主题数据库。数据信息服务指在数据集成管理的基础上,借助云计算技术,通过共享与服务平台为智慧城市经营管理与服务系统及决策支持与服务系统提供数据信息与计算服务。应用层,即"应用"。应用层涵盖城市生活、城市管理各个领域的综合、融合应用。应用层是智慧城市建设和运营的核心,主要进行数据处理、信息集成、服务发现及服务呈现等,为智慧城市的发展运营提供最直接的服务。智慧城市建设的应用层面包括:智慧企业、智慧交通、智慧电网、智慧物流、智慧环保、智慧金融、智慧旅游、智慧商贸、智慧教育、智慧社区、智慧家庭、智慧建筑、智慧楼宇、智慧医疗、智慧政府等方面。应用层以不同的形式与我们的生活发生关系,甚至可以说应用层涵盖了我们的生活。基于中央提出的集约、智能、绿色、低碳的目标,我们分别从民生、基础设施、管理、产业几个角度列举了智慧城市的应用需求,见表4。

表4　智慧城市应用需求情况

目标/需求	民　生	基础设施	管　理	产　业
集　约	政务服务 基本住房保障	地下管线与空间综合管理	城乡规划	产业升级
智　能	基本医疗卫生 社区服务 基本公共教育	城市公共信息平台 城市公共基础数据库 城镇水务 城镇交通	城市管理 政务服务与信息公开 城市安全 城镇应急 决策支持	现代服务业

续表

目标/需求	民　生	基础设施	管　理	产　业
绿　色	园林绿化 环保	绿色建筑 绿色小城镇	绿色小城镇	产业升级 绿色小城镇
低　碳	绿色小城镇	建筑节能 城市照明	现代服务业 绿色小城镇	

我们认为这四个层次的架构符合互联网和信息技术的自身搭建规律,作为智慧城市建设的基本架构,它可以是通用的。杭州的智慧城市建设总体架构在这四个层次的基础上,但在内涵和外延上都有了新的拓展。

第一,对四个层次的内涵做了新的补充。根据"基础设施＋应用服务＋产业发展"三位一体的整体布局,感知层、网络层和平台层属于基础设施;应用层属于应用服务。而智慧城市建设整体产业链条则属于产业发展。产业链条既是三位一体中的产业发展,同时也是智慧经济发展的核心内容,它位于战略模型图中心的位置。

第二,将智慧城市建设网络安全保障提升到新的高度。城市智能运行与管理是建立在智能平台和信息基础上的,并在此基础上形成融合市民数字生活、企业网络运营、政府整合服务的智能应用体系。智慧城市建设以物联网、云计算等大数据技术体系为支撑,数据信息巨大,并涉及政务、商业、生活等方方面面,一旦出现泄密等安全问题,后果将不堪设想。因此,智慧城市的信息安全问题不容忽视。这也是由我国从网络大国向网络强国转变的应有之义。

第三,明确了"党政机关、企事业单位、城乡居民家庭/中外游客"的三位一体作为智慧城市建设和智慧经济发展的用户层。党政机关和企事业单位需求很大,特别是现阶段中国智慧城市建设更多的是政府主导型的建设,无论是资金来源、最终用户,还是规划方案都是政府主导的。但是我们不能忽视智慧城市最大的需求必定是城乡居民家庭这个事实。因为党政机关、企事业单位的需求只有最终转化到居民家庭的需求上,才能落地和实现盈利。这也是智慧城市建设商业模式的难点所在。党政机关、企事业单位和城乡居民家庭这个"三位一体"的用户层解决好了,智慧城市建设的商业模式难题也就迎刃而解了。特别是包含游客在内的城乡居民家庭将会产生大量的应用服务需求,不仅会大大减少资金投入,而且能催生无穷的智慧应用服务。

第四,提出了智慧城市建设和智慧经济发展融合的要素禀赋。主要包括政府主导、企业主体、市场配置以及科技创新、人力资本、金融风投等。其中,政府主导、企业主体、市场配置作为基础性力量作用于杭州智慧城市建设和智慧经济发展。科技创新、人力资本、金融风投是重要的生产要素。六者相结合能够为杭州智慧城市建设和智慧经济发展提供有力的支撑。

(二)丰富杭州智慧城市建设产业链条

智慧城市建设的产业链条包含了智慧经济产业发展的全部内容。智慧城市产业链条发展与融合的关键在于行业协作、协同与创新,通过信息、技术、资源的交叉、渗透与重组,重构城市系统,并推动智慧产业集聚发展,形成智慧经济。杭州智慧城市建设产业链条一般包括如下环节。

第一,处于产业链上游的解决方案供应商和设备供应商。在智慧城市的建设过程中,上游主要是基础设施、硬件提供商、软件提供商。解决方案供应商利用自身的经验优势能够提供完整的行业应用解决方案、政府行业咨询和规划、项目建设方案及技术支持。同时,他们往往拥有非常丰富的系统集成经验,能够提供本地定制和服务的团队。设备供应商一般包含设备设计者、设备生产者、设备安装者。大型的设备厂商一般能够提供全面的设备设计和生产服务,这些设备是构成智慧城市建设的最基本的物质基础,同时也是物联网建设的基础。目前大型的设备供应商一般都具备提供大型和个性化解决方案的供应能力。系统集成的特征已经越来越明显。例如华三通信、海康威视等企业均为全国领先的设备供应和系统解决方案供应商。

第二,处于产业链中游的信息服务提供者,主要包括各种信息科技公司和网络运营提供商。信息服务提供者包含软件与应用开发、信息集成及传输、大型计算和云计算等功能。网络运营提供商主要提供项目投资、承建、运维,进而转售或租赁给政府使用的基础通信、宽带网络运营等服务。运营及服务提供商作为产业链的纽带,是重要一环。为客户提供统一的终端设备鉴权、计费等服务,实现终端接入控制、终端管理、行业应用管理、业务运营管理、平台管理等服务。如果说方案供应商和设备供应商提供的产品构成了智慧城市的骨骼,那么信息服务提供商就构成了智慧城市的精神脉络。目前,中游的智慧城市系统集成商开始从智慧应用领域走向智慧城市顶层设计,从部分应用小集成走向智慧城市大集成,试图建立标准和抢占智慧城市运营权,从而成为运营平台,实现数据变现。例如银江股份、浙大网新等企业。

第三,处于产业链下游的内容及业务提供商。这些内容和业务提供商主要提供行业化、本地化的内容信息,以及提供定制化业务服务,服务提供者是直接面对用户的一个环节,是智慧城市价值的最终实现者。主要包括内容提供(外部信息导入)、网络提供(数据传输)、云服务(数据处理与分析)、运维管理(日常运营与系统升级)。不同应用的运营商往往仅在自身所在领域利用专业优势积极参与运营,但不同业务和不同区域之间少有联通,运营高度分散。同时,现在运营盈利模式模糊,数据的挖掘和变现能力差。伴随文创经济和"天堂硅谷"的打造,杭州培育引进了一批有竞争力的内容和业务服务商。例如华数传媒和网易等。

　　智慧城市建设的产业链条不是绝对的。产业融合的发展和智慧城市建设的需求使得越来越多的企业开始拓展他们的业务领域,特别是沿着产业链向两端延伸。这使得很多杭州的信息企业,特别是某一领域的龙头企业往往在产业链条上各个环节都能找到位置。例如,海康威视不仅是传统意义上视频监控领域的全球龙头企业,为智慧城市建设的感知层提供视频监控整套解决方案。它也在不断拓展自身领域,开始利用其行业积累和业务能力涉足智慧城市整体解决方案。同时它根据市场的特征,敏锐捕捉到智慧城市用户层中最大需求必然是"城乡居民家庭"这一趋势,推出家用解决方案品牌"萤石"。因此可以认为,海康威视已经发展成为涉及智慧城市全产业链的龙头企业,具备全产业链系统解决方案供应能力。

(三)智慧城市建设与智慧经济发展融合

　　智慧城市是信息社会、知识经济向更高阶段发展的表现,智慧城市需要具备更强的集中智慧、发现问题、解决问题的能力,同时还应具备更强的创新发展与智慧产业集聚能力。智慧城市建设及智慧经济融合过程是一个资源自由配置、交互、结合的过程,核心是通过 IT 创新技术、信息整合能力和管理模式创新,将传统城市资源与城市建设与新型智慧产业交叉、渗透或重组,从而开创一种适合新型城市管理需求、经济发展,从而促进城市转型升级的融合性创新服务模式。

　　2011 年 12 月,第三届智慧城市高峰建设论坛在北京举办,会议提出了"分享智慧城市建设经验,谋划智慧产业发展蓝图"的主题,正式提出智慧城市建设与智慧产业协同发展的宏伟目标。因此,研究智慧城市与智慧产业融合发展路径,对促进城市经济转型升级、优化现代产业结构、建设创新型国家具有重大战略意义。

　　在智慧城市与智慧产业融合发展过程中,需要坚持开放、合作与自主创新相结合的原则,突破海量数据处理、智能终端系统和智慧产业支撑平台等关键技术;另外,政府职能部门也应转变城市建设与产业发展观念,制定智慧城市发展规划,出台智慧产业扶持政策,形成二者相互融合、相互促进的发展局面。智慧城市与智慧产业融合会产生众多创新成果,并会接受未来市场与实践的检验,广大市民与消费者既是智慧产业融合的最终受益者,又是智慧城市建设成果的评判者。在智慧城市建设和智慧经济打造的基础导向上,特别要坚持推进网络、终端、内容、平台、产业的"五大融合"。

一是变"网络分隔"为"网络融合"。要加快实现宽带通信网、数字电视网、下一代互联网的"三网融合",有线与无线网络的"天地合一"。集合无线技术、射频技术、通信技术、IT技术和网络安全技术,打破行业壁垒,实现三网(PSTN、HFC、IP)或多网合一,构建城市多维度、立体化、虚拟化的融合型传输网络系统,以实现无缝连接的网络融合。二是变"终端分隔"为"终端融合"。要打破手机、电脑、电视、城市信息显示屏之间的界限,实现以手机为基础的手持信息终端、以电视机为基础的家庭信息终端、以城市电视为基础的城市公共信息终端的融合。包括遥感设备、视频探头、无线设备、射频采集工具和手机等,将感知、采集、传输有机结合,采用高集成度、模块化设计,综合运用有线无线感知、智能化处理、有线无线传输等技术,实现智慧城市终端充分融合,达到无所不在、全面、透彻的感知效果。三是变"内容分隔"为"内容融合"。要打破部门之间的壁垒,实现通信类、互联网类、广播电视类及其他内容的共享。四是变"平台分隔"为"平台融合"。采用云计算、海量数据存储、安全控制和信息呈现等技术,运用面向对象、面向服务、面向模块的系统架构方法,实现系统管理、身份认证、隐私保护、安全控制等强大的平台管理功能,以达到智慧城市统一、强大、安全、可控的系统平台融合要求。五是变"产业分隔"为"产业融合"。通过合并、整合等途径,推动电信和广电两大行业携手并进;在智慧平台融合的基础上进行服务模式创新,实现政府管理、城市资源配置、智慧产业、创意产业、商贸服务业、金融、物流等一体化运营服务,并通过融合创新驱动,推动智慧产业快速发展。

(四)案例:杭州打造公共自行车系统输出整体解决方案

杭州的公共自行车公司就是一个典型的系统供应商。该公司能提供公共自行车规划、设计、技术、设备、服务、管理的整体系统集成解决方案。不断地向其他城市输出杭州的公共自行车系统。目前国内已有数十座城市购买了杭州的公共自行车系统。早在 2013 年交易额就超过 3 亿元人民币。

2008 年 3 月,根据杭州市委、市政府构建杭州公共自行车交通系统的要求,杭州公交集团组织实施了公共自行车交通系统的建设,并于当年 5 月 1 日投放 61 个公共自行车租用服务点、2800 辆公共自行车进行试运行,深受广大市民和中外游客的欢迎。其便捷、经济、安全、共享的特征,以及"自助操作、智能管理、通租通还、押金保证、超时收费、实时结算"的运作方式,使公共自行车已经成为游客和市民出行必不可少的城市交通工具及杭州"五位一体"城市公共交通体系的重要组成部分。

经过六年的建设,由于理念、运行管理、技术等方面优势,以及快速发展、集约规模势头,杭州市公共自行车交通服务系统形成了具有鲜明特色的杭州模式。第一,政府主导,公交运作。政府主导主要从规划、财力、法规等方面入手,以市公交集团为运作主体,该集团专门成立全资控股的杭州市公共自行车交通服务发展有限公司,具体负责杭州公共自行车的建设和运营管理。第二,公益定位,市场操作。实行基本免费,租用免费率达到 96% 以上,较好地解决公共服务均等化等问题。通过公共自行车资源的市场化经营、企业化运作,促进公共自行车持续健康发展。第三,纳入体系,政策保证。杭州市委、市政府下发《关于加强公共自行车交通系统建设和管理的实施意见》等文件,制定《杭州市公共自行车交通发展专项规划》,将公共自行车纳入杭州"五位一体"大公交体系。第四,市民支持,便民利民。杭州公共自行车赢得了社会各界的广泛认同和支持。一些政府机关、党群组织专门组织志愿者队伍,到各公共自行车服务点开展义务修车、咨询等服务工作。第五,技术先进,管理科学。杭州公共自行车系统运用物联网技术,同时通过科学管理,提升品质,尽最大努力满足市民和中外游客的租用需求。

该系统拥有多项专利,并获得住房和城乡建设部华夏建设科学二等奖、浙江省十大民生工程、新时代"杭州创造"十大创新成就奖等十多项荣誉。2011 年 9 月,杭州成为中国唯一被英国广播公司(BBC)旅游频道评为"全球 8 个提供最棒公共自行车服务的城市"之一。2013 年 10 月,美媒"活动时间"网站选出全球最佳 16 个地区公共自行车系统,杭州公共自行车系统名列全球第一。

系统作为杭州的又一张金名片已声名远播,国内 300 余个城市领导者先后来杭实地调研,纷纷邀请相关部门到当地协助建设公共自行车系统。杭州公交集团于 2009 年成立了杭州金通公共自行车科技开发有限公司,公司秉承"致力理念推广 打造城市家具 协助政府建设 树立杭州品牌"的系统研发、推广及应用经营理念,依托杭州先进的理念、成熟的模式、丰富的运营及其持续的研发,系统已先后在全国21个省(自治区、直辖市)的70余个城市落地并生根发芽,尤其是已经承建了10个省会或副省级城市,包括太原、呼和浩特、兰州、哈尔滨、天津滨海新区、贵州、青岛、厦门、宁波、北京等城市的系统开发和建设工作,完成了系统的本地化定制开发和建设,实现了"杭州模式"的发扬光大。

目前杭州公交的公共自行车系统已经成为多个全球第一,即:杭州公共自行车服务公司运营的系统成为全球最大规模的公共自行车系统,包含3108个服务点、7.8万辆自行车;金通科技协助山西太原建设公共自行车系统日均租用量达到38万人次;杭州公交输出的系统和模式在全国成为最大的系统,日均服务量突破110万人次;成为全球第一个实现公共自行车碳交易和碳方法学开发的企业,并已完成首次试点交易并启动系统碳方法学开发。

四、杭州打造智慧经济促进转型升级的对策建议

根据以上的分析,结合杭州智慧城市建设与智慧产业融合发展路径,以及市场需求、自身条件、产业基础与资源优势,合理进行城市功能定位,在有效整合与创新的基础上,将新型城市化道路与智慧产业发展和谐、高效地结合起来,并基于系统集成的视角,我们提出杭州打造智慧经济促进转型升级的对策建议。

(一)系统梳理智慧经济产业门类

21世纪以来,杭州以"天堂硅谷"建设为重点,大力发展以信息产业与互联网经济为特色的高新技术产业,打造了"高新技术产业基地"和"电子商务中心"。在全市上下集中力量发展信息经济和智慧经济的大背景下,应对以信息产业与互联网经济为主体内容的智慧经济产业门类按照进行系统梳理,既从硬件设备制造、软件和信息服务、系统集成、运营服务的产业链角度进行分类,又要按照智慧城市建设感知层、网络层、平台层、应用层、用户层的系统框架角度进行分类,同时要有针对性的制定发展和招引政策。对于处于全国领先地位的产业门类继续加强政策支持,鼓励其打造世界级的产业;对于较为薄弱甚至缺乏的产业门类,应加强扶持和招引力度。力争在现有智慧经济产业门类基础上,实现"强者恒强,弱者变强,从无到有"的智慧经济产业全覆盖的格局。

(二)推动搭建智慧经济发展平台

加快推进以智慧城市经济为载体的智慧城市建设,打造全国智慧城市规划、设计、技术、设备、服务、管理、营运的系统供应商,使杭州成为基础设施最先进、技术水平最高、城市数据最开放、信息服务创新能力最强、智慧城市应用最普及、智慧产业最集聚的城市,为其他城市的智慧城市建设提供整体解决方案,从而形成中国智慧城市建设的杭州模式,特别是智慧城市的商业模式,为最终在中国实现智慧城市可持续发展奠定最坚实的基础。建议由市委市政府组建专门企业,推动建立智慧城市建设系统集成平台,主要承担杭州智慧城市建设的投资、融资、建设、运营和智慧城市基础设施国有资产管理等职能。

(三)编制系统供应整体解决方案

按照智慧城市建设网络层、感知层、平台层、应用层、用户层的系统框架,并根据三类城市规模进行相应的顶层设计,编制三套通用版本《智慧城市建设系统供应整体解决方案》,分别应用于大型、中型、小型城市的整体智慧城市建设,并能在为某些城市做具体智慧城市建设顶层设计时根据该城市实际进行调整。通用方案既要有智慧城市顶层的设计,又要凸显杭州智慧产业的要素以及杭州智慧城市建设的特点。相应层次和产业链条的位置可以有针对性地展示杭州的相关企业。这样一套整体解决方案既能增强杭州智慧产业系统输出的说服力,又能使杭州对自身智慧产业发展和智慧经济打造有更加全面而清晰的认识。

(四)加强智慧产业技术协同创新

围绕智慧城市建设的发展需求,鼓励创新主体开展关键技术的研发,强化物联网和云计算等重点技术领域自主研发,重点突破传感器、海量数据存储与处理、智能信息处理、超大规模并行计算、透明计算、海量数据智能搜索与分析、音视频智能识别与分析等关键技术。支持高校、科研院所、企业在杭州设立智能设备研发和检测机构,鼓励它们开展联合技术攻关,吸引国外智慧产业领域的机构共同合作,实现技术溢出效应。通过重大成果项目带动和市场化利益共享机制建立技术创新联盟,实现企业之间的创新优势互补,力争掌握共性技术。

(五)加快推行一区多园发展模式

吸收借鉴杭州发展文化创意产业的模式,特别是十大文创产业园区发展的经验,解决智慧城市经济产业园区的用地问题,使园区成为杭州发展智慧城市经济的"孵化器"和主战场。一旦园区建设规划出台,就必须在用地指标和征地拆迁上予以保证。在杭州智慧城市建设先行区试点方面,建议形成杭州城区层面"1+3"的试点模式。其中,高新区(滨江)作为智慧城市的新城区试点和重中之重,结合创建"新一代网络技术与产业国家自主创新示范区",突出智慧城市经济的产业特色。上城区作为智慧城市建设的老城区试点,依托思科公司中国总部,开展智慧城市应用服务进党政机关、企事业单位和居民家庭的全面试点;拱墅区作为物联网进楼宇的试点,依托中国(杭州)智慧产业园和物联网产业园,开展智慧楼宇、智慧园区建设试点;丁桥镇作为智慧城市建设的试点镇,推动智慧城市建设的全方位探索。

(六)建设市区两级创业孵化器

在杭州智慧城市孵化器建设上,要进一步扩大创业孵化基地规模,加快创业孵化基地建设步伐,引导社会力量投资举办创业孵化基地,鼓励广大创业者自主创业,吸聚创新创业人才,将杭州打造成创业活力竞相迸发的创新创业之城。一要加强杭州高新技术开发区的智慧经济孵化器建设。充分利用滨江区名列全国前茅的比较优势、竞争优势和产业优势,打造孵化规模大、孵化效率高的市一级孵化基地。二要抓紧建设区、县(市)级孵化器。各区、县(市)要结合这一轮杭州大力发展信息经济和智慧经济的契机,利用本地优势打造各具特色的信息经济专业化创业孵化基地,为各类创业人才提供发展平台。充分利用现有闲置腾空房产或商务楼宇等资源,建设一批融孵化条件好、承载力强、融创业指导服务为一体,涵盖各类创业群体的创业载体。此外,还要大力鼓励企业创办孵化器。

(七)发展技术风投和交易平台

近年来,我国风险投资得到了较快的发展,但是与发达国家相比还有很大差距。风险投资大大加速了企业的成长和科技成果的转化,培育出了一批像IBM、英特尔、微软、思科这样的世界级高科技企业。随着资金退出和套现渠道地不断拓宽,拥有强大实力的社会资本真正成为高新科技成果转化、科技企业发展的动力源泉,诸如信息科技这样的高新技术必然成为风险投资追逐的对象。可以说,风险投资是智慧经济发展的助推器和催化剂。杭州要更好地发展信息经济和智慧经济,促进城市转型,就必须重视发展技术风投和交易平台,出台有利于风险投资发展的政策措施。同时要加强风险投资人才的培养和引进，建立健全风险投资中介服务体系。

（2014 年"城市休闲与新型城市化"专项课题）

参考文献：

Peter E. Drucker. The Theory of the Business[J]. Harvard Business Review，1994，72(5).

陈山枝.关于我国推进智慧城市的思考与建议——从我国社会经济发展及转型的视角[J].电信科学，2011(11).

程扬.经济发展的新趋势——智慧经济[J].岭南学刊，2010(3).

冯茂岩，蒋兰芝.浅谈"智慧城市"与"智慧产业"发展——以南京为例[J].改革与战略，2010(9).

傅白水.智慧经济引领浙江决胜未来[J].政策瞭望，2014(7).

胡锦涛.在中国共产党第十八次全国代表大会上的政治报告[R].北京：人民出版社，2012.

李德仁，邵振峰，等.从数字城市到智慧城市的理论与实践[J].地理空间信息，2011(6).

刘渊.新工业革命是一次重大发展契机[N].南方日报，2012-10-20.

骆小平."智慧城市"的内涵论析[J].城市管理与科技，2010(6).

毛光烈.加快建设智慧城市，全面提升社会经济发展水平[J].宁波经济，2010(11).

沈明欢."智慧城市"助力我国城市发展模式转型[J].城市观察，2010(3).

史璐.智慧城市的原理及其在我国城市发展中的功能和意义[J].中国科技论坛，2011(5).

王国平.城市学总论（全三卷）[M].北京：人民出版社，2013.

王国平.城市怎么办（全十二卷）[M].北京：人民出版社，2009.

王国平.以智慧城市经济为载体，推动杭州智慧城市建设[J].管理工程学报，2014(3).

王世福.智慧城市研究的模型构建及方法思考[J].规划师，2012(4).

王永昌.总体部署推进智慧城市建设，兼谈智慧城市建设的决策机制[J].智慧城市，2012(5).

乌家培.网络经济及其多经济理论的影响[J].学术研究，2000(1).

邬贺铨.智慧城市、数字城市与智能城市[J].创新视点，2011(5).

吴标兵，林承亮，许为民.智慧城市发展模式：一个综合逻辑架构[J].科技进步与对策，2013(5).

谢月娣，高光耀.关于提升宁波智慧城市建设水平的几点思考[J].三江论坛，2012(2).

许庆瑞，吴志岩，陈力田.智慧城市的愿景与架构[J].管理工程学报，2012(4).

严恒元.欧盟:智慧城市是城市化发展的高级阶段[N].经济日报,2011-8-23.

张云霞.智慧城市,城市未来解决之道[J].中国电信业,2012(2).

庄渝霞.智慧经济:和谐社会下经济发展形态的一种新分析[J].发展研究,2005(6).

沿着艺术史的路线复原历史城市景观：
基于"智慧城市"与"艺术城市"的互动视角

朱　平*

一、引　言

（一）研究概述

英国城市与区域规划大师彼得·霍尔（Peter Hall）曾定义了世界城市的全球模式，城市要创造条件，提供技术、环境和社会发展的必要前提，才能真正把"宜居"和"创新"完美地结合在一起，这其实正隐含着"人文"与"智慧"对接的创造性构想。目前，我国四大城市的建设目标分别是香港致力于"创意城市"建设，打造亚洲创意之都；台北提出"创意台北"口号，申请加入全球创意城市网络；上海的城市定位是"国际文化大都市"，以海派风格影响全球；北京则志在进入"世界城市"，成为代表中华文化的地理标志。正如法国社会学家皮埃尔·布尔迪厄（Pierre Bourdieu）所云，具体文化政策的生成往往会体现出与其独特的个性"场域"（field）因素相关的特征。城市凭借其规模和连通性上的优势，在激发区域竞争力等方面起到引擎作用。2014年8月，世界经济论坛发布《城市竞争力报告》，归纳了对城市竞争力具有长期影响的六大全球性趋势，这六种趋势之一即治理体系，与经济、技术和社会治理的活力相比，文化治理领域相对平静且效率不高，尤其是在新兴国家，而亚洲等地区即将迎来新一轮城市化热潮，如何提高城市竞争力，确保可持续发展，并发挥城市最大功效已成为关键性议题。

＊　杭州国际城市学研究中心、浙江省城市治理研究中心。

提升地方政府的文化治理能力，以更加有效地对接科技创新，应当是突破这一瓶颈的重要路径。

本文关注"智慧城市"与"艺术城市"的互动机制，着眼点是沿着艺术史的路线复原历史城市景观（HUL）。在当下新型城镇化的语境中，尤其应当重视中央城镇化工作会议所提出的"人文城市"与"智慧城市"的概念及其发展模式。城市的认同机制一般由两种体系来达成，一是依靠法律和政治来构成秩序，强化认同；二是借由文化和艺术来创造共识，深化认同，两者协同互动孕育出和谐的社会氛围，这是文化治理的根本，也是"艺术城市"的灵魂。创新型文化城市的建设与治理，可以说是国家软实力建设的重要支柱。在实际的城市社会生活中，民众主动接纳、协调根植本土的文明价值、审美追求、人文理想的活跃性，正体现出这个城市中个体观念与公共观念的有机融合程度。我们可以从近年来专家学者对功能城市、文化城市、人文城市概念的阐释脉络中厘清城市发展的线性进程。

首先是"功能城市"向"文化城市"的发展研究。国家文物局原局长单霁翔提出仅仅从功能的角度来规划城市，无法满足人的现代发展需求，对从"功能城市"走向"文化城市"的发展路径进行了宏观阐述，如今这已成为新型城镇化亟待破解的一个核心课题。[①] 他更提到必须以文化战略的眼光对城市文化遗产进行全局、宏观、战略和发展的思考和分析。[②] 上海交通大学城市科学研究院院长刘士林则提出文化城市正在成为中国城市实现可持续发展的重要选择，然而却缺乏科学可行的应用研究。[③] 此后，他又进一步总结道，文化城市是最能体现人类文明发展高度、最适合人居需求的新型城市。[④]

其次是"文化城市"向"人文城市"的进阶研究。中共中央党校文史教研部文化学教研室教授陈宇飞较早地将"人文"概念引申应用于对城市发展质量的评价，并审美地解析城市文化传承规律及大众社会心态。[⑤] 他还从历史与未来、

① 单霁翔. 从"功能城市"走向"文化城市"发展路径辨析[J]. 文艺研究，2007(3)：41-53.

② 单霁翔. 城市文化遗产保护与文化城市建设[J]. 城市规划，2007(5)：9-23.

③ 刘士林. 文化城市需要一个"操作系统"[N]. 社会科学报，2007(6)：7.

④ 刘士林. 文化城市与中国城市发展方式转型及创新[J]. 上海交通大学学报（哲学社会科学版），2010(3)：5-13.

⑤ 陈宇飞. 人文城市理念的中国化实践初探[J]. 中共中央党校学报，2011(5)：59-63.

传统与现代、特质与共性等结合上提出建设中国特色世界城市的对策建议。①
刘士林则认为我们需要做出路线清晰、目标明确的人文城市规划建设总设计，
以有效制约、规避各种非理性、缺乏远见的舆论和行为，最终"人文城市"的提法
正式出现在了国家新型城镇化规划的书面文件中。② 我们对此的理解是，人文
城市是文化城市的终极目标，是艺术与科技融合的美丽城市的最高境界，借由
艺术的路径来实现文化城市的终极目标是本课题研究的出发点，而具体的方式
则是力求与"智慧城市"建设目标与过程紧密结合。

互联网时代的本质是连接，文创产业的重心是附加值，智慧连接让通路更
顺畅，艺术附加值让产品有温度，文创软实力和科技硬功夫让城市变得更有活
力、更有情趣。在城市的营造与成长过程中，民众所秉承的思想、精神对城市的
形塑能力非常重要，这就是我们所称的城市的文化能力。提升复合的文化能力
而不是简单的文化实力，它所看重的并非一切追求大型的文化建筑，热衷大型
的文化活动，而要视具体城市的情况而言，对大多数城市而言如此的结果只可
能造成城市面貌和文化形态的千篇一律。由此，我们在"人文城市"的大框架下
细化出具备可操作性的"艺术城市"概念，并试图将其与"智慧城市"的规划建设
相对接。

艺术城市是一个较新的提法，虽然众声喧哗却缺少明确的学理界定和建设
标准，且已有的相关论述几乎全都片面地将其与一般的公共艺术相关联，没有
触及其多元化特色和审美性特质，目前只有北京印刷学院文化产业管理系教授
刘彤等人阐述过"艺术城市"是一个城市综合运用各种具有历史、文化、民族意
蕴的艺术元素所形成的体现该城市在世界范围内"唯一"性的鲜明的城市符号，
但又未及展开。③ 相关著作则仅有上海国际艺术节中心总裁陈圣来等所著《艺
术节与城市文化》，不过他是从艺术节的单一视角来谈文化城市建设的，而且主
要针对少数国际性大都市的创意文化，不具有普适性。我们认为的"艺术城市"
建设应当围绕城市本身的历史文化而展开，它的指向是体现中国美学精神的源
与流，是审美性的历史文脉延伸，而且在"智慧城市"发展路径上具有了与之耦
合的最大可能性。

---

① 陈宇飞. 人文城市理念与中国特色世界城市建设[J]. 中国特色社会主义研究，2011
(5)：75-79.

② 刘士林. 关于人文城市的几个基本问题[J]. 学术界，2014(5)：32-35.

③ 刘彤，蒋骏雄. 艺术让城市更美好——浅谈"艺术城市"概念[J]. 中国文化产业评
论，2011(2)：89-101.

智慧城市是新型城镇化的标志性动力,我国大约在 2010 年开始了"智慧城市"的建设,而学界和媒体界对"智慧城市"的讨论则在 2013 年开始成为高频焦点,2013 至 2014 年两年中国知网上的相关文章每年均达到 1200 篇以上,但绝大多数都是从各个角度和层面探讨智慧城市的基础要素、运行管理、公共服务、技术支撑、法律保障、评估六大体系,且基本上无出政务、经济、资源、能源、交通、环境等各类信息系统及其运行管理,极少见到文化方面的目标集中、指标明确、体系鲜明的具体内容。仅有如上海交通大学媒体与设计学院张书成教授直接提及"智慧城市"已从起初的商业性需求扩大到更多的公共服务领域,需要从人文城市的高度加以观照。① 其实智慧城市顶层设计中就包括资源环境、基础设施、信息设施、科教文化和应用集群五大功能平面,只有集中联动才能充分发挥"智慧城市"规划建设中"信息流"的价值,文化的功能和作用不可或缺,然而目前却基本处于缺席状态,其艺术表征亦无从谈起。

建设一座特色鲜明的"艺术城市",必须注重围绕在地文化尤其是城市文化遗产来进行,然后通过"智慧城市"所提供的技术平台,将宁静的历史气质与热切的现代活力相融合,对优雅精致的生活品质进行创新设计,多元叠加当下的生活情境,这样才能获得今天社会大众的认同。换句话说,就是既保留旧有的基因,又能对接崭新的时尚,呈现出时尚的"复古"气息,而非单调的仿古保护。城市的每个角落都潜藏着弥足珍贵的历史生活经验和传统地块特色,这些丰富的生活情境是可以被生动地勾勒出来的,比如把中山路"南宋御街"精心打造成为南宋文化记忆场所一条街,便能有效地建构起一个亲密有趣的"黏性都市"(adhesive city)景观。城市有机更新的基本形态,应当是"文艺心"与"科技核"相互嵌套的双子模型。

(二)研究目的与意义

王国平在第二届杭州世界文化遗产国际会议上作的主旨报告《保护历史城市景观,让城市因历史而美丽》中高屋建瓴地指出,历史文化遗产使一座城市鲜明体现出区别于其他城市的差异性、独特性、唯一性,丢弃那上面的年轮也就切断了她的文脉,是自毁城市的特色和美誉度。文化能力与城市治理密切相关,而沿着艺术史的路线厘清城市艺术的历史渊源、发展脉络、基本走向,破译城市文化基因,赋予其时代内涵与崭新形式,可以有效地延续传统的现代生命力。

---

① 张书成."人文城市"理念为智慧城市建设解围[J].学术界,2014(5):37-40.

杭州作为历史文化名城，应当而且完全可能成为推进文化与科技融合的典范城市。在"移动互联融通共享，文化科技融合共生"的基点上，我们所设想的"智慧城市"与"艺术城市"耦合发展模式，也正契合了创意经济时代两者协同发展的大趋势，并且能够被建构成为与北京、上海完全不同的杭州模式，我们的实践理念就是"智慧建城，艺术兴市"，突出城市文化遗产展示中的艺术效应，同时借助智慧科技的优势扩大城市文化遗产的艺术影响力，从而有力地推动文化遗产的保护利用，通过历史城市景观的营造促进城市生活品质的提升，带动产业升级、板块增值、人才集聚，最终达到文化与经济发展的双赢效果。

2015年12月，位于南京中华门外、明城墙畔的南京大报恩寺遗址公园正式开园，千年大报恩寺琉璃塔在遗址上方作为保护建筑"重获新生"；同月，北京左安门角楼复建工程竣工，它与明城墙角楼、前门箭楼、永定门城楼共同盘绕天坛，形成"一坛居中、四楼盘绕"的壮美景观。以设计为导向的历史城市景观，大大提高了城市文化遗产被艺术解读和保护利用的可能性。杭州有人类活动的历史可以追溯到4700多年前的新石器时代；而仅从城建角度来看，也至少有2300多年的历史。然而，杭州至今还没有公认的城徽、城标、城旗、城色、别号、昵称、吉祥物之类的城市创意标志。我们设想可以借助富有特色的城市文化遗产，尤其是南宋皇城和临安都城遗址，如果能有效地结合传统特色与当代创意，将助力杭州成长为具有鲜明在地文化色彩的"全球城市"。从城市形象的角度，我们需首先揭示南宋文化的价值内涵，并在此基础上转化成为城市形象的符号、标识等外在形式。无论回眸历史，还是检阅现实，甚至眺望愿景，它的称呼似乎应当定位于"南宋古都，艺术名城"（vanguard city）。站在新的历史高度，"艺术城市"建设在当今"互联网＋"时代的语境下，应该是一种立体复合的发展模式，即将我们生活的城市打造成为知识创新、创意领先、文化多元的智慧生活中心。在杭州未来的城市发展进程中，要力争使上述三个重要方面居于国内领先水平。

首先，知识创新是全球城市区别于一般城市的价值体现。作为中国七大古都之一，杭州要培育"海纳百川"的文化精神，将科技、经济、教育、艺术等产业融会贯通，让城市文化生产与传播借助产学研一体化以及信息化技术研发扩大在世界城市网络中的地位。

其次，创意领先必将为城市发展提供更多的创新动力和灵感源泉，它不仅催生高附加值的科技产品的设计，也带动着具有现代管理与经营的创意设计，保护利用好南宋文化遗产，把杭州打造成为"南宋古都，艺术名城"，会更加快捷有效地提升杭州的产业竞争力。

再次，杭州正面临着如何提升"城市跨文化交际能力"的重要命题，尤其是提高全社会和民众对于区域传统文化的认知程度，以南宋皇城大遗址公园为契机建设新时代的艺术之城，提升城市生活品质，集聚优秀人才，为杭州城市多元文化空间的建设贡献智慧和才能。

目前，杭州正在积极推进信息化—工业化深度融合，大力发展智慧型经济。未来 30 年，杭州将继续朝着国际性艺术城市目标迈进，"智慧城市"建设对基于传统文化资源的文化创意产业的带动作用，以及由此而来的城市文化创新，将为"中国梦"的实现做出更大贡献。

以杭州的文化遗产保护利用为例，为了更好地传承南宋文化，凤凰文化创意小镇应运而生。市井与商业巧妙融合的街巷文化，再加上各种艺术元素的点缀与艺术线索的贯穿，显示了一种人文资源和经济发展互动共荣的良好氛围。位于南宋皇城遗址地界内的凤凰山东麓，是杭州老底子气息最浓郁的地方，梵天寺经幢、栖云寺、圣果寺遗址、万松书院、老虎洞修内司窑址等名胜景点散落其中。然而这里的文创小镇却充满着年轻活力与创意气氛，比如"凤凰御元艺术基地"、凤凰公社、LOMO 创意谷、凤凰 1138、风铃 45、劳伦斯等文创产业园区，就兼具文化遗产的古旧与艺术工作室的时尚，是很多年轻人街拍的首选之地。以年度杭州美术节为核心，展示南宋文化景观的"皇城根下艺术之旅"融汇了各种非遗工艺体验活动与南宋书画、瓷器、钱币展，"一天穿越梦，千年宋宫城"，古色古香携手青春飞扬。[①] 可见，艺术的路径确实是推动城市文化遗产保护利用的最佳手段。

通过艺术的路径来延续和凸现城市的文脉，注重在城市发展中切实做好每一个景观要素的艺术史信息保护与管理，并借由智慧型科技的平台将其恰当地、生动地融入城市历史文化的展示之中，促进城市、社区、民众的群体凝聚（group cohesiveness）和身份认同。为什么要沿着艺术史的路线来厘清区域艺术资源呢？因为本乡本土的艺术家在文化名人群体中的认同度是最高的，因为人本身都有一个追求"雅"的文化情结，而这种雅正源于人对于美的普遍追求，它是城市人文性的直接体现。王国平明确指出，建设美丽城市、美丽中国，关键在于加强城市管理者对于美的理解，城市管理者必须有正确的审美观，我们需要更多的专家型城市管理者或者说"城市管理艺术家"，重塑包容、多元、流动的

---

① 周懿，赵丽莎."2015 杭州美术节·皇城根下艺术之旅"启动[N].美术报，2015-12-5(4).

文化土壤，并使之成为未来理想城市建构的人文底色。本文试图探索如何借力智慧型城市建设，以强烈的视觉表征展示传统艺术和美学在特定城市区域上的投影，创造出在审美风格上只属于这座城市，同时又具有中国文化气韵的特色景观，生动营造一个传统遗产价值与现代社会功能互动共荣的城市文化空间。

（三）研究背景与价值

《国家新型城镇化规划（2014—2020）》提出"注重人文城市建设"，既昭示了中国城市建设更加注重人文内涵的重大转型，也是中国新型城镇化战略的点睛之笔，代表着我国从经济型城市化向文化型城市化的重大战略转型。2014 上海交通大学"城市科学春季论坛"就以国家新型城镇化规划中首次提出的"人文城市建设""智慧城市建设"为核心议题，我们认为两者的结合正是"美丽城镇"的题中之义。然而，"人文城市"是一个界定宽泛的概念，"文化城市"则在内容上包罗万象，与"智慧城市"建设在系统对接上有一定的障碍，也就是说实际操作的可能性较低，相比较而言"艺术城市"（artistic city）却可以最大限度地成为与"智慧城市"（smart city）互动共融的组合对象和联结桥梁。

全球化不断消解地方性特质，城镇化大力推进在此大背景下保存传统文化，避免因为同质化（homogenization）而失去自我特色的困境和危险，重视多元特性避免文化单极化，但必须适应大趋势，在更新过程中借助现代化催生新的本民族、本地域文化特质，以更好地生存与发展，包括艺术空间与景观及其所包含的民族表演、民间工艺、民俗文化等内容。尤其是要重视传承场所的存续，避免过度旅游开发导致的"空心化"，以及"无根化"即组织结构上的破坏和摧毁，以开放的制度激发当地民众的文化认同，促进主体自觉进行传统文化保护。在激活传统和唤醒地方性的前提下，进行适度的保护利用，以具有可持续性的艺术遗产观光，通过艺术形式的介入，在商品化过程中实现文化产品创新与转型。商品化不一定意味着扭曲、变形和失去灵魂。从艺术角度普及文化相对容易，因为年轻人往往也是艺术爱好者，借由媒体合作构建在地文化信息高速公路，倾听本土人的心声，尊重其能动性的发挥，可以与外来群体协调共赢，即以本土社会、地方知识给养外部社群，更好地促进文化融入。

1. 理论价值

历史城市景观在广义上包括人文和生态景观，人文本身的概念要大于文化，而文化的范畴又大于艺术，文化向上延伸达到人文的高度，向下则探及艺术的平面。将文化置于城市发展战略的突出位置，将其作为城市振兴和竞争力提升的重要环节，是许多国际性大都市的战略选择。相比"人文"和"文化"，"艺术"在当今时代最具有传媒性、公共性特征，其操作性、实效性更强，因此也最具活力。在新型城镇化背景下，文化遗产保护成为文化城市建设的主要内容，我们完全可以此为出发点，通过艺术思维、手段、模式的介入，借由智能化的信息平台，建立起基于系统性原则对城市尺度内的文化遗产进行整合保护，最大限度地复原历史城市景观，有效避免由于现代城市肌理的隔离效应而出现的历史城市景观碎片化、孤岛化现象，即以城市（区域）艺术史为主线，将散落分布的多种文化遗产通过视觉美学形象系统整合形成有序的体系，有机嵌入智慧城市的信息网络，最终形成文脉传承与城市发展齐头并进的和谐局面，生动打造具有浓厚历史文化内蕴的美丽中国城市品牌。从"智慧城市"的内涵、特征来说，"智"就是智能，"慧"则是灵慧，两者正具有文化与科技两相嵌合的审美内涵和语义特征，不过文化的外延太过于宽泛和庞杂，在具体实践中复杂性和难度也比较大，因此将视野聚焦于艺术的层面，以传统艺术和当代美学的复合视角进行分析和综合，有效性和持续性会比较突出，在此基础上所探讨的"艺术城市"与"智慧城市"的互动机制就是我们的愿景。

2.应用价值

基于以上理论价值，我们试图从艺术与科技的互动视角，阐明在实践中如何使得具有历史底蕴和美学特质的城市文化遗产不再成为城市管理者的政绩包袱，而转变成城市发展的重要资本和动力，尤其是借助智慧城市的基础设施建设实现更好、更精确的网络式、数字化嵌入。人文城市是美丽城镇的最高境界，文化城市是美丽城镇的规划蓝图，而艺术城市则是美丽城镇的具体表征，如上所述，艺术既可以作为具体内容应用于城市建设实践，又可以作为具体手段将文化的其他内容进行艺术化的处理。文化遗产的最大特点就是城市历史记忆、社区传统底片的主要载体，因而具有稀缺性、脆弱性和不可再生性。我国的诸多历史文化名城（镇）拥有丰富的艺术文献和具有代表性的艺术作品，可以凭借智慧城市体系建设中的各种支撑平台，选择具有典型文化意义和人文价值的艺术区块（片组、群落），连接已有和待开发的旅游景点（尤其是一些原本湮没无闻的文化遗址，不仅要对它进行风貌保护，而且在智慧城市建设中可以更好地将其作为基础设施，全面考虑其新的用途、功能，设计无破坏性的有文化特色的创新活动项目，精准有效地嵌入智慧城市的公共文化服务体系），开发传统文化特色鲜明的城市艺术人文旅游精品路线，或以此串联周边区域的文化旅游资源，实现良好的区际联动，并通过智慧型信息管道与移动互联平台进行智能推广服务，即牢牢把握住国家新型城镇化规划中提出的人文城市、智慧城市的大方向，努力建设智慧型的"艺术城市"，扩大中国特色美丽城镇品牌的感召力、辐射力和影响力，推动艺术中国形象的对外传播。

许多国家如今都在探索如何把城市文化遗产带入到公共空间，使民众能够在美好的城市生活体验中，以一种更积极的姿态融入城市化的语境。可以说，借由艺术的途径和方法，未来城市空间的拓展具有了无限的可能。尤其是在老建筑和历史街区的改造和更新过程中，艺术元素的参与必定是激活历史的重要手段。而运用智慧科技的平台，城市空间的营造将不再是少数专业人士的事业，社会参与度会极大提升。城市的规划设计是一门让城市更美好的艺术学科，今天它已不再是少数人群的专属艺术，而是全体民众共同创造的艺术，每个人的责任都是要让其生活的城市变得更美好。当代城市管理者需要做的，是号召与组织公众积极介入城市微空间（micro space）的更新，鼓励他们运用自己的智慧激活那些散落在社区、街巷中的不规则、小尺度空间，运用各种奇思妙想将其改造成有活力的文化空间。① 也就是说，充分发动社会大众参与寻找这些原本灰色的"失落空间"并且对其进行创意设计，协助地方政府和公共机构改善城市文化风貌，提升城市生活品质，促进城市健康发展。

（四）研究目标与方法

2013 年 12 月，习近平总书记在中央城镇化工作会议上再次强调文化遗产是提高城镇建设水平的重要资源优势，那么如何可以最大限度地将城市历史古迹及其文化习俗等软实力资源进行可视性审美物化，并且通过对其进行加工、包装、整合，使其转变为一种可以进行市场交易并且能够带来经济效益的公共美学产品（具有"审美经济"属性的商品）呢？我们认为未来的研究和实践趋势就是借力"智慧城市"的建设，通过科技手段和智能设施实现城市（镇）文化遗产与创意产业的相谐互动，而我们的研究思路就是从"艺术城市"和"智慧城市"的互动机制着手，探讨营造个性鲜明、风味独特、技术先进、媒介发达的艺术城市，不断提升中国城市品牌的文化效能和美学价值的建设性措施，这也是国家竞争力中软实力的重要组成部分，亦是中国特色"美丽城镇"的发展目标与重要路径。我们的主要研究方法如下：

（1）在注重城市艺术史本身的主流概念之外，本项研究也使用城市艺术地

---

① 侯晓蕾，郭巍.关注旧城公共空间·城市微空间再生[J].北京规划建设，2016（1）：57-63.

理视角对其做一个有益补充,两者的结合不仅大大扩展了城市艺术资源的记忆库,并且能够深刻揭示出全景性的历史城市的艺术面相,使城市历史景观借由艺术城市—智慧城市复合路径进入媒介视野和社会记忆,向大众生动地阐明特定城市艺术的复杂性和多元性,尤其是本土传统(indigenous traditions)、跨文化(transculturation)、异质混搭(mestizaje)等问题,提升"美丽中国"城市品牌的影响力。

(2)利用"智慧城市"建设的技术优势创设多模态城市艺术传播形态,展示特定城市艺术空间自身的结构变迁、边界转换、立场交互及其特殊性、多样性和审美性,尤其是城市(区域)艺术观念的扩散(diffusion)、迁移(transfer)、传播(circulation)、分化(subversion)以及中心与边缘(center and periphery)等诸多问题,通过分析城市艺术空间集聚、规模经营与市场效应,更好地契合当代媒介地理学语境中的全球受众,打造具有典型中国文化特色的"艺术城市"的智慧地理标志。

(3)注重特定城市(区域)艺术的媒介视角,它不仅强调自然、人文地理环境对城市文化空间结构的形塑作用,而且更加重视艺术地理样本在现代城市媒介中的呈现。在城市文化资源中最具时尚美学气质,与创意产业最易联姻的就是传统艺术,借此可以探析新型城镇化视域下城市形象及其传播策略,尽量消除"地理区隔"(geographic segmentation)和"空间置换"(spatial displacement)带来的隔阂和疏离,消弭"移动鸿沟",构筑"信息高地",利用智慧型"虚拟空间"配合艺术城市品牌进行对外传播。

正如王国平在第三届杭州世界文化遗产国际会议上所说的,"新型城镇化建设"需要更多关注"内在"的文化传承之美,"这不仅要求地方政府积极发展基本的公共文化服务,同时要求地方政府更加注重当地历史的、非物质的文化遗存,将其作为城镇之美的有机组成部分","应当以历史文化名城保护为载体,落实历史城市景观保护建议书,建设中国美丽城镇"。杭州要在城市的竞争中取胜,就是要以三力取胜:感召力、凝聚力和辐射力,任何一座中国城市在新型城镇化的进程中都必须重视这三者的合力。通过艺术的路径将历史优势转变成产业优势,同时将"艺术城市"与"智慧城市"的发展共联互通,能够为城市转型打造新的增长极,避免城市增长中的"文化失衡",最大限度地实现可持续发展,为"美丽城镇"建设提供典型范例和标准模本。城市传统艺术空间的有序组织,能够在当下社会结构发生剧烈变动的同时,使生活在城镇中的居民易于获得公共精神生活资源,有效避免公共精神危机,形成包括城镇居民、社区人群在内的社会复合主体的意义共识与文化认同。

二、"艺术城市"—"智慧城市"联动发展模式与运行机制

(一)理论建构

2015 年 12 月,习近平总书记在浙江桐乡乌镇举行的第二届世界互联网大会上提出推进全球互联网治理体系变革的"四项原则"与共同构建网络空间命运共同体的"五点主张",其中第二点就是要"打造网上文化交流共享平台,促进交流互鉴",这也正说明在全球互联网治理体系中,文化治理的成果扮演着重要的参与和领导角色。而乌镇本身的城市文化与科技建设,就生动诠释了"智慧基因"和"艺术基因"的高度融合。而在上海召开的"2015 世界城市文化论坛"(World Cities Culture Forum)也聚焦"世界城市的公共文化"。英国伦敦的圆屋剧场(Round House)、美国纽约总督岛(Governor's Island)、德国柏林"博物馆长夜"(Lange Nacht der Museen)等就是市民直接参与的开放性艺术平台,它们也同时成为上述各国著名的人文旅游品牌,可见艺术对于城市文化复兴以及生活品质提升功莫大焉。

地方政府不断完善文化治理体系和提升文化治理能力,也是十八届三中全会提出的全面深化改革总目标的题中之义。做好了这一点,就可以形成一整套行之有效的文化体制机制,体现出很好的创新力、协同力、竞争力和影响力,激发区域和城市文化创造活力,保障民众的基本文化权益,使之共享文化改革开放的成果,满足其多层次多元化的精神文化需求。从艺术角度来看,就是加强公共艺术资源布局,优化配置,以及设施建设、产品提供、服务体系的完善,邓小平同志曾经就着眼于社会主义文化发展的人民性、民族性和世界性等特点,强调文化发展要为人民大众服务,并把民族传统和世界文明结合起来。他指出:中国传统文化中的"雄伟和细腻,严肃和诙谐,抒情和哲理,只要能够使人们得到教育和启发,得到娱乐和美的享受,都应当在我们的文艺园地里占有自己的位置"。[①] 而今,在中国新型城镇化建设的大背景下,这种构想终于得到了最大

---

① 严昭柱.邓小平文艺理论的精髓[N].光明日报. 2004-08-18(3).

限度发挥的可能。"艺术城市"的功能性优势,是完善城市文化空间结构的最有效路径之一,如今它可以借助信息技术的平台将这种优势发挥得更加极致。

"历史城市景观"作为一种方法论,强调单一整体的实体、实体内在的环境、实体外部的环境的协调机制,三者之间的关联即"地脉"之中隐含着一条具有强大生命力的文脉,它是一条无形胜似有形的情感纽带,它贯穿了一座城的人文和精神的历史。① 依托历史积淀、开发艺术资源、凝练文化智慧,把特定的城市环境转化为一个艺术整体或者永久的艺术品,是人文城市面相的最直接体现。而从空间的角度重视整体的历史文化景观建设,则有助于破译城市的文化基因,如我们所说的修旧如旧、原模原样、似曾相识,都可以在南宋皇城遗址综合性保护过程中凭借对南宋文化元素和符号的审美应用落到实处。城市历史区域"体现了城市传统文化的价值",只要精心策划、用心设计,就能够将目前散落于城市中的文化史断点运用艺术的思路串联起来。对于历史文化名城来说,凸显传统艺术主题的城市文化,可以更生动地辐射全国和世界,发挥中国特色城市的国际传播效应;而对于一般城镇来讲,注重开掘艺术史资源并且灵活结合时代元素,也可以有效地凝聚城镇精神,激发城镇的文化活力,发挥区际传播效应,并接入"全球创意城市网络"。因此,沿着艺术史的路线营造历史城市景观,打造具有鲜明区域文化特色的"美丽城市",将是"新型城镇化"最富活力的成果之一,而我们所要思考的就是如何建立与完善相关的顶层设计,使之与"智慧城市"规划建设的大背景相融合。

做好"艺术城市"建设的顶层设计,必须加强所属地方政府文化智库的核心品牌(艺术学科及其专家队伍)、支撑品牌(艺术行业及其工作者与从业人员)的过程管理(规划管理、预算管理、培训管理、考核管理、绩效管理、信息管理、舆论管理、传播管理等),建立起学界与官方认同的知名研究机构和咨询中心,为改善地方政府在艺术领域的文化决策能力提供有力支持。相关智库的领导层要切实当好舵手,努力成为实战型、导航型的管理者,并培养、造就和储备一批高端专业型、应用型人才,视野上要"宽"(立足全国、放眼世界,以艺术史的纵深感策划、创建、经营城市艺术形象)、定位上要"特"(注重以区域优势和在地特色进行错位、错层、错峰竞争,在扬长避短、分化发展中实现城市艺术面貌的稳定性)、数量上要"精"(城市艺术品牌的打造须突出重点,做到少而精,摊子不宜铺得太大)、层次上要"明"(注重城市艺术规划和建设上的多中心互动,多层次和

---

① 罗·凡·奥尔斯,韩锋,王溪. 城市历史景观的概念及其与文化景观的联系[J]. 中国园林,2012(5):16-18.

谐,多元素互补)、方式上要"活"(既要围绕艺术史线索创建城市文化品牌,又需依托创意产业拓展品牌,做到传承和发展相结合)、机制上要"实"(建立一整套严密科学的艺术城市规划的领导分工负责制,力求与时俱进、生生不息,有针对性地对相关项目进行动态管理),为"艺术城市"与"智慧城市"发展模式的嵌入式对接夯实基础。

今天,国内城市规划已进入存量规划的新阶段,以前大拆大建式的"城市无序扩张"逐渐被"城市有机更新"所取代。在城市更新过程当中,如何将那些被长期忽视的"边角空间"提升为高质量的"中心空间",促进城市有机更新和文化空间再生,是一个重大的当代城市建设命题。在城市有机更新的语境中,需要关注具有深厚历史积淀的文化遗产,通过艺术规划和设计行为,优化市民的精神交流空间,提升城市的生活品质。与大拆大建式的城市扩张不同,城市有机更新主要强调盘活存量而非增量来获得城市经济与社会的未来发展空间,它旨在改善城市人居环境,优化居民生活质量,丰富城市人文内涵,提高土地使用效益,强化城市管理功能,实现城市公共服务设施、基础设施、文化设施的均衡供给,推动城市品质再上一个新阶梯。这将成为未来杭州城市发展的一个新特征,同时也对中国特色"美丽城市"发展理念提出了更新更高的要求。如何借鉴发达国家的成功经验,实现从"城市管理"向"城市治理"的转型,提升城市生活品质,推动产业升级、地块增值和人才集聚,是杭州未来城市发展所面临的机遇与挑战。

(二)研究思路

(1)在辨明人文城市—文化城市—艺术城市三者关系的基础上,真正廓清艺术城市的概念、内涵与类型,并提出从影响力、标志性、公共化三方面评价艺术城市品牌的推广路径,这是基础性的建构,以往研究中没有理论建构和实践的先例,而这在延续城市文脉、建设"美丽城镇"中非常关键,我们首先解释这几个概念在观念与现实上的差异,然后阐述其在理论与实践中的差异。每一座城市必须根据其地域文化特色、自身文化定位,开掘其在地历史和传统美学因素,在老城改造工程中本着保护和创造"艺术城市"的理念指导规划,使城市形象更加鲜明、更加美好。只有厘清其本质与脉络,才能明确阐释当前我国城市规划布局中"城市更新""文化传承"两者之间的新型互动关系。从艺术史中开掘特定城市文化的点、线、面,提炼具有在地时尚美学价值的元素,打造线上线下贯通的金石书画、影视动漫、节庆民俗、休闲旅游等共生形态的文化产业发展格局，即综合运用历史文化、现代文化、民族文化、大众文化所形成的体现每座城市在中国乃至世界范围内的"唯一"性审美符号，最终借助"智慧城市"的技术优势构建特色鲜明的"艺术城市"。

（2）在充分认识艺术元素融入城市转型与发展的必要性和可行性的基础上，阐述"智慧城市""艺术城市"的互动机制建设的重要性。智慧城市关系着城市文化治理创新的大局，可以有力地推动城市的产业形态、政府形态以及社会管理形态的创新。我们计划首先概括目前针对两者之间关系的政府与民间认识的差异，接着把握其在艺术设计与官方决策层面上的差异。其实，许多隐匿于城市艺术史中的特定个体、群落等文化信息，都可以凝练和萃取其所内含的活色生香的"美学灵性"，并借助智慧城市建设的东风进行各种生动的数字化展示与传播，凸显历史文化名城的生命力和人文气质，使其在传承中国美学精神的同时，在经济效益和社会效益两方面都真正发挥重要价值和作用。智慧城市是现代城市发展的新兴模式，智慧城市的服务对象面向城市主体——政府、企业、社会和个人，它良性运行的结果是城市生产方式、生活方式的全方位变革、提升和完善，其终极表现为人类拥有更加美好的城市生活。智慧城市的本质在于信息化与城市化的高度融合，建设在"智慧城市"基础上的"艺术城市"是人类文明最高阶段的表现。借助技术，我们可以生动复现往昔富有传统文化情韵的艺术景观，更有效地保护和延续城市文化遗产中留存的历史记忆和生活方式。

国家新型城镇化的规划蓝图是文化型城市化，我们可以从传统文化资源和文化资本中细化出具有艺术特质的资源和资本作为主要生产资料，以服务创意文化产业、艺术经济产业为主要生产方式，以艺术的知识、信息、想象力、创造力等为劳动者的主体生产条件，因地制宜地融入"智慧城市"发展战略，契合提升人在城市中的生活质量、推动个体全面发展的社会发展目标，促进实现有中国特色的、以人为本的国家新型城镇化总目标。在实施路径上，我们提出"艺术城市"的建设目标，对其进行明确的界定，这种以小见大的微观角度恰恰是推动文化型城市（镇）建设最具有操作性，也最具有文化活力、经济活力和社会活力的路径，而其与"智慧城市"的互动机制也相应地可以更加精准、更加灵活。本课题最终目的是提出以"数字化、网络化、智能化、互动化、协同化"为主要特征的有中国特色的"智慧城市"，即通过对城市内部与周边艺术信息主体、对象及其行为的全面感知和互联互通，大幅优化并提升"艺术城市"的运行效率和传播效能。

（三）研究内容

在"移动互联融通共享，文化科技融合共生"的基点上，我们所设想的"智慧城市"(smart city)与"艺术城市"(artistic city)耦合发展模式，也正契合了创意经济时代两者协同发展的大趋势，大城市与中小城镇都可以因地制宜地发展出适合自己的互动模式，回应美国城市学者乔尔·科特金(Joel Kotkin)在《全球城市史》(*The City：A Global History*)中明确地提出的：城市不仅仅只是"生活的机器"，而更折射出美的神韵、雅的文化品质和具有亲和力的归属感。在当代新型城镇化建设的大背景中，我们可以将历史文化名城保护作为基本载体，通过"智慧城市"与"艺术城市"互动的路径，积极落实历史城市景观保护倡议书，建设上述兼具中国特色、地方风情的美丽城镇。本文的研究内容主要包括以下方面：

（1）探讨历史文化名城如何在"智慧城市"建设的趋势下，实现围绕城市文化遗产保护与利用这个中心，建构特色鲜明、媒体活跃、创意丰富的多元性的艺术城市，它从属于城市文化建设的可持续发展探索框架。以"理性"与"诗情"共同建构"情理交融"的城市景观，是艺术工作者的审美理想。城市化归根结底是要"以人为本"，深入"阅读"每一座城市的艺术史，更好地实现新型城镇化建设所倡导的"审美的"人的归属感，而这在"智慧城市"建设背景下具有了相当的可行性。

（2）根据"智慧城市"以人为本实施科学化的创新管理，切实增强城市的综合竞争力和品牌影响力的原则，从艺术管理的角度入手探索如何以艺术信息系统的开发整合，推进文化服务实体技术和设施的共享，提升城市文化领域里智慧环境的应用效度，并以此为主要路径来建构城镇化，快速推进过程中市民文化与美学认同机制，通过数字人文技术的介入进行"艺术城市"规划布局的有效实践，而这正可以让城市文化遗产这块瑰宝在经济社会高速发展的当代中国熠熠生辉。

（3）从保护、复原、再造具有浓厚历史文化意蕴的城市艺术景观出发，深入艺术层面对活态城市进行理解和诠释，并总结出一系列应用此概念的实践重点，比方"复原历史城市景观"的原则、方法、手段和路径，并与"智慧城市"发展模式相结合，提升中国城市环境的总体质量，如通过人机交互的模拟实景复原艺术名人旧居景观，编绘电子版的城市艺术地图，以社区为单位创设成序列的"艺术史景点"移动应用 App 和智慧型艺术人文旅游套餐等途径来实现云推广。

（4）借由艺术创意的角度审视城市形象营造，引导每个城镇依据自身文化竞争力比较优势设计智慧型服务平台，对包括新闻出版、广播影视、电子娱乐等领域的城市艺术信息资源进行有机整合，促进基于互动性、体验性、娱乐性强的实景与虚拟展示场所与技术的发展,同时根据各地艺术藏品的特点,提供沉浸式体验。利用基于数字化技术的全媒体融合环境,让地方艺术文献中的各种标本鲜活起来,更好地进行城市文化创新实践,使公众得以借此亲近城市传统和历史街区。

如果说"智慧城市"作为一种"器",那么"艺术城市"则作为一种"体",两者体器联结、耦合互动必定会很好地体现出一种"魂",把握住这点也正是地方政府城市文化治理现代化的一个重要方面。本研究力图从艺术的视角凸显城市文脉,用艺术的思维优化城市景观,借艺术的理念彰显城市个性。沿着城市艺术史的路线,辅以艺术地理的眼光保护和复原城市历史景观,可以较好地避免当下国内许多城市在发展中所出现的无地域性(place lessness)现象,成为"差异表达"的生动范例,最大限度地开掘特定城市的美学价值,同时推动区域创意经济的发展。而政府则可以在城市文化治理过程中,凭借智能技术打造辐射力较强的"艺术城市信息综合体",以此培养大众的文化遗产保护与传承意识,拉动区域休闲文化旅游经济效能,提升中国特色城市品牌的影响力。

(四)研究路径

我们研究的基本思路是以城市有机更新为主体,打造具有本土性、公共性、实践性的城市艺术空间以及一系列艺术品牌活动,极大地提升城市的文化魅力、生活品质、社会影响和经济效益,因此对于当代城市规划来说,"艺术空间"的地位和功能非常重要,这可以与当前新型城镇化发展以及美丽城镇建设进行无缝对接,在"艺术城市"和"智慧城市"双向耦合互动的大框架下实现城市转型升级。

(1)深入分析"艺术城市"建设如何可以克服当前城市文明传承与发展、城市文脉存留与延伸等方面所存在的突出问题,为城市文化遗产保护建立起一个城市(区域)艺术史的视角。由于数字化智能技术能够让大众借由漫步于智慧通道而审美地解悟城市艺术的历史性、现实性、复杂性和深刻性,因此开展数字人文研究可以对城市文化遗产进行借古开今、由雅入俗的深耕细作,为留存历史街区、延续城市文脉提供理论支撑。尤其是在文化遗产与创意产业的结合上,可以将地方传统艺术文献中的相关元素进行提炼,比如将绘画、书法、金石、工艺、古琴、音乐、戏曲等元素融汇到实景表演、虚拟展示中,促进城市传播力、影响力及感召力的提升,实现对本地经济社会发展的有力推动,创设出活力无限、创意无限的艺术城市氛围。而借助多媒体融合的全息技术进行城市文化创新实践，诸如以智能技术对基于传统文化的创意产品进行现代包装（视频制作／动漫设计／软件开发）、展示（全景式艺术史陈列馆／社区互动体验馆）和营销（艺术品电子商务／实景演出数字转播），可以逼真再现昔日的历史城市景观，实现"艺术城市"与"智慧城市"的耦合联动。

（2）归纳全球化时代世界代表性城市关于文化资源保护性开发的探索与实践思路，深刻分析"艺术城市"建设的时代意义，探讨在"智慧城市"建设中运用艺术视野、艺术手段精准定位城市特色、塑造城市地标的建议性策略与措施，即阐述如何有针对性地开掘区域传统艺术资源，将历史优势转变成产业优势，为城市转型打造新的增长极，同时避免城市增长中的"文化失衡"现象，最大限度地实现可持续发展。作为国内"智慧城市"主要引领者、追赶者、后发者的城市，都可以通过建设各种类型的智慧型艺术体验场所，使公众感悟到"智慧城市"所带来的社会价值和文化价值。换句话说，就是将"智慧城市"与"艺术城市"通过一条逻辑思维红线贯穿，在此过程中需要和城市文化的展示设计相互配合，营造出特定城市（镇）的传统艺术空间，建构起富有历史意境的城市美学景观，虚拟博物馆、数字音乐汇、云端演播室等都是生动复现这种城市美学景观的智能化手段。保护历史城市景观并最大限度地去复原和展示它，可以让城市因历史而美丽，这也是中央城镇化工作会议提出的智慧城市、人文城市建设目标以及《"美丽城镇"建设宣言》的宗旨与核心要点。

"美丽城镇"建设的核心就是"人文美"，即达到一种最优配置的"人文与生态相谐"，而城市文化遗产在当下的功能就是实现"历史与景观的并置"，通过历史城市景观的营造来打造"人文城市"，使传统与现代进行充分互动，这正是美丽城镇的最高境界。如果说过去我们所提的"文化城市"是今天"美丽城镇"的规划蓝图，那么本研究所关注的"艺术城市"则是"美丽城镇"的具体表征，正因为它最具实践意义上的操作性，我们才将其作为与中央城镇化工作提出的"智慧城市"发展模式进行对接的研究主体，并且着意探讨两者互动运行机制建设与完善的可行性。

（五）双重视角的分析

1."智慧城市"角度的论证

（1）"智慧城市"提出了城市发展的全新理念。物联网、云计算等新一代信息通信技术的迅速普及，极大地推动了信息化革命浪潮的广域延展和深度掘进。即时查询城市交通状态、自主选择优质教育资源、定制个性化专属医疗服务等智慧型城市生活方式,如今只需要点击电脑鼠标或滑动手机屏幕就能轻松实现,这就是"智慧城市"为人类社会创造出的充满人情味的生活环境。高速的城市化发展进程,带来了交通拥挤、环境恶化、房价攀升、安全堪忧等一系列"城市病",而要破解这些重大问题,除了政府治理、市场完善、体制改革等手段,技术解决方案也发挥着重要的作用,因此建设"智慧城市"也就成为必然的选择。与传统的城镇化发展模式不同,"新型城镇化"更强调信息化对提升城市经济发展、完善城市公共服务的巨大作用,"智慧城市"概念的提出,让我们看到了利用信息技术有效解决诸多城市问题的美好前景。目前,美国的智能硬件中心逐渐开始从硅谷向纽约转移,其中最主要原因就是:社会创新发展已经突破了单纯的技术指标。纽约作为一座文化创意之城早已蜚声全球,那里的艺术情调、文化品质以及人们对这种情调和品质的追求,更能够契合智能设备的生产与运行环境,这也是我们设想将"艺术城市"与"智慧城市"发展模式进行对接的初衷。南宋皇城大遗址所在的杭州市上城区,被列入 2013 年国家住房和城乡建设部公布的首批 90 个国家级"智慧城市"试点名单,其后杭州拱墅区、萧山区以及临安区昌化镇入选第二批名单,杭州富阳区常安镇入选第三批名单,这也为杭州实践新型城镇化发展道路提供了难得的历史契机。

(2)中国"智慧城市"建设已经进入实施阶段。我国从 20 世纪 80 年代开始进行的信息化建设,为当下的"智慧城市"发展提供了极为有利的准备条件。30 多年来,信息技术的应用与开发、信息产业的发展与创新、信息网络基础设施的建设与完善,均取得了显著成效。从本质上来讲,"智慧城市"是我国信息化发展进入深水区后城市创新发展的新境界,是"信息化"与"城镇化"融合发展的大趋势。2012 年 6 月,国家发改委会同工信部等部门开始研究起草《关于促进"智慧城市"健康发展的指导意见》;2014 年 8 月,该指导意见经国务院同意印发,是我国"智慧城市"建设的第一份系统性文件。该意见的发布,也标志着我国"智慧城市"建设进入了重要的落地实施阶段。截至目前,住建部已公布两批共 193 个智慧试点城市,覆盖了东中西部地区。近几年,住房和城乡建设部围绕"智慧城市"建设,围绕"集约、智能、绿色、低碳"的理念与目标出台的相应标准与设计指南,有效地指导了全国"智慧城市"的建设。杭州市江干区丁兰智慧小镇、富阳区硅谷小镇、临安区云制造小镇,就是城市智慧小镇的建设亮点和重大成果。"智慧城市"建设的推进离不开学界支撑,而学界也应该树立有担当、重实践的发展理念,与经济社会发展和政府决策积极对接,成为推动未来城市建设与发展的品牌智库。2012 年 4 月,国家信息中心和中国产学研促进会联合成立非实体研究机构"中国智慧城市发展研究中心"。此后，中国科学院、北京大学、南京大学、北京师范大学等多家科研机构与著名高校，也纷纷成立了"智慧城市"研究机构，围绕"智慧城市"的基本概念内涵、空间实践模式、规划设计建议等方面展开深入的理论与实践研究，尤其是如何与"人文城市"发展思路进行有效的整合，各界专家学者也进行了热烈的讨论，给出了一些有价值的建议。

（3）从经济社会发展的高度来建设"智慧城市"。2014年3月，中共中央、国务院印发了《国家新型城镇化规划（2014—2020年）》，明确强调了将"智慧城市"作为提高城市可持续发展能力的重要手段和途径。在国家试点框架之外，全国各省（区）市中的部分城市提出"智慧城市"建设目标。面对近年来"智慧城市"的建设热潮，需要肯定的是国内"智慧城市"建设所取得的积极进展；但也必须清醒认识到，与发达国家和地区相比，国内"智慧城市"建设在总体上尚处起步时期和探索阶段。其中最主要的问题就是条块分割的体制严重制约了"智慧城市"体系的研发和落实。一些地方建设"智慧城市"往往简单地从某一条（块）入手，诸如智慧交通、智慧安防、智慧医疗、智慧政务等，虽然说比较容易上手，但是条块分割却会造成"信息孤岛"（information silo）效应，限制了各条（块）未来的互联互通，甚至可能需要完全重新建设来进行整合，从而造成资源极大浪费。"智慧城市"是一个复杂的巨系统，必须注意基于资源整合基础上的能力创新和可持续发展，因此目前存在的问题主要是由于缺乏"顶层设计"造成的。从研发和实践看，"智慧城市"需要在前期做统一规划，尤其是应当注重文化和艺术的权重和以"人文城市"为置顶的新型城镇化建设目标，这也是《国家新型城镇化规划（2014—2020年）》所明确指出的。智慧技术只是城市建设的手段，人文景观才是城市建设的目的，所以我们应当从社会发展的高度来思考问题，也就是要以信息化的先进技术改善城市生活环境、提升城市生活品质，最终反过来有力推动城市的产业升级、地块增值和人才集聚效应。

2015年3月，在由北京师范大学主办的首届"智慧城市与智慧学习高层论坛"上，国家信息中心信息化研究部副主任单志广提出，"智慧城市"代表了当今城市发展的全新理念，它以推进实体基础设施和信息基础设施相融合构建城市智能基础设施为基础，以最大限度地开发、整合、共享城市的各类信息资源为核心，通过智慧的应用和解决方案，实现智慧的感知、建模、分析、集成和处理，实现城市规划管理信息化、基础设施智能化、公共服务便捷化、产业发展现代化、社会治理精细化。"智慧城市"是随着大数据时代的来临，信息技术革命极大推动经济社会发展的综合性成果，人类正在面对一场即将改变自身思维决策和行为实践方式的全新的科技革命和产业革命。"智慧城市"将经济、政治、法律、文化、艺术、科技、教育、卫生等人类生活八大方面的信息集成起来,快速形成一个智慧化的"互联网＋"社会。只要我们向任何智能终端发出指令,就可以借助大数据和云计算平台,有针对性地解决自己的需求问题。从这个意义上说,"智慧城市"就是信息管理系统与物理管理系统的融合,如果我们能够把文化和艺术信息集合成一个具有鲜明特色的智慧平台,人机界面将更具有亲和性与可接近性,人文关怀也会更具有操作性与可持续性,文化遗产保护事业亦能借此而具备更加强有力的技术和制度保障,这同时也是推动城市产业升级、地块增值、人才集聚的重要的变革性力量。

2."艺术城市"角度的论证

俄罗斯哲学家和文化学家米哈伊尔·爱普施坦(Михаил Эпштейн)曾说,我们习以为常的节庆不仅仅只是简单的文化活动,它是人文科学领域中的重要发明,即能够应用于实践的新观念、新思想,它在艺术领域的表现尤其突出,并且为人类社会带来切实的影响。[1] 节庆活动是一种艺术创造,它催生了新的文化机制、文化运动,呈现出令人耳目一新的艺术风格。所有的节庆活动都是基于在地传统文化资源的当代进化,"发现"与"创造"共同缔造了今天城市的繁荣景象。也就是说,努力发现城市文化遗产的当代价值,用艺术的手段和方法进行创意塑型,可以为整体的城市经济社会发展提供全新的环境和空间。同时,借力"互联网＋"时代的媒介效应与"智慧城市"建设的科技平台,能够更好地推进文化遗产保护与发展事业。总体而言,传统城市空间有物理空间和文化空间两个维度,前者构成了城市的基本结构,是城市的物质基础,后者构成了城市的精神空间,是物理空间的审美观照,两者共同形成的城市生活的复合空间。比如杭州的机场、码头、地铁、车站以及博物馆、美术馆、图书馆等公共场所,通过文化空间的艺术设计,可以生动地陈列展示在地文化和艺术作品,有效地提高城市的美誉度。现代城市空间在以上两类空间之外,还增加了一类网络空间,这也是我们现在所强调的"智慧城市"建设目标之一。而在信息科技助力下的城市文化建设,能够对地块增值、产业升级与人才集聚起到极大的促进作用。

改变城市物理空间的难度是比较大的,但是假如我们能够调整和发展它的文化空间,尤其是注重其中艺术空间的拓展和延伸,便可以在既有条件下快速

---

[1] 刘胤逵.评米·爱普施坦的"俄罗斯后现代性历史文化起源论"[J].俄罗斯文艺,2016(1):117-122.

而高效地提升城市的生活品质，优化、强化其各项文化功能，艺术城市建设对于城市有机更新有着极为重要的作用和价值。我们可以用"文化兴市，艺术建城"的具体理念，来实践"城市有机更新"的主题，在文化遗产保护与发展的前提下，打造各类具有鲜明传统性、区域性、公共性、社会性的城市空间艺术品牌活动。凝聚政府规划、企业融资、社会参与的三方合力，循着艺术史的路线开掘杭州最美城市文化空间，评选杭城最佳文化空间塑造案例，借此改善城市生活品质、提升城市文化魅力，并且最大限度地来推动民众对城市文化空间中艺术元素的关注和思考。比如，在尽量不影响各类文化遗产外在风貌的基础上，运用艺术的手段和方法改造和创新城市空间，更加完美地展示湮没已久的各种独特的在地文化元素。杭州于 2012 年 4 月起成为中国第一个以"工艺与民间艺术之都"的身份加入"全球创意城市网络"（creative cities network）的城市，当时全球仅有 19 个国家的 31 个城市加入了这个创意城市网络，借助"智慧城市"建设的东风，杭州文化遗产保护利用也迎来了一个崭新的阶段。

在"艺术城市"形象的塑造过程中，要充分依靠政府、学界、商业的合力，既发挥明星效应，更激励大众参与，将历史经验与现代创意相结合。目前，杭州还没有全面建构完成一个兼具历史感与现代感的文化空间，南宋皇城大遗址公园应当可以承担起时代的使命。而要真正落实上述构想，除了整体的规划，也必须要有高附加值、高适宜度、高有效性的艺术创意。我们可以设想沿着杭州艺术史的路线，围绕南宋皇城和临安城遗址，以南宋博物院为重要抓手，依托万松岭麓的宋代画院遗迹，进行精心设计和审美经营，并且利用互联网传媒以及"智慧城市"建设的优势，梳理出体系完整的艺术展示空间，"实景再现"与"虚拟再现"相结合，将皇城大遗址包装成为杭州的南宋文化地理标志。同时，利用前卫和创新设计，把整个杭州地区的南宋文化史迹与景点融汇到一起，呈现出南宋古都的宏伟风貌，进而通过智慧城市的发展优势促进各类公共服务设施、文化设施与便民设施的修建与改造，让市民充分享受到城市均衡发展带来的幸福感和获得感，也就是在城市物理空间规划与文化空间建设之间寻找最佳平衡点，全面提升城市的生活品质，发挥出杭州"艺术城市"与"智慧城市"互动机制的耦合效应，切实带动产业升级、板块增值和人才集聚之经济社会效应，并将这种契合新型城镇化发展的城市建设经验辐射全国，形成杭州模式。

（六）进一步探讨

本研究细致考察具有典型性的城市样本（包括大城市和中小城镇组别与单

元)的艺术地理结构与景观的三个层面:艺术空间(构成、类别、审美形态)、艺术体制(制度、市场、组织机构)、艺术观念(思想、信仰、价值取向)等,在此基础上对城市艺术史得以发生的空间因素进行深度解析,揭示出在具有中国特色的城市社会空间的发展演进中,艺术如何体现出文化和经济的双重驱动功能,并在"智慧城市"建设的大背景下研究其对于复原历史城市景观的贡献。

(1)阐述随着城市格局的变迁、城市创新的发展,文化与科技的融合如何逐渐成为未来城市发展的主旋律。具体展开有针对性的论证,即如何创设各种具有高科技含量的智慧型艺术媒介来使人们深入浅出、潜移默化地领略到一座历史文化名城(镇)及其历史街区的魅力,并生动地塑造美丽的中国城市形象,展示其优质的人文环境,推动创意生产要素的流入与聚集,尤其是在处于相似的环境资源、生产资源与其他发展条件的语境下,文化遗产中的艺术元素便成为积聚要素的关键变量(key variables)。而我们也必须注重通过"艺术城市""智慧城市"的联动发展路径使文化遗产融入普通市民的日常生活,完善城市文化遗产保护和利用方式,打造具有经典中国美学特质的历史文化名城(镇)。

(2)归纳出体系明确的"艺术城市—智慧城市"互动机制,确证符合文化遗产本体特色的创意转化(艺术性改造),是更具吸引力和可持续性的城市文化实践模式。比如我们所提出的循着艺术史的路径,借由智能化的数字技术和信息系统复原历史城市景观。采取文化与科技相结合的模式,即"智慧城市"与"艺术城市"的嵌合机制,我们可以对城市文化遗产保护和利用效果进行检验,即可靠性较高的后期评估,以便精准审视和评价相关措施具体实施的效果,明确是否达到预期目标以及规划是否合理有效,并且总结成败之因由,从过程评价和最终评价两方面来为新(后续)措施的实施提出明确的建议,最终达到逐步完善的目的,建设具有浓郁中国特色、地方风情的"美丽城镇"。

"艺术城市"是新型城镇化规划中提出的人文城市的具体表征,人文美则是美丽城镇的最高境界,它与城市文化遗产保护利用息息相关。保护城市文化遗产除了依靠一般的法律手段外,最好的办法是最大限度地保护性利用它,尤其是将之与智慧型创意产业结合,比如在移动互联网上推送文化遗产影像、艺术人类学电影、非物质文化遗产资源知识产权地图等视频,以此推动立法和制度建设,营造具有高度人文美的城市。这样,既能有效地保护文化遗产,又可以为社会创造就业机会,促进当地经济社会的可持续发展。中国城市往往拥有丰厚的历史文化资源,在智慧城市建设成为未来城市发展模式和潮流的今天,我们完全可以同时从艺术的角度入手,寻求有效、长效的规划,并制定相应的文化政策、制度,使"艺术城市"与"智慧城市"相谐互动,依托每一座城市的传统艺术和美学资源,通过智能化平台和相应的联动机制,吸引更多的文化创意投资,打造具有深厚历史底蕴的智慧型艺术城市,进一步推动城市休闲文化旅游产业的发展,在整体上扩大中国城市品牌以及"美丽中国"的影响力和辐射度。

三、结　语

(一)研究成果综述

只要在顶层设计上确立行之有效的互动运行机制,"智慧城市"与"艺术城市"完全可以发挥出协同创新、协同发展的巨大作用。文化认同是区域协同发展的基础,是协同发展快慢和优劣的关键因素,也是区域协同发展的重要环节。在当今社会,评判一个区域之间协同发展的程度,通常会聚焦在社会、经济、生态等方面,而文化认同的重要性往往被忽视。[①] 共同的文化背景、相连的地域人脉,所享有的区域文化基础不可更改,从文化认同的角度促进杭州城市与周边各区域协同发展显得尤为重要。当今全球化时代下,人类生存在一个文化多样性的社会网络中,其结构上的整体化及各群体的相互嵌入,提醒我们需要尽可能避免文化意义上的平行社会(parallel society),而应以高度凝练的城市文化空间促进社会融合(social integration),达成社会心理上的凝聚(cohesion)而非相反的疏离(alienation),"艺术城市"的发展模式就是其中最具有操作性的建设路径之一,而且更令人鼓舞的是如今已有功效强大的智慧型科技作为实践此种发展模式的重要媒介与平台。

当下,以信息化技术为基础构建"智慧城市",成为世界城市建设的重要导向和主流趋势。2015 年的政府工作报告历史性地写入了"发展智慧城市,保护和传承历史、地域文化",并且引发社会各界的高度关注。"智慧城市"建设在"经济新常态"(new normal)形势下,将成为引领中国经济发展的新角色。而在"智慧城市"建设中嵌入"人文城市"建设,并且做好开放的顶层设计和系统安排,会在一定程度上避免单纯"智慧城市"建设在初期可能出现的粗放型建设、过度依赖投资、硬件与软件不匹配、重形式轻内容等问题。各个城市和区域的

---

① 刘勇,姚舒扬.文化认同与津京冀协同发展[J].北京联合大学学报(人文社会科学版),2014(3):35-40.

发展环境各不相同,信息化家底、条件、需求非常复杂。因此,研究和制定一种资源和条件可支持、社会和个体可承受、中短期和长期利益可衔接的发展战略,就显得至关重要。倘若从城市文化空间入手,很多问题会显示出一个共同的立面。"智慧城市"建设既需要先进的产业技术支持系统,也需要高效的城市信息化协调管理体制机制,以及尽可能统筹兼顾相关各方的战略规划设计。"智慧城市"除了包含先进的信息通信设施、便民的公共设施和服务、智能的生产和物流体系、开放而安全的城市数据等之外,还需要为社会大众制定学习、使用、创新智能交互功能的完善且便利的政策、机制、标准等,让每一位城市(镇)居民都有能力、有意愿去体验、设计、建造和利用城市的智慧平台。

在未来的"智慧城市"规划中,城市的生活品质(可以用"美丽城镇"的评价标准来进行衡量,并且设置基于文化空间的"宜居指数")应被纳入城市信息基础设施和服务管理平台建设中去,形成一种"科技-管理-人文"三位一体的"智慧城市"发展模式,将人文城市与智慧城市建设进行有机结合、包容互动。换句话说,就是在新型城镇化建设的背景下,建设"智慧城市"已经成为我国解决城市发展难题、实现城市可持续发展不可逆转的潮流。倡导和建构智慧生活场域,并非仅仅是在产业发展、政府管理中运用信息技术和信息手段,更重要的是"以人为本",为城市居民创造基于智慧化媒介的文化空间,完善生活环境、丰富生活方式、提升生活品质,全面实现"易居"(easy)、"乐居"(pleasant),进而生成更多的"宜居"(livable)元素,使公众在智慧平台上便捷、安全、高效地获取和传播文化信息,同时依据个性化、多元化的需求创造性地转化为各种类型的先进生产力,从而推进城市的整合创新能力,更好地开启人文的视野来积极应对人口膨胀、就业困难、产业转型、环境污染等各类过往和现今城市发展中出现的重大问题。

当前,经济社会发展已经步入以"中高速、优结构、新动力、多挑战"为特征的"新常态",产业融合的趋势也越来越明显。① 云计算的增长速度远远超过市场预期,数字技术不断向各产业进行渗透。那些文化行业人士原来难以进入的行业,在信息技术的帮助下,壁垒正在逐渐消除,进入和退出新市场的成本显著降低;另一方面,信息技术在文化领域中的应用确实提高了效率且受到用户欢迎。云计算和大数据不仅能使客户更好地获取信息,还能让企业聚合需求创建新的市场,更快地了解客户偏好。而现在兴起的艺术品电子商务、移动艺术信

---

① 田俊荣,吴秋余. 新常态,新在哪?[N].人民日报,2014-08-04(17).

息平台等艺术城市等新业态也是互联网产业与其他产业完美结合的例子。为了营造更好的创新氛围，要注意"孵化器"（incubator）在"艺术城市"创新中扮演的重要角色。在初创阶段，我们可以借鉴"硅谷"的建设经验，比如简化园区规划、管理部门、产业导向，在"依法治国"和"双创"的大环境下，充分发挥地方政府文化治理的能力和能量，提供创业门槛低、创业成本省的开放性艺术商业与艺术科技环境，宽容失败、鼓励创新，因为这种不凡的气度正是那些怀揣理想的艺术创业者所追求的。

（二）主要观点及阐释

艺术是人类文化中最生动、最直观的形态，文化城市建设如果想有效、高效地呈示与展现，艺术是最为便捷、最为活跃的途径，而艺术的组成形态多元、灵活，我们不仅可以将各种艺术形式有机组合起来，而且所有的文化内涵原则上都可以通过艺术的形式来展示和阐释。在实践中，我们设想把艺术史的线索铺展到人在城市中形成的三个活动空间，一是生活空间即社区和街道，二是工作空间即单位或组织，三是市场空间即交际和消费场所。通过"艺术城市"的设计和运营，它的文化形态能够得到最大限度的伸展，文化影响能够得到最大限度的拓展。看一个城市文化治理的水平与潜力，首先应当看这个城市在多大程度上拥有良好的文化能力，艺术基因的植入度与匹配度就是城市文化能力的最生动体现，美丽城市的标准就是在艺术城市的镜面中生成的，当然这并非说艺术取代了文化。换句话讲，艺术形态本身在诸多文化形态中是高雅的代名词，但在实际的社会运行中又堪称最通俗的手段，文化型城市建设要想摆脱千城一面的窠臼，以艺术为标杆来接地气，才能有盼头；文化规划是从大处着眼、宏观建构，艺术介入是从小处着手、微观铺陈，两者相辅相成，可有效地避免相似的城市化模式的一统天下。

在具体的实施手段上，应以地方政府为主导建设各种类型的城市文化空间，挖掘当地的文化遗产资源，借力科技型的传媒设计创办特色鲜明艺术节庆活动，积极引导社会多元主体和力量参与建设公共文化，即由政府搭建平台，各类专业社会机构积极参与，共同放大城市艺术的影响力，社会组织也可以通过各类公共性文化活动走入更多市民的生活。比如上海浦东新区所倡导"艺术的盛典·大众的节日"活动宗旨，通过政府指导、社会参与、区街（镇）联动的方式，不断整合区域内外的艺术资源，初步形成综合性艺术节的品牌效应，打出亮眼的文化名片。各地城市可以发挥各自的资源优势，将地方艺术节打造成文化

"嘉年华",让市民能够"零门槛"共享区域文化特色。在艺术节影响力不断加强的同时,将办节与创建国家公共文化服务体系示范区相结合,力求为群体烹调出公共文化大餐,实现"公益性、基本性、均等性、便利性"四位一体的公共文化服务,逐步提升地方艺术活动的国内国际影响力。

"艺术城市"的最基层单位就是社区,只有社区的艺术活力发挥出来了,整个城市的文化空间才能有序建立。然而,目前国内城区的艺术建设进程仍然比较无序,有时甚至显得非常滞后、粗糙。因此,如今我们可以借助各种城市智慧平台,通过科技和媒介辐射各种文化遗产资源,大力发展科技型人文旅游。比如在基层文化设施中恰当植入"艺术因子",比如在社区和街道文化活动中心,采用多媒体壁画等新艺术景观再现南宋文化风貌。每一片城市区域都有它的场所记忆,记忆也是重要的文化遗产类型,而工艺美术就是表达场所意蕴、场所精神的最佳艺术手段。用工艺美术的形式来表现杭州南宋文化的历史,述历史于色彩、构图,激活每片区域厚重的文化积淀,释放原本潜藏另面的文化正能量(positivity),使之成为陶冶情操、升华境界、提升品位的空间,这也对文化遗产的创新设计提出了更高要求。因此,我们应当不断思考如何更好地挖掘和表达场所精神,让环境成为展示在地文化的一处赏心悦目的历史景观,以及一种激发大众艺术潜能的文化媒介。

(1)接地气,广覆盖,"均等化"惠民生。在文化活动创意的全民共育上,可以成立具有鲜明区域特色的艺术节组委会,通过各种平台面向社会广泛发布活动参与主体征集令和建议征集单,将艺术节各项活动资源的策划、组织和评议权向社会各类文艺团体、机构和个人开放,广泛征集社会主体参与艺术节,引入一大批社会文化机构和市、区专业文化协会、院团参与各类活动的前期策划,激发全社会参与公共文化建设的热情。同时,以在官网、微信和社区征询等方式,畅通公众意见和建议表达渠道,对于征集到的各类意见与建议,组委会均应以线上答复和现场回应等方式,及时和民众进行沟通,有效提高艺术节展的举办质量,并在这个过程中凝聚良好的社会共识。让市民在"家门口"就能直接参与到高质量的艺术活动中,零距离接触"艺术教育""审美教育"理念,让传统艺术覆盖面更广、内容更接地气,从而更有生机和活力。

(2)搭平台,注活力,"专业化"增活力。政府甘当"幕后英雄"和"支撑力量",灵活运用政府购买、项目激励、资本引导等方式,搭起传统艺术舞台吸引众多社会文化机构和团体参与,鼓励专业的文化团队和市民担当文化活动的主角。越来越多的社会组织,成了艺术节精彩活动的担纲者。艺术节的各项目要通过市场筹措资金，即借助市场力量来完成，初步形成政府搭台引导、区域市场主体共同参与的文化活动机制。在艺术节的平台上，探索通过政策引领、杠杆调节，激励社会各群体参与文化共建共享的工作机制，有效释放社会文化建设的整体活力。比如，以特色节展为平台吸引更多的南宋时期流传下来的非遗技艺的传承人，愿意把自创作品的"首秀"放在杭州进行。同时，使公共文化服务形成政府与社会组织、专业团体与市民文艺组织等多方面的合力，把杭州精致的文化生活推向新高潮，进一步形成智慧型的文化多元共建新机制。

（3）借时尚，升品位，"商业化"助发展。如今商场联姻艺术在国外已日渐成为趋势，尤其是商场展陈空间，比如纽约时代广场、巴黎老佛爷百货、悉尼维多利亚女王大厦皆是成功典范。国内像"上海中心"的首单租约便来自文化领域，即落户在中心第三十七层的"观复博物馆"。而诸如月星环球港、K11购物艺术中心、静安嘉里中心、大悦城等多家商场都相继辟出专属的艺术展陈空间，不定期举办各类艺术展，其中环球港2014年开业时便引入博物馆、美术馆、演艺空间等九大文化项目，先后举办各类非遗精品展、摄影展等，一年总共接待参观者超过40万人次。可以说，艺术的入驻使城市的商业文化之魂有了生动的载体。由此，公立展览馆、民营博物馆、私立美术馆、商场艺术空间四者联动，形成文商结合的"艺术城市"发展新模式，既能满足公众多元化的文化需求，也在潜移默化中提高了城市的艺术境界。

城市在不断"生长"，文化亦随之延伸，以艺术为主体的文化创意产业不仅承担着"产业"功能，而且同时担负起营造培育整个城市创新精神氛围的任务。融入日常生活的艺术空间，对于提升民众的文化素养、培养民众的审美能力起着以视觉美感春风化雨的作用。让公众在城市的各个社区、街道、商场中都可以感受到浓郁的历史氛围，这是"艺术城市"建设最有效的基础性手段。比如一些商业机构有选择性地引入艺术机构，能够提升社区生活品位、改善商业环境、增进购物体验，在吸引相当一部分有品位、有消费能力的艺术爱好者前来观展的同时，也提升了实体商场的经济效益。而艺术机构则可以依托商场的大量客流，吸引更多市民驻足参观，扩大文化影响力。艺术创意不仅有独特的价值，还会产生独特的产业贡献，让人们在商业消费中感受文化底蕴。可以说，将"艺术城市"与"智慧城市"有机融合，可以有效实现艺术作品—产品—商品的增值过程，最终扩大城市品牌的辐射力。

正如前所述，文化认同是区域协同发展的基础，是协同发展快慢、优劣的关键因素，也是区域协同发展的重要环节。充分开掘与利用好一座城市的文化遗产,通过艺术的手段生动呈现一座城市的文化背景、相连的地域人脉,能够从文化认同的角度促进区域协同发展,同时在促进产业升级、地块增值、人才集聚上作用明显。一切所谓"文化城市"的建设成果,最终都比较适合以"艺术城市"的标准来界定,并体现出与本土文化接轨的实效性。文化遗产保护行动如果能从艺术层面上进行总体和地方史纲的梳理,用历史的红线串起传统艺术的珍珠,将艺术史的微妙细节巧妙融入日常的生活、工作、市场空间,将会取得更大的成效,收获更广的影响力。也就是说,文化遗产保护利用与艺术创意产业相谐互动,能够使城市更具有多元文化的包容性。密切融合在地文化的具有鲜明中国特色的"艺术城市"建设模式,在很大程度上能激发城市发展潜力、释放城市发展活力,更好地推动文化遗产的保护利用。

综上所述,"艺术城市"与"智慧城市"在一个合适的互动机制的调谐下,完全能够协同发展、协同创新。比如通过线上发售具有城市传统文化特色的艺术衍生品,使公众重温往昔的人文环境,传承仍有现实价值的生活方式、审美品位,并将健康的高雅情趣融入当今城市生活中。杭州在智慧型"艺术城市"建设中,可以依托非遗传承人和手工艺大师把南宋书法、绘画、金石、陶瓷、服饰、戏文、刺绣等各类艺术元素创造性地运用到日常生活用品的设计上。一些艺术衍生品还可以实行"高级订制"(haute couture),设计符合古代文人审美品位的空间环境和居室布置,为社会提供非物质的咨询设计服务,这也会带动博物场馆藏品的衍生开发。此外,还可以利用大量被排除在学术研究、标本留存和博物馆陈列资源之外,经济价值相对不高的低端文物(比如品种、纹样重复的出土碎瓷片、粗陶器等)设计开发衍生品,通过网络营销激活千年积淀下来的南宋文明,使之为当今城市生活增添生动情趣。

(三)他者经验的启示

在当下全球化时代,文化软实力已经成为衡量国际化城市综合竞争力的重要指标,科技与艺术的双重价值呈现是西方发达国家大都市发展的核心内容,这也是杭州实践"艺术城市"与"智慧城市"互动机制的重要参鉴样本。在过去的一个世纪,世界主要国家的文化建设与城市发展的互促效应日益显著,美国纽约、英国伦敦、法国巴黎、德国柏林、荷兰阿姆斯特丹、日本东京等既是经济金融中心,又是文化创意中心。伦敦所拥有的强大的文化实力既是继承了英帝国殖民时代遗产的结果,又有着因产业结构转型所产生的内生动力的驱动,这可以归功于英国政府和伦敦市政府富有远见的强力政策引导,而伦敦的文化实力又主要表现为其繁荣的艺术创意产业，其主要经验可归纳为六个方面。

1. 发挥区位优势，整合传统资源

伦敦作为全球金融中心，历史文化资源丰富，充满人文气息，为城市艺术创意经济提供了充分的空间。伦敦居民使用的语言就达五百余种，更聚集了世界各地多元文化，其社会结构和族群构成使其具备巨大的文化包容力。我国城市也应当充分利用所拥有的区域文化资源，在保护与继承传统的同时发掘其经济潜力，同时积极培养和引进既具有深厚的传统底蕴又具备开阔的国际视野的高层次创意人才，积极建设"新型城镇化"所倡导的人文城市。

2. 开发经济效益，打造城市品牌

文化声誉在很大程度上塑造着城市形象及综合竞争力，伦敦市政府就注重通过举办类型丰富的文化活动扩大其创意产业的国际影响力。这些活动多由政府组织推动，经费则由政府预算、基金会赞助、社会资本构成。依托具有标杆意味的高品质文化交流活动，伦敦得以掌握相关行业标准和游戏规则的制定权。我国城市也可以努力实施文化品牌发展战略，积极利用各类艺术展会、节庆和论坛等的乘数效应，创造性地开拓文创产品的海外市场。

3. 保护知识产权，激发文化创意

完善的知识产权制度是鼓励社会创新、保护创造力、推动技术转移的基本保障，也是"智力密集型"企业的核心竞争力，伦敦文化创意的繁荣就与知识产权的有效保护密不可分。20世纪五六十年代，英国就制定了旨在鼓励创新的《外观设计注册法》《外观设计版权法》《表演者保护法》等。90年代，英国又先后颁布一系列艺术（娱乐）法律，规范创意产业发展的市场环境和竞争格局，并简化各类申请、审批程序。我国城市也必须加大知识产权保护的执行力度，形成创意产业健康发展的软环境。

4. 优化投资主体，创新融资模式

伦敦市政府设立多项基金支持创意产业，政府引导银行和各种社会资本参与构建融资服务平台与艺术创意产业进行有效对接。伦敦拥有宽松的融资环境和强大的融资能力，创意企业相对而言比较容易获取资本的支持。多年来，伦敦创意产业对外资的融资能力高居世界大都市的榜首。国内城市也可以通过设立类似的文化创意专项资金支持中小文化企业发展，并且鼓励社会资本积极参与文化建设，尝试信贷创新来提升政府专项资金的杠杆性。

5.建设公共空间,鼓励社会参与

伦敦市政府着力为各类公共文化活动提供便利,鼓励市民参与并分享城市的文化氛围。伦敦拥有数量众多的艺术基础设施,剧院、电影院、博物馆、艺术馆、画廊、图书馆等艺术基础设施占到全国的 40%,仅博物馆数量就超过 240 个,大部分免费向本国民众和海外游客开放,带动了文化消费市场的快速生长,促进了艺术创意经济的可持续发展。国内城市要不断加大文化基础设施的投资,培养民众的文化消费习惯,为创意经济提供动力。

6.做好顶层设计,发挥智库作用

伦敦市文化战略委员会负责协调各类相关机构统筹规划城市文化发展总体战略,具体的数据搜集、行业分析则实施任务外包,以"一臂之距"(Arm's Length Principle)的管理原则与英国文化协会、英格兰艺术协会、艺术和文化作品出口审查委员会、剧院企业联合会、英国电影协会等公共文化机构合作,有针对性地就某个问题长期跟踪并开展同步调查分析以获取完整而翔实的动态数据,为市政府提供全面的信息支撑,保证决策的科学性。国内城市也可以发挥官方/非官方专业研究机构的积极性,鼓励各类智库人员共同参与文化发展战略的规划。

伦敦享有的一些独特优势是国内城市目前所不完全具备的,一是其传媒行业的英语优势保证了其文化传播的高效率;二是与英联邦国家和前殖民地的文化关系有利于深度开拓海外市场;三是高质量的艺术基础设施、专业教育机构、创意人才储备为产业提供了优质的发展环境;四是完善的知识产权保护法律服务体系有助于激发文化上的创造性;五是宽松的融资环境和强大的融资能力大大提升了产业发展能力。[①] 国内城市应当进一步营造文化创意的法治环境、金融环境和社会环境,合理利用文化资源,大力改善文化设施,积极搭建文化平台,尤其是具备极强操作性的艺术创意产业,利用各类智慧型艺术空间与平台,引导和激励民众的艺术参与和艺术消费,大力塑造"艺术城市"品牌。同时,沿着艺术史的路线建构气韵生动的"历史城市景观",探索区域传统艺术走出去的最佳途径,有效提升中国城市的文化软实力(soft power)和综合竞争力(comprehensive competitiveness)。

---

① 王林生.伦敦城市创意文化发展"三步走"战略的内涵分析[J].福建论坛(人文社会科学版),2013(6):48-54.

（四）问题与对策

在"人文城市"的建设中有效强化互联网思维，可以拉近艺术产品与其消费对象的距离，让民众更加全面地享受到城市所提供的文化服务，并由此全面获得信息优势，变得更为"智慧"。同时，文化产品以艺术面相出现则更能吸引民众的关注，其与社会互动的效率也最高，这也是"美丽城镇"的内在需求。有效的"文化空间"建设，可以使城市的年轮、气质和品位不至于湮没和迷失在现代城市化运动的浪潮中。目前，美国已有 20 多个城市规划的相关法律和制度采取了"百分比艺术"原则，即规定公共建筑工程费用的 5% 必须应用于艺术作品。① 而法国和日本等国家也相继通过立法的方式约束开发商将建筑工程经费的 1%～3% 不等用于建筑及周边环境与公共艺术的融合。浙江省的城市文化发展水平在全国范围内是比较强的，但区域内部发展也存在不均衡，而总体上与世界文化发达城市相比仍差距不小，因此在"艺术城市"建设的具体实践上亦有短板。

首先，文化人才库亟须加强，从量的储备和质的提升两方面来推进城市文化发展步伐。这些人才可归为四大类，一是文化内容创意人才，二是文化专业技术人才，三是文化经营管理人才，四是文化复合型人才。尤其第四种人才既有知识创新能力，又具备专门性技术，同时亦善于产业化运作，可称得上创造意识、职业技能、市场观念三位一体的高素质文化人才，但其从业人员的比例还有很大的提升空间，必须尽快以文化市场需求为导向，依托高校、企业培养人才，同时吸引优秀海外人才加盟。

其次，文化创新力亟须加强，努力打造原创和优质两方面兼备的含金量高的文化产品。近年来广受关注的电视综艺节目，其模式基本上都是从国外引进的，而翻拍国外的影视作品更是占据国内市场半壁江山，因此我们一是要培育深度挖掘本土资源优势的意识，并将其有效转化为优质的文化资本；二是要以长远的发展眼光避免跟风甚至抄袭，开发形式和内容多元的高层次文化产品；三是要立足国内、放眼全球，找准大背景下的地理定位，通过区域文化产品表达的差异化、特色化、品牌化，努力提升城市文化竞争力。

最后，市场产业链亟须加强，积极融合各环节之间的断层并在纵向延伸与横向拓展两方面形成协同发展的体系。比如国内动漫产业上游制作成本高昂，

---

① 傅军. 从"百分比艺术"到"公共艺术计划指南"[J]. 上海艺术家，2014(6)：38-42.

下游播出盈利微薄，而部分文化产品与市场需求有偏差或者缺乏匹配的营销手段，导致品牌知名度和市场占有率不高，生产与消费脱节，再生产动力严重不足，因此必须改变以往政府包办的模式，在经营体系和管理体制上寻求突破，尤其是创意产业供应链的融资上。一是要培育融资技术平台，加强供应链本身的机制建设；二是要建立健全创意产品交易体系，规范交易、服务和中介市场；三是要提升产业整体市场化水平，完善供应链信用评估体系，提升企业信誉等级；四是要搭建银行与企业间的合作平台，促进创意项目与金融产品信息的沟通。

"艺术城市"的建设必须与"智慧城市"对接，才能从根本上避免许多城市文化遗产只能储存在博物馆供人参观的尴尬局面，传统艺术只有充分走入日常生活，才能拥有更持久的生命力。目前，传统艺术、工艺美术、当代艺术之间还没有形成良好的融合，而且在通过艺术内容和形式反映自身经历和表达对周围世界的看法上，非遗传承人、手工艺大师与当代艺术家的实践也各不相同，这在很大程度上也妨害了文化遗产的保护利用。比如，民间工艺长期被视作一种边缘化的小手艺，然而在当今城市化运动的大环境下，许多代代相传的工艺技术，利用现代科技加以革新后可以更方便地融入新时代的城市生活，同时彰显出极强的洞察力和审美性，那些大胆创新的设计形式亦会极大改变艺术世界的版图和普通公众感知传统民艺的方式。2015年8月，澳大利亚墨尔本大学威林土土著文化发展中心研究员欧纳斯·弗莱恩在"对话"网站上发出的呼声："难道只有悬挂在艺术长廊上或陈列在博物馆里的作品才能称之为'艺术'吗？"由此，"艺术城市"的建设必须与"智慧城市"对接也具有了更广泛意义上的必要性与可行性。

国家工商总局2014年11月发布的《全国市场主体发展报告》显示，从行业上看，高新技术、文化娱乐及科学技术服务业增长明显。然而，过去国内生产的许多粗放型文化产品已经在全球范围内产量过剩，顾客资源稀缺，当下应该立即启动文化产品的国家营销战略，以提升中国传统文化的品牌形象和中国文化产品在全球消费者心中的接受度。一个仅仅关注价值链中最低附加价值环节的文化产业战略，是无法支撑未来中国文化软实力增长的。为了使人文型城市、智慧型城市能够更加有效地对接，其前提是政府应该更好地担负起制度创新主体功能，以制度创新激励文化产品创新，使文创企业更好地发挥创新主体功能。如下三方面应当是今后的工作重点：一是严格依法保护产权，特别是对艺术品知识产权的保护；二是继续推进政府行政管理体制改革，优化事中事后监管制度；三是进一步优化营商环境，为创新型企业提供有效的政策扶持。各国制定法律保护知识产权（包括著作权和工业产权），主要有两个互相联系的理由：一是在法律上承认创作者对其创作拥有精神上和经济上的权利；二是作为政府政策的一项行为，鼓励创造力以及传播和应用这种创造力的成果，并鼓励公平交易。这样做的最终目的就是促进资金流、信息流、人才流的自由流动和集聚，如此才能最大限度地助益于区域经济和社会的发展，而反过来它又会推动城市艺术产业的繁荣，同时也将更有利于文化遗产的保护利用。

改革开放以来经济的高速增长，中国从产品稀缺时代到今天的产品过剩时代，其后果之一就是文化商品泛滥，但在国际上知名度高的极少。当前，中国经济进入新常态，由高速增长转为中高速增长。文化产品必须改变千篇一律的制造模式，就像中国城市"千城一面"的遗憾那样，文化发展则必须由中低端迈向中高端水平。在新型城镇化的大趋势下，我们要在"美丽城市"建设过程中大力倡导文化遗产保护利用，沿着地方艺术史的路线开掘传统文化资源，通过艺术展示的行为建构起气韵生动的"历史城市景观"，打造具有中国特色的多元化艺术城市（镇）。同时我们更应当看到，如今超过70%的创业者所选择的创业形式，是将传统企业与互联网结合起来，两者的融合趋势愈益明显，文化产业必须注重与智慧型科技的结合。而在城市治理的过程中，要尽力打破以往"人文城市"与"智慧城市"建设不接轨的壁垒，充分发挥协同效应，加强协同创新，通过体制机制的改造与设计，建立各种虚拟或实际的公共文化创新服务平台，广泛激励和汇集各类创新主体资源，形成多方参与的创新型合作网络智库，突破创新关隘，提高创新效率，实现各方互惠共享，引领文化创新能力的提升，我们的建议性对策如下：

（1）从现有理论与实践中厘清人文城市、文化城市、艺术城市建设的边界，关注特定城市样本的艺术地理空间变迁及其与历史街区复兴的关联，注重在国家新型城镇化大背景下有效把握一座城市的艺术生态演进与变迁路线，以此为基础构建网络化、数字化、媒介化的"历史城市景观"，组成脉络清晰的艺术信息流，通过"智慧城市"传播渠道和社交平台进行智能推送。

（2）以媒介地理学和数字化美学交叉视角关注历史文化名城（镇）的艺术地理景观分型，尤其是具体城市的艺术地志以及传统艺术源起、流变、传承与创新方法与案例，因为它是城市文化的最直接、最明显的外在表征，在特色文化资源中因其极具时尚美学气质而与创意产业紧密关联，因此在特定城市艺术空间分布中，可以通过O2O方式有序嵌入"智慧城市"的公共文化服务平台。

（3）在新型城镇化成为中国崛起的强劲增长点之大背景下，重点关注城市

（镇）艺术的文化功能、市场作用、制度（法律）环境三个层面，积极运用智慧型艺术传媒打造文化地标、建构地区形象、服务对外交流，提升城市生活品质，推动城市的全面发展，切实有效展开"艺术城市－智慧城市"的整体联动与嵌合发展，实现生态美、文化美、科技美"三美融合"的"美丽城镇"。

（2015 年"智慧城市建设与休闲生活发展"专项课题成果）

志愿服务在城市休闲文化发展中的功能、特点与对策

——以杭州市为例

赵晓旭[*]

城市休闲文化是人类生活的一种重要特征。它不仅是一个国家生产力水平的标志,也是衡量社会文明的尺度,更是一种崭新的生活方式、生活态度,已成为全社会关注的领域。在飞速发展的时代面前,人们的价值观产生了调整和变化。志愿服务作为一项与发展城市休闲文化紧密相关的工作,符合城市休闲文化强调的"人是目的""劳动与休闲并重的价值观""休闲是人的美好生活的重要内容"等价值取向。在发展城市休闲文化的视角下,志愿服务呈现出崭新的面貌,发挥了不可取代的功能与作用,两者之间呈现出相互促进的紧密关系。

一、志愿服务与城市休闲文化的关系

联合国教科文组织对"志愿服务"的定义是:"志愿服务是一种利他行为,指人们在正式(非私人)场合中,在一段时期内自愿、无偿地贡献自己的时间和专业技术。"[①]一般从文化分类的角度将"休闲文化"界定为,人们在休闲活动过程中,由于受到民族心理素质、地域文化、自然经济环境的影响所创造和构建出来的休闲价值取向和行为方式的综合体。就其本质而言,它是不同种族在对社会不同认知的基础上所做出的阐述行为,它包括物质文化层、行为文化层、制度文化层以及心理文化层。它一般通过个体或群体的行为、活动方式、思维、观念、态度、价值取向等方式,创造文化氛围,铸造文化意境,影响个体认知,对个体休

---

* 杭州国际城市学研究中心、浙江省城市治理研究中心。

① 北京志愿者协会:走近志愿服务[M].北京:中国国际广播出版社,2006:17.

闲行为产生持续的内推力。

(一)志愿服务符合城市休闲文化的价值取向

现代意义上的志愿服务,起源于 19 世纪初西方国家宗教性质的慈善服务。由于受基督教的博爱思想以及人道主义价值观的影响,慈善服务带动了欧洲和美国的志愿服务。第二次世界大战以后,西方国家的志愿服务工作不仅进一步规范化,而且扩大成为一种由政府或私人社团所进行的具有广泛性的社会服务工作。志愿服务工作的重心不仅在于调整被救助者的社会关系,改善他们的社会生活,更重要的是调整整个社会的结构与社会关系,使志愿服务逐渐走向制度化和专业化。

从理论上看,"城市休闲文化是以休闲价值取向为核心的"[①]。不同的休闲价值观制约着休闲文化的形态,而其他因子只是人们基于自身休闲价值取向下的一种适应性反应。因而从某种程度上讲,休闲文化是人们为了适应各自对休闲价值取向的一系列符号表现和意义阐述。现代社会中,城市休闲文化蕴含着责任与义务、知识与创造、文化与品德、艺术与欣赏、团结与友善、美好与真诚、自助与他助、健身与修心等极其丰富的内涵和形式[②]。志愿服务既可以满足人们休闲的愿望,又注重体现自身价值,帮助他人、服务社会,所以成了一项既符合城市休闲文化价值取向,又符合社会主义核心价值观的社会活动。

(二)志愿服务是实施"民主促民生"社会治理的客观要求[③]

社会学者李培林指出,"现代社会管理既是政府向社会提供公共服务并依法对有关社会事务进行规范和调节的过程,也是社会自我服务并且依据法律和道德进行自我规范和调节的过程"[④]。志愿服务就是对人的服务,因此,加强和创新社会治理,应该而且必然需要志愿服务组织的参与。志愿服务活动正是落实人民群众知情权、参与权、选择权、监督权的载体,也是市民参与城市公共治理的平台,更是拓宽民主参与渠道、创新民主参与方式的手段。

---

① 徐明宏.休闲城市[M].南京:东南大学出版社,2004:11.

② 胡志坚,李永威,马惠娣.我国公众闲暇时间文化生活研究[J],清华大学学报(哲学社会科学版),2003(6):57.

③ 中共杭州市委市政府关于进一步改进和完善我市志愿服务工作的实施意见[Z],2010-09-27.

④ 李培林.创新社会管理是我国改革的新任务[N].人民日报,2011-02-18(13).

　　2012年杭州市志愿者问卷调查统计显示(见图1),志愿者被问及"对其民主参与的重要性认识"时,有31.4％认为非常重要,30％认为很重要。由此可见,在志愿服务过程中实施社会治理"民主促民生"的战略,得到大部分志愿者的认同与肯定。

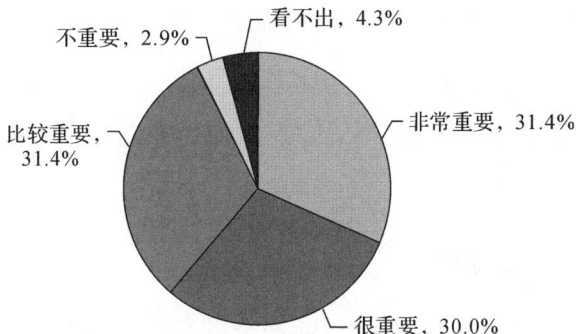

不重要,2.9%

看不出,4.3%

比较重要,
31.4%

非常重要,31.4%

很重要,30.0%

图1　志愿服务参与者对其民主参与的重要性认知①

(三)志愿服务是发展城市休闲文化的有效途径

　　亚里士多德曾说,"人生所以不惜繁忙,其目的正是在获致闲暇"②。美国经济学家斯科特·巴恩斯曾经预测,"21世纪的生产活动是以人们的生活目标、个人爱好为主,以挣钱养家为辅,人们渴望体会创造的喜悦"。斯科特·巴恩斯把人们的"劳动"引导至"休闲文化"的方向上。经济学者徐明宏指出,"休闲的时空性是社会建构的产物,是价值观的更新。人们的思想意识和价值观念也在其中起着重要的作用,进而影响到休闲的内容和性质"。城市休闲文化作为一种新兴的城市文化,往往缺少载体、平台。而志愿服务既能承载转变价值观、体现生活目标的高层次需求,又能满足个人业余爱好等低层次需求,因此成为发展城市休闲文化的一种有效途径。

(四)志愿服务是杭州市共建共享"东方休闲之都"的重要载体

　　杭州市志愿服务工作,起始于1993年12月的"保护西湖绿色行动"。早在1997年,杭州市志愿服务就得到了社会的肯定性评价。当年,在以公众参与为主要形式的"杭州新人文精神十大特征"评选中,"奉献光和热,美哉志愿者"榜上有名,"当小红帽"被市民推荐评选为"我最喜爱的休闲方式","做志愿者"被

---

①　数据来源:杭州市志愿者工作指导中心,数据源100人,2012-12-30.

②　亚里士多德.政治学[M].吴寿彭译,北京:商务印书馆,1965:416.

推荐评选为"杭城十大时尚表情"。20年来,已形成了"三型四化四有"的发展模式。三型即为"社区型、专业型、管理型",四化即为"规范化、经常化、项目化、品牌化",四有即为"有人办事、有钱办事、有房办事、有章办事"。其中的"品牌化",重点强调志愿服务品牌与杭州市打响"东方品质之城、幸福和谐杭州""东方休闲之都""国际风景旅游城市"的城市品牌有机结合。

二、志愿服务在杭州市发展城市休闲文化中的功能

(一)价值导向功能

现代科学技术的进步和工业化大生产带来了大量的财富,一种与传统价值观完全不同的新价值观正在形成(见表1)。现代社会中,人们对休闲的期望越来越高,休闲在人们生活中所起的作用越来越明显。品质生活与人们对生活的主观满意程度休戚相关。志愿服务将个人的幸福感与对自己所在社会团体的整体福利紧密结合,并与在志愿服务中发挥自身价值而获得的愉悦感相关联。它是现代人对公共利益和公共领域的自觉认同,是一种休闲文化价值观的体现。在当前杭州市人均 GDP 已超过 1 万美元,大多数人衣食无忧的情况下,参与志愿服务不仅是为他人和社会服务,同时也是实现自身价值、赢得社会尊重、促进自我完善的有效途径。

表 1　休闲服务带来的"变化中的价值观"[①]

原始价值观	变化中的价值观
自我否定的道德观	自我充实的道德观
较高的生活标准	更好的生活质量
传统的性角色	模糊的性角色
公认的成功定义	个性化的成功定义
传统的家庭生活	各种不同类型的家庭
对工业机构的信任	自　立

---

① 杰弗瑞·戈比.21 世纪的休闲与休闲服务[M]. 张春波,等译,昆明:云南人民出版社,2000.

续表

原始价值观	变化中的价值观
为工作而生活	为生活而工作
崇拜英雄	崇尚理念
扩张主义	多元主义
爱国主义	民族倾向的弱化
追求空前的增长	对局限性不断强化的认识
工业增长	信息/服务增长
对工业技术的接受	技术的导向

2001年,联合国宣布该年为"国际志愿者年",我国学者逐步认识到志愿服务不仅仅是人的义务和责任,它还是一种权利,是一种现代化的生活方式。学者研究的方向也逐步从相对简单的活动载体层面,向志愿服务、志愿精神、价值导向等基本概念的深层次内涵进行转变。伴随着我国社会发展和政府改革的进程,志愿服务越来越发挥出举足轻重的作用,逐渐形成政府、企业、非营利及志愿组织"三足鼎立"的格局,重视志愿服务的功能,鼓励志愿组织健康发展,形成社会自发性的价值导向。

[案例分析]

案例1:西湖博览会志愿服务

西湖博览会主要围绕"住在杭州""游在杭州""学在杭州""创业在杭州"的城市品牌和全球化、新经济的要求,由一系列专业性展览、会议、活动有机结合的综合性博览会。2000年,共青团杭州市委向市委、市政府主动请缨,配合首次恢复举办的西湖博览会,开展了西博会青年志愿者行动,首次社会招募志愿者超过1.5万人。从2000年到2012年,连续十三届西博会,志愿者为展项、会议和活动提供了包括翻译、礼仪、会务、讲解、秩序维护、志愿司机等十余种服务项目。

西博会作为杭州市城市休闲文化的代表性活动,是休闲产业化的标志,志愿者力量成为其中的抢眼元素,成为城市休闲文化的现场表现。从最早的团组织号召、任务包干的形式到现在的大规模社会招募、社会各界的积极响应,西博会志愿者行动的组织动员机制不断完善,越来越多的个人和集体志愿报名参与西博会的志愿服务。经过多年的努力,西博会志愿者行动的整体运行机制日趋成熟,形成了一整套程序:招募、删选、培训、挑选骨干力量、落实岗位、明确任务、强调纪律、活动总结、填写服务手册、经验交流和分享。组织管理网络的健全使得活动的操作更为简单化,从原先一位团干部带一支队伍发展到如今志愿者负责全面事务,实行自主管理,使西博会真正成为市民享受休闲、参与休闲的节日。

案例2:无车日志愿服务行动

2006年,杭州市举行第一届城市"无车日",此后,杭州市志愿者每年围绕"关爱城市绿色出行"的主题举行"徒步走西湖"、无车日宣传、车辆尾气监测、公共自行车协助管理等服务。

面对日益严峻的城市交通两难问题,杭州市在构建绿色交通体系建设上不断加快步伐,构筑地铁、公交车、出租车、水上巴士、免费单车"五位一体"的大公交体系,以"免费单车"系统建设为重点,提高公交出行分担率,改善步行、自行车和公共交通出行环境,促进杭州城市交通科学、和谐、可持续发展。建设品质交通是打造"东方休闲之都"的一个重要指标,无车日志愿服务行动将"徒步""骑行"等健康的休闲生活方式融入价值引导过程中,进一步提升绿色文明的城市形象,推动生态城市建设。

案例3:文明交通劝导志愿服务

2005年,杭州市在5—6月进行了"万朵玫瑰送给文明人"志愿劝导大行动,将玫瑰送给文明和不文明的市民,让文明人更文明,让不文明人学会文明。2013年,以交通文明劝导志愿者为依托进行的"横店影视城10万门票奖励文明杭州市民"活动,再次将杭州市文明交通劝导志愿服务推向创新。

文明交通是缓解城市交通"两难"中的重要一环,通过文明交通劝导志愿服务这一城市休闲活动,将"文明交通"的价值观进行了广泛传播。

(二)社会动员功能

社会动员是指人们在社会持久的、主要的因素影响下,使其态度、期望与价值取向等不断发生变化的过程。[①] 市场经济增强了人们的自主性,开放的环境

---

① 王仕民,郑永廷.社会动员青年方式的新走向[J].青年研究,1997(7):43.

增加了人们的选择性；特别是在新技术的影响下，社会动员方式日趋多样化。

　　志愿服务，作为一项"自愿性""非营利性""相对独立性""灵活多样性"的社会公益活动，具有极强的社会组织动员能力。通过志愿服务，政府与公民互相传达社会需求、政治期待、政策意图，架起沟通合作的桥梁；公民与公民之间的信任得以加强，社会的信任资源、道德资源大大增强，公共领域的交流成本得以减少；公民自身的积极性、主动性、创造性得到不断激发，主人翁意识和奉献意识不断增强。志愿服务尊重和适应了公众自主意识不断增强、自主选择、平等参与、不计报酬、力所能及等特征，使志愿服务成为一种独特的、低成本的并且可以广泛使用的社会动员手段，成为动员不同年龄、不同阶层、不同职业、不同信仰的社会公众，共同帮助他人、服务社会的有效途径，同时也是他们参与融入社会、扩展社会资源和实现自身价值的重要渠道。近年来，在杭州市开展清洁杭州、市民之家、西湖综合保护工程、背街小巷改善工程等城市和社会建设中，广大志愿者以不同形式参与开展社会动员志愿服务，取得了良好的效果。

[案例分析]

案例4：背街小巷改善工程志愿服务活动

　　2005年，杭州开始实施"背街小巷"改造工程，共青团杭州市委、杭州电视台等单位发起了"杭州市区背街小巷改善工程志愿服务大行动"，组织工程情况咨询、慰问一线施工人员、开展建议征集、监督安全文明施工、协助社区治安巡逻等志愿活动，在管理部门、施工单位和居民之间较好地发挥了桥梁纽带作用，营造了良好的施工环境与和谐的社会氛围，为改善工程的顺利实施发挥了积极作用。

　　"背街小巷"改造工程作为杭州市打造"东方休闲之都"的硬件攻坚工程，在启动阶段，营造群众积极参与的氛围尤为重要，通过志愿服务，引导群众思想，考虑城市建设大局，从而为城市有机更新添砖加瓦。

（三）社会保障功能

　　广义的"社会保障"，涵盖物质保障、服务保障、精神保障三个层面，包括社会救助、社会保险、社会福利等主要内容①。志愿服务主要涉及服务保障、精神

---

① 廖恳.论志愿服务的社会功能及其形成[J].中国青年研究，2012(3):39.

保障两个层面。志愿服务是社会公益事业的重要组成部分，从它的发展历程和精神内涵来看，帮助社会弱势群体始终是志愿服务的根本出发点和落脚点。杭州志愿服务工作一直都以"关注社会民生问题、关爱社会弱势群体"为工作重点，紧紧围绕"破七难"，建立助残、敬老、助学、问题青少年帮教、就业创业帮扶、心理疏导、法律维权、三下乡、四进社区等系列志愿服务队伍组织，开展"春风行动""公民爱心日""新春送温暖""走进福利院""爱心助学""青春红丝带""留守儿童代理家长""青年创业导师带徒"等志愿服务活动，调动社会力量，整合社会资源，协助政府实现社会保障功能，促进社会和谐。

（四）城市展示功能

所谓城市名片，是指一个城市自然、人文浓缩的精华，是一个城市最具体、最直接、最现实的品牌。围绕"中国历史文化名城""国际风景旅游城市"的主题，近年来杭州逐步打造了"中国最具幸福感城市""中国最佳旅游城市""东方休闲之都"等城市名片。杭州志愿者以优质的服务品质和全方位的服务项目，成为城市名片中不可或缺的一部分，成为全面深化改革、推进新型城镇化、实现"精致和谐、大气开放"新时期杭州人文精神的倡导者、实践者和传播者。杭州志愿者倡导的志愿服务时尚口号"我志愿，我快乐"，杭州志愿者之歌《我奉献，我快乐》、著名动漫画家夏达设计的杭州志愿者时尚动漫形象，都成为城市展示的内在要素和文化标识。杭州志愿服务已成为这座"休闲之城"中最有召唤力和广泛参与面的公益活动。

三、志愿服务在杭州市发展城市休闲文化中的特点

（一）与杭州的历史文化相契合

杭州休闲文化的文脉，是在浓厚的历史文化底蕴和城市山水文化的基础上形成的，吸收了历史上的吴越文化、宋代雅文化、元代多民族文化、明清市井文化等时代特征，同时也吸收了现代社会"享受生活"的价值观因素，体现出历史传承性。[①] 但是总体而言，杭州目前的休闲文化品位还处于起步阶段，市民对阳

---

① 康保苓，江成器.杭州休闲文化的特色和发展趋势研究［J］.生态经济（学术版），2007（2）：454.

春白雪的雅文化参与度不高。喝茶、打牌、健身等打发闲暇时间的方式处于休闲的较低层次;现代休闲文化理念应该较多地关注人的发展性需求,促进身心发展、追求休闲的意蕴等一类高层次的休闲。志愿服务为高层次休闲文化的形成提供了一种有效途径。

杭州休闲文化的主体,既有追求时尚又及时享受现实生活的杭州本土人,也有不断进取、富于开拓精神的新杭州人。两类主体在志愿服务的过程中,体现出不同的价值观导向:前者注重肯定自我价值,后者注重得到自我价值的肯定。杭州休闲文化的客体是在天人合一的氛围中,人文景观和自然景观和谐共生的文化。杭州的环境,无论山水和城市的结合,还是人文与自然的融洽,都体现了和谐之美。志愿服务是构筑和谐社会、打造和谐文化的积极推动器。

(二)倡导"参与志愿服务就是休闲生活"的理念

志愿精神是志愿服务体系的精神核心和价值基础,它是一种指引志愿者行为的道德意识,是由志愿者传承和发展的具体化、日常化、社会化的人文精神。联合国前秘书长科菲·安南在国际志愿者年启动仪式上的讲话中指出:志愿精神的核心是服务、团结的理想和共同使这个世界变得更加美好的信念。《浙江省志愿服务条例》第一条就提出"倡导奉献、友爱、互助、进步的志愿精神"。杭州市注重志愿精神的倡导,充分发挥大众传媒及其网络、QQ 群、志愿者论坛、微博微信等新型网络资源的积极作用,运用新闻报道、言论评论、公益广告等形式,普及志愿服务理念,营造有利于志愿服务发展的良好舆论氛围;将"志愿服务"纳入市委党校、行政学院、团校干部培训课程内容,促进各级领导干部对志愿服务的认识、理解和支持;把志愿精神作为未成年人思想道德建设和大学生思想政治教育的重要内容,纳入学校的教育教学,体现到课堂教学、课外活动和社会实践中,不断增强广大青少年的志愿服务意识。

"来体验助人或受助的快乐吧!"这样一句朴实的话,道出了志愿服务在现代生活中的理念创新。"把志愿服务打造成为市民体验休闲、体验快乐的方式,设计和开发一批休闲文化的志愿服务项目",这是杭州市 2007 年以来志愿服务愿景中的一项新理念。为此,杭州市明确要求,改进和完善志愿服务工作必须坚持以下四项基本原则:一是坚持服务公益和服务民生相结合。紧紧围绕"党政所急、百姓所想、社会所需、志愿者能为",有针对性地设计项目。二是坚持服务社会和发展自我相结合。城市休闲文化最重要的特点之一是价值引导与价值体现。"服务社会"是价值引导,注重项目设计和流程管理,即要发挥志愿者帮助他人、服务社会的有效作用；"发展自我"是价值体现，即让志愿者在参与志愿服务的休闲活动中经受锻炼，增长才干，陶冶情操，提升自我，实现"助人自助"。三是坚持自愿参与和社会倡导相结合。休闲是一种较为自由、自愿的行为，现代志愿服务一方面要尊重志愿者的服务意愿，另一方面要强调公民的社会责任，通过加大志愿服务理念的宣传力度，营造积极健康的舆论氛围，扩大志愿服务的覆盖面和影响力。四是坚持政府主导和社会支持相结合。政府主导的志愿者工作指导中心与社会型志愿组织的融合，可以通过组织架构、人财物支持、媒体宣传等形式实现。上述四个原则，都很好地体现了"参与志愿服务就是休闲生活"的理念，实现了发展志愿服务事业与发展城市休闲文化的有机统一。

（三）建立和完善评价、激励和经验分享机制

激励机制，是指促使每个志愿服务个体能努力去实现组织的目标，并通过努力所带来的结果，满足个人需要的制度设计。良好的评价机制，不仅可以激发志愿者的工作能力，使其愿意提供更多志愿服务，而且可以达到评价与发展的双重目的。志愿者在提供社会服务的同时，也希望获得自身利益、需求的满足，志愿者往往希望在动员、组织、操作过程中获得激励。杭州市一方面做好志愿服务的基本保障工作，另一方面在市、区（县市）和街道（乡镇）三级政府中至少每两年一次以党（工）委、政府（办事处）名义评选表彰社区志愿服务先进集体和个人，开展优秀项目的单项表彰和星级志愿者、荣誉卡志愿者、功勋志愿者的命名、评选和表彰工作。尤其值得一提是"志愿者分享会"机制，一活动一分享，注重工作总结，提炼成功经验，发现问题不足，分享收获心得，促进工作提升，使志愿服务精神升华为一种常态化的城市休闲文化。

为推进志愿服务在发展城市休闲文化的过程中发挥更大的作用，杭州市政府在打造志愿服务共同愿景、创新志愿服务理念、发展志愿服务管理运行体制、营造全民参与志愿服务氛围方面，进行了一系列改革与创新。这些改革与创新，既着眼于充分发挥志愿服务的主体性，又强调政府的主导作用，并成为城市休闲文化的有机组成部分，从而形成志愿服务与城市休闲文化的理念共享、优势互补、共推共强的格局。

四、制约志愿服务发展的主要因素

由于历史发展阶段、社会条件、文化传统以及工作机制等方面的原因,志愿服务在发展城市休闲文化的过程中受到多种因素的制约,根据杭州市志愿者指导中心相关问卷调查分析(见图 2),影响杭州市志愿服务工作发展的主要因素包括:政府支持力度、公众参与意识、志愿者队伍建设、资源(人财物)供给、法律政策环境等主要因素。

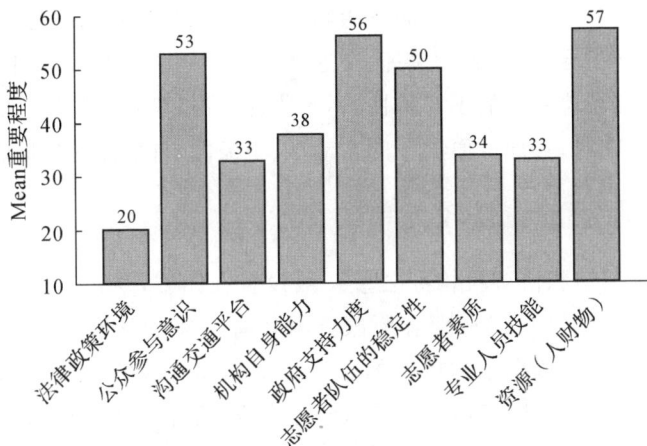

图 2　影响杭州市志愿服务工作发展的主要因素①

(一)对志愿服务宣传和认识不足

我国的志愿服务正式起步较晚,普通群众对志愿服务的认识尚流于表面。各种宣传主要围绕 3·5 学雷锋纪念日、12·5 国际志愿日、大型赛事活动等进行,呈现出节日化、事件化的特点,缺乏计划性、长期性、稳定性。志愿服务的公民参与率有待提高。截至 2011 年底,杭州市注册志愿者已经发展到 60.8 万②,但是较之于全市 810 万的常住人口和 638 万的户籍人口,比例不足 10%。美国是世界上志愿服务率最高的国家,参与率为 50%,公民参与意识非常普遍,80%以上的人承认自己是某种组织的成员,成年人平均每周从事 4.2 小时的志愿服

---

① 数据来源:杭州市志愿工作指导中心,数据量 70 家,2012-12-30.

② 数据来源:杭州市志愿者服务指导中心委托课题研究报告《志愿服务组织参与社会管理创新研究——以杭州为例》,2011-12.

务。2005 年，英国志愿者的总人数达到 2040 万，他们至少每个月参加一次志愿行动。相比英国 6000 万人的总人口，志愿者比例达到 34%。① 与西方发达国家志愿服务的公民参与比例相比，我国志愿者的参与面仍有较大的提升空间。与此同时，普通市民对于志愿服务的认识不一，有的将志愿服务作为一项职业工作，有的将其作为一项能为自身经历贴金的好人好事，有的将其作为一项可做可不做的临时性工作，而更多的民众对志愿服务缺乏理解和支持。

（二）志愿服务项目较为单一

现有的志愿服务项目，主要包括大型活动志愿服务、社区志愿服务、专业志愿服务、应急服务四大类。志愿服务内容较为传统和单一，临时性、一次性的项目较多，如赛会引导、社区老人关怀、交通文明劝导等。这与人们日益增长的精神文化需要，存在着一定的不对称性、不平衡性，难以满足人们对于志愿服务个性化的自主性期待，参加志愿服务的主动性、积极性、自主性受到抑制。

（三）志愿者的主体较为单一

志愿服务的组织协调机构办公室一般设置在团委，强化了人们认为"志愿服务是青少年工作"的认识，把志愿服务看作青少年的社会活动和社会实践。这样的志愿者队伍，依靠结构单一的志愿者主体和有限的专业技术水平，较难满足日益多元化的需求。对年轻家庭、青年夫妻、青年恋人、离退休人员等潜在活跃人群缺少动员。

（四）志愿服务的保障、激励机制较为欠缺

志愿服务想要取得预想的效果，仅仅依靠个人和小群体的力量是难以实现的。他们的服务认可、工作条件等保障，必须由有关组织和部门来提供。但由于组织者对志愿者和志愿服务的理解认识的偏差，目前为志愿者提供的保障还比较缺乏，保障工作还很不充分，主要体现在：一方面，自发性志愿组织虽被有关机构、部门批准或认可，但在服务项目、骨干培训、队伍建设等方面获得的支持和帮助较为有限；另一方面，志愿者对志愿服务的心理期待，与实际志愿服务内容、保障和激励机制有相当的差距。

杭州市虽然十分重视推进志愿事业发展的建章立制工作，志愿服务立法走

---

① Cabinet Office. Strategy for the Record-Office of the Third Sector[EB/OL]. (2011-11-30). www. cabinetoffice. gov. uk.

在全国前列,相关制度建设相对较为完整规范,但志愿服务的激励与评估机制方面还有待于进一步提升,如志愿服务的表彰激励、资金筹措、志愿服务队伍的资金保障等方面,尚未制定出细则。《杭州市志愿服务条例》规定:"鼓励有关单位在招收公务员、招工、招生时,同等条件下优先录用、录取优秀志愿者。"但是在现实工作中难以操作和实行。此外,资金筹措机制还不够完善,资金筹措的渠道、方式不够丰富;依托各职能部门和企事业单位的专业化志愿者队伍建设亦有待加强。

(五)志愿服务组织的行政色彩比较浓厚

经过十多年的志愿工作实践,我国的志愿服务工作取得了较大的发展,组织体系、组织模式初步形成。从目前各地的情况看,志愿服务的体系架构主要有行政推广模式、文明影响模式、社会合作模式、人性培育模式、优势专家模式和内外互动模式等。[①] 在推进过程中,一方面,往往倾向行政等级体系,使用行政手段和措施,自上而下地布置、推动、落实志愿服务工作,对自发的、基层的志愿组织和志愿者的主动性、积极性和创造性,则较少重视;另一方面,围绕政府某一时期的重点工作和主要任务,应急、应时、应景地开展的志愿服务较多,体现志愿者个人兴趣爱好和志愿性的则相对不足。[②]

在杭州志愿服务组织参与社会治理进程中,政府的主导性作用较为明显,专门成立了市—区(县、市)—街道(乡镇)三级志愿服务工作委员会的领导协调机构,和市—区(县、市)—街道(乡镇)—社区(村)的四级志愿者工作指导中心(站)的日常管理机构,并坚持"项目化运作、精细化管理、整体化推进和实业化发展"管理思路,从人力、物力、财力等资源要素上给予志愿者管理机构必要的支持。但是从社会层面来看,志愿服务组织(队伍)参与各类志愿服务活动常常处于被动状态,社区层面的志愿服务组织积极性有待调动。我们对社区志愿服务组织调研时,部分志愿组织负责人提出,"政府在推进志愿服务活动中,要逐步减弱政府命令性指导,加大社会组织自我管理力度,政府的职能应转向以引导、服务、搭建平台为主"。也有社区志愿管理工作人员认为,"培育社区型志愿组织不能以指标式增长速度来推行,而应由群众自主志愿性地发展志愿组织,否则不仅我们工作压力大,而且容易造成志愿者的逆反心理,增加基层工作的

① 翟帆.我国注册志愿者人数近3000万[N].中国教育报,2008-12-06,(1).

② 上海市慈善基金会,上海慈善事业发展研究中心.志愿服务与义工建设[M].上海:上海社会科学院出版社,2007:9-10.

被动性"。因此,重视和加强对志愿组织的自主培育显得很有必要。

五、构建志愿服务指数评价体系

(一)休闲城市指数、志愿服务指数的界定

城市休闲指数(city leisure index)是对城市休闲程度的定量评价指标,它是对城市休闲功能发展状况的综合性测算,是城市休闲系统的定量描述,是对不能直接相加的城市休闲程度方面的复杂现象在数量上综合变动情况的相对数据综合测评的反映。通过城市休闲指数反映一个城市休闲系统的发育情况和发展潜力。志愿服务指数将作为休闲城市指数二级指数层,通过价值导向指数、社会动员指数、社会保障指数、城市展示 4 个三级系统层、22 个四级领域层、22 个五级指标层,测量志愿服务的在构建城市休闲文化中的具体功能和作用。

(二)志愿服务指数构建的原则

志愿服务作为城市休闲文化的有机组成,存在普遍且多样的特性,因此在志愿指数评价指标体系确定过程中,要遵循几个原则和标准。

一是全面性。考虑到志愿服务作为休闲文化的一部分,具有普遍性,休闲几乎覆盖了生活的全部,因此指标应该从不同的角度反映评价系统的主要特征和状况,涵盖心理学、文化学、经济学、管理学等主要领域以及发展水平、需求潜力、可持续发展力等主要因素。

二是可比性。指标的设置必须充分考虑数据的可获取性,在数据获取难度大的现实情况下,相应指标的选取应当能真正反映出志愿服发展的特征。指标设置既符合城市间的可代表性和通用型,又要体现城市志愿服务发展的动态过程,使指标具有相对可比性,从而提高指标体系的适用范围。

三是层次性。指数的构造基于完整的指标体系,而指标体系又是一个多层次多要素的复合体。采用多指标综合评价的方法,需要对所有量纲不同的统计指标无量纲化,转化为各个指标的相对评价值,然后通过加权综合层层叠加得到总目标层、系统层的指标评价分指数,从而得到对志愿服务在城市休闲文化构建过程中的总体评价。

四是可度量性。所选择的指标必须是可度量的,而且能够实际取得数据。

数据和指标的选择主要来自各类不同的统计指标,在缺乏统计数据的情况下辅以专家评估。

(三)志愿服务指数评价体系

基于所建立的指标体系,定期形成"志愿服务指数",构建"杭州模式"志愿服务在促进城市休闲文化建设过程中的多层次评价模型;通过新媒体、传统媒体定期通报"志愿服务指数",以"指数"促"氛围";通过分析"志愿指数"的变化,测定不同指标的变化规律,对于在全省乃至全国范围内推广"杭州模式"志愿服务、构建城市休闲文化起到促进作用(见表2)。

表 2　"杭州模式"志愿服务指数示意

一级指数	二级指数（所占%）	三级指数（所占%）	四级指数（所占%）	五级指数（定性因素/定量因素）
			······	
城市休闲指数	志愿服务指数（100%）	价值导向指数（30%）	心理学(5%)	休闲期望(定性因素)
			心理学(5%)	个人幸福感(定性因素)
			心理学(5%)	所在志愿服务团体的利益(定性因素)
			文化学(5%)	休闲文化价值观(定性因素)
			经济学(5%)	城镇居民可支配收入(定量因素)
			经济学(5%)	城镇居民人均 GDP(定量因素)
		社会动员指数（15%）	管理学(5%)	政府、公民互动频率(定性因素)
			管理学(5%)	公民间互动频率(定性因素)
			管理学(5%)	公民的主人翁意识(定性因素)
		社会保障指数（45%）	弱势群体服务(5%)	14 个区、县市、开发区开展比例(定量因素)
			便民利民服务(4%)	14 个区、县市、开发区开展比例(定量因素)
			社会教育服务(4%)	14 个区、县市、开发区开展比例(定量因素)
			文化休闲服务(4%)	14 个区、县市、开发区开展比例(定量因素)
			环境保护服务(4%)	14 个区、县市、开发区开展比例(定量因素)
			权益保护服务(4%)	14 个区、县市、开发区开展比例(定量因素)
			治安防控服务(4%)	14 个区、县市、开发区开展比例(定量因素)
			邻里互助服务(4%)	14 个区、县市、开发区开展比例(定量因素)
			大型公益服务(4%)	14 个区、县市、开发区开展比例(定量因素)
			应急救援服务(4%)	14 个区、县市、开发区开展比例(定量因素)
			国际合作服务(4%)	14 个区、县市、开发区开展比例(定量因素)

续表

一级指数	二级指数 （所占%）	三级指数 （所占%）	四级指数 （所占%）	五级指数 （定性因素/定量因素）
城市休闲 指数	志愿服务 指数 （100%）	城市展示 指数 （10%）	文化学（5%）	体现"东方休闲之都"城市名片
			文化学（5%）	体现"精致和谐 大气开放"的杭州人文精神
				……

六、对策建议

（一）加强"志愿服务文化"的舆论宣传，充分调动志愿者的积极性，提升城市休闲文化层次

志愿服务源于人自发性的一种自我奉献。著名管理学家德鲁克指出，非营利组织的经营，不是靠"利润"动机的驱使，而是靠"使命"的凝聚和引导。2001《全球志愿者宣言》明确指出："志愿服务对于我们不应是心血来潮的冲动，不应是趋利从众的跟风，而应成为一种全民习惯、一种生活方式、一种文化。"杭州市注册志愿者参与比例还不够高，一定程度上与我国整体的志愿服务氛围不浓有关，也与杭州市整体的城市休闲文化层次不高有关。志愿服务文化是城市休闲文化的一部分，要把志愿服务文化渗透到市民公约、乡规民约、学生守则、职业规范之中，引导人们尊重志愿者的劳动，敬重志愿者、学习志愿者、成为志愿者，从"要我参加"的被动参与，变为"我要参加"的主动参与。

对地方政府而言，一是要进一步加大城市休闲文化理念和志愿精神的舆论宣传，把志愿服务文化建设纳入政府工作的议事日程。二是政府应善于运用正确的激励方法，完善激励机制，加大激励力度，充分调动和发挥志愿者的积极性。要为志愿者提供更为健全的基本权益保障，实现志愿者权益保障的制度化、法治化和规范化，如健全的人身安全与健康保障、志愿者基本生活保障、志愿者医疗保险与保障等，均是消除志愿者后顾之忧、保护志愿者积极性的重要措施。对参与服务的志愿者，应给予各种优惠条件及奖励，实现精神激励、物质激励、身份提升激励的有机结合。可以借鉴西方国家激励制度，在中学期间建立志愿服务强制性的义务参与制度，其志愿行为作为升学的必备条件。这样有助于激发青年一代的志愿服务精神，进而通过几代人的努力，在全社会培养起扎实的人人参与志愿服务的社会根基。三是政府在设计和开展志愿服务活动

项目时,一定要把政府的需要与志愿者的需要有机结合起来,在有效服务政府工作的同时也能有效地满足志愿者的需要,真正实现将"要我参与"的志愿服务发展为"我要参与"的城市休闲文化。安排活动时,应关注每位志愿者自我潜能的发挥,力争做到各尽所能;要尊重志愿者的意愿,因为信任是维系志愿者参与的有效原动力;应积极创造机会,鼓励志愿者在服务中学习新技能,面对新挑战;还应为志愿者提供一些适当的训练以及锻炼成长的机会;等等。

(二)完善相关政府政策扶持,形成合力,带动形成城市休闲文化体系

志愿服务是对政府失灵和市场失灵的一种矫正和补救,但志愿服务也同样存在着一些自身难以克服的"志愿失灵"问题。因此,为志愿服务创建良好的制度环境,为志愿服务提供必要的政策支持和机制保障,是城市休闲文化可持续发展的重要方面。应动员和引导社会各个层面为志愿服务提供与城市休闲文化相衔接的上下链,形成体育、影视、交通、餐饮、旅游、社区服务等多方位的城市休闲文化体系。就杭州而言,政府已经非常注重发挥政府的资源、财力与政策优势来推进志愿事业的发展,但是仍然面临志愿服务管理基础薄弱,人力物力财力难以满足发展的困境,而且其志愿服务工作机制与管理体系都有待改善和加强。因此,加强志愿服务的政府支持体系可从以下五方面着手。

一是要进一步强化基层管理机构的能力基础,加大政策与资金支持力度,配备和增加专业服务人员数量,解决基层志愿服务管理组织长期面临的人财物困境,真正实现市—区(县、市)—街道(乡镇)—社区(村)的四级志愿服务工作管理体系,都"有人办事,有钱办事,有房办事,有章办事"。

二是利用志愿者工作委员会较强协调能力的优势,进一步优化部门间资源、政策的整合,形成志愿服务的整体性政府治理机制。同时,应加快志愿者工作委员会在街道(乡镇)层面的推进速度。街道(乡镇)是离群众最近的一级政府,直接面对各类社区志愿服务队伍。强化志愿服务在基层的领导与管理基础,更有助于推进志愿事业的发展。

三是适当提高志愿者工作指导中心领导的行政层次或地位,以增强志愿者工作指导中心在市—区(县、市)—街道(乡镇)三级管理体系中的资源动员与吸取能力,以及提升志愿者工作指导中心在政府部门的协调能力。

四是进一步完善政策制度保障,并加大制度的落实力度,不断优化志愿服务的制度体系。当前特别值得关注的是,既要制定并贯彻税收优惠政策,鼓励

和引导更多的社会资源向志愿服务领域流动,增强志愿服务的社会吸取能力,又要强化志愿服务组织的资源整合能力。

五是加大政府对志愿服务组织的财力支持,增加政府财政拨款力度。要设立争先创优的表彰奖,以鼓励那些社会贡献大、积极参与社会治理的志愿服务队伍再接再厉,从而形成持续的激励氛围。同时,依托杭州城市休闲文化综合产业群,建立地方性志愿服务基金,资助那些处于新生的或成长型阶段的志愿服务组织,引导其健康发展,以便不断发展壮大志愿服务力量。这些措施有助于实现志愿服务与城市休闲文化两者之间的“以点带面”和“以面哺点”的相互支撑体系。

(三)发展志愿服务组织,完善服务网络,成为城市休闲文化网络的有机组成部分

发展志愿服务组织,要贯彻“政社分开”的要求。纵向上,加强以市、县区、镇街为主体的管理、协调组织;横向上,扶持发展各类专业性志愿服务组织以及各高校、各行业志愿服务组织,形成纵横网络,融入城市休闲文化网络的大范围中,成为其重要的组成部分。

杭州市城市休闲文化网络广泛,除了政府组织以外,还有大量的社会复合组织,如杭州生活品质研究与评价中心、杭州城市品牌促进会、杭州发展研究会、杭州创业研究与交流中心等。可以组织开展生活品质城市发展理念的研究交流;负责举办全国和国际生活品质论坛;组织开展生活品质城市品牌、城市标志使用的研究和推广,推进城市品牌、行业品牌、企业品牌互动;开展生活品质城市和行业评价,负责编制和发布生活品质年度报告;建立生活品质研究资料库和城市品牌、行业品牌的品牌库以及专家库等活动,等等。志愿服务要依托城市休闲文化网络中的社会复合主体,既可以参与活动本身,也可以参与活动志愿服务;既可以体验活动本身,也可以体验活动志愿服务,承担多种角色,实现互动。

(四)打造志愿服务品牌,使之成为城市休闲文化的金名片

在培育品牌方面,建立志愿服务组织的孵化机制和完善科学的分类管理制度。各级团组织和志愿者协会,应主动把握加强和创新社会治理、推进社会主义文化建设、建设“学习型”“创新型”“生态型”城市的形势,围绕“服务民生、促进和谐,平等参与、改善民主,繁荣文化、丰富生活”的要求,发挥自身优势,培育

服务项目,打造志愿服务品牌。

在树立品牌方面,在培育品牌的基础上,重点发展社区型、专业型两类长期性志愿服务,通过现场答辩、验收、评选等形式,树立一批品牌。2012年,杭州市达标 AAAAA 级社区型志愿服务队伍(项目)26 个,其中的"三文明"志愿服务行动、公共自行车志愿服务行动、城市志愿服务"微笑亭"等,成为市级层面项目化、品牌化合一的典范,志愿者成为杭城人数最多、覆盖最广的公益群体。

在保持品牌方面,志愿服务是一项长期性工作,在发展城市休闲文化的过程中发挥着不可替代的作用,已经成为城市休闲文化的一张金名片。为了保持品牌,需要不断创新志愿服务模式,提高志愿服务品质,在保证品质的基础上,将志愿服务的核心概念、核心价值、文化内涵、人性关怀等内容上升到城市休闲文化的层面,从而为志愿服务提供源源不断的品牌活力。

(2013"休闲文化与城市品质提升"专项课题)

参考文献:

陈振明等.社会管理体制改革与社会管理能力的提升——福建省的案例研究[J].东南学术,2011(4).

董强,翟雁.中国民间志愿服务实践与国际和地区经验[M].北京:知识产权出版社,2011.

高丙中,袁瑞军.中国公民社会发展蓝皮书(2008)[M].北京:北京大学出版社,2008.

高嵘.美国志愿服务发展的历史考察及其借鉴价值[J].中国青年研究,2010(4).

杭州市志愿服务工作委员会办公室.志愿杭州 品质生活——杭州志愿服务工作探索汇编[C],2011.

杭州市志愿服务工作指导中心编制.杭州市"十二五"志愿服务事业发展规划[Z],2010.

廖恳.论志愿服务的社会功能及其形成[J].青年与共青团工作,2012(3).

吕晓俊.非营利组织志愿者动机的考察——基于文化价值取向的视角[J].上海交通大学学报,2012(1).

沈晓峰.大力推进志愿服务事业,共建共享生活品质之城[J].杭州志愿者,2011(1).

谭建光.社会转型时期的志愿服务与人文精神[J].社会科学,2005(5).

滕素芬.西方海外志愿服务成功经验对我国的启示[J].中国青年研究,2011(5).

王延芳.志愿文化体系培育研究[J].广东青年职业学院学报,2012(87).

曾华源,曾腾光.志愿服务概论[M].台北:扬智出版社,2003.

郑春荣.德国志愿服务:特点、趋势与促进措施[J].中国青年研究,2010(10).

第二编　休闲与乡镇发展

"景中村"的可持续发展研究

王瑞庆 *

　　杭州西湖风景名胜区内辖有 12 个农居点,随着"西湖西进"工程的推行,景区内的农村和农民问题成为一个棘手的难题。自 2002 年以来,杭州市委、市政府围绕实现"景区美、百姓富、社会稳、班子强、素质高"目标,坚持"整治为人民、整治靠人民、整治成果由人民共享、整治成效由人民检验",推进"景中村"综合整治工程,拆除违章建筑,完善基础设施,整治房屋立面,调整经济结构,挖掘文化内涵,取得了丰硕成果。经过近十年的综合整治和改造,"景中村"成为西湖文化景观的新亮点、景区经济发展的新增点、当地原住民生产生活的"新天地"。这种模式将"文化品质"注入农村,不仅使之成为休闲文化的节点,也成功实现了农村发展的转型,树立了杭州市"城中村"改造和"社会主义新农村"建设成功的典范。2009 年"景中村"整治告一段落,目前的发展状况怎么样? 有哪些需要改进的地方? 能否实现可持续性发展? 带着这些问题,本文对"景中村"的整治和目前发展状况进行了研究,并提出了相关改进的对策和建议。

一、绪　论

(一)研究背景

　　随着新型城镇化发展目标的提出,在全球经济增长放缓导致我国经济外需下降和国内经济面临结构调整压力的形势下,延续了 30 年的城镇化进程似乎成了我国经济发展和社会发展能寄予厚望的增长动力。事实上,城镇化只是一

---

　　*　杭州国际城市学研究中心、浙江省城市治理研究中心。

种促进社会发展的手段,是一种提高社会整体发展水平的过渡性安排,如果将其视为方向性的发展战略,那就会本末倒置,引发社会问题。中国城镇化政策是近百年来"乡土中国要不得"的思维定式下的产物。直到今天各种"城市病"成为制约人们生活水平提高和城市发展的主要因素,"城镇化"就是"去乡村化"的理论和实践仍然占据主流地位。实际上,农村和城市一样都是开放的,都有可能跟现代接轨,城市可以让生活变得更美好,农村也可以做到。但就地域空间形态而言,"即便今后中国的城镇化率达到 80％ 了,全国基本实现现代化了,在地域空间形态上,农村仍然是农村,城市仍然是城市"。[①] 因此我们的发展要超越城镇化而实现农业和农村的现代化。党国英提出,"城镇化政策调整将成为农村改革的下一个重点"[②],把农村的改革指向了城镇化政策,这应该是解决中国城镇化问题的出路和方向。

农村是我国社会结构的重要组成部分,"城中村"是我国城乡二元土地制度背景下城镇化过程中产生的一个特殊现象。随着我国传统城镇化向以城乡统筹为突破口的新型城镇化转型,"景中村"的发展模式将成为农村发展和"城中村"改造的一个重要类型。杭州西湖风景名胜区是 1982 年国家公布的第一批国家重点风景名胜区,辖区内的村庄以其独特的民俗文化积淀与秀丽的自然景观的融合,为景区旅游资源的开发注入了原生态的文化之魂。因此,"景中村"整治必须从生态、经济、社会三个方面综合进行,才能抓住西湖风景区的文化之魂。杭州"景中村"经过近十年的整治,已经实现了景区内农民的居住和就业与景区自然资源和文化资源和谐发展的目标。

随着新型城镇化的推进,"城中村"问题越来越突出。"景中村"是风景区重要的原生态基质,目前,全国各地关于"景中村"整治的理想模式仍处于不断探索的过程中。本文对杭州"景中村"整治进行辩证的、动态的、科学的研究,引导"景中村"合理发展,促进"景中村"与风景区、所依托的城市和谐共生,具有极为深远的意义。

(二)"景中村"研究成果的回顾

我国对农村发展进行规划起步较晚,党的十一届三中全会以后,只是对防

---

① 王梦奎.现代化进程两难题:城乡差距和区域差距[J].山东经济战略研究,2005(Z1).

② 党国英.城镇化政策调整农村改革的下一个重点[EB/OL].(2010-03-09)(2013-07-07)http://business.sohu.com/20050309/n224596021.shtml.

止随便占用耕地进行了限制,直到 1993 年《村庄和集镇规划建设管理条例》和《村镇规划标准》公布,才开始重视村庄的规划和建业。在 2006 年党中央、国务院提出建设社会主义新农村的战略决策以后,村庄的规划和发展才引起学界重视。"景中村"作为一类特殊的村庄,其研究更是缺少系统性和完整性。就现有的研究成果来看,一方面集中于整治过程和经验的介绍,另一方面附属于"城中村"改造的研究。

关于"景中村"整治过程和经验介绍的研究成果,目前所见研究比较多的是景观整治问题,具代表性的是《风景名胜区"景中村"发展现状分析及管理对策》(袁雅芳等,《安徽农业科学》2005 年第 11 期)、《"景中村"的管理对策分析——以西湖风景区为例》(侯雯娜等,《安徽农业科学》2007 年第 5 期)、《杭州西湖风景名胜区村庄整治研究》(麻欣瑶,南京农业大学 2009 硕士学位论文)、《城市型风景名胜区建筑的营造——以杭州西湖风景名胜区为例》(朱宇恒、郑斐,《城市问题》2011 年第 7 期)、《风景名胜区"景中村"景观整治研究》(韩宁,浙江农林大学 2011 年硕士学位论文)、《关于地域景观的改造和提升设计研究》(成一,浙江大学 2012 年硕士学位论文)、《杭州"景中村"的改造模式的探究》(龚一红,《建筑与文化》2012 年第 6 期)、《"景中村"发展规划策略研究》(张晨,浙江大学 2013 年硕士学位论文)、《"景中村"空间和谐发展研究——以杭州西湖风景区龙井村为例》(李王鸣等,《城市规划》2013 年第 8 期)、《"景中村"文化景观整治类型及策略探析——以杭州周边部分"景中村"整治为例》(朱振通、陈漫华,《城市时代,协同规划——2013 中国城市规划年会论文集》2013 年 11 月)等。

在"城中村"研究中,多数研究者把"景中村"的整治作为成功的典范来论述。主要有《"城中村"改造的杭州模式》(王露,《政策瞭望》2010 年第 3 期)、《"城中村"改造问题研究》(洪春光,华东政法大学 2010 年硕士学位论文)、《"城中村"改造中的产权理论应用》(郭彪,浙江大学 2009 年硕士学位论文)、《城中村改造的"杭州模式"》(朱世权,《今日浙江》2009 年第 22 期)、《杭州市的"城中村"治理及其反思》(赵秀玲,《徐州师范大学学报》2011 年第 5 期)、《杭州城中村改造研究》(应四爱,浙江大学 2005 年硕士学位论文)等。还有网上和媒体对"景中村"中出现的一些问题的关注和评价,限于篇幅,不一一列举。这些观点和看法虽然反映了"景中村"发展中的一些问题,但多为零碎的、不系统的评论,对"景中村"的发展问题尚缺乏全面的认识,也未对其长期、可持续性发展提出建议和对策。"景中村"作为一种特殊的"城中村",其发展模式也值得其他类型的"城中村"进行借鉴。赵秀玲在《"城中村"治理的困局及其跨越》一文中,认为杭州"景中村"治理的"理念和做法是正确的,也是难能可贵的。但是,不可讳言的是,在整个中国的'城中村'治理中,这样的例子却是极其少见,甚至有被淹没的危险,更多的'城中村'治理只注重运动式的'改造'与'清除',只强调'经济功能'的放大和'社会问题'的审视,只忙于由'村民'向'城市居民'的过渡和转型,而'文化缺位'和'制度滞后'的问题也因此变得相当明显和突出"①。"景中村"农居点问题是我国农村在城镇化进程中的共性问题、综合性问题,不容忽视。因此,我们必须对"景中村"进行长期的跟踪观察和研究,以保证其持续发展。

(三)解题与研究的主要内容和思路

在"农民向市民、农村向城市、村庄向社区"的现代化转型过程中,提升"景中村"农民的生活质量,使农民养成"都市"的"现代意识",从而使农民和农村的思想观念和生活方式与现代化城市接轨是最终的理想目标。"景中村"的综合整治是杭州社会主义新农村建设和"城中村"改造模式的亮点所在,较好地诠释了人与自然和谐,城市与农村融合的城镇化新思路。在"景中村"整治过程中,采取了哪些措施,对村中原著农民的市民化产生了何种影响,这种发展趋势能否实现可持续性发展,构成了本文的主要内容。

本文以城镇化进程中"城中村"改造普遍存在的问题作为叙事背景,以杭州"景中村"整治及后期的发展作为研究主线,以如何将"文化品质"注入农村,使之成为休闲文化的节点为分析的切入点,从自然、文化和居民三个层面探求"景中村"整治的重要特色和主要经验,在调查和研究的基础上,归纳、总结出了杭州西湖风景名胜区中"景中村"可持续发展过程中应该着重考虑的具体内容等重要结论。

本文以杭州西湖风景区内的 12 个"景中村":梅家坞、茅家埠、龙井村、杨梅岭村、双峰村、金沙港、南山村、翁家山、满觉陇、玉泉村、灵隐村(法云古村)、九溪村为空间范畴,以 2002 年至今"景中村"的整治和发展为研究内容,依托杭州市政府公布的文件、媒体评论以及我们的调查材料,通过文献分析和统计分析法,在梳理"景中村"整治目的和发展情况的基础上,对目前存在的问题进行分析,并提出改进建议和对策。

---

① 赵秀玲."城中村"治理的困局及其跨越[J].山东师范大学学报(人文社会科学版),2011(5).

二、杭州"景中村"综合整治的目标和意义

概念的内涵和外延的清晰厘定是研究的逻辑前提,问题的研究是基本理论研究的必然延伸。"景中村"是近十来年才出现的新词汇,因此有必要对其含义进行分析。

(一)"景中村"概念的厘定

"景中村",顾名思义就是位于风景区里的农村。为了保护那些具有独特自然风貌、深厚文化积淀的地区,国家设立了风景名胜区制度,为了保持景区的原生态,景区内的原住居民点也一同被纳入管理范围,成为"景中村"。

杭州西湖风景名胜区内"景中村"的形成与"城中村"相似,是中国二元土地制度下城市扩张过程中的特殊产物。随着西湖风景名胜区的规划范围和外围保护地带的划定,原来属于市郊的农村也被划入市区范围。根据《杭州西湖风景名胜区总体规划(2002—2020年)》划定的范围,景区内包括九个社区,其中包括七个城居型居住点和十二个村居型居住点:环湖社区的北山、栖霞岭居住点,茅家埠居住点,双峰村居住点;北山社区的保俶路居住点,金沙港居住点;吴山社区的鼓楼居住点;凤凰山社区的紫阳居住点,闸口居住点,南星居住点,南山村居住点;虎跑龙井社区的龙井村居住点,翁家山居住点,满觉陇居住点;植物园社区的玉泉村居住点,东山弄居住点;灵竺社区的灵隐村居住点;五云社区的梅家坞村居住点;钱江社区的九溪村居住点,杨梅岭村居住点。此规划根据居民的居住形态将居住点划分为城居型和村居型。

从2003年初开始,杭州市委、市政府大力推进西湖综合保护工程,对景区内的村庄开始进行整治。2005年7月,为了巩固整治和建设成果,加强景区管理,杭州市政府制定并公布了《西湖风景名胜区"景中村"管理办法》,第一次提出"景中村"一词,并进行了界定:"由杭州西湖风景名胜区管理委员会托管,西湖街道下属,与西湖风景名胜区特定景区融为一体的村(社),包括梅家坞村、梵村、灵隐村、九溪村、翁家山村、杨梅岭村、满觉陇村、茅家埠村、龙井村、双峰村和九溪社区、三台山社区、金沙港社区、栖霞岭社区、净寺社区等。"这里对"景中村"的概括只是按照地理位置,将景区内的村社纳入管理范围,并没有体现出景区内村庄的特性。

通过表层现象解读"景中村",其形成与"城中村"相似,是中国城乡二元管理体制下城市扩张过程中的特殊产物。《城市规划法》规定的城市规划区包括:"城市市区、近郊区以及城市行政区域内因城市建设和发展需要实行规划控制的区域。"西湖风景名胜区内的村庄自然就属于"城中村"了。目前学界根据土地权属的情况将"城中村"分为三种情况:①已经改造过的"城中村",土地已经全部被征收为国有;②正在改造的"城中村",土地所有权一部分属于国家,一部分属于集体所有;③已经列入改造规划但尚未进行改造的"城中村",全部土地仍属于集体所有。上海交通大学管理学院的侯雯娜从目前中国二元土地制度下的"城中村"改造角度指出:"'景中村'应为已纳入风景名胜区规划和管理范围之内,土地集体所有,行政上设立村民委员会,主要居民为农业户口,保留村落的风俗风貌的社区聚落。"[①]从"景中村"的地理位置、土地制度、管理模式、户籍制度、社会风貌等方面进行了全面的概括。

《土地管理法》及相关法律条款规定,凡是在集体所有的农用地上进行建设,都必须在政府根据《土地利用总体规划》将集体土地征收为国有以后,才能使用。除了因公共服务设施、公共场所、国防设施、公共安全、国防等征地外,被划入城市建设用地规划的集体土地也需要征收为国有。侯雯娜给出的定义可以说适合于"景中村"改造之前的特点:地域上处于风景名胜区的范围之内;土地为集体所有制;基层组织为村民委员会,主要固定居民以农业户口为主。而《西湖风景名胜区"景中村"管理办法》对"景中村"的定义则适合于改造之后或者改造之中的"景中村"特点:或者仍然保留着原始村落的特点,或经过改造成为城市社区。但由于地理位置、经济和社会风貌发展的特殊性,"景中村"在"城中村"改造中仍然是一个独立类别,表现出既不同于传统村庄、也不同于城市成熟社区的复杂特征。

(二)"景中村"进行综合整治的目标

党的十六届五中全会做出了建设社会主义新农村的战略决策,并确定了"生产发展、生活宽裕、乡风文明、村容整洁、管理民主"的社会主义新农村建设要求。从1998年开始,杭州便把"城中村"改造作为新农村建设的突破口、推进城镇化的"主战场"、建设"生活品质之城"的关键点。"景中村"作为杭州市区范围内的农村,被市政府定性为按照社会主义新农村建设的要求进行整治。

---

① 侯雯娜,胡巍,等."景中村"的管理对策分析——以西湖风景区为例[J].安徽农业科学,2007(5).

"景中村"作为"城中村"改造的一个特殊类型,既有"城中村"普遍存在的问题,也区别于普通"城中村"改造的一般性需求。1985年,国务院颁布的《风景名胜区管理暂行条例》称风景名胜区为:"凡具有观赏、文化或科学价值,自然景物、人文景物比较集中,环境优美,具有一定规模和范围,可供人们游览、休息或进行科学、文化活动的地区。"因此,风景名胜区的整治应该以保护民间传统文化、开展健康有益的游览观光和文化娱乐活动、普及历史文化和科学知识为首要任务。《杭州西湖风景名胜区总体规划(2002—2020年)》也对景区的资源保护提出要求:"保持景源特征及其生态环境的完整性,保持历史文化与社会的连续性,保持地域单元的相对独立性,强调保护、利用、管理的必要性与可行性。"自然资源和文化资源的保护是"景中村"整治的核心。因此,在与杭州城市总体规划和其他相关规划相衔接的过程中,"景中村"不能简单按照"城中村"拆迁、改造、清除等模式进行整治,而是需要另辟蹊径。

"景中村"在进行整治之前,存在的主要问题是:"人口过度膨胀,景区内民宅、单位建筑过密,景区呈城镇化现象十分突出,加上村居建筑杂乱无章,建筑风格单调,无地域性,基础设施滞后,严重影响了风景区景观的视觉效果,直接损害了风景名胜区可持续发展的能力。"[①]基础设施落后也是影响"景中村"发展的一个原因,例如,灵隐村由于自然变迁、人为破坏、规划缺失、政策多变、整治滞后等多种原因,生态环境恶化,人文景观受损,茶园林地减少,泉池溪流枯竭,违法建筑抬头,基础设施滞后,道路交通不畅,村容村貌脏乱差,旅游的"金字招牌"日渐黯淡;村集体经济"坐吃山空"、难以为继,居民群众就业困难,生活水平提高缓慢,城乡差距逐渐扩大。这与社会主义新农村的要求存在与村内原住居民的生活目标也有很大差距,且不利于西湖风景区资源的保护,影响景区内村庄自身的发展和西湖风景名胜区事业的可持续发展。

时任杭州市委书记王国平为"景中村"的综合整治定下的目标是:"今后到杭州看新农村,'景中村'就是榜样。旅委要定制旅游产品营销我们的'景中村',把它们打造成世界级旅游产品。"从"景中村"承负的保持历史文化与社会的连续性特殊任务来看,必须从自然、文化和常住居民三个层面同步、统一进行整治,才能保护其文化遗产的特性。

"城中村"不仅反映我国城乡公共基础设施的差距,还反映社会结构、社会管理、生活观念的差别。这种差别已经成为城市规划和建设的巨大障碍,给城

---

① 解读杭州西湖风景名胜区总体规划(2002—2020)[EB/OL].(2012-06-09)(2013.07-27)http://www.doc88.com/p-748827595492.html.

市社会管理带来极大挑战。"景中村"与杭州市区同样也存在着这些差距,杭州市委、市政府欲将其整治成为杭州的"三个示范":"一是全市新农村建设的示范。要把杭州的'景中村'打造成为新农村建设的'样板'和标杆。二是共建共享'生活品质之城'的示范。要通过'景中村'综合整治,走出一条提高'景中村'村民生活品质的新路子,让'景中村'居民也能享受'生活品质之城'的建设成果。三是世界级旅游景区的示范。西湖风景名胜区无疑是一个世界级旅游景区,'景中村'作为名胜区的重要组成部分,也应该成为世界级旅游景区的示范。"因此,"景中村"改造的基本目标是完成社会主义新农村建设,特殊目标是与西湖景区融为一体,确保"城中村"改造走上正确的发展轨道,让农民生活更美好,让居住环境和人文环境更优美。

"景中村"改造的途径将"城"和"村"结合起来。王国平指出:"城市已成为新农村建设的引领者。建设新农村,重心在农村,突破口在城市,推动力在城市。要把'城中村'、'景中村'改造作为新农村建设的突破口,把'城中村'、'景中村'建设成为新农村建设示范村,为新农村建设积累经验。要坚持'以城带乡、以工促农',推动城市基础设施向农村延伸、城市公共服务向农村覆盖、城市文明向农村传播,以'城市包围农村',为新农村建设创造条件、提供支持。"①"景中村"源于"城"和"村"的差别,只有按照"产业优、农家富、乡风好、景区美、百姓乐"的总体目标,才能把"城"和"村"统筹起来,实现一体化发展。

三、杭州"景中村"综合整治的特色分析

"景中村"的整治是中国传统村庄在城镇化过程中重生的一个经典案例,在政府和村民的利益博弈和文化碰撞中获得新生。

2003年完成梅家坞村一期、茅家埠村一期整治;2004年完成梅家坞村二期、茅家埠村二期、双峰村整治;2005年完成龙井村整治;2006年完成灵隐农居点整治;2007年完成满觉陇四眼井村整治;2008年完成九溪杨梅岭村、南山村、梅家坞村三期整治;2009年整治满觉陇村的上满和下满区块、九溪村。基本概况如下:

2003年湖西一期的湖西综合保护工程和梅家坞文化村建设工程在短短的

① 王国平.城镇化若干问题的思考(二)——在杭州市城市工作会议上的讲话(2006年4月19日)[M]//城市怎么办(理念卷二).北京:人民出版社,2010:170.

200 天时间里,拆除各类违章建筑 5400 平方米;完成污水、给水、电力、电讯、有线电视、管道煤气铺设总长度 18 公里;整治民居 50 幢和单位办公楼 10 处,总面积达 3 万平方米;完成新建建筑 3500 平方米,恢复灵隐上香古道 450 米,道路门前铺装 6000 平方米;绿化 3 万平方米,种树 4.5 万株。

2004 年湖西二期农居整治共拆除违章建筑 4200 平方米,围墙 2100 米;完成污水、给水、电力、电信、有线电视、管道煤气铺设总长度为 60.3 公里;整治农居 130 户和单位办公楼 5 处,总面积达 41700 平方米;完成路面铺装 6650 米,新建和修复各类桥梁 10 座;绿化 12000 平方米,清除建筑垃圾和堆积的生活垃圾 2 万多立方米。仅用 200 多天顺利完成。

"龙井八景"恢复工程是 2006 年杭州市重点工程之一,又是西湖综合保护工程的收官之作,整个工程严格按照杭发改投资〔2006〕529 号、530 号、531 号文件精神和杭州园林设计院有限公司编制的"龙井八景"恢复工程设计方案,继续坚持"民办公助、以奖代拨"的原则,以拆除违法建筑、道路沟通及铺设、整修溪流畅通、完善配套基础设施(管线上改下)、农居立面整治和环境整治为重要任务。

灵隐景区农居综合整治工程历经两年完成,总投资约 8153 万元,整治范围主要为白乐桥、天竺区块等灵隐村所属范围。整治农居共计 214 户,其中白乐桥区块 131 户,天竺区块 83 户。农居翻(复)建共计 171 户,其中白乐桥区块 117 户,天竺区块 54 户。截污纳管 11000 米,铺设自来水管道约 10000 米,化粪池 11 个;电力、电信、有线全部"上改下",安装路灯 160 盏;铺设路宽 4 米以上的沥青路面 15000 平方米(假日路、索道路、中二路),其中新建中二路 430 米;铺设石板 26900 平方米,其中道路铺装 1900 平方米,农户、集体房门前铺装 25000 平方米;完成金沙溪、后涧溪溪流综合整治 850 米,并驳坎 28300 立方米;修复(新建)桥梁 9 座,其中东新桥 27.5 米,及亭桥一座;完成绿化种植面积约 52000 平方米。

上满觉陇区块、翁家山区块环境整治工程于 2010 年完成。区域总面积 234000 平方米,两个整治工程总投资约 7397 万元,整治范围主要是龙井、虎跑景区内的上满觉陇及杨家山两个自然农居点和翁家山区块及满觉陇路沿线区域。

梵村环境整治工程于 2011 年开始,区域总面积 450000 平方米,核定预算为 4913.06 万元。整治范围为之江路以北、云栖竹径以南,梅灵南路东西两侧,以梵村花苑和外大桥两个自然农居点为重点。整治内容为拆除违法建(构)筑物,拆除各类违法建(构)筑物 3950 平方米、围墙 1940 米,实施农居立面整治 94户,同时村委办公楼、东吴茶庄、聋儿康复中心、桃源居等七处集体公建和辖区内的仁和外国语学校也全部按要求参与了整治。另外,也进行了沟通、优化农居点内道路和溪沟治理,完善基础设施(截污纳管,电力、电信、管煤、路灯等设施完善及架空线"上改下"等),环境绿化、美化,历史文化古迹的挖掘和保护等。

"景中村"的整治,主要有三个层面:一是物质层面的整治,主要包括"景中村"土地的再利用、建筑景观的整治、公共基础设施的改善;二是制度层面的整治,主要是土地的集体所有制向国有制转变,村民向市民的身份转变,村级管理向社区管理的转变;三是社会形态与文化层面上的整治,主要是指村民的城市融入精神和市民意识、生活观念和方式的培养。

(一)物质层面——村落景观整治

"景中村"是西湖景区内的历史村落,是景区文化资源和风景资源的重要载体,同时自身又具有独特的景观价值。1998 年以来,杭州的农村住房改造建设逐渐形成"以点带线、以线带面,突出重点、整体推进"的模式。"景中村"的农居改造也是这种改造模式的一个缩影,同时又兼顾了与景区自然山水共存共生、整体发展、主题融合的特性。杭州市政府在景区的村落景观整治过程中采取了六项措施。

1.拆除违规建筑

由于大量历史遗留问题的存在和经济利益的驱动,部分村民搭建了违章建筑,有的甚至建在溪上,不仅破坏了景区资源,甚至造成村民进出家门都变得非常困难,有些地方被老百姓喻为"活人进不去,死人抬不出"。20 世纪 90 年代,随着市场经济的发展,西湖风景区内的经营性质的建筑日益增多。为了享受景区内的秀丽风光,一座座办公楼、写字楼、宿舍楼在丛林中拔地而起;逐利的开发商也将触角伸进景区内。根据相关报道,1998 年至 2001 年,西湖风景区内的建筑总量平均每年新增 13.8 万平方米。[①] 风景区内杂乱无章地扩建,使自然景观日益受到侵蚀。《杭州西湖风景名胜区总体规划(2002—2020 年)》中规定一定要"拆除现农村居民超过农居建筑面积指标的附属用房和违章建房、建新未拆旧(应拆未拆)的建筑"。同时还需"拆除一部分有碍风景的建筑"。从 2001

---

① 西湖拆违遇尴尬居民:强制拆迁有损政府形象[EB/OL]. (2005-01-31)[2013-07-29] http://news. xinhuanet. com/house/2005-01/31/content_2529335. htm.

年开始至 2009 年,"累计拆除违法建筑及无保留价值的建筑面积 58.5 万平方米,外迁单位 265 家,外迁住户数 2791 家,减少景区人口 7021 人,恢复水面 0.9 平方公里"①。仅灵隐景区一处,违拆除各类违法建(构)筑物 25000 平方米,其中违章建筑 13000 平方米,拆除围墙 1900 米,外运建筑(生活)垃圾 90000 立方米。

《杭州西湖风景名胜区社会主义新农村建设规划》提出"按照杭州市'百年内全市无违章'和景区保护的总要求,加大对违法建筑查处的力度,全力遏制违法建筑的滋生蔓延",西湖风景名胜区的自然景观得以修复和发展。

2. 设计和改造老建筑

杭州从 1998 年开始的"撤村建居"模式是以宅基地换城市多层公寓式住房,原村落的形态基本上都消失了。然而,对于"景中村"改造却非常注重对历史建筑和遗迹等历史文化细节和文明碎片的整理挖掘。"景中村"的民居存在时间不一,有的已有上百年的历史,有的存在几十年了,有的是近几年才建的,这是景区的文脉纽带。为了保存好历史遗存,增加文化内涵,在"景中村"整治中,杭州市委、市政府没有简单地采取多层公寓安置办法,而是本着"应保尽保,修旧如旧"的原则,规定原来建筑一律不拆,对人文景观、文物古迹不惜代价给予保护、整治和修复。例如,恢复了"龙井八景"等一大批景点,使"景中村"的魅力得到了大幅度的提升。

由于对景区资源和建筑特色认识不足,农居中也出现了许多西欧式、卡通式建筑,破坏了农居传统风貌。同时,"景中村"危旧房问题显得非常突出,村内原住居民对住房进行翻新维修的要求也日益强烈。杭州市委、市政府一方面坚持拆除违规建筑,另一方面对老建筑进行积极整治和保护。依照"就地整治、保留原貌"原则和"和而不同"理念,统一制定改造方案,对老建筑进行一体化设计和改造,使这些民居既有统一的风格,又保留原有的风貌。根据《杭州西湖风景名胜区管理条例》规定,景区内农村建房实施严格的审批制度,无论是对高度还是面积,修缮还是新建都做出了严格的规定。市政府将原来杂乱无章的民居统一改造成两层为主、白墙黑瓦的西湖传统民居形式,依据村落景观氛围顺势而建。例如,灵隐景区整治农居共计 214 户,其中白乐桥区块 131 户、天竺区块 83 户,农居整治率达 100%;整治集体公房 25 幢;指导北高峰索道站、省作家协会、

---

① 王国平. 杭州特色农村住房建设改造思考[M]//城市怎么办(理念卷二). 北京:人民出版社,2010:509.

省公安厅 3 幢公房整治，并搞好周边环境配套。这不仅避免了大拆大建，减轻了对农民生活的影响，也使得景区的原始风貌得以还原，面貌焕然一新。

3. 融合景观特色和民居建筑的功能与风格

为了使民居的历史积淀与周围的自然环境相融合，形成各具独特性和差异性的"景中村"风景，民居建筑的功能和风格的整治特别注重与周围景区的生态环境相融合，在整治过程中始终坚持"最小干预、原汁原味、生态优先"的原则。例如，在梅家坞村整治中，依山就势布局，保护茶园和传统村落风貌，展现了较为完整的茶文化习俗和自然淳朴的茶乡特色；在龙井村整治中，针对该村是西湖龙井茶的原产地、村内古迹遗存及古民居众多的特点，整治山涧溪流、保护传统民居、突出文化内涵，体现了西湖山地茶村的人文和自然风貌；在茅家埠村整治中，突出湖埠、香道及水滨民居的景观特色，着重体现茶文化、佛教文化及民俗文化，再现了西湖地区原住民聚落及传统香市的景观风貌。灵隐景区的整治突出"小桥、流水、人家"的诗情画意，白乐桥以青山、小溪、茶园、山林、村落为背景，具有灵隐村特色的农家旅馆业、农家菜、香市一条街及佛教文化工艺品商店散布村中，真正做到"林幽、溪清、景美、路畅、灯亮"，为广大市民和中外游客创造了一个整洁、优美、有序的环境。杨梅岭农居立面整治的整体风貌定位为山地民居古村落，以灰白墙、小青瓦或黑色屋面、毛石勒脚、小青瓦披檐、木石栏杆、花格窗等江南传统民居特色和高低错落、形式多样来体现，这是近几年整治要求最高的工程。杨梅岭农居经过整治后，高低错落的山地民居与优美的茶园风光相映衬，旧石板路面、山野石挡墙、石栏杆、小青瓦屋面与青山成为有机整体，碎山野石贴面增添了古朴风格，徽式风格庭院丰富了立面整治形式，老旧房屋坚持修旧如旧，增添了古村落气息。

现在，梅家坞、龙井村、灵隐村等"景中村"的建筑在功能和风格上都成了"景中村"的一大"亮点"，打造出功能最完善、风景最美丽的博物馆，已成为深受广大市民和游客喜爱的休闲好去处。

4. 以"民建公助"的方式来推进"景中村"民居改造

"景中村"整治的一个重要问题就是"钱从哪里来"，这是推进"景中村"综合整治的最大"拦路虎"。杭州的农村住房改造有"二合一""二选一""民建公助"三种模式。"景中村"采用的是"民建公助"模式。这种模式也是市委、市政府在整治过程中逐渐摸索出来的经验。从梅家坞、茅家埠整治的"政府包办"到后来的"公办民助"，再到灵隐村的"民办公助"，最终效果显示，"民办公助"是最有效的"景中村"整治模式。《西湖街道"景中村"整治申报制度实施意见》（西街办

〔2007〕75 号）规定，"民办公助"的实施办法为："按照'谁家的孩子谁家抱'，村集体用房立面整治资金由村集体或产权单位承担，农居立面整治资金由个人承担。村主干道基础设施建设和环境整治工程，争取市、区财政投入，各申报村必须承担部分基础设施改造经费。"在符合规划的前提下，由农民自主改造、修缮、建设住房，政府配套建设基础设施或给予一定的资金补助，目的是要在整治中发挥村集体和群众的主体作用。"景中村"的农民既是整治建设的参与者，也是整治成果的分享者，政府是引导者、组织者，政府的资金主要投向基础公共设施，带动群众的整治。采取"民办公助"的模式推进农村住房改造建设可以充分发挥政府、村集体和农民三方面的积极性，让老百姓真正体会到"景中村"整治不仅仅是政府工程，更是一项民心工程，使他们观念从"要我整"向"我要整"转变。据报道，九溪徐村 126 号农户俞女为配合徐村整治，花了 7 万元用于改善房屋内外环境。她希望西湖风景名胜区在推进徐村综合整治时，能按照最高标准整治好徐村的大环境，使徐村能吸引更多中外游客，使村里的茶馆、旅店开得更红火。① 据不完全统计，从 2002 年到 2007 年，茅家埠、双峰、梅家坞、龙井、"龙井八景"、莲花峰、灵隐、四眼井等项目整治工程，总投资为 57730 万元，其中政府投资 23670 万元，集体出资 13950 万元，个人出资 20110 万元。② 梅家坞二期工程中，村集体和有关个人共投入近 1000 万元资金。这种方式不仅解决了"钱从哪里来"的问题，还调动了农民进行改造的积极性。

政府投入巨资解决了"景中村"原住民的生存发展问题，"景中村"的原住民靠种茶、"泡茶"，搞服务业、文创产业为生，不再靠卖地办厂为生，而且把古建筑、古村落统统保护了下来。

5. 对"景中村"居民"鼓励外迁、允许自保"

目前国内公益性的风景区内农村整治的普遍做法是，景区内的原住居民都要迁出，另择地点进行安置。而杭州城镇化坚持的方针是"保老城、建新城"，坚持将保护历史建筑与改善原住居民生活品质结合起来，其途径就是通过实施危旧房改善工程，落实"鼓励外迁、允许自保"的方针政策。"所谓'鼓励外迁'，就是如果住在农村历史建筑中的农民愿意外迁，应鼓励他们外迁，先由政府把这些农村历史建筑收购过来成为国有资产，然后妥善加以保护，并代代传承下去。所谓'允许自保'，就是符合新农村建设规划的农村历史建筑，允许房主自己修

---

① 为名胜区"景中村"综合整治画上圆满句号[N]. 杭州日报，2009-08-20.
② 以"景中村"整治为抓手 全面推进型农村建设[R]. 西溪街道办事处，2007：10.

缮保护,政府给予适当补贴。"①

《杭州西湖风景名胜区总体规划(2002—2020年)》确定的"以'严格控制缩小规模、功能转变、鼓励外迁'为原则,景区常住人口只出不进,加快'农转居',疏减景区常住人口,使景区人口结构单一化,建设与风景名胜区景观相协调、有江南地方特色的居住点,提高居民居住环境质量,发掘展示人文内涵。"杭州在对"景中村"进行整治改造时,定了一条原则:市民搬,农民不搬,对农民实行"鼓励外迁,允许自保"的政策。

6.完善公共基础设施

城市基础设施将向农村延伸,提高城乡道路交通、给排水、水利、电力、通信、信息、供热、供气等各类基础设施的网络化、系统化、智能化程度,满足城乡居民生产生活的更高需求,这是缩小城乡差别的一个重要步骤。以2008年杨梅岭的综合整治工程为例,政府在完善公共基础设施方面主要做了以下几个方面的努力:第一是搞好市政环境工程建设,改善了村(居)民的生产生活条件。铺设沥青路面2879平方米、旧石板铺装10300平方米。同时,在新村铺设沥青路面8条共2500平方米、铺装石板近8000平方米。完成野山石挡墙4600平方米、浆砌块石墙身4200平方米;新安装石栏杆1800米、高湖石台阶铺设500平方米。整治办还协助搞好了自来水工程,协调组织了电力、网络、有线电视等管线施工,使这些管线全部进村入户,并实施了"上改下"。第二,完善了公共设施,拓宽了经济发展空间。结合整治,杨梅岭村迁建集体公房360平方米,新建500平方米。督促指导九溪垂钓园、九溪渔园、杨梅岭官家山区块三个项目的实施。为解决群众停车难的问题,在九溪新村区块新建了林下停车场,在两个疗养院中间新建大型停车场1100平方米,共新增停车场11处,近3000平方米。村老年活动室、健身场地得到进一步完善。基础设施和旅游服务设施的完善,为村集体经济和个体私营经济发展创造了条件。第三,坚持"生态优先、保护第一"的整治方针。下大力气实施了截污纳管,污水管铺设5716米,新建化粪池25座、隔油池90座,使污水管网埋设和污水处理覆盖到家家户户;新建3座垃圾房,整治公共厕所2个,改善了"景中村"的卫生条件;采用雨污分流,新铺内径1米的山水管280米,解决了山水排放问题。第四,坚持做好绿化美化工作。坚持适地适树、功能适配、注重季相、突出特色、形色结合的原则,做到见缝插

① 王国平.杭州特色农村住房建设改造思考[M]//城市怎么办(理念卷二).北京:人民出版社,2010:510.

绿,增加和改善绿化面积1.5万平方米,配置各类植物100多种,美化了杨梅岭的环境。第五,深入挖掘历史文化,展现了景区深厚的人文气息。在整治过程中,整治办多次召开专题座谈会,邀请老村(居)民征集意见,请专家完善设计、展示方案,并精心组织各项施工。陈布雷墓整修一新,并新建了石板游步道;对许引之墓进行了重新修缮;增设了"九溪源"标示;设置了景点指示牌和小品,通过标牌、石刻指引景点的位置,展示相关的历史故事。整治后,旅客不仅可以在这里尽情欣赏美景,而且可以感受其丰厚的历史文化,使自然和人文相得益彰。

(二)制度层面——村落管理的城镇化

城乡二元管理体制是"城中村"形成的根源性背景。所谓城乡二元管理体制,即土地制度上使用权限不同;户籍制度上把城镇居民和农村居民在身份上分为两个的社会群体,且两个群体的身份不能自由转换;公共资源配置和基本公共服务的享受不平等,城镇居民在经济、住房、就业、教育、社保等方面享受相对较高水平的福利保障,其中就业、住房保障最为关键。而对于农民,在农村集体土地所有制下,享有长期稳定的承包地、宅基地等土地权益。即便是生活在同一座城市或行政区域的人们,由于户籍身份不同,享受的待遇也不同。这种状况给城市的管理带来极大挑战。杭州在"景中村"整治过程中,通过制度层面的改革,探索出一条保护景区农民利益的新路子。

现行法律规定,属于农村集体所有的土地不得出让、转让或者出租用于非农业建设。《土地管理法》及相关法律条款规定,凡是在集体所有的土地上进行建设,都必须在政府根据《土地利用总体规划》将集体土地征收为国有以后,才能使用。"景中村"在整治之前,土地的使用仍然受到法律对农村集体土地使用的限制。因此,在景区内可供新建的土地资源有限的前提下,将集体土地转为国有,通过政府宏观调控来提高土地利用效率和优化空间资源结构,成为"景中村"发展开拓创新的必然之路。

"景中村"的农居建设和因建设需要征用集体所有土地拆迁房屋及其附属物以及安置补偿等以《风景名胜区管理暂行条例》《杭州市征用集体所有土地房屋拆迁管理条例》和《杭州西湖风景名胜区农居建设和拆迁安置管理办法》等法规文件为依据。为了保护景区内风景名胜资源,杭州市政府鼓励景区范围内的农户外迁安置,但也尊重居民留在景区,并通过创新土地征用制度,保护景区农民的根本利益,实现与市民的"同城同待遇"。

1.以成套住宅用房安置外迁农民

外迁住户包括两部分:一部分是根据城市规划不能新建农居点或被拆迁人

全部是非农业户籍(含农转非)人员的,被拆迁人一律外迁,由拆迁人以成套住宅用房安置被拆迁人,实行产权调换。一部分是自愿外迁者,除了给予相应的补偿外,还给予一定的奖励。根据《杭州西湖风景名胜区农居建设和拆迁安置管理办法》,安置的标准为:1 至 2 人户,原面积不足 40 平方米的,安置面积为40 平方米。原面积在 40 至 80 平方米的,按原面积安置。原面积超过 80 平方米的,安置面积为 80 平方米;3 人户,原面积不足 55 平方米的,安置面积为 55平方米。原面积在 55 至 120 平方米的,按原面积安置。原面积超过 120 平方米的,安置面积为 120 平方米;4 人以上户,原人均建筑面积(以下简称人均面积)不足 18 平方米的,按人均面积 18 平方米安置。原人均面积在 18 至 40 平方米的,按原面积安置。原人均面积在 40 平方米以上的,按人均面积 40 平方米安置。

2.原产置换

这种方式是针对在西湖风景名胜区范围内新建农居的原住户,《杭州西湖风景名胜区农居建设和拆迁安置管理办法》规定:"一户农户只能拥有一处农居。新建农居的,必须拆除原有农居。"建筑面积标准为:"常住农业户籍人员每人 40 平方米,常住非农业户籍人员每人 20 平方米,但 6 人以上户最大建筑面积为 200 平方米,4 至 5 人户最大建筑面积为 160 平方米,3 人以下户最大建筑面积为 120 平方米,最小建筑面积为 100 平方米。"这一做法是让景区内的原住居民继续在留在"景中村"内生活,是一种在既有法律框架下对景区历史文化遗产的保护。

3.撤村建居

2003 年公布的《杭州西湖风景名胜区管理条例》第四十七条规定:"市人民政府应当严格控制并逐步减少风景区内的常住人口和暂住人口数量,并依法将农村居民建制转为城市居民建制。"根据杭州市土地管理局于 1998 年公布的《市委办公厅、市政府办公厅关于在市区开展撤村建居改革试点工作的意见》(市委办〔1998〕126 号)规定:"撤村建居后,原农村集体土地经依法征用后,转为国有。经依法批准的原村属集体非农建设用地,包括宅基地(农居点用地)、村办企业用地、村公用事业用地等经依法征用并转为国有,由原村集体经济组织或其成员继续使用,享有国有土地使用权,办理土地使用权变更登记手续。"为确保失地农民权益,建立了"征地留用地制度",即按其征收农用地(不含林地)面积的 10%核定留用地指标,并给予了土地使用权出让收入核拨等倾斜政策;对市以上基础设施建设征收集体土地的,给予其被征收农用地(不含林地)的

10%开发性安置用地指标,鼓励被征地集体经济组织兴办第二、三产业。留用地可用于发展除一次性销售的商品住宅外的所有第二、三产业,包括标准厂房、商场、宾馆、写字楼等经营性项目,让区域性合作经济组织通过发展楼宇经济不断增强经济实力,增加失地农民的经济收入,从而使被征地农民能够分享到城镇化进程中土地非农化的增值收益。目前杭州市区征地农转非人员通过留用地安置,基本实现了就业。同时,村集体兴办的第二、三产业成为增加农转非居民收入新的稳定渠道,他们的生活水平较征地前都有所提高。茅家埠村位于浙江省杭州市国家级西湖风景名胜区内,东临西湖,西靠山林,其中有集体林地380.6亩。传统农业生产著名的西湖龙井茶,现有一级保护龙井茶基地232.5亩。灵隐街道有留用地202.3841亩。

(三)社会形态和文化方面的整治——景区农民的市民化

如果说村落是一个地区的历史文化积淀,那么村落里的原住居民就是该地区文化的创造者、继承者和传承者。因此,只有在改造过程中保留相当规模的原住居民,才能体现出风景的生气和情趣。但是留守在景区的农民如果数量过多,也会在一定程度上增加西湖景区的环境压力。因此,整治过程一方面控制景区的农业人口,另一方面提高留守农民的整体素质。

1.控制"景中村"中农民的数量

自 2002 年《杭州西湖风景名胜区农居建设和拆迁安置管理办法》公布施行以后:"出生的农民子女,公安机关在办理其出生登记时,统一登记为城镇居民户籍。未满 16 周岁的农业户籍人员,其父母提出申请转为非农业户籍的,户籍所在地公安机关应同意其办理'农转非'手续。"也即景区农民的下一代不能再登记为农村户籍,只能登记为城镇户籍,王国平认为:"这个办法一定要始终坚持下去。否则'二代农民'、'三代农民'都要分承包田、宅基地,'景中村'人口就难以得到有效控制,'景中村'环境也将不堪重负。"

2.提高"景中村"中农民的素质

生活的真实性与历史的连续性是世界文化遗产的基本要素,西湖是"活的遗产","景中村"、原住民是西湖申遗最重的砝码、最好的品牌和最大的亮点。"景中村"因其得天独厚的环境条件和杭州市政府的大力扶植和整治,村中保留了一批精英农民。为了提高景区内原住居民的劳动技能,杭州市政府根据《杭州市农民素质教育培训工程实施意见》,以《杭州西湖风景名胜区管理条例》的基本内容、无公害龙井茶生产技术、环境保护知识、公民道德素质教育为内容,以村为单位,进行全员、分时段、分批次培训 1456 人。① 通过教育培训和评比,增强村民诚实守信、规范经营和环境保护意识,提高村民奋斗创业、勤劳致富的能力和信心。

景区内的农民在政府的支持和帮助下,生活已经富裕起来,从事的产业也已经与"景中村"的发展融合在一起。例如,农民的农家茶楼从整治前的 330 户,增加现在的 800 余户。近几年,西湖街道对农民的培训由原来每年的 600 人增加到了 800 人。培训的内容也逐渐丰富起来,包括农村富余劳动力培训、茶楼经营管理培训、无公害茶叶种植培训、炒茶培训、技工培训、再就业培训、"景中村"管理人员业务培训、茶艺培训、书法培训以及景区管理条例讲座等。所有的培训和讲座都为村民们免费举办。

3.完善社区公共服务设施

为了坚持统一规划的原则,调整城市布局,完善城市功能,促进城市建设,加快城镇化步伐。按照规定,行政村建制撤销后,居住集中的成建制建立居民区,居住分散的可直接划入就近居民区。"景中村"在整治过程中也坚持优化区域环境,促进社会事业的理念,在居住、就学、就医方面不断完善,提高"景中村"居民的生活品质。

学校的建设:西子湖小学茅家埠小区经过改造和整治,先后被授予"中国陶行知教育思想实验学校""浙江省治安安全示范单位""杭州文明单位""杭州市文明学校""杭州平安示范校园"等。长桥小学经过改造,先后被评为"杭州市人民群众最满意学校""杭州市绿色学校"等。西子湖幼儿园、西子幼儿园通过整治建设落实了办学场所,严格按照《幼儿园工作规程》《幼儿园指导纲要(试行)》和《杭州市幼儿园分等定级评估标准》进行装修。

社区卫生服务中心的建设:社区卫生服务中心存在的最大问题是用房严重不足。在茅家埠区块综合整治时,扩建用房 332 平方米,主要用于妇幼保健及卫生防疫等健康保健服务,使医疗和保健服务场所分离,避免发生院内感染。

健身设施的增加:在环境综合整治过程中,西湖街道的灵隐社区、三台山社区、金沙港社区、净寺社区、栖霞岭社区、满觉陇村、龙井村、双峰村、梅家坞村列入杭州市西湖景区整治村、社后,结合环境综合整治建设了九个建设点、一个篮球场、一个乒乓球室。在建设中充分考虑人群居住密集情况、锻炼安全方便、环

---

① 史及伟.杭州特色与经验 纪念改革开放 30 周年(环境卷)[M].杭州:杭州出版社,2008:75.

境相互协调等因素,把健身点与农居点的绿化区、休闲区、停车场等一并考虑,既降低了建设成本又使建设点与景区环境非常协调。

完善公共服务设施方面,灵隐区做得比较好,将文化与体育休闲设施融为一体:增设"乐水轩"亭廊景点 1 处,设置楹联匾额 2 处共 10 块,设置"白乐人家""九里松花苑"石碑 2 块;开辟休闲文化小广场 2 处;新增村务公开栏、宣传栏 4 块;新建篮球场 1 个,全民建设点 2 处。

4.完善社区管理功能

《杭州西湖风景名胜区总体规划(2002—2020 年)》规定,农居点"由西湖风景名胜区管理委员会下设管理部门,统一管理居住点、居委会的建设和日常管理工作"。"景中村"要保持水长清、树长绿、路长净,关键是要落实管理。俗话说"三分建设,七分管理","景中村"要在管理上狠下功夫,做到长效管理、精细管理、人本管理,才能实现"景区美、百姓富"的目标。街道办事处于 2004 年成立了景区管理科,并相继出台了《西湖街道"景中村"长效管理考核办法》等一系列文件,为街道"景中村"管理工作起好了头,开好了步。下一步,各村要围绕"管理是生产力"这一核心,统一"管理是景区经济又好又快发展的保障,是景区经济可持续发展的前提"这一认识,深化管理意识,发挥村民在管理上的主体地位作用,实施"自治管理与垂直管理相结合,突击整治与长效管理"相结合的思路,进一步推进"景中村"管理工作。街道将继续深入开展"西湖杯"洁美村庄竞赛评比活动,扎实推进"景中村"管理,各村应结合自身实际,不断完善管理制度,提高管理水平,用管理来推进村民良好习惯的形成,用管理来保障发展的秩序,用管理来促进经济的发展,巩固好整治成果。

四、目前"景中村"的发展及存在的问题

"景中村"从 2002 年开始整治到 2009 年整治基本完成,至今虽然发展态势很好,但也存在很多问题,解决"景中村"农居点的问题,主要涉及原住居民切身的经济利益,影响到景区的统筹规划和整体形象,由此,必须予以高度重视,切实加以解决。本部分通过拜访西湖街道办事处和灵隐社区的相关负责人及调查、走访社区内的居民和租户,对"景中村"的发展及存在的问题进行分析。

(一)土地制度转型不彻底

土地整治有一个大的原则,即集体土地就是通过"城中村"改造,实行整体

征迁，土地收归国有；国有土地就是鼓励外迁，所有建筑原则上都保护下来。杭州"景中村"改造的特色是形成了一个以撤村建居为中心的征地、征地综合补偿、被征地人员社会保障、农转居建设等政策同步实施的系统性的改造措施。但是由于各种情况，目前"景中村"的农居整治并不彻底，很多方面存在有名无实的问题。撤村建居改革的实行，土地经由统一征购在名义上转为国有，但由于政府的补偿资金不能及时到位，尚未进行实质性的征地操作。征地补偿资金未到位，土地使用权仍在农民手上，农民居住的房屋产权证也无法进行更换，形成了"上征下不征"的现象。以灵隐景区为例，该工程历时近十年，建设主体几次变更，工程规划也有大幅度的调整。第一阶段的扩建工程于 1998 年 10 月由杭州灵隐旅游发展公司实施，其间完成了灵隐村 1883 亩土地的征收工作；完成了茅家埠村 26 亩的征地工作；完成了九里松花苑农居点的建设；基本完成了失地农民的拆迁安置；部分完成了扩建景区内的单位和居民拆迁安置工作。2002年以后灵隐管理处全面接盘灵隐景区综合整治工程，支付了部分前期未支付的拆迁补偿款，合计 8629.44 万元。2006 年起，完成前期遗留的 68 户农村、城镇居民和 8 家单位的拆迁安置工作。

虽然"景中村"的土地权属转型不是很顺利，但实际上村民对此反应并不强烈，也未引起大规模的上访和不满。笔者走访了一些村民。村民普遍认为，通过拆迁安置和产业结构调整，他们的居住环境好了，收入比原来高了，生活质量比以前更好了。事实上也是如此。随着"景中村"整治的深入，街道第一产业不断增强，第三产业迅速崛起，产业结构不断优化。经过整治后，街道茶叶产量明显增加，2007 年总产量 246.4 吨，产值 6420 万元，分别比整治前增加 51％和103％。通过整治，路通了、房新了、环境好了，游客来了，世代靠采茶卖茶过日子的农民开起了茶楼，采茶经济转变为泡茶经济。从 2003 年至今，西湖街道农家茶楼从整治前的 330 户，增加到 720 户，每年吸引游客 180 万人次，给当地农民带来了滚滚财源。2006 年全街道销售精英总收入 146342 万元，其中服务业139117 万元，产业结构比例中第三产业占到 95％，比 2002 年提高了 45％。在劳动力资源分配上，2006 年第三产业从业人数达到了 17350 人，比 2003 年增长了 111.9％。通过几年的发展，培育了一大批以第三产业为主的景区经济，产业结构更趋合理化，实现了以旅游带动第三产业，以第三产业推动旅游的良性循环态势。集体经济也乘势而上，勇敢地跨出了"后退一小步，前进一大步"。街道企业单位通过拆迁一部分，外迁一部分，整治一部分，挖掘潜能，出租闲置房，腾笼换鸟，引进了一大批新的企业，逐步形成了宾馆型、餐饮型、商场型、旅游服务型等为主的新的经济格局。截至 2006 年底,街道及各村相继引进醉白楼、花园餐厅、粤煌阁、香樟雅苑、伊家鲜等企业 89 家,注册资本 2.87 亿元,2007 年预计实现总税收 4500 万元,比 2003 年增长 242%。"景中村"整治不仅美化了环境,也给街道和村、社经济建设带来了新的活力,实现了西湖街道经济又好又快发展,让青山绿水成为街道经济发展的"摇钱树"。例如,茅家埠村经过西湖综合保护工程建设,茅乡水情、上香古道、醉白楼、都锦生故居等景点已成为湖西的游览胜地,"醉白楼餐饮"与"西湖百茶汇"的相继开业为茅家埠村的经济带来了新的增长点。茅家埠村现有村民 466 人,村集体经济年收入 2005 年达到了 800 万元。20 世纪 80 年代初,村里就实行了农民退休制度,从当初的每人每年几十元的退休金,到 2012 年的每人 3000 多元。村集体经济组织自 2000 年建立初级股份制以来,已有 400 多名股民获得了一年一度的股金分红,2005 年平均每个股民分红超万元。

目前中国"城中村"改造过程中,如何处理集体土地和国有土地的关系才能最兼顾公平和效率,又能保护好生态环境,甚至促使生态环境向较好的或更好的方向转化,即有利于促进经济的发展和社会的稳定,真正做到多元兼容、并行不悖、良性发展呢?事实证明,土地的权属问题并不重要,重要的是村民的生活得到保障,生活质量提高。因此,在城中村改造过程中,为政者应该多考虑"民富"。"民富"后,土地转型自然就顺利了。

(二)"景中村"的社区化管理不到位

从 2012 年底中央经济工作会议到 2013 年政府工作报告、党的十八届三中全会和中央城镇化工作会议,都反复地强调,促进城镇化和新农村建设良性互动、协调推进。农村的社区化管理是统筹城乡发展的关键环节。农村社区化管理应该具备:实现园林化,成为环境优美、清洁的宜居、低碳、节能型居民区;实现公共服务到位,农村新社区的公共服务与城区社区的公共服务基本相同;实现社会保障城乡一体化等,而目前的"景中村"虽然在外界环境方面基本上实现了园林化,但是在公共服务方面还没有达到社会化的标准。

1.农居功能的商业化

随着"景中村"的综合整治工程的推进,"景中村"的公共基础设施条件尤其是外部交通条件得到显著提升,成为休闲、旅游的热点。对经济利益的过分追求使经营业态和居住者发生很大的变化。村内的农居点逐渐又变成公司、会馆、旅店、茶馆、饭店的聚集地,原有的特色也渐渐丧失,趋于雷同。《钱江晚报》

记者孙晨、贝楚楚根据采访,对"景中村"的现有业态和对外出租情况进行了统计和整理。满觉陇村:大量租给投资者经营青年旅社和餐馆,少量村民自己开旅馆;九溪村:以茶馆兼小饭馆为主,个别租给公司做会所;翁家山村:以茶庄、农家乐为主;龙井村:以农户自己开茶楼的居多,请人做帮佣;杨梅岭村:以居住、会所、公司为主;双峰村:以茶楼和会所居多,还有部分进行办公;梅家坞村:基本以茶楼为主,少量旅馆;茅家埠村:基本是茶楼、餐馆;灵隐村:旅馆、茶楼、餐饮、住宅;梵村:以会所和茶楼为主。① "景中村"的原住居民退离现象严重,原生态的居住业态日趋相似。

"景中村"的原住民居为了满足过旺的租房需求,将房屋出租出去,而自己却搬进市区里面住。同时,过旺的租房需求也催生了一些房屋改建行为,村民把整幢楼房,隔成很多小间,每间的面积都在15平方米左右,卧室都配有单独的卫生间,厨房有公用的,也有做进单间里的,破坏了民居的整体风格。

原本稀少的村内劳动力难以满足快速发展的旅游衍生产业,大量外来打工者和游客一起涌入村庄,导致"景中村"人口膨胀、建筑密集,乱拆乱建现象又开始回头,农村社会结构和村落传统风貌均再次遭到破坏。如何在实现"景中村"全面发展的前提下,保护和延续传统村落模式,是"景中村"可持续发展的重中之重。

2. 基础服务设施的不完善

基础服务设施的均衡是消除"城""乡"差别的主要手段,结合"景中村"整治,基础设施的完善是"景中村"整治的基本目标之一。《杭州西湖风景名胜区社会主义新农村建设规划》所提出的目标是"实现户户通自来水,生活污水纳管率、污水总体处理率分别达到75%和95%以上;实现农村通讯、广播、有线电视、宽带网络全覆盖,普及现代远程教育,所有的村建成信息服务点,市、区都市农业示范园区(基地)和农业龙头企业上网率达到100%"。到2007年已完成了山上4个村的改水工程,村民彻底摆脱了吃深井水的历史。结合整治,对村庄原有自来水管网进行改造和扩容,使村民喝上了清洁水、放心水。电力、有线电视、电信实施了"上改下",路灯等基础设施也同步得到改造,便利了村民的生产生活。在整治的同时,教育、体育、卫生、计生等社会事业设施也得到了提升改造。但是由于"景中村"居民居住分散,目前已有的基础服务设施仍不能满足居民的需求,尤其是随着村庄内人口结构的变化,原住农民的撤离和外来人口的

---

① 孙晨,贝楚楚. "景中村"租金大全[N].钱江晚报,2011-08-11.

进入,基础服务设施欠缺的问题日益突显出来。对于长期生活在此的居民来说,就医、买菜等基本生活需求难以得到满足。另外,最困扰居民的还是孩子上学的问题。有些原住居民为了孩子上学,将"景中村"里的房子租出去到市区去租房子。

(三)"景中村"的人口管理不严格

影响着农民向市民转变的因素,除了制度和政策的影响外,农民思想观念的转变也反映了农民角色转换的程度。解决转移农民问题,除了通过利用相关政策制度对他们进行帮助外,转移农民自身内在的素质问题,即他们的文化知识技能、思想意识观念也是非常重要的。

1.原住居民的思想观念有待更新

人的转变是主要的衡量因素。原住民由"村民"向"居民",尤其是向"公民"转变需要一个漫长的过程。"景中村"的改造和整治已经十余载,村庄里的原住居民已经享受到整治带来的"红利",富裕了起来。但是老一代原住居民的生活观念和生活方式却滞后于"景中村"经济的快速发展,与市民意识与城市生活还存在一定的差距。《钱江晚报》报道的《西湖"景中村"遭遇"代沟" 提高人文素养当务之急》载:"西湖街道某村村民陈华(化名)今年50岁,经营着一家机械公司,还参股某酒店,家里的几亩茶地则请了工人帮忙管理,'每年大约200万元的收入是有的'。"可是他却希望儿子能找一个稳定的事业单位。在他心底里根深蒂固的观念从未改变,"家里有产业,城里有工作,病了有医保,老了有劳保——这应该是我儿子的幸福生活吧"!让孩子在城里找到一份有保障又轻松的工作的想法在村民中具有相当的代表性。

目前"景中村"的新生代农民还存一大批"啃老族"。这一个群体赋闲在家,或靠父母养活,或靠茶园的租金过活,或靠领取集体经济的分红生活。他们整天游手好闲,无所事事。与"景中村"原住居民担当着村落历史文化传承的历史重任相背离,对景区的可持续发展产生了一定的影响。

2.外来人口的增多给景区环境带来压力

随着景区内"撤村建居"的施行,"景中村"的人口结构已经有了很大的改变。在西湖综合保护工程实施以前强行或非法进入景区的政府部门和单位以及具有城市户籍的居民,已经根据相关规定搬出了景区。而随着"景中村"综合整治的进展和基本设施的完善,休闲和养老族越来越青睐这里的环境。据统计,目前居住在"景中村"的租客已经占原住户的一半左右。2011年,租房网站——"住在杭州"以《租住西湖"景中村"的"城里人"》为题,对 10 个"景中村"的租房情况、租户类型进行了调查和访问,结果显示,租客中有办公司、办会所、开旅社的,也有纯休闲居住的。外来人口的长期居住给"景中村"的环境和基础设施带来很大的压力。例如,这些外来租户一般都有私家车,"景中村"居民反映停车难的问题越来越凸显,"晚上山间小道直接从双向道变成了单行线"。

五、"景中村"可持续发展的对策和建议

《杭州西湖风景名胜区总体规划(2002—2020 年)》确定西湖风景名胜区保护的基本原则之一是景区的可持续性:"既要保持传统,充分反映传统东方文化的艺术特点,又要融于时代之中,要充分引用现代的信息技术、交通手段、后勤服务及基础设施,积极改善风景名胜区的各种功能设施。强化景区的管理及运行功能,使其更加高效可靠,并使景区的相关功能与城区的功能项融合。"尽管"景中村"的综合整治已经取得非常好的成效,但是"景中村"管理是一项"只有起点、没有终点","没有最好,只有更好"的事业。本部分根据"景中村"存在的问题和可持续发展的方向,提出如下建议。

(一)巩固"景中村"的整治成果

2010 年 8 月 6 日,王国平在调研大安停车场及西湖综保工程时的讲话中提到:"'景中村'要整治一个巩固一个,整治一个管理一个。要加强管理力度,坚持整治标准,对'景中村'的道路、建筑、绿化、卫生、停车等进行全面整治。同时,要举一反三、推而广之,对已整治过的'景中村'进行一次'回头看',做到违法建筑坚决拆除,'黄土不露天',停车场管理规范,各种垃圾特别是建筑垃圾及时清运,人行道板及时修缮。比如,翁家山的建筑高度决不能突破,相关政策决不能因人而异,要'一把尺子量到底',给老百姓吃颗'定心丸'。"①"景中村"经过十年的发展,人口结构、居住环境、产业结构已经有了非常大的改变,对其可持续发展也产生了一定的影响,因此,必须坚持对已整治过的"景中村"经常进行"回头看"和反思,及时发现问题,及时解决问题,巩固已有的整治成果。

---

① 王国平.以第九次推出新西湖为载体 强势推进西湖申遗工作——在调研大安停车场及西湖综保工程时的讲话(2010 年 8 月 6 日)[M]//城市怎么办(工程篇卷十一).北京:人民出版社,2010:16.

(二)抓好"景中村"的长效管理

要保护整治成果,确保"景中村"的可持续发展,关键在于落实长效管理。首先,为长效管理提供政策和规范依据。目前为了树立"景中村"的村、社区的管理理念,已经出台了《西湖街道"景中村"长效管理考核办法》《西湖街道关于景区管理科技"景中村"管理办公室管理工作考核办法》《关于进一步加强"景中村"管理巡查整改工作的意见》《西湖街道创建杭州市卫生街道工作计划和实施意见》等文件,为街道的"景中村"管理工作提供了管理参考标准,随着新问题的不断出现,这种管理考核标准也不断更新和完善。其次,推进自治管理。随着"景中村"管理机制的日益成熟,管理部门的管理理念也应该从"什么是管理,如何管理"向"如何深化管理"这一深层次的管理意识转变。随着"景中村"的发展,城市社区的管理模式也应该逐渐向"自治管理"发展,坚持将"自治管理与以奖代罚相结合,突击整治与长效管理相结合"的思路落到实处。再次,落实城市长效管理措施。随着城镇化进程的发展,"景中村"管理要求也在逐年提高,而各村、社区的管理发展也存在不平衡的现象,为鼓励先进,鞭策后进,应该大力推行各种竞赛评比活动。同时,为了加强各村、社区的执法管理,向街道下属各村、社区派驻执法管理人员,加强管理前置,有效地遏制违法现象。总之,要用管理来推进良好风尚的形成,用管理来确保整治成果的巩固和可持续发展。

(三)控制"景中村"的人口结构

"景中村"的人口结构以村中原住民和外来租户为考察变量。首先是解决本地居民和外来居民的矛盾。近几年来,随着"景中村"的综合整治成效的显现,大量外地居民不断进入,本地居民和外地居民之间的矛盾非常突出。解决本地居民和外地居民之间的矛盾,关键是适当控制长期居住在景区的外地居民,重点是通过出租房控制。目前,原住民并非"景中村"人口的主流,城市居民和农村居民共计两三万人,其中农民人口只有 6000 人左右。大量外来人员入住景区,大大增加了景区的生态压力,加大了保护景区自然和人文生态的难度,造成了社会诸多不稳定因素。要把这个"扣子"解开,必须树立一种正确导向,力争经过若干年努力,妥善处理好本地居民和外地居民之间相互交织的各种矛盾和问题,防止矛盾和问题越积越多。① 以休闲居住为主的租户将住在"景中村"视为一种"享受宁静"的品质生活,这个群体在生活上的诉求比较高,如大型的菜市场、超市,尤其是高质量的幼儿园和小学、中学。政府应该适当考虑提供一定的服务,这不仅为租住者提供便利,也为原住民提高了公共服务。对于有商业需求的群体来说,可以为其提供适度的基础设施,但是也要进行适当控制,防止出现"景中村"农居点的原有的特色渐渐丧失,趋于雷同。

其次是解决原住民和中外游客之间的矛盾。现在"景中村"原住民只有两三万人,而每年到"景中村"旅游的中外游客则多达两三百万人。中外游客是原住民的"衣食父母"。要妥善处理原住民和中外游客之间的矛盾,切实提高原住民的素质,引导他们善待中外游客。同时也要教育和引导居民关心环境建设,鼓励群众参与环境维护和管理,打造和谐优美生态环境,为中外游客提供更好的服务。

最后是提高新生代农民的整体素质。西湖"景中村"共有农民 6000 人左右,其中 40 岁以下青壮年约有 2000 人,他们处在"城"与"村"的"分离"和"融合"的阶段,他们能否跨越"要固步还是要闯荡,要当城里人还是当村里人"的冲突,不仅是对"景中村"的可持续发展有重要影响,对"城中村"的改造也存在借鉴意义。西湖区街道管委会要加强村民的道德、文化、思想教育,培养村民尤其是年轻村民的市民精神,使他们在由村民向市民的转变过程中快速实现身份上的转变和认同感。除了加强职业培训外,还应该在"景中村"的经营与服务、环境保护等方面加强教育和培训。只有提高村民的综合素质,才能达到景区资源和价值保护的长远性和可持续发展要求。

六、杭州"景中村"综合整治及发展带来的启示和经验

从 2007 年开始,杭州西湖风景名胜区管理委员会开始落实《杭州西湖风景名胜区社会主义新农村建设规划》。通过综合整治,"景中村"村容村貌焕然一新,生态环境得到保护,内外交通显著改善,个私创业空前高涨,集体经济得到

① 王国平.围绕三个示范要求 推进"景中村"综合整治在调研西湖风景名胜区暨"景中村"综合整治工作时的讲话(2009 年 8 月 19 日)[M]//城市怎么办(工程篇卷六).北京:人民出版社,2010:196.

发展,村民生活品质明显提高,杭州"景中村"逐步成为社会主义新农村建设、共建共享"生活品质之城"、世界级旅游景区的示范和样板,实现了"景中村"村民从传统意义上的农村居民向现代意义上的城市居民的历史性转变。其中的成败得失给我国其他地区的社会主义新农村建设和"城中村"改造留下了许多值得学习的启示和经验。

(一)坚持以城带乡,推进"城中村"建设

党的十八大报告中提出"城镇化和农业现代化相互协调,促进工业化、信息化、城镇化、农业现代化同步发展","城乡发展一体化是解决'三农'问题的根本途径"。加大统筹城乡发展力度,积极推进城乡规划全覆盖,把"城中村"纳入城乡总体规划,通过推动村庄融入城市来实现规划、基础设施和城乡管理一体化,实现城乡的统筹发展。杭州"景中村"改造成功说明了城市和农村是可以相互补充的,没必要把农村全部消灭掉。当然并不是所有的农村都能遇到这样的发展机会,但是给我们的启示是"城中村"改造应该因地制宜。

"百姓富"是"景中村"综合整治工程的出发点和落脚点。要坚持因地制宜、分类指导,认真研究整治后"景中村"的产业发展方向,帮助村民安排好生产生活,充分调动他们的积极性、主动性、创造性,实现"景中村"可持续发展,让村民共建共享"生活品质之城",以此回报村民为保护西湖风景名胜区自然、人文生态做出的巨大牺牲和重要贡献。

在推进"景中村"建设上,主要措施有:加大政府财政扶持力度,特别是市级财政在"景中村"的投入比例,根据实际情况和公共产品急需程度安排公共财政支出,实行"自下而上"和"自上而下"相结合的决策机制,解决好"景中村"整治"钱从哪里来"的难题。通过实施综合整治,全面改善"景中村"的村容村貌,加强公共基础设施建设,促进城市交通、电力、通信、供排水、生活污水处理、垃圾集中收集处理等基础设施向村庄延伸,使农村逐渐与市区享有平等的发展权。杭州在这方面的宝贵经验就是,在推进农村住房改造建设的工作实践中,将农村住房改造建设与"大项目带动"、撤村建居和"城中村"改造、"百村示范、千村整治""下山移民"、高速公路沿线综合整治、"景中村"整治、保护历史文化名镇名村、农村困难家庭住房救助等结合起来,取得了明显成效。

(二)整活创优环境,提速发展经济

随着西溪综保工程和"景中村"改造整治的推进,沿着"退二进三"发展经济

的思路,西湖街道的经济在经济格局上、地域性上、投资环境上发生了根本性变化,产业结构也随之进行了大幅度的调整。2003年西湖街道总收入144715万元,其中农业8742万元,工业、建筑业66152万元,服务业69821万元。2006年全街道总收入146342万元,服务业69821万元。2006年全街道总收入146342万元,其中农业5725万元,工业1500万元,服务业139117万元,产业结构比例第一产业占4%,第二产业占1%,第三产业占95%,从劳动力资源分配上,2003年第三产业从业人数为7800人,2006年从业人数达到了17350人,增长了111.9%,发展了一大批以"第三产业"服务行业为主的景区经济,产业结构更趋合理化,实现了以旅游带动第三产业,以第三产业推动旅游的良性循环态势。

自从"景中村"改造整治以来,街道企业事业单位共拆迁1.5万平方米,生产性企业全部迁出,街道企业事业单位和村、社集体经济对景区建设做出了重大牺牲,但也给发展经济创造了新的平台,尤其是在茅家埠一带新建了7000多平方米的商业用房,湖西综合保护工程整治新建集体用房9200平方米,沿街房屋进行了立面整治。同时,街道通过闲置房出租、"腾笼换鸟"、招商引资等一系列办法和优惠政策引进了一大批新的企业,逐步形成了宾馆型、餐饮型、商场型、旅游服务型、农家茶楼型经济等新的经济格局。

(三)转化整治成效,发展特色产业

建设社会主义新农村的重要内容就是促进农业增效,实现农民增收。"景中村"整治的目的是保护景区资源,促进村民增收,提高村民素质。杭州市政府抓住西湖综合保护工程的实施及村庄整治这一契机,着力加强研究符合名胜区农村特色的经济发展之路,按照"一村一品"的要求,把整治与发展特色经济结合起来,通过改善村庄环境,发挥街道生态优势,发展茶楼,休闲旅游和高效生态农业,着力打造一批特色产业强村,进一步形成了农业板块经济的发展结局,实现产业与农家乐的结合,增加了农民收入,提升了农民的文明程度。近年来,名胜区以西湖龙井茶为载体,以西湖周边丰富的旅游资源为依托,顺应休闲观光农业经济发展的强劲势头,促进西湖龙井茶与旅游休闲的有机融合和深度开发,鼓励茶农积极开办具有时代特征、区域特点、茶乡特色的"农家茶楼",走出了一条保护品牌、整治环境、改善服务、跟进管理的发展区域特色经济的路子。为了保护龙井茶基地,市政府特制订《杭州市西湖龙井茶基地保护条例》。

随着"景中村"整治成效的显现,风景区内的农村与外围城市功能区的联系日益紧密,这使得原住居民谋求发展的愿望更加强烈。在经济利益的驱使下,风景区内原住居民充分利用现状条件,大力发展旅游经济,这与旅游开发带来的商机相结合,可能会使其发展远超预期规划设想的规模,给景区的环境带来负面影响。因此,政府要严格控制和适当引导,使景区实现可持续发展。

(四)坚持项目带动,区块有机更新

2008年西湖区政府在工作报告中强调:"进一步加大投入力度,扎实推行新农村项目建设,增强农村经济发展的活力,全力构建'经济繁荣、生活富裕、乡风文明、城乡融合、社会和谐'的品质新农村。"[①]"景中村"的特殊地理位置决定了落实科学发展观的意义更为重大。在坚持以经济建设为中心的前提下,要更加注重以人为本,更加注重符合景区规划的产业导向,采用"项目带动"法,进行区块有机更新,打造集人文景观与独特经营模式的村落。譬如整治后的梅家坞茶文化村拥有周恩来纪念室、琅珰岭、礼耕堂三个历史文化景观,乡村茶文化旅游中心、茶乡新农村休闲旅游区、小牙坞家庭旅馆休闲度假区、象鼻岩山村旅游区、梅竺渔村、白沙坞自然茶园风光区、天竺坞壶中天地休闲度假区、十里琅珰古道旅游区八大区域大大提升了文化内涵和经济效能。所以,西湖综合保护工程及"景中村"整治改造,不仅美化了环境,也给街道和村、社经济带来了新的活力,实现"景中村"经济又好又快发展,让生态环境成为"景中村"经济发展的"聚宝盆"。

总而言之,以上四条是"景中村"整治之所以取得成功的经验,是践行"三个代表"重要思想和落实科学发展观的重要体现,也是今后"景中村"可持续发展的仍然要坚守的信条。只有在发扬以往优良传统和整治精神的基础上,牢牢把握三条经验,进一步解放思想,开拓进取,做好规划、制度、保护、管理、经营五篇文章,才能取得"景中村"整治的最后胜利。

七、结 语

党的十八大报告指出,解决农业农村农民问题是全党工作重中之重,城乡发展一体化是解决"三农问题"的根本途径。如何把"途径"变成美好的实践?"共同繁荣"是目标,"共同分享"是关键,生产能力是前提,改善条件是基础,收

---

① 李学忠.浙江政府工作报告汇编2008(上)[M].杭州:浙江人民出版社,2008:265.

入增长是根本,制度机制是保障。"景中村"改造是一个复杂的巨系统,杭州在过去十几年的整治过程中,大胆创新,全面总结,勇于实践,始终坚持"改体制、翻牌子、分房子、建机制、盖房子"五位一体,科学破解"筹资难、征迁难、安置难、配套难、审批难、管理难、兑现难"等七大难题,真正实现"人的城镇化""高质量的城镇化"。时任浙江省委书记的习近平在考察杨公堤景区建设现场时曾指出:"把西湖建设好,实施西湖综合保护工程,使西湖的历史面貌得以还原,得到恢复,这是德政,也是得民心的善举。"对"景中村"综合整治工作,他给予了充分肯定和高度评价,认为杭州"景中村"是新农村建设的创新和标杆,是探索新农村建设的一种新模式。"景中村"的综合整治坚持了建设社会主义新农村与推进城镇化"两轮驱动",实现了城乡一体化,实现了城镇化和农业现代化相互协调发展,让广大农民平等参与现代化进程、共同分享现代化成果。

(2013"休闲文化与城市品质提升"专项课题)

参考文献:

龚一红.杭州"景中村"的改造模式的探究[J].建筑与文化,2012(6).

杭州市建设委员会.加快建设杭州特色农村住房改造建设步伐[J].村镇建设,2012(4).

侯雯娜,胡巍,等."景中村"的管理对策分析——以西湖风景区为例[J].安徽农业科学,2007(5).

刘建.城中村的"保留性"改造模式探讨[J].河南城建学院学报,2012(1).

麻欣瑶.杭州西湖风景名胜区村庄整治研究[D].南京:南京农业大学,2009.

王国平.城市怎么办[M].北京:人民出版社,2010.

吴小刚.论城中村改造中的公共政策[J].管理现代化,2006(1).

袁雅芳,胡巍.风景名胜区"景中村"发展现状分析及管理对策[J].安徽农业科学,2005(11).

赵秀玲.杭州市的"城中村"治理及其反思[J].徐州师范大学学报(哲学社会科学版),2011(5).

朱振通,陈漫华."景中村"文化景观整治类型及策略探析——以杭州周边部分"景中村"整治为例[C],城市时代,协同规划——2013中国城市规划年会论文集,2013.

生态文明背景下"生产—生活—生态"空间的重构与赋能

——以萧山区进化镇为例

黄　刚[*]

一、乡镇"三生"空间重构的理论基础：生态文明与空间生产

中国乡镇"三生"空间，即生产、生活、生态空间正经历着快速重构的过程。生产、生活、生态空间彼此相互融合，传统乡村生产生活空间逐步减少，生活、生态空间逐步生产化，"生活—生产""生态—生产"等复合新型功能空间逐步增加，具体表现为生产空间由村外向村内转型发展，生活空间由分散到集聚的立体扩展，生态空间由斑块分割向整体利用的全面扩展。[①] 传统乡村聚落"空心化"空间得以被重构，逐渐形成产业发展集聚、农民居住集中、资源利用集约的基本特征。

中国乡镇的空间重构过程和演进模式与中国新型城镇化发展导向一致，代表着未来乡村城镇化进程的一种发展趋势。回溯中国乡镇"三生"空间重构过程，其理论基础在生态文明与空间生产，生态文明理论从历时性角度确立了乡镇"三生"空间形成路径，空间生产理论从共时性角度保障了"三生"空间再生产的效率和质量。

---

[*] 杭州国际城市学研究中心、浙江省城市治理研究中心。

[①] 席建超，王首琨，张瑞英. 旅游乡村聚落"生产—生活—生态"空间重构与优化——河北野三坡旅游区苟各庄村的案例实证[J]. 自然资源学报，2016(3)：425-435.

(一)生态文明:勾勒乡镇"三生"空间发展路径

中国乡镇"三生"空间发展与生态文明建设具有一致性,始终与生态文明发展和建设紧密相连。党的十七大报告中就提出"基本形成节约能源和保护生态环境的产业结构",表明保护自然资源,正确处理人与自然、发展与保护关系已经成为当务之急。党的十九大报告指出:"我们要建设的现代化是人与自然和谐共生的现代化,既要创造更多物质财富和精神财富以满足人民日益增长的美好生活需要,也要提供更多优质生态产品以满足人民日益增长的优美生态环境需要。"[①]中国在推进乡镇发展的同时注重推进生态文明建设,使乡镇发展的速度、规模、强度与生态环境承载力相适应,保证乡镇发展始终在生态环境的阈值范围内,最终达到乡镇发展与生态文明建设相互促进,在时间、功能、发展速度上交互促进和协调完善的目标。[②]

关于生态文明理论,国内外研究归纳起来大致分为形态说和结构说,前者认为生态文明是继渔猎文明、农业文明、工业文明之后另外一种更高阶的文明形态,后者则认为生态文明不是取代工业文明的新的文明形态,而是贯穿所有社会和文明形态始终的一种基本结构。学者吴灿新提出,生态文明是人类在自然生态环境建设过程中所取得的一切成果的总和,标志着人类生存发展所依赖自然生态领域和生态建设的进步状态。学者王俊霞则认为,生态文明是遵循人与自然、社会和谐发展这一客观规律,保障其可以建立较为合理的制度,获得理想物质、精神成果,以实现人与人、人与自然、人与社会和谐共生、良性循环、全面和可持续发展及繁荣为基本宗旨的文化伦理形态。国外学者更多从生态文明的具体表征、构成要素,以及实证案例方面进行论证,强调生物群保护与文明发展的关系。本文参照俞可平《科学发展观与生态文明》一文中主要观点,认为生态文明既不是自然而然就有的,也不是泛指一切涉及自然的所有人类生产生活,而是人类在改造自然实现自身福祉过程中为保证人与自然之间的和谐所做的全部努力和所取得全部成果,它表征着人与自然相互关系的进步状态。[③]

---

① 习近平.决胜全面建成小康社会 夺取新时代中国特色社会主义伟大胜利—在中国共产党十九次全国代表大会上的报告(2017 年 10 月 18 日)[M].北京:人民出版社,2017(10).

② 王俊霞,王晓峰.基于生态城市的城镇化与生态文明建设协调发展评价研究——以西安市为例[J].资源开发与市场,2011(8):709-712.

③ 俞可平.科学发展观与生态文明[J].马克思主义与现实,2005(4):4-5.

在生态文明建设具体实践中,萧山区进化镇依托自身生态、人文和广阔的绿色发展空间,把"休闲进化"作为城镇品牌,实施全镇域景区化战略,规划"净心文旅风情小镇",明确"1＋3＋3＋X"实施路径,尝试走出一条中国特色的乡镇绿色振兴之路。萧山进化镇是生态文明具体实践的一个独特载体,也是中国乡镇基于生态文明理念面向未来创新发展的一个案例。从碎片化的实践到系统性规划,生态文明的理念始终贯穿在萧山区进化镇发展不同阶段,始终勾勒着萧山进化镇的发展。

(二)空间生产:形塑乡镇"三生"空间生产效能

20世纪50年代以来,乡村城镇化、农业工业化成为乡镇发展趋势。乡镇在发展过程中涉及农业生产转型、乡村聚落土地利用演变、劳动力市场结构变化、农户生活方式转变,以及生态空间结构调整等多个领域。[1][2] 对于中国乡镇而言,乡镇空间的分化和重组既是乡镇发展的机遇,也是乡镇发展面临的挑战。梳理乡镇已有资源,从无序化经验性的乡镇发展模式向有序性规划发展转型是乡镇目前普遍采用的一种乡镇发展方式。传统乡村聚落"生活空间"空心化过程已不再适应当前社会发展要求,重构乡镇空间,规划一种新型的乡镇发展方式已经成为乡镇发展的普遍做法。

中国乡镇对于自身空间结构的关注、梳理和谋划是其发展的必然阶段。关于空间生产的理论基础,最早可以追溯到列斐伏尔的经典著作《空间生产》一书,书中深入探讨了"社会空间是社会产物"这一命题,包括对传统的自然空间、物质空间的社会性价值认知;认为每个社会都会生产属于其"自己"的空间,空间本身就是包含着深刻的社会性;强调现代城市正从空间中事物的生产,最终转移到对空间本身的生产;提出空间以及空间的生产有其历史性。[3] 列斐伏尔所确立的"社会空间与空间社会""空间生产"概念,其核心观点认为我们所经历的物质空间变化也只不过是社会变迁的表象,物质空间变化的背后由一系列复杂的社会发展过程以及其中的社会权力、社会联系、社会日常生活变迁所引起。

---

① Nelson P B. Rural restructuring in the American West: Land use, family and class discourses [J]. Journal of Rural Studies, 2001(4): 395-407.

② Johnsen S. The redefinition of family farming: Agricultural restructuring and farm adjustment in Hemophilia, New Zeal-and[J]. Journal of Rural Studies, 2004(4): 419-432.

③ Lefebvre H. The Production of Space [M]. Oxford UK & Cambridge. USA : Blackwell, 1991: 145-189.

空间生产的本质是社会关系的再生产。列斐伏尔指出:"不管在什么地方,处于中心地位的是生产关系的再生产。"①他把空间看作是一种巨大的社会资源,受历史、自然、社会等诸因素的影响和塑造,认为它实际上是充溢着各种意识形态和社会生产关系的复杂产物,是一个社会关系的重组与社会秩序的建构过程。从城市的早期发展过程来看,城市是以自然资源条件差异或占有物质生产资料差异为区分的地理空间生产区域。传统的城市空间生产依据自然区位不同进行划分,例如农业渔牧乡村、煤炭钢铁城市、工贸城镇港口。因此,早期城市的这种空间生产是基于城市所处自然资源特点的发展,而现代社会城市的空间生产形式已经发生改变,基于异地资源代加工、转销让空间生产具备更多可能性,城市空间生产可以预设生产内容。

现代空间生产是人类"生产—生活—生态"的差异分配和系统整合。以政策目标、行政命令实现发展为前提的乡镇空间重组,容易忽视"生活"这一关键性要素。乡镇整体经济发展常常导致物质空间和社会空间的不平衡性、差异性。因此,现代乡镇"三生"空间重构必须建立在自然物质、自然资源禀赋差异基础之上,尊重人与自然和谐发展的空间生产规律。近年来,萧山区进化镇通过整体性、系统化的规划,依靠自身丰富的生态资源、人文资源和旅游资源,采用全镇域景区化模式,打造"休闲进化"旅游品牌。从自然地理条件来看,萧山进化镇属于山丘陵地带,山林与耕地面积之比为3∶1;从城乡建设来看,进化镇村庄建设用地占比较高,接近总建设用地的70%,村庄建设碎片化现象较为明显。因此,如何处理乡镇发展与自然保护、居民生活生产与自然生态关系,以实现进化镇发展成为难点与重点。

二、"三生"空间与全镇域景区化空间再生产

萧山区进化镇正经历着"生产—生活—生态"空间重构的过程。"三生"空间融合意味着进化镇物质空间的重组、经济社会结构的重塑、景观生态文化的融合。以进化镇为具体的观察对象的研究能够有助于了解中国乡镇复合物质空间演化和再生产过程。

---

① Lefebvre H. The Production of Space [M]. Oxford UK & Cambridge. USA : Blackwell,1991:145-189.

（一）萧山区进化镇"三生"空间概况

萧山区进化镇地处萧山南翼浦阳江生态经济区，南接诸暨店口，东连绍兴夏履，是萧山的区域大镇、生态重镇、文化名镇和旅游新镇。地域面积广阔，总辖区面积达 87.1 平方公里，为萧山第二地域大镇，共有 25 个行政村和 1 个社区，常住人口 4.8 万，外来人口 1.2 万；生态资源丰富，是国家级生态镇，是浙江省青梅之乡，森林覆盖率达 65%，共有万方以上水库 35 座；文化资源深厚，是民族英雄葛云飞、布衣都督汤寿潜的故里，是浙江省历史文化名镇，全镇共有不可移动文物 93 处，共有明清古建筑群近 30 万平方米。进化镇依托于自身生态、人文和广阔的绿色发展空间，把"休闲进化"作为城镇品牌，深入贯彻全镇域景区化战略，规划有"净心文旅风情小镇"，明确提出"1＋3＋3＋X"的实施路径，走出一条绿色振兴之路。

近年来，萧山区进化镇以产业转型升级为目标，以绿色发展为理念，以农业生活生产脱贫为突破口，先后招引能够满足"学乐安康美"新需求的产业项目；规划了省级旅游风情小镇，打造了全区 5G 应用先试先行区域；积极培育了文创、康养等特色产业小镇；完成了全区首个农村土地承包经营权确权登记颁证工作；加快农村土地流转，推进农业规模经营，积极鼓励各村发展休闲农业、民宿经济等绿色经济；与区供销联社签订共建协议，计划投入 4600 万元，在集镇区块筹建商贸文化综合体。

表 1　萧山区进化镇 2017 年度经济社会发展概况

目　录	内　容	关键词
工业经济	扎实推进千企转型、招商引资、创新驱动等工作，企业创新能力和效益稳步提升。新增省级企业研发中心 1 家，完成产学研合作项目 2 个、机器换人项目 4 个、千企转型升级项目 78 只，实现工业能耗下降 2.5%，对 256 家企业开展亩产效益评价，淘汰整治"散乱污"企业 25 家，倒逼企业转型升级 加大优质行业、企业的招引，新引进先进装备制造业、新材料等优质企业 6 家，盘活土地 15 宗 315 亩，全年共完成工业投资 2.63 亿元，到位市外资金 2.05 亿元，实际利用外资 250 万美元	治污、产业转型升级、新制造业

续表

目 录	内 容	关键词
第三产业服务	坚持把旅游业作为经济发展新引擎,大力推进旅游休闲、健康养生等第三产业服务业发展,共完成服务业投资 2.4 亿元,服务业增加值同比增长 10.5%; 启动 A 级景区村庄创建,加强旅游合作,开展古道毅行、乡村游、媒体直播等活动,湘湖马术俱乐部试营业,开元天域新一轮房产项目成功售罄,大岩山房产项目正式对外销售。省级旅游度假区创建顺利通过省专家资源价值评估,成功入围省旅游风情小镇培育名单	第三产业服务、旅游合作、特色小镇
农业生产	稳步推进"两梅一茶"等传统农业产业化发展,不断提升农业科技含量,培育农业品牌,新增高新技术企业 1 家,省级星创天地 1 家,全年实现农业总产值 4 亿元,同比增长 4%; 大力发展休闲农业、林下经济,推进农旅结合,深化"古韵梅乡"品牌,推进建长湾农业与台湾信义乡合作打造"微笑的梅子"庄园,举办第二届吉山梅花节,阳田农科省级现代设施农业示范园区顺利建成,区级民宿示范点裘庄试营业	农业产业化、休闲农业、农旅结合

资料来源:2017 年萧山进化镇《政府工作报告》。

萧山区进化镇具有一定的自然禀赋,但以丘陵、林地为主的地形和地貌也极大限制了萧山进化的发展,加上进化镇呈现村庄建设碎片化、建设用地占比较高的特点,短板和劣势亦十分明显。从 2019 年杭州市规划和自然资源局萧山分局公示的《杭州市萧山区进化镇(XSLP08)全域控制性详细规划(草案)》可以清晰知晓,进化镇森林资源广袤,林地覆盖率高达 65%,其村庄分布类似"叶脉",由公路和铁路交通串联,核心城区为三块,大致分布在进化镇西北、中部和南部。目前,乡镇集聚效应并不明显,以至于乡镇基础服务设施建设后覆盖率不高,基础服务设施投入产出效益低。

萧山区进化镇在提出全镇域景区化后,以生态旅游业为落脚点,开始关注和加快"生产—生活—生态"空间的整体性建设,并对每个乡村聚落与周围环境关系,不同地区乡村聚落内部的组成要素、结构与布局有了整体性规划。进化镇"三生"空间建设逐步由无序化步入有序规划发展阶段。

(二)全镇域景区化空间再生产

萧山区进化镇的全镇域景区化是对传统"三生"空间的重组和融合,具体表现为村落传统生活空间逐步被压缩,生产和生态空间不断增加,新型复合型空间不断融合发展。其中,中心村镇面积持续扩展,功能不断强化,新型旅游空间逐步吸纳融合既有农业空间,形成新旅游产业空间的集聚。

近年来,萧山进化镇围绕全镇域景区化发展,先后制定实施了《进化镇关于推进全镇域景区化发展的实施意见》《关于加强进化镇历史建筑保护的实施意见》等系列文件,对不可移动文物和传统民居保护、产业项目发展控制、新建建筑风格都做了明确规定。同时启动了省级旅游度假区创建工作,委托相关规划设计院对全镇域进行规划设计,目前《资源环境提升方案》和《景观质量评估报告》已初步完成。[①] 此外,2018 年,进化镇与萧山区国资总公司签订战略合作协议,由区国资总公司在境内成立独立的开发公司,在进化镇全域范围开展乡村振兴、全镇域景区化建设,助推产业培育、招商引资、消除集体经济相对薄弱村等工作。凭借国资公司这一平台,进化镇为全镇域景区化战略找到了支点。[②]

进化镇按照萧山南部打造"城市栖息地,杭州南花园"的定位,紧抓萧山"旅游南进"机遇,依靠自身丰富的生态资源、人文资源、旅游资源和良好的项目基础,以创建省级旅游度假区和省级旅游风情小镇为抓手,明确了"1+3+3+X"的发展路径,即"一心三带三区"及若干个产业平台(见表 2、表 3)。

表 2 萧山区进化镇规划形成"一心两翼三带"的规划结构

名 称	内 容
"一 心"	进化镇区公共服务中心。完善镇域高品质公共服务设施配套,强化旅游服务设施配置。
"两 翼"	墅上王科创发展翼和欢潭智造发展翼。推进科创培育,强化高端装备、健康制造、节能环保、汽车电子、安防装备等相关产业发展。
"三 带"	东部山地健身体验带、中部乡村风情展示带、西部滨水休闲游憩带。

资料来源:2019 年杭州市规划和自然资源局萧山分局公示的《杭州市萧山区进化镇(XSLP08)全域控制性详细规划(草案)》。

---

① 《进化镇 2016 年工作总结暨 2017 年工作思路》。
② 萧山进化镇走出都市花园"进化之路"[N]. 浙江日报,2018-10-22.

表3 萧山区进化镇规划形成"一轴两翼三区"的功能布局

名　　称	内　　容
"一　轴"	高标准建设云飞大道综合提升工程,以云飞大道为轴心,做大集镇规模,完善集镇功能布局,形成融商业、文化、地产等产业为一体的集镇核心
"两　翼"	加强堅上王、欢潭两大工业园区基础设施投入,加快园区道路、雨水、污水、景观、绿化等配套设施建设,打造进化经济发展的两大"引擎"
"三　区"	重点打造精品景区三大核心区块开发,东部要依托云飞大道景观轴、富丽达庄园和吉山梅园打造产业景观,运动休闲综合景区;中部要依托天域？开元、大汤坞民居、茅湾里印纹陶窑遗址,打造人文观光、养生休闲综合景区;南部要依托大岩山旅游度假区、浦阳江综合治理、欢潭美丽乡村建设,打造古村观光、山水休闲度假综合景区

资料来源:2019年杭州市规划和自然资源局萧山分局公示的《杭州市萧山区进化镇(XSLP08)全域控制性详细规划(草案)》。

古韵欢潭核心区作为其中的"一心",成为当前着重打造的 AAAA 级景区;滨水休闲游憩带、乡村风情展示带、山地健身体验带"三带",串联起了乡村风情资源;东部田园康养区、中部商务休闲区、南部山水度假区"三区",一动一静一闲,分工明确,成为新兴产业的培育区;"微笑的梅子庄园"田园综合体、"阳田农科"农业高科技示范园区、欢潭美丽乡村(AAAA 级景区)和大汤坞乡村精品酒店(古村民宿)等一个个正在崛起的产业新平台,将成为进化镇未来发展的"X 因子"。

以镇带村,实现全域提升,是进化镇始终坚持的方向。进化镇通过实行"1+3+6+X"行动计划,即 1 个美丽乡村示范村创建村,3 个首批、6 个第二批美丽乡村提升村创建对象以及若干个 A 级景区村庄创建对象,梯次培育,构成了进化美丽乡村的优美画卷。进化镇美丽村庄创建竞赛成为乡村振兴的"新引擎"。此外,进化镇首推"一村一品"的村级品牌文化,村庄品牌不仅是村庄文化的展示,更是村庄产业发展的风向标。

(三)乡镇新型复合物质空间演化过程与驱动机制

萧山区进化镇通过明确全镇域景区化的发展方向,重组已有乡村物质空间布局,形成复合型旅游产业空间。在进化乡村聚落空间重构的过程中,生活、生态空间的生产化特点逐步显现,出现了"生产—生活"复合空间和"生产—生态"复合空间。

在全镇域景区化发展模式下,乡村空间形成以旅游接待为主导的"生活—生产"复合空间。这种新型复合空间模式将取代原有传统农业家庭养殖和日常生活空间功能,形成"产居一体化"新型物质空间。在空间格局上,进化镇以"一轴""两翼""三区",吸纳原有星状散落的乡村人口,聚集形成"墅上王"科创发展翼、"欢潭"智能发展翼、进化镇区公共服务中心。之后,旅游娱乐、餐饮、购物用地将大量增加,空间结构趋于集中化,最终向"生产—生活"综合型旅游服务镇演变。此外,中心村落外部将实现以游憩活动为主导的"生态—生产"复合空间功能叠加。例如,融合农业生产的"青梅文化"生态旅游,结合历史文化的"萧绍古道"项目,沿江机动车道和游步道建设等,通过有机融合了生态环境保护、历史人文保护、产业绿色发展、民生福祉共享等多个方面,实现村庄共享绿色发展,推动进化镇绿色产业振兴。

进化镇乡镇空间重组是乡村经济转型和新型城镇化的综合表现形式,其主要影响因素包括旅游市场需求、生产方式转型、农户行为选择等多个方面。

旅游资源是基础,旅游市场需求是根本诱因。进化镇是萧山区的美丽大镇、生态重镇、文化名镇、旅游新镇,具有优质的生态资源、浓厚的文化底蕴和广阔的绿色发展空间。地理位置优越,是杭州旅客可选择的重要旅游之地。从交通角度看,进化镇位于西湖东南 30 公里、萧山机场西南 40 公里,上海西南 200公里。从外部环境看,长三角一体化上升为国家战略,萧山南部已经成为杭州南花园的主战场,目前杭金衢高速公路出口一南一北正好覆盖进化镇,为进化镇联通长三角提供了便利。规划中的杭州中环、东复线新线等,将让进化镇的交通深度融入大杭州的交通体系之中。从内部环境来看,重点交通项目推进打通了发展大动脉。03 省道东复线在进化境内的 13.6 公里整治提升工程基本完成;长约 63 公里的区级骨干林道,与 69 公里的镇村级林道相连,形成较为完善的林区道路网络。作为杭州的特色镇,承接杭州市溢出的旅游资源,是进化镇全镇域景区化发展、传统乡村生活方式和空间重构的根本诱因。

乡村生产方式转变是核心动力。村民生产、生活方式的转变是乡村空间重构的最基本动力。随着传统生产方式的转变和生产空间的重构,以旅游服务业为主的复合空间大量出现,这种新的生产方式的出现导致了农户传统生活方式的转型,生产方式与生活方式由传统农耕向现代服务业的转型。

农户"趋利避害"行为是内在动因。受进化镇山地地形影响,进化镇除中心村外,其余村落都散落在山腰位置,交通生活不便。随着全镇域景区化、乡镇旅游业发展,进化镇加快高速公路修建,串联镇域内各个景区,交通可达性和便捷程度因而得以提高。此外,乡镇中心不断聚集,基础设施不断完善,吸引镇域内散落居民向中心汇聚。

三、乡镇"三生"空间再生产的内生性增能与外生性赋能

乡镇"三生"空间的重构意味着乡镇社会经济结构的调整与乡镇聚落空间的再生产。物质空间并非简单的分散重组,而是基于内在各个生产、生活、生态要素再开发,外部资源、信息融合吸收的过程。乡镇"三生"空间能够实现再生产过程,必然是顺应历时性发展趋势和把握共时性的发展规律,最终将内外部资源转化为有效产出。

(一)内生性增能,融合性发展

乡村旅游空间重构过程是以乡村聚落生产、生活和生态空间融合发展为基本特征,乡镇空间重构本身包含着"社会性"要素即景观生态、历史文化、生活生产的深度融合。

近年来,进化镇通过主动承接都市人休闲需求,从四个方面培育和打造休闲产业链,发展体验经济。一是发展富有特色的休闲产业,与区国资总公司合作,积极发展文创产业、动漫产业、康养产业等新兴休闲产业,打造休闲全产业带。二是开展农旅结合的休闲活动,举办吉山梅花节、梅子节,把农产品销售与游客上门采摘结合起来;鼓励民宿经济发展,重点培育民宿创建点两个,依托天城开元、大岩山旅游度假区等重大旅游项目,培育高标准、高定位民宿示范区。三是推介乡土特色的休闲美食,推出以青梅、杨梅、茶叶"两梅一茶"为代表的农产品和麻糍、清明饺为代表的传统美食。四是开展户外健身的休闲运动,举办萧绍古道毅行大会等赛事,计划打造浦阳江沿线休闲驿站、进化溪沿线健身步道、区级骨干林道山地马拉松赛道等。通过深挖 25 个村的文化特色和产业方向,实施"一村一品"村级文化品牌工程,展示乡村的特色资源。新建 11 个农村文化礼堂,实现农村文化礼堂全覆盖,并着力打造农村文化提升"五个一"工程,即在全镇各村建设一个舞台、一个书屋、一个讲堂、一支宣讲队、一首村歌,用乡村文化凝聚人心,成立了"沿江沿路"景观化提升工作指挥部,以"三清""三提"为抓手,全方位打造"畅、安、舒、美、绿、智"的"自然风景线""人文展示线""生态富民线"。此外,针对"一江一溪、两纵三横"主要道路、河道及通往景区、美丽乡村核心区块主要道路共 15 条,开展景区化提升,对其他村级主要道路开展环境

综合整治,涉及道路、河道 63 条近 135 公里。

进化镇向内培育和打造休闲旅游全产业链,将农产品、旅游景点、村社公共空间、道路河流串联,以形成旅游产业集群。在实现全镇域景区化旅游发展过程,散落的乡村空间逐步形成聚落,逐步向中心村落集聚,相对应的中心村落面积不断扩展、功能不断强化。村落生活空间经历了"核心—边缘"的转换过程,核心区生活空间不断扩张,生产空间经历"村外—村内"的集聚过程,新型旅游生产也在不断充实原有农业空间,形成新的产业集聚。在旅游化发展过程中,生活空间和生态空间逐渐生产化,形成"生产—生活"复合空间和"生产—生态"复合空间。与传统乡村聚落(主要以空心村为主体)空间重构所体现空间隔离和集聚不同,这种空间重构模式以乡村聚落空间重构中生产、生活和生态产业融合和扩散为主要态势。这种空间重构主要表现为以下三个特征:一是产业发展空间分散化,即实现村落内部旅游住宿接待和村外农业生产休闲游憩空间同步扩展;二是农民居住空间稀释化,即农民居住空间更多开放为满足游客需求综合空间,旅游村落在不断扩展整体发展空间,同时每个家庭单位的生活空间也被大量游客空间需求所稀释;三是资源利用可持续化,为保障旅游村落可持续发展,必须确保乡村自然和人文环境("乡村性")不受破坏,乡村地域的人口资源环境协调发展。

(二)外生性赋能,差异性发展

乡村地域上空间重构与优化调整顺应了乡村快速工业化和城镇化的要求,以乡村土地利用为核心的空间重构是农村地区社会经济结构重新塑造的具体体现。乡村社会经济发展与乡村聚落空间重构离不开外力的作用,外部赋能和地域差异化发展是乡村社会经济发展的一个重要动因。

萧山区进化镇以旅游业为落脚点,通过贴牌造势和引入改造实现了传统文化和绿色产业的赋能。茅湾里印纹陶窑遗址位于进化镇大汤坞新村,是进化镇重要的历史文脉资源。进化镇通过造势"中国瓷器发源地",打造"五个一"工程,即一个展馆(茅湾里印纹陶博物馆)、一个公园(遗址主题公园)、一个研究院(印纹陶文化研究院)、一个基地(文博专业大学生教育实践基地)、一个产业园(文化创意产业园区),推动当地文脉活化。进化镇与时俱进,抓住数字经济发展机遇,瞄准"学、乐、安、康、美"五个方面,通过做到科学谋划、产业引导、设施完善,努力实现传统产业数字化,数字产业的"产品化"。

进化镇作为典型旅游乡村聚落,空间重构过程与旅游发展紧密联系。作为中国新型城镇化的重要类型之一，与其他工业化引导的城镇化不一样，旅游引导新型城镇化是一种消费产业带动即内需型产业带动的城镇化，在土地利用模式上，体现为以旅游消费需求为基础，通过旅游各要素的延伸带动泛旅游产业发展，形成产业融合与产业聚集，在满足当地社区空间需求的同时，也满足外来旅游者空间消费需求，并通过产业聚集形成人员聚集，形成产业依托的城镇化基础，加上旅游服务设施的需求和消费的集中化，形成完善的旅游配套基础设施及社会体系等，由此形成全镇域景区化。旅游产业开发大幅度提升了基础设施建设和公共服务设施建设，成本降低了，城镇面貌美丽了，居民的生活水平提高了。以此为基础，城乡基于美丽绿色产业获得统筹发展。

作为旅游者休闲游憩空间，旅游乡村聚落对乡村文化和物质空间有着特殊要求，这种以当地乡村社区居民生活为基础、面向外来旅游者需求的新型乡村聚落空间重构，体现了"以人为本"的基本发展理念，也与"按照人口资源环境相均衡、经济社会生态效益相统一的原则，控制开发强度，调整空间结构，促进生产空间集约高效、生活空间宜居适度、生态空间山清水秀"的新型城镇化和生态文明建设国土空间优化要求相吻合。以旅游为驱动、以全镇域景区化为引导的新型城镇化发展类型所体现的旅游乡村空间重构规律和发展模式，代表着未来乡村转型发展和土地利用的一种理想空间状态。同时，旅游乡村聚落空间重构过程代表着中国新型城镇化重要发展类型和理想模式。

四、萧山区进化镇"三生"空间重构与赋能的经验启示

在进化镇全域范围开展乡村振兴、全镇域景区化建设，是进化镇走出都市花园"进化之路"的重要举措。进化镇在发展生态旅游过程中，乡村聚落空间随之重组，乡村旅游用地模式也由传统内生型"人口增长＋生活需求"驱动模式向外向型的"旅游需求＋人口增长"驱动模式转变，这种重构过程兼顾了旅游者和当地社区的需求。按照传统乡村聚落用地模式引导旅游城镇化过程，旅游乡村聚落重构过程常常产生发展空间不足，引发村落无序扩展、"乡村性"丧失等诸多问题①，而以全镇域景区化为战略、以绿色产业发展为导向的全镇域旅游和"三生"空间再生产是乡村振兴未来的方向。乡村聚落空间重构与新型城镇化、

---

① 席建超，王新歌，孔钦钦，等. 过去25年旅游村落社会空间的微尺度重构——河北野三坡苟各庄村案例实证[J]. 地理研究，2014(10)：1928-1941.

绿色产业化进程相结合,最终形成"生活—生产—生态"空间土地重组和空间功能叠加的新模式。

(一)注重生活空间中公共空间的扩展和重建

萧山区进化镇在旅游兴镇过程中,注重生活空间中的公共空间扩展与重建。在乡村社会变迁中,村落公共空间的演变呈现正式公共空间趋于萎缩、非正式公共空间日益凸现的大趋势。[①] 对于旅游引领乡村发展的乡镇,乡村聚落应以"乡村性"保护为核心,合理推进乡村特色公共空间的重塑,以增强其吸引力。具备"乡村性"、特色的公共空间才是乡镇实现可持续发展的重要基础要素,这主要包括扩大乡村聚落区内的人们(包括当地社区和旅游者)可以自由进入并进行各种交流的公共场所,如乡村聚落寺庙、戏台、祠堂、集市等,以及聚落内普遍存在的一些制度化组织和制度化活动形式,包括村落内的企业组织、村民集会、传统节庆活动等。

(二)注重生产空间服务功能模块化提升

随着进化镇全镇域景区化的深入推进,乡村聚落在功能上除了做好基本的接待服务功能外,推动乡村空间模块化功能提升也是其发展重点。乡村聚落空间逐步向"生活—生产""生态—生产"复合型空间发展,配套建立与乡村旅游发展相适应的乡村旅游商业游憩区(rural tourism business district,RTBD),做好城镇旅游产业链的延伸,具体包括建立点状游憩形态如城镇内部的购物中心、主题公园、历史景点以及乡村农耕体验类产品等,条状形态如旅游城镇特色购物街、美食街以及历史街区等,块状形态如乡村度假主题酒店、乡村艺术中心、乡村博物馆和美术馆等。

(三)注重生态空间景观生态整治和历史文脉挖掘

萧山区进化镇生态空间景观的美化历经生态整治和历史文脉挖掘两个阶段。仅2016年度,进化镇开展彩钢棚专项整治行动,共拆除整改1350处、48.1万平方米;推进拆违控违,集中力量对两路两侧、主要河道两侧进行整治,共拆除违建16.2万平方米;启动实施路长制工作,以"一江一溪,两纵三横"为重点,先后实施横浦河等9个清淤疏浚项目,共清淤15800立方米;着力改善环境设

---

① 曹海林. 乡村社会变迁中的村落公共空间——以苏北窑村为例考察村庄秩序重构的一项经验研究[J]. 中国农村观察,2005(6):61-73.

施条件,基本实现 03 东复线、大湄线、白曹线等 5 条区级道路两侧无垃圾房(点)现象。[①] 注重生态整治同时加大历史文脉的挖掘,先后完成了欢潭大司空家庙、二桥书屋、汤寿潜故居等古建筑和务本堂、葛云飞故里、汤寿潜等纪念馆的修缮,积极宣传、展陈汤寿潜、欢潭等系列文化。

将景观生态规划与乡镇整体发展有机结合,将生产融入生态、生活空间,使单一的空间多重功能叠加,最终实现景观生态、历史文化、生活生产的高效能产出。在乡镇发展中,明确乡镇发展方向,依据景观生态学的有关理论进行综合规划设计,注意景观生态的保护与多样性建设,注重乡村聚落的历史文脉保护和挖掘,在保护好具有历史意义的古村落和各种人文景观的同时,从村落自然、人的行为与心理活动、人与社会等各种功能系统的内在机制入手,创造人、自然、建筑、社会相融的整体环境。[②]

(四)着力打造乡村聚落空间重构的综合制度体系

生产、生活和生态空间重构会引导集体土地向旅游用地转变,会带来土地权益和权力主体的流转及其相关制度建设问题。因此,要遵循新阶段旅游业改革发展的要求,通过土地流转政策的变革,按照旅游城镇发展要求,以乡村旅游土地流转制度为基础,提供相应的政策供给,建立起包括多元化投融资制度、社会保障、培训就业、权属调整、技术支撑和监督管理等内容在内的综合制度体系。

五、结　语

萧山区进化镇以旅游业为切入点,实施全镇域景区化、绿色产业化乡村振兴战略,直接加速了进化镇村落空间重构过程。在此过程中,传统乡村生产生活空间逐步缩小,"生活－生产"和"生态－生产"复合新型功能空间逐步增加,生产空间由村外向村内转型发展,生活空间由分散到集聚的立体扩展,生态空间由斑块分割向整体利用的全面转型。传统乡村聚落"空心化"空间重构过程主要表现为产业发展集聚、农民居住集中、资源利用集约,而旅游乡镇聚落则以

---

① 资料来源:《进化镇 2016 年工作总结暨 2017 年工作思路》。
② 刘春腊,刘沛林. 北京山区沟域经济建设背景下的古村落保护与开发[J]. 经济地理,2011(11):1903-1929.

乡村聚落空间融合、立体扩张和适度集约为基本特征。这种空间重构过程和演进模式与中国新型城镇化发展导向一致,代表着未来新型城镇化进程的一种理想模式。作为旅游城镇化空间演化路径,其发展必须遵循旅游城镇"外向型"发展导向,在生活空间中重视公共空间扩展和重建,在生产空间中关注服务功能模块化提升,在生态空间中强调景观生态整治和历史文脉挖掘,并配套保障综合制度体系。

（2019年"休闲与乡村振兴"专项课题）

乡村文化记忆与休闲空间构建

——以萧山进化镇为例

祁楠楠[*]

一、绪　论

(一)研究的背景与意义

乡村文化是中华文化的源头和重要组成部分,对其保护利用和传承是新时期我国乡村建设和乡村振兴的重要任务。在"乡村振兴"战略背景下,乡村发展需要以当地的经济、社会、文化、地理、环境等资源为基础,寻求符合当地特色的发展路径。杭州市萧山区进化镇,自然环境优越、历史悠久、文化内涵深厚,可尝试以"文旅融合"为主,以休闲农业、文化创意、餐饮娱乐、体育运动、康疗养生等其他乡村休闲产业为辅的具有进化镇特色的乡村休闲综合体。乡村休闲综合体是以当地文化为核心、以休闲空间为物质载体的综合发展道路。

在快速城镇化的进程中,乡村文化日益衰退、乡村记忆日渐模糊。作为旅游地类型的乡村地区,乡村文化就是旅游业发展的重要根基和特色所在,文化的兴衰、传承及挽救等历史重任已迫在眉睫,加强文化认知和表达是提高乡村旅游价值、提升旅游竞争力和增强身份认同的前提。反之,旅游也可以成为唤醒乡村记忆、传承乡村文化的重要载体。

乡村文化的兴盛、衰落、消亡、复兴的发展过程与其文化记忆的形成及再现有着紧密联系,在一定社会框架下记忆不仅促成文化的延续,也能保证其形式

---

　　*　浙江大学旅游与休闲研究院。

或行为的可复制性,即保护和恢复乡村文化记忆对于保护和促进文化的再生产有积极作用。杭州市萧山区进化镇基于文化记忆理论框架,结合地方志文献、调查走访等,从时间、媒介、社会等多个维度对乡村文化记忆进行挖掘,在此基础上构建休闲空间,发展人文旅游。

(二)相关理论概述

1.文化记忆的内涵

文化记忆最早是由扬·阿斯曼(Jan Assmann)和阿莱达·阿斯曼(Aleida Assmann)夫妇在前人记忆理论基础上提出的。回顾有关记忆理论的发展,从莫里斯·哈布瓦赫(Maurice Halbwachs)提出具有社会建构的集体记忆到康纳顿通过体化实践来传递记忆的社会记忆,再到扬·阿斯曼夫妇的文化记忆,均以集体记忆为奠基石,从具体的群体层面逐步扩展至文化范畴,使得记忆不会随着参与代际交流群体的消失而消亡。文化记忆是指人类通过将客观世界和自身行为形式化并嵌入到集体意识之中,通过代际传递求得人类发展的稳定和持续。扬·阿斯曼认为文化记忆是远古的神话传说流传下来并被具有宗教性质的专业人士记录而形成的记忆,但是本文的研究内容根据当地文化特色,不再强调宗教意识,而是以某地区乡村文化遗产为线索的文化记忆,研究重点是对重要文化记忆的纵向串联和横向扩展,为休闲空间的构建做指引。

首先,文化记忆在表现形式上包括实践(形式化了的物质世界)和象征(形式化了的仪式)两个层面,包括时间维度、媒介维度、功能维度、权力维度和建构维度等五个维度。从时间维度来理解,文化记忆包括两个方面:一是指文化记忆在时间上的跨度;另一方面是指文化记忆在时间上的指向。阿斯曼夫妇认为文化记忆脱离了生命体,通过文化符号来传承,时间跨度往往长达上千年。其次,文化记忆具有历时性和现时性,会回答今天何以至此、今后又将如何的问题,具有明显的未来指向性。从媒介维度来理解,文化记忆不只是使用一堆抽象的概念,而是借助"文本系统、意象系统、仪式系统"等文化符号来形成。阿斯曼把这些文化符号也叫作"回忆形象",不仅包括那些图像性的文化符号,而且将那些叙事性的形式也囊括进来,比如神话、谚语、经文、绘画,甚至一条街道、一座建筑等,都是"回忆形象"的载体。笔者在本文中将媒介维度分为物质层面的文本、建筑、绘画等空间维度和非物质层面的仪式、表演、口述等"叙述维度"。功能维度和权力维度二者皆是为社会发展服务的,因此合为社会维度,建构维度是将前面三种维度与人的行为结合起来,共同作用,构建文化记忆。

2.休闲空间的内涵

对休闲空间的研究兴起于第二次世界大战以后,自 20 世纪 60 年代以来,国外对休闲空间的相关研究集中于城市休闲空间,包括城市休闲空间形态研究、城市休闲空间与生活质量、城市休闲空间中的社会生产等,而鲜少关注乡村休闲空间。罗伯特(Robert)在《休闲空间建构:以南非德班城市海滨为例》一书中提到,休闲空间是物质环境利用和复杂文化认同以及象征性形象的综合产物。基于休闲空间形成的历史过程角度,他认为休闲空间是社会建构的结果,对城市休闲空间的理解不能脱离社会生活。由于人们根据自身的意识和行为建构着各自不同的空间,城市休闲空间应该是由实体物质空间、休闲行为空间、社会空间耦合而成的空间体系。其中,休闲物质空间是由有形的休闲设施(如公园、广场、宾馆、水面、娱乐城等)及相关建筑设施共同组成的环境空间;休闲行为空间是指休闲者的休闲活动在城市空间中留下的投影;社会空间是指休闲空间是社会关系的产物,并时刻对社会关系与其自身进行着再生产。

在休闲空间整合方面,松本兴运认为游客的感知顺序应当作为休闲空间构建的重要参考。休闲空间的文化构建是其精神所在,是体现空间独特性和气质的组成部分,休闲空间的文化构建常需要和区域文化相结合。罗伯特在研究乡村休闲空间建设上,提出应当通过创新的细分设计保留农村特色,从而增强该类休闲空间对消费群体的吸引力。能对休闲者产生吸引的休闲空间一定是具有独特的休闲气质即文化内涵的空间,而休闲空间的文化挖掘需要立足地方实际,挖掘历史文脉。本文将秉承着这一原则,对进化镇的休闲空间的构建做理论指导。

3.相关研究理论概述

乡村旅游地的文化保护与利用已成为当下学界及社会各界的关注焦点。但是,基于记忆理论来唤醒乡村文化记忆,以文化记忆的恢复与重构为核心构建乡村休闲空间的研究较少。吕龙、黄震方、陈晓艳等在《乡村文化记忆空间的类型、格局及影响因素——以苏州金庭镇为例》一文中,运用 GIS 空间分析法开展乡村文化记忆空间的时空格局及影响因素研究。但是,此研究缺乏对乡村文化记忆的恢复和重构的解决方案,也没有涉及乡村休闲空间的建构。樊友猛、谢彦君的《记忆、展示与凝视:乡村文化遗产保护与旅游发展协同研究》一文,将乡村文化记忆作为分析乡村旅游地文化时空过程的逻辑起点,立足于文化记忆理论关注的文化记忆识别、地方身份认同和文化连续性等核心内容,构建了"时间维度、空间维度、社会维度"的三维研究框架,并据此提出了乡村文化记忆在时间、空间和社会维度的研究内容,但是忽略了乡村文化记忆的仪式、口述等叙述维度。本文以阿斯曼的五个维度作为基本研究理论框架,其中包含了媒介维度的空间维度和叙述维度两个维度。

不同地方有各自不同的记忆,乡村也不例外,通过乡村文化记忆形成的过程可以更清楚地了解乡村文化的特征与变迁,解读乡村社会的演变,这成为"乡村振兴"背景下研究旅游型乡村文化的重要概念和新视角。

二、案例区概况及问题的呈现

(一)案例区概况

据新编《绍兴县志》记载,进化镇原名青化镇,新中国成立前由绍兴县管辖,新中国成立后进化、富岭、城山、盈湖、青化、临江、临东等乡合并,划归萧山管辖,2001 年欢潭乡也并入进化镇。它位于杭州市萧山区东南部,东南与绍兴市柯桥区夏履镇、绍兴市诸暨市店口镇接壤,西临浦阳江与杭州市萧山区浦阳镇相邻,北接临浦镇、所前镇。进化镇下辖 25 个行政村、1 个社区,常住户籍人口4.8 万。

进化镇自然资源丰富,区域面积 87.1 平方公里,属低山丘陵地带,山林与耕地面积之比为 3∶1,山林面积大约 7.5 万亩,古树名木数量占全区的 1/3。10000m³ 以上的水库有 35 座,100000m³ 以上水库数量占全区的 1/4。全镇森林覆盖面高于 65%,山林面积占全区的 1/5。

进化镇历史悠久,文化底蕴深厚。镇内有国家级文保单位 1 个——茅湾里印纹陶遗址,省级文保单位 3 个——纱帽山窑址、葛氏宗祠、宫保第,市级文保单位 7 个。萧山区级文保点 22 个,还有不可移动文物 93 处,明清古建筑近 50万方,整个文物保护单位数量是全区的 1/4。2018 年公布的萧山区历史建筑名录中,进化镇有 30 处。2018 年萧山区颁布了《萧山区进化镇旅游风情小镇发展规划(2018—2022)》,进化镇要打造长三角尤其是杭绍金区域具有都市田园气质和山水人文之美的净心文旅小镇。以"大美进化,让心灵净化"为口号,进化镇多次举办毅行、马拉松、徒步旅行节等活动,初步打开了周边知名度。

(二)问题的呈现

2019 年 6 月,笔者跟随团队调研了进化镇云飞村、华家垫村、欢潭村和岳驻村等四座村落。调研发现,众多文物古迹、古建筑毁坏问题严重,这些都是文化记忆的呈现,且具有较高的文化价值和再开发价值,具有发展生态人文旅游的巨大潜力,但目前,我们将从文化记忆的各个维度具体阐述。

(1)该规划体现出静态的横向规划,而非充分挖掘当地特色文化记忆的纵向规划,规划主题尚未突出其特色。如南宋御街、宋城主题公园、大唐不夜城等特色鲜明的主题规划经过充分挖掘,将某一特定历史时段的特定生态、市井、人文等文化记忆非常生动形象地向大众展示了出来。此规划中进化镇中部为人文休闲风情区(云飞村、大汤坞新村、裘家坞村、三浦村)、东部为田园康养风情区(天乐村、华家垫村、吉山村、太平桥村、东山村)、南部为生态古村风情区(祝家村、涂川村、新江村、欢潭村、岳联村等),在笔者看来这个规划中进化镇的特色尚未突出。进化镇历史可以追溯到春秋战国年间,甚至更早,以上提到的村落大部分包含传统村落或者文物遗迹,中部、东部、南部都同时具有生态优美、人文底蕴深厚的特征,从春秋战国时期的古代茅湾里窑址到明清近代中西合璧的民居建筑,再到山林湿地,负氧离子充足,水库、溪流、翠竹等,无不体现出此地处处是文化,体现出自然环境的优越。可以看出,该地区的发展是自然与人文相得益彰的,但是规划中自然风景主题与人文主题是分开的,因此,笔者认为,在此规划的基础上,每个分区应是自然景观与人文旅游融合且相互贯穿的,每个分区根据人文特色而分主题,具体如何充分挖掘和利用乡村文化记忆空间,我们将在对文化记忆的唤醒部分做出回答。

(2)从文化记忆的时间维度讲,目前该地区文化遗产的保护无法体现。文化记忆的时间维度主要体现为重复和现时化,并且在不断重复中过渡到"现时化",是一个动态结构的过程。在调研过程中,笔者发现目前开发的程度有待深入,大部分遗产已修复,但是尚未启用,大部分居民搬到新村,古村完全空置,这是一种静态的保护,但好的保护和利用是人们仍然恰当地使用该建筑,并且随着时代的发展进行合理的改造。

(3)从文化记忆的媒介维度讲,进化镇现存的文化记忆呈现散落化和隐形化等现象。如葛云飞故居和纪念馆、汤寿潜纪念馆、萧绍古道等往往以"记忆碎片"的形式出现,有些典型文化记忆被忽略,有些文化随着时间的流逝而消失,没有形成完整的文化记忆,给该地区乡村旅游的发展增加了难度。

鉴于此,本文基于文化记忆与休闲学理论,以文化记忆为核心的乡村休闲空间构建框架,明确研究的核心问题、内涵所指和具体内容,这对于研究乡村的休闲综合体具有重要理论价值和现实指导意义。本文摒弃了一定的地域限制,有的文化记忆的内容是超越进化镇地理范围的,但是对于进化镇有着重要的历史意义与文化意义。

三、文化记忆的唤醒、恢复与重构

记忆是阐释空间和地方性意义的组成部分,并对地方的认同产生重要影响。扬·阿斯曼认为,仪式属于文化记忆的范畴,它展示的是对一个文化意义的传承和现时化形式,所有的仪式都含有重复和现时化两个方面。①

文化记忆把人与身边的人联系到一起,把昨天和今天连接到一起,是当地民众身份认同的保证。每一种文化都会形成一种凝聚性结构,它起到连接和联系的作用,这种作用表现在两个层面上:社会层面和时间层面。凝聚性结构是将发生在从前某个时间段中的场景和历史拉进持续向前的"当下"的框架之内,从而产生希望和回忆。这一视角是神话和历史传说的基础。

凝聚性结构的"重复"和"现时化"是两种不同的指涉方式。通过重复,这些行动路线构成可以被再次辨认的模式,从而被当作共同的"文化"元素得到认同。规范性指的是在节日庆祝仪式中所使用的规范必须严格遵守规定的次序进行。这代表着节日仪式的本质是时间,也体现处理文化记忆的时间维度。"现时化"更强调文字,是对一个文本的阐释。记忆的现时化过程,就是在对流传下来的文本加以阐释的过程中实现的。

规范性和叙事性两个方面,即指导性方面和叙事性方面,构成了归属感和身份认同的基石。与共同遵守的规范和共同认可的价值紧密相连、对共同拥有的知识和自我认知,基于这种知识和认知形成的凝聚性结构,将单个个体和一个相应的"我们"连接到一起。当然,扬·阿斯曼夫妇将此理论更多地应用于古老的宗教、民族文化的起源,而本文尝试将这一理论用于相对离我们更近的时代的文化。

(一)文化记忆的唤醒

文化记忆的唤醒是指通过查询文献、调研遗迹、走访民众等方法,搜集和整理当地文化符号,并对具有当地特色的文化符号进行记录和叙述。进化镇历史

---

① 扬·阿斯曼.文化记忆:早起高级文化中的文字、回忆和政治身份[M].金寿福,黄晓晨,译.北京:北京大学出版社,2015.

悠久,遗存有茅湾里印纹陶遗址、纱帽山窑址、山阴古道、葛氏宗祠、宫保第等100多处文化符号。目前对这些文化记忆挖掘的不足之处在于,规划对当地特色文化记忆并未强调,具有重要价值的文化记忆尚未进行深入挖掘,有的甚至处于原始发现状态,这会降低这些文化符号作为旅游吸引物的吸引力,也会降低游客和当地群众的体验感。

经过初步评估分析,在进化镇仅存的众多文化符号中,兼具当地特色、重要的文化价值、挖掘潜力、再开发价值的当属山阴古道、茅湾里窑址和欢潭古村。由于篇幅等因素的限制,本文将着重分析山阴古道。

调研时,我们去了山阴古道及其周边,仅有简单设施,大部分保持着原始状态,尚未开发,也未见任何保护措施,仅作为毅行或者驴友徒步旅行的路线存在着。但实际上,山阴古道的价值远不止于此。

山阴古道,旧时称山阴道、萧绍古道或湖进古道,曾属山阴县(今绍兴)管辖,后划归杭州市萧山区。山阴古道从进化镇开始,途径坎坡岭到绍兴夏履镇莲东村,路过马家池,翻越古城岭到下湖塘到绍兴城,沿途风景怡人,有水库、香林、翠竹林、溪瀑、梅林、凉亭等,已知有笑眼亭、坎坡亭、泗洲亭、湖进亭、兰亭,人文气息浓厚,有多处寺庙,如曹山寺、深云禅寺等,随着时间的推移,沿途埋葬着多位圣贤名人,有王阳明墓、徐渭墓、陈洪绶墓等。

目前该地遗存的山阴古道只有进化镇华家殿村段到绍兴夏履镇莲东村是衔接萧山与柯桥的古道,以坎坡岭为两地分界。其中华家殿村映雪庐民宿到坎坡岭古道段已由萧山当地主导修建,沿路配有休憩亭廊等简易服务设施。莲东村到坎坡岭路段,总长850米,古道全程多为山块石铺成,宽约1.5米,入口段前些年修缮过,风貌较完好,其余段有不同程度的破损风化现象。旧时萧山、进化、临浦人进绍兴城,走的就是这条古道。进化镇古时有很多陶瓷窑,或许也是从这里运到其他地方,供人使用。如今大部分古道建成了省道公路,但是沿途风景犹在,有大香林风景区、跨湖桥风景区等。

(二)文化记忆的恢复

文化记忆的恢复是对当地文化记忆进行解构,从前人留下的文本、遗迹等时间、媒介、社会维度进行分析,挖掘背后的深刻含义。从媒介角度入手,包括空间维度的文本、叙述维度的仪式、名人等,而场所空间曾在描述文本时呈现。

1.文本:诗书画等

山阴道上名人辈出,古代文人雅士擅游山阴道,留下诸多佳作。其中最著名的当属东晋时王羲之邀请多位好友游赏山阴道,途经兰亭,写下旷古杰作《兰亭集序》,留下"仰观宇宙之大,俯察品类之盛"等千古名句。他当时这样描述山阴,"此地有崇山峻岭,茂林修竹,又有清流激湍,映带左右"。如今游走在山阴古道,亦可想象其当日之风采。如此之景,如此人文,对后世影响深远。

古道的深夜亦多美景,王羲之的儿子王献之最喜欢游这里,"云生满谷,月照长空,潭涧注泻,翠羽欲流,浮云出岫,绝壁天悬。千岩竞秀,万壑争流。草木葱茏其上,若云兴霞蔚。山阴道上行,山川自相映发,使人应接不暇",此说一出,山阴道声名远播,名士吟咏不绝。明代"公安派"文坛领袖袁宏道经山阴道而作《山阴道》,"钱塘艳若花,山阴芊如草。六朝以上人,不闻西湖好。平生王献之,酷爱山阴道。彼此俱清奇,输他得名早"。南宋陆游当年漫步山阴道时作《游山西村》,留下千古绝句"山重水复疑无路,柳暗花明又一村",描绘了山阴道上景色的清奇,因其清奇,道尽自己失意但是绝不放弃的决心。明代画家吴彬的《山阴道上图卷》(上海博物馆藏),将一年四季之山阴道尽显于一卷之中,层峦叠嶂,千峰万壑,铺陈千里,冈岭逶迤,绵亘不绝;村舍古刹,亭台楼榭,掩映其间;山溪流远,河谷漫漫;溪谷间飞瀑如练,丛树繁密,依聚溪边涧畔;轻云薄雾,弥漫升腾,气势浩阔。这些佳作更是吸引了历代文人雅士的青睐,留下了沿途众多的人文古迹。

2. 仪式——修禊

《兰亭集序》是一篇文学巨著,同时也作为绍兴当地的文化记忆的文本空间承载体而存在,其开篇写道"永和九年,岁在癸丑,暮春之初,会于会稽山阴之兰亭,修禊事也"。文中提到的"修禊",又称上巳节,是我国古代传统民俗,据说是殷周遗风,春秋两季在水边举行的一种祭礼。春禊,是夏历每年三月上旬的巳日,魏以后固定为三月三日举行,官吏及百姓都到水边嬉游,用香草涂满身体,沐浴梳洗,祛除邪气,是古已有之的消灾祈福仪式,现在鲜少有人知晓,更别说举行仪式了。因此,作为当地重要的文化记忆的一个节日要素,我们有责任恢复这个文化符号,使之重新走入群众的视野。

汉朝时,三月上巳的风俗在宫廷和民间都非常流行,汉代应劭的《风俗通义》把禊列为祀典,说:"禊,洁也",指春日万物生长蠢动易生疾病时于水上洗濯以防病疗病。《后汉书·礼仪志》即有"祓禊"(祓是古代除灾祈福仪式),此志曰:"是月上巳,官民皆洁于东流水上,曰洗濯祓除,去宿垢,为大洁。"去宿垢,是除去旧病。这里刘昭作注说:"韩诗曰郑国之俗,三月上巳溱洧两水之上,招魂续魄,秉兰草祓除不祥。"所以后汉祓禊还用香薰花草沐浴,去病患,除鬼魅,作祈禳。而禊的另一说法，挚虞说汉章帝时平原徐肇三月初生三女至三日俱亡，所以举行被禊，因为有灾，洗濯消灾祈福。因此，修禊有去除旧病和预防疾病之意。

后来修禊演变成中国古代诗人雅聚的经典范式，以文中的兰亭修禊和唐代长安曲江修禊最为著名。《正字通》云："禊有二，论语：浴乎沂。王羲之兰亭修禊事，此春禊也。刘祯《鲁都赋》，素秋二七，天汉指隅，人胥被禳，国子水嬉，用七月十四日，此秋禊也。又《西京杂记》载高祖与戚夫人正月上辰出百子池边，灌濯以被妖邪。三月上巳，张乐於流水。则汉宫中春亦两禊也。"魏晋旷达、清雅、飘逸、玄远的时代气质使得这次聚会完全丧失了政治色彩。贵族云集山阴城，在兰亭修禊，曲水流觞，饮酒赋诗。传说王羲之是趁着酒兴方酣之际，用蚕茧纸、鼠须笔疾书此序，通篇 28 行，324 字，凡字有复重者，皆变化不一，精美绝伦。这件书法珍品到了唐太宗手里，他爱不释手，临终前竟命人用来殉葬。从此后世便看不到《兰亭集序》的真迹了。

唐代时，上巳节成为全年最重要的三大节日之一。据宋代吴自牧《梦粱录》"三月"条载，唐朝时，皇帝在这天也要在曲江池宴会群臣，同甘共苦行被禊之礼，"三月三日上巳之辰……赐宴曲江，倾都禊饮、踏青"。杜甫的《丽人行》对此盛况亦有描写："三月三日天气新，长安水边多丽人……"中唐诗人白居易在《三月三日谢恩曲江宴会状》一文中也详细记载了宴会盛况。宋朝以后，理教森严，三月上巳风俗渐渐衰微，但一些习俗仍在流传。明初时，朱元璋皇帝为示太平盛世、与民同乐，三月三携大臣们一道春游，这天"金陵城扶老携幼，全家出动；牛首山彩幄翠帐，人流如潮"。民国时期，中国各地还留有三月三消灾除凶的风俗，如北京一带"三月三日，病创者多以长流水洗之"、江苏吴中地区"（三月）三日，人家皆以野菜花置灶陉上，以厌虫蚁"、安徽寿春地区"三月初三日，士女多携酒饮于水滨，以禊被不祥。妇女小孩，头插荠菜花，俗谓可免一岁头晕之病……"

晋至唐宋，会稽地区农耕发达，剡纸、丝绸、茶叶、越瓷、兵器等手工业技术先进，大批贵族和儒释道名流从动乱的北方会聚这儿，会稽逐渐发展成可与长安匹敌的经济文化中心之一，成为士族文化荟萃之地、中国山水诗画发祥地、佛教中国化时期高僧的活动中心、道教高士的修行中心。中晚唐幕府文学兴盛，肃宗、代宗时期的诗歌创作，"大致可以分为两大群，一群以长安为中心"，"一群以越州为中心"。魏晋以后，北方战乱，贵族大量南迁，与绍兴本土经济相融，使得会稽成为中国经济文化时尚中心，加之东晋文法制度的盛行，形成了会稽贵族集团。以王羲之为首的兰亭修禊，就是这些贵族名流参政集结的最高形式。

唐代随着社会经济文化的发展,诗酒文会传统在此地得到进一步发扬。安史之乱给中原地区带来极大破坏,绍兴地区受战乱影响甚微,再加上中原人口的大量南迁,这里经济更进一步发展,渐渐成为两京以外的全国经济文化中心。大量的官员名流或避乱或仕职或漫游而聚集于此,在优美的山水之间,追慕兰亭集会的高雅风尚,频繁地开展诗酒文会活动。丞相元稹任浙东观察使兼越州刺史期间,广辟文士幕僚,举办诗酒文会活动,并与其他官员、仕女、道士、歌女等游乐唱和,长庆二年(822)元稹拜相。在越州元稹广辟文士幕僚,盛办兰亭镜湖修禊。唐高宗上元二年(675)三月上巳,初唐四杰之首的王勃曾在云门寺主持了一次模仿王羲之兰亭雅集的修禊活动,并也仿《兰亭集序》写了一篇《修禊序》。

流觞曲水,指的是众人沿曲水列坐,把酒器羽觞放在曲水的上游,任其顺流而下,酒杯停在谁的面前,即饮酒赋诗。历代雅士仿效王羲之兰亭修禊,在园林中,建有流杯亭,于亭中地面石板上凿出弯弯曲曲的沟槽,并引水入渠。参加宴会的人来到石渠两侧,把盛满酒的木制酒杯或青瓷羽觞从上游放下,任其漂流,杯漂到谁面前,即饮酒赋诗,如北京南海的流水音、潭柘寺的猗玕亭。另一种是水渠设在开敞的地面上而不设亭,如圆明园中的坐石临流。文徵明的《兰亭修禊图》生动地表现出王羲之与朋友在兰亭流觞曲水的文人雅集的盛况。

3.媒介:名人——任伯年

笔者将当地生活过的前人,归到媒介维度,说到山阴道,不得不提的还有一位清末著名画家,任伯年先生。任伯年(1840—1896),初名润,字次远,号小楼,后改名颐,字伯年,别号山阴道上行者、寿道士等,以字行,浙江山阴(今杭州市萧山)人。自幼随父卖画,从任熊、任薰学画,后居上海卖画为生。任伯年是我国近代杰出画家,在"四任"之中,成就最为突出,是"海上画派"中的佼佼者、"海派四杰"之一,是清末最具影响力的画家之一。据考,任伯年祖籍绍兴,随父亲搬迁至萧山瓜沥镇,如今还有后人和故居在此,旧时从瓜沥镇经过进化镇去绍兴,酷爱山阴道,给自己起别号"山阴道上行者"。

任伯年的绘画发轫于民间艺术,技法全面,山水、花鸟、人物等无一不能。他重视写生,又融中西方诸家法,并吸取水彩色调之长,勾皴点染,格调清新。现今作品多藏于上海博物馆、浙江省博物馆、故宫博物院,部分画作流于民间,主要集中在香港、上海等地。任伯年生前与赵之谦、丁文蔚、胡公寿、吴昌硕等清末时期书画家都有深交。任伯年与任熊、任薰、任预合称"海上四任",又与蒲华、虚谷、吴昌硕合称"海上画派四杰"。传世作品很多,为后人留下了宝贵的艺术财富,如《苏武牧羊图》《观刀图》《野塘雨后》《芭蕉绣球》《簪花钟馗图》等,画作价值很高,《测字图》2011 年拍卖成交价 896 万元人民币,《人物山水花鸟纨扇册页》拍卖出 1495 万元人民币,《五伦图》以 3220 万元人民币成交,《华祝三多图》更是拍卖出 1 亿 6675 万元人民币的高价。①

任伯年晚年受鸦片所害,穷困潦倒。去世后,生前挚友吴昌硕为其书挽联:"北苑千秋人,汉石随泥同不朽;西风两行泪,水痕墨气失知音。"徐悲鸿对其也有评述,说他是"仇十洲之后,中国画家第一人"。更有英国《画家》杂志认为:"任伯年的艺术造诣与西方凡·高相若,在 19 世纪中最具有创造性的宗师。"②

(三)文化记忆的重构

山阴古道的重构是对中国传统文化的发展,对于古道周边尤其是进化镇来讲是重要的社会身份认同要素,也是发展地区旅游经济的重要垫脚石。

(1)从文化记忆的时间维度讲,如上所述,仪式具有重复和现时化两个方面,二者此消彼长。仪式越是严格遵循某个规定的次序进行,"重复"的方面就越占上风,仪式给予每次庆典活动的自主性越强,在此过程中"现时化"方面就越受重视。从上述可看出,修禊日从最初殷周的女巫祈福到汉时期的祭祀仪式,魏晋时期的官民沐浴梳洗、水边嬉游、文人宴饮,直至唐时期一直被推崇,再到明朝时官民同游,最终到民国时期的衔花祛病,但如今,上巳节或修禊已被百姓逐渐淡忘。在两极之间形成了动态结构的文字空间,文字的重要意义便在文化的凝聚性结构中展现出来。在这个节日仪式逐渐被淡忘时,就需要通过上述文本将其记录。

它为什么会被遗忘呢?由于受到社会因素、信仰等因素的影响而不再多次重复,更没有现时性的改变,无人引领潮流,这个节日便渐渐被人遗忘。那么文化记忆的重构其实是两个方面都要兼顾,遵循文化记忆的合理的重复原则,并在此基础上对原来的文化记忆做出现时性的改变,以适应当下的时代。

(2)从社会维度讲,进化镇处于萧山与绍兴的边界,旧时萧山不管,绍兴也不管,百姓长期处于边缘地带,萧山人觉得进化是绍兴的,绍兴人觉得进化离萧山近,后根据进化镇的方言口音等与萧山接近,被政府划归到萧山,但距离中心区较远,经济发展慢,乡镇收入在萧山区处于倒数位置,民众往往有"怎么规划和我们进化没啥关系""我们进化被遗弃了吧"等心理。对进化镇来讲,山阴古道是重要的文化符号,所有群众都引以为豪,但是出了镇,大家可能听过山阴古

① 欣弘.2012 年股东拍卖年鉴书画全彩版[M].长沙:湖南美术出版社,2012.
② 徐伯庆,林行春,夏凤娟.萧山历代名人[M].北京:大众文艺出版社,2006.

道,但从不知道在哪里。因此,山阴古道的重构势在必行,对于提升进化镇居民的社会认同和经济发展有重要的意义。

(3)从媒介维度讲,空间是文化记忆的物质载体,大致可分为场所空间和文本空间等。文本是一种重要的物质空间,是重构空间的依据。鉴于此,我们应该将关于山阴古道的文本搜集起来,尤其是将上述所言的古代和近现代书画大师的杰出作品从各地集中到当地,存储并展示给大家。

场所空间是重构文化记忆最重要的一环,也是难度最大的一环。要重构场所空间,首先要修复如今遗存的进化镇华家垫村到莲东村段,因为这部分是遗存,所以应依据历史建筑修复的"修旧如旧"原则,尽可能保护其原貌。之后立出规划,尽量修复沿途香林、梅林、翠竹林等风景不错,具有亭子、寺庙等人文文化遗产地段的古道风貌。由于从进化到绍兴路途较远,在一些文化要素较少的路段,可借用现在的沿路省道,最终将进化到绍兴的山阴古道修复完整。除了道路,还要依据前文提到的王羲之、王献之、袁宏道的诗句,还原其魏晋风骨,尽可能塑造道路两旁失落的怡人风景。鲁迅曾描述了生动祥和的山阴道景象,"我仿佛记得曾坐小船经过山阴道,两岸边的乌桕、新禾、野花、鸡狗、丛树和枯树,茅屋、塔、伽蓝,农夫和村妇、村女,晒着的衣裳,和尚、蓑笠、天、云、竹……都倒影在澄碧的小河中,随着每一打桨,个个夹带了闪烁的日光,和水里的萍藻游鱼,一同荡漾"。陆游以诗句"莫笑农家腊酒浑,丰年留客足鸡豚""箫鼓追随春社近,衣冠简朴古风存"描绘了江南村落的民俗风情,展现了"山重水复疑无路,柳暗花明又一村"的幽静情境。若能恢复,定不输西湖景象。

而叙述维度的重构对该文化记忆来讲是同样重要的,它将决定着文化记忆能否真正活过来。修禊、端午节、春节、重阳节等重要节日的现时化是"活化"的关键之处。修禊日是和山阴道最密切相关的节日,因此,重构"上巳节"的重要性便体现出来。如今,中国传统节日又重新被重视起来,这是一个非常好的契机。每年的农历三月三左右,寻一个周末,虽说在山林溪流边沐浴已无可能,但是可以像古人一样簪花喷香,出游踏青,祈福年年好运,也可在山林流水边与朋友、亲人饮宴,喝黄酒,吃点心,看当地特色的越剧表演等。有资历的文人大师们也可以举办诗酒会。

四、休闲空间的构建

如前所述,进化镇的经济发展缓慢,但是,有人说,中国的乡村真正缺的不是钱，而是文化。在城镇化进程中，乡村盲目追随城市发展的步伐，也逐渐失去了原有的本心，导致现在的乡村缺少凝聚力，缺少认同感，难以前进。罗伯特认为，乡村休闲空间应该以独特的文化内涵为基础，建设时尽可能保留农村特色，增强休闲空间对消费群体的吸引力。而休闲空间的文化挖掘需要立足于地方实际，挖掘该地历史文脉。多元化的人口构成要求有多元化的休闲文化和休闲空间建设与之相适应。

在笔者看来，乡村休闲空间和城市休闲空间有很大不同。城市休闲空间可分为社区型休闲空间、公共休闲空间、商业型休闲空间和节事型休闲空间四类。以服务社区居民为主导的社区型休闲空间包括居家型和户外的休闲空间；公共休闲空间分为绿道，滨水空间，公园、广场三类；商业型休闲空间主要是围绕购物休闲功能形成商业街区或者商业中心；节事型休闲空间则往往建立在大型节庆活动的基础上。而乡村休闲空间主要由社区性休闲空间和公共休闲空间构成，社区型休闲空间包括服务乡民的家庭住宅空间和社区内的小部分休闲空间，商业型空间仅占一小部分，举办节庆活动的节事型休闲空间大多是在广场等公共空间，暂且归为公共休闲空间，那么公共休闲空间包括了滨水、乡镇公园、广场、文化礼堂以及用于观光的乡野山林、田野等旅游休闲空间。

上述提到的修禊日、曲水流觞、名人、诗书画、古道遗存等文化元素的唤醒、恢复和重构，是对文化记忆空间的重构。文化记忆空间如何转化成休闲空间呢？文化记忆空间是点状、带状的，而休闲空间是经过整合当地的自然、人文资源，将文化记忆空间形成相对完整的休闲空间产业链。进化镇需要将上述两个重要的重构空间进行转化。

（一）筹建任伯年美术馆暨萧山陶瓷博物馆

上文提到的"四任"具有较强的文化影响力，若要将有关"四任"的文化记忆在休闲空间呈现，可参考浙江乌镇为木心建立的美术馆，在进化镇华家垫村附近筹建任伯年美术馆，保存并展示任伯年、虚谷、蒲华、吴昌硕等"海派四杰"的画作，而且把搜集到的山阴古道的诗书画作以及该地区其他文人杰作也保存至此。另外，进化镇是中国古代瓷器的发源地，已经发掘茅湾里、城隍山、纱帽山等多处宝贵窑址和陶瓷器具，这些窑址是浙江制陶史的见证者，为探索中国陶瓷器起源和中国陶瓷器发展史提供了重要线索。如今，它们也是进化镇的重要文化符号，应将这些陶瓷也一并在美术馆展陈。

（二）开发大型山阴古道旅游带，举办大型元宵灯会、三月三赏花节、文人雅集等活动，开发乡村夜游和野游

山阴古道的重构有助于常年吸引外来游客到此。每年三月三，重走山阴道，除了欣赏绝妙的山水、江南农家风情，还可瞻仰前人的杰作，暂时遁隐山野，体验古人的淳朴、雅致的生活乐趣，忘记城市的喧嚣。当天，当代文人墨客到进化镇，参加雅集盛会，在水库旁凉亭边，诗酒宴饮，把酒言欢，不亦乐乎。

如上所述若能实现，茅湾里窑址、古道旅游带、欢潭古村、任伯年美术馆拥有了一个长时间跨度的休闲空间区域，可形成一个完整的"生态＋文人"旅游产业链。借助"四任"和山阴古道的影响力，以美术馆为静态文化休闲空间、以古道为动态旅游休闲空间，吸引杭州、绍兴的游客和周边高校师生（如浙江大学、中国美院）以及民间艺术工作者，形成具有当地特色的乃至全国各地的特色民间艺术基地，创办民间书画展、青年漫画展、篆刻展等民间艺术文化节，举办古道主题诗词创作大会。再以此为立足点，在古道沿线营建创意乡村建筑群带，发展文化创意产业，形成怀古纳今的艺术与文化创意空间。

（2019 年"休闲与乡村振兴"专项课题）

参考文献：

樊友猛，谢彦君.记忆、展示与凝视：乡村文化遗产保护与旅游发展协同研究[J].旅游科学，2015(29).

冯亚琳.文化记忆理论读本[M].北京：北京大学出版社，2012.

吕龙，黄震方，陈晓艳.文化记忆视角下乡村旅游地的文化研究进展及框架构建[J].人文地理，2018(33).

吕龙，黄震方，陈晓艳.乡村文化记忆空间的类型、格局及影响因素——以苏州金庭镇为例[J].地理研究，2018(2).

莫里斯·哈布瓦赫.论集体记忆[M].上海：上海人民出版社，2002.

王蜜.文化记忆：兴起逻辑、基本维度和媒介制约，国外理论动态[J]，2016(39).

扬·阿斯曼.回忆空间：文化记忆的形式和变迁[M].潘璐，译.北京：北京大学出版社，2015.

扬·阿斯曼.文化记忆：早期高级文化中的文字、回忆和政治身份[M].金寿福，黄晓晨，译.北京：北京大学出版社，2015.

第三编　休闲与社区

基于休闲教育的老龄化进程中的城市休闲发展策略

——以杭州社区老年休闲生活为例

叶设玲[*]

一、老年休闲教育研究的现实背景

现代医疗技术使人的平均寿命延长了,但老年人享受休闲生命、体验品质生活的程度却极其有限,普遍缺乏对休闲价值的认知、肯定与践行等问题。老年休闲教育能有效帮助老年人合理分配闲暇时间,提升城市老年人生活品质、社会参与度,是老龄化时代下推动公共事业可持续性发展、推进城市休闲文化发展的必然命题。

(一)概念界定

什么是老年休闲教育? 针对这一问题,老年教育界曾有过激烈争论[①]。老年的教育性质是否属于休闲文化教育性质、休闲教育能否准确全面地反映老年教育的本质特征一直是争论的焦点。要理清这个问题,我们首先要理清什么是休闲教育。在教育学研究中,教育有多种类型,如博雅教育、德育、体育、宗教教育、职业教育和专业教育。闲暇时间的增多让人们越来越多地考虑另一种教育,那就是非职业教育或休闲教育。休闲教育与其他教育类型的不同之处更多在于教育目的而非内容,在于这种新的教育可以用来丰富人们的生活。从教育

---

* 浙江大学亚太休闲教育研究中心。

① 岳瑛.老年教育与休闲教育理论关系辨析[J].老年大学,2008(2):9-14.

目的与时间的角度来看,美国休闲教育学家查尔斯·K.布赖特给出了一个著名定义:休闲教育是针对工作及其他维持生计的活动之外的目的的教育。[①] 它包括了价值观、兴趣、欣赏力和各种休闲技能。它不光指明休闲的方式和时间,而且指明其原因。它主要是让人们正式、非正式地学习利用自由支配的时间以获得自我满足,培养出博大的人格,使自由支配时间有助于提升人整体的生活质量。在《休闲教育的当代价值》中,布莱特还指出,根据对象、群体的不同,休闲教育的价值引导、教育目的、方式是具有阶级性及特殊性的。

由此,老年休闲教育也应在此休闲教育目的指向下,按照老年人[②]这一年龄划分群体的普遍性而展开。通过前文对休闲教育相关理论的探析,我们将老年休闲教育定义为:老年休闲教育是针对老年群体实施的休闲教育,是老年教育体系的重要分支,也是休闲教育的重要组成部分,旨在引导和帮助老年人树立科学、健康的休闲观念,发展兴趣爱好、扩大休闲选择范围、掌握更多的休闲技能,从而提高老年人休闲生活质量,提升晚年幸福生活指数的教育。简而言之,老年休闲教育就是引导老年群体以最好的、最适当的休闲方式度过晚年生活,帮助其真正实现老有所乐、老有所为的教育。

(二)国外研究概况

放眼全球,目前全世界正在发生显著的人口结构转型变化。联合国在"老龄化议题"中发表的《世界人口老龄化1950—2050》[③]报告指出了全球人口老龄化的四大现实。

一是人口老龄化现象是前所未有的,在人类历史上没有发生过类似的情况。老年人(60岁以上)所占比例的增加伴随着年轻人(15岁以下)所占比例的减少。到2050年,世界上老年人的数目将在历史上首次超过年轻人的数目。而且,1998年较发达国家已经发生了年轻人和老年人的相对比例的历史性扭转。

---

① 查尔斯·K.布赖特.休闲教育的当代价值[M].陈发兵,译.北京:中国经济出版社,2009.

② 联合国的相关文件将60岁定为"老年人"的年龄起点。世界卫生组织在1980年12月召开的亚太医学会老年医学学会上也建议我国把60岁及60岁以上的人定为老年人,本文中的"老年"采用这一年龄界定,但在实证研究中根据实际情况会适当放宽标准。

③ 联合国老龄化议题之世界人口老龄化:1950—2050[EB/OL].(2000-05-25).https://www.un.org/chinese/esa/ageing/trends.htm.

二是人口老龄化是普遍性的,是影响每个男人、妇女和儿童的一种全球现象。就绝对数字和相对于工龄人口而言,各国人口中老年人群,稳步增多,对作为社会基石的世代间和世代内的平等与团结有直接的影响。

三是人口老龄化是深刻的,对人类生活的所有方面都会产生重大的后果和不同的效应。在经济领域,人口老龄化将对经济增长、储蓄、投资与消费、劳动力市场、养恤金、税收及世代间转接产生冲击。在社会层面,人口老龄化影响了保健和医疗照顾、家庭组成及生活安排、住房与迁徙。在政治方面,人口老龄化会影响投票模式与代表性。

四是人口老龄化是长期存在的。在 20 世纪内,老年人的比例继续增长,这个现象在 21 世纪将继续存在。例如,老年人的比例在 1950 年是 8%,在 2000 年是为 10%,预测在 2050 年将达到 21%。

该报告还指出,尤其是对发展中国家而言,人口老龄化即将成为国家和谐发展面临的一个严峻的问题,因为发展中国家同时面临发展问题和人口老化问题。

近几年,老年休闲教育问题已引起了许多发达国家的重视,亦设有专门的研究机构和人员对此开展了一系列的研究。[1] 如美国老年教育机构众多,除美国联邦老龄管理局资助建立的社区大学外,还设有美国老年学会、老年公民全国理事会及美国退休人员协会,这些机构与协会不但关注老年教育工作的开展问题,还对包括休闲教育在内的老年教育课题展开了实践探索及理论研究。

日本在 1954 年就设立了"寿命学研究会",研究伴随着人口高龄化而产生的诸多课题,1963 年 8 月,《社会教育》杂志社编辑了《老年教育》特辑,刊登政府官员及老年人俱乐部指导者的论文,将老年人教育问题纳入到社会学的范畴当中。

韩国政府特别重视老年人群体的教育问题,在大学设有终身教育系,专门开展包含老年休闲教育在内的老年教育研究项目,还设有复合型成人教育机关、老年人终生教育机关,负责开展一系列老年人教育活动。

总之,关注老年生活、研究老年休闲教育、提出发展老年休闲生活是人类社会经济、文明发展到一定阶段和程度的产物,也是休闲时代世界各国稳步发展所必须要面临与研究的一个问题。

---

[1]　于莎,李盛聪.我国城市老年休闲教育存在的问题及对策研究——以浙江省宁波市为例[J].湖北大学成人教育学院学报,2012(4):46-49.

(三)国内研究概况

我国作为一个发展中的大国,同样也在面临着老龄化的巨大挑战。2010 年全国第六次人口普查数据显示,我国 60 岁及以上人口占 13.26%,65 岁及以上人口占 8.87%,参照国际公认的老龄化标准,已跨入老龄化社会的行列。有学者预言,2050 年,中国将步入超高老龄化国家行列。同时,我国人口老龄化与先期进入人口老年型的国家相比,老龄化发展快、老年人口数量大、地区之间不平衡、超前于社会经济发展等问题更为突出,现实更为严峻。例如,发达国家社会进入老龄化时,人均 GDP 一般在 5000 美元以上,有的甚至达到 8000 美元,具备一定的经济实力,有能力解决老龄化带来的一些社会问题。相比之下,2003 年我国人均 GDP 仅为 1000 多美元,与发达国家的差距很大。我国经济发展水平尚处于世界中下水平时,老龄化程度却已进入了发达国家的行列,就呈现了"未富先老"的特征。

而杭州更是比全国平均水平提前 11 年进入了老龄化社会。2012 年,杭州市民政局公布,截至 2011 底,按户籍人口统计,全市 60 岁及以上的老年人口 122.19 万人,占总人口数的 17.53%,高出全国 4.2 个百分点。这个数字,比上一年同期净增了 5.31 万人,增长 4.54%。杭州城市老龄化快速发展的同时还表现出人口高龄化(80 岁以上)甚至明显高于老龄化的发展趋势。

我国的台湾地区,在成人研究生教育中设有老年教育的硕士及博士培养方向,培养了一批从事老年教育、终身教育专业研究的学者,开展了大量的老年教育的研究与活动。相关论文、专著及研究报告的不断发表,积累了不少老年休闲教育的研究成果。

总之,这种全球的人口变化已经在各个方面——社会、经济、政治、文化、心理和精神上,对个人、社区、国家和国际生活产生了深刻的影响。老龄化、高龄化社会的到来,意味着老年人问题对社会介入的需求加大,其中富有闲暇时间的老年人的休闲问题,也必然成为城镇化进程中日益突出且亟待解决的问题。目前,国内对老年教育的研究工作还不够深入,对城市老年休闲教育的问题研究较少。笔者对城市老年休闲教育相关问题进行初步的探索,以期为推动和促进城市老年休闲教育的发展建言献策。

二、发展老年休闲教育的必要性及价值

要评价老年休闲教育的重要性,我们必须学会以更开阔的视野和更长远的眼光看待并反思如果老年人对休闲准备不足会导致什么样的后果?老年人将会变得越来越依赖精神上的慰藉,因没有及时转变生活观念、角色定位,而难以重新找到价值与情感的归属,他们活力的枯竭、孤独、焦虑和厌恶之情难以从其他方面得到补偿,随之,精神与身体健康将受到不良的影响。将这些因素的影响降到最低的有效方法之一就是接受休闲教育。

休闲教育能帮助老年人合理分配闲暇时间,提升城市老年人生活品质。

如何让拥有大量闲暇时间的老年人享有高质量的休闲生活?老年人应该如何运用和分配闲暇时间?在生命的不同阶段,休闲都能将头脑、身体和精神在运动中结合起来,使人在体质、情感和社会等方面的潜力得到最大限度的发挥。老年休闲教育的意义,不仅在于发展老年人业余爱好和帮其掌握游憩的技能方法,还在于帮助老年人树立正确休闲观及提升对休闲活动价值的判断能力,进而规避参与不良社会活动的风险。其价值不仅仅局限于让老年人"老有所乐",更能通过休闲教育使老年人在知识、情感乃至信念等方面得以完善,从而更好地适应老年城市生活。

休闲教育能提升老年人的社会参与度,推动公共事业可持续性发展。离退休生活使人专注于重新安排的责任,而不是退出社会参与和责任。休闲教育一方面能提升老年人的休闲技能、推动科学的休闲活动的开展,并通过积极参加社区服务、公益事业、助老助残、奉献爱心等志愿者活动,使他们以其积累的丰富知识和经验奉献社会、发挥余热,在愉悦自身的同时满足他人的需要,使自我价值得以实现。有效地组织开展休闲教育不但可以把因年龄增长而导致的生理机能衰退及精神孤独、焦虑所带来的影响降到最低,还能让老年人在这个过程中奉献社会、推动公共事业的发展。另一方面通过教学及相关活动的开展休闲教育,有利于促使老年人养成健康的休闲习惯与良好的体质,可减少社会保障医疗方面的支出,能将更多的公共财政用于基础设施、服务工程的开展,推动社会可持续性发展。

休闲教育是老龄化时代下推进城市休闲文化发展的必然命题。当老年人口占城市总人口的比重越来越大,且寿命普遍延长的情况下,城市各方面的发展都将不同程度地受到人口老化的影响。老年休闲文化是城市休闲文化的重要组成部分,如何科学合理地安排好、发展好全国2亿多老年人的生活休闲问题引起了社会各界的广泛关注,这亦是打造"和谐生态城市"必须积极面对和妥善解决的问题。

老年休闲教育是"不分年龄,人人共享"的社会公平价值观的集中体现,有利于引导社会树立积极科学的新老年休闲教育价值观。一个新的社会目标正朝我们走来,休闲教育为建立一个"不分年龄,人人共享"的公平社会奠定了理论和实践基础,让老年的社会价值在老年人各种休闲活动中得到了体现,并最终引导社会真正树立"老年人拥有的闲暇时间是宝贵的社会财富"这一老年休闲教育的重要价值观。

三、调查老年休闲生活现状及问题探析——以杭州社区为例

基于研究思路,本文以杭州市为例,重点采用了问卷调查法,同时,在问卷调查过程中穿插简要的访谈,为撰写调研报告提供更多的有效信息。

(一)问卷的设计及发放等基本情况

1.问卷的设计

为进行调查研究,本文设计了《杭州市老年人休闲生活调查问卷》,问卷包括三大部分:第一部分是基本信息,如性别、年龄、教育程度、居住状况、收入来源等。第二部分调查老年人当前休闲时间的分配、休闲场所的选择、休闲项目的喜好、休闲活动经费支出、参与社会休闲组织频率等基本情况。第三部分调查老年人对整体休闲生活的主观感受和评价,以及对老年休闲教育的态度和发展休闲教育的建议。

2.调查的实践

调查时间:2014年9—11月

调查对象:杭州市50岁(含)以上老年人。在调查过程中,首先会问调查者的年龄,如是50岁(含)以上则继续填写问卷,如不满50岁则停止调查。这里年龄是以被调查老年人的自述为主,并未通过核对身份证等证件进行核实。

抽样方式:调查采用了随机抽样调查法,调查范围包括杭州市下城区的杭

氧社区、朝晖五区和西湖区的翠苑三区。由于调查对象为杭州老年人，考虑到老年人普遍使用杭州方言的特殊性，为保障调查的顺利开展，特意选择了有杭州本地同学所在的三个社区，并在同学的大力协助下完成了本次调查。

3.调查的发放与回收

本次调查共发放调查问卷 100 份，收回问卷 96 份，回收率 96％。其中有效问卷为 96 份，有效率为 100％。各个社区问卷发放、回收有效情况详见表 1。

表 1　问卷发放与回收情况

社区名称	发放问卷	回收有效问卷
杭氧社区	50	50
朝晖五区	30	30
翠苑三区	20	16
总　计	100	96

4.问卷统计方法

数据分析工具：利用 Excel 统计处理，所用的统计分析方法主要有：单变量频数分析（Frequencies Statistics）和双变量交互分析（Crosstabs Statistics）。

(二)调查对象的基本信息

1.调研样本基本信息

如表 2 所示，杭氧社区、朝晖五区和翠苑三区的调查样本数量比例为 2.5∶1.5∶1；调查对象的性别结构中男性为 42 人，占 43.75％；50～55 岁的受访者比例最高为 43 人，占 4.79％。

表 2　调研样本基本信息

内　容	分　类	人　数	百分比/％
社　区	杭氧社区	50	52.08
	朝晖五区	30	31.25
	翠苑三区	16	16.67
性　别	男	42	43.75
	女	54	56.25

续表

内　容	分　类	人　数	百分比
年　龄	50—55 岁	43	44.79
	56—60 岁	27	28.13
	61—65 岁	19	19.79
	66—70 岁	3	3.13
	71—75 岁	2	2.08
	76 岁以上	2	2.08

2.调研样本的受教育程度

如图 1 所示，本科（含大专）的老人占比最高，为 44.79％，还有 2 位（占 1.04％）老人接受过研究生教育；其次是高中（含中专）文化程度，有 38 人，占 39.58％；初中文化程度为 9 人，占 9.38％；小学及小学以下为 5 人，占 5.21％。这一数据表明，杭州主城区老年人的学历、文化水平普遍较高，特别是有较高比例的老年人接受过高等教育，这为老年人丰富休闲生活、更好地理解、接纳、适应现代生活方式打下了坚实的文化基础。

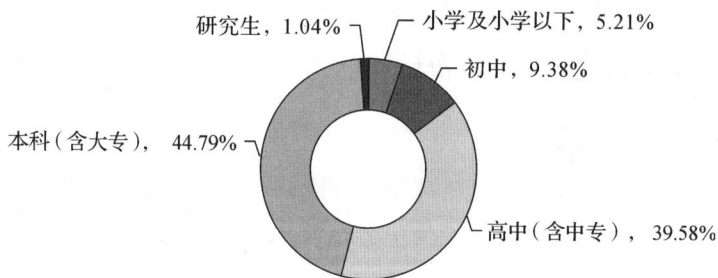

研究生，1.04%　小学及小学以下，5.21%　初中，9.38%　本科（含大专），44.79%　高中（含中专），39.58%

图 1　受访者文化教育程度

3.调研样本的家庭情况

如图 2 所示，调查对象中独居的为 16 人，占 17.71％；在福利院等其他居住形式的为 2 人，占 2.08％。其余的大部分老人都和子女或配偶居住在一起。由此可见，当前杭州市老年人养老的主要方式是居家养老，家庭活动仍然在大部分老年人的生活中占据着重要的位置。

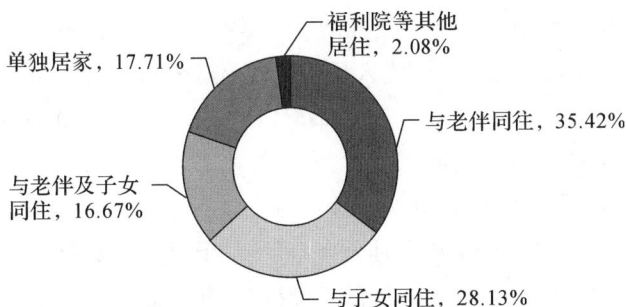

图 2　受访者当前居住状况

(三)问卷数据的统计与分析

1.老年人参与休闲活动的时间与经济条件分析

一般来说,在健康情况基本正常的情况下,较高质量的休闲生活需要有两大基础:一是空闲时间,二是经济收入。"您平时的空闲时间多吗?"这一问题的选项集中度非常明显,如图 3 所示,平均每天超过 6 小时空闲时间的为 32 人,占 33.33%,比较多(4~6 小时)的为 44 人,45.83%,说明大部分从工作中解放出来的老年人拥有大量的闲暇时间,为参与老年人休闲教育提供了时间条件。据访谈发现,闲暇时间较少的老人,主要是将时间用在了家务活以及照顾家庭幼儿等事情之上。

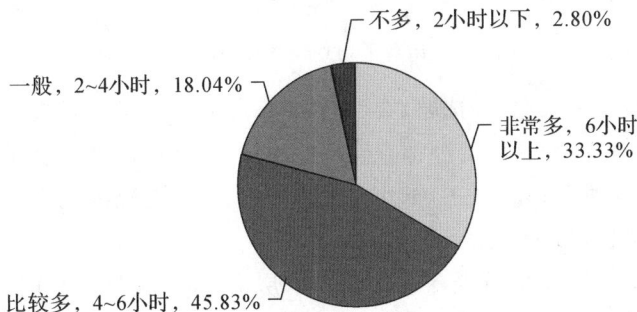

图 3　受访者空闲时间的情况

从经济收入上看(见图 4),2013 年杭州市城镇居民家庭人均总收入为43868 元,与上年同口径(以下同)相比增长 9.4%;人均可支配收入 39310 元,增长 10.1%,扣除物价上涨因素实际增长 7.4%。① 在杭州市经济发展较好的大背景下,受调查老年人的经济收入呈现橄榄形状分布。具体而言,有 13.45%的人每月收入在 4000 元及以上,有 23.96%的人的收入在 3000~4000 元,这一部分算是老年群体中的较高收入成员,合计约占总人数比例的 37%。中间部分1000~3000 元的人数比例合计为 54%,为主体部分。而 1000 元及以下的为8.33%。另外,杭州市 2014 年 8 月公布,市区最低月工资标准调整为 1650 元,受访者的平均收入已经达到这一最低工资标准,所以进一步拓展老年人的休闲生活具有较为乐观的经济基础。

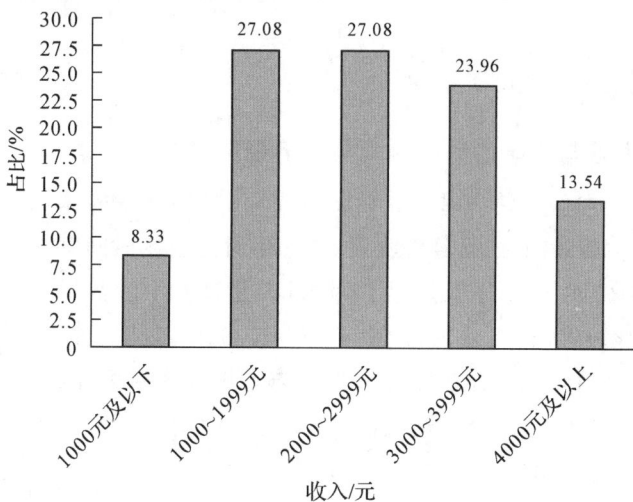

图 4　受访者平均月经济收入(多选题)

从主要收入的来源(多选题)看(见图 5),退休金是老年人收入的最主要的来源,其次是存款,而这两部分都有较高的稳定性,能提高老人晚年生活的安全感。最后,子女供养排名第三,子女在工作稳定、有一定经济能力后都会给老年人一定的生活费以表孝心。

闲暇时间并不是区分老年人休闲需求层次、休闲类型选择的关键因素,拥有大量的闲暇时间是老年人普遍的共性。相对而言,经济的影响因素更大,收入高的老年人选择旅游、在茶馆喝茶等高消费的休闲情况较多,而收入相对较低的则选择消费成本较低的休闲项目,如下棋、麻将等。此外,在经济影响因素中,子女的经济收入及对老人休闲生活的支持程度直接影响着老年人的休闲生

---

① 2013 年杭州市城镇居民家庭人均总收入为 43868 元[EB/OL]. 浙江在线新闻网站,(2014-01-02). http://hangzhou. zjol. com. cn/system/2014/01/26/019832995. shtml.

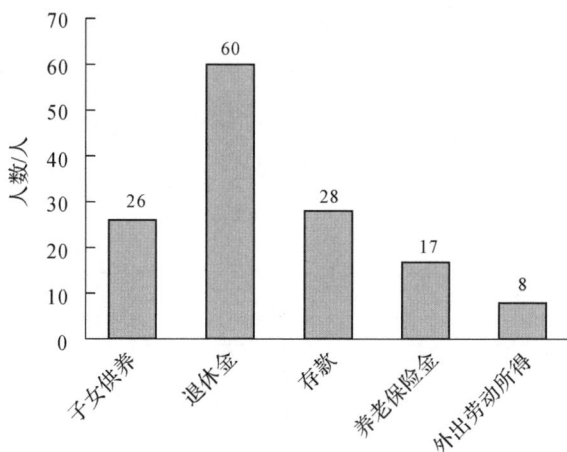

图 5　受访者主要的经济来源（多选题）

活质量，所以要根据老年人不同的经济收入水平开展层次不同、内容各异的老年休闲教育。

2. 老年人对休闲教育的需求分析

当问及受访者"认为老年人需要接受休闲知识、休闲技能的教育吗?"（见图 6）这一问题时，超过半数的受访者认为需要，占 53.13%，同时还有 29 人认为不需要，占 30.21%。选择需要的人认为通过休闲教育可以让人在老年阶段重新学习、掌握新的技能，能丰富老年休闲生活。而选择不需要的人普遍认为，休闲教育只是重复教授一些理论知识，而且教育的过程往往缺乏组织性和持续性，还不如自学或是找老年伙伴来指导。

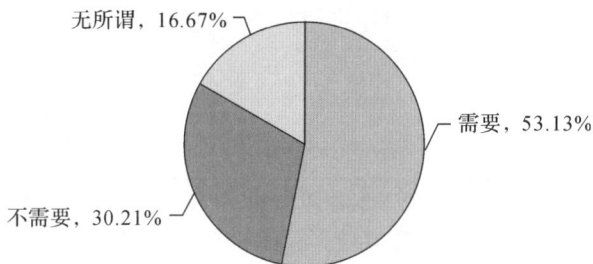

图 6　受访者对休闲教育的需求

数据相关性分析结果表明，受访者对休闲教育的需求存在的差异，主要与两个变量直接相关。

第一，与受访者本身的文化程度直接相关。如图 7 所示，文化程度自高中以上的对休闲教育的诉求度也相应地上升。但是，数据显示对休闲教育诉求最高的是"小学及小学以下"文化程度的受访者，占 60％，他们才是最需要通过接受有组织性的休闲教育来提升休闲技能和知识的群体，因为他们的自我学习能力、自我休闲技术的获得能力是十分有限的。

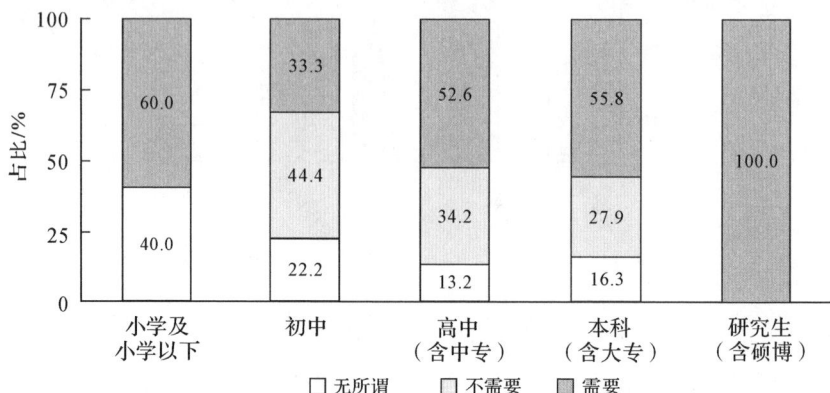

图 7 对休闲教育的需求

第二，与受访者是否有过成功的、良好的休闲教育的体验（见图 8）直接相关。受访者对"当前有组织性休闲教育开展的满意度"显示，其满意度与受访者对休闲教育的需求度成正比，即如果受访者是非常满意的，那么其对休闲教育的需求越是积极；如果是不太满意的，则对休闲教育的需求越是消极。

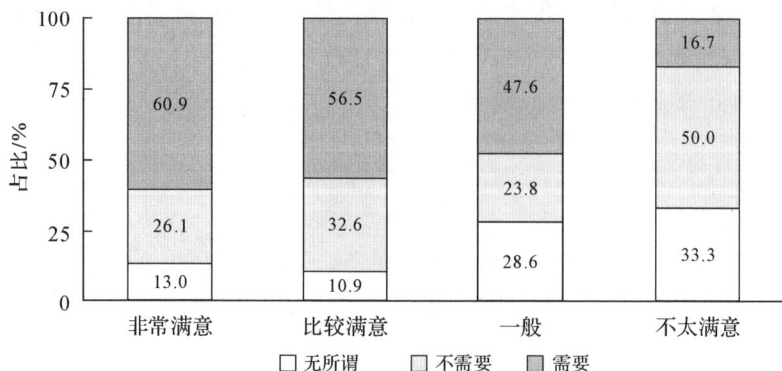

图 8 受访者对组织性休闲教育开展的满意度

老年人前置的文化教育水平直接影响老人对休闲教育的认可度与需求度，其中小学及小学以下文化程度的老年人对休闲教育的需求度是最高的。此外，老年人是否在参加过的休闲教育活动中获得良好的体验和收获，直接影响着他们对休闲教育的需求度。因此，老年休闲教育要为各层级的老年人提供良好的休闲学习、收获体验。

3.老年人对休闲活动的内容与形式偏好

对受访者的调查发现,在他们的日常休闲活动中,户外活动与室内活动的占比基本持平,保持较好的平衡状态(见图9)。

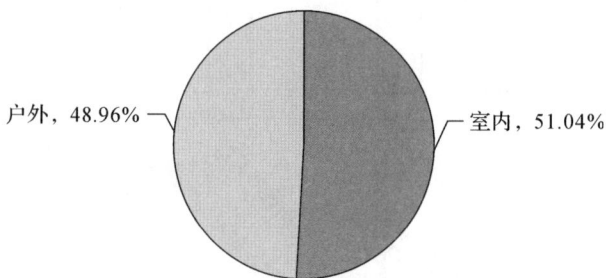

户外,48.96%　　　　　室内,51.04%

图 9　受访者户外与室内休闲活动的偏好

进一步的调查结果显示,受访老人室内的休闲娱乐活动(多选题)内容最多的是电脑、手机等网络休闲,占到 51%,其次就是老年人最为典型的休闲活动——看电视,再次便是读书看报(见图10)。从这些活动可以看出,传统的休闲活动如看电视、棋牌乐等仍然是大多数老年人休闲活动的主要类型,老年人的室内休闲活动较为单调,有创造性、有活力的休闲活动内容较为缺乏。同时,随着社会经济的发展和科学技术的进步,老年人的休闲活动也在悄然改变,上网、手机已经发展成为大多数老年人喜欢的休闲活动。

对受访老年人户外休闲活动(多选题)内容的调查结果显示(见图11),在户外活动中,类似于逛公园、散步的比例是最高的。这一调查结果也与当前老年人普遍存在的休闲状况一致。其次是体育锻炼类,时下最为流行的广场舞成为其中的主力军,尤其是成为大部分女性老年人首选的体育休闲方式,城市、社区公园则成为老年人体育锻炼最为集中的场地。选择度假旅游、特殊技术类、公益活动等有益身心健康的休闲活动的老年人仍然较少,主要原因可能与老年人文化程度、经济条件、健康状况和消费意识有关。

对于"您喜欢怎么样的休闲形式?"这一问题(见图12),37.5%的受访人选择了"自由发起和老朋友组织",这种休闲活动形式其本质就是"自由感"和"亲切感""熟悉感"的体现,可见这种感觉也正是老年人参与到休闲活动中最希望找到的感觉和体验。这也体现出老年人自主意识的提高。此外,对于社区、老年协会等单位组织的活动,有 32.3%的受访者也表示较为喜欢。其次是单独自由的休闲活动形式,占 28.13%。

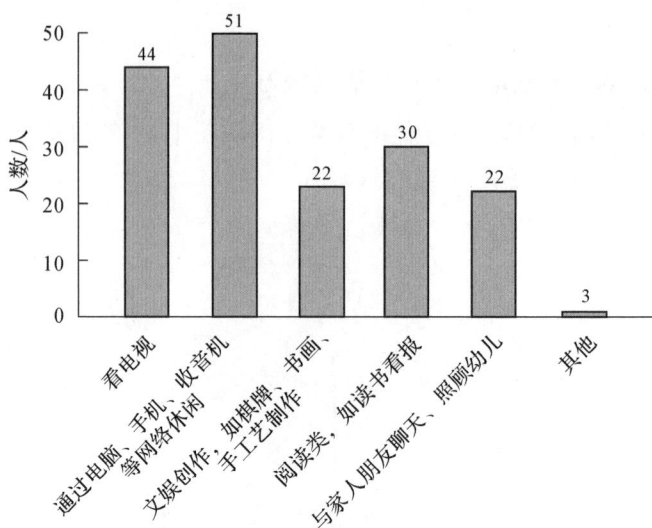

图 10　受访者室内休闲活动内容的偏好（多选题）

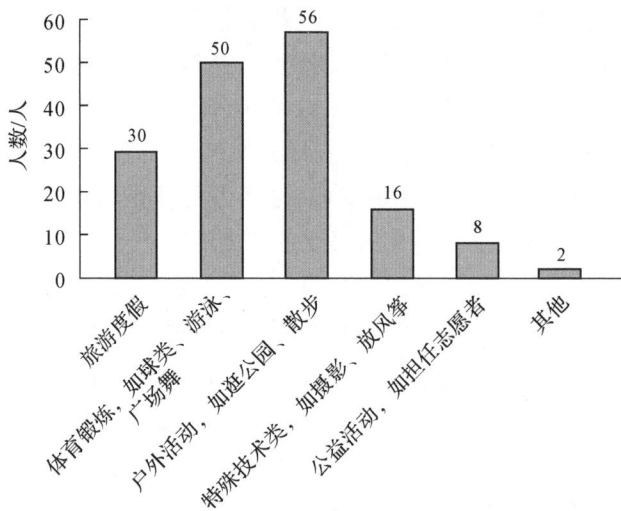

图 11　受访者户外休闲活动内容的偏好（多选题）

第一，室内和户外的休闲活动都是老年人休闲的重要方式，其中户外活动内容的丰富多彩和活动的自由感是最吸引老年人的两大因素，户外活动更能满足老年人锻炼身体、结交朋友、放松心情的需要。第二，在老年人的休闲活动形式上，他们最渴望的是与兴趣相投的同伴一起，单个人的休闲活动往往会带来孤独感、寂寞感，不利于老年人的身心健康。第三，逛公园、散步等户外活动因无须技术含量、无须经济支出，并且时间上自由、自主性强，所以是老年人户外

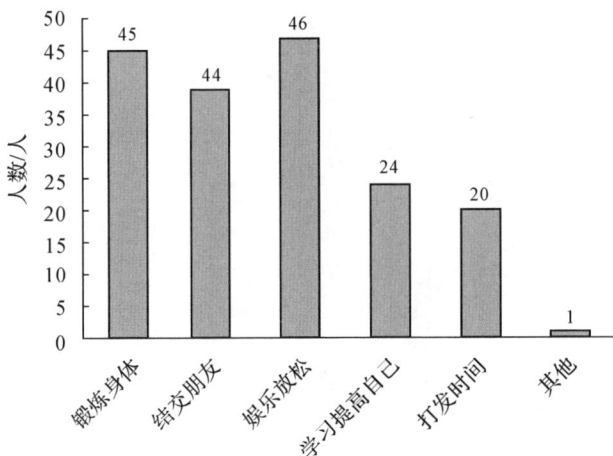

图 12　受访者户外休闲活动形式的偏好

活动频率最高的项目。但是,这里也存在一定的被迫性,正是因为很多老年人没有掌握必要的休闲技能、受到经济条件的限制、空闲时间不能合理安排,所以不能参与其他更需休闲技能的休闲活动之中。因此,老年人休闲教育就要致力于提升老年人的休闲活动内容层次,尤其注重休闲教育的开展形式,要让老年人有自由选择的空间,获得生活乐趣的休闲体验。

4.老年人对参与休闲教育的诉求

老年人参与到休闲活动之中必有其诉求,即动机或目的。调查发现(见图 13),娱乐放松是最为首要的目的,其次是锻炼身体,再次是结交朋友。其中还有约 20％的受调查者没有意识到休闲活动的价值或者意义所在,只是随波逐流或者打发多余的闲暇时间,这直接影响其生活满意度和幸福度。

美国休闲学者杰弗瑞·戈比在《你生命中的休闲》一书中介绍了纳什(Jay. B. Nash)的休闲参与等级理论[①],具体内容如图 14 所示。

纳什将人们的休闲参与行为划分为六个层级,创造性地参与休闲是最高级的休闲,层级为四,而反社会的不良行为则位于最低等级,层级为负。其中,为解闷而进行的休闲层级为一,具体表现为消磨时间、摆脱单调、寻求刺激、娱乐。结合本次老年大学学员休闲动机的调查结果来看,虽然不乏强健体魄、结交朋友扩大社交以及学习提高等比较积极的因素,但"放松娱乐"还是占据最大比例,休闲动机的层次虽然不低但也还不够高。

---

① 杰弗瑞·戈比.你生命中的休闲[M].昆明:云南人民出版社,2000.

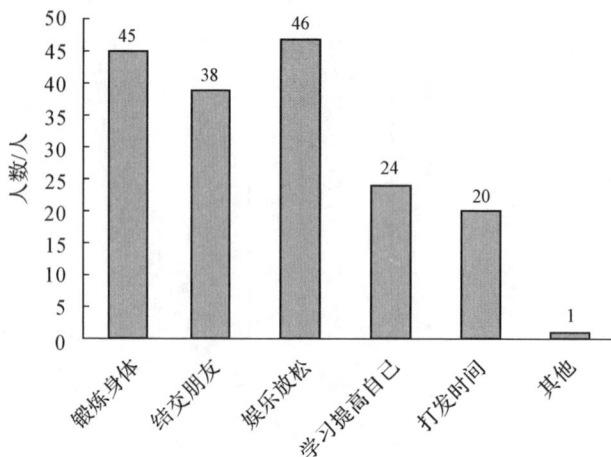

图 13　受访者参与休闲活动的目的(多选题)

　　要通过老年休闲教育进一步提升老年休闲生活质量和层次。老年人的休闲生活追求的是一种健康、娱乐的状态,增长知识或者说获得新的休闲技能并不是目的而只是为了实现更好的休闲生活的过程和手段。因此,休闲教育要注重娱乐性,同时要培养老年人新的兴趣爱好,并通过价值观的培养使其能够坚持参与休闲活动。

5.对当前老年休闲教育满意度的评价

　　对"如果有单位组织老年休闲教育的活动、讲座等,您愿意参加吗?"这一问题的正面回答表现十分积极。如图 15 所示,有 31.2% 的老年人表示十分愿意,有 52% 表示比较愿意,不愿意的几乎为 0,可见老年人在主观上对有组织性的休闲教育活动是抱有较大热情的。

　　这与下一题的调查结果十分吻合,即"您去参加老年协会、大学或者街道社区组织的休闲活动的频率?"如图 16 所示,31.25% 受访者表示经常去,偶尔去的是主体部分,为 53.13%,从来不去的占了 15.63%。这一问题就明确了,当前要推广、发展老年休闲教育的重点人群是"偶尔去"与"从不去"的老年人,他们是老年休闲教育所要极力去吸纳、吸引的人群。

　　本问卷的最后一个部分让受访者对当前社会、政府开展的老年休闲教育活动情况进行了评价。统计结果显示(见图 17),47.92% 的人认为比较满意,是主流意见。23.96% 的人认为是非常满意。此外,有 6.25% 的不太满意。

　　在此基础之上,对评价为"一般"和"不太满意"的受访者做了进一步的调查,即"您认为哪些地方让您不满意?"调查结果统计见表 3。50.68% 的受访者

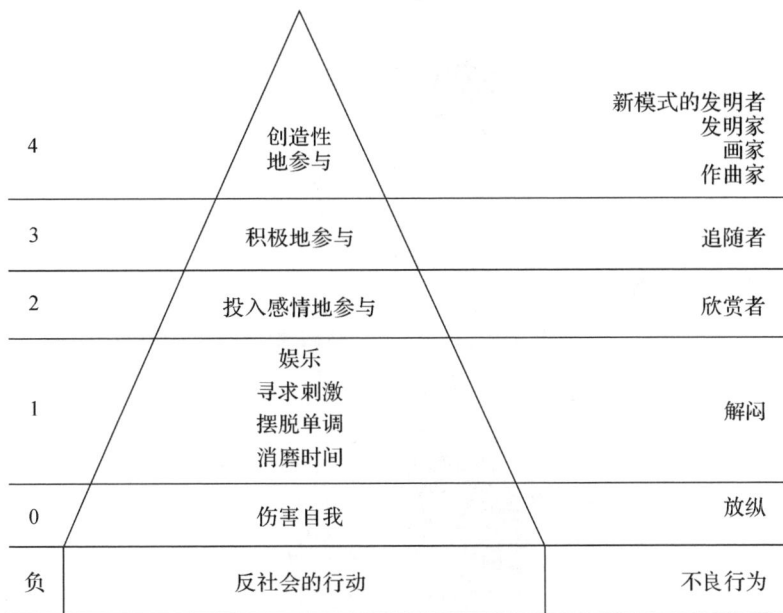

图 14 纳什的休闲参与等级理论

4	创造性地参与	新模式的发明者 发明家 画家 作曲家
3	积极地参与	追随者
2	投入感情地参与	欣赏者
1	娱乐 寻求刺激 摆脱单调 消磨时间	解闷
0	伤害自我	放纵
负	反社会的行动	不良行为

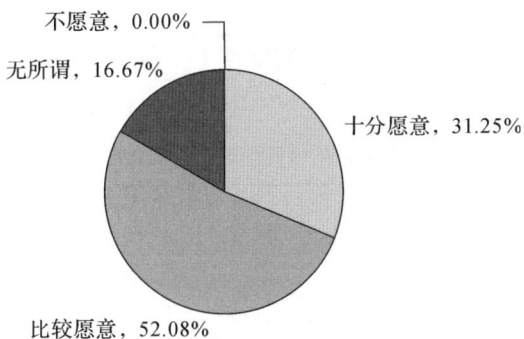

不愿意，0.00%
无所谓，16.67%
十分愿意，31.25%
比较愿意，52.08%

图 15 受访者对参加组织性老年休闲教育活动的态度

认为社会或政府组织的休闲教育类活动"活动次数少，组织无规律，缺乏长期持续性"，这影响了他们参加的积极性，特别是其中一些活动的政治意味过于浓重，失去了原有的意义。在访谈中，我们了解到，有的社区的老年活动室或休闲中心平时都是大门紧锁，只有少数的几次活动才会开放。这一方面没有服务好居民的需求，另一方面也造成了有效空间、设施资源的闲置。受访者对组织的休闲活动内容和形式都存在一定的不满意，均占 20.55％。活动内容缺乏创新、活动形式过于严肃，没有体现老年人的需求和特点成了无法吸引老年人参与的

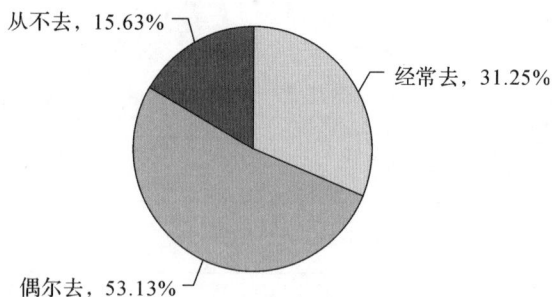

从不去，15.63%
经常去，31.25%
偶尔去，53.13%

图 16 受访者参加组织性老年休闲教育活动的频率

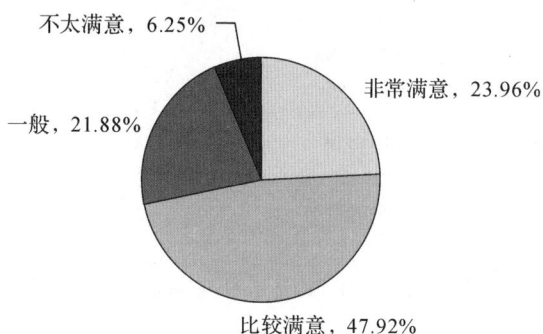

不太满意，6.25%
非常满意，23.96%
一般，21.88%
比较满意，47.92%

图 17 受访者对当前休闲教育开展的现状评价

另外两个制约因素。

表 3 当前老年休闲教育存在的问题统计

问卷回复统计	百分比/%
活动次数少,组织无规律,缺乏长期持续性	50.68
活动内容无新意,缺乏吸引力	20.55
活动形式过于严肃,政治任务性过强	20.55
组织机构不作为	6.85
其 他	1.37

　　老年休闲教育的核心内容应该是鼓励老年人坚持科学、健康的休闲活动，并且通过整合社会资源为老年人提供相应的活动和技能的培训等,尤其重点加强对"偶尔"和"从不去"参与休闲活动或教育活动的老年人的吸引力。同时,上述表格中存在的"活动次数少,组织无规律,缺乏长期持续性""活动内容无新意,缺乏吸引力""活动形式过于严肃"等问题,是老年休闲教育在今后的发展过

程中,组织方需要重点完善的方面。

6.制约老年人提升休闲活动质量的因素分析

受访者对当前休闲生活的自我评价,如图 18 所示,认为"充实快乐,且感到满足"的人占 25%,他们也是休闲生活品质较高的人群。但是有 32.29%的人感受到的是"孤独、失落和被遗忘",尤其是没有子女或老伴陪伴的老年人。另有 37.5%的人"渴望更多的休闲活动来丰富生活",这就是休闲教育需要努力去做的事情。同时,也要尽力改变"得过且过"人群的休闲价值观,让他们意识到老年生活的美好和价值所在。

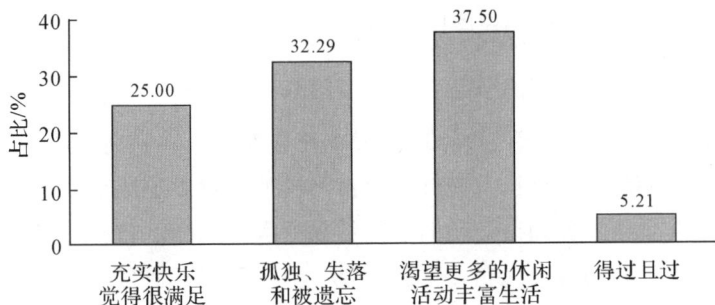

图 18　受访者对当前自我休闲生活的评价

那么制约老年人的休闲活动质量的因素是什么呢?换句话说,为何老年人参加休闲教育类活动的意愿是比较强的,但是实际上参加的频率、行为却没有与意愿一致呢?问卷搜集的回复统计汇总见表 4。统计结果显示,"缺乏坚持的动力""缺乏必要的休闲技能、找不到合适的活动或兴趣"以及"个人休闲观念和认识不到位"为排名前三项的制约因素。而这三项因素所对应的改进内容恰恰是休闲教育最为核心的教育理念,也是其价值所在。

表 4　制约老年休闲生活质量的因素(多选题)

问卷回复统计	选择人数
缺乏坚持的动力	42
缺乏必要的休闲技能、找不到合适的活动或兴趣	41
个人休闲观念和认识不到位	30
家务琐事及经济状况的制约	26
缺乏同伴和组织归属感	21
身体健康状况等意愿之外的因素的制约	13
其　他	0

杰弗瑞·戈比(Geoffrey Godbey)将制约人们休闲行为的因素划分为心理因素、结构因素和人际因素三大类。老年休闲教育的开展必须针对老年人需求,尤其要降低因心理、价值观、休闲认知、休闲知识和技能等问题阻碍老年人参与到休闲活动的概率。老年休闲教育要通过各种活动的举办、组织或倡议,为老年人提供一个信息沟通、人际交往的平台,让老年人能够在休闲活动中找到志趣相投的同伴,或是获得一种组织的归属感。同时,要顾及身体有疾病或残疾的老年人,设置合适的休闲活动让他们能够参与其中。

四、探索多样化的老年休闲教育模式

当前,在终身教育理念的观照之下,全社会都应认识到老年休闲教育的重要性。老年休闲教育应该被视为终身教育的延伸和重要组成部分,是个体生命发展完善及其生活世界和谐交融的必然结果。因此,针对调查中所反映出的老年休闲生活中存在的种种问题,本文试图从老年人的角度出发去阐释应如何实践老年休闲教育才能帮助老年人更好地提升休闲生活质量、发挥老年人的生命价值,并提出完善老年休闲教育的构想。

(一)分级定位老年休闲教育的目标

教育活动均是为了实现一定的目标而展开的,老年休闲教育也不例外。老年休闲教育的目标可以分为两个层次:直接目标与深层目标。

1.直接目标:培养老年人良好的休闲素养

所谓休闲素养,是指通过休闲教育的引导以及个体自身休闲实践活动而逐步养成的个体较稳定的休闲态度、休闲观念和休闲行为习惯。老年人大半辈子的时间都在操劳,为工作奔波,为子女付出,为父母尽孝,他们退休以后的主业就是尽情享受休闲,学会"生活"。因此,老年休闲教育要有针对性地传授各种休闲知识与技能技巧,让老年人树立科学、健康的休闲观念,形成积极向上的休闲态度,使他们学会自主地、有价值地选择休闲行为方式,并从中获得满意的休闲体验,从而丰富休闲生活,提高休闲质量,真正学会"生活"。

2.深层目标:提升老年人晚年生活幸福指数

在培养老年人良好的休闲素养的基础之上,老年休闲教育还有着更深层的目标。具备良好的休闲素养是为了老年人能够更充分地享受休闲,学会生活,而老年人要想真正学会生活,就必须得热爱生活。老年休闲教育要培养老年人热爱生活的态度,要引导老年人学会用各种丰富的、感性的东西去体验生活,去体验生活中一切美好的事物,这种对美好事物的憧憬与感受会增加老年人对生活的美好感情,从而让他们选择充满意义的最佳生活方式。长此以往,老年人会逐渐发现晚年生活处处皆美,并从美好的生活中获得充分的幸福体验。因此,提升老年人晚年生活幸福指数是老年休闲教育的最深层目标。

(二)科学定位老年休闲教育的内容与形式

休闲教育的内容是什么?学术界一般有以下两种观点。

一是美国休闲学者 J. 曼蒂(Jedn Mund)和 L. 奥杜姆(Linda Odem)等人的观点,这种观点侧重于休闲意识和观念层面。他们认为个人休闲满意度和休闲质量的高低,主要取决于个人是否拥有科学的休闲观,休闲观支配着一个人对休闲生活的态度和休闲方式的选择,因此,休闲学校教育的重点在于培养学生科学的休闲意识和休闲观念。

二是美国休闲学者里查德·克劳斯(Richard Klaus)的观点,这种观点侧重于休闲方式和技能层面。他认为休闲学校教育的目标在于培养学生休闲娱乐的技能、技巧,教会学生选择健康文明的休闲方式,因此,休闲学校教育的重点应放在具体的休闲实践活动之上。

以上两种观点虽然是当今学术界关于休闲教育内容的两种典型观点,但是随着休闲研究的不断深入,两种观点的片面性也显而易见:如果没有科学的休闲观作为行动指导,休闲学校教育很难有正确的理念与方向;但若只有科学的休闲观而没有相关技能、技巧的教育,休闲教育又难免沦为空洞的理论,同样也不是完整的。因此,老年休闲教育的内容应该综合考虑两种观点,取长补短,不仅要有科学的休闲意识与观念的培养,而且要有休闲技能技巧的养成与锻炼,即理论与实践的有机结合,这样才能构成完整的、科学的老年休闲教育体系。

那么,老年人希望通过休闲教育来获得什么呢(多选题)?调查结果如图 19 所示,希望通过老年休闲教育"培养科学的休闲价值观"的老年人约占 50%,为最主要的诉求。其次是希望能够学习新的休闲技能、提升并实现自己的老年价值。再次是结交朋友、拓展社交圈,并养成健康的休闲生活方式。老年休闲教育作为一种社会福利服务,就应该从服务对象的角度出发,满足其需要。

具体归纳以下几点:

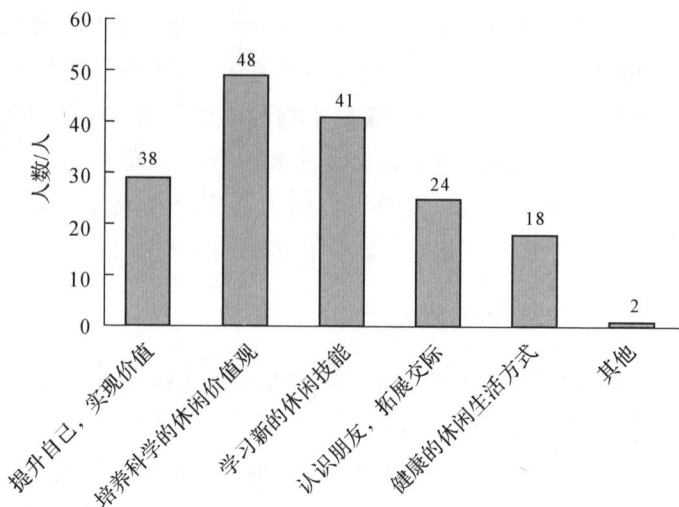

图 19　受访者参与休闲教育的目的(多选题)

(1)老年休闲教育要以休闲价值观的塑造为核心,重塑老年人健康、科学的休闲价值观

瓦尔特·拉雷(Walter Raleigh)爵士曾说,一事物的价值在于它能带来什么。休闲教育的主要任务就是帮助人们认清休闲能给他们带来什么,以及了解、承认、肯定休闲的价值,并在价值意识的不断助推下,践行休闲。① 老年休闲行为的选择与开展,就是休闲价值观在行动上的直接反映。价值观不仅是休闲的核心,也是宗教、教育与经济的根基。因此,老年人休闲教育是以休闲价值观的塑造为核心,这样才最具有可持续发展性。表 4 的调查中已经十分明确指出,"缺乏坚持的动力""缺乏必要的休闲技能、找不到适合的活动或兴趣"以及"个人休闲观念和认识不到位"已经成为制约老年人提升休闲生活排名前三项的因素。而休闲价值观的缺失或者不到位也正是构成"坚持动力"缺乏的重大因素。例如,户外活动中,逛公园、散步的老年人中,大部分人也希望能够发展自己的兴趣爱好,掌握一定的休闲技能,但是这过程需要学习与坚持,在哪里学习、如何坚持成为最大的障碍。换句话说,只有个人对休闲有了正确科学的认识,才能够进一步去实践它、发展它和坚持它。价值观是一种精神的存在,只有强大的精神信念或是坚持才能够改变老年人当前一些不良、不科学的休闲行为,休闲价值观是推进整个老年休闲生活最为核心的一步。

① 李琳.休闲理论对大学生道德教育的启示[J].文教资料,2013(10):143-144.

　　这里的健康、科学的休闲价值观,具体包括:让老年人认识到他们对社会和自己的价值不能以挣多少钱来衡量;让他们了解到,人越老越需要精神上的慰藉;让他们认识到,即使在自己的黄金岁月里,也不能无视自己被需要的渴望,也同样需要感到自己有价值,有归属感;让他们明白,相貌的改变是不可避免的,无须为之过于伤感。同时,面向老人的休闲教育还应该强调,他们活力的枯竭、孤独、焦虑和厌烦之情绪是可以从其他方面得到补偿的,是有办法把这些因素的影响降到最低的。当然,休闲价值观跟拓展兴趣和欣赏力以及弄清事物的价值联系起来了,而这些在很大程度上不仅依赖于机遇,也依赖于人们的动机、知识和技能。[①] 值得庆幸的是,调查统计显示,杭州市老年人的文化程度水平普遍较高(见图1),他们有较好的教育背景,经济水平也处于相对乐观的状态(见图4),这样能帮助他们更容易、快速地接受新知识、新的观念。

　　总之,要改变老年人落后的休闲观念,绝不仅仅是老年人自身的事情,还需要在整个社会中普及现代休闲观念,让人们了解休闲的价值和意义,进而营造出全社会关爱老年人、共同推动老年养老休闲产业发展的氛围,从而有利于培养老年人正确的养老休闲意识,引导老年消费。

　　(2)老年休闲教育要以休闲活动取代职业性的教育,让老年人适应职业角色的转变

　　杜威提出“教育是为社会生活做准备”,当人们希望通过教育与知识的获得来实现社会身份的认同和富足的生活时,教育在很大程度上是为社会职业生活服务的。休闲教育也难免有这一趋势,一些休闲活动的开展往往为迎合职业的需求而带有功利性,如练习高尔夫并不是从兴趣出发,而是满足客户的需求;周末的学习培训并不是对知识的渴望,而是为了铺筑晋升的阶梯。然而,随着退休年龄的到来,人们逐步退出了职业生涯,功利性的淡化与大量的闲暇时间开始让老年群体热衷于各类休闲体验与公益活动。

　　老年休闲教育要采取灵活多变、寓教于乐的形式,丰富休闲教育手段。休闲的活动内容可以是观赏性的,如看演出、展览、戏法,听音乐、说书、相声,也可以是参与性的,如琴、棋、书、画、拳、剑、操、舞及大街小巷的老年志愿者活动,最佳的休闲活动就是能让老年人在其中寻找归属感、表达友谊、有益于身心健康。老年休闲教育是一种贴近老年日常生活,倾向非职业生活领域的教育活动,具有开放性、非功利性等特点。在开展教育活动时,应采用老年人喜闻乐见的方

---

① 查尔斯·K.布赖特.休闲教育的当代价值[M].陈发兵,译.北京:中国经济出版社,2009.

法。第一,可充分利用老年人兴趣特点,举办趣味运动会、组织参观游览等室外群体教学活动。在这类教学活动中,老年人既能保持心情舒畅,又能增强彼此之间的情感交流,并能通过形象直观的方式学习相关知识。第二,积极鼓励有共同兴趣爱好的老人,自发组成各类学习兴趣小组,这也是调查中老年人们最为喜欢的休闲教育方式。发挥各自特长,激发主体学习意识,灵活安排学习时间。在互教互学的基础上,协商教学形式,充分强调学习过程的分享、讨论和参与性。第三,重视远程教育在老年休闲教育中的作用。利用广播电视及计算机网络,开设老年人远程休闲教育课堂,满足不同文化水平层次老人的学习需求。

另据一个调查:老年人目前从事的各类休闲活动是退休后才逐渐学会还是年轻时一直延续下来的休闲习惯呢? 针对这一问题的调查结果如图 20 所示,可以清晰地看到,"年轻时期的延续"占据了大部分,约为 65%,即年轻时期接受的休闲教育、掌握的休闲技能、树立的休闲思想对老年时期较好地安排休闲生活有着直接、关键的影响。而且,早期的研究表明,越早的休闲教育对晚年休闲活动的选择越有优势,越能帮老年人达到文化性休闲,产生创造性休闲的要求,从而进入休闲的新天地。从这一点上看,老年休闲教育在某种程度上是对我国青年时期休闲教育缺失的一种弥补工作。这也说明了另外一点——人任何时候接受休闲教育都不能说为时已晚,很多老年人都是在晚年又学会了新的东西。越早学会把休闲当作一种挑战、机遇而非被迫、无奈,就越能从容地面对自己的晚年,完成自己人生的重要角色转变。

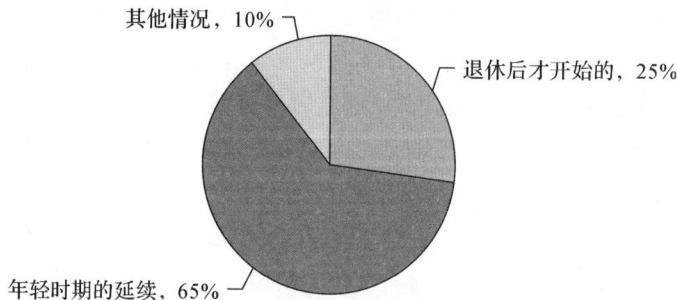

图 20　受访者主要的休闲活动形成于何时

总之,休闲活动取代职业性教育成为老年休闲教育的主要内容要求,老年休闲教育所开展的休闲活动要具有丰富性、多样性及频繁性,能为老年人生活提供足够多的选择,可以让他们取代年轻时的职业性活动,将生活的重心转移到休闲活动之中,最终完成人生角色的顺利转变。

（3）老年休闲教育要有差别地指导休闲内容，能为不同阶层的老年人提供平等发展机会

教育本身就既是一种机遇，也是一种动力，让我们能够以有意义的方式利用休闲。休闲教育承认老人生活和人格的可塑性，它能让老年人认识到，任何时候接受休闲教育都不能说是为时已晚，它为老年阶段的全面发展和丰满的人生提供了机会。可见，休闲教育的目的在本质上对于每一个人都是一样的，但必须意识到，教育必须从受教育者个人的情况出发。这里的阶级性不同于伯特兰·罗素所期待的休闲要从特权阶级的专利"均等地分属于整个社会"，而是需要根据老年人不同的文化、生活、教育经历或者不同的休闲兴趣和偏好开展有差别的休闲教育。老年休闲教育的阶级性具体体现在层次性与广泛性上，社会进步与休闲者的物质生活条件、文化素养决定了休闲的层次性和生活的多样性，群体中人的性格差异性及身体健康状况都决定了休闲内容的广泛性。

例如，分析不同文化程度的老年人对"是否愿意参加志愿者"活动（见图21），可以直观地看出，随着文化程度的提升，受访者"十分愿意"参与志愿者活动的比例同时在提升；文化程度越是低，"不愿意"参加志愿者活动的人数比例越是增加。可见，老年人的经济基础不同、文化程度不同所选择的休闲内容、形式就会存在差别，必须"因地制宜"，有层次、有差别地开展不同群体的老年休闲活动与教育。老年人是否在参加过的休闲教育活动中获得良好的体验和收获，直接影响着他们对休闲教育的需求度。因此，老年休闲教育要为各层级的老年人提供良好的休闲学习条件和收获、体验。

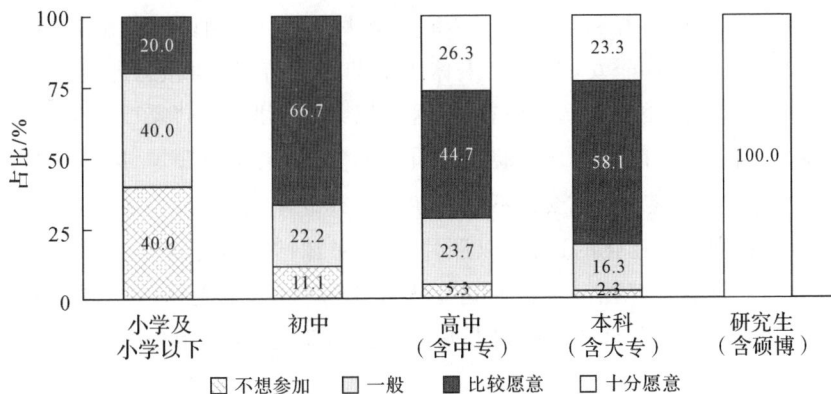

图 21　交叉比较：文化水平程度与参加志愿服务的意愿

(三)全社区推动的老年休闲教育

首先,要有相应的社区老年服务组织或者计划。老年人参加休闲活动是提高生活品质的需求,要充分发挥社区的作用。社区是老年人休闲的主要场所,社区应坚持以"老人为本"的原则,定期组织一些规范性的休闲活动,引导老年人开展休闲活动,如组织适合老年人的比赛,在社区内播放电影或组织文化演出等。同时,增加社区绿地、公共娱乐设施的供给,特别要注意提供与老年人生理需求相匹配的老人休闲设施。[①] 在国外,社区在人的晚年生活中,起到至关重要作用。例如:澳大利亚的布里斯班市在老年社区(50岁以上)实施了一个"金色计划"[②],该计划设计通过休闲活动保持老年人的身体和精神健康,并在活动的设备外印有"老年人专用"。该方案精选了涵盖祖父母和儿童一起参与各种娱乐的活动。大多数活动都是免费或低费用的,包括园艺、烹饪、互联网使用、攀岩、打靶、排舞、速度艺术、工艺、就地旅游、按摩、骑自行车、绘画、数码摄影、桥牌、水中有氧运动等。金色计划也有助于老年人与当地社区和其他居民保持联系。

其次,营造社区老年休闲教育氛围。休闲教育需要全社会的努力。我们有许多相当不错的以休闲活动和学习休闲技巧为目的的社区计划、服务项目和机遇。但这些还不够,社区必须帮助社区居民成为休闲教育的主人而非恶意批评者。争取提高生活质量之战的胜利必须在支持、鼓励、正面肯定的战场上获得。全社区的概念除了一般的社区、街道委员会等组织机构之外,还包括了我们主要的制度体系——家庭和学校——必须起带头作用。正如调查所显示(见图5)的那样,家庭成员,如子女,对老年人休闲活动的支持、资助和态度直接影响着老年人休闲生活的质量。具体而言,社区可以每月定期举办"家校联谊共休闲"活动日,每期一个休闲主题,例如甜点制作、养生太极、交谊舞等,邀请学员的老伴、子女、孙辈一起参加,地点也不局限在社区或老年大学校内,还有户外、社区公园、酒店礼堂等多样化的选择,以照片、DV录像的方式记录下活动过程。这样"全家齐上阵"的休闲活动,会使老年人在学习休闲、享受休闲的同时充分感受到家庭的温暖与支持,从而获得非凡的休闲体验,提高休闲积极性。总之,家

---

① 仇嫒怡,任笑菲.北京老年人休闲生活状况的调查与建议[J].出国与就业(理论探索),2011(5):82-83.

② Ian Cooper. The World Leisure International Innovation Prize-winning Projects 2006-2012[M]. United States,2013:34-39.

庭的支持会给老年休闲教育带来意想不到的效果。

老年人学校也必须要发挥其相应的效用。调查结果显示(见表3),50.68%的受访者认为社会或政府组织的休闲教育类活动"活动次数少,组织无规律,缺乏长期持续性",这影响了他们的积极性。家庭、学校和社区组织必须要清楚地认识到其中的问题所在,从老年人的需求出发,真正做到为老年休闲生活服务,丰富他们的休闲活动,杜绝社区老年休闲教育资源浪费的现象。

再次,搭建平台,拓宽宣传口径,拓展老年人社交。如表5所示,老年人获得休闲活动消息或学习科学休闲知识的途径,排名最高的是"电视、报纸、网络媒体宣传",其次是"家人朋友介绍",最后是"社区、街道等组织推介"。当今社会已发展成一个高度信息化的社会,广播、电视、手机、网络等大众传播媒介似乎已经与人们的日常休闲生活融为一体,老年人也不例外,人们的思维方式、价值观念、审美尺度、消费习惯以及言行举止或多或少、或直接或间接地受其影响。老年教育机构应该充分利用大众传媒的影响与力量来宣传、推广老年休闲教育,扩大其社会认可度与影响力,从理念与实践两个层面向公众展示老年休闲教育的阶段性成果与困境,从而得到社会各方更多的关注与支持。同时,社区应再加强其作用。正如图12所显示的那样,有32.3%的受访者表示较为喜欢社区、老年协会等单位的组织活动,其最大的特点就是安全可靠性和便利性。社区应积极发挥其优势,通过有效的信息推送渠道为更多的老年人提供休闲活动信息和知识服务,满足老年人"拓展交际圈,结识新朋友"的诉求,尽量减少老年人因为没有及时得到社会上相关的休闲活动信息而错过了参与的机会。

表5 受访者通过何种渠道来获得休闲活动消息/知识

问卷回复统计	人 数
家人朋友介绍	25
电视、报纸、网络媒体宣传	37
社区、街道等组织推介	20
自己发现并自学	13
其 他	1

社区除了通过本身的力量来搭建老年人休闲活动或教育平台之外,也可以借助于社会的力量,即将市民组织、老年人自发休闲组织、老年志愿服务团体、大学老年教育或研究机构、老年福利机构有计划、有条理地引入社区,也可以吸引企业管理者和工会的加入。街区团体必须在促进休闲上做很多工作,而公共

与私有社会服务机构、房地产开发商和住房管理机构则应积极鼓励其工作。社区的广泛参与本身就是休闲教育的有效手段。

(四)政府主导大力发展志愿者服务组织的设想

除上述的全社区之外,老年大学、老年协会、老年志愿者等组织都是开展休闲教育的重要机构。首先是重整老年大学,承担起老年休闲教育的教学工作。关于如何发展老年大学来推动老年休闲教育的发展已经有学者做了相关的研究[1],本文不再赘述。以下重点介绍如何通过大力发展老年志愿者服务组织来推行老年休闲教育,尤其是针对图19中所显示的调查现状:有32.29%的人感受到的是"孤独、失落和被遗忘",尤其是没有子女或老伴陪伴的老年人。另有37.5%的人"渴望更多的休闲活动来丰富生活",还有一小部分是"得过且过"的休闲态度,这就是休闲教育需要努力去做的事情。其中一个有效的办法就是将自己的兴趣和经历转向满足别人的需要,而且"别人"最好不只限于自己的家庭。因此,老年的志愿者活动将是休闲教育过程中需要大力推广、提倡和积极组织的教育方式。老年人在志愿服务中奉献服务、奉献时间、奉献自我,从而重新找到了人生的价值,得到了精神上的满足,生活的幸福度也就随之提升。

美国是一个志愿服务高度发达的国家,在政府大力倡导和持续支持下,经过50多年的发展,建立了公民参与、社团运作、社会支持、政府委托、法制保障的社会志愿服务体系。在老年休闲教育领域,最为重要的就是"三个老年志愿计划"的实施。林登·贝恩斯·约翰逊在总统任期内,启动了"三个老年计划":1965年8月28日启动了"养祖父母计划"[它是由60岁以上的低收入老年人组成,通过与社会上一些有特殊需要的孩子(如病残儿童)结对子,像亲生祖父母那样关爱和照料这些孩子];1968年启动了"老年伴侣计划"(吸收志愿者陪伴鳏寡孤独和病残老人,为他们提供心理慰藉和生活服务)试点;1969年创立了"退休老年人志愿者计划"(其主要目的是让退休人员发挥潜力投身社区服务事业)。[2] "三个老年志愿计划"的开发针对的是到2020年美国1/6的人口将是65岁以上的老年人的实际,并随着社会的变化,把参加老年志愿服务计划的"养祖父母计划"和"老年伴侣计划"的志愿者年龄段从60岁降低到55岁,增加"退

---

[1]　高淳.我国城市老年大学休闲教育研究——以武汉市为例[D].成都:四川大学,2013.

[2]　徐彤武.联邦政府与美国志愿服务的兴盛[EB/OL].文山书院,(2012-07-27).http://www.360doc.cn/article/1302411_226773669.html.

休老年人志愿者"计划在年龄上的灵活性。

同时,美国的老年志愿服务计划不仅仅规定了志愿服务的时间、经费补贴、还有设立每笔为 1000 美元的银发奖学金,奖励 55 岁以上志愿者完成 350 小时志愿服务;设立有名额限制的"服务美国奖学金",奖励参与国家急需服务(如教育贫困学生、节能环保、防灾减灾等)的志愿者;设立"再上场"奖学金,专门奖励被"国家与社区服务机构"派往相关非营利组织工作的 55 岁以上志愿者;所有55 岁以上人员获得的教育奖励均可以转让给子女。

政府主导、社团执行是老年志愿服务组织的良好运作方式,并且各项活动的开展、各个流程内容都有详细的规章制度可依据、法律政策可保障,极大地鼓舞了老年人参与到志愿服务中去,成为美国最为荣耀的文化之一。这是一种对老年人资源的最佳利用方式,也是老年人所乐于奉献的方式,也是在中国的城市之中是需要大力发展的老年休闲教育方式。

(五)政府在老年休闲教育领域的功能

1.不断推进老年休闲教育发展的法律保障与政策支持

2001 年 8 月,国务院印发《中国老龄事业发展"十五"计划纲要(2001—2005年)》,明确要求对发展老年教育的投入、教育形式、基础设施建设、教材编写、规范化管理等做出规划;2007 年 5 月 18 日,国务院批转的教育部《国家教育事业发展"十一五"规划纲要》首次把"办好老年大学,扩大覆盖面"列入国务院批转的国家教育整体规划。《国务院关于促进旅游业改革发展的若干意见》(国发2014〔31 号〕)中指出:"大力发展老年旅游。结合养老服务业、健康服务业发展,积极开发多层次、多样化的老年人休闲养生度假产品。规划引导各类景区加强老年旅游服务设施建设,严格执行无障碍环境建设标准,适当配备老年人、残疾人出行辅助器具。鼓励地方和企业针对老年旅游推出经济实惠的旅游产品和优惠措施。抓紧制定老年旅游服务规范,推动形成专业化的老年旅游服务品牌。"这一文件主要从休闲旅游的角度来关注老年人的休闲生活。由此可见,国家越来越关注老年人的休闲问题,老年休闲教育的发展也引起了一定重视。总之,老年休闲教育事业是社会公共事业的一个重要组成部分,政府必须不断出台老年休闲教育相关的法规、政策来规范、保障其发展。

2.增加老年休闲教育发展的经费投入

老年休闲教育具有很大的公益性,经济投入严重不足,资金长期匮乏。由于经费的短缺,老年休闲教育的场地、各种教学设备、活动设施的配置与组织服务人员也都跟不上发展的需要。调查中提到的关于"老年休闲活动场地不开放""老年休闲活动内容贫乏、次数少"等问题也都与经费不足息息相关。物质层面的匮乏长期以来制约着老年休闲教育的开展与发展。资金不到位，使老年大学休闲教育只是一句口号。我们由此提出一个问题：谁能为休闲教育付账？谁会付这个账？

首先，政府必须在经费上大力支持老年大学休闲教育的发展，毕竟，从公共管理理论的角度来看，教育生产的是公共产品，政府负有无可推卸的责任，老年人的教育也是如此。政府应加大支持力度，加大资金投入，建立一些设施适用、功能齐全而且具有较高休闲品质的老年休闲中心，或将经费用于开展低门槛、低消费、高福利的有益的休闲活动，为老年人提供高品质的休闲服务，使老年人老有所学、老有所乐。

其次，还要发动社会力量参与到老年人的休闲活动中来，将社会资本充分吸纳进老年休闲领域，鼓励企业关注并进军老年人消费市场。如果人们的生活水平进一步提高，家庭的购买力进一步增强——目前的趋势是明确地朝着这个方向发展，将有更多的人有能力为自己所需的多种休闲服务和休闲教育付费。他们不用政府补贴，就能满足自己的许多休闲需要。尤其是针对有较为丰厚退休金的老人而言，他们参加老年休闲教育培训班学习乐器、书法、舞蹈等都有较大的意愿，这一部分需求就应该让企业去满足，这样也能促进老年行业经济的发展。访谈记录显示，杭州市区老年人对企业的休闲服务不是很满意，但了解到他们还是期望商业性组织能够多为他们提供优质的休闲服务。老年人拥有充裕的闲暇时间，在老龄化社会，为老年人提供休闲服务是休闲产业不可轻视的重要领域。因此，了解老年人的休闲需求，关注老年人的休闲生活，完善老年休闲教育事业，开发及繁荣老年人休闲产品市场，对个人及整个社会都具有重要意义。

因此，在可预见的未来中，随着社会养老保障机制的完善和经济的持续发展，使用休闲服务的个人在有能力的情况下应该更愿意为自己感兴趣的服务付费。政府资金可以用于土地的购置、改善、管理等基本的服务和维护，而来自用户的收入可用于部分地支付休闲设施运行和维护的费用，以及休闲技能的教育和指导。

五、结　语

在近几十年内,老龄化趋势将愈加明显,如何安排好老年生活的问题已经成为全球性最为关注的课题之一。老龄化社会的到来,意味着老年人问题对社会介入的需求加大,其中富有闲暇时间的老年人的休闲问题,也必然成为城镇化进程中日益突出且亟待解决的问题。因为它不仅直接影响了保健和医疗照顾、家庭组成及生活安排、住房与迁徙,并将最终影响到社会的每一个群体、每一个人。而老年休闲教育就是引导老年群体以最好的、最适当的休闲方式度过晚年生活,帮助其真正实现老有所乐、老有所为的教育。为了提升老年生活品质、提升老年人社会参与度、推动公共事业可持续性发展、推进城市休闲文化发展,老年人应该接受适当的老年休闲教育。

对杭州市 96 位老年人休闲生活状况的调查显示,他们有较高的文化水平、有较好的经济基础、有较多的空闲时间,具备参与老年休闲教育活动的三大基本条件。从个人意愿的调查看,老年人最喜欢的是自由发起的休闲活动,同时,他们本身也较为愿意参与社区、老年大学、老年协会、街道、老年志愿者协会的各项活动。但是,也存在一些不满意的因素,如活动组织无规律、缺乏长期持续性;活动内容无新意,缺乏吸引力;活动形式过于严肃;组织机构不作为等,这为今后休闲教育活动的进一步完善提供了改革方向。

结合老年人对参与休闲教育活动的诉求(见图 13)和制约老年人休闲生活质量提升的原因(见表 4)分析,本文提出了进一步探索多样化的老年休闲教育模式的几点设想:首先,明确老年休闲教育直接与深层的目标。老年休闲教育要以传授各种休闲知识与技能技巧,让老年人树立科学、健康的休闲观念为直接目标,以获得充分的美好体验来提升生活幸福感为深层目标。其次,借鉴国外的老年休闲教育成功案例,探寻具有地方特色的老年休闲教育的内容与形式。要以培养科学的休闲价值观为老年休闲教育的核心,要以休闲活动的形式代替职业教育的形式,要有差别、有层次、有针对性地开展老年休闲教育活动。再次,本文重点强调了两种老年休闲教育的模式,即全社区与志愿者的老年休闲教育模式,分别以澳大利亚的"金色计划"与美国的"三个老年志愿计划"为例,大致叙述了政府、社区、企业和个人应该在老年休闲教育活动中所扮演的角色。

总之,"闲暇时间是一种资源、一种财富;闲暇时间愈多,愈需要理智,愈需要教育"。在即将到来的休闲社会①,老年休闲教育呼之欲出,成为老龄化社会发展和老年人自身发展的必然选择。

(2014 年城市休闲与新型城市化课题)

---

① 美国《时代》杂志在 1999 年第 12 期载文预言:到 2015 年前后发达国家将全面进入"休闲社会",发展中国家也将紧随其后。

基于美好生活品质的智慧社区建设模式与成效研究

——以杭州高新区（滨江）为重点

李明超　余　杰 *

党的十八大以来，以习近平同志为核心的党中央强调坚持以人民为中心的发展思想，顺应人民群众对美好生活的向往，把增进人民福祉、促进人的全面发展作为一切工作的出发点和落脚点。社会文化作为居民生活方式的浓缩反映，是与美好生活最相关、最契合、最密切的方面，在城市规划建设时必须考虑如何最大限度地确保和发挥相关设施的正向效应。近年来，党中央和国家部委多次出台文件，强调智慧社区建设在完善城乡社区治理体系中的作用，注重通过技术手段提升公共服务覆盖范围和保障水平。社区是城市居民享受社会文化待遇、实现居家美好生活的主要支撑平台，建设智慧社区，可从供给侧改革角度进一步有效满足人民对美好生活的需求。作为信息技术和智慧经济发达城市，杭州在智慧社区规划建设方面具有坚实的基础。2015年9月，民政部公布了智慧社区全国试点名单，作为浙江唯一试点地区，杭州高新区（滨江）凭借突出的产业基础和设施建设水平入选其中。根据国家和省市的部署，杭州部分城区已开始先行先试，试图总结提炼"复制、可推广"的智慧社区建设经验。

开展智慧社区建设模式与成效研究具有重要的现实意义，一方面通过建设智慧社区有针对性的满足居民需求，能提升社区居民的获得感和满意度，提升社区精细化管理服务水平，对于建设和谐社区、和谐社会意义重大；另一方面智慧技术应用水平和使用率的提升，会带来更多企业进场参与研发共建，形成良性循环，带动智慧产业、数字经济全面发展。杭州国际城市学研究中心，杭州师范大学经济与管理学院智慧社区课题组以杭州高新区（滨江）为主要研究对象，实地走访调研滨江区6个智慧社区的建设运行情况，评估其建设成效，并基于

＊　杭州国际城市学研究中心、浙江省城市治理研究中心。

美好生活品质探讨运用智能化技术手段提升社区社会文化服务水平的发展路径。

一、智慧社区研究述评

(一)智慧社区发展历程

2008 年底,IBM 公司提出智慧地球的理念,获得各界的高度关注,被世界各国作为应对国际金融危机、振兴经济的重点方向,并引发了一场席卷全球的智慧革命。智慧地球以更透彻的感知、更全面的互联互通、更深入的智能化为基本特征,其核心是以一种更智慧的方法,通过利用新一代信息技术来改变政府、公司和人们交互的方式,以便提高交互的明确性、效率、灵活性和响应速度。[①]

2009 年,IBM 进一步提出了智慧城市的概念,使其成为智慧地球应用领域之一,将其作为智慧地球概念实践的基本单元。IBM 认为,智慧城市是运用先进的信息与通信技术,将城市运行的各个核心系统进行整合,从而使整个城市作为一个宏大的"系统之系统",以更为智慧的方式运行[②]。作为信息领域的营利性企业,IBM 对智慧城市的定义有一定的局限性,而学术界对智慧城市的概念与内涵也存在诸多讨论,表现为技术主义与人本主义之争,也有学者强调二者的结合,提出了智慧城市是人本城市与信息技术有机结合的产物。[③][④]

随着智慧城市的实践在全球各城市推进,社区以其适当的空间尺度与相对完整的体系结构受到越来越多的关注,智慧社区开始成为智慧城市的重要应用领域,进而形成了"智慧地球-智慧城市-智慧社区"实践体系,以及与智慧地球、智慧城市一脉相承的智慧社区概念。例如,"智慧社区指充分借助物联网和

---

① IBM 商业价值研究院. 智慧地球赢在中国[EB/Z]. (2009-02-05). http://www-900.ibm.com.

② IBM 商业价值研究院. 智慧地球[M]. 上海:东方出版社. 2009.

③ Batty M, Axhausen KW. Giannotti F, et al. Smart cities of the future[J]. The European Physical Journal Special Topics,2012(214):281-518.

④ 柴彦威,申悦,陈梓峰. 基于时空间行为的人本导向的智慧城市规划与管理[J]. 国际城市规划,2015(6).

传感器技术,通过物联化和互联化将人、物、网络互联互通,形成现代化、网络化和信息化的全新社区形态,涉及智能楼宇、智能家居、智能交通、智能医院、智慧民生、智慧政务、智慧商务和数字生活等诸多领域"[①]。也有社会建设领域学者在此基础上指出,智慧社区是以提高服务水平、增强管理能力为目标,针对居民群众的实际需求及其发展趋势和社区管理的工作内容及其发展方向,充分利用信息技术实现信息获取、传输、处理和应用的智能化,从而建立现代化的社区服务管理系统,形成资源整合、效益明显、环境适宜的新型社区形态[②]。

(二)智慧社区概念梳理

1.社区与智慧社区

1877 年,德国社会学家斐迪南·滕尼斯在他的著作《共同体与社会》(*Gemeinschaft and Gesellchaft*)一书中首次提出"社区"这一概念。他在书中将"社区"定义为:在家族、血缘为自然基础上建立起来的社会群体,他们拥有较为亲密的社会关系,在社会发展过程中相互扶持、共同发展,于是更加重视人情在群体之中的作用[③]。基于这一理论,社会学领域掀起了对"社区"一词的研究热潮,学界对其定义也争论不休。这当中就有美国学者罗伯特·E.帕克,他在滕尼斯理论的基础上,首次将"地域框定"加入"社区"定义,即"社区"是在限定地域上的人口的汇集。另有美国学者林德夫妇在《中镇》一书中强调了社区各部分之间的整体性关系。

国内最初并无"社区"一说,20 世纪 30 年代,费孝通先生将滕尼斯《共同体与社会》中英文单词 community 翻译为"社区",他将"社区"定义为:在某个特定地域内,多个社会群体或团体组织在生活上相互联系、密切结合,形成一个统一的整体。[④] 至此,社区这一概念便传入我国,逐渐成为我国学术上的通用术语并使用沿用至今。纵观国内学术界,因研究的深浅、方向、内容等因素不同,"社区"概念并未形成权威性的统一论断。2000 年,中共中央办公厅、国务院办公厅转发的《民政部关于在全国推进城市社区建设的意见》中指出:"社区是指人们

---

① 康春鹏.智慧社区在社会管理中的应用[J].北京青年政治学院学报,2012(2):72-76.

② 王京春,高斌,类延旭,等.浅析智慧社区的相关概念及其应用实践:以北京市海淀区清华园街道为例[J].理论导刊,2012(11):13-15.

③ 于大鹏.物联网社区服务集成方案和模式研究[M].北京:国防工业出版社,2015:15-18.

④ 龚雅琦.城市社区公共服务公众满意度测评[D].湘潭:湘潭大学,2014.

生活在一定地域范围内所组成的社会共同体。"

而本文所研究的"智慧社区"这一含义当中的"社区",主要指的是在一定的地域范围之内,和社会有着密不可分关系的生活共同体。在这个群体之中,人们权利相同、义务相等,同样也具有紧密的感情关系。在当前,我国已经把社区判定为居民委员会范围,正因如此,社区也成了社会群体生活的最基层的单位,在人民的基本生活和社会生活之中搭建起了桥梁。

2.智慧社区与传统社区

智慧社区与传统社区最主要的区别在于政府职能、社区治理、社会服务的"智能化",传统社区由政府主导,行政成本较高,各职能部门间独自运行,功能单一,资源整合力度不强,造成各自为政现象。而智慧社区恰恰能弥补传统社区的不足,它能让社会、企业及环境的发展更加便利,让资源的分配更加优化,让信息技术与现代化的基础设施更加有效地服务社区居民,让公共服务的品质与社会福利更加完备,在此基础上,推动社区有序发展、社会和谐进步。

3.智慧社区概念

智慧社区的产生与发展,是社区不断演进的结果。综合国内外智慧社区研究与建设情况,智慧社区尚未有统一的概念界定,不同专家学者和组织机构有不同的见解。

从智慧城市的视角来看智慧社区,智慧社区是智慧城市的缩影,是智慧城市的承载。显而易见,只有诸多社区细胞单元实现了智慧化,才有城市整体的智慧化可言。智慧城市的建设,需要在城市层级高屋建瓴、顶层规划,更需要在社区层面潜心耕耘、夯实基础。随着智慧城市建设的推进,智慧交通、智慧安防、智慧医疗、智慧环保、智慧校园、智慧工业、智慧节能、智慧定位、智慧公用事业等各项智慧应用工程相继启动。具有"上面千条线,下面一根针"特征的社区随着各项智慧应用逐步落地,也为社区服务管理创新提供了良好氛围和实现基础。

从社会治理的视角来看智慧社区,智慧社区最终是社区中的各类主体相互作用、和谐运行的状态,即社区的管理机构(居委会)、社区的服务机构(企业、社会组织、非政府机构和居民)和社区的居民(公众)之间围绕着社区公共服务的和谐运行的状态。在社区运行过程中,一方面居委会行使社会管理职能,对企业和公众进行管理,驱动社会在一个善治的环境下运行;另一方面居委会也是基础公共服务的组织者和提供者。我们发现,在一个智慧社区里,如果企业、政府和公众之间实现良性互动,那么沟通与评价渠道将会更加顺畅。

从信息化的视角来看智慧社区,智慧社区最终的承载体是一系列基于信息技术的应用系统的集合,即所谓的智慧社区运行管理与服务平台。随着信息技术的进一步发展和社会管理要求的进一步提高,人们不再满足于信息的简单传输,对信息采集和处理提出了更高的要求,于是物联网开始走进社区,随之就出现了智能社区。目前,物联网、下一代互联网、云计算等新一轮信息技术变革不断展开,城市信息化进程发展到一个新的高度,智慧社区应运而生。我们发现,智慧社区是在智能社区的基础上,更加强调生活和治理模式的变革,实现人的智慧和物的智能互存互动、互促互补,实现居民更美的生活。

综合相关文献,我们认为智慧社区就是充分借助物联网、云计算等技术,以满足社区居民和社区管理需求为导向,整合社区各要素资源,实现社区内部、社区与城市之间各类信息的共享与业务协同,完善社区基础设施建设,优化生产方式、生活方式、生活环境,构建一个便捷、舒适、智能、绿色、可持续发展的社区新模式。

4.智慧社区主要特征

（1）智能化信息技术与社区服务、管理流程的融合

智慧社区是通过现代科技手段的综合应用实现对社区服务与管理流程的支撑与改造。一方面,科技手段的应用可以大幅度提高原有办事流程的效率和覆盖面;另一方面,科技手段的应用又可以推动流程改造,甚至可以增加服务与管理的内容,使广大居民群众可以获得更为全面、周到的服务,可使政府的管理行为更为精细、全面。因此,智慧社区的首要特点就是智能技术与服务、管理流程的充分融合。

（2）社区信息的集成化和处理的智能化

一个社区每天产生的信息是海量的,例如人口信息、安全信息、消费信息、需求信息等。信息的及时获取、分类、存储和处理,通过知识挖掘等智能技术手段从海量信息中分析居民现状、行为特点,预测管理与服务需求,发现表象信息所反映的实质内容等,都是智慧社区的智能系统所要解决的问题,也就是信息的精细化、综合化、集成化的过程和信息处理的智能化过程。

（3）系统的开放性和动态性

智慧社区的建设和运行过程中,要有长远规划和体系结构的兼容能力,还要有介入能力。因为智慧社区所依赖的技术是在不断发展进步的,社区服务与管理所面临的问题也是在不断变化的,同时社区作为一个社会结构的基层单元,还要接受来自上层服务与管理机构的纵向管理要求,所以,系统的开放性和

动态性就成为智慧社区不可缺少的特征之一。

(4)居民多元化、人性化、个性化需求的充分满足

智慧社区的本质还是服务居民,因此通过现代科技手段来实现智慧社区充分满足辖区居民的多元化、人性化、个性化需求,应该是智慧社区的一个重要特征。同时,居民的服务将从原来的单一服务目标向综合服务目标转变;反之,服务评价也可以从原来的客观指标逐步向主观指标过渡,进而实现智慧社区方便快捷地服务居民,社会管理工作更加规范高效;同时,逐步实现管理与引导相结合的社区管理体系。

(三)智慧社区建设

1.智慧社区建设原则

以人为本,以满足居民需求为根本导向。在建设智慧社区过程中,电子政务、电子商务、智慧交通、智慧养老等方面,都是以满足居民的需求为出发点,让居民享受到更加便捷、高效、优质的服务,这也是智慧社区建设的最根本的驱动因素。

整合共享,以高新技术应用为重要手段。高新技术尤其是现代信息技术的广泛应用是智慧社区的重要特点。要通过感知技术把人和物的信息进行高度的感知与互联,将各种信息和要素整合到智慧平台,再由智慧平台统筹配置,建立智慧社区的泛在信息源,从而实现智慧社区中的每个人、每件物都可以被分析、感知,进行互联,极大地提高社区的管理能力与服务的供给能力。

因地制宜,以分层分步推进为实施方向。智慧社区的建设是一个渐进的过程。要立足当前、着眼长远,基于社区不同的实际情况和发展现状,找准适合区域发展阶段和区域特点的智慧社区建设模式,分阶段、分步骤、分重点逐步推进。

多方共赢,以提升社会效益为共同愿景。对居民而言,智慧社区建设可以实现生产生活的便利化;对企业而言,居民的需求可以得到准确反馈,并可以实现社、企对接,提高了经济效益;对政府而言,智慧社区建设可以实现管理的优质高效,降低行政成本;就社会整体而言,资源得到高效利用,降低了社会运行成本,符合科学发展的要求。

2.智慧社区建设架构

就目前来看,一个完整的"智慧社区"架构,应由智慧人群、基础平台层、功能应用层和决策管理层四个层面组成。

（1）智慧人群

智慧人群是智慧社区建设的核心，充分开发、利用各类信息资源，不断提高人们的创造力，实现人的全面发展，是确保智慧社区生命力的必要前提。从宏观上看，智慧人群包括三方面，即全社会对智慧社区广泛的认知、智慧社区专业人才的智力支撑、社区人群具有高水平的信息知识获取利用能力。从微观上看，就是社区居民都能够掌握必备的信息技术和信息设备的使用技能，能够通过智慧应用获取相应服务。这就需要在智慧社区建设的过程中，高度重视智慧人群的构建，居民的智慧程度是决定智慧社区高度的根本性因素。

（2）基础平台层

基础平台层是智慧社区信息采集、处理和交互传输中心，是最核心的组成部分，主要由信息采集终端、宽带网络、网络信息集成平台、网络数据中心等部分构成。信息采集终端将人、物、事第一手信息采集汇总；宽带网络犹如"高速公路"，是社区信息传递和交换的通道；网络信息集成平台就是人与信息的"对话窗口"；而网络数据中心就是"信息仓库"，它保存了社区地理、人口信息、公共设施、商务信息、环保信息、安全监控、物业管理等基于城市网格化管理平台的智慧社区服务重要内容的基础数据。基础平台层可以进行有效的信息共享和交换，打破"信息孤岛"，实现资源整合。

（3）功能应用层

功能应用层是智慧社区最关键的部分，强大的基础信息平台只有通过功能应用层的各个模块才能将信息优势转化为应用优势，最终服务于社区居民。功能应用模块可以有效兼顾社区服务的普惠性和居民需求的个性化，实现服务的网络化和智能化。功能应用模块必须是为了满足居民的实际需求而开发建设，而非为了赶时髦而盲目使用高科技。总之，智慧社区建设，不应是周而全的样板化建设，而应是自助餐式的按需建设，只有以居民需求为支撑，才能维持智慧社区建设运行的长效性。

（4）决策管理层

智慧社区建设离不开科学的决策和有效的管理，主要包括两个方面：一是推动智慧社区建设。因为智慧社区建设无法通过居民自发来实现，虽然企业也有着浓厚的兴趣，但是从直接的推动力和实际能力上看，政府无疑将承担起推动智慧社区建设的重任，无论从意愿上还是从能力上，至少在现阶段，只有政府能够扮演好这一角色。二是维持智慧社区常态化运行。通过有效的社区管理和服务，使社区的资源得到充分利用，从而最大限度提高管理效率，降低社区运营成本,并不断根据居民需求的变化来完善各项服务,最终全面提高社会经济效益。

3.中国城市智慧社区建设模式

作为智慧城市的重要组成部分,已有诸多城市结合其他智慧项目开展智慧社区实践,基本上由政府或 IT 企业主导,依据建设模式不同可分为政府主导型、政企合作型、企业主导型三类。

(1)政府主导型

政府主导型智慧社区建设通常由政府信息部门及相关派出机构承担,此类社区通常为了响应国家社区信息化建设和创新社会管理的政策引导,以提供更好的社区管理与服务、维护社区稳定与和谐为目标。如从 2009 年起,北京市西城区广内街道引入信息化手段和物联网技术,打造广内街道智慧社区社会服务管理平台,建设了包括智慧中心、智慧政务、智慧商务和智慧民生在内的四大系统,以及基础数据中心、综治维稳系统、企业绿色通道、虚拟养老院等 14 个子系统。

(2)政企合作型

政企合作型智慧社区由政府部门与相关企业合作开发,如上海市金桥碧云社区于 2010 年提出打造智慧社区,由政府部门联合物联网研究机构及相关企业合作成立了新企业,集中资源进行智慧社区建设。该社区四大基础建设包括服务居民的智能家庭信息终端、整合多项服务功能的金桥碧云炫卡、政府进行信息发布的社区信息门户网站、提供数据支撑的云计算中心,以及智能交通、智能环保、智能停车场等其他子项目。

(3)企业主导型

企业主导型智慧社区建设主要是房地产开发商与电信运营商及相关高科技企业合作,将物联网等信息技术应用于房地产项目的开发,从而打造面向居民居家服务的智慧社区,使相应企业更好地盈利。如中国联通、太川电子联合地产企业绿地集团在南京共同打造的 3G 物联网智慧社区,该社区以住宅小区为平台,将网络通信、智能家电、家庭安防、物业服务、社区服务、增值服务等聚合在一个智慧系统之中,从而提高社区物业及服务水平,提升社区质量。

在我国已有的智慧社区实践中,以政府为主导的智慧社区强调社区管理的信息化,而以企业为主导的智慧社区注重产品的推广与盈利,在这些智慧社区的设计中,居民被视为管理和服务的对象,而非智慧社区的核心主体。从这三种建设模式来看,我们亟须探索智慧社区建设的新模式,这一新模式不但要保证多主体的参与、以居民为中心等目标,而且还要形成成熟的商业模式,打造内生机制,助力智慧社区可持续发展,甚至更进一步实现商业模式的输出。

二、杭州高新区(滨江)智慧社区建设现状评估

(一)建设背景

杭州高新区(滨江)由杭州国家高新区、杭州市滨江区两区于 2002 年 6 月合并而成,实行"两块牌子,一套班子"管理体制,下辖西兴、长河、浦沿三个街道,现有 59 个社区,户籍人口约 22.1 万。杭州高新区(滨江)自建区以来,始终坚持"产业引领、创新驱动、产城融合、民生优先"四大战略,大力发展高新技术产业和战略性新兴产业,走出了一条"产业结构优、创新能力强、人才集聚快、城市形态新、体制机制活"的特色之路。

2013 年,民政部、国家发改委、工信部、公安部、财政部联合发布的《关于推进社区公共服务综合信息平台建设的指导意见》(以下简称《意见》)。《意见》指出,到 2020 年,全国大部分街道均应用社区公共服务综合信息平台,政府基本公共服务事项主要依托社区公共服务综合信息平台统一办理,切实改善社区信息技术装备条件,提高社区管理运行效率,提升居民群众使用率和满意度。

与此同时,近年来,浙江省认真贯彻落实习近平总书记以人民为中心的发展思想,从解决好群众和企业办事难入手,按照群众和企业到政府办事"最多跑一次"的理念和目标,深化"四张清单一张网"改革,倡导各级部门充分运用"互联网+政务服务"和大数据,促进简政放权、放管结合、优化服务和体制机制创新,通过改革给人民群众带来更多获得感。

2015 年,高新(滨江)区以其高新产业优势和"智慧社区"建设的创新理念,成为浙江省唯一一个国家级"智慧社区"建设试点地区。

为创建平安社区和谐家园,深化"最多跑一次"改革,高新(滨江)区以"智慧社区"建设为着眼点,围绕社区服务"最后一公里",充分运用"互联网+社会治理"思维,创新社会管理模式,打造"智慧社区"融合服务平台,努力实现管理和服务的有机统一,使人们的工作和生活更加便捷、舒适、高效。

"智慧社区"建设,就是将"智慧城市"的概念引入社区,以社区群众的幸福感为出发点,利用物联网、云计算等高新技术打造智慧社区,形成一个以人为本

的智能管理系统,为社区百姓提供便利,从而加快和谐社区建设,推动区域社会进步。

试点工作开展以来,高新(滨江)区对"智慧社区"智能管理系统平台的服务功能进行了全面梳理分析,提出了"社区数据库、电子审批预受理系统、社工管理应用、公众服务应用"等四大功能,并通过整合优势产业、构筑产业联盟的方式,实现平台功能的深度开发和综合应用,促进社区治理服务创新。

(二)调研社区概况

我们所调研的 6 个智慧社区试点均位于杭州高新区(滨江)西兴街道,西兴街道位于滨江区东大门,是区行政中心所在地,东邻萧山北干街道,南面是湘湖,西面是长河街道,北临钱塘江。区域内北有奥体博览城、物联网产业园,中部有北塘河畔、西兴老街历史保护区,南部有区产业园及白马湖生态创意城,是高新区(滨江)核心建设区。总面积 17.6 平方公里,辖 13 个社区(其中撤村建居社区 8 个,城市社区 5 个)。这 13 个社区为:共联社区、金东方社区、马湖社区、庙后王社区、七甲闸社区、水电社区、温馨社区、西陵社区、西兴社区、襄七房社区、协同社区、新州社区、星民社区。我们所调研的 6 个社区为金东方社区、水电社区、温馨社区、西陵社区、新州社区和星民社区[①]。

1. 金东方社区

金东方社区地处滨江区中部,东至建设河,南至江汉路沿春晓路至北塘河,西至江晖路,北至滨和路,总面积约 0.227 平方公里。区域内有东方郡小区和铂金时代小区,住宅区内共有房屋 35 幢 69 个单元,可入住居民 4022 户,目前已入住 3596 户,10052 人,其中户籍在册 1441 户,4265 人。社区有在册党员 39名,在职党员报到 83 人,流动党员安家 22 名。社区有工作人员 9 名,平均年龄 35 周岁,学历均为大专以上,是一支年轻化的社工队伍。

社区地理位置优越,坐拥地铁一号线,紧邻滨河路站,交通便捷,辖区内有学校、商贸、便民超市、小型餐饮业等,是一个系商住、学区为一体的新型城市社区。社区办公服务配套建筑面积 1831.64 余平方米,集居民办事、教育、娱乐、培训为一体。目前东方郡东区的社区服务活动用房设有便民服务工作站、智能便民驿站、居家养老服务中心、图书阅览室、计生服务室、律师工作室、金媚心理

---

① 此 6 个社区基本信息资料均来源于浙江政务服务网,http://www.zj.gov.cn/? type=2#flagwgq.

咨询室、警务室、市民学校等活动场所;东方郡西区的社区服务活动用房设有智慧早教馆和文体活动中心,活动中心内有舞蹈室、室内健身室、老年活动室、乒乓球室、台球室;铂金时代公寓社区服务活动用房设有老年活动室、环保驿站。

2. 水电社区

水电社区地处西兴街道西北面。东邻西兴大桥,西靠西兴路,南临滨盛路,北至闻涛路。面积 0.6 平方公里,有 3939 人。2002 年社区成立,被命名为水电社区。社区内有水电新村一区、水电新村二区、水电新村三区。

辖区内有浙江省第一水电建设集团有限公司、浙江省水电建筑安装有限公司、浙江省正邦水电建设有限公司等单位。社区设施齐全,有卫生服务站、星光老年之家、老年活动室、社区健身苑、老年理发室、老年食堂等。水电社区曾获全国防灾减灾示范社区、浙江省文明社区、浙江省民主法治社区、杭州市和谐社区等荣誉称号。

水电社区是单位型社区,秉承"以人为本、服务居民"的原则,争取多家单位支持,资源共享、共驻共建,建设了三个停车场共 90 个车位解决居民停车难问题,修建晾晒衣架 17 处共 510 米,方便低层住户晾晒衣被,建成 1200 平方米的健身苑和休闲广场,广场有健身器材 88 件、演出舞台、晨练及羽毛球场地,建成两个门球场,承办多次市级比赛。社区老年人口众多,因此建设老年食堂及老年免费理发室各一个,社区老年活动室也是成为退休人员茶余饭后的好去处。

3. 温馨社区

温馨社区地处钱塘江三桥西南面,滨江区政府正南面。东至江陵路,南至滨和路,西至春晓路,北至江南大道。社区总面积达 339660 平方米,是一个由高档商品楼组成的城市型社区。辖区单位包括滨江区建设局(房管局、规划分局、环保分局)、国土分局、城市建设综合开发有限公司、浙江省神学院、钱塘春晓幼儿园。拥有钱塘春晓花园、温馨人家、瑞立中央花城三大商品房楼盘,辖区范围内还有工商银行、华数电视服务中心、地铁滨和站和多条公交线路停靠站等,环境优美,交通便利,是高品质复合型宜居社区。温馨社区自 2009 年 9 月 30 日正式成立以来,一直以"建温馨社区,创和谐家园"为目标,力争将社区打造成为一个环境优美、服务便利、人际关系和谐的现代化新型社区。

目前社区在册户籍 1956 户,户籍人口 4890 人,其中在册党员 100 名,在职党员 306 名,流动党员 35 名。温馨社区自成立以来,先后获得过"舞动中国全国排舞总决赛舞蹈广场舞项目二等奖""浙江省卫生先进单位""浙江省气象防灾减灾示范社区""杭州市最清洁单位""杭州市文化示范社区""杭州市卫生社区"

"杭州市科普文明示范社区""杭州市健康单位""杭州市先进团组织""杭州市群众体育工作先进单位""滨江区文明社区"等多项荣誉。

4.西陵社区

西陵社区以西兴千年古镇为主体,东起风情大道与萧山区接壤,南至滨安路与西兴社区相连,西邻江陵路与长河街道为邻,北依北塘河与协同社区隔河相望。辖区总面积约1.3平方公里,总人口达1.7余万人。其中家庭户人口4429人、2268户,集体户人口6577人、46家单位,常住人口约2500人、750户,外来流动人口3408人。7个商品楼盘小区,分成45个居民小组,并承担着社区管理服务和物业管理服务的双重职能,是一个面积大、人口多、居住散、人户不一、管理复杂的新老混合型社区。社区党委下辖7个党支部,13个党小组,有在册党员220名,在职党员238名,流动党员45名。社区自2001年11月成立以来,始终坚持"以人为本、关注民生、服务居民、促进和谐"的工作宗旨,提出了"打造历史文化新西陵,建设幸福和谐新社区"的总体目标,充分发挥了社区"社会稳定器"的作用。西陵社区曾荣获全国和谐社区建设示范社区、全国敬老模范社区、省文明社区和省示范社区居委会等先进荣誉140余项。

5.新州社区

新州社区地处西兴街道中部。东起西兴路,西邻建设河,南达滨河路,北至月明路。社区成立于2012年6月,占地面积约0.64平方千米。社区共有4396户,实际入住2500户左右,8200余人,其中户籍人口2100人。因社区驻地在新州花苑,故名新州社区。社区境内有新建住宅新州花苑、新州三秋苑,代管钱塘滨和花园、绿城明月江南两小区,有市府机关幼儿园新州分园、江南实验小学月明校区等。社区内"五室四站两栏一家一校一场所"设施完善,功能齐全。自2013年1月起,省、市、区直机关在职党员到社区报到,新州社区党支部积极创新"小社区、大党建"工作思路,共迎来503位在职党员到社区报到。社区探索和实践新州社区"1+1"工作模式,即一名党员带动一个家庭参与,一名党员带动所在单位共同参与,让在职党员带动社区居民,共建共享幸福新州。"新州1+1"工作模式得到中组部、省组、市组、区组各级组织部门高度肯定,并于2013年底启动"智慧社区"平台建设,以"智慧党建"为引领,实现了全民参与的网上邻里平台,第一时间掌握居民关于社区、物业、业委会、邻里间的需求信息,实现在职党员点对点服务,实现社区大小事件的全员参与、全员监督。《浙江日报》《杭州日报》《都市快报》《青年时报》及杭州电视台等多家报刊媒体对新州社区的智慧社区建设相关工作均有报道。新州社区获五星级基层党组织、市级卫生社区、市级文化示范社区、市学习共同体示范社区、市级成人教育先进社区、市离退休干部"四就近"示范社区、示范型便民服务中心、区爱国卫生先进单位、区级学习型社团等 20 多项荣誉。

6. 星民社区

星民社区地处钱江三桥南岸,滨江区政府所在地,紧邻地铁一号线,交通便利,地理位置十分优越。星民社区是一个农村向社区转型的新型社区,于 2013 年 9 月撤村建居。社区共有 13 个居民小组,833 户,常住人口 3105 人,外来流动人口 5579 人,居民代表 52 名。社区下设 6 个支部,党员 101 名。目前社区拥有集体资产总值 5.4 亿元,2014 年集体收入 2930 万元,曾先后获得全国文明村、全国创建文明村镇先进村、全国基层低保规范化建设村、浙江省基层党组、市、区、街先进基层党组织,浙江省级、杭州市级文明村,省、市小康示范村,省卫生村,省五星级民主法制村等荣誉称号。社区设有综合性的服务和活动场所,如社区办公、社区医疗、社区维稳综治站、居家养老照料中心、红白喜事生活馆、文体中心等,同时社区建有农贸市场、综合楼、4S 店、加油站、星耀城综合体等配套设施。

(三)建设现状

1. 智慧社区建设推进情况

杭州高新区(滨江)智慧社区建设推进情况如下:

第一,前期试点阶段。自 2014 年 12 月至 2015 年 5 月,区民政局组织召开关于推进智慧社区建设的座谈会,统一思想、明确责任。同时走访调研 13 个社区,其中城市社区 10 个、撤村建居社区 3 个,对接协调综治、人社、城管、流动人口、计生、民政、残联等 7 个条线部门,掌握一手资料,完成智慧社区平台需求调研、系统对接以及规划设计等工作。

第二,项目开发阶段。自 2015 年 5 月完成智慧社区融合服务平台研发。实现智慧社区平台与多个业务系统的数据对接;进行涉及民政、计生、城管等 24 项服务电子流程再造工作;研发集基础数据管理、走访管理、事件管理等功能为一体"社工管理应用";以"服务、互动、便民"为开发方向,向社区居民提供滨江区智慧社区统一微门户,建设社区发布、办证服务、邻里圈、高新应用池等滨江区特色板块。

第三,项目实施阶段。自 2015 年 6 月 1 日起,在杭州高新区(滨江)西兴街道及下辖金东方等 6 个社区开展智慧社区平台试点工作,自 12 月起在全区进行推广,现已有 19 个社区使用该平台。截至 2018 年 6 月 30 日,基础信息录入 4729 次,走访情况 38746 次,问题处理 5579 次,台账事务 569 次,社区活动组织 472 次,信息发布 3392 篇,电子审批 783 条。初步完成《滨江智慧社区平台使用 考核细则(试行)》《杭州高新区(滨江)智慧社区社工业务流程规范(试行)》《杭 州高新区(滨江)智慧社区操作指南(试行)》等规范文件的编制工作。

在杭州高新区(滨江)西兴街道新州社区,社区"连线"平台于 2014 年 3 月 底面向全体居民开放。覆盖模式为每家一个实名账号,家庭账号后台对应家庭 全员信息,表现为社区与居民互通、居民与社区互动、居民与居民互助的多维度 交互模式。该平台通过实行"全能社工"扁平化管理、在职党员"1+1"服务、"人 人皆是志愿者"共建共管三种模式,实现全民参与;通过服务环境"开放化"、服 务方式"推送化"、服务项目"个性化"提升公共服务水平;通过决策"科学化"、参 与"实质化"、治理"合体化"提升公共治理水平;通过建立完善的考核机制提升 各项工作的满意度。

自新州社区"连线"平台开放以来到 2018 年 6 月 30 日,社区常住 1130 户居 民中已登录使用 1028 户,使用率达 90% 以上,登录使用总次数已达 23785 次。 该平台采取"谁负责谁处理"原则,为全体社工、物业公司、业委会、共建单位等 分配专属账号。截至 2018 年 6 月底,社区在线办理各类手续 327 次,办结率 100%;物业反馈信息 284 次,回复率达 100%;业委会回复信息 169 次,回复率 100%;邻里交流 1594 次,邻里间回复达 3168 次;通过平台开展各类活动 236 次,参与群众 2800 余人次。[①] 连线新州平台社团组织入驻 38 个,共建单位 19 家;并开通西兴街道网上人大代表工作站、西兴派出所网上警务室等工作站,准 备开通"网络医生""网络律师""网络教师"等个人工作室,考虑到老年群体不会 使用电脑,将通过华数数字电视终端搭建新州社区频道,延伸智慧社区服务到 电视终端,真正实现服务全覆盖。新州社区通过连线新州平台,在短时间内解 决了居民群众许多需求,密切了与居民群众的联系,结合"事先问需于民,事中 问计于民,事后问效于民"的三问工作法,从群众意见中找准服务群众的重点, 从群众智慧中收获服务群众的方法,从群众满意中得到广大群众的支持,推进 社区更好地服务改革、服务发展、服务民生、服务群众和服务党员。

2.建设基本架构

杭州高新区(滨江)智慧社区建设试点工作开展以来,通过全面梳理分析

---

① 以上数据为西兴街道新洲社区提供。

"智慧社区"智能管理系统平台的服务功能,提出了"社区数据库、电子审批预受理系统、社工管理应用、公众服务应用"等四大功能,并通过整合优势产业、构筑产业联盟的方式,实现平台功能的深度开发和综合应用,促进社区治理服务创新。在充分试点后,平台于 2015 年 12 月面向全区各社区推广应用①。

(1)搭建"智慧社区"建设框架

"智慧社区"平台主要包括"一库三应用",即社区数据库、电子审批预受理系统、社工管理应用、公众服务应用四个模块。

一是搭建社区数据库,提供社区综合"大数据"。运用"网络爬虫"技术融合民政、残联、综治、城管、计生及流动人口等六个条线系统数据,形成社区数据库,实现"一库对应多条线",避免社工重复工作。建设社区数据"专享云",与公网环境物理隔离,为各项业务提供网络、计算、存储、安全防护等服务。

二是打造电子审批预受理系统,形成"三级联动"办公。对社区各项服务进行电子流程再造,将民政、计生、城管等部门 24 项事务整合到一个窗口,打通区、街道、社区对接渠道,实现网上"三级联动",为居民提供"一站式"服务。将业务办理过程分化成若干简单环节,每个环节附加说明"向导"提示,做到"指引式"操作。所有工作均保留电子痕迹,确保整个办事服务流程可查、可管、可控。截至 2018 年 3 月,系统实现电子审批 327 条,台账事务 289 次。

三是设计社工管理应用,实现"移动式"服务。为社工配备预装社工管理应用的工作手机,包括"走访记录""预受理""舆情信息""日志管理"及"轨迹定位"等功能,实现与社区数据库同步,并通过 VPDN 技术巩固链接、隔离公网,确保数据安全。居民诉求将直接派发给对应的网格社工,通过社工管理应用实现"移动式"上门服务。工作事项分别以百分比显示完成进度,实现"智能化"提醒。截至 2018 年 3 月,基础信息录入 1389 次,走访情况 10709 次,问题处理3274 次,社区活动组织 54 次,信息发布 632 篇。

四是开发公众服务应用,打造社区"互联网＋"新模式。面向居民的公众服务应用,为居民提供居家办证、生活常用服务查询、互动交流以及社区主要活动公告、办事流程、政策法规等信息推送等智慧服务。结合"互联网＋"思维,创新提出"应用池"概念,精心挑选符合居民运用需求的高新应用产品,不断丰富"应用池",让更多居民了解、体验、使用高新企业开发的新兴产品。

---

① 以下资料均从杭州市国家高新技术产业开发区管理委员会网站获取,http://www.hhtz.gov.cn/.

（2）试点先行，稳步推进

2015年6月1日，该平台正式在西兴街道以及金东方社区等六个社区进行实地试点。试点工作通过积极搜集用户反馈信息，不断优化平台服务界面，完善平台服务功能，提高平台客户体验度，完善相关工作流程和工作衔接机制。

在充分试点的基础上，分批次做好项目推广工作。自2015年12月起，按照"由易到难、城乡统筹"的方法，该项目在城市社区和相对成熟的撤村建居社区以"3＋1"为1批次的推进模式，稳步有序向全区推广。目前，全区已有19个社区使用该平台。

在推广过程中，该区围绕"创新社区服务、改善社区治理、增强社区自治"三大任务，加强平台的应用管理，通过建章立制，推动"智慧社区"的标准化建设，从而确保社区服务管理创新落到实处。目前，已初步完成数据库建设规范、平台使用考核细则、社工业务流程规范等规范文件的编制工作。

3.主要做法

全能社工实时知晓小区状况、居民需求。线下：全体社工实行工作日AB岗制度，一门式服务大厅安排两位社工负责接待居民，受理日常事务。以我们所调研的六个社区为试点的区级协同处理网上平台正在初步实施阶段，以"生命周期服务"为主线，实现公共事务"傻瓜"式办理。大厅双休日实行值班制度，值班社工实行"全能社工一口式"事务受理，争取在休息日把能办的事务都办理好，替代以前的条线式服务模式。线上：全体社工每人持智能手机上岗，把整个社区情况装入App中，实时接收小区居民信息，及时反馈各类需求，分析连线平台上的"信息化脚印"，与居民通过网络进行实时互动，在线及时办理各类业务。

居民无论身处何地，即刻享受社区服务。线下：实行网格化管理、组团式服务模式，将服务范围划成八大网格，社区两委成员担任网格长，并成立网格党支部，兼任支部书记，网格长在所属责任区域内上墙公示，居民可以第一时间找到自己的网格长解决问题。线上：将网格化管理、组团式服务模式嵌入连线平台，按区域划分明确社工职责，居民通过连线平台找社区、找社工的问题或事务受理，都由负责该区域的全能社工进行及时受理。居民只要安装了"连线社区"App或关注新州社区微信公众号，就可以在任何地方连接网络，查看社区的实时情况，联系责任片区社工受理业务，畅享信息化时代的智慧服务。

构建"3＋3＋N"合作网络，共建共享幸福社区。第一个"3"：通过线上线下模式进行社区、社工、社会组织联动，分解落实社区事务、便民服务、个性化服务，以满足各个年龄层、各个群体、各种兴趣爱好的公共服务需求。一方面通过牵头组织由居民自发组建的网上社会团体,以自我管理、自我服务的形式为小区自治加分;另一方面要帮助社会团体培育发展成社会组织,更好地"接力"社区公共服务职能,使社会组织成为社会治理重要的第三方力量。第二个"3":通过线上线下模式搭建社区、物业、业委会的三方联席制度,三方各司其职、分工明确。"连线社区"为社区全体社工、物业、业委会分配专属账号,居民可直接通过手机 App 找社区、找物业、找业委会,最终受理结果、处理情况将纳入季度考核。"N":实现社区与居民互动、居民与社区互通、居民与居民互助的"三互模式",以拓展社区服务的"N"种可能,特别是邻里之间的互助,打造互联网模式的新邻里关系,激发、引导邻里和谐相处、互助友爱、温馨幸福的大家庭氛围。新州社区在建智慧体验馆,为让更多的居民了解和体验智慧城市、智慧交通、智慧医疗、智慧家庭等硬件智慧产品及软件 App 应用,提前享受智慧生活给人们带来的惊喜和改变,结合社区一站式服务、科普文化、家庭教育、健康医疗等多样化、个性化功能,面向全体居民开放智慧服务。

(四)建设成效

1.提高办事服务效率

通过"智慧社区"平台建设,实现区、街道、社区三级联动,办事流程真正做到网上流转,居民办事更加方便,办事效率提高 30% 以上。如残疾人家庭申请市级低收入家庭的前期摸底和审批工作,由原来的 60 天缩短到现在的 32 天。

2.推进"全能社工"建设

电子审批预受理系统和社区数据库建成后,有效减少了社工的重复劳动,试点社区每天只需 1~2 名社工坐班,即可完成多条线业务办理,改变"多人操作多平台"现状,为"全能社工"队伍建设创造了有利条件。"社工管理应用"的使用,将网格责任落实到社工,倒逼社工从原来的"业务型"社工向"全能型"社工转变。

3.缩减社区办公用房

据对试点社区办公用房使用测算,通过一个窗口对外服务,平均每个社区至少可节余办公服务用房 50 余平方米。如金东方社区、新州社区将腾出的社区用房建设成"智能便民驿站""智慧体验馆"等社区居民生活娱乐新场所,增加了社区居民及社区社会组织活动空间。

4.拓展居民交流新渠道

利用高新区"智慧经济"产业优势,汇聚高新产业应用,发挥"应用池"传递媒介作用,让社区居民近距离接触优秀高新企业和新兴应用,既扩展了居民需求,又提升了企业知名度,打通居民与企业互动的绿色通道,打造"大众创业、万众创新"的前沿阵地。

(五)不足之处

1.智慧社区治理理念缺少营造社会治理氛围

杭州高新区(滨江)的信息基础设施建设水平,在杭州市各区县中处于领先地位,高带宽高性能无线局域网基本覆盖城市重要公共场所,骨干网、城域网和接入网升级都在快速改造。政府通过开展智慧社区试点建设,减轻了管理社区的行政成本,提高了信息化的办公效率,优化了基层社会治理模式。但在实践中,比起软件的培育,政府更加重视硬件方面的建设。由于社区处于"上面千条线,下面一根针"的尴尬地位,日常工作烦琐又复杂,且每年都要应对"三改一拆、五水共治、平安创建、国卫复评、文明城市"等不同上级部门的考核检查,又要应对各类社区治理问题,本身就"一人多职"的社区工作人员工作量与精神压力都是巨大的,所以在面对智慧社区建设时,当先遣队后劲不足时,容易出现宣传力度不足、流于表面形式等问题,从而使社区居民对"智慧社区"这一概念和建设知之甚少,浪费了智慧社区所包含的信息技术资源和各项服务功能,没有体现智能化的治理效果。智慧社区建设必须要调动各参与主体的积极性,让智慧应用与主动参与氛围齐头并进,只有这样才能构建起真正的智慧社区,才能让智慧社区治理理念深入人心。

2.智慧社区治理机制缺乏有效的协商合作

杭州高新区(滨江)推行智慧社区智能服务平台运行过程中,同样也在按上级部门(社会综合治理条线)要求推进全科网格"四个平台"建设,"四个平台"主要包含:综治工作、综合执法、市场监管、便民服务四方面内容,与智慧社区智能服务平台中多项应用基本一致。虽然知道这两者的目的都是打通基层社会治理的"神经末梢",但实际上由于牵头部门不同,存在体制机制、历史遗留、思想观念等问题,依旧无法打破各部门间的信息壁垒,消除"信息孤岛"现象。比如,高新区(滨江)西兴街道新州社区"连线新州"智能服务平台包含社区各项服务内容与社区信息资料库,与社区网格平台中多项应用存在功能重复现象,信息资源又不能有效互通,缺乏公共数据交换平台和共享平台,增加了社区工作负担,更浪费了政府财政投入。各系统的基础信息各成一派,难以实现集成服务,造成部门间相互扯皮,推诿责任,影响办事效率和服务质量,降低了政府公信力。传统社区管理模式"各管各"的弊端显而易见,急需向呼吁协商共治的智慧社区治理模式转变。

3.市场参与热度不足

杭州高新区(滨江)的智慧社区建设,原则上采取了政府购买服务的方式进行。《加快示范应用推进杭州高新区(滨江)"智慧城市"项目建设工作实施方案》中明确了政府购买智慧城市方面的服务,视承接主体的实际情况,可采用邀请招标、竞争性谈判、单一来源、询价等方式确定承接主题,在同等条件下优先采购区内企业的产品与服务。由此可见,政府在向第三方购买服务时,处于主导地位,这往往也导致了市场服务企业的被动参与,他们只是发挥自身优势力量,以政府的意志将自己的业务、产品与服务等,向智慧社区输送,并从中获利,这容易导致一些华而不实的应用的出现,既占资源,又浪费资金。智慧社区建设不仅仅是技术问题,更是一项涉及各方面的系统工程,政府理应以社区居民的实际需求为出发点,通过充分发挥市场作用,规范引导市场秩序,搭建互动交流平台,这不仅可以吸引更多优质企业参与竞争,也能增强智慧产业行业本身的危机感,促使其不断转型升级。且不同企业需要找到彼此的融合点,克服兼容性等问题,完成社会成员的物质、信息流动以及需求层面的互动。

4.居民参与的积极性低

从走访调研中,我们发现,社会成员对智慧社区的关注度不够高,参与建设的热情也参差不齐。智慧社区建设主要还是由区政府牵头,由第三方运营公司配合。虽然杭州高新区(滨江)智慧社区已初步建立了一个智能服务平台,但是从实际效果来看,多方的参与程度相对较低,尤其是居民们投身其中的积极性更是不高。我们应当清楚地认识到,智慧社区就是希望能够把虚拟社会和现实社会进行最佳的融合,而在当前向智慧社区迈进的道路上,政府仍然为主导方,自上而下的行政管理仍是最为主要的治理方式,同时居民在自治领域和参与积极性方面也有所缺失,所以智慧社区想要实现真正的多元化共治仍然任重而道远。具体到本文所研究的滨江区社区治理当中,"政府主导,三级联动"这一模式已经被广泛应用,即使这样的运作方式也让社区居民不满,因为许多居民特别是中青年群体缺乏时间与精力投入其中。在这样的情况之下,虽然社区通过召开党员代表大会、居民代表大会、民主监督等会议来决策社区公共事务,但其中有很多主导因素,诱导参会代表朝着政府意愿进行投票表决,并不能真正体现民主决策。这就从本质上束缚了社区居民积极主动参与社区治理的热情。

5.智慧社区文化建设水平有待提升

在智慧城市规划和建设管理中,文化元素被更巧妙地植入生活设施之中。基于独特的文化资源的体验消费与保护传承,文化成为越来越多城市打造生活品质之城并进而对外营销品牌的金名片。在政府公共管理体系中,从文化政策、文化战略到文化规划,基本的社会文化待遇都是居民生存权和发展权的有机组成部分,应最大限度地保障公共文化产品供给。为了满足居民在社会文化等方面日益增长的生活需求,完善公共服务保障体系,提升基层服务保障水平,基于社区公共服务平台的智慧社区建设就自然被提到了更高层面。通过调研,我们发现六个智慧社区中的文化建设存在重视程度不高、服务对象以老年人为主、文化活动资金来源单一、与居民文化需求不匹配等问题。习近平总书记曾说,满足人民过上美好生活的新期待,必须提供丰富的精神食粮。文化建设的核心就是满足人的精神需求。在中国特色社会主义新时代,文化建设的地位更加重要,作用更加凸显。[①] 因此,在智慧社区的建设中我们不能忽视文化的作用,应将其作为提升居民生活品质的重要抓手。

(六)原因分析

根据上述杭州高新区(滨江)智慧社区建设中存在的问题,结合调研走访结果,我们认为有以下几方面具体原因。

1.政府视角:政策较笼统

杭州高新区(滨江)智慧社区建设中的治理目标、治理理念、治理机制、治理评估等问题的产生源于缺乏有效的保障机制。具体体现为两方面。

一是外部政策环境。建设任何项目,保障机制与配套措施越健全,实施过程就越有条不紊,智慧社区建设亦是如此。因此,在智慧社区建设的前期规划、设计初期,实施、维护阶段,监督、评价后期,都需要一系列完善的机制来保驾护航。从国家层面颁布的《智慧社区建设指标体系》《智慧社区建设指南(试行)》等文件到杭州高新区(滨江)发布的《杭州高新区(滨江)智慧社区操作指南(试行)》《杭州高新区(滨江)智慧社区数据库建设标准(试行)》《杭州高新区(滨江)智慧社区社工业务流程规范(试行)》等文件看,大多数文件倾向对技术层面(一般是智慧社区建设的硬件设施、操作流程)做出规范要求,忽略了软件方面的指

---

① 祁述裕.党的十九大关于文化建设的四个突出特点[J].行政管理改革,2017(11):13-26.

导。《滨江智慧社区平台使用考核细则（试行）》的考核对象表面上是社区，实则是对社工在平台上录入信息数据的工作量考核，对实施效果的跟踪督促力度不够，人大、纪委、居民、舆论等组织或主体的监管力度和声音也较微弱。从公共治理视角分析，无论是国家层面还是地方政府层面出台的文件都极少提及公共治理需求，弱化了社会力量的监管，即便是信息化应用的规定也较宽泛，对治理目标、资源的整合方式、系统的评估等内容并未细致说明，这些都有可能影响智慧社区建设的成果。

二是内在治理理念。在推行智慧社区建设之前，杭州高新区（滨江）的电子政务系统就比较成熟了，政府部门通过网上办公（OA平台）促进了职能转换，做事更高效透明，业务流程更明确规范，节省了行政成本，有利于打造服务型政府。而推行智慧社区建设后，由于部门立场视角不同，智慧社区服务系统与电子政府系统并没有得到有效的整合，造成某些公共资源的浪费（如数据重复申报），增加了行政成本，影响了服务品质。智慧社区建设需要多个部门协同推进，如需要民政局负责统筹规划，公安部门提供基础信息，其他条线相互配合等，如果区政府不牵头协调，容易出现一些事项无人理会、一些事项多头管理等现象，致使制定规划拖沓落后。由此可见，高新区（滨江）的电子政务建设对智慧社区建设的作用还未显现，两者还是缺乏制度化的合作。

2.社会视角：合力较涣散

当前，政府在杭州高新区（滨江）的智慧社区建设中处于核心地位，忽视了社会成员的全程参与，缺少共融共建的氛围。特别是在向第三方购买服务时，政府的主观能动性较强，往往会选择有过合作的企业，或扶持的企业，而没有放入市场进行良性公开竞争。有的企业纯粹为了利益高举智慧社区旗帜，实则各方面技术还欠成熟；也有企业认为政府设置的门槛过高，而自动放弃参与竞争的机会，此外社区的一些社会组织虽然能比较真实地反映社区居民的需求情况，但因发展相对薄弱，还不能承接起组织社会团体、社区居民参与智慧社区建设的重任，由此造成整个社会参与力度不足，没有形成"共建共赢"意识。同时，在智慧社区建设前期，政府会重视社区居民的感受来设计系统的模块，但对社区全面参与显得不够重视，只会一味地让社区提供资源。在智慧社区智能服务系统运行过程中，政府无论对社区居民还是对社区都显得有点力不从心了，体现在对于社区、社区居民反馈的信息不能及时处理，智能服务系统各应用更新缓慢，出现信息不对等问题，日常维护等后勤保障力度不够，这样容易使社工失去操作信心，导致居民对智慧社区建设持否定态度。

众所周知,智慧社区智能服务系统离不开信息技术和智能技术的使用,它包含的所有信息在所处的网络环境下,容易遭到病毒侵袭、黑客等不法分子的攻击。同时,有关智慧社区建设的法规还不够健全,居心叵测之人钻法律漏洞,从而有不正当行为发生,损害社区各方利益。社区居民会担心网络安全引发个人信息外泄等问题,造成不必要的麻烦或经济损失,会不愿意配合或参与到智慧社区建设过程中,难以形成"共融共建"的社会治理氛围。

3.社区视角:观念较传统

一是社区方面的问题。社区虽然是群众性自治组织,但现实中表现出对政府极高的依赖性,缺乏独立自主性。当前,社区居委会工作基本集中在完成上级各种任务层面,同时,在社区事务的决策、规章制度的建立、财务层面的民主监督、居务公开等方面,不能在智能服务系统上做到全面公开透明,往往选择公开对政府声誉无影响的事件,太过走形式,缺乏实际效果。从走访调研中,我们发现各社区的信息基础设施建设较健全,智能服务系统各模块应用范围覆盖也较广,但社区居民实际利用率较低,造成资源浪费,达不到智能管理的要求,而且社区的专业服务人才短缺、管理水平低下、居民素质参差不齐等因素,致使智慧社区项目推进受到限制。

二是社区居民方面的问题。由于官本位思想根深蒂固,社区居民主观意识上就把政府机构定义为上级机关,普遍存在"政府说什么,便是什么"的现象。居民主观认为政府的压倒性做法,不会认同或考虑底层老百姓的意见,因此在没有触犯到居民自身利益时,对社区的各项决策意见,采取"事不关己,高高挂起"的态度。比如政府广泛征求意见时,通常会以"无意见、无异议"进行反馈,使得政府不能收集到有效信息,对进一步完善智慧社区智能服务系统缺少帮助。此外,政府对于智慧社区的宣传形式不够针对性、多样性,造成覆盖面不广,社区居民的认知不够,参与热度较低,特别是文化水平较高的中青年上班族、外来务工人员等人群对智慧社区建设知之甚少,少有机会参与社区活动,也直接影响智慧社区建设的成效。

三、杭州高新区(滨江)智慧社区建设优化提升策略

伴随着我国政府改革和城镇化建设的快速推进,智慧社区建设显得越来越重要。它不仅能发挥信息化优势,畅通沟通渠道,满足居民日常及多样化社区

服务需求,还能降低政府行政成本,减轻社区治理负担,营造出一个安全、便利、和谐的社区环境。鉴于杭州高新区(滨江)智慧社区建设发展现状,根据对杭州高新区(滨江)西兴街道六个社区开展的"社区工作人员"调查问卷和"社区居民"调查问卷数据分析,本文结合国内外智慧社区建设的经验启示,在相关社会治理理论的指引下,提出完善杭州高新区(滨江)智慧社区建设的对策意见。

(一)做好智慧社区建设的"顶层设计"

智慧社区建设同样是一项系统性工程,需要用全局性的视角统筹、调节智慧社区中的各要素,且需要政府在资金和技术等方面的大量投入。在建设智慧社区的过程中,必须以"统一社区规划、统一建设标准、统一规范管理"为原则,从而避免各地区基层社区之间"各自为政"。智慧社区建设也期待国家层面的"顶层设计",有了"顶层设计",智慧社区的发展才能健康、可持续。智慧社区不仅仅是一个改善基层社区信息化水平的工程项目,而是运用信息化技术创新基层社会治理模式与未来城市社区发展相融合的过程。政府部门要制定智慧社区发展的规范性总体框架目标。发展框架首先要围绕政府、企业、社会组织和市民的需求。其次,要结合不同城市各自的发展目标,注重智慧社区的特色化发展,促进智慧产业的发展。最后,要在发展框架的指导下,在全国各地分阶段推进智慧社区的试点计划,通过设立专项资金,同时引入市场机制,在条件成熟的地区开展因地制宜、适度超前的智慧社区建设。

(二)注重协商共治,发挥市场机制决定性作用

"协商合作"模式在当前的市场机制中应用十分广泛,在基层社会治理中也要引入这一模式,首先就要求各参与主体能够达成信赖与合作。在智慧社区建设推进中,政府部门作为把握全局的规划者,应根据现实社会和虚拟社会的不同性质,建立完善的政府信息公开制度,并对政府公开数据进行有效规范,打通政府各部门间数据共享通道,推进政府数据向社会开放。如此,企业能利用政府开放的信息及有效通道实现转型升级,进一步优化智能服务平台的各项操作应用。社区居民及其他社会组织也可以借助智慧社区中所开辟的不同协商平台,拥有更多的机会参与到社区公共事务的治理之中,表达个人意见,监督工作运行,真正地融入社区治理中,同时这也能够让社区的治理变得更加多元化、丰富化。

面对智慧社区建设项目的浩大与繁重,政府部门应当在健全基础设施建设

中给予大量的资源和财力支持，也需要提供一系列政策性的法律法规，明确智慧社区的建设发展蓝图。当然，政府之外还需要其他各方积极参与，促使市场机制在这里发挥重大作用，把市场资源、社会资源更多地引入到智慧社区之中，吸纳更多的技术，获得更加专业化的管理，确保智慧社区发展可持续。杭州高新区(滨江)政府就采用了购买服务的方式，推动了一批社会组织的发展。不过，高新区的互联网产业优势举国闻名，这里聚集了一大批在物联网专业技术研制领域中具有突出特长的骨干企业，这些企业掌握了一大批高精尖专业科技，所以说高新区(滨江)的社会活力还远未完全激发。政府应鼓励企业和社会组织投资建设智慧社区各类应用项目，推广各类智慧终端，支持各类商业模式创新，建立可持续的商业模式，完善智慧社区项目的自我造血功能。这样看来，只有进一步强化社会组织的自身建设与创新，并根据政府指导和社会需求，积极地投入到智慧社区的治理服务中，才能真正地在智慧社区的发展中获得蓬勃生机。

另外，要转变投融资机制，从依赖银行间融资为主转向以主要依靠国内外金融市场直接融资为主；经济发达的地区也可以积极参与国际科技合作，争取国外援助。同时也可以逐步开放资金市场，加快发展风险投资，开辟风险投资多元化渠道，营造有利于风险投资的宏观环境，吸引多方面的力量，鼓励外国资本、社会法人资本、民间资本进入相关产业领域投资，加大投资力度。地方政府要充分发挥市场配置资源的基础性作用，通过建立政府扶持机制，设立专项扶持资金，在投融资、税收、知识产权保护等领域建立保障扶持政策。同时，应加大力度鼓励和引导民资进入重点领域，以项目招标、网络托管的形式让民营企业参与，更好地建设和维护信息运输网络，在项目审批、办公场地、税收优惠、人才引进等方面给予相应的倾斜，重点项目在资金上给予补贴。

(三)引导居民参与智慧社区的规划建设

社区是社会公众参与社会活动的最基本单元，是基于互动关系和共同认识的社会生活共同体。智慧社区建设，是基于传统社区治理模式的转型升级，更需要每一位社区居民踊跃参与其中，为社区发展扛起责任，奉献一己之力。因此，当前智慧社区建设与发展的关键点，在于如何提升社会居民的参与度、归属感以及主体地位等。

提升社区居民广泛参与社区治理的积极性，第一步就是加强宣传和推广智慧社区建设理念。要积极宣传、推广智慧社区建设的应用案例，扩大示范应用的带动效应。通过媒体报道、展览会、体验馆等多种形式，大力开展滨江智慧社区建设的宣传报道和科普活动，让更多的居民了解和使用滨江智慧社区的各种应用，充分展示滨江发展智慧产业和智慧城市建设的成果，努力提高智慧社区的知晓率与认同度。

智慧社区建设坚持"以人为本"核心，为重塑社区共同体创造了优良的氛围条件。在智慧社区中，社区治理的参与主体（政府、市场、社区居民、物业、社会团体等）借助智能服务平台构成开放式的公共服务生态环境，进行有效的沟通、互动、交流、合作，不仅增加了邻里情感，增进了社会认同，还能在参与公共事务等活动中凝心聚力，共同为社区发展献计献策。例如，在智能服务平台设置自治和共建功能，建立社区互动版块（民情圆桌会），广泛听取居民关于社区服务方面的意见建议，准确把握居民关注的热点与焦点问题，更多地集聚民意和民智，实现社区决策的民主化。除此，平台当中也需设置沟通协调板块，居民们能对社区的大小事务畅所欲言，对各类问题进行商议协调，同时也能开展网上民意调查和投票，促使表决结果充分体现民意。而在共建部分，需调动社区物业和业委会参与的积极性，让各项工作在居民的监督之下阳光运行，确保了社区居民实时参与业委会建设，又提升了物业的可信度。智能服务平台中自治功能和共建功能的搭建，能够畅通民意表达渠道，构建更加和谐的社区治理环境。

此外，通过社区自治还能增强社区参与主体的凝聚力、向心力。智慧社区智能服务平台融合了各方的利益和需求，不仅方便主体之间的沟通联系，及时获取各方信息，保证服务质量，解决疑难问题，更有机会培育营利性和非营利性组织，为政府行政减负，实现全社会共同参与基层社会治理的美好愿景。不仅如此，还需将居民参与形成常态化机制。通过组织召开座谈会、听证会、党员代表大会、居民代表大会、业务代表大会等方式，听取本社区居民对社区建设的意见建议，了解居民需求，为社区治理与服务的调整提供指向标，促使社区成员获得对智慧社区建设的情感认同，社区成员将会以更饱满的积极性、更强烈的"主人翁"意识，主动参与社区治理。

（四）加快智慧社区保障体系建设

智慧社区建设周期长、涉及面广、投入多、难度大，因此，构建智慧社区建设保障体系极其重要。从具体设计来看，要突出抓好以下四个方面。

1. 强化组织保障

智慧社区建设的落脚点在城市建设的最基层，同时其建设内容、建设标准等又必须与整个国家的智慧社区建设相统一。针对这一情况,应在国家层面设置必要的组织机构,专门负责智慧社区建设的顶层设计和政策指导,这一机构须跨过不必要的行政层级直接指导基层政府的智慧社区建设工作。同时,除了建立专门的建设机构以外,也有必要将业主委员会、社区志愿者组织等社区NGO(非政府组织)融入社区的管理机构中,对社区原有的组织构架做一定的调整,以实现智慧社区的有效运转。

2. 强化法律保障

当前,社会智慧化程度不断提高,各地智慧社区建设也在积极开展。我们要针对智慧社区建设的现状,加强规划引导,建立健全法律法规体系,不断完善相关的政策支持体系,以确保智慧社区建设的顺利推进。我国有必要抓紧研究智慧社区的产生发展,加快制定一部专门规范智慧社区建设的法规规章。同时,还必须加强司法、执法和普法等方面的工作,维护正常的智慧社区建设之需,为智慧社区的发展创造良好的法制环境。

3. 强化人才保障

全力推动智慧社区建设发展,要做好专门技术人才、智慧社区管理人才、一般信息人才等三类人才的引进培养。在人才引进与培育方面,不仅要加大国外优秀人才的引进力度,还要重视本土人才的培育,加大教育资源的投入,进一步强化产学研的模式。在政策扶持与公共服务方面,不仅要研究制定人才引进、项目支持、创新奖励、人才住房等方面的相关政策,还要配套做好人才服务工作,努力为智慧社区建设所需要的高端人才创造一个广阔的发展空间。

4. 强化资金保障

在智慧社区的建设过程中,一方面要加大财政性资金的投入,探索设立"智慧社区"专项资金,在各级科技、信息化发展专项资金中根据需要统筹安排资金,主要用于基础性、全局性、公益性的重大融合项目建设,以及信息通信关键技术和核心技术攻关。同时,也要解放思想、开拓创新,吸引和鼓励民间资本、金融资本、国际资本,加大对智慧社区建设的投入,并提供政策优惠和保障,倡导资金雄厚、技术实力强大的国内外大型企业,积极参与到基层的智慧社区建设实践中。

(五)探索智慧社区商业模式

智慧社区建设立足于"智慧",应用于"社区",出发点和落脚点是"满足人民日益增长的美好生活需要"。为此,推动智慧社区建设商业模式创新,要贯彻以人为本的思想,紧紧围绕提高人民生活便利度和满意度的目标,以实际需求和用户体验为风向标,以数据开放、资源共享和服务整合为前提,以需求为导向,用供给的创新刺激用户的需求,在应用过程中合作、创新,向社区居民提供广覆盖、多样化、高质量的智慧服务,让居民充分享受到城市生活的便利、高效、低碳,在此过程中不断发现新需求、拓展新市场、研发新产品、培育新增点,形成自发性、内生性动力循环系统,促进可持续发展。政府部门要围绕政府、企业、市民的需要,牵头制定智慧社区规划发展纲要,同时,结合城市发展定位,注重智慧社区特色化、差异化发展,带动智慧产业的繁荣,促进商业模式创新。

(六)依托楼宇经济,探索楼宇经济社区化发展模式

楼宇经济作为发展区域经济的重要抓手,对加快推进城市经济和社会结构转型升级、提升土地等空间资源的利用率有积极意义。然而,在完全市场化的情况下,楼宇经济的发展不可避免地产生如同质化无序发展、产业集聚度低、区域恶性竞争等一系列问题,相关配套设施的发展也相对滞后。因此亟须建立一套楼宇经济空间发展体系,将城市楼宇经济的发展纳入科学化、系统化、协调化的发展轨道。

随着移动互联网的全面普及和物联网应用的逐步推广,商务楼宇正在向个性化、人性化、智慧化方向迈进,楼宇空间不同程度地融合了个性化办公、贴心化服务、国际化配套。许多高端楼宇已初步实现了"智慧化",为建设智慧社区奠定了基础。智慧社区是一个完整的生产、生活、生态系统,能够将社区中原本各自离散的功能集成起来,实现设施和资源互联互通、共建共享,为用户的生产生活带来便利。智慧楼宇社区是智慧社区建设的重要方面,依托社会服务管理系统和指挥平台,按照政府职能改革权力清单、责任清单的要求,打造满足社区需求的服务型智慧政务平台。该平台具体又包括中心设备控制平台、系统集成平台、物业管理平台、社区服务平台,可嵌入多项服务功能。依托智慧城市建设的商业模式创新,智慧社区建设有望率先纳入商业化运营,为智慧应用服务进社区、进家庭奠定基础。

从城市治理导向来看,楼宇经济社区建设模式是地方政府为实现楼宇经济健康可持续发展,依托城市治理体制整合各方力量实践而来的成果。楼宇在本质上属于城市生产性空间,而空间问题始终是城市规划的基本问题,也是我们研究城市治理需要认真思考和系统解决的问题。杭州高新区(滨江)可结合智慧社区建设,围绕楼宇经济等生产性服务业空间布局问题,从社会服务管理层

面解决好空间生产效能问题,积极推动楼宇经济社区化发展模式创新。

(七)加大智慧社区文化建设力度

社区智慧化为文化建设提供了良好的技术条件和传播手段,我们应利用这些条件加大文化建设力度,尽可能满足不同层次、不同年龄段居民的文化需求。主要做法包括建立智慧社区文化综合体、加大文化扶持力度和拓宽文化空间、丰富文化阵地。社区文化综合体作为基层公共文化服务中心,发挥着重要的文化输出功能,所调研的六个社区都有相应的文化综合体,但存在着诸多局限性,如资金短缺、场地不足、专业文化工作人员少等普遍问题。同时,大部分社区在文化活动支出、民间艺术团体培训上花费较大。虽然省、市层面提出"文化扶贫"等活动帮助社区文化综合体对民间艺术团体进行培训或者来社区进行演出,但在实际运行当中,次数太少,仅仅依靠街道之间的互助是解决不了的。省、市政府应加大基层街道、社区文化扶持力度,建立具有智慧社区特色的文化综合体,通过"高雅艺术进社区"等形式,提高社区民间艺术团体的专业性,丰富社区文化生活。

室内文化空间不足是所调研的六个智慧社区文化建设的通病,尤其表现在民间艺术团的排练空间不足。此外,文化空间种类不足也是制约居民文化生活发展的一大桎梏。因此,拓宽文化空间、丰富文化阵地是刻不容缓的举措。第一,积极响应市政府提倡的文化空间共建共享,利用好学校、机关等空余时间的文化场地,提高文化场地的利用效率,同时,保证文化活动的有序性及安全性,保证不打扰相关单位的日常工作。第二,积极利用街区空间。街区是人流量汇集的地区,尤其是一些重要的商业综合体,是繁忙地带。部分文化活动可通过街区、广场等室外空间进行展示排练,这样既是对文化工作者的锻炼,也是对室外文化活动的一种补充。第三,积极利用智慧社区的技术条件,拓展文化信息空间,争取用较低的成本服务较多的人群,满足更多的需求。部分生活居家服务可通过网络进行,丰富文化活动的层次。

(2018年"杭州建设'休闲时代'2.0——基于数字城市的视角"专项课题)

参考文献：

Batty M，Axhausen KW．Giannotti F，et al．Smart cities of the future[J]．The European Physical Journal Special Topics，2012(214)：281-518.

IBM 商业价值研究院．智慧地球赢在中国[Z]．(2009-02-05)．http://www-900. ibm.com.

IBM 商业价值研究院．智慧地球[M]．上海：东方出版社，2009.

柴彦威，申悦，陈梓峰．基于时空间行为的人本导向的智慧城市规划与管理[J]．国际城市规划，2015(6).

陈莉，卢芹，乔菁菁．智慧社区养老服务体系构建研究[J]．人口学刊，2016(3)：67-73.

龚雅琦．城市社区公共服务公众满意度测评[D]．湘潭：湘潭大学，2014.

康春鹏．智慧社区在社会管理中的应用[J]．北京青年政治学院学报，2012(2)：72-76.

李明超．城市治理导向的楼宇经济社区发展模式探讨[J]．同济大学学报(社会科学版)，2017(3)：66-76.

阮重晖，李明超，朱文晶．智慧城市建设的商业模式创新研究[J]．浙江学刊，2015(6)：216-221.

申悦，柴彦威，马修军．人本导向的智慧社区的概念、模式与架构[J]．现代城市研究，2014(10)：13-17+24.

沈广和，王梦珂．基层智慧社区治理的现状、问题与对策思考——基于江苏省的调查研究[J]．中国市场，2018(34)：13-15.

王京春，高斌，类延旭，方华英，高飞．浅析智慧社区的相关概念及其应用实践——以北京市海淀区清华园街道为例[J]．理论导刊，2012(11)：13-15.

吴胜武．关于智慧社区建设的若干思考[J]．宁波经济(三江论坛)，2013(3)：7-9+6.

徐婵，乐意．杭州高新区(滨江)："智慧社区"助推社区治理服务创新[EB/OL]．[2017-06-29]．http://leaders.people.com.cn/n1/2017/0629/c411396-29372245.html.

于大鹏．物联网社区服务集成方案和模式研究[M]．北京：国防工业出版社，2015：15-18.

虞益飞．杭州高新区(滨江)智慧社区建设研究[D]．西安：西北大学，2018.

张彭，王轶斌，沈玉梅，李若思．基于城乡统筹综合信息服务平台构建智慧社区的研究[J]．中国管理信息化，2012(6)：83-84.

郑从卓，顾德道，高光耀．我国智慧社区服务体系构建的对策研究[J]．科技管理研究，2013(9)：53-56.

朱洁妮，葛中全．基于智慧城市的发展理念——智慧社区的布局探索[J]．成都大学学报(社会科学版)，2018(5)：7-11.

社区休闲文化形成的心理机制研究

——以翠苑社区为例

陈美爱　来晓维　赵春艳*

一、引　言

国家"十二五"休闲发展的工作目标是通过大力开展休闲宣传教育,实施《国民旅游休闲纲要》(以下简称《纲要》),以期增强国民休闲意识,提高国民的休闲参与度,加快休闲公共服务建设,建立引导休闲发展的有效工作机制,大力推动休闲产业发展,初步形成较完善的休闲产品体系,培育一批与国际接轨的休闲城市、休闲产业、休闲品牌,为提高国民幸福指数和经济社会发展作出贡献①。2013 年 2 月,国务院办公厅印发了《纲要》(2013—2020)。该纲要是在"十二五"时期休闲发展总体目标的框架下编制而成的,主要以提高国民幸福指数为目标,通过保障国民旅游休闲时间、改善国民旅游休闲环境、推进国民旅游休闲基础设施建设、加强国民旅游休闲产品开发与活动组织、完善国民旅游休闲公共服务,以及提升国民旅游休闲服务质量等一系列政策措施,推进基本公共服务均等化,进一步保障国民休闲权益,引导健康文明的休闲生活,努力满足国民日益增长的休闲消费需求。国务院批准颁布的《纲要》着重彰显"以人为本"的执政理念,其目的旨在提升人民的生活质量。换句话说,颁发《纲要》的最终目的还是为了提高国民幸福指数,而市民的幸福感是国民幸福指数的重要组成部分。

---

* 浙江大学亚太休闲教育研究中心。

① 刘德谦,高舜礼,宋瑞. 2011 年中国休闲发展报告[M]. 北京:社会科学文献出版社,2011:3-4.

著名城市学者刘易斯·芒福德(Lewis Munford)认为城市促使人类经验不断化育出具有生命含义的符号和象征,化育出人类的各种行为模式,化育出有序化的体制、制度;城市集中体现了人类文明的全部重要含义①。城市发展并不是一个孤立的体系,城市发展与城市社区居民的休闲、就业、消费、投资等因素有着紧密的关联。社区是城市重要的管理单元,是社会整合和社会认同的基础,是人际关系的集聚地和亲密关系的载体,也是形成与塑造市民心理习惯、文化意识、公民行为的社会结构基础。若要研究城市的休闲文化,从研究社区的休闲文化入手相对而言具有较强的可操作性,社区的休闲文化研究是城市休闲文化研究的基石。

但是到目前为止,对休闲文化的心理机制还没有全面的、系统的调查研究,学界对休闲文化的认识也都是处在比较感性以及比较抽象的层面,这无论对于政府部门从宏观和长远角度规划休闲产业还是对于引导市民进行合理的休闲消费、提高其生活品质来说,都是不利的。

社区居民幸福感的提升在某种程度上可间接推动城市的发展,本研究拟通过社区休闲文化形成的心理机制研究,了解社区居民的休闲需求和休闲动机,在一定程度上有助于相关部门调整方针政策,推动社区休闲产业的发展、休闲文化设施的开发,以及具有杭州特色的休闲品牌的建设。所以,我们认为深入、细致、全面、系统地对社区休闲文化形成的心理机制进行研究,充分掌握社区休闲文化的相关状况,梳理社区休闲文化的特点,将有利于政府相关决策部门合理配置休闲产业,从而促进社区居民幸福感的提升;同时也能使休闲消费相关企业所提供的社区休闲产品与休闲服务更加具有针对性。

二、社区休闲文化现状和特点——以翠苑社区为例

戈比认为:"休闲是从文化环境和物质环境的外在压力中解脱出来的一种相对自由的生活,它使个体能以自己所喜爱的、本能地感到有价值的方式,在内心之爱的驱动下行为,并为信仰提供一个基础。"②社区居民对休闲的理解都是基于他们自身的休闲需求和休闲动机;社区居民普遍认同的休闲价值就是所有

① 刘易斯·芒福德. 城市文化[M]. 宋俊岭,等译.北京:中国建筑工业出版社,2008.

② 杰弗瑞·戈比. 你生命中的休闲[M]. 康筝,等译.昆明:云南人民出版社,2000.

时代和所有地方的人一直追求的终极目标——幸福,其中涉及居民的休闲体验;社区居民自觉遵循的生活方式就是将休闲作为一种生活方式,从而实现休闲是社区居民生活常态的目标;政府决策的导向还是以实现幸福的休闲城市为理念。

社区是休闲空间建构的具体对象,居民在和谐的休闲空间中才能体会到生活的意义和幸福感。对社区休闲文化形成的心理机制研究,最直接的益处是提升社区居民的幸福感。只有充分了解社区休闲文化形成的心理机制,才能进一步了解社区居民的休闲需求和休闲偏好,以及改善他们的休闲满意度状况,从而有针对性地开发社区休闲文化设施。另外,通过对社区居民休闲文化的深入分析,本研究旨在找出社区居民对休闲文化认识的偏差,提出提升社区居民生活品质以及社区居民的休闲活动与经济社会及其他方面协调发展的建议和对策。

杭州的历史发展一直比较平稳、少战乱,具有和平渐进的特点,基本上形成了以良渚文化、吴越文化、南宋文化和明清文化为代表的比较完整的历史文化序列。杭州的休闲文化有着悠久的历史和深厚的底蕴,而翠苑社区地处西湖区高教中心,辖区内有翠苑一区、翠苑二区、翠苑三区、翠苑四区、翠苑五区和宋江村等,且辖区社会和经济发展迅速,商业繁华,交通便捷,是杭城集居住、商贸、高新技术开发、校院文化为一体的新兴区域。翠苑社区所在的翠苑街道获得了全国社区共建共享先进街道、省创建充分就业社区先进单位、省民政工作先进街道、省区域共青团建设示范街道、省和谐社区示范街道、省小康型老年体育先进街道、市社区建设示范街道、市再就业先进集体、市背街小巷改善工程先进集体、市社会综合治理先进单位、市卫生强街道、市文化示范街道、市综治工作示范街道、市安全食品示范街道、市非物质文化遗产普查先进单位、市信息化建设先进单位、市世博维稳安保先进单位、市无偿献血先进单位、市企业退休人员体检先进单位等多项全国、省、市级荣誉。

近年来,翠苑街道在"基础"上投力量,扎实开展"3345"、党员分类管理、楼宇党支部组建等活动,积极探索企退自管小组党组织组建、社区党组织公推直选换届、岗位廉政教育、区域大党建等方面工作,积累经验,夯实基础;在"难点"上下功夫,开展"小红灯,黄手绢""民情三谈""八求八创"活动,建设"社区老年食堂""社区公共服务站",深化为民服务举措;在"亮点"上做文章,推出"三个一百送温暖、五树五创五争当"、社区思想政治教育研讨会、"点燃创业主体激情,放手使用奉献青春""快乐周末,社工心理访谈""美丽翠苑——你我同行"系列先进评选活动等,为地区经济和社会事业健康发展提供了有力的组织支持。翠苑社区由于其历史的悠久性、区位特点等,在杭州的众多社区中具有一定的代表性。因而本研究选取翠苑社区作为研究对象,在了解其休闲文化总体状况的基础上,进一步分析休闲文化形成的心理机制,"以点带面",进而延伸讨论如何加强杭州市的休闲文化建设。

本文在理论假设、居民访谈的基础上,编制了《翠苑社区休闲文化形成的心理机制研究》问卷,采用 SPSS 16.0 等统计软件进行数据分析。在分析翠苑社区休闲文化现状和特点的基础上,理清社区居民的休闲需要、休闲动机、休闲体验和幸福感之间的关系。

(一)翠苑社区休闲文化现状

1.对翠苑社区居民休闲方式的访谈

课题组在翠苑二区随机抽取了 20 位居民进行访谈,意在通过访谈了解他们对于休闲的认知、对于参与休闲的态度、参与休闲的主要活动和主要形式,从中提取他们对于翠苑社区休闲文化的总体感受。

在对于休闲的认知方面,我们与受访者探讨了"什么是休闲",和"休闲有什么价值"这两个问题。大多数受访者都表明自己对休闲的认识只是很模糊的感觉,并没有清晰的概念界定,因此很难言表。课题组尝试给出几个选项(如"休闲是空闲时间""休闲是自由时间内的活动""休闲是一种生活方式""休闲是存在状态"),让他们选择比较符合他们内心想法的答案。一半受访者倾向选择"休闲是一种生活方式",而另一半人则认为"休闲是自由时间内的活动"。在他们看来,单纯的空闲时间并不能构成休闲,而只是休闲实现的一个前提条件;而所谓的"存在状态",大多数受访者表示不理解这个词。可见,对于普通民众来说,休闲主要还是一种活动,这种活动渗透在生活的方方面面,但上升不到精神的高度。

而对于休闲的价值,所有受访者都认为,进行休闲主要是为了放松身心、减轻压力。确实,我国社会处在转型期,在科技创新、制度完善、经济发展带动了社会进一步的同时,生活节奏也随之不断加快,各种因素造成了人们前所未有的压力,精神极度紧张。日益丰裕的物质条件让人们过上了更好的生活,但并不能让人们摆脱来自生活和工作的各种压力,因此人们需要休闲。受访者也表示在进行休闲时,他们希望能够从中体验轻松和愉悦,让身心都得到放松,并享受生活。除了这一点,也有受访者谈到休闲对于促进社会和谐具有一定的作用。在职场压力、生活压力等各种压力的综合作用下,容易诱发心理失衡并导致人际冲突,因此适当的休闲参与有一定的心理调适功能,有助于缓解紧张、怡养性情、释放心底欲望、获得心理愉悦①。

对于社区休闲的参与态度,只有四位受访者认为每天都会在社区内进行一定的休闲活动,这是日常必需的一项内容;而大部分的受访者(约有2/3)表示只是偶尔会在社区中进行休闲,当有集中的空闲时间时,他们更愿意选择去别处旅游或者逛街而不是只在社区内活动。经过深入交流,课题组发现这一现象与社区内休闲活动设施不足、休闲活动种类单一有关。

翠苑社区是杭州市内历史较为悠久的社区之一,早年的建筑规划跟不上现代人与日俱增的休闲需求,因此可供活动休闲的场所不是很多。社区内小公园常有居民前来散步遛弯儿,和邻里闲坐着聊聊家长里短,也有退休居民组成的广场舞队在此跳舞健身。但是这些活动的主体主要是年龄偏大的人群,小青年们的基本休闲需求在社区内无法得到满足,因此多数年轻人会选择去别的地方,而不会选择在社区内进行休闲。另外,虽然社区也贴心地设置了图书阅览室,为社区居民提供了一个自主阅读和学习的环境,但是经过实地考察,课题组发现这个图书阅览室并没有发挥它应有的效用。图书室周一至周五白天为社区居民提供借阅服务,周末却关门,不对外开放。因此,对于社区大多数上班族来说,他们并没有机会真正享受到图书阅览室的借阅服务。由课题组的采访情况可知,由于不受场地条件限制的休闲活动多数也能在家中进行,所以有接近一半的受访者索性选择在家中进行休闲。还有一部分受访者会选择去周边的商场或者影院等文娱场所进行休闲。可见翠苑社区在休闲活动场地这一块确实存在一定的局限性。休闲活动场地的局限也导致了其他问题的出现。现在新建的小区都会设有游泳池或体育活动中心以满足社区居民的休闲运动需求,而翠苑社区却没有这样的条件,因此在休闲活动种类方面也显得比较单一。根据与受访者的谈话,课题组分析出翠苑社区居民常在社区进行的休闲活动主要有散步、闲聊、打牌、跳舞、阅读、养花草宠物等;对于运动类的休闲参与较少,只会进行例如慢跑之类对场地要求不是很大的运动。此外我们了解到,社区在组织策划休闲活动方面做得也不够,很少组织能够让全体居民参与其中的活动,如传统节日的文娱晚会或是社区知识竞赛等。活动类型单一也是社区居民较少参与社区内休闲活动的主要原因之一。

在参与形式上,大多受访者会选择家人、朋友或邻里等与自己比较熟悉亲近的人一起进行休闲活动,选择单独活动的人基本没有。这也一定程度上说明

---

① 黄训美. 心理休闲对构建和谐社会的意义[J]. 科学社会主义,2005(3):62.

休闲在社区居民看来还是一个群体性的活动，并非只关乎个人。人们在进行休闲的过程中除了调节生活、释放压力之外，也存在与家人、朋友加强交流的诉求。从这一点来说，社区应该为居民创造更多能够加强交流合作的休闲活动，例如，组织花草爱好者一起参与社区的绿化、美化工作；或是以楼院为单位组织小型亲子运动赛等，努力为社区居民创造相识、相知、相助的机会，让社区居民走出家门，在各种休闲活动中相互了解沟通，共同创建社区休闲和美的文化氛围。同时，除了老年人之外，其他群体的休闲需求也应得到关注，如合理利用社区内现有的活动场地和设施，为青年人、学生群体也提供一些周末休闲放松的休闲活动，让所有人都能感受到社区这个大家庭的温暖。

2.居民参与休闲活动的主要动机

休闲动机是促使个体参与休闲活动的需求、原因和满意度①。休闲动机是休闲需要走向休闲参与的因素。个体的休闲需要得到满足之后，就会产生积极的、愉悦的感觉，进而体验到幸福感。幸福感就是休闲需要实现后的主观体验。在某种程度上，如何刺激个体的休闲需要，进而影响其幸福感是休闲学研究的关键所在。个体的休闲需要只有变成个体的实际行动、个体才能在休闲活动中获得幸福感。只有在休闲动机的驱动下，个体的休闲需要才得以满足，进而个体才能体验到幸福感。因而，在某种意义上而言，休闲需要和动机的满足是幸福感的源泉。

翠苑社区休闲文化形成的心理机制研究问卷分为调查者基本信息和社区休闲动机、社区休闲文化感知度两大部分，基本信息包括调查者的性别、年龄、婚姻状况、月收入、学历和职业等基本信息，后者一共包括 10 个项目，主要调查社区居民的休闲文化状况(1＝非常不同意；2＝不同意；3＝普通；4＝同意；5＝非常同意)。受访者构成情况详见表 1。从表 1 可以看出，男女受访者分布均匀、大部分受访者集中在 18～45 岁之间、已婚的居民占据多数、月收入高低不一、绝大多数居民大学毕业，且所调查的居民来自各行各业。由此可见，本样本覆盖面较广，具有一定的代表性。

---

① Crandall, R. Motivations for leisure[J]. Journal of Leisure Research, 1980, 12(1): 45-54.

表1 受访者构成情况一览

类 别	受访者	数量/人	百分比/%
性 别	女	153	52.9
	男	136	47.1
年 龄	18 岁以下	2	0.7
	18～25 岁	46	15.9
	26～35 岁	99	34.3
	36～45 岁	78	27.0
	46～60 岁	46	15.9
	61 岁以上	18	6.2
婚姻状况	未 婚	73	25.3
	已 婚	216	74.7
月收入	1000 元以下	9	3.1
	1001～3000 元	55	19.0
	3001～5000 元	74	25.6
	5001～8000 元	63	21.8
	8001 元以上	88	30.4
学 历	初中及以下	42	14.5
	高中及中专、职校	63	21.8
	本科及大专	155	53.6
	硕士(包括双学位)及以上	29	10.0
职 业	政府工作人员	18	6.2
	企业管理人员	40	13.8
	公司职员	87	30.1
	专业/文教技术人员	35	12.1
	工 人	11	3.8
	商贸/服务/销售人员	22	7.6
	军 人	1	0.3
	离退休人员	22	7.6
	学 生	15	5.2
	自由职业	38	13.1

据调查,在 289 名社区居民中,169 名社区居民同意参与休闲活动是为了放松身心、消除疲劳,80 人非常同意,只有 7 人不同意,2 人非常不同意(见图 1)。在强身健体、增强体质上,131 人同意,35 人非常同意,91 人一般同意(见图 2)。

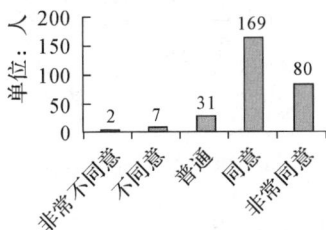

图 1　放松身心、消除疲劳

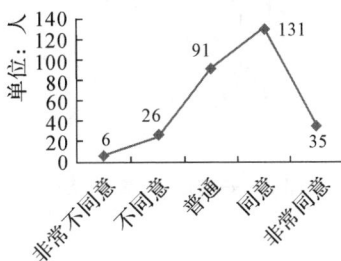

图 2　强身健体、增强体质

在调节生活、释放压力上,78 人非常同意该休闲动机,168 人同意(见图 3)。在加强交流、扩大交际上,同意和完全同意的居民就直线下降,只有 53 人(见图 4)。

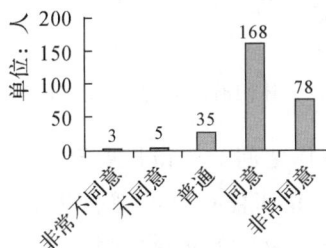

图 3　调节生活、释放压力

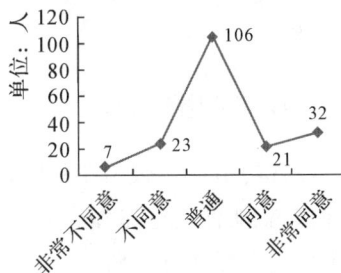

图 4　加强交流、扩大交际

据调查,在开阔眼界、增长见识上,居民的认同度比较高,大多数居民(226 人)非常同意该观点(见图 5)。在修身养性、怡情养性上,其认同度最高,只有 6 人不同意该休闲动机,281 人都认为这是他们参与休闲活动的主要动机(见图 6)。在消磨时间、打发时光上,不同意该观点的人数最多(57 人),居民的休闲意识有所体现,在他们眼里休闲不纯粹是打发自己的自由时间(见图 7)。

3.居民对社区休闲文化氛围的感知

休闲文化不等同于休闲活动,休闲文化是城市发展的原动力,是构建和谐社会不可忽视的重要因素,具有一定的辐射影响力和渗透性,能促进居民身心的全面发展。只有当休闲观念深入人心的时候,社区居民达成共识,形成了大家普遍接受并参与的休闲习惯和传统时,休闲活动才能成为居民的一种生活方

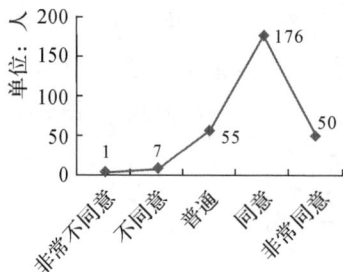

图 5　开阔眼界、增长见识

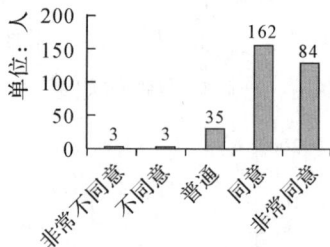

图 6　修身养性、怡情养性

式。这样整座城市就在无形之中拥有了休闲文化

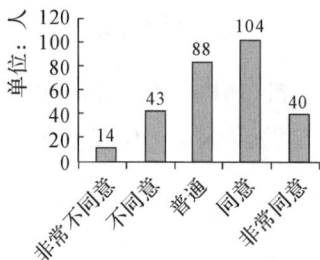

图 7　消磨时间、打发时光

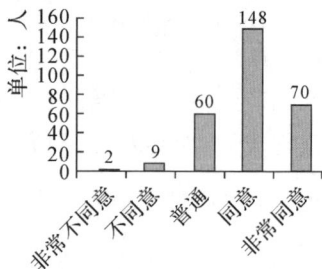

图 8　社区休闲活动场所是干净的

所蕴含的精神。居民在社区休闲活动中所形成的个体之间的和谐扩展至群体和谐，就能促进整座城市和社会的和谐，这是休闲文化所能达到的理想状态。本研究主要通过调研翠苑社区居民对自己所居住社区的休闲文化氛围的认知与评价，了解其休闲文化形成的心理机制。

据调查，只有 6 人认为翠苑社区的休闲活动场所不干净，其余人对社区休闲活动场所的干净和整洁性都很认同（见图 8）。在社区休闲活动场所是否规划合理上，只有 15 人认为社区的休闲活动场所规划不合理，192 人认为社会休闲活动场所的规划比较合理（见图 9）。在翠苑社区是否是宜居社区上，只有 11 人认为翠苑社区不是宜居社区，218 人认为翠苑社区非常适宜人居住，60 人一般同意（见图 10）。

（二）翠苑社区休闲文化特点

1.居民生活品质和满意度总体较高

杭州这座城市在休闲产业发展方面有着得天独厚的自然资源，名胜古迹众多，历史文化悠久，是一座充满人文关怀的幸福城市。已有研究表明，绝大多数

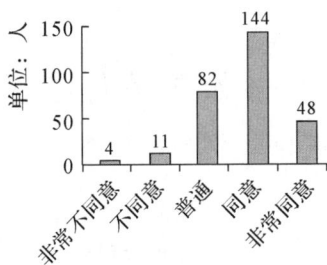

图 9 社区休闲活动场所规划合理

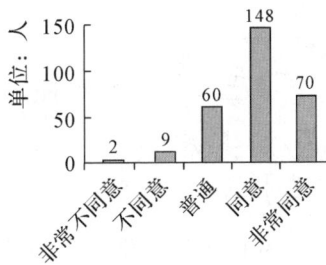

图 10 翠苑社区是宜居社区

（超过 85％）的杭州市民认为杭州有着完善的休闲活动设施、浓厚的休闲文化氛围、走在全国前列的休闲时尚、丰富多样的休闲方式、发达的休闲产业和安全的休闲环境。生活品质引领着城市发展的方向，是城市发展的新理念，亦是城市发展的总目标。社区的生活品质是城市生活品质的组成部分，宜居的社区应是亲切宜人的社区、有利于居民的生活，有着浓厚的生活气息。本文中，75.4％的社区居民认为翠苑社区是宜居社区，这和杭州的城市定位相吻合。虽然老小区由于受自身条件的限制，休闲空间和休闲设施不能完全满足居民的需求，但其休闲氛围还是比较浓厚。居民的休闲活动可以拓展至附近的物美大卖场，闲暇的时候可在翠苑电影大世界看场电影，品尝一下周边的美食，甚至可以沿着余杭塘河散步一圈。

2.居民休闲动机总体水平较高

休闲是一种相对自由的生活，休闲应成为居民的一种生活状态和生活方式。社区是居民参与休闲活动的重要空间场所，休闲社区是社区发展的高级形态。理想的社区应是以实现居民的自由和幸福、提高生活品质为最终目的的休闲社区。休闲是社区生命力、凝聚力和创造力的源头，是社区发展的根基所在。在本研究中，社区居民有着较高的休闲动机。修身养性、怡情养性，调节生活、释放压力，开阔眼界、增长见识，以及放松身心、消除疲劳是社区居民参与休闲活动的主要因素。在他们眼里，休闲不是单纯地打发时间和扩大交际。另外，翠苑社区的居民以工薪阶层为主，他们都比较注重家庭生活和业余时间的休闲，有着较为强烈的休闲需求和休闲动机。

三、国外休闲社区文化范例——如何进行社区休闲文化建设

社区休闲文化的建设离不开社区服务的提供，而社区服务质量也在一定程度上影响了社区居民的休闲心理变化。社区服务是指以社区为基本单元，以各类社区服务设施为依托，以社区全体居民、驻社区单位为对象，以公共服务、志愿服务、便民利民服务为主要内容，以满足社区居民生活需求、提高社区居民生活质量为目标，政府主导支持、社会多元参与的服务网络及运行机制。

社区服务的对象从广义上来说是全体社区居民。社区有效展开休闲娱乐活动，需要社区工作者与物业管理处共同合作，根据本社区已有的设施和场地，因地因时制宜开展一些休闲活动。例如，可以利用活动室在双休日组织居民进行羽毛球、乒乓球比赛；利用公园小广场举办晚会共同庆祝传统节日；利用阅读室开展全民阅读活动或是知识竞赛。这一方面能够利用好社区内活动场地和设施，另一方面能最大限度地激发广大居民积极参与的热情，丰富他们的业余文化生活。最重要的是各类休闲活动的有效开展能使社区和居民有更多的接触、更多的交流，从而使得双方共同参与到社区休闲文化的创建中去。

当然，社区休闲文化建设并非仅仅是休闲娱乐活动的开展，还需要创建社区整体的休闲文化氛围。现如今，休闲已经成为杭州人民的一种生活方式，渗透到生活的各方各面，杭州"东方休闲之都，品质生活之城"的城市形象也广为流传。因此，翠苑社区休闲文化的创建也应该契合杭州的城市定位，处理好社区内每个角落、每个细节，处处体现出对人的尊重和关怀，打造宜居社区，让无论是业主还是访客都能感受社区的舒适典雅。例如，公共场所整齐统一的横幅标语、布告栏方便快捷的信息、社区工作人员的文明言行，这些细小的方面都是社区文化的基本体现。此外，社区还可以建设网络平台，为居民提供公共信息查询服务，如社区近期的活动信息或是周边休闲场所（如健身馆、电影院等）的优惠信息等，以及一些生活服务方面的信息。网络平台建设能为社区居民排忧解难。渗透着文化气息的社区环境能给社区居民带来美好的居住体验，也是居民在社区中进行休闲生活的前提条件。

社区服务的对象从狭义来说是特殊群体，如社区内的老人、残疾人、贫困家庭等。针对这些特殊群体，社区应寻求与外部社会机构的合作来为他们提供相

应的休闲服务。国外社区这一方面做得非常细致,社区在照顾到普通民众的日常休闲需求之外,也很关注特殊群体的休闲需求。他们并不是单独奋斗,而是借助当地政府、娱乐中心或是非营利社会团体的力量,共同为社区特殊群体提供更好的休闲服务。此处给出三个案例以做分析。

(一)通过休闲让入狱妇女和社区保持联系[①]

众所周知,受监禁的人与外界社会是隔绝的,即使出狱,人们对带有犯罪前科的人也是避而远之,因此这一群体与社会的联系在一定程度上是断裂的。加拿大肯高迪亚大学的菲利斯·袁、加拿大滑铁卢大学的苏珊·阿莱等人发现了这一问题,并试图通过休闲重构这一群体与社会之间的联系。她们选取了加拿大安大略省大峡谷女子监狱(Grand Valley Institution for Women)中的"狱中妇女"为研究对象,分析了两个主题:一是这些女性在入狱之前与社区的断裂关系,以及狱中生活对这一断裂的加剧;二是休闲对于狱中妇女的意义,以及对于她们重返社区的影响。此案例通过梳理休闲对狱中妇女与社区之间关系的影响,从侧面说明休闲对于社区文化构建的重要意义。

文章指出,陈旧的监狱规范应该破除,应该在尊重女性尊严的基础上对女性罪犯进行管理,而不是一再让她们感到耻辱和无奈。从某种程度来说,女性罪犯的社会污名使得她们长期处于压抑和被孤立状态。要解除这种压抑和被孤立,不仅仅是监狱的责任,也是罪犯所在社区的责任,有了社区的支持结构,狱中女性才有可能依靠自身的能力重新回到社区。然而媒体舆论和公众意见却并没有对狱中女性表现出太大的支持,她们依然面对着有关失业、社会歧视、受排挤等一系列问题。狱中的女性应该培养自身的独立能力,去为他们过去、现在和未来的行为负责,而不是沉浸于过去贫穷、嗑药、受虐待的阴暗历史。在这一过程中,政府、引导员、志愿者和社区成员都要为狱中女性的复原承担共同的责任,为她们重返社区提供支持。对于一些女性来说,监狱是戒掉她们成瘾性疾病的最后手段,因此监狱会尝试策划一些项目来培养狱中女性的独立能力,例如行为疗法、情绪管理、药物克制和心灵安抚。这些项目会包含一些活动,如制作手工艺品、玩桌游,也会有类似咖啡屋的场地让女囚和志愿者共同展示她们在歌唱、表演乐器和朗诵诗歌方面的天赋。这一些项目的参与是自愿的,且在狱警的协助下进行,但狱警的设置是最少的。这种形式的休闲参与对

---

① 此案例取自:Yuen F., et al. Community Disconnection Through Leisure for Women in Prison[J]. Leisure Sciences,2012(4):281-297.

于狱中女性来说具有多重意义,能帮助她们从社区对他们的孤立、排斥和压迫中解脱出来。

案例中有 69 位女性(占当时狱中人数的 65%)都参与了一个名为 Stride 的项目,她们每周会有一次机会与狱友以及社区志愿者进行交流。Stride 项目通常包括来自两三个社区的志愿者,为女性重返社区提供实际上的和精神上的支持。这一项目基于女囚与志愿者之间的相互信任,在获取信息之前,志愿者们与这些狱中女性进行了漫长的交流才建立了相互之间的信任关系,使她们愿意分享关于重返社区的一些想法。首先,她们谈到狱中生活进一步加深了她们与社会之间的断裂关系,在狱中她们常常感到自己失去了人性、感到被社区孤立,因为被孤立,所以比起社区,会觉得监狱中更安全,但又希望能与社会重新建立起联系。休闲在她们重建与社区之间的联系上起着非常重要的作用,但同时休闲也存在消极的影响,可能导致另一个极端(例如再犯罪)。而社区志愿者的存在,就是为她们提供社会支持,引导她们进行健康的休闲活动,并通过这些活动保持与社区之间的联系,并最终使休闲在社区和个人的生活中都扮演一个积极的角色。

通过参与 Stride 项目,这些女性超越了她们囚犯的身份而加强了与社会支持网络之间的联系,这种联系在她们重返社区的时候也会继续发挥作用。社区认识到狱中女性重返社会过程中的重要地位,通过健康休闲帮助她们重新建立起与社区的联系,并努力消除社区公众对他们的排挤和歧视。这是社区创建内部休闲文化的一个独特切入点,让社区居民认识到休闲在这一方面的积极功用,并包容那些曾经犯下过错人们,欢迎他们重回社区。

(二)犹太和阿拉伯社区成年智障人士的休闲活动参与[①]

这一案例主要通过分析犹太和阿拉伯社区成年智障人士休闲活动参与的影响因素,考察休闲与智障在两个种族之间的相互作用。人们对于休闲的需求是普遍的,即使是智障人士也不例外,但是由于缺乏管理休闲时间、休闲活动的知识和技能,他们总是在无聊和孤独中度过。比起正常人,智障人士较多患有生理和神经性疾病,常存在精神障碍和一些未经确诊的健康问题。如此恶劣的健康状况主要由社会环境(如低收入、社会孤立、易受虐待、缺乏充分的医疗保

---

① 此案例取自:Azaiza F. , et al. Participation in Leisure Activities of Jewish and Arab Adults with Intellectual Disabilities Living in the Community [J]. Journal of Leisure Research,2012(3):379-391.

障等)、因缺乏健康生活的知识而引起的疾病(如口腔溃疡、营养不良),以及因认知不足而进行高风险的行为(如抽烟、酗酒、滥用药物)、居住条件的停滞不前造成的。

对于自己患有智力障碍的孩子,阿拉伯人父母和犹太人父母表现出不同的态度:阿拉伯人父母通常会觉得羞愧,而犹太人父母觉得是自己的罪过。阿拉伯社区中的智障人士需要与各种困难做斗争,他们被孤立、嘲笑和侮辱,各种歧视和偏见使他们无法融入社区,这种情况让整个家庭感到羞愧,从而拒绝接触专业的服务。国家和地方政府也很少意识到智障人士的特殊需求且很少为他们提供福利。而在以色列,父母则会通过让智障孩子参与休闲活动来锻炼他们的基本生活功能。在这一点上,两个种族表现出明显的差异。

文中数据分析表明阿拉伯和犹太智障人士都很少参与休闲活动,这反映出即使他们居住在社区之中也依然没有融入社会,他们没有真正的机会成为社区的一部分。但是研究发现,比起犹太人,阿拉伯人智障人士对休闲活动的参与度更低,这可能是因为阿拉伯人因家有智障人士感到羞愧而刻意避免与朋友和专业服务的接触,这就直接导致他们参与社区休闲活动的机会减少了。研究还发现智障人士就业率与休闲参与度之间的联系。智障人士通过就业能得到培训和与社会接触的机会,并在此过程中加强了对社区休闲活动的参与。通过这些休闲活动,他们可能发展新的技能、获得成就感和自尊心,并进一步促使他们融入社会,健康状况和生理功能也会随着社区休闲活动的参与而得到改善。可见社区休闲活动的参与对于维持智障人士健康来说是非常重要的。

这一案例关注的是智障人士这一特殊群体,虽然原文注重的是数据分析,并没有提出社区在保障智障人士身心健康方面应该如何作为。但是从原文作者得出的结论我们可知,社区不应歧视和侮辱智障人士,而要为他们提供技术服务支持,推动他们就业,并让他们在休闲活动参与的过程中融入社区,真正成为社区的一员。要知道休闲的权利并非只属于机体正常的人,而属于世界上每一个人。只有树立这一观点,社区才能构建和谐的休闲文化,为每一位社区居民提供更好的服务。

(三)澳大利亚莫纳什市议会推出的"护理人员支持行动项目"①

"护理人员支持行动项目"是由莫纳什政府、莫纳什水上娱乐中心管理层和

---

① 此案例取自:Ian Cooper. The World Leisure International Innovation Prize-winning Projects 2006-2012.

社会各方团体共同发起的合作项目,主要为那些身有残疾而无法使用水上健身设施的人提供护理服务支持。之所以将此案例放在此处,是因为这一项目是对社区特殊人群休闲需求的直接有效回应,也是提升社区休闲服务功能过程中社区、政府和娱乐中心三方共赢的典型案例。

莫纳什水上娱乐中心拥有良好的水上休闲运动设施,它致力于为构建健康社区提供最好的服务。然而在"护理人员支持行动项目"推行之前,社区内身有残疾的用户对此中心的访问度不高。因为他们不便进出不同泳池,在使用水上运动设施的时候也不能获得帮助,如果要使用这些设施,就不得不雇用看护者来协助他们。这一情况导致了残疾人士对休闲参与的不积极,也使莫纳什水上娱乐中心失去了一部分潜在用户。对于中心来说,这有违它提供"最好服务"的宗旨;对于社区来说,这反映出一部分居民休闲生活没有得到保障。而在英联邦残疾歧视法案(1992)和维多利亚时代残疾法案(2006)的指导下,莫纳什市议会也有义务为残疾人士消除他们在场地进入性、他人包容性方面的障碍。

在此背景下,"护理人员支持行动项目"应运而生。这一项目一经提出,就受到了当地公众服务部门的认可,并组织建立了此项目的指导委员会,除了莫纳什政府员工和莫纳什水上娱乐中心管理人员,还吸纳了来自东方休闲娱乐服务、维多利亚娱乐与残疾网、残疾人护理支持股份有限公司等社会团体和企业的人士,以及莫纳什社区居民来共同创建和运营。最初,项目中的护理人员都是从外部机构引进,后来随着项目的进一步发展,莫纳什水上娱乐中心开始自己雇用护理人员。目前已经有 10 个护理人员为此项目工作,每周约提供 50 个小时的护理服务。这一创举增加了莫纳什水上娱乐中心的可进入性,抓住了残疾人这一潜在用户群,一方面为自身创收,另一方面也为残疾人士节约了自己雇用护理人员的开支。为了保证项目的质量,项目指导委员为也制定了持续的评估计划,所有项目参与者和社区成员都要参与调查,所获取的信息都会经过项目指导委员会的进一步讨论和研究。此外,指导委员会也会对每个参与以及想要参与到此项目中的人进行个人访谈,听取他们的建议和想法。这种持续的评估和调研确保了项目质量的持续提高。

"护理人员支持行动项目"是娱乐中心与社区及政府合作共同构建社区健康休闲氛围的一个重要举措。它为残疾人这一特殊群体提供了专业的护理支持,使得他们有更多的机会参与到水上休闲运动中去,让他们不但能通过水上运动增强体质,也可以在此过程中增加了社会交往的机会,加强了与社会的联系、合作和参与,并最终提升生活品质。虽然项目本身是莫纳什水上娱乐中心牵头开展的,但是当地社区在此过程中也发挥了相当重要的作用,如积极与项目指导委员会进行协商,并与其他社区建立伙伴关系,持续推进了此项目的发展,也形成了当地社区特有的社区休闲文化。这对国内社区创建休闲文化氛围有一定的借鉴意义。

目前国内社区在特殊群体休闲服务支持方面比较薄弱,但是针对老年群体的社区服务近几年有所发展,比较知名的是哈尔滨邦尼老年服务股份有限公司。哈尔滨邦尼老年服务机构成立于2006年,2008年5月完成股份制改造,现已全面涉足居家养老服务、日间照料服务、机构养老服务、呼叫援助服务、养老护理员培训等多个业务领域,开发建设了"老年呼叫援助服务平台""动态居家养老服务平台"和"城市养老场所综合管理平台"等国内最先进的大型老年服务平台。全国多个社区通过与邦尼的合作,共同为社区老年居民创建晚年的美好幸福生活。建议翠苑社区在完善自身服务的同时也注重与类似的专业服务机构合作,提升社区休闲服务质量,为创建社区休闲文化氛围做出进一步的努力。

四、提升社区休闲文化的对策和建议

(一)构建和谐的社区休闲空间

休闲文化交流所必不可缺的场域就是休闲空间。社区居民处于激烈的工作竞争、快速的生活节奏下,他们急需可用以身心放松的休闲空间。社区的休闲空间并不是凭空构建的,所构建的休闲空间必须有益于居民的休闲满意度和幸福感的提升。特别随着居民对生活品质要求的日益提高,社区的休闲文化、休闲设施和居民自身的发展空间等都极大地影响着其幸福感。居住在同一社区中的市民,面对类似的环境,彼此也就拥有了共同的利益。因为在提升个体生活品质和幸福感方面,社区往往会形成一种反映社区居民共同利益的动力机制。政府宜从宏观层面为解决居民的休闲制约因素提供政策上的引导和保障,营造健康和谐的休闲氛围,将休闲产业纳入文明城市指标体系、政府的实事工程和目标管理体系。但单靠政府的力量远远不够,更需充分发挥各种社会力量,合理利用社会资源。首先,鼓励和引导各种社会资金来修建休闲场馆、公益性休闲设施,依靠社会的力量克服制约市民休闲的一些结构性因素,从而提高市民的休闲能力;其次,要共建宜居社区,发挥社区的特殊作用,着力倡导和培育休闲导向的价值理念。社区里应多一些免费的体育运动场所，让居民在不工作时可以锻炼身体；单个社区的休闲设施若难以满足居民的休闲需求，可以构建社区休闲网络；推动社会休闲文化的发展，增强社区居民的认同感和归属感。城市休闲空间的构建在秉承"和谐"的原则时，应注意错开休闲空间的功能设施，以避免重复；休闲空间还须满足居民的多元化需求；还应确保休闲空间的可持续发展，尊重自然生态，以保证我们下一代的休闲质量。

(二)加强社区的休闲服务

除了构建和谐的休闲空间等硬件之外，还应该在休闲服务上大做文章。国外的社区都非常注重具体的休闲服务工作，这些都值得我们借鉴。社区的休闲服务主要体现在休闲环境、休闲资源整合、公共管理和公共服务上。针对目前翠苑社区居民休闲意识有待提高、休闲服务单调的现状，可以从以下三个层面来提高社区居民的生活品质，以构建和谐的社区。第一，培育社区居民恰当的休闲观念。倡导休闲是一种生活状态和生活方式，人们能够从休闲活动中获得快乐、愉悦与满足。第二，社区的休闲服务要满足居民的多样性需求。社区内各机构宜加强联系，协调社区内的休闲资源供给；发展与社区休闲相关的教育、文化、生活资讯、体育等资源和服务；招募并培训社区休闲义务工作者，指导和服务社区居民的休闲；着重关注社区老年人的休闲活动。第三，要营造和睦的邻里关系和关怀氛围。通过社区的一些休闲服务，促进社区居民的交往和良好人际关系的形成，改善社区居民的精神生活面貌，使整个社区更加温馨美好。

(三)向居民普及休闲教育

良好的休闲教育能够使居民养成休闲习惯、端正休闲意识，居民通过接受休闲教育能够获得应有的知识和必要的引导，进一步认识自我和完善自我，从而发现生命的意义所在，从而达到身心和谐。休闲教育是居民休闲活动"异化"的必然要求，推进居民的休闲教育，引导他们建立健康的休闲方式，这些都有利于其休闲满意度的提升。休闲教育还能让居民有意识地选择自己所喜欢的休闲活动；休闲教育能使居民意识到人生不同阶段的差异性；休闲教育还能巩固居民的自主权。休闲教育是一个过程，在该过程中，居民的个体得以发展，知识、能力、兴趣、技能和行为等得以提高，生活品质的水准也能在一定程度上得到提高。因而，城市管理者应充分重视对社区居民的休闲教育，向居民普及休闲教育，使其拥有恰当的休闲观念，对生活方式有着深刻的体悟，在休闲活动中实现自我的价值。

（2013 年"休闲文化与城市品质提升"专项课题）

参考文献：

Chick，G. Culture as a Variable in the Study of Leisure[J]. Leisure Sciences，2009(3)：305-310.

Tylor，E. B. Primitive Culture[M]. New York：Henry Holt and Company，1889：1.

黄健. 现代休闲文化与现代散文创作[J]. 杭州师范学院学报（社会科学版），2006(5)：57-65.

刘易斯·芒福德. 城市发展史——起源、演变和前景[M]. 宋俊岭、倪文彦译.北京：中国建筑工业出版社,2005：563-567.

刘易斯·芒福德. 城市发展史——起源、演变和前景[M]. 宋俊岭、倪文彦译.北京：中国建筑工业出版社, 2005：574.

楼嘉军. 休闲文化结构及作用浅析[J]. 北京第二外国语学院学报，2002(1)：79-84.

马惠娣. 21 世纪与休闲经济、休闲产业、休闲文化[J]. 自然辩证法研究，2001(1)：48-52.

迈克·费瑟斯通. 消费文化与后现代主义[M]. 刘精明译.南京：译林出版社，2000：139.

潘立勇. 宋代休闲文化的繁荣与美学转向[J]. 浙江社会科学，2013(4)：127-133.

庞学铨. 试论休闲对于城市发展的文化意义[J]. 浙江大学学报（人文社会科学版），2010(2)：125-133.

赵志裕，康萤仪. 文化社会心理学[M]. 北京：中国人民大学出版社，2010.

第四编 休闲与产业

"智慧旅行社"建设思考

——以杭州市为例

毛燕武*

近10年来,在迅猛发展的信息技术的推动下,旅行社产业步入信息化发展的新阶段,原有的旅行社产业格局变得更加多元化,在线旅行社异军突起。在美国,Expedia、Priceline、Orbitz、Travelocity四大在线旅行社(OTA)已瓜分了美国旅游市场份额。在欧洲,在线旅行社已成为欧洲酒店的主要分销渠道。在中国,以携程、去哪儿、艺龙等为代表的在线旅游企业成为旅游产业价值链上新的竞争力量。而传统的线下旅行社开通在线业务,加大企业信息化投入和建设,旅行社线上、线下的融合已成为近年来旅行社发展的重要特征和未来发展趋势。面对智慧旅游的强力冲击,部分传统旅行社反应慢、转型难,不愿轻易尝试在线旅游,打造便捷化、个性化旅游产品能力较弱。

旅游活动作为人们生活方式的延伸,必然会因为信息技术发生革命性变化而产生变革。智慧旅游就是建立在信息技术平台上的旅游模式,在线预订和网络营销的不断增长对传统旅行社依靠关系、口碑营销的手段形成了冲击。面对以自由行为特色的散客旅游的巨大挑战,雷同单一的旅行社经营模式难以为继。旅行社要跟上消费者的需求、跟上消费者的选择,离不开自身的信息化、智慧化。旅行社的智慧化是传统旅游消费方式向现代旅游消费方式转变的重要推手,而建设"智慧旅行社"是发展智慧旅游的必然要求。旅行社只有通过信息技术的广泛运用实现游客消费方式的现代化,深入研究智慧旅游的消费模式,不断提高旅游产品的智能化水平,才能推动旅行社自身的智慧化。

一般认为,"智慧旅行社"(intelligence travel agency,ITA)是利用云端计算、物联网等新技术,通过互联网/移动互联网,借助便携的终端上网设备,实现

---

* 杭州国际城市学研究中心、浙江省城市治理研究中心。

旅游资源组织、游客招揽和安排、旅游产品开发销售和旅游服务等旅行社各项业务及流程的高度信息化、在线化和智能化,以及高效、快捷、便捷和低成本规模化运行,创造出游客满意和旅行社企业盈利的共赢局面。

近年来,国家旅游部门积极开展智慧旅行社示范点建设,重点关注旅行社如何通过技术手段实现门店总部一体化和连锁化经营、实现综合业务系统化管理、围绕客户关系管理系统和建立完整的直销分销体系等。旅行社跨省设立门市部的解禁,对旅行社行业开拓旅游产品营销渠道具有重要推动作用。作为首批国家历史文化名城和国际重要旅游休闲中心的杭州,智慧旅游发展起步并不算太晚,但较之兄弟城市无多大优势。例如,杭州未能入选 2014 美丽中国十佳智慧旅游城市榜。从某种意义上说,杭州发展智慧旅游,体制是保障,技术是支持,游客是中心,旅行社是关键。一方面,全市 600 余家旅行社是杭州智慧旅游市场当仁不让的主角;另一方面,智慧旅游的崛起给杭州传统旅行社行业的竞争格局带来了巨大冲击。杭州旅行社行业"小、弱、散、差"的局面未能从根本上得以扭转,行业整体竞争力不强。传统旅行社要走向智慧旅行社,在信息化建设道路上,必须在理念、组织构架、技术平台上进行全面再造。

在"互联网+"时代,在旅游业转型发展的关键时刻,杭州必须以市场为导向,高度重视旅行社智慧化建设,继续实施"旅行社扶强扶优工程",充分发挥智慧旅游服务供应商的作用,加快制定智慧旅行社建设规范,主动迎接旅游智慧化、游客散客化、服务数据化的挑战,在智慧旅游的康庄大道上阔步前进。

本文在梳理智慧旅行社的内涵与特征、分析智慧旅游对传统旅行社的影响、评价杭州旅行社智慧化现有水平的基础上,提出杭州智慧旅行社建设若干对策,初步构建杭州智慧旅行社建设标准。这无论是对旅游休闲理论研究,还是对探索杭州智慧旅游发展路径,都具有一定的学理价值与现实意义。

一、智慧旅行社研究述评

随着中国经济的快速发展及"地球村"概念得到越来越多的认同,人们对于跨地区、跨国界的文化交流和人际交流的诉求日益强烈,旅行社如同雨后春笋般出现,迎来了发展的黄金时期。旅游行业的发展空间将更为广阔,旅游市场的规模将更加壮大,旅游将日益从传统意义上的奢侈型消费转为大众化、平民化、日常性消费。因此,对旅游产业进行系统化的管理,将信息化技术运用到旅游产业中,已经成了趋势和要求。

1959 年,美利坚航空公司与 IBM 联合开发世界上第一个计算机定位系统(SABRE),这被认为是旅游业信息化和系统化管理萌芽的标志。此后,国外旅行社信息化管理的进程迅速加快,美国、欧盟、日本等国家和地区的旅游行业均开始了信息化的进程。进入网络时代后,国外旅行社的信息化系统化管理日趋规范化和完备化,集中体现为 oracle 和 sql server 数据库在系统管理软件中的运用。ORACLE 公司自 1986 年推出版本 5 开始,目前已开发出 oracle 11g 的产品,其功能有更大的扩展,性能更加优良。国外研究者对于旅行社信息化方式的研究,一是集中于如何为游客提供便利的、能激发访问动机的在线销售渠道与网络平台,并通过有效的信息化营销策略来吸引游客,以满足游客多样化和个性化的旅游需求;二是集中于不同类型旅行社之间如何建立通畅的 B2B 销售渠道,并建立良好的战略合作关系。这些问题也正是国内外旅行社在信息化进程中最为关注和最需要得到解答的基本问题。

由于体制和历史等诸多原因,我国信息化和网络化研究及应用相比国外起步较晚,基础也较差,真正的发展是从 20 世纪七八十年代才开始的。1981 年,中国国旅引进美国超级小型计算机系统,用于旅游团数据处理、财务管理和数据统计。我国旅游行业的信息化建设从微机时代开始,经历了引进、渗透、扩展、调整和集成几个阶段,一开始是以国家推动为主,如国家旅游局成立信息中心,专门为国家旅游局和旅游行业的信息化管理提供服务和技术,进入 21 世纪以后,以市场需求和客户导向为主,突出表现为旅游网站的建立、管理软件的运用等。

2015 年 10 月,笔者在中国知网以"旅行社""信息化"组合查询,共检索到 78 篇相关文章,其中期刊论文 42 篇、报纸全文数据库 29 篇、中国年鉴网络出版总库 3 篇、中国优秀硕士学位论文全文数据库 4 篇。研究内容多集中于:①旅行社信息化宏观研究,主要讨论我国旅行社信息化发展背景、必然性,信息化建设的原则与方法、国内外旅行社信息化对比分析与信息化发展对策等研究。②我国旅行社信息化现状、存在的问题与对策研究。③旅行社信息化水平评价研究与旅行社信息化绩效评价研究。第一、二类研究大多数是对我国的发展情况进行讨论,讨论一些普遍性问题,针对性不强。第三类研究主要针对特定的旅行社开展个案研究,鲜有针对特定区域、特定市县开展旅行社信息化调查研究。

经梳理,目前学术界、行业界对智慧旅行社、旅行社转型升级、旅行社信息化方面的研究结论主要有五个方面。

(1)旅行社产业的定位将从传统服务业转型为现代服务业

旅行社行业从英国的汤姆斯·库克创办世界第一家旅行社开始,至今已有160多年历史,发达国家的旅行社行业,比如美国的运通、日本的JTB、德国的途易等都是如同大银行、证券公司、连锁酒店、快餐业等这样的模式和规模,完全是现代服务业之一。而我国的旅行社业还是一个从"散、弱、差、小"的传统服务业为主的行业,2009年,全国2.6万多家旅行社企业的年收入为1800多亿元,占整个旅游行业收入的10%多一些,还不如美国、德国一家旅游企业的年收入。①

(2)旅行社产业的市场秩序从无序的市场竞争转型为品牌商主导的有序的市场竞争

全国旅行社行业有正式注册的各类旅行社企业2.6万多家,加之开设分社、分公司、办事处和加盟门店以及各式各样的承包挂靠部门等,旅行社企业机构的实际数量已是远远超过正式注册的数量,据不完全统计,总数约在50~70万家。数量众多、规模偏小的旅行社在激烈的市场竞争中采取零团费、负团费等欺诈和不正当的手段竞争,扰乱正常的市场秩序。只有通过规范市场行为,创建符合现代市场竞争C4和C8原理的环境(即行业中前4强占据20%~30%市场份额,前8位占据40%~50%),形成由品牌商主导的有序的自我约束的良好市场竞争环境,才有望改变当前局面。

(3)旅行社产业的业态从水平分工转型为垂直分工

我国旅行社行业的组团、接待、销售、计调等业务环节都是在封闭的企业系统中完成的,呈现为"小作坊式"的水平分工。要将旅行社业发展成一个具有相当规模的现代服务业,旅行社行业业态就必须发生根本性转变,形成类似于英、美、德、日等国的批发商、代理商、零售商、运营商的垂直分工体系。结合多年来对我国旅行社业的认知,本文提出了具有"中国特色"的六层次垂直分工体系。

(4)旅行社产业的内涵从旅游服务(travel service)转型为旅行中介(travel angency)

自改革开放以来,在我国旅行社行业中起主导地位的"国、中、青"三大社等在公司名称和定位上都是以旅游接待为主的 Travel Service,国旅是 China International travel service,中旅是 China Travel Service,青旅是 China Youth

---

① 国家旅游局政策法规司.2009年中国旅游业统计公报[N],中国旅游报,2010-09-10.

Travel Service 等。这些名称和定位事实上都没有与国际接轨,真正的旅行社企业应该定位于全面的旅行服务,包括组织、招揽、产品设计、中介代理、接待、导游服务等,名称应该为 travel agency。

(5)旅行社产业的政策导向从国家政策保护产业转型为国际资本参与的开放产业

自 20 世纪 90 年代以来,我国旅行社行业是改革开放以来为数不多的在完全市场竞争领域对外资有所限制的产业。外资开办旅行社始于 2003 年,他们可以从事入境游和国内游业务,但不能经营出境游业务。业务方面的"跛腿"使外资旅行社在我国的地位相当尴尬,这也导致了我国旅行社业在发展中难以获得国外发达国家先进的旅行社运行模式和管理技术,难以与国际接轨,在经营管理方面明显落后于酒店业和餐饮业等。

总之,旅游业与信息产业具有天然的结合优势。旅游产品具有无形性的特点,适合在网络上通过图片、视频和即时通信等方式向潜在游客进行宣传与展示,旅游业的电子商务免去了物流环节,使交易更加简便易行。近年来,由于旅游行业同质性竞争加剧,以及在线旅游强势进入,传统旅行社的发展速度放缓,甚至部分因经营不善而破产。传统旅行社历经 30 年的发展壮大,如今则必须重新思考发展方向和路径。

二、智慧旅行社内涵与特征

(一)智慧旅行社的内涵

智慧旅游是基于现代信息技术和传统旅游产业充分融合应用,从而实现服务智能化、管理数字化、消费便捷化、营销网络化的全新旅游业态。智慧旅游是旅游信息化的远景目标,旅游信息化是智慧旅游的必要过程。智慧旅游的发展必将改变游客的旅游行为模式、企业的经营服务模式和行政部门的行业管理模式。[①] 通过现代信息技术和旅游服务、旅游管理、旅游营销的融合,智慧旅游以游客互动体验为中心,使旅游资源和旅游信息得到系统化整合和深度开发应用,从此进入服务于公众、企业和政府的旅游信息化的新阶段。

---

① 姚志国,等.智慧旅游:旅游信息化大趋势[M].北京:旅游教育出版社,2013:16.

  智慧旅行社(ITA)是利用云端计算、物联网等新技术,通过互联网/移动互联网,借助便携的终端上网设备,实现旅游资源组织、游客招揽和安排、旅游产品开发销售和旅游服务等旅行社各项业务及流程的高度信息化、在线化和智能化,以及高效、快捷、便捷和低成本规模化运行,创造出游客满意和旅行社企业盈利的共赢局面。

  在线旅行社(OTA)是智慧旅行社(ITA)的基础和支撑,智慧旅行社则是在线旅行社的集成和升级。在线旅行社主要突出在线的方式,智慧旅行社在在线旅行社的基础上,强调技术升级,更加人性化、个性化,强调与环境的互动,它的服务是个性化和有记忆性的。智慧旅行社的建设不是一蹴而就的项目,需要良好的运营基础环境,也就是需要旅行社具备较好的信息化基础。换句话说,在线商务运营只是智慧旅行社经营业务中的一部分,此外还应紧密联系当地旅游管理部门、景区、酒店、交通、餐饮、购物等多部门,进行广泛的信息化合作。比如,与酒店和交通部门互通信息,把握旅游淡旺季的销售和价格,建立精准、快捷、高效的旅程服务;同时通过旅游信息平台,把酒店、交通、餐饮、购物等讯息组合成实时旅游产品,提供精准旅游线路讯息给游客,并进行在线预订和支付确认。另外,旅行社运用新技术平台可以监控旅游团队的实时状况,确保旅游团队的服务质量和安全等。

(二)智慧旅行社的特征

  相比于传统旅行社,智慧旅行社的特征主要表现在提供智慧服务、形成智慧管理方式和打造智慧营销模式三个层面。

1.提供智慧服务

  旅游产品最重要的特点是综合性、无形性、同步性、不可转移性、脆弱性和非均质性。在中国旅游诚信体系逐步完善时期,旅行社对游客提供面对面的服务显得非常必要。目前,旅游服务的变革主要指服务的信息化,如旅游电子商务、在线咨询等,主要体现在个性化、分享性、实时性、便捷化、数字化等方面。

  智慧旅行社从游客需求出发,通过信息技术提升旅游体验和旅游品质。游客在旅游信息获取、旅游计划决策、旅游产品预订支付、享受旅游和回顾评价旅游的全过程,都能感受到智慧旅游带来的全新服务体验。[①] 智慧旅行社通过科学的信息化组织和呈现形式让游客方便、快捷地获取旅游信息,帮助游客更好

---

① 姚志国,等.智慧旅游:旅游信息化大趋势[M].北京:旅游教育出版社,2013:17.

地安排旅游计划并形成旅游决策。智慧旅行社通过物联网、无线技术、定位和监控技术,实现信息的传递和实时交换,让游客的旅游过程更顺畅,提升旅游的舒适度和满意度,为游客带来更好的旅游安全保障和旅游品质保障。智慧旅行社还将推动传统的旅游消费方式向现代的旅游消费方式转变,并引导游客产生新的旅游习惯,创造新的旅游文化。

对游客来说,他们身处的区域通常都是相对陌生的,因此在旅途中随时需要了解当前的位置信息。因此,任何形式的向导服务都是受欢迎的。此外,对旅游者当前位置的识别还可以在旅游信息、服务等很多方面带来便利。①

2.形成智慧管理方式

同互联网时代相比,旅游管理在移动互联网时代的变革主要体现在开展电子政务、为游客提供公共信息服务的方式的变化。智慧旅游将实现传统旅游管理方式向现代管理方式的转变。通过信息技术,相关部门可以及时准确地掌握游客的旅游活动信息和旅游企业的经营信息,实现旅游行业监管从传统的被动处理、事后管理向过程管理和实时管理的转变。②

智慧旅行社通过与公安、交通、工商、卫生、质检等部门形成信息共享和协作联动,结合旅游信息数据形成旅游预测预警机制,提高应急管理能力,保障旅游安全,实现对旅游投诉以及旅游质量问题的有效处理,以维护旅游市场秩序。智慧旅行社依托信息技术,主动获取游客信息,形成游客数据积累和分析体系,全面了解游客的需求变化、意见建议以及旅游企业的相关信息,实现科学决策和科学管理。智慧旅行社还可以广泛运用信息技术,改善经营流程,提高管理水平,提升产品和服务竞争力,增强游客、旅游资源、旅游企业和旅游主管部门之间的互动,高效整合旅游资源,推动旅游产业整体发展。

3.打造智慧营销模式

过去的旅游营销主要借助于传统媒体等渠道,如报刊广告、电台电视媒体等,接受人群单一,成本昂贵,信息承载量小,宣传效果不理想。随着旅游网站数量的不断增多,行业竞争压力也随之增大,旅游企业可以借助数据挖掘技术对网络营销中涉及的大量数据进行识别、接收、分析以及处理,从中提取出有助于分析旅游消费者行为的、有价值的数据,用来作为旅游企业进行网络营销的决策依据。大数据时代的到来改变了营销环境,需要建立一种新的由消费者主

① 郝理康,等.智慧旅游导论与实践[M].北京:科学出版社 2014:37.
② 姚志国,等.智慧旅游:旅游信息化大趋势[M].北京:旅游教育出版社,2013:18.

导的市场营销模式。①

技术的进步支持着营销传播活动各环节的顺利开展。移动互联网时代的旅游营销当然也会大有不同。智慧旅行社就是让所有的旅行社都了解、掌握旅游消费者的消费习惯、消费的需求，通过旅游舆情和数据分析挖掘旅游热点和游客兴趣点，策划对应的旅游产品，制定对应的营销主题，从而推动企业的产品创新和营销创新；通过数据分析，挑选合适的营销渠道，并充分利用新媒体传播特性，吸引游客主动参与旅游的传播和营销，并通过积累游客数据和旅游产品消费数据，逐步形成自媒体营销平台。旅行社只有站在在线的、智能的、智慧的平台上，才能真正实现智慧的营销方式。

智慧旅行社的营销方式一般呈现以下特点：一是精准化。传统媒体辨别用户的能力十分有限，无法准确定位到单独的某个人。先进的移动互联网技术为精准营销提供了保障，即借助庞大的移动网络，可以更有效地开展旅游产品宣传，提升旅游目的地的整体形象和知名度。二是低成本性。移动互联网时代的旅游销售将可能是"不可预测的"，因为它会随时随地发生。变革后的旅游营销的开展大多基于信息传播快、覆盖广的移动互联网平台，利用旅游会员的优惠政策，吸引更多的消费者，提升销售业绩，丰富与客户之间的渠道，提升营销效果。三是即时互动。移动互联网技术能够使游客与供应商、游客与游客之间实现即时互动。在旅行过程中，游客通过手机 APP 如微信、微博、QQ 等，及时与大家分享，这俨然已成为游客与外界交流的一种重要手段。四是宽渠道化。利用新的旅游营销平台，将营销活动贯穿于旅游企业与旅游者之间、旅游企业与旅游管理部门之间、旅游企业与其他相关企业或部门之间的沟通渠道中。从旅游需求方——游客的角度来讲，游客借助营销平台，不仅可以更方便地获得旅游信息，而且还有机会参与互动促销活动获得大奖。从旅游供给方——旅游管理部门和企业来讲，这有利于营销宣传旅游目的地的整体旅游形象，整体推广景区景点，并在消费者中建立良好的口碑。

三、智慧旅游对传统旅行社的影响

近 10 多年来，互联网的发展缩短了客源地与旅游目的地之间的距离。这

---

① 吴英鹰.大数据背景下旅游企业网络营销的创新——基于 AISAS 消费者行为分析［J］.中国商贸,2013(35).

种距离的缩短不仅表现在空间维度上,也表现在时间维度上。在开放的互联网时代,游客获取信息的方式有所改变,人们越来越倾向于通过互联网获取信息,同时也拥有更多选择、比较的机会。所以,旅游供给方虽然扩大了自己的市场范围,但同时也面临着更加激烈的竞争环境。①

在传统时代,游客的需求仅有"吃、住、行、游、购、娱"线下六要素。而在互联网时代,随着信息化的发展,游客的需求也逐渐开始转变,升级为线上线下融合的 N 要素,即在原有旅游六要素的基础上,又增加了分享、咨询、投诉等线上要素。N 要素的出现也使得游客需求呈现出不同于以往的特征。互联网所具有的便利性、广泛分布性、创新性、资讯丰富性等特点,对旅游消费者行为产生了深远的影响。

在智慧旅游时代,我们要重新定义传统旅行社,包括传统旅行社中的各个角色。当我们在思考将业务搬到线上的时候,同时也需要深入思考智慧旅游的本质是什么、比较优势是什么、竞争特色是什么。它不是简单的转化成信息化的概念,而是全面地在旅游管理、旅游营销、旅游服务、旅游体验上的智能化变革。

(一)智慧旅游对传统旅行社的冲击

智慧旅游的发展不但能够使游客的个性化需求得到满足,而且能使整个社会的信息资源和旅游资源实现共享,从而带动我国旅游业转型升级,满足人们日益增长的旅游文化需求。它以目的地管理代替旅游景区管理,以精细化管理代替粗放式管理,以社会全行业管理代替单一行业管理,以公共管理取代行政管理。智慧旅游对传统旅行社经营模式造成了巨大冲击,主要表现在四个方面。

第一,雷同单一的旅行社经营模式难以为继。首先,智慧旅游是建立在信息技术平台上的旅游模式,在线预订和网络营销的不断增加对传统旅行社依靠关系、口碑营销的手段形成了冲击。据不完全统计,2014 年在携程网上和手机端预订跟团游、自由行、邮轮、门票周边游等度假产品的人次达 1000 多万,创历史新高,比上一年增长了一倍以上。② 手机为在线旅游业带来了巨大的空间,正在改变从旅行规划到旅行体验的各个阶段。在智慧旅游时代,网络成为人们出游决策的重要媒介,促使传统旅行社在营销模式上不断扩大网络营销和电子商

① 郝理康,等.智慧旅游导论与实践[M].北京:科学出版社,2014:12.
② 携程.2014 年度在线度假旅游消费指数报告[EB/OL](2015-03-27)[2015-01-07],http://www.199itcom.

务的份额。其次,目前我国旅行社经营中,线路设计一直是被忽略的。旅行社把大量时间集中在营销、组团的业务上,造成各个旅行社之间只有客人的不同,而线路却几乎完全一致。智慧旅游时代扩大了客户的自我选择权,客户可以通过信息平台去选择自己的需要,因此对旅行社而言,打造富有个性化的产品才能最终赢得客户、占有市场。

第二,以自由行为特色的散客旅游的挑战。2013年,中国旅游研究院联合携程旅游网发布了《中国自由行发展报告(2012—2013)》。报告显示,我国自由行散客市场存在着广阔的发展空间。2010年国内城镇居民团体旅游占17.5%,散客旅游占82.5%;农村居民团体旅游占6.9%,散客旅游占93.1%;入境游客中团队占38.3%,散客占61.7%。根据国家旅游局发布的我国旅行社行业统计数据推算,2011年旅行社接待的国内、入境和出境旅游的份额分别只有6.4%,16.8%和28.7%。也就是说,国内旅游超过90%的客源、出境旅游超过70%的客源不是由旅行社组织的。2012年国内旅游市场接近30亿人次,跟随旅游团的比例不足5%。① 在智慧旅游时代,散客自由行市场势必会得到更迅速的发展,这种消费群体的转变,促使传统旅行社在营销、组团、产品设计以及旅游服务各方面亟须进行更多创新。

第三,对旅行社规模提出了更高要求。智慧旅游在极大地扩展了游客选择权的同时,也使得旅行社跨区域的规模化发展成为可能。传统旅行社由于资源、信息的局限,囿于某个区域,难以实现规模化的发展,仅仅起到旅游中介的作用,而且业务上也有组团社和地接社的区别。智慧旅游通过云端计算、物联网等新信息技术,可以将旅游资源、组团业务、旅游产品设计开发、销售、旅游服务等传统经营业务在信息技术平台上运行,打破了区域壁垒,旅行社在异地建立自己的资源采购、产品销售和服务渠道,既可以组织招揽游客,也可以在不同区域接待游客,从而使得旅行社实现不同区域的同盟或连锁经营。②

第四,服务口碑越来越重要。在智慧旅游中,游客可以在数据中心中快速、准确地获取所需要的相关信息,但是信息量越大,游客越是会对信息进行筛选、过滤,其中很重要的参考因素就是相关信息的评价,即口碑。比如,游客通过手机在数据中心查找某条旅行线路的相关信息,数据中心反馈出了来自不同的旅行社提供的线路信息及相应的评论,此时,以前游客的真实评星及评价就成了

---

① 中国旅游研究院联、携程. 中国自由行发展报告(2012—2013)[EB/OL](2014-04-17)[2015-01-08],http://ww.199it。

② 李云. 智慧旅游时代传统旅行社经营模式的转型[J]. 对外经贸,2013(9).

现在游客进行选择判断的最好依据。因此,旅行社必须不断提高服务质量,以获得极好的口碑,否则在未来将会逐渐被市场所淘汰。

(二)传统旅行社向智慧旅行社转型

实践证明,如果新诞生的旅行社走向智慧旅行社,相对简单,比如途牛、携程,这些新兴的旅行服务平台,它一开始就都直接建立了信息化的平台,后台、前台都在线上平台,如携程、艺龙等都已广泛使用信息技术,已向智慧化迈出了第一步。但传统旅行要走向智慧旅行社,在信息化建设道路上,必须进行理念上的、组织构架上的技术平台的一个全面的再造。因为在线和离线的服务模式是完全不同的,这种再造使得信息化带动整个一体化,信息化带动重组一体化,信息化带动在线一体化。也就是说,所有岗位,从老总到销售、前台、后台、财务人员……都要在线化、信息化。旅行社销售方面也要建立呼叫中心、网站,而门店、后台也要有在线预订项目,财务要建立在线的结算,包括在线支付的开通——都要有信息化平台的支撑。比如,锦江、中青旅总社、国旅,它们现在的门店系统、电子商务系统都经过了完善和升级,通过在线化信息化走向智能化,最终实现智慧化。

基于在线运营,智慧旅游突破了时空的约束,用信息化技术去提供传统的旅游产品(用在线的方式做传统旅游)。例如,春秋、锦江与途牛、携程相比,它们的旅游出发地的产品不同——一个是全国的,一个是区域性的,所以这点也是传统旅行社要突破的——要选择全国各地的产品,在各地建立自己的产品采购渠道,或者研发中心、采购中心,建立自己的地接服务保障体系。这些都是传统旅行社转向智慧旅行社所要立即做的。另外,将传统的旅行社销售模式放到网络平台上的在线旅行社模式正在成为旅行社智慧化的重要方向。

第一,实现一体化和连锁化经营。途牛旅游网在短短数年就扩展到 20 多家分公司,无论游客来自哪里,是从网站上预订,还是通过呼叫中心,还是到途牛各地的门点,所购买的产品和价格都是一致的。宝中旅游自 2006 年开始采用连锁经营模式,分布在全国各地的服务网点已达 1600 余家,所有门店实行总部制定的"统一采购、统一产品、统一广告、统一财务、统一人事、统一选址、统一形象、统一组团"八统一管理。宝中旅游正在试点旅游产品标准化,并已通过建立全国标准化旅游接待体系,保障旅游产品的品质。宝中旅游开发了 B2B 旅游电子商务平台,该平台将供应商和营业部之间的交易和财务进行集成管理,所有这一切交易都处于总部的监控之下,对于游客来说,可以更加清晰地了解自己的行程和安排,甚至是入住的宾馆,而不是简单地说成三星、四星宾馆,从而让游客消费更加透明、更加放心。

第二,实现综合业务系统化管理。旅行社的业务特性决定了资源整合和信息整合是旅行社的重要工作,信息技术是实现高效整合的最主要手段。旅行社业务管理的难点在于涉及大量的供应商和资源,传统的方式是借助计调人员丰富的工作经验来处理大量的信息。通过相关的业务管理系统,旅行社可以实现对各种要素的集中管理,产品部门和计调人员在资源库中组织产品和安排行程。出于竞争的需要,旅行社也需要通过技术手段来管理旅游团队,提升服务质量。比如,借助基于智能手机和定位技术的管理系统,旅行社可以对团队、旅游车辆进行实时的管理。

第三,围绕客户关系的管理系统。传统旅行社对客户的管理往往是一种"抓大放小"的方式。旅行社老总手里掌握着大批大客户的资料,对应的业务亲力亲为,防止业务人员流失导致客户流,而对于从电话、门店和网站来的零散游客,缺乏维护手段,即便是收集到了游客资料,也无法和客户产生有效的沟通。通过对客户的细分和客户消费习惯的挖掘,旅行社可向不同类型的客户开展针对性的营销。旅行社的业务对象主要是同业、直客和企业客户,多数旅行社在客户对象上会有所侧重。很多旅行社已经意识到了通过搭建电子商务网站,面向直客开展销售的重要性,却在同业分销和企业客户的销售管理上没有很好的办法。一些同业分销系统和旅行社的电子商务网站完全分开,造成产品信息和价格信息的分离。要建立完整的直销分销体系,需要首先建成统一的产品和价格中心,无论是同业、直客还是企业客户的订单,都通过这个中心统一调配。

(三)国外智慧旅行社建设案例及其启示

对欧洲 200 多家酒店所做的调查显示,在线旅行社已经成为欧洲酒店的主要分销渠道,其在线预订量约有 50% 来自 Priceline 拥有的 Booking.com,30% 来自其他在线旅行社,其余 20% 的预订来自酒店自身的网站。[①]

Booking.com 是世界上第一个酒店在线预订网站,2005 年被 Priceline 公司收购,成为 Priceline 旅游市场细分战略中的重要一部分。Booking.com 最初的市场定位是欧洲,但是其发展模式的灵活性和强效性,使其发展速度和规模

---

① 大地风景国际咨询集团:外国智慧旅行社建设启迪——以世界第一个酒店在线预订网站缤客为例[EB/OL].（2014-03-09）[2015-01-10]. https://wenku.baidu.com/view/ea412c455acfa1c7aa00cc4f.html.

完全超过初始预期,如今 Booking.com 已经开始涉足新兴地区的旅游业。以中国为例,无论是传统的在线旅行社携程,还是新兴的旅游社交网站马蜂窝、穷游网,在推荐海外酒店时,都会优先跳转到 Booking.com 的网站。

1. Booking.com 智慧化建设的六大亮点

(1)滚动式发展构筑庞大用户群

Priceline 围绕酒店、机票、租车三大核心板块,构筑以用户为中心的进攻型战略体系,针对细分用户和区域市场平均每2～3年进行一次具有战略意义的收购,采取多模式滚动开发,积累了庞大的用户资源。现今,Booking.com 已经拥有 38 万家酒店的住宿资源,为顾客提供 170 多个国家的在线预订服务,在世界各地拥有 70 多家办事处,共有超过 4000 人参与其中。①

(2)基于目的地搜索的结构性优势

Evercore 的一项证券调查报告称,Booking.com 的转化率是行业平均水平的两到三倍,而且它在竞争中凭借结构性优势胜过了其他 OTA 对手,如 Expedia。Booking.com 的付费搜索是基于目的地的方式,而它的对手们的确是基于始发地的方式。始发地模式在搜索中添加目的地后,随着目的地数量的增加,市场团队与销售成果的关联度会降低,而 Booking.com 的目的地模式,则是基于目的地市场损益情况,能更好地优化市场投入,有利于在更广范围内实现转化率提升。

(3)分销成本较低的佣金模式

Booking.com 吸引了数量庞大的全球用户,除了其住宿资源丰富外,还有一个原因就是其采取的相对较低的分销成本。Booking.com 作为酒店的合作伙伴,相对于以预付模式为主,还需额外收取 2%～3% 信用卡手续费的其他竞争者来说,分销成本更加低廉,再加上其灵活的订房取消政策,形成了显著的销售优势。

(4)强大的技术支持团队

Booking.com 通过不断的新技术引进和技术人才培养,强化自己的技术团队,为其旅行社的智能化服务提供保障。以 2013 年为例,Booking.com 先是在网站整合 Rome2Rio 的点对点交通方式搜索技术,增加自己的旅游搜索竞争

---

① 大地风景国际咨询集团:外国智慧旅行社建设启迪——以世界第一个酒店在线预订网站缤客为例[EB/OL].(2014-03-09)[2015-01-10]. https://wenku.baidu.com/view/ea412c455acfa1c7aa00cc4f.html.

力;又在 12 月宣布,对通信服务供应商 e-Buddy 进行人才收购,虽然 e-Buddy 的应用要如何被整合到酒店预订服务中还尚未宣布,但是 Booking.com 此次举动很明显是在强化自己的线上支持团队。

(5)良好的网络平台建设

创建良好的网络平台,Booking.com 网站提供了 41 种可用语言,近百种交易货币,以方便游客和商家信息共享。同时,通过调研和网站记忆功能,给出优先选择,减少游客在海量信息搜索里花费的时间。

(6)开发多途径预订渠道

使用移动设备预订住宿的用户人数迅猛增长,移动设备在网络住宿市场占有举足轻重的地位,Booking.com 的移动设备预订的交易量也由 2011 年的 10 亿美元增长至 2012 年的 30 多亿美元。Booking.com 开发了适用于安卓、iOS 及 Windows8 系统的应用程序,在过去 3 年间已拥有 2000 万次下载量。同时,2012 年 4 月,Booking.com 还推出了全球首个为顾客提供当晚酒店客房低于 5 折的 Last-minute 预订应用程序 Booking.com Tonight,通过该应用程序,用户能以最低价预订全球多家酒店的客房。[①]

2.Booking.com 对我国智慧旅行社建设的六大启示

(1)以人为本的设计理念

我国智慧旅游的建设,存在将数字化与智慧化混淆的问题,偏重技术提升,而往往忽略掉智慧旅游建设的核心部分——实现人对旅游信息的智能感知和方便利用。旅行社作为第三方,如果不能帮助游客节省时间,提供清晰、明了的旅行指导和服务,也就失去了竞争优势,将顾客直接推给了供应商。而 Booking.com 在网站建设中的做法很值得我们借鉴,不仅提供多语言、多币种的全方位服务,还给予优先选项,帮助消费者解决信息过载问题,整个设计完全是以顾客的便利为首要考虑因素。

(2)重视技术更新及人才引进

在智慧旅行社建设中,如果说业务智慧化和管理智慧化是对智慧旅行社的基本要求,而新技术应用则是对智慧旅行社的成长性要求,交流顺畅、运作好的技术平台和提供技术保障的技术团队成为智慧旅行社正常运行的有力保障。

---

① 大地风景国际咨询集团:外国智慧旅行社建设启迪——以世界第一个酒店在线预订网站缤客为例[EB/OL].(2014-03-09)[2015-01-10]. https://wenku.baidu.com/view/ea412c455acfa1c7aa00cc4f.html.

在日新月异的当今世界，技术发展迅速，只有不断地更新技术，强化人才建设，才能不落后于时代。

（3）多模式适应市场需求

Priceline 公司不仅在欧洲成功地采用了佣金模式（Booking.com），同时根据不同市场和受众群体不同，开发了适用于北美市场的创新模式（Priceline.com）和适用于亚洲市场的预付模式（Agoda）。针对不同的用户和不同的市场，采取不同的经营模式，这就是 Priceline 的市场细分战略给国内旅行社发展带来的重要启示。

（4）开发多渠道交流功能

近年来，随着智能手机的普及和消费者使用手机习惯的改变，在线旅游业市场空间在很大程度上得到了扩展，这也成为去哪儿、携程、爱 GO 网等在线旅游企业向移动互联网发力的主要原因。旅行社成功开拓在线市场，让用户可以随时随地轻松获取信息成为智慧化的重要指标。因此，国内旅行社在智慧进程中，除了门户网站的经营外，对于各种系统应用程序和手机 APP 的开发也不容忽视。

（5）在线平台同中存异发展

在交易模式不断重合下，国内旅行社必须采用创新发展模式，突破自己的服务瓶颈。旅游服务品类已经逐渐丰富，有景点门票、机票、火车票、酒店等预定，也有"景点＋住宿""景点＋车票"等套餐，当众多产品趋于同质化的同时，有特色和个性的服务越来越少，最终也将没有竞争力可谈。

（6）大数据加速旅游智能化

所谓大数据，就是为顾客以及会员都设立了一条主记录，用以收集他们的服务记录、预订信息以及其他选择，能为客户提供更合适的服务，增强客户黏性。旅行社的大数据储存和筛选功能减轻了消费者的数据负担，也让客户意识到服务的价值，让公司在竞争中脱颖而出。

四、杭州旅行社智慧化现状评估

（一）发展现状

目前，杭州以"全域化、国际化、品质化、智慧化"为导向，深入实施旅游国际化与旅游全域化两大战略，推进八大体系建设转型升级，有效形成适应城市国际化发展要求的体制机制。市旅委结合《"智慧杭州"建设总体规划》,从智慧城市建设、智慧旅游各类应用主体的实际出发,以完善旅游公共服务功能、提高旅游行政管理部门的服务水平和行业管理水平为出发点,建设面向公众服务的应用系统,包括旅游云数据中心、旅游综合信息发布系统、个性专属行程定制系统、混合现实虚拟漫游系统、旅游综合电子商务系统、智能旅游卡等。建设面向旅游管理的应用系统,包括智能视频监控系统、游客统计分析系统、游客智能疏导系统、旅游诚信服务系统、综合指挥调度中心等。建设面向旅游应用的应用系统,包括智慧营销决策分析系统、营销效果评价系统、旅游自媒体营销系统等。

1. 从动因来看,互联网时代改变了游客获取信息、购买旅游产品的方式,移动预订和消费成为大势所趋

互联网时代改变了游客获取信息、购买旅游产品的方式,旅行社为了迎合游客的需求,不得不利用电子商务进行在线交易。随着智能手机的普及、消费者使用手机习惯的改变、移动互联网性能和体验的改善及旅游过程的移动性和不确定性,游客获取信息和旅游产品的方式更加多元化,移动预订和消费成为大势所趋,微博、微信等社会媒体成为旅游网络营销和服务方式的新方向。移动互联网的发展,对游客的旅游需求和旅游购买方式都产生了极大的影响,也成为进一步促进旅行社加快信息化进程,进一步根据游客的新需求和新消费模式,提供优质高效可信服务的动因,这是未来杭州旅行社信息化的一个热点。

2. 从方式来看,主要从网站建设、B2C 营销策略、B2B 渠道管理方面进行

近年来,杭州旅行社信息化主要从网站建设、B2C 营销策略、B2B 渠道管理方面展开,努力构建多层次、全覆盖、宽带、泛在、智能、安全、融合的信息高速公路,提升景区、酒店、旅游度假区等重点场所的免费 WIFI 覆盖率,建设全市旅游休闲云数据中心等。传统旅行社所采用的信息化模式有与著名在线旅行社或团购平台签约合作,成为其产品供应商;有自己建立网站进行产品与服务的推广;有依托第三方成熟旅游平台开设网店。但总体而言,杭州现有的传统旅行社的在线服务产品创新缓慢、服务质量不高,信息化投入与产出严重不匹配,影响了企业的盈利能力和空间。因此,面对不成熟、不稳定的市场环境,杭州传统旅行社究竟选择何种商业模式才能盈利,值得认真思考。经过 10 多年的发展,国内外一些大型的在线旅行社已经完成第一轮在线旅游市场份额的瓜分,进入下一轮更深层次的竞争。杭州在线旅行社面对新的市场环境,未来将如何进行进一步定位与转型升级,也将是一个发展重点。

3.从效果来看,作为以盈利为目的的企业,旅行社信息化建设是为了提供更好的旅游服务质量,提升顾客满意度和忠诚度

从旅行社信息化的效应来讲,旅行社作为以盈利为目的的企业,其信息化建设是为了提供更好的旅游服务质量,提升顾客满意度和忠诚度。随着社会的发展和信息技术的不断创新,人们的旅游消费观念和模式不断发生变化,呈现出消费者对价格的敏感度渐低化、旅游消费多元化、出游方式多样化、出游时间分散化的发展趋势,对在线旅行社产品提出了更高的要求,价格战已不再是杭州旅行社争夺市场的有效手段。从产品和服务本身突破,求新求变、升级改造,提供差异化与个性化的产品及高品质的服务,是满足游客多层次需求的根本所在,这也是传统旅行社和在线旅行社未来发展的核心竞争力和必然趋势。同时,杭州旅行社还应从顾客的视角出发,在充分考虑影响在线服务质量因素维度的基础上,对在线服务体系进行设计与建设,以提高顾客对旅行社在线服务的满意度与忠诚度(见图1)。

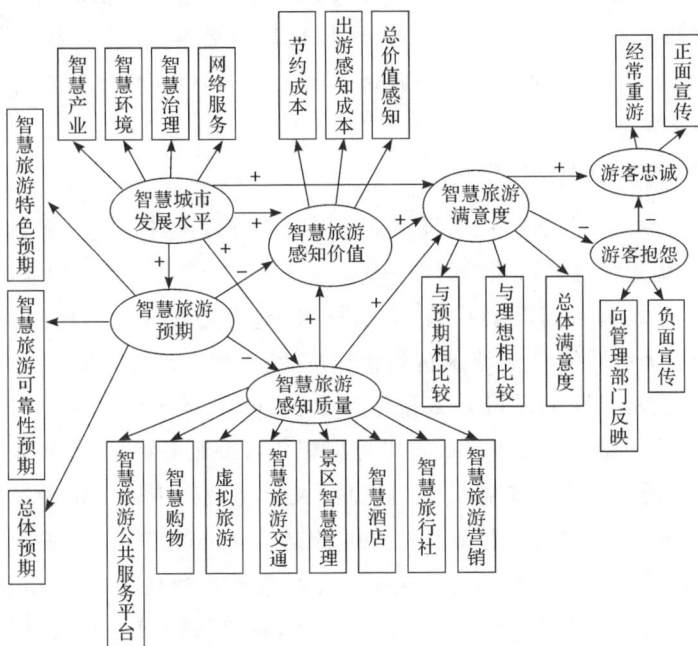

注:长方形中的变量为观测变量,椭圆形中的变量为潜变量;加号表示正相关,减号表示负相关。

图1 智慧旅游满意度模型①

① 蔡蓉蓉,张维亚.基于结构方程的智慧旅游满意度实证研究[J].资源开发与市场,2015(3).

(二)存在问题

目前看来,杭州智慧旅游主要是在政府主导下开展的,旅游企业对于创建智慧旅行社的积极性主要体现在创建申报、项目包装、争取配套等工作上,重设施设备投入,轻管理流程再造;重部门体系建设,轻社会资源整合;重增量设施建设,轻存量数据分享。智慧旅行社建设过程中,也存在一哄而上、以邻为壑的现象,纷纷独自开发自己的云计算平台和数据库,既不整合已有的数据资源,又不分享自行采集的数据,数据接口标准不一,不能互联互通。

1.管理体制僵化

推动智慧旅游和智慧旅行社的建设需要不同的主体之间行之有效的沟通和配合,而目前的政府的管理部门之间,企业和游客之间,不同高新科技企业之间,都存在着沟通难、配合少的问题。杭州市智慧旅游建设工作领导小组级别不够高,协调难度大。特别是中小旅行社管理、经营还主要依靠大量的人力来维持,不仅加大了旅行社的运营成本,而且在薪酬待遇、股权激励机制、发展空间等方面缺乏竞争力,加重了中小旅行社的运作压力,使得旅行社电商化转型难上加难,甚至入不敷出。

2.网络基础设施建设滞后

根据《杭州市智慧旅行社建设规范》,网络基础设施建设包括旅行社无线网络等基础设施建设、旅行社物联网基础设施建设、旅行社数据基础设施建设等,这些网络基础设施系统需要持续、大量投入,绝不是短时间内能一蹴而就的。其中,旅行社无线网络等基础设施建设标准为待客区域覆盖有无线宽带网络,游客在咨询及购买服务时可以方便地将手机、电脑等终端以无线方式连接上网。旅行社根据物联网基础设施建设标准配备自助服务终端,既提供自助查询旅游信息、导游信息以及选择导游等功能,又支持银行卡刷卡消费功能。基于业务需求和实际应用的需要,旅行社根据数据基础设施建设标准制定统一的数据采集标准,建立符合自身条件的旅游信息采集长效机制;建立旅游资源、旅游线路、游客信息等数据库;建立数据共享机制,解决数据交换和共享问题;旅行社旅游数据库应有与杭州旅游云数据中心实现无缝对接的接口;拥有完善的信息安全保障机制。

另外,据问卷调查结果反馈,中小旅行社擅长把酒店、机票、景区门票等资源进行加工,组合成旅游线路的产品,大多注重通过产品包装来获取更多利润,线下直营者居多,所以技术要求较低。但随着互联网时代特别是移动互联网时代的到来,越来越多的人选择在线消费,旅游产品也不例外。因此,中小旅行社的触网之路由此展开。然而,长期以来对技术的轻视,导致了中小旅行社无法实现线上产品的实时更新和资源整合,成功拥抱互联网、最大限度地享受互联网红利仍任重道远。

3. 专业技术人才短缺

杭州旅游产业正处在转型发展的关键时期,旅游复合型专业人才无法满足旅游市场的需求。旅游复合型人才要求具备综合技能、创新能力、探索能力,以及良好的文化素养、业务素养、身心素养等。目前,杭州旅游市场中缺乏具有探索能力、创新能力及动手能力的旅游人才。旅游电商的崛起,正在悄然改变着传统旅游企业的性质,由企业劳动密集型向知识技术密集型转变,更加需要多个专业领域的高素质旅游专业人才。

4. 散客化经营模式尚未形成

散客化是旅游业不可阻挡的发展趋势,如何面对这一庞大的市场并从中获得市场的份额是很多旅行社重点考虑问题。传统市场的削弱,新兴市场的壮大迫使旅行社开始转型,针对散客游自主性、自由性、求新奇、求刺激等个性化的特点,旅行社要充分抓住散客的心理特征以及出游偏好,做好营销工作,提供相应的产品与服务。①

随着散客化时代的到来,杭州中小旅行社过去依靠传统的"打包"形式进行产品销售的做法已经不能满足游客的需要。为适应消费者日益多样化的需求,产品的差异化成为中小旅行社发展的必经之路。加上国内在线旅游行业的日益发展,竞争已经不再局限于价格战等简单粗暴的方式,而开始进入精细化阶段,产品创新和模式创新正成为各方争夺的新战场,如何实现散客经营,对杭州中小旅行社而言仍是一个难题。

五、杭州智慧旅行社建设对策

《国务院关于促进旅游业改革发展的若干意见》(国发〔2014〕31号)明确规定,"破除对旅行社跨省设分社、设门市的政策限制,鼓励品牌信誉度高的旅行社和旅游车船公司跨地区连锁经营"。旅行社跨省设立门市部的解禁,对旅行

---

① 申倩. 旅行社在旅游市场新形势下发展策略研究[J]. 现代商贸工业,2014(12).

社行业开拓旅游产品营销渠道具有重要意义。杭州旅游行业借助这一政策利好，抢抓 G20 峰会、亚运会等国际峰会经常化历史机遇，加强智慧旅游相关顶层设计，加大旅游服务技术创新，发展新型旅游电子商务，全面开展 O2O 合作，以大资源、大数据、大产品以及精细化管理、个性化服务、网络化营销推动智慧旅行社建设，迎接旅游休闲时代的到来。

（一）政府、市场双管齐下，助推旅行社主动转型

智慧旅行社建设作为智慧城市、智慧旅游建设的重要组成部分，涉及政府、企业、游客、居民等方方面面，是一个复杂的巨系统。因此，要充分发挥政府统筹规划、整合资源、制定标准的主导作用，做好顶层设计，用顶层设计指导、引领、推动杭州智慧旅行社建设。同时，重视市场主体作用，加快商业模式创新，培育龙头企业，推动智慧旅行社建设从行政推动向市场驱动转变，构建起以政府主导、企业主体、市场需求为导向的智慧旅行社建设推进体系，确保杭州旅游业在激烈的市场竞争中立于不败之地。

旅行社行业是一个完全竞争型的产业，是一个服务贸易的中介机构，相对做"物"的外贸公司而言，旅行社企业只是做"人"的外贸。当人民币升值的时候，外贸行业就出现出口难的困境，同样，旅行社就碰到入境游难的窘境。在这样的完全竞争且没有必要控制资源的领域，国家应该像开放外贸领域、百货零售领域一样让各种资本进入。现有的大型国有性质的旅行社要向现代企业升级，形成以市场机制为根本的绩效奖励机制，从而留住优秀人才，增强自身的竞争力。政府要"有所为有所不为"，用好"无形的手"和"有形的手"，让市场作用和政府作用有机统一、相互补充、相互协调、相互促进，推动旅游业持续健康发展。为实现智慧旅行社建设的快速发展，政府应采取更加积极的扶持政策，加大旅游专项投入；采取更加灵活的招商方式，营造更为宽松的投资环境；加大对重点旅游企业的扶持，使智慧旅行社实现以点带面的发展。作为智慧旅行社建设项目的引导人，政府应加大财政投入，切实保障智慧旅行社建设，这是必不可少的关键因素。

由于杭州旅行社行业"小、弱、散、差"的局面还未能从根本上得以扭转，行业整体竞争力不强。因此，要以市场为导向，继续实施"旅行社扶强扶优工程"，做好转型升级的文章，不断提升智慧旅游服务水平，充分发挥智慧旅游服务供应商的作用。比如，杭州市旅委从网站定位、栏目设置、页面风格、信息内容建设等方面出发对杭州旅游网（英文版）进行改版，通过网站搜索引擎优化、海外

镜像系统优化、在谷歌网站投放广告等相关工作,做好网站海外宣传推广。目前,杭州旅游网(英文版)被国外主流搜索引擎收录总数超过 5000 条。开展杭州旅游网搜索引擎优化及推广工作,对 302 个杭州旅游相关关键字进行优化、外接链接推广,提升杭州旅游网在百度、360 等搜索引擎上的排名。杭州旅游网全年访问量 155.98 万人次,年增长 14.2%。杭州旅游网网页被百度搜索引擎收录 6670 条,增长 5.2 倍;被 360 搜索引擎收录 6880 条,增长 61.3%。[①]

(二)以新业务为发展动力,大力发展电子商务

现代信息技术尤其是互联网、移动互联网的引入,使得旅游产品和服务不经过任何中介组织直接面对旅游消费者成为可能,这就是一种新型商业模式——电子商务。旅行社要以移动电子商务为发展重点,发展全方位自由行业务、单项预订以及批发业务。移动电子商务主要是通过将互联网和用户的移动终端进行连接而发展的电子商务类型。由于当前旅游者的需求越来越个性化,并且移动终端的使用比个人电脑的使用更为普遍,所以要以移动终端作为重点来发展。将用户的移动终端和旅行社网站相连,从而完成资费交易、出行组织、产品购买、产品咨询等服务,提高旅行社的服务质量。[②]

旅游产品的生命周期分为导入期、成长期、成熟期和衰退期四个阶段。旅游产品处于导入期或生长期时,应采用无差别市场营销策略;进入成熟期后,宜采用差异性市场营销策略;进入衰退期,则应采用集中性目标市场营销策略收缩旅游企业的产品线。基于互联网环境下的电子商务业态应该是千差万别、各具特色的,在线旅游市场不会因为几次资本运作便形成一家独大或诸侯割据的局面,其他中小规模的在线旅游商同样可以凭借某一项个性化产品保持着自己的发展空间。作为旅游业三大支柱之一的旅行社,是连接旅行游客和旅游目的地的桥梁,由于游客和目的地又相对较为分散,所以旅行社必须及时恰当地实施电子商务策略,旅行社电子商务发展的程度与模式的选择息息相关。

首先,完善推广第三方旅游交易平台的合作模式。对于旅行社而言,不仅可以降低广告宣传促销成本,而且可以充分地整合旅游资源,加强与其他旅行社及旅游企业的业务联系。旅行社只需缴纳一定的加盟费用,无须投入大量的人力和财力,便可实现旅行社的电子商务建设。这对于实力有限的中小旅行社

---

① 杭州市地方志编纂委员会.杭州年鉴(2015)"旅游规划建设"[M].北京:方志出版社,2015.

② 李云.智慧旅游时代传统旅行社经营模式的转型[J].对外经贸,2013(9).

来说,其作用更为明显。但是,旅行社在实际操作特别是在线支付和交易过程中,须注意双方的诚信和安全问题。

其次,中小旅行社加盟旅行社电子商务平台。中小旅行社加入电子商务平台,可以利用网络虚拟化的特征,降低网络基础设施的投入成本,减少中小旅行社旅游信息化的困难。在这个电子商务平台上,由于技术壁垒、信息孤岛等进一步消失,中小旅行社可以获得与大型旅行社同等的机会,其市场空间也将会进一步扩大,不再受到经济规模大小的制约,可以便利地进行信息的交流、管理与利用,这为中小旅行社提供了难得的发展机会与发展空间。由于平台网站的系统建设和维护成本是由旅行社共同分担的,每个企业所负成本较小,并且相互之间可以共享旅游信息、营销资源等。但是,这是一种非常松散的组织形式,需要联盟成员严格规范自己的行为,对联合组织有高度的认同感才能长久发展。

再次,大型旅行社自建电子商务平台。这种模式适用于大型旅行社开展B2C业务,主要是依托传统旅游业丰富的资源、庞大的客源、自身强大的实力,建设高度信息化的在线旅行社。随着旅行社后台系统的完善,整合旅游信息,为旅游者提供个性化旅游服务。通过自建电子商务平台的带动,可以实现旅行社的信息化改造,打通旅行社内部与外部的信息壁垒,整合网上网下的业务,使传统的旅行社与网站融为一体。但是,电子商务平台建设初期的投入成本和中后期的维护成本都比较高。

最后,积极开发特色App软件。在智慧旅游这一时代浪潮影响下,旅行社应充分运用移动互联网技术,开发专业化特色化智慧App软件,无论是预订类、导游类抑或分享类App,都应强调技术升级,转变运营模式,更加突出技术化与人性化,加快与消费者的互动,促进与环境的交流,营造良好的信息化基础,实现旅游资源组织、游客吸引和安排、旅游产品开发销售以及旅游服务等旅行社各项业务及流程的高度信息化、在线化和智能化,以及高效、快捷、便捷和低成本规模化运行,创造出游客满意和旅行社企业盈利的共赢格局,最终实现旅行社的智慧化,带动整个旅行社业态的转型进步、持续发展。[①]

(三)以游客为中心,推广"菜单式"服务

旅游业是一种体验经济,游客从设计旅游行程到获取旅游资讯,从查询电

---

① 沈左源.基于 AHP 的旅行社智慧 APP 设计评价研究[J].特区经济,2015(3).

子地图到体验虚拟旅游,从感受垂直搜索到享受网络预订,从领略智慧景区到分享旅游经历,无不是处在这种旅游的体验之中。智慧旅游的最高境界,就是可以与游客进行实时互动。大众化、散客化、个性化和自助化的出游已经成了时尚和潮流,自驾游、自由行、背包游也已经成为越来越普遍的出行方式,很多地方散客人数超过了团队游人数。据不完全统计,2014 年北京旅游的散客占到1.8 亿总游客数的 80%。① 这是一个巨大市场,越来越需要有更加便利快捷的智能化、个性化、信息化的服务。

旅游消费者需求的不是旅游产品本身,而是一种伴随旅游产品的消费所带来的独具回味的经历或感受②。智慧旅行社应根据不同人群需求提供精细化的旅游服务产品。比如,对互联网的旅游终端较陌生的老人和儿童,他们在出游过程中需要全面的照顾,旅行社需提供"高品质＋全包价"产品;对于"无网络,不生活"的中青年客源,旅行社可以在网站上直接提供旅游产品,根据其爱自由、敢冒险的特点提供创新、休闲于一体的"自由型＋组合式＋网络互动式"产品。再者,针对一些特殊旅游群体,如蜜月、结婚纪念旅行和高端商务客人等,旅行社提供私人定制产品,提供旅游愿景的制定、旅游景点的选取、其他服务比例设计以及旅游投诉处理等管家式服务。

杭州发展智慧旅游的目标,就是倾力打造身临其境的全方位体验。传统旅游信息化的点菜模式,在物联网、云计算的带动下正转变为一种贴身服务、位置服务。以游客为中心强力整合旅游信息资源,主动发现旅游者的需求,根据旅游者所在位置,根据旅游者的个性需求,通过便利的手段提供更加优质的服务使游客有更加深刻的游客体验③。作为典型的服务业,旅行社行业要从消费者的角度出发考虑整个流程,即游客从萌生旅游意愿到去旅行社咨询,再到最终成行的过程,再针对整个流程,把作为企业应该提供的所有服务的每个环节逐一细化并以制度的形式加以固化落实,保证每个员工都有章可循。在互联网时代,旅行社应该成为旅游者身边的智慧旅游顾问,发挥应有优势,在每一个环节都要提供专业的服务,甚至在旅行结束后,也应该建立游客档案数据库,通过数据库分析找出服务的个性化依据,发现新的销售机会;通过电子邮件、直邮信

---

① 罗波,等.关于内蒙古智慧旅游发展实践的思考[J].北方经济,2014(5).

② 许建.体验经济时代下体验旅游产品开发策略[J].资源环境与发展,2010(6).

③ 所谓"游客体验"是指通过智能化的移动终端(智能手机或定制导览终端),配合二维码、GPS 定位等技术手段,为游客提供全程式的游览服务、丰富的旅游体验、互动的游览方式和拓展的消费形式。

函、邮件列表、游客论坛等方式建立与游客的互动沟通,努力争取终身客户。要借助智慧旅行社,最大限度地满足个性化需求和提供定制化服务,实现旅游资源和社会资源的共享与资源的系统化、集约化、协同化管理,推进杭州旅游市场的分工重组和交叉融合,延长旅游产品链和产业链,促进现代旅游服务外包业务,形成新的产业业态和产业集群,从根本上改变旅游经济格局。

实际上,以游客为中心的智慧旅游,就是游客自我感知的智能体验——一站直达,就是通过技术设备和网络基础,随时、自由获取旅游相关信息,搭建起一个行程系统,借助电脑、手机、触摸屏、数字电视和其他设备,实现"一云多屏",为游客提供一站式、全方位、个性化旅游信息服务,让自助游杭州更轻松惬意。旅游消费者可以在相关网络信息技术的支持下,通过手机等便携网络终端设备,利用现有模块化的旅游信息,方便、快捷地规划和设计自己的旅游行程,为自己量身设计定制个性化的旅游产品。模块化的数据使不同消费需求的满足变得简单可行,为旅游消费者对产品的自主化设计提供了极大发挥空间,消费者可以定制自己开发的、适合自己需要的个性化旅游产品,智慧旅行社提供的个性化服务得以充分展现。同时,智慧旅行社甚至要在旅游者的个性化需求的基础上进行更细化的市场细分,并积极进行个性化旅游产品的开发,实施创造性的营销策略引领时尚,从而更好地满足游客日益多样化和个性化的需求。需要指出的是,作为"以游客为中心"的升级版,消费者与消费者之间的电子商务即C2C模式(见图2)在我国还处于起步阶段,旅游者主要通过网络平台来销售或交换产品。这些产品可以是交通票、旅游纪念品、旅游线路行程、旅游经验,也可以是具有产权的实物如酒店、汽车等。可以不受地域、时间限制地向全国各地及世界各地的旅游者进行购售、交换、租赁。

图 2　C2C 模式

(四)全面开展 O2O 合作,做好精准网络营销

O2O 即 Online To Offline,是线上线下融合的一种常见模式,它将线下业务与互联网结合在一起,让互联网成为线下交易的前台,也就是把互联网线上的消费者带到现实的实体商店中去——通过在线支付购买线下服务,再到线下实体店中去享受服务。O2O 是将线下实体商务的机会与互联网线上的技术融合在一起,让互联网成为线下实体商务交易的前台,同时发挥推广和销售的

作用。

O2O 是在 B2B、B2C、C2C 发展到一定规模背景下的产物,主要涵盖了以往模式未能涵盖的生活服务电子商务领域,其主要有本地化、无物流、在线支付、到店预订等特点。团购是 O2O 的一个引爆点,借助这一两年电子商务发展的积累沉淀,一登场就吸引了亿万消费者的目光,它将会打开一个规模更为巨大的市场。[①] 旅游企业和 OTA 并不是纯粹的竞争关系,而是竞争与合作关系。游客通过线上或线下平台购买产品,旅程中的体验和服务才是旅游的核心价值所在。对旅游企业来说,优质的服务是保证产品研发思路得以贯彻实现的前提和基础,是旅游品牌的核心内容。O2O 的发展模式才更适合互联网时代下的目标群体。整合线上、线下链条,线上做销售,线下做游客体验,线上要为线下服务。

对旅行社而言,线上线下企业的相互渗透和整合,已是行业大势所趋,但线上线下企业在管理团队、企业文化、业务体系、薪酬待遇等方面所存在的诸多差异性,使得这种整合极具挑战性。而互联网的到来提高办了公效率,让渠道更好地落实行业。互联网会把之前比较乱的市场梳理得非常清晰。最后,无论是线上渠道还是线下渠道都会品牌化,就像同程网建立线下门店一样。同时,传统品牌旅行社也纷纷建立线上门店。这种品牌线上线下的 O2O 结合就是未来的趋势。比如,推行旅游电子合同。国内已经有部分省市试点推行旅游电子合同,虽然还存在这样那样的问题,但旅游电子合同的推进已经迈出了脚步。非法的旅行社等由于无法登录和下载旅游合同,而被排除在外。旅游电子合同最大的特点是易于查阅。以前一旦发生投诉、纠纷等突发事件需要花费大量时间用于人工翻阅查找双方的旅游合同,而使用电子合同以来,只要在网络平台上输入合同号,在很短的时间内就可以查到旅行团的行程、导游人员、行程安排等相关信息,处理投诉和纠纷的效率极大地提高了。电子合同的签订有两种模式:一是旅行社通过平台开展业务自动生成电子合同,加盖电子印章后打印,在本地和游客签订;二是异地游客在网上订购旅游产品后,和旅行社在平台上直接签订。电子合同由于是在平台上通过业务产生,并使用了数字证书和电子印章,不但具有法律效力,还具有唯一性、不可抵赖性、易查证等特点,可有效保障游客和旅行社的合法权益[②]。

此外,传统的旅游营销是一种让游客被动接受的营销方式。旅游目的地组

---

① 郝理康,等.智慧旅游导论与实践[M].北京:科学出版社,2014:45.

② 姚志国,等.智慧旅游:旅游信息化大趋势[M].北京:旅游教育出版社,2013:169.

织和旅游企业通过电视、报刊、户外广告等载体,让旅游广告出现在游客面前,至于这些游客是不是看到了广告,是不是对广告信息有兴趣,是不是因为广告产生了旅游冲动,一般无从考量。智慧旅行社营销就是要通过技术手段,向有明确消费意向的人群投放广告,通过地区定向、时段定向、人群定向和消费意向定向等,逐步提升广告的效果和转化率。新的营销技术要具备用户定向的功能,包括人群定向和行为定向。第一,人群定向。通过对用户数据的分析,对用户的来源地域、年龄、性别、学历等进行判断,针对不同人群匹配不同的广告内容。人群定向最简单的方式,就是通过浏览器对访客来源的分析实现地域区分。比如,一个北京的用户就不会看一个成都组团旅行社的广告。第二,行为定向。通过用户的网页浏览等操作行为,判断用户的相关信息和兴趣;当用户访问其他网站时,根据收集到的用户行为,匹配对应的广告内容。其实我们经常会看到采用了这种技术的广告,只不过一般人不会留意。比如,你在搜索了海南旅游后继续访问其他网站,这时候你发现这些网站上出现了关于海南旅游的广告。在找准用户之后,需要不断地对用户数据进行积累和整理,以用于后续的营销。当然,旅游目的地和旅游企业独自建立这些数据比较困难,可以委托专业的精准营销服务商,借助他们庞大的用户数据库和广告精准投放系统开展营销。

(五)建立复合型旅游人才培养体系

智慧旅游归根结底是人的智慧,旅行社的发展离不开人才的支撑。智慧旅游产业的开发和运营要涉及多方面的综合知识,对旅游人才的要求非常高。目前,智慧旅行社建设缺乏高级的、专业的管理人才和开发建设人才。针对智慧旅行社所需要的精通物联网、云计算、移动互联网等高新技术的专业队伍相对匮乏的现状,可以依托高等院校强大的教育资源,或与国内智慧旅游行业领军企业合作,鼓励智慧旅游行业、企业以多种方式参与智慧旅行社的人才培养。比如,通过合办方式提供学生实习实训场所,建设智慧旅行社人才基地,培养适合智慧旅行社的高技能人才;聘请智慧旅游行业专家担任专兼职教师;与智慧景区、智慧酒店等相关主体签订智慧旅行社人才订单班等;签订定向培养合同等,为智慧旅行社发展提供强有力的智力及人才支持,也为全面提高现有智慧旅游专业人才的素质,建立起一支既懂旅游又懂智慧旅行社技术的专业化人才队伍打下基础。

首先,大力促进智慧旅行社建设、管理人才培养,旅游管理机构要创造条件,配备具有专业旅游信息化建设管理资质的专业人员,负责对智慧旅行社工作进行综合管理和考核。其次,积极组织开展面向国内旅游企业的智慧旅游行业培训,提高旅游企业的智慧旅游应用水平。普及智慧旅游技术教育,提高居民的信息意识、信息技能,为智慧旅行社建设提供坚实的人才保障。再次,智慧旅行社建设需要既懂 IT 知识又掌握旅行社基本知识和规律的人才。人才的缺乏导致旅游企业信息系统维护不力,信息更新和产品发布周期长,影响了旅游企业的经营发展。因此,需通过内培外引相结合、全日制培养和成教培训相结合等方式,加大力度培养信息化人才。可采取继续教育方式对现有旅行社骨干人员进行强化培训,使之掌握旅游信息化建设所需的基本技术技能,满足智慧旅行社建设对于人才的需求。

(六)设计 3.0 版旅行社管理系统

旅行社管理系统(tourism company management system,TMS),是管理系统在以旅行社为代表的旅游企业中的应用,属于管理系统下的一个应用分支。自 20 世纪 80 年代以来,旅行社为了适应市场竞争的需要,纷纷采用信息技术改进业务流程,构建管理系统辅助管理人员进行管理和决策,从而促成了旅行社管理系统的产生。从定义上而言,旅行社管理系统是由人、信息技术和旅行社数据组成的,能对旅行社的数据、业务和人员情况进行收集、传输、处理、控制和使用的人机综合控制和管理系统。其中,信息技术是一种使能器,是工具,它包括数据库技术、软件技术、网络通信技术等,利用信息技术去解决旅行社管理问题的所有系统,都可以称之为旅行社管理系统。

在信息化时代,旅行社如何让游客获得更加快捷的产品与服务? 如何让旅行社的经营管理更趋科学? 具体应用在旅行社日常工作中,可以表现为让整个门店销售人员借助门店销售系统完成在线分销、在线交易、在线结算等智慧化营销过程,无须费时费力地进行线下操作;后台的线路策划与计调人员利用业务流程管理系统进行在线产品策划及发布、实时订单处理、计调安排与团控管理、包团询价反馈等操作,并同步进行在线结算、报表统计、数据上报等管理;游客可以通过 B2C 网站、呼叫中心、手机短信等途径获得与门店订购一样的产品实时信息及服务,包括产品报价、线路行程安排、在线预订、行程提醒等;旅行社管理人员只需坐镇总部即可在线监控各门店网点、内部部门的运营情况,实现智慧管理。总经理可以通过手机终端随时查看经营报表,随时掌握企业运营情况等。

1.旅行社业务流程管理系统(BPR)

旅行社业务流程管理系统主要用于旅行社后台部门的业务处理,是旅行社进行资源采购、产品策划、订单处理、计调团控、财务结算等业务流程的专业化、统一化的管理系统。系统可以实现散客报名、包团询价以及各类单项产品的业务操作、单团结算、报表统计、总部监控、数据上报、电子合同上传等功能,帮助旅行社实现网络化、电子化、一体化的经营和管理,有效提升日常业务处理效率及工作协同性。

2.旅行社门店销售管理系统

系统面向旅行社门店的销售人员,可以线上开展出境游、国内游、自由行等各类旅游产品查询、询价、销售、收银以及包团业务的询价、报价、销售、收银管理等业务流程,主要提供线路预订、单项订购(单订房、单订票)、包团销售、会员管理、短信平台等功能,不但界面友好、操作简单,更能有效提升门店前台工作人员的工作效率,促进产品销售。

3.旅行社同行分销管理系统

旅行社同行分销管理系统主要用于旅游企业之间的电子商务交易,是旅行社与同行分销代理社进行产品的管理、销售、批发、分销、结算的在线平台。系统提供同行间产品发布、交易核算、交易结算、销售分账等功能,实现对门市销售、代理销售、包团销售等业务的统一管理,解决困扰旅行社多年的三角债问题,还能绘制旅游产品全方位、立体化销售的在线业务模型。

4.旅行社地接管理系统

旅行社地接管理系统是为组团社与地接社之间的业务流程管理提供一个可以实现前后台业务流程协同管理的在线电子商务平台,包含询价、计调、预定、下单等功能,组团社计调人员可实时地将业务转交地接社进行订单落实,完成订车、订房、订餐、订票、导游、领队等环节的安排和操作。高效、便捷的实现"一单多询",既减轻计调人员和下单人员的工作负担,又最大限度地提高供求双方的工作效率。

5.旅行社供应商管理系统

旅行社供应商管理系统是为旅行社提供一个面向专线供应商开展信息管理、资源发布、在线交易等工作的电子商务平台,并对供应商的资源、价格、特性、交易金额、业务往来等信息进行汇总、统计、分类、询价等处理,可为旅行社管理者、计调、财务等相关部门的工作人员带来极大的工作便利，提高工作效率。该系统在旅行社与供应商之间搭建了一条沟通纽带，从而有助于旅行社加强对供应商的管理。

6.旅行社客户关系管理系统

旅行社客户关系管理系统(CRM)是先进制度原则和先进软件完美结合的一种先进的管理系统。它在帮助旅行社提高客户的信誉度、满意度和忠诚度的同时实现旅行社收益的最大化，从而使旅行社客户关系管理这一复杂性工作变得简便化、程序化和动态化。

7.旅行社呼叫中心系统

旅行社呼叫中心系统有效地改善了客户体验，实现了客户满意度和工作效率的同步提高，降低了成本，提供多元化、个性化的服务，实现平衡运营，并可直接与网站相互连接，实现数据的实时交换。游客可通过呼叫中心咨询在网站上看到的相关产品信息，并完成预订下单。一旦游客通过呼叫中心完成预订，网站也会同时调整数据，修改报名人数。

8.旅行社网站管理系统

一个好的电子商务网站不但为旅行社提供一个可实时向游客展示各类旅游线路、机票、酒店等单项旅游产品及相关信息的电子商务平台，更为旅行社提升日常营销工作搭建了一个可实现在线报名、实时订房订票、在线咨询、在线支付、游记分享等功能的实时交易平台，在提升客户体验度的同时完成了在线营销的整个过程，加之卓越的兼容性让网站与呼叫中心、业务管理系统等相关数据实时对接及整合，为旅行社搭建了线下销售以外的另一种营销途径。

总之，在智慧旅游方兴未艾的今天，旅游消费市场正在发生明显变化，旅行社的服务内容也随之转型升级，从原来的主导消费转变为服务消费，在更加重视质量和品牌的同时拓宽了服务范围。国内众多旅游电商已开始智慧化建设，但仍有大量传统旅行社并未实现转型，这将成为影响智慧旅游总体满意度的重要因素。传统旅行社转向智慧旅行社，不仅要在理念、组织构架和硬件技术平台等方面进行再造，还需要拓宽产品组合的地域选择。业务智慧化和管理智慧化是智慧旅行社的基本要求，新技术应用是智慧旅行社的成长性要求。传统旅行社虽然被在线旅游抢去风头，但基于多年发展积累，在本地区的资源优势明显，区域市场掌控力较强，短期内仍是旅游业的主导力量。而在线旅游业经过初期发展和整合，已基本走上稳定发展的轨道，如果两种业态在竞争中实现较好的合作并相互取长补短，将有利于各自发挥优势、互惠共赢，进而早日实现

"旅游服务便捷化、旅游管理精细化、旅游营销科学化"的智慧旅游发展目标。

（2015 年"智慧城市建设与休闲生活发展"专项课题）

参考文献：

丁凤芹.我国智慧旅游及其发展对策研究[J].城市经济,2012(1).

杜江,戴斌.旅行社管理比较研究[M].北京:旅游教育出版社,2000.

杜文才.旅游电子商务[M].北京:清华大学出版社,2006.

高踞.新经济背景下的旅游经营模式思考——散客拼团游接待模式分析[J].全国商情(经济理论研究),2008(10).

金卫东.智慧旅游与旅游公共服务体系建设[J].旅游学刊,2012(2).

李梦."智慧旅游"与旅游信息化的内涵、发展及互动关系[J].中国旅游科学年会论文集,2012.

李云鹏,等.智慧旅游:从旅游信息化到旅游智慧化[M].北京:中国旅游出版社,2013.

刘军林,范云峰.智慧旅游的构成、价值与发展趋势[J].重庆社会科学,2011(10).

刘利宁.智慧旅游评价指标体系研究[J].科学管理研究,2013(6).

卢新欢.基于 4G 网络的旅游目的地精准营销初探[J].旅游纵览,2013(3).

谭智伟.浅论传统旅行社的营销模式转型[J].商,2014(3).

唐煜,何碧金.传统旅行社如何应对自由行的冲击[J].知识经济,2010(20).

王辉,等.智慧旅游[M].北京:清华大学出版社,2012.

姚志国,等.智慧旅游:旅游信息化大趋势[M].北京:旅游教育出版社,2013.

张凌云.智慧旅游:个性化定制和智能化公共服务时代的来临[J].旅游学刊,2012(2).

中国旅行社发展现状与发展对策研究课题组.中国旅行社发展现状与发展对策[M].北京:旅游教育出版社,2012.

朱珠,张欣.浅谈智慧旅游感知体系和管理平台的构建[J].江苏大学学报(社会科学版),2011(6).

休闲生活服务类 App 使用研究

——以杭州市为例

来晓维[*]

一、引　言

所谓"智慧城市",是指在城市发展过程中,在城市基础设施、资源环境、社会民生、经济产业、市政治理领域中,充分利用物联网、互联网、云计算、IT、智能分析等技术手段,对城市居民生活工作、企业经营发展和政府行政管理过程中的相关活动,进行智慧地感知、分析、集成和应对,为市民提供一个更美好的生活和工作环境,为企业创造一个更有利的商业发展环境,为政府构建一个更高效的城市运营管理环境。[①]目前,这一概念已经成为现代城市建设的热门话题,国内城市纷纷提出建设"智慧城市"的目标,"智慧深圳""智慧南京"等口号层出不穷,杭州也开始着手打造"智慧杭州"。

2011 年 10 月,浙江省政府办公厅正式发布《关于展开智慧城市建设试点工作的通知》,将杭州列为全省智慧城市建设示范试点城市之一。随后,为了落实《杭州市"十二五"信息化发展规划》中提出的"智慧杭州"建设目标,充分发挥信息化的带动引领作用,提升杭州市城市管理与服务水平,促进产业升级,提高市民生活品质,杭州市政府在 2014 年编制了《杭州市智慧城市建设总体规划》,明确了"智慧杭州"建设过程中的具体目标,力图为市民、企业和政府创造一个更加美好、便利和高效的社会环境。总体规划中指出,根据国内社会的具体需求,

---

　＊　浙江大学亚太休闲教育研究中心。

　①　《杭州市智慧城市建设总体规划》。

我国未来智慧城市将在以下三个领域重点突破：①以人为本的民生服务；②集约高效的产业体系；③科学合理的规划管理。杭州在打造"智慧杭州"的过程中也应重点关注这三个领域的建设。然而，智慧城市建设是一项庞大的系统工程，关乎城市的方方面面，考虑到研究时间和研究能力所限，本课题主要将研究聚焦在"智慧城市建设与休闲生活发展"这一方面上。

在上述三个需要重点突破的领域中，唯"以人为本的民生服务"与"休闲生活发展"的关系最为密切。"以人为本"是智慧城市建设的核心，其内涵是以城市生态中的"人"为焦点，最大限度地为城市中的"人"提供医、食、住、行、游、教等全面细致的服务，最终使市民享受到安全、高效、便捷、绿色的城市生活。杭州围绕着"智慧民生建设"这一主题，重点提出打造智慧医疗、智慧城管、智慧交通、智慧社区、智慧养老、智慧教育、智慧旅游和网上办事等应用，以求为市民提供更加便捷的服务。这些服务应用需要通过智能终端来实现，而当下互联网络及移动通信网络的发展与普及为这些应用发挥其作用提供了可能。在此基础上，杭州市政府相关部门联合高新技术企业推出了提升城市居民休闲生活质量的相关手机应用，如杭州市综合交通信息中心发布的"交通杭州"、杭州旅游委员会发布的"杭州智慧旅游"等，一方面借以提升城市休闲服务功能，另一方面以求能够直接关涉城市居民的休闲生活发展。以此为基点，本文希望通过对杭州生活休闲服务类手机应用使用状况的调查，来了解杭州城市居民是否切实体会到"智慧杭州"建设过程中带来的种种便利，并在此基础上为政府相关部门建言献策。

二、研究背景分析

杭州拥有秀美的自然景观和悠久的历史文化，商教、科技、人才资源极其丰富，曾获得"国际花园城市"（2002 年）、"中国最具经济活力城市"（2004 年）、"国际旅游金星奖"（2007 年）等许多城市荣誉。2006 年 10 月，世界休闲组织授予杭州"东方休闲之都"的称号；2007 年，杭州市提出共建共享"东方休闲之都·品质生活之城"的城市发展目标；2011 年 11 月，杭州作为唯一一个中国城市入选中国社会科学院评选的"全球十大休闲范例城市"；此外，杭州多次被中国旅游协会等机构评为"中国休闲城市"。"休闲"开始成为人们认识杭州的新标签，杭州也逐渐成为国内外"休闲城市"建设的典范。同时，"宜居"也是杭州城市建设的重点。早在 2001 年，杭州就获得了"联合国人居奖"，并自 2004 年起多次获得"中国最具幸福感城市"的称号。在中国社会科学院财经战略研究院和社会文献出版社最新发布的《城市竞争力报告》中，杭州又跻身 2014 年"中国宜居城市"前十强。以"休闲""宜居"为城市特色的杭州，在建设过程中非常注重完善城市的公共服务功能。这不仅是为了打造杭州良好的对外形象，也是为了更好地发展市民休闲生活，提高市民生活品质。

提高市民生活品质，也是杭州"智慧城市"建设的目标之一。在编制了《杭州市智慧城市建设总体规划》后，杭州市政府在 2015 年 4 月批准印发了《杭州信息经济智慧应用总体规划（2015－2020 年）》，又在 2015 年 8 月杭州市第十二届人民代表大会常务委员会会议上通过了《杭州市智慧经济促进条例》。此后，"智慧小镇""互联网＋行动""智慧应用""智慧民生"等建设工作不断推进。其中，"智慧民生"建设工作与杭州市民的休闲生活和生活品质密切相关。围绕着"智慧民生"这一主题，杭州重点提出打造智慧医疗、智慧城管、智慧交通、智慧社区、智慧养老、智慧教育、智慧旅游和网上办事等应用，以求在出行、就医、教育、居住、文化娱乐等方面为市民提供更好的保障，为市民创造一个更美好的生活和工作环境，切实提升市民的休闲生活品质。这些应用要直接作用于市民生活，有赖于智能终端尤其是智能手机的普及，以及 App 的广泛应用。以此为基础，杭州市政府相关部门联合高新技术企业发布了一系列生活、休闲、服务类手机应用，如杭州市综合交通信息中心发布的"交通杭州"、杭州旅游委员会发布的"杭州智慧旅游"等，以在"智慧杭州"建设过程中直接关涉市民的休闲生活发展，提升城市的休闲服务功能。在杭州，完善的信息化基础建设为这些应用发挥作用提供了前提。

（一）完善的信息化基础建设

近年来，杭州作为全国首批"三网融合"①试点城市，重点建设"智慧杭州"，信息化基础建设获得了较大发展。目前，杭州市互联网出口带宽 1.5T，宽带接入用户 301 万户，数字电视接入 211 万户、IP 电视接入 100 万户，家庭带宽普遍

---

① 三网融合：三网融合是指电信网、广播电视网、互联网在向宽带通信网、数字电视网、下一代互联网演进过程中，三大网络通过技术改造，其技术功能趋于一致，业务范围趋于相同，网络互联互通、资源共享，能为用户提供语音、数据和广播电视等多种服务。

已达 4M，具备 20M 带宽接入能力。① 移动网络方面，第三代通信网络建设加快推进，国产自主创新技术 TD-SCDMA② 得到广泛应用，3G 网络基本实现全市覆盖③。同时，杭州在 4G 网络④基站的建设上也取得了一定的成果：至 2014 年底，全市 4G 网络基站达到 10544 个，在主城区部分核心区域实测网速最高达到 216Mbps。目前 4G 网络信号已实现杭州主城区、县城区以及全部 109 个乡镇驻地、1409 个行政村村委会驻地的全覆盖，同时实现了机场高速、绕城高速、沪杭等 12 条高速路的 4G 网络连续全覆盖，有效覆盖地域面积由 2013 年年底的 800 平方公里扩展至 7235 平方公里，人口覆盖率达到 92%。⑤

　　杭州也十分重视无线宽带城域网的建设。早在 2007 年，杭州市政府就指定华数集团开始承建"杭州无线城市"无线宽带城域网。2008 年 8 月 1 日，"杭州无线城市"上线运行，SSID 无线网络信号标识为 Air-WASU，最高接入速率为 54Mbps，支持多种终端（笔记本电脑、平板电脑、手机、PSP）接入，信号覆盖六大主城区共 155 平方公里，基站遍布风景区、商圈、主干道、写字楼、酒店等公共区域，这标志着杭州成为全国首个"无线数字城市"，正式面向公众提供无线网络服务。2012 年 10 月 30 日，"杭州 WiFi 免费向公众开放启动仪式"举行，宣布即日起向杭州市民开放室外 WiFi 网络。此次推出的"爱杭州 i-hangzhou"免费 WiFi 信号覆盖主城区 220 平方公里，共 2000 个站点，每个接入点支持 15 个用户同时使用，每个用户带宽 2M，全城能同时容纳 3 万人上网。杭州又成为全国首个向公众免费开放无线网络的城市。除市政府牵头建设之外，杭州公交集团也在公共交通系统上做文章，为杭州市民提供免费无线网络。2013 年 8 月，杭州公交集团信息中心为杭州市民在主城区 339 个设有电子智能站牌的公交站点开放了免费 WiFi 服务信号"Gongjiao_free"。与"i-hangzhou"相比，"Gongjiao_free"的热点更加明确，在公交电子站牌半径 50 米范围内，离站牌越近，网络信号就越稳定，网速也越流畅。目前"Gongjiao_free"的带宽也为 2M，

---

① 杭州网.杭州信息经济智慧应用总体规划（2015—2020 年）[EB/OL].（2015-04-14）[2015-05-17]. http://www.hznews.hangzhou.cn.

② TD-SCDMA：即 3G 网络，网络理论速率为 2.8Mbps，实际上网速度为每秒 100～500KB 左右。

③ 杭州网.杭州市智慧城市建设总体规划[EB/OL].（2015-05-20）[2015-06-08]. http://www.hznews.hangzhou.cn.

④ 4G 网络：即 TD-LTE 技术，网络理论速率为 100Mbps，实际上网速度为每秒 5～10M 左右。

⑤ http://www.cctime.com/html/2015-1-14/2015114173503532.htm.

可供 20～30 名乘客比较流畅的浏览网页，或供 2～3 人同时观看在线视频。此外，大型商场如银泰城、万象城等，小型商户如餐馆、咖啡吧等，都注重用户体验，为顾客提供免费室内 Wi-Fi。

综上，杭州已经互补形成相对完善的无线网络服务体系，为市民使用移动设备访问智慧城市应用，获取休闲生活服务信息提供了可能。

(二)手机 App 成为直接服务市民休闲生活的重要媒介

前文已提及，广泛覆盖的移动网络为市民使用移动设备访问智慧城市应用，获取休闲生活服务信息提供了可能，而手机 App 则是这个过程实现的重要媒介，这一点从以下两个角度可以体现。

首先，手机 App 是承载休闲娱乐活动的重要终端。游戏是人们休闲娱乐活动的重要形式之一，手机游戏的出现让原本受场地和人员限制的游戏活动更易获得。随着无线网络的迅速发展，手机游戏甚至开始分担曾经只能在 PC 上实现的游戏形式，如单机游戏和网络游戏。目前，游戏类手机应用已经涵盖了体育、街机、棋牌、益智、角色扮演等几乎所有游戏类型，为用户提供海量的休闲游戏选择。从另一角度看，手机 App 也使得人们随时随地访问多媒体休闲内容成为可能。这里所指的多媒体休闲内容包括文本、图像、声音、动画、视频等在内的所有需通过传播媒介获取的休闲资源。传统的媒介传播总是根据不同的内容、借助不同的载体才得以实现，如获取文本休闲资源就需要依靠纸质媒介（如书籍、报纸、杂志等），获取图像、动画等休闲资源就需要依靠视觉媒介（如电视、电脑等），获取音频类休闲资源则需要依靠听觉媒介（如随身听、CD 机等）。手机 App 的出现实现了多媒体功能的集结，手机就是随身携带的书刊、电视机、收音机、摄像机，成为人们获取休闲资源的重要媒介。

其次，手机 App 为市民休闲活动的开展提供支持。在休闲出行方面，去哪儿、携程旅行、百度地图、旅游攻略等应用程序能为智能手机用户提供线路设计、行程预订、景点攻略等各方面支持，天气类软件实时提供旅游地天气变化状况，并给出相应的穿衣搭配建议。在休闲交往方面，微信、QQ 等社交软件让人们及时了解朋友们的最新动态，豆瓣同城、百度贴吧等应用聚集了有共同爱好的人们，提供了自主组织策划休闲活动的平台，以此扩大社交互动的范围。在休闲消费方面，淘宝、京东、亚马逊、当当等购物客户端为人们提供了多样的线上购物选择，同时支付宝、手机银行等购物支付类应用也能满足智能手机用户线下购物的消费需求。在休闲资讯方面，生活服务类应用如大众点评等会根据移动设备的定位功能推送周边休闲娱乐场所，如电影院、咖啡馆、书吧、桌游吧等，或是近期的休闲娱乐活动，如动漫节、文博会、读书沙龙、话剧演出、音乐会等，为市民提供及时而丰富的休闲信息。

三、杭州休闲生活服务类 App 概况分析

苹果 IOS 系统的官方应用商店为 App Store，安卓系统（Android）官方应用商店为 Google Play，此外，市面上还存在 PP 助手、360 手机助手、91 助手、应用宝、豌豆荚等第三方手机应用商店。由于手机应用数量庞大，且多数应用在各大应用商店同步上线，无法对每个应用商店展开详细调查，因此课题组选取了 App Store 和 360 手机助手这两个用户群体较为广泛的应用商店分别作为 IOS 系统和安卓系统的代表，对目前在架上的杭州休闲生活服务类 App 进行梳理和统计。键入关键词"杭州"，App Store 显示相关应用有 200 款，360 手机助手显示相关应用 168 款。以这些应用为样本，去除与杭州无直接联系，以及在 2014 年和 2015 年均无更新动态的僵尸应用，将有效条目进行分类统计①，获得结果如下。

（一）交通出行类

如表 1 所示，与杭州直接相关，并在两年内仍保持更新动态的交通出行类 App 在 App Store 有 11 款，在 360 手机助手有 14 款，涵盖了公交、地铁、公共自行车、实时路况、停车、限行、租车等交通出行相关的内容。这些 App 侧重点各不相同，有的力求大而全，注重为杭州市民提供综合、全面的交通出行信息，如"智慧交通""交通杭州"；有的追求小而精，着眼于杭城某一个交通要素进行更深入开发，提供更精细的信息，如"杭州地铁""杭州公共自行车"；也有的只提供杭州城内某特定区域的交通信息，更有针对性，如"杭州机场"。

---

① 注：版本以及更新时间等数据截至 2015 年 12 月 15 日。

表 1　杭州交通出行类 App 统计

	序　号	App 名称	开发者	最后版本
App store 杭州交通出行类 App	1	智慧交通	浙江三网科技股份有限公司、杭州移动	1.1
	2	杭州机场	杭州萧山国际机场有限公司	1.0.0
	3	杭州交警	Wang Weiqiang（杭州佳必信电子有限公司）	1.0.2
	4	交通杭州	杭州综合交通信息中心	2.3.2
	5	杭州限行	来自互联网	1.1.0
	6	杭州地铁	都市快报社	2.1
	7	杭州实时路况	skyTeam（杭州市综合交通研究中心）	4.1.0
	8	杭州地铁	Ce Yang Mobile	2.0.0
	9	杭州地铁	TSP HOLDINGS LIMITED	7.0.3
	10	爱骑车	Zeonic（Shanghai）Information Technology Co. Ltd.	1.3
	11	杭州租车	来自互联网	2.5.5
360 手机助手杭州交通出行类 App	1	智慧交通	浙江三网科技股份有限公司	2.4.4
	2	杭州机场	杭州萧山国际机场有限公司	1.0.0
	3	杭州交警	来自互联网	1.0
	4	杭州实时交通路况	laic-tech（杭州市综合交通研究中心）	4.1.23
	5	杭州地铁	都市快报社	2.0
	6	杭州自行车助手	喜卜爱好者	1.0
	7	公交乐杭州	来自互联网	1.0.4
	8	交通杭州	杭州综合交通信息中心	2.2.4
	9	杭州公共出行	老和山求是鸡	2.1
	10	杭州公交	来自互联网	1.0.0
	11	杭州无忧停车	北京紫光百会科技有限公司	1.0.1
	12	杭州公共自行车	来自互联网	0.2
	13	FreeBicycle	Hager Hu	1.0.1
	14	杭州公共自行车	yinhai	1.1

　　总的来说，这些 App 所涉及的内容已经比较全面，然而它们是否能发挥应有的作用，切实服务到杭州市民，这一点值得存疑。首先，尽管已经剔除了两年内未更新的条目，但根据表格信息不难发现，被筛选出来的这些 App 中有好些

更新信息都停留在 2014 年初,内容迟滞非常严重,可见其后期的运营和维护并不及时,自然也就无法获得良好的用户口碑。其次,尽管水平和层次的多样化让开发者能更全面地考虑到市民在交通出行方面的各类需求而推出各种不同的产品,但缺乏相应的数据支持就很难将这些产品持续运营下去。交通出行类 App 能服务于市民,是基于能从交通、运管、城管等政府相关部门获取实时、准确的交通信息,并及时反馈给用户。因此,开发者能否取得与杭州政府相关部门的合作非常重要。一般来说,由政府相关部门主导与企业合作开发或是由拥有相对完善信息资源的杭州本地企业主导开发的应用的运营和维护工作会进行得比较顺利;而私人研发团队或小型网络技术企业很难有机会长期与政府相关部门合作以获得最新数据去支撑 App 内容的更新,这一点在上表中也有所体现。

选择对杭州交通出行类 App 的功能概况展开进一步的分析,是因为它们具有以下共通点:

一是都能从 App Store 和 360 手机助手上获取,目标用户群相对广泛,涵盖了 IOS 和安卓两个系统的使用者。

二是都在最近半年内有版本升级动态。根据最后版本以及最后更新信息,"杭州实时路况"(IOS 版本 4.1.0,安卓版本 4.1.2)、"交通杭州"(IOS 版本 2.3.3,安卓版本 2.2.4)、"杭州地铁"(IOS 版本 2.1,安卓版本 2.0)从发布至今经过几次版本更迭,发展相对成熟;"智慧杭州"(IOS 版本 1.1,安卓版本 2.4.4)在安卓系统上的版本更完善一些,IOS 版本刚刚起步;"杭州机场"(IOS 版本 1.0.0,安卓版本 1.0.0)与"杭州交警"(IOS 版本 1.0.2,安卓版本 1.0)是近期新推出的应用,处于刚开始培养发展用户群的阶段。但无论是刚起步的还是发展了一段时间的,它们都具备一定的活力。

三是都是由政府相关部门主导开发,或政府企业共同合作开发,或由本地大型传媒通信企业牵头开发的 App。"智慧交通"由中国移动通信集团浙江有限公司杭州分公司与浙江三网科技股份有限公司合作开发,前者属于杭州市人民政府双重或垂直管理单位[①],后者为杭州本地国家级高新技术企业,主营业务为智能交通、三大运营商增值业务研发和运营、二维码信息平台行业应用、通信产品研发集成等[②]。"杭州机场"由杭州萧山国际机场有限公司开发,此单位为浙江省人民政府国有资产监督管理委员会管理的省属大型企业[③]。"杭州交警"

[①] 杭州市人民政府官网,http://www.hangzhou.gov.cn/col/col809953/index.html.
[②] 浙江三网科技股份有限公司官网,http://www.thirdnet.com.cn/index.aspx.
[③] 杭州萧山国际机场有限公司官网,http://www.hzairport.com/index_flash1.aspx.

由杭州佳必信电子有限公司开发,杭州市公安局交警支队提供支持。"交通杭州"和"杭州实时路况"由杭州综合交通研究中心开发,此部门为杭州市委、市政府为破解交通"两难"问题,整合分散资源而成立的,隶属杭州市建委。"杭州地铁"由都市快报社推出,都市快报社为杭州日报报业集团旗下企业,而杭报集团有限公司由杭州市委、市政府批准组建。

综上,这 6 款 App 目标用户群广泛、版本更新及时,且都是由有政府背景的企业或者由政府支持的企业为提升杭州市民出行便利度而研发的,是探讨政府如何通过手机 App 让市民享受"智慧城市"建设成果的良好范本。

对这 6 款 App 的具体功能(见表 2)进行考察,可以发现"杭州机场"的功能特色比较明显,与其他几个应用区别较大。它的主要目标为提升机场服务品质,其交通功能主要体现在为旅客提供机场内部导乘服务,以及以机场为中心向外辐射的地面交通线路。也就是说,它的服务范围主要集中在杭州萧山机场及周边。而其余几款 App 的服务范围则涵盖了整个杭州市区甚至大杭州所属县市,主要目标也都是为市民的日常出行提供便利,因而在功能内容上均有不同程度的重叠。其中,"杭州交警"功能相对独立,是杭州市交警支队实现智能交通管理的掌上门户,旨在实现交警部门主动管理以及提高市民对于交通事件处理的参与度,同时兼具违章查询、交通状况查询等功能。"杭州实时路况"和"杭州地铁"都是属于"小而精"的类型,功能相对单一,前者主要提供市内实时路况、停车和限行信息;后者主要提供地铁线路和换乘信息。"智慧交通"和"交通杭州"都属于综合性的出行类应用,是根据市民在市内通勤、长途旅行和自驾出行时的不同需求和特点来提供线路站点、转乘换乘、实时路况、自驾导航等各种交通出行信息,内容和功能都比较全面。"杭州实时路况"和"杭州地铁"的全部功能,以及"杭州交警"的部分功能,在"智慧交通"和"交通杭州"中都能实现。

表 2　交通出行类案例 App 功能简介

App 名称	功能内容简介
智慧交通	结合杭州用户切身需求推出的智慧出行手机应用,为用户提供公共出行查询、长途客运查询、酒后代驾、实时路况等全面准确的出行信息查询服务
杭州机场	向旅客提供航班查询、航班导乘、机场地图、旅客指南、旅游交通等功能,旨在帮助旅客和公众通过 App 方便快捷地体验机场各类服务,从而提高机场服务品质
杭州交警	整合交通事件、交通状况、交通诱导、信息查询等各类交通管理信息与服务,实现主动化的交通管理服务,提高市民在交通管理中的参与度与互动性,随时掌握交通信息

续表

App 名称	功能内容简介
交通杭州	根据市区通勤、长途旅行和自驾出行的不同需求和特点,分别提供五位一体公交体系(包括公交车、公共单车、地铁、水上巴士和出租车)、长途公共交通运输工具(包括班车、列车和飞机),及个人自驾的出行服务信息,涵盖了线路站点、班线时刻、票价里程、换乘转乘、路径规划、实时路况、通行费用等交通相关的信息
杭州实时路况	提供杭州市实时路况信息和停车信息,为广大市民展示全市道路的拥堵状况;提供杭州车辆限行信息,根据用户车牌号自动提示限行时段与区域
杭州地铁	都市快报社推出应用,提供快速、精准的路线规划;地铁出站口及相关公交车站、公共自行车点信息,方便换乘;地铁线图和地图集成,显示地铁站周边设施

(二)生活资讯类

与杭州直接相关,目前仍在持续运营的杭州生活资讯类 App 情况如表 3 所示,App Store 上有 33 款,360 手机助手上有 26 款,内容涵盖了杭州本地生活的方方面面。从新闻到教育,从家政到汽修,杭州市民的各种生活需求都被发现并体现在各类手机应用产品的开发中。这些 App 也可以划分为"大而全"和"小而精"两种类型,前者侧重提供综合性杭城生活信息,如"19 楼""智慧生活""智慧杭州"等;后者深入发掘杭城生活中某一方面的信息,如"杭州家政""杭州美食""杭州摇号"等。

表 3　杭州生活资讯类 App 统计

	序 号	App 名称	开发者	最后版本
App Store 杭州生活资讯类 App	1	杭州图书馆(掌上杭图)	广州图创计算机软件开发有限公司	1.0.3
	2	19 楼	HANGZHOU 19LOU NETWORK MEDIA CO. LTD.	5.6.3
	3	杭州市・市民卡	杭州市民卡有限公司	2.1.0
	4	杭州学前教育	keyi li (北京优佳荣科技有限公司)	4.2.4
	5	智慧生活－杭州	浙江省杭州市捷蓝信息技术有限公司	2.1.4
	6	杭州家政	BAI Yace (上海移弘网络技术有限公司)	1.0

	序 号	App 名称	开发者	最后版本
App Store 杭州生活资讯类 App	7	杭州美食	嘉兴市久益信息技术有限公司	1.0
	8	爱杭州	杭州网络广播电视有限公司、梦想传媒有限责任公司	2.1.0
	9	杭州网（杭州通）	杭州网络传媒有限公司	2.1.2
	10	杭州发布	zhifu liao（屋檐科技）	1.0.1
	11	城市通	HANGZHOU CST MEDIA CO. LTD. 杭州日报	3.5
	12	在杭州	上海鸿云软件科技有限公司	1.0.4
	13	杭州上班族	Zhong QiXi	1.0.15
	14	杭州摇号助手	Pei Zhang	1.0
	15	杭州摇号	Xuebin Jin	1.0.0
	16	杭州空气质量	杭州市环保局、聚光科技（杭州）股份有限公司	1.0.4
	17	杭州网	Jiaobao Feng（北隆中网）	1.1
	18	杭州美食城	yang fan	1.8.0
	19	掌上杭州	meng wang	1.1
	20	杭州生活网	Hedong Feng	1.1
	21	掌上杭州唯一站	Chengbo Yin	1.0
	22	杭州美食	来自互联网	3.6.0
	23	杭州帮	梦想传媒有限责任公司	1.21
	24	杭州汽修门户	Wan Li	1.0
	25	掌上杭州	来自互联网	2.5.51
	26	休闲杭州	liu hailei	1.0
	27	杭州家政网	qinbin meng(杭州华阳电子有限公司)	1.0
	28	杭州美食	QiYing Xu	1.0
	29	掌上杭州	TAKYEE LEUNG	1.0
	30	杭州生活	Jiaojiao Wang	1.7.1
	31	掌上杭州	Yicha M-Box	1.0
	32	杭州—生活资讯	uvfun(广州网乐广告有限公司)	1.0.0
	33	掌上杭州网	he shuguang	1.0

续表

	序 号	App 名称	开发者	最后版本
360 手机助手生活资讯类 App	1	19 楼	十九楼网络股份有限公司	5.6.3
	2	智慧杭州	杭州数芳科技有限公司、杭州市政府、杭州电信	1.1.0
	3	杭州查违章	来自互联网	1.2
	4	爱杭州	杭州网络广播电视有限公司、梦想传媒有限责任公司	2.1.4
	5	杭州·下沙	北京国信大汉科技有限公司	1.0
	6	杭州市民卡	杭州市民卡有限公司	2.2.1
	7	杭州新鲜事	苏州冉冉企业管理公司	1.1.1
	8	杭州消费投诉	杭州中软安人网络通信有限公司	2
	9	杭州摇号助手	摇之队	1.0.0
	10	在杭州	杭州迅闪科技有限公司	1.0.4
	11	惠生活	中国移动通信杭州分公司	3.1.1
	12	杭州农气	来自互联网	1.0
	13	杭州行	271 窗口	1.0.9
	14	杭州违章查询	韩秀芬	5.0
	15	智慧杭州	中国移动通信集团浙江有限公司杭州分公司	2.7.4
	16	城市通	杭州日报城市通	3.3
	17	掌上杭州	长沙源之汇软	2.5.4
	18	杭州租房	来自互联网	2.1
	19	杭州电动车	来自互联网	1.3
	20	掌上杭州	苏州易商无限	2.0
	21	杭州帮	杭州网络广播电视有限公司	1.2.2
	22	杭州汽修	杭州一平汽车服务有限公司	1.0
	23	在杭州	在杭州论坛	2.7.1
	24	杭州网	杭州网络传媒有限公司	1.0
	25	杭州空气质量	杭州环保局、聚光科技（杭州）股份有限公司	1.0
	26	掌上杭州	来自互联网	1.0.2

这些 App 要能真正服务于杭州市民,同样离不开后期持续而稳定的运营与维护。但表格所列生活资讯类 App 存在着和交通出行类 App 相同的问题,一是维护更新不及时,两个平台都有接近一半 App 在 2015 年期间完全没有更新动态;二是开发者水平参差不齐,一些私人研发团队及小型网络技术公司开发的 App 因得不到相应的数据和资金支持而无以为继。两者不同的是,在交通出行类中由政府主导或政企合作开发的 App 运营还算顺利,而生活资讯类更新不及时的 App 中却也包含了一些有政府合作背景企业推出的应用,如梦想传媒有限责任公司推出的"杭州帮"在 2014 年 7、8 月停止了更新;中国移动通信集团浙江有限公司杭州分公司推出的"智慧杭州"最后一次更新也停在了 2014 年 11 月。但是需要注意的是,梦想传媒有限责任公司在停止"杭州帮"的更新后推出了"爱杭州",从某种程度上来说,"爱杭州"是"杭州帮"生命的延续;而中国移动杭州分公司的"智慧杭州"停止更新后,杭州市政府与另一通信行业巨头中国电信,以及杭州数芳科技有限公司最新推出了另一款"智慧杭州",起到了替代作用。这从另一个侧面说明,生活资讯类 App 能否持续运营,与政府相关部门的支持密切相关。然而,除了政府相关部门的支持,开发者对杭州本地信息网络的掌控程度也会影响到生活资讯类 App 的内容质量。

杭州生活资讯类 App 数量更多,对每款应用进行探讨的任务太过艰巨。课题组选取了"19 楼""城市通""爱杭州""杭州网""杭州市民卡""杭州空气质量"作为研究案例,对杭州生活资讯类 App 的功能概况进行深入分析。之所以选择这些 App 为案例,同样因为它们具有以下共通点:

一是都能从 App Store 和 360 手机助手上获取,目标用户群相对广泛,涵盖了 IOS 和安卓两个系统的使用者。

二是更新相对及时、版本相对完善,具有一定的活力。根据最后版本以及最后更新信息,"19 楼"(IOS 版本 5.6.3,安卓版本 5.6.3)、"爱杭州"(IOS 版本 2.1.0,安卓版本 2.1.4)、"杭州市民卡"(IOS 版本 2.1.0,安卓版本 2.2.1)在两个平台上都保持着一定的更新频率,版本都在 2.0 以上,发展相对稳定;"城市通"(IOS 版本 3.5,安卓版本 3.3)、"杭州网"(IOS 版本 2.1.2,安卓版本 1.0)的安卓版本更新时间仍然停留在 2014 年,但 IOS 版本更新动态并未停止,考虑到不同平台发布时间存在前后差异,因此仍将这两者视作仍在持续更新状态;"杭州空气质量"(IOS 版本 1.0.4,安卓版本 1.0)为近期新推出的应用,还在不断发展完善。

三是都由在杭州具有一定影响力且与杭州市政府有合作的北京大型企业

集团主导开发。推出"19楼"的杭州十九楼网络股份有限公司是杭州日报报业集团和都市快报新媒体战略的重要组成部分。开发"城市通"的杭州日报报业集团在前面已有介绍,是经过国家新闻出版总署和杭州市委市政府批准组建的大型现代媒体集团,是杭州市委管理的事业机构。推出"爱杭州"的梦想传媒有限责任公司由杭州文广集团和华数数字电视传媒集团联手国内顶尖的广告运营商联合组建。"杭州网"的开发者杭州网络传媒有限公司由中共杭州市委宣传部、杭州日报报业集团和杭州广播电视集团共同组建。"杭州市民卡"是由杭州市民卡有限公司推出的官方应用,而市民卡是政府授权发放给杭州市民,用于办理社会事务和享受公告服务的IC卡①。"杭州空气质量"由聚光科技（杭州）股份有限公司开发,此公司为杭州本地知名的高新技术企业,国内领先的环境与安全分析检测仪器生产商与系统解决方案供应商②,有过硬的技术背景,并得到杭州市环保局的大力支持。

综上,这6款App目标用户群广泛、版本更新及时,且开发者都是由政府扶持的企业开发或政企合作主导,具有较大的传媒影响力(如杭报集团、杭州文广集团)和过硬的专业技术背景(如聚光科技),是杭州市民享受"智慧城市"建设成果的重要途径。因此有必要对这6款App的功能内容进行考察。

对这6款App的具体功能进行比对(见表4)可以发现,"19楼"是基于原有的论坛内容而开发的,因此功能和内容都比较全面,新闻资讯、生活服务、交通出行等各个方面都有涉及,且每个方面还有更加细致的内容划分。但"19楼"更注重生活资讯的分享以及市民之间的互动交流,在实用性功能方面的开发有所欠缺。"城市通"也是一款综合性比较强的App,它也涵盖了杭城生活的各个方面,但是与庞杂的"19楼"相比,它在内容上更精简一些,着重打造本地新闻资讯、城市出行信息以及杭州环境指数三块,功能性比19楼更强一些。"爱杭州"也是集新闻资讯、文化娱乐和生活服务为一体的App,旨在为杭州市民生活的各个方面提供便利,功能性和互动性比前两者更强,例如,在交通出行方面,在原有的公交、地铁、公共自行车信息的基础上,整合了"车牌摇号""违章查询""公交定制"等功能;在生活服务上,除了推出"生活小帮手""便民服务"等基础栏目,还专设栏目供市民分享身边的幸福。这3款App非常相似,虽然各有侧重,但在内容功能上都有一定程度的重合。"杭州网"专注杭州本地新闻信息的

---

① 杭州市民卡官网,http://www.96225.com/smknet/service/index.action? result＝indexJsp.

② 聚光科技（杭州）股份有限公司官网,http://www.fpi-inc.com/about.php.

汇集,在新闻资讯这一块做得比较深入;"杭州市民卡"则专注提供市民卡、杭州通卡、杭州消费卡等线上服务;"杭州空气质量"发布杭州市环保局关于每日空气质量状况的一手数据。这三者属于功能相对单一,但对自身关注的领域发掘比较深入的类型,但它们的功能内容在前三款综合性 App 中也有所体现。

表 4　生活服务类案例 App 功能简介

App 名称	功能内容简介
19 楼	提供最快最佳的本地资讯、新闻、爆料、八卦与生活服务。最新最全的杭州攻略、杭州公交地铁交通信息、热点新闻、情感故事、娱乐八卦、相亲交友、结婚、育儿、装修图库、小说、美妆养颜、私房菜谱、旅游攻略、找房子、找工作、学习时尚搭配、汽车、玩摄影、秀宠物、理财等生活话题,并可以获得网友真诚的帮助
城市通	提供丰富的本地新闻资讯体验,创立热点新闻追踪功能,发现身边新闻趣事;提供公交、地铁、公共自行车以及停车等城市出行信息;发布"杭州环境指数",囊括天气、空气质量、PM2.5 指数、运动指数、洗车指数等内容
爱杭州	以新闻资讯、文化娱乐、生活服务为一体的移动客户端,为市民的购物、出行、学习、教育等方面提供便利。目前囊括了资讯、天气、路况、公交、公共自行车、投诉、活动等功能模块,是杭州市民衣食住行的生活小助手
杭州网	汇集杭州本地新闻信息,今日视觉、时政新闻、城市新闻、社会新闻、经济新闻、旅游新闻、文体新闻、科教新闻、网友播报、多媒体新闻等
杭州市民卡	提供市民卡、杭州通卡、杭州消费卡等卡的线上服务;已实现服务网点、杭州通售卡/充值网点、智慧医疗、商户等信息的查询;可线上获得市民卡申领进度、卡挂失、手机号修改、交易记录、短信服务、密码修改等服务;向用户发布最新商户优惠折扣、市民卡资讯、杭州生活服务资讯
杭州空气质量	杭州市环保局权威发布每日空气质量状况一手数据,为每日出行、穿着、运动做有效参考;地图自动定位,实时查看最近监测站点数据,获取空气质量趋势

(三)旅游服务类

经过筛选,杭州旅游服务类 App 情况如表 5 所示:App Store 上有 18 款,360 手机助手上有 17 款。这类 App 中大部分都是杭州旅游相关的攻略、指南类型,汇聚了杭州旅游相关的各类信息,但也存在"掌上西湖""西湖旅游""千岛湖旅游"等只专注介绍某个景区及周边旅游信息的 App,或是"杭州会奖"这种主要提供特定形式旅游配套服务的 App。但无论是哪种类型,它们服务的目标群体主要还是来杭州游玩的旅客,而非在杭州长期居住生活的市民。只因旅游服务与杭州的城市休闲功能密切相关,所以仍将此类 App 列入考察范围,进行简略分析。

表 5　杭州旅游服务类 App 统计

	序 号	App 名称	开发者	最后版本
App Store 杭州旅游服务类 App	1	掌上西湖	杭州西湖风景名胜区信息中心	1.0.8
	2	2015 超实用杭州自助旅游指南	zhifu liao（屋檐科技）	1.1
	3	杭州攻略-自由行神器	Hangzhou Shuai You Technologies	5.6.1
	4	杭州旅游网	BAI Yace	1.0
	5	杭州会奖	杭州市旅游委员会	1.3
	6	西溪湿地旅游		1.2
	7	印象杭州	gang hou（北龙中网）	14
	8	杭州智慧旅游	杭州市旅游委员会	1.1.0
	9	杭州旅游客户端	Mengyi Zhou	1.0
	10	杭州旅游客户端	dan deng（宁波高新区鼎川信息技术有限公司）	1.0
	11	中国杭州	yang fan	1.8.0
	12	杭州旅游网（杭州指南）	东莞市掌商信息科技有限公司	1.0
	13	杭州旅游	来自互联网	2.7
	14	杭州旅游投诉系统	杭州市旅游委员会	1.0
	15	西湖旅游	luo hui(江苏宇汇信息科技有限公司)	1.8.0
	16	杭州旅游-走进中国最佳旅游城市	智慧云商 & 杭州旅游	0.0.25
	17	杭州旅游网	puba tixa（Tixa Inernet（Beijing）Technology Co.,Ltd.	1.0
	18	千岛湖旅游	HANGZHOU DRORE INFORMATION & TECHNOLOGY CO. LTD.	1.91
360 手机助手杭州旅游服务类 App	1	西溪湿地导游	北京安平时空网络科技有限公司	3.7.1
	2	杭州导游	北京安平时空网络科技有限公司	3.7.1
	3	杭州西湖	来自互联网	1.3
	4	杭州自助游全攻略	考试助手团队	12.1
	5	掌上西湖	杭州西湖风景名胜区、浙江成功软件开发有限公司	1.2.5

	序　号	App 名称	开发者	最后版本
360 手机助手杭州旅游服务类 App	6	杭州土特产	来自互联网	1.0
	7	休闲杭州	浙江天搜科技股份有限公司	1.0.5
	8	杭州会奖	杭州天迈网络有限公司、杭州市旅游委员会	1.0.1
	9	杭州酒店	互联在线云计算有限公司	1.0
	10	杭州旅游攻略	杭州腾贵科技有限公司	1.6
	11	杭州 Navi	Fuji Electric（Hangzhou）Sofware	1.0
	12	杭州旅游网	东莞市掌商信息科技有限公司	1.7
	13	杭州旅游	杭州天迈网络有限公司、杭州市旅游委员会	1.0.1
	14	iTravels·杭州	上海旅游网	2.0
	15	杭州旅游投诉系统	杭州市旅游委员会	1.0
	16	搜罗杭州美食	thankin	1.0
	17	杭州旅游网	来自互联网	1.0

不难发现，无论是在 App Store 上还是在 360 手机助手上，2015 年仍保持更新动态的 App 都只剩五六款，可见维护更新不及时的问题在旅游服务类 App 上同样存在。究其原因，还是因为市面上可替代产品较多，如"马蜂窝""携程旅行""去哪儿"等旅游出行、旅游攻略类 App 在景点、门票、住宿、购物等各方面都做得比较完善，而杭州的旅游服务类 App 并未体现出本地的特色，再加上更新不及时，就很难吸引游客使用。而缺乏用户热度，后续运营就更难跟上，最后形成了恶性循环。前两部分已经提到，政府的支持对杭州本地 App 的后续发展极为重要，表 6 中也不乏杭州旅游、景区部门推出的产品，如西湖风景名胜区与浙江成功软件开发公司推出的"掌上西湖"；杭州旅游委员会主导推出的"杭州会奖""杭州旅游投诉系统""杭州智慧旅游"等，表 6 就是针对这些 App 进行的功能概况分析。

表 6　旅游服务类案例 App 功能简介

App 名称	功能内容简介
掌上西湖	杭州西湖景区唯一官方认证的集景区门票、酒店、餐饮、特产为一体的移动购物平台

续表

App 名称	功能内容简介
杭州会奖	量身定制会奖旅游方案,提供完备的会奖设施查询,专业的会奖服务团队以及丰富的奖励旅游活动,更有方便快捷的个性化自定义行程
杭州旅游投诉系统	快速响应游客投诉,方便现场执法,提高工作效率,提升游客满意度
杭州智慧旅游	提供各类旅游信息查询、展示服务和互动服务,提供杭州旅游动态新闻、节庆、特惠等信息查询展示,提供杭州城市介绍、旅游特色、专题旅游介绍、旅游攻略、推荐旅游线路、景点等查询展示,提供旅游信息实用信息服务(常用电话、天气预报、咨询点、银行等),提供直接拨打电话咨询投诉、地图位置查看、导航等服务

杭州市旅游委员会在智慧旅游产品的开发上做了很多工作,早在 2012 年就与杭州天迈网络有限公司合作,向广大市民和来杭游玩的中外游客推出了"杭州智慧旅游",内容覆盖杭州及杭州周边郊县的吃、住、行、游、购、娱六大板块,方便市民及游客进行快速查询。[①] 这款 App 在功能和内容上比较全面,但是在后续的运营上却有所不足,安卓版本停留在 1.0.4,最后更新日期为 2012 年 9 月 11 日,也因此没有列入表格统计;IOS 版本在 2014 年 12 月 4 日更新至 1.1.0,但是只改变了 App 的 UI(user interface,用户界面)风格,内容功能上并没有进一步的提升。近年来,杭州市旅游委员会又推出了"杭州会奖"和"杭州旅游投诉系统"。"杭州会奖"搜罗了杭州各大星级酒店与品牌酒店的会奖信息,为来杭的大小型企业会议提供定制会议与奖励旅游定制服务,是对特殊旅游形式需求的一种回应,比较有特色。"杭州旅游投诉系统"主要是为了能快速响应游客投诉,以提升游客满意度而开发的,其实就是将"杭州智慧旅游"中的旅游投诉功能独立了出来。"掌上西湖"则由西湖风景名胜区主导开发,提供景区门票、住宿、餐饮、特产等消费信息,这些信息其实也同样能从杭州智慧旅游获取,重复性太强。

四、杭州休闲生活服务类 App 使用状况调查分析

上文对两年内仍有更新动态的、服务于杭州市民的休闲生活类服务 App 进

---

① 叶向挺."杭州智慧旅游"手机 App 应用正式上线[EB/N]. 杭州日报,2012-05-01, http://hzdaily. hangzhou. com. cn/hzrb/html/2012-05-01/content_1263336. htm.

行了分类统计,并着重介绍了杭州市政府相关部门联合本地传媒企业、高新技术企业开发的一系列 App 的功能概况。但这些数据信息无法直接反映杭州市民是否切实受惠于杭州"智慧城市"建设的成果,因此课题组以杭州市民为调查对象设计了问卷,以进一步了解当前市民对这些 App 的使用情况,以及对于这些 App 后续发展的意见和看法。问卷主要分为两个部分,第一部分从政府主导或政企合作开发的 App 中挑选具有代表性的范本,调查杭州市民对这些 App 的了解和使用程度、获知途径、使用感受等;第二部分基于杭州市政府要推出一款综合性休闲生活服务类应用的假设,调查市民的使用意愿、对此 App 的功能和内容需求、对此 App 在内容和形式上的看法和意见等。

(一)受访者基本情况

本次调查问卷采用网络问卷形式,通过网页直接访问、微信微博转发等方式发放,截止到收稿时间共回收有效答卷 424 份。根据网站监测数据,仅 17 份 IP 地址显示不在杭州(分别为浙江宁波 10 份、浙江湖州 2 份、浙江温州 1 份、天津 2 份、甘肃酒泉 1 份、北京 1 份),其余 407 份 IP 地址皆为浙江杭州,占比 95.9%,确保了问卷来源的有效性。因不能排除杭州市民在外出差时填写问卷的可能,因而未将 17 份外地问卷剔除,仍将其列为有效问卷。此外,所有问卷来自 385 个独立 IP,也保证了受访者样本的随机性。

如图 1 所示,受访者中企业员工 169 人,占比 39.9%;全日制学生 132 人,占比 31.1%。可见受访者职业分布不太均衡,企业员工和全日制学生占了很大比重。相比其他职业,企业员工所涵盖的人群较广,全日制学生也包含了从高中到博士研究生各个层次的学生,因此两者占比略高也在情理之中。而且,调查数据也覆盖到了其他职业类型如行政机关人员、事业单位人员、自由职业者以及其他职业类型,可以在后续研究中以职业为变量对比分析不同职业的市民对杭州休闲生活服务类 App 了解程度和使用程度的差异。

如图 2 所示,受访者中拥有大学本科/专科学历的共 283 人次,占比 66.7%;硕士/博士研究生学历 47 人,占比 11.1%;高中文化程度 63 人,占比 14.9%;初中及以下文化程度 31 人,占比 7.3%。由于国家对高等教育的重视,当前国内的整体教育环境处于高等教育大众化的阶段,东南沿海发达城市的高等教育水平更是趋向普及化阶段。根据美国学者对高等教育阶段的划分,高等

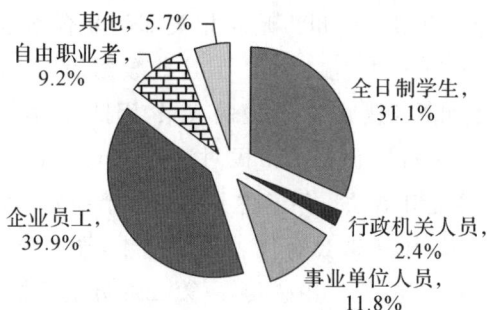

图 1　受访者职业分布

教育普及化阶段的适龄青年的高等学校入学率在 50％以上①。作为浙江省省会，杭州地处长江三角洲经济圈，文化和经济水平都较为发达，市民受教育程度也普遍较高。因此问卷数据中大学本科/专科学历的受访者占比 66.7％为正常情况。并且，数据也覆盖了其他学历水平的群体，具有一定的代表性。

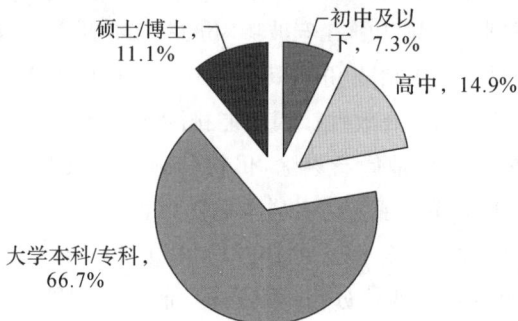

图 2　受访者学历分布

(二)使用现状调查分析

问卷第一部分，本文从交通出行类 App 中选取了"交通杭州""智慧交通"，从生活资讯类 App 中选取了"城市通""爱杭州""19 楼""杭州网"，从旅游服务类 App 中选取了"杭州智慧旅游""掌上西湖"作为案例，进行杭州现有休闲生活服务类 App 的使用现状调查。选择这些 App 的原因在第二章中已做详细分析：一是它们都有 IOS 和安卓双版本，用户群体相对广泛；二是一直保持着更新

---

①　美国学者马丁·特罗认为，如果以高等教育毛入学率为指标，则可以将高等教育发展历程分为"精英""大众"和"普及"三个阶段，精英化阶段高等教育毛入学率在 15％以下，大众化阶段高等教育毛入学率在 15％～50％，普及化阶段高等教育毛入学率在 50％以上。

动态,具有一定活力;三是都有杭州市政府相关部门参与开发,是杭州"智慧城市"建设成果的直接体现。因此,它们是调查杭州市民对杭州休闲生活服务类 App 了解程度的比较有代表性的范本。围绕这些范本,问卷第一部分展开了杭州市民对这些 App 的了解程度、使用情况、获知途径、使用感受等方面的调查。

1.了解程度和获知途径

市民对杭州交通出行类 App 的了解程度如图 3 所示,分别有 49.1% 和 47.2% 的受访者表示没有听说过"交通杭州"和"智慧交通"这两款 App,接近半数;听说但未下载使用的分别占 31.4% 和 32.3%;仅有 20% 左右的受访者下载使用过。市民对这两款 App 的了解程度分布差异不大。

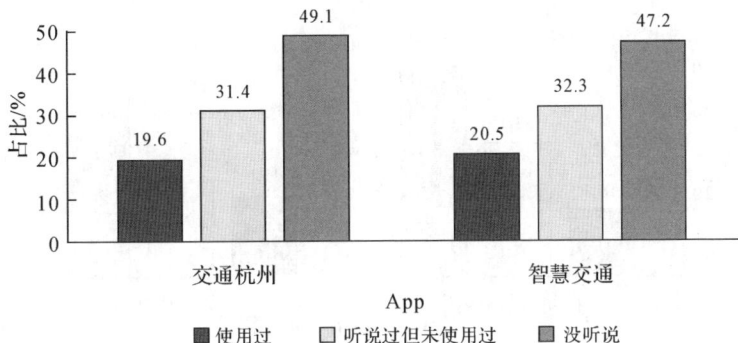

图 3　市民对交通出行类 App 了解程度

图 4 显示,杭州生活资讯类 App 的情况与交通出行类稍有不同。市民对"城市通""爱杭州"和"杭州网"的认知度依然很低,表示没听说过这三款 App 的受访者分别占 49.5%、43.6% 和 44.1%;而下载使用过的受访者也在 20% 左右徘徊。但下载并使用"19 楼"的受访者人数占总样本数的 38.7%,大约是其他三款 App 的两倍,可见"19 楼"在杭州市民中知名度较高。究其原因,"19 楼"是在原有的 19 楼论坛基础上开发的,作为杭州本地的老牌论坛,积累了良好的口碑和用户基础,论坛成员愿意在手机移动端上延续他们的论坛体验。

如图 5 所示,受访者中对"杭州智慧旅游"和"掌上西湖"有所了解的也仅有半数左右,下载使用过这两者的受访者仅占 16.3% 和 19.6%;表示没听说过这两者的分别占比 51.2% 和 45.0%。可见受访者对杭州旅游服务类 App 的了解也不是很多,情况与交通出行类基本相似。

由以上分析可知,接近半数受访者对杭州市政府参与开发的 App 都处于不了解的状态,可见政府的宣传推广工作做得不够,没有让大多数市民了解到这些智慧应用的存在。考虑到这一情况,课题组就杭州市民对于这些 App 的获知

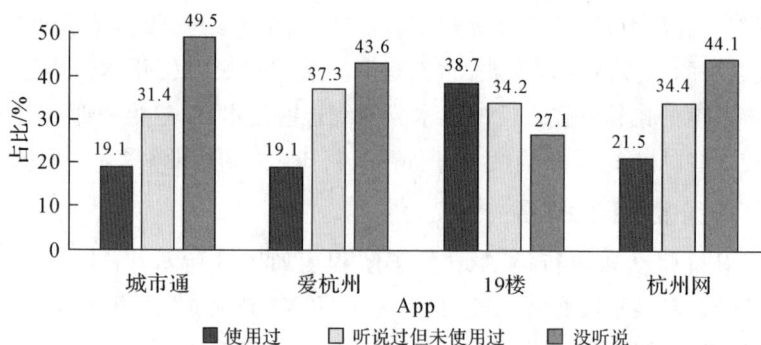

图 4 市民对生活资讯类 App 了解程度

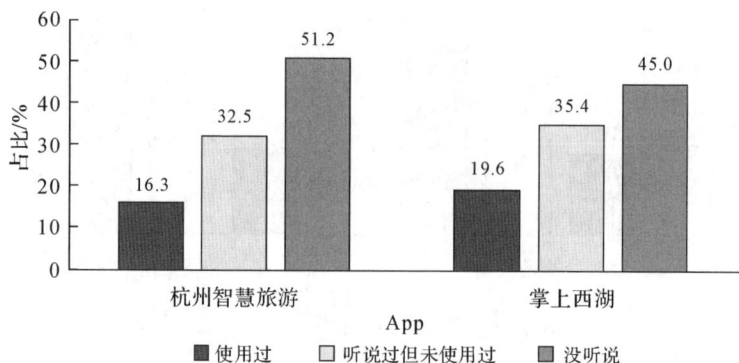

图 5 市民对旅游服务类 App 了解程度

途径进行了调查,分析这些 App 目前的推广情况,以期能在相关建议部分为政府参与开发的 App 后续推广工作的推进提供更开阔的思路。如图 6 所示,选项中提及率①排在前三位的分别是广告宣传(23.0%)、媒体报道(21.7%)和朋友介绍(19.8%),可知人们更容易通过这三种渠道了解到相关 App 的信息。关联搜索和应用市场推荐提及率较小,分别占 16.0% 和 14.1%,剩下的 5.5% 中也有人提到了通过微博官方账号、微信朋友圈等获取途径。除了"其他",其余选项的数据分布相对均衡,有差异,但差距不大,可见这些 App 的获取渠道比较广泛,但这也显示出这些 App 的推广工作存在重点不明显的问题。

2.使用情况

从杭州市民对各样本 App 了解程度的数据分析可知,曾经有过下载使用体验的样本数比较少:下载使用过"19楼"的受访者占总本数的 38.7%,而下载使

---

① 提及率为单选项提及次数与所有选项提及次数之比。

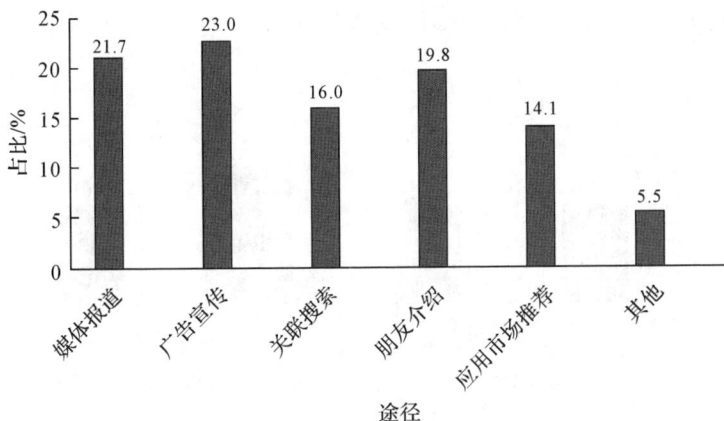

图 6　了解途径

用过其余 App 的大约占总样本数的 20%（见表 7）。使用情况的分析必须在这些有过下载和使用经验的群体中展开才能有效。因此课题组剔除了未曾听说和未曾下载过的样本数据，以曾经下载使用过的受访者为样本，列出了各个 App 的下载使用频次表，并据此对各类 App 使用情况展开分析。

表 7　下载使用频次

App 名称	下载后删除	不常使用	频繁使用	总　数
交通杭州	20	42	21	83
智慧交通	30	36	21	87
城市通	29	38	14	81
爱杭州	25	36	20	81
19 楼	42	68	54	164
杭州网	27	39	25	91
杭州智慧旅游	21	31	17	69
掌上西湖	31	36	16	83

　　上文对交通出行类 App 功能概况的分析中指出，"交通杭州"和"智慧交通"功能相近。对这两者使用情况的调查结果显示，"交通杭州"的继续使用率更高一些，可见其用户体验较之"智慧杭州"更好一些。如图 7 所示，在下载使用过"交通杭州"的受访者中，有 24.1% 表示已经卸载不再使用，但仍有 75.9% 的人还在继续使用，其中 25.3% 的人使用频繁。相比之下，下载后还在继续使用"智

慧交通"的人数为 65.5％，卸载率比"交通杭州"高了近 10 个百分点。

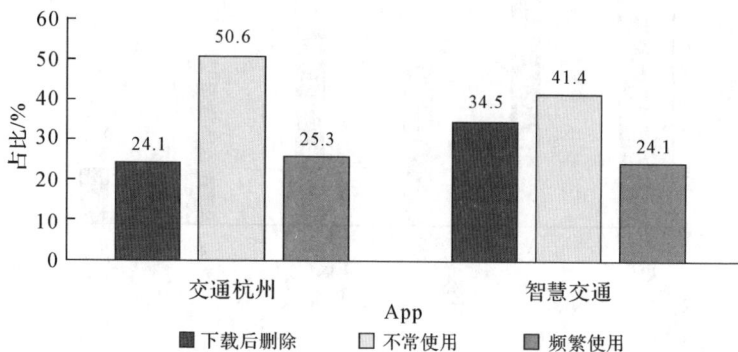

图 7　交通出行类 App 使用情况

　　如图 8 所示，生活资讯类的 4 款 App 中，"爱杭州"和"杭州网"的使用情况差不多，继续使用率都在 70％上下。"城市通"的卸载率最高，占 35.8％，"19楼"最低，占 25.6％。相应的，"城市通"的使用频繁度最低，仅有 17.3％，而有 32.9％的人次表示还在频繁使用"19 楼"。可见，"城市通"的用户使用体验最不佳，而"19 楼"在这方面做得相对较好。这与上文数据相呼应，受访者对"19 楼"的认知度最高，曾经下载试用过这款 App 的受访者多达 164 人（见下载使用频次表），远多于其他 App。且由于多年来运营论坛的经验使"19 楼"的开发者更熟悉用户的需求，并根据用户需求的变化不断调整内容，版本已更新至 5.6.3。因而，"19 楼"在 App 的用户体验建设上具有一定优势，这也是它的继续使用率比其他 App 高的原因之一。但需要注意的是，也有 41.5％的"19 楼"用户表示并不经常使用，虽然其使用频繁度相对其他 App 较高，但依然不能回避整体使用频率偏低的问题。

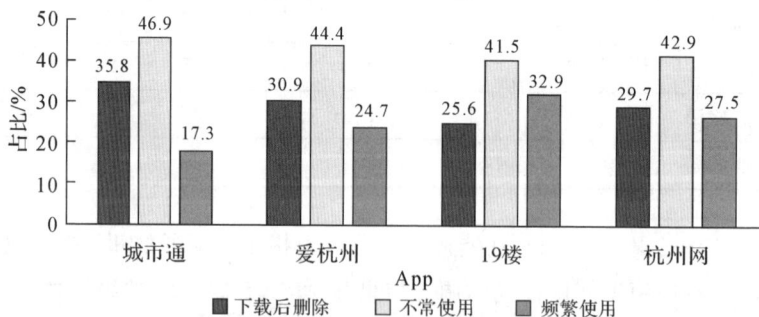

图 8　生活资讯类 App 使用情况

　　如图 9 所示，在使用过这两款旅游服务类 App 的受访者中，"掌上西湖"的卸载率为 37.3%，比"杭州智慧旅游"的 30.4%多了接近 7 个百分点；在使用频繁度上，两者不常使用的人数占总使用人数的比率超过了 40%，还在频繁使用"掌上西湖"的人只占 19.3%，不如"杭州智慧旅游"的 24.6%。不论是继续使用率还是使用频繁度，"杭州智慧旅游"都高于"掌上西湖"。上文对旅游服务类 App 功能概况的分析中指出，"掌上西湖"是杭州西湖景区推出集门票、酒店、餐饮、特产为一体的移动购物平台，主要服务对象是在杭游客；而"杭州智慧旅游"的服务对象除了游客之外还包含了广大市民。本次调查对象为杭州市民而非在杭游客，因此对非服务于市民的"掌上西湖"的使用度较低的情况符合现实状况。

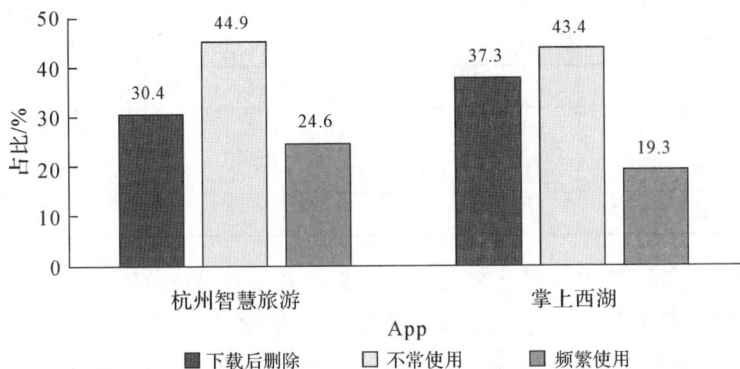

图 9　旅游服务类 App 使用情况

以上为样本总体的了解程度和使用情况，课题组也试图通过均值比较分析不同文化程度和职业类型对各 App 的了解和使用情况所产生的影响。先对各选项设权值：没听说过计 1 分，听说过但未下载计 2 分，下载后删除了计 3 分，下载了但不常使用计 4 分，下载了且频繁使用计 5 分，在此基础上以文化程度和职业类型为自变量进行加权平均，得均值表如表 8 所示。

表 8　文化程度 * 了解和使用情况均值

文化程度	均　值	网站/App 名称							
		交通杭州	智慧交通	城市通	爱杭州	19 楼	杭州网	杭州智慧旅游	掌上西湖
初中及以下	平均数	1.77	1.61	1.52	1.61	1.77	1.68	1.48	1.74
	个案数	31	31	31	31	31	31	31	31
	标准差	1.20	1.09	0.81	0.88	1.20	0.91	0.85	0.93

续表

文化程度	均 值	网站/App 名称							
		交通杭州	智慧交通	城市通	爱杭州	19楼	杭州网	杭州智慧旅游	掌上西湖
高 中	平均数	2	2.03	2.1	2.14	2.32	2.19	1.92	2.14
	个案数	63	63	63	63	63	63	63	63
	标准差	1.18	1.27	1.23	1.29	1.38	1.23	1.17	1.26
大学本科/专科	平均数	1.89	1.92	1.85	1.9	2.64	1.98	1.83	1.89
	个案数	283	283	283	283	283	283	283	283
	标准差	1.15	1.13	1.10	1.11	1.38	1.19	1.11	1.08
硕士/博士	平均数	1.91	1.96	1.77	2.09	2.66	1.94	1.72	1.81
	个案数	47	47	47	47	47	47	47	47
	标准差	1.30	1.18	0.98	1.02	1.24	1.22	0.95	1.06
总 计	平均数	1.9	1.92	1.85	1.93	2.53	1.98	1.8	1.91
	个案数	424	424	424	424	424	424	424	424
	标准差	1.17	1.15	1.10	1.12	1.37	1.19	1.09	1.09

如表8所示,初中及以下文化程度的受访者对各App的了解和使用程度均值普遍较低,符合预期;这一群体了解较多的是"交通杭州"(1.77)与"19楼"(1.77)。高中文化程度的受访者对各App的了解和使用程度最高,除了掌上西湖(1.92),其余都在2以上;均值最高的为"19楼"(2.32)和"杭州网"(2.19)。大学本科/专科学历的受访者同样对"19楼"(2.64)和"杭州网"(1.98)的认知度较高。硕士/博士研究生学历的受访者对"19楼"(2.66)和"爱杭州"(2.09)比较了解。显然,"19楼"当之无愧为所有App中总认知度最高的,达2.53。而高中文化程度人群对各App的了解和使用程度最高这一点在预料之外。

从职业类型出发对各App的了解和使用均值进行统计,统计结果显示,行政机关人员和事业单位人员对各App的认知程度明显高于其他职业群体,均值几乎都在2以上。其中,行政机关人员对各App的认知和使用均值大多在2.5上下,只对"掌上西湖"不太了解,只有1.9。事业单位人员与行政机关人员相比对各App认知程度稍微弱一些,但其"19楼"的认知和使用均值达到3.18之高。全日制学生是最不了解这些App的群体,均值普遍较低,除了"19楼"(2.00),其余都只在1.5上下徘徊(见表9)。

表 9 职业类型与了解度与使用情况均值

职业	均值	网站/App 名称							
		交通杭州	智慧交通	城市通	爱杭州	19楼	杭州网	杭州智慧旅游	掌上西湖
全日制学生	平均值	1.60	1.51	1.52	1.61	2.00	1.55	1.45	1.55
	个案数	132	132	132	132	132	132	132	132
	标准差	0.93	0.86	0.80	0.82	1.26	0.78	0.72	0.79
行政机关人员	平均值	2.3	2.5	2.3	2.5	2.7	2.5	2.4	1.9
	个案数	10	10	10	10	10	10	10	10
	标准差	1.49	1.43	1.42	1.43	1.16	1.58	1.51	1.20
事业单位人员	平均值	2.34	2.36	2.28	2.18	3.18	2.62	2.14	2.4
	个案数	50	50	50	50	50	50	50	50
	标准差	1.48	1.35	1.33	1.27	1.27	1.46	1.16	1.34
企业员工	平均值	1.95	2.05	1.95	1.99	2.79	2.04	1.88	1.98
	个案数	169	169	169	169	169	169	169	169
	标准差	1.17	1.18	1.17	1.17	1.35	1.24	1.18	1.11
自由职业者	平均值	1.97	1.97	1.9	2.21	2.56	2.15	2.03	2.15
	个案数	39	39	39	39	39	39	39	39
	标准差	1.14	1.18	1.02	1.24	1.31	1.11	1.20	1.25
其他	平均值	2.08	2	1.88	2.08	2.13	2.13	1.87	1.87
	个案数	24	24	24	24	24	24	24	24
	标准差	1.25	1.10	1.04	1.25	1.48	1.26	1.04	1.08
总计	平均值	1.9	1.92	1.85	1.93	2.53	1.98	1.8	1.91
	个案数	424	424	424	424	424	424	424	424
	标准差	1.17	1.15	1.10	1.12	1.37	1.19	1.09	1.09

由于这些 App 都是由政府参与开发或政企合作开发的,因而从事与政府相关工作的行政机关人员和事业单位人员更容易接触到这些 App 的信息。由于全日制学生是庞大的智能手机用户群体之一,提升他们对政府开发 App 的认知度是后续推广工作的重中之重。

3．未下载或不继续使用的原因

在调查了各类代表 App 的具体使用情况后,问卷也设置了问题询问受访者不下载或不继续使用的原因。如图 10 所示,"感觉不需要"这一选项的提及率最高,占 37.4%;其次是"完全不了解"选项,提及率为 19.3%。这两个数据反映出这些 App 存在的两个问题,一是它们还未得到杭州市民的普遍认识;二是它们的功能和内容对杭州市民的吸引力不足。第一个问题在前面了解程度的分析中已得到数据支撑;第二个问题则可用此题其他原因选项的数据来证明。图 10 显示,有 88 位受访者表示未下载使用的原因在于"有其他 App 可代替",提及率为 14.0%;78 位受访者表示 App"功能不全,使用不流畅",影响用户体验,此选项提及率为 12.4%;58 位受访者表示 App"信息滞后,内容无新意",提及率为 9.2%;26 位受访者表示"版本更新不及时"是他们不继续使用的原因,提及率占 4.1%;22 位选择"其他"选项的受访者中有人提出另一不使用这些 App 的原因,即有相似功能的微信公众号可以代替。由于总样本数中有接近一般受访者并未听说和使用过这些 App,有过用户体验的受访者原本就只有 20% 左右,而未使用过的受访者无法具体说出不继续使用的原因,因此这些原因选项的提及率较低。但是这些数据切实反映了杭州现有休闲生活服务类 App 在功能和内容上的各种不足。

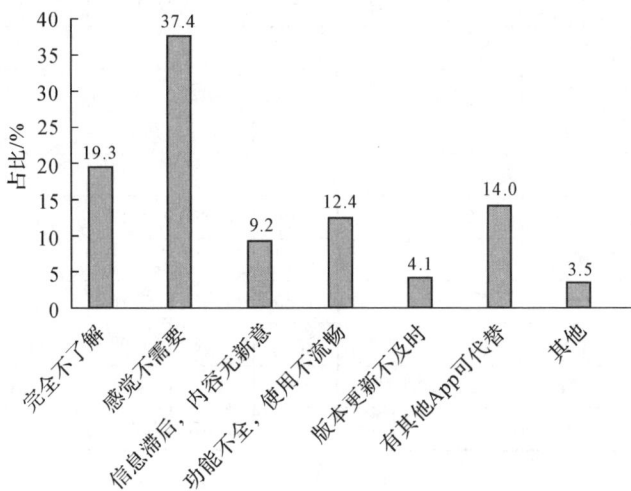

图 10 未下载或不继续使用的原因分布

(三)市民意愿调查分析

课题组提出了一个假设,假设杭州市政府将推出一款服务于杭州市民的综合性休闲生活服务 App。这个假设有三个重点,一是这款 App 是由杭州市政府主导开发的;二是它的主要服务对象为在杭州长期居住生活的市民群体;三是它的主要功能是为市民提供杭州休闲生活的相关服务。以此假设为基础,问卷第二部分对市民的使用意愿、对功能和内容的需求等情况进行了调查。

1.使用意愿

首先,课题组对受访者的总体使用意愿进行分析。在 424 位受访者中,仅 16 位(3.8%)明确表示不愿意尝试使用这款假设中的 App;74 位(17.4%)选择了"随便",态度比较模糊;余下 344 位(78.8%)受访者都表示愿意尝试使用(见图 11)。可见大部分杭州市民对于杭州市政府推出这样一款休闲生活服务 App 持支持态度,如果有这样一个产品,市民的总体使用意愿还是比较强烈的。

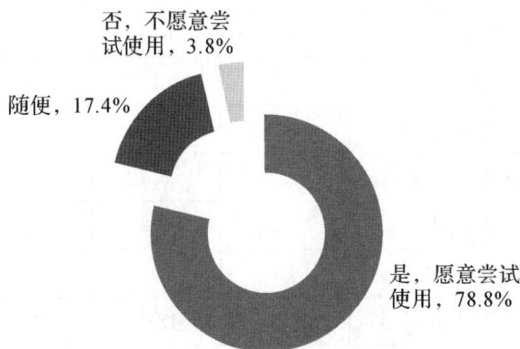

图 11 使用意愿分布

其次,对不同职业类型进行分析。根据表 10,在 132 位全日制学生中, 68.9%(91 位)愿意使用,25.8%(34 位)表示随便,5.3%(7 位)不愿意使用,愿意使用者占比较高,但与总样本的愿意使用比例(78.8%)相比较低。10 位行政机关人员中愿意使用者比例达 90%;50 位事业单位人员中愿意使用比例为 80.0%;169 位企业员工中愿意使用比例为 82.8%;39 位自由职业者中愿意使用者比例为 92.3%,都高于总体样本的愿意使用比例(78.8%)。24 位其他职业类型的受访者中愿意使用比例为 75.0%,略低于总样本的愿意使用率。可见,虽然大部分受访者都表示愿意尝试使用,但在样本所涉及的所有职业类型中全日制学生群体最不积极,愿意使用的比例比总体低了接近 10 个百分点,持随便和不愿意使用态度的比例也是所有职业类型中最高的:在总共 74 位表示随便的受访者中,全日制学生为 34 位,占比 45.9%;总共 16 位明确表示不愿意使用的受访者中,全日制学生有 7 位,占比 43.8%。而行政机关人员和自由职业者尽管在总样本中占比不高,但在各自职业类型内的愿意使用率都在 90%以上,属于比较积极的职业群体。

表 10　职业类型与使用意愿交叉情况

职业类型		使用意愿			总　计
		愿　意	随　便	不愿意	
全日制学生	计　数	91	34	7	132
	占职业类型/%	68.9	25.8	5.3	100.0
	占使用意愿/%	27.2	45.9	43.8	31.1
	占总计/%	21.5	8.0	1.7	31.1
行政机关人员	计　数	9	1	0	10
	占职业类型/%	90.0	10.0	0.0	100.0
	占使用意愿/%	2.7	1.4	0.0	2.4
	占总计/%	2.1	0.2	0.0	2.4
事业单位人员	计　数	40	9	1	50
	占职业类型/%	80.0	18.0	2.0	100.0
	占使用意愿/%	12.0	12.2	6.3	11.8
	占总计/%	9.4	2.1	0.2	11.8
企业员工	计　数	140	23	6	169
	占职业类型/%	82.8	13.6	3.6	100.0
	占使用意愿/%	41.9	31.1	37.5	39.9
	占总计/%	33.0	5.4	1.4	39.9
自由职业者	计　数	36	3	0	39
	占职业类型/%	92.3	7.7	0.0	100.0
	占使用意愿/%	10.8	4.1	0.0	9.2
	占总计/%	8.5	0.7	0.0	9.2
其　他	计　数	18	4	2	24
	占职业类型/%	75.0	16.7	8.3	100.0
	占使用意愿/%	5.4	5.4	12.5	5.7
	占总计/%	4.2	0.9	0.5	5.7
总　计	计　数	334	74	16	424
	占职业类型/%	78.8	17.5	3.8	100.0
	占使用意愿/%	100.0	100.0	100.0	100.0
	占总计/%	78.8	17.5	3.8	100.0

2.内容偏好

参考杭州现有的休闲生活服务类 App 已经涉及的内容,课题组认为这款"即将推出"的 App 应该涵盖交通出行、本地新闻、公共设施、同城活动、城市生活、旅游信息、餐饮休闲等板块。这些板块的具体内容包括:

交通出行:市内交通(公交、地铁、公共自行车、限行等)和长途出行(机场大巴、汽车、火车、航班等)信息查询。

本地新闻:本地新闻实时推送。

公共设施:市内图书馆、博物馆、文化馆、体育馆、游泳馆等场馆具体信息介绍和相关活动推介。

同城活动:市内节庆活动(动漫节)、会展活动(休博会)、读书沙龙、商业演出、体育赛事等活动推介。

城市生活:家政、婚庆、母婴、宠物、装修等各方面生活信息发布,讨论互动。

旅游信息:杭州及周边景点推介,以及杭州出发的短途、长途、出境旅游线路和旅行攻略推荐。

餐饮休闲:杭州经典老店、知名小吃、创意餐馆等餐饮信息搜罗;咖啡吧、桌游吧、陶艺吧、书吧等休闲场所推荐。

考虑到可能有别的内容并未能够涵盖在内,也在选项中设置了"其他"选项,供受访者补充。以此为基础,课题组对杭州市民的内容需求偏好展开调查。

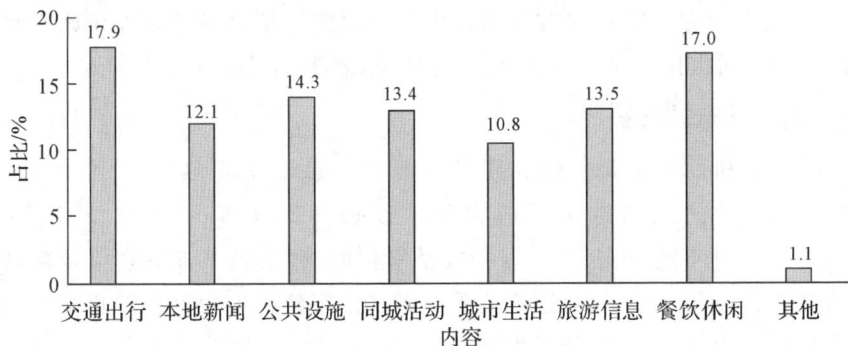

图 12　希望涵盖的内容分布

如图 12 所示,提及率位列前三的分别是交通出行(17.9%)、餐饮休闲(17.0%)和公共设施(14.3%),说明受访者在这三方面的需求相对较高;旅游信息(13.5%)和同城活动(13.4%)紧随其后,本地新闻(12.1%)与城市生活(10.8%)相对较低。各个选项的提及率相对均衡,可见受访者对于这些内容都存在一定的需求。

为了更进一步了解受访者对这款 App 的内容偏好,问卷设置了排序题,要求受访者选出他们认为应该重点打造的内容,最多选 3 项并对其进行排序。在统计过程中,第一位排序计值为 3,第二位排序计值为 2,第三位排序计值为 1,未提及计值为 0,根据各选项的排位频次进行加权平均,得均值表如上。如表 11 数据所示,交通出行(1.71)、餐饮休闲(1.00)、公共设施(0.77)依然排在前三,与上题提及率情况相符。但在后续排位中,城市生活(0.61)第四,同城活动(0.57)第五,本地新闻(0.53)第六,旅游信息(0.46)最后。

表 11　重点打造均值情况

均　　值	交通出行	本地新闻	公共设施	同城活动	城市生活	旅游信息	餐饮休闲	其　　他
平均值	1.71	0.53	0.77	0.57	0.61	0.46	1.00	0.05
个案数	424	424	424	424	424	424	424	424
标准差	1.339	0.940	1.047	0.997	0.976	0.866	1.119	0.383

与上题数据相比,城市生活虽然提及率最低,但却在重点打造这方面获得了更多偏好;而旅游信息虽然提及率较高,但并非受访者的重点偏好。作为一款服务于杭州本地市民的 App,本地生活信息显然会比本地旅游信息更受市民欢迎,因为生活信息与市民的日常息息相关。排在前三的交通出行、餐饮休闲、公共设施也都是贴心市民寻常生活的内容。而旅游信息通常是外出旅游时才需要用到的,而市民又对本地旅游资源较为熟悉,因此不需要重点打造。

3.内容、形式建设

如图 13 所示,在 App 内容建设方面,"信息丰富齐全"提及率最高,达 27.3%,遥遥领先其余选项;"内容新颖独特"(20.5%)、"视觉设计简约"(19.6%)、"本地特色明显"(18.7%)提及率相似,都在 20% 左右;"语言幽默风趣"提及率最低,仅 13.1%。这说明受访者在内容建设方面比较看重信息的多样性、齐全性,以及内容的新鲜度和独特性,对语言的幽默程度并无太大的要求,平实的语言同样能展现精彩的内容。UI 设计直接影响用户体验,因而受访者对 App 的视觉设计风格也有一定的要求。但是"本地化特色明显"这一点的提及率仅排在第四位,这一点略出乎意料,毕竟一款以本地市民为服务对象的 App,本地化才是其核心要素所在。

将"本地化特色明显"这一选项与受访者职业类型做交叉分析得表 12,在 424 人的总样本中有 216 人选了"本地化特色明显"这一选项,占比 50.9%。而

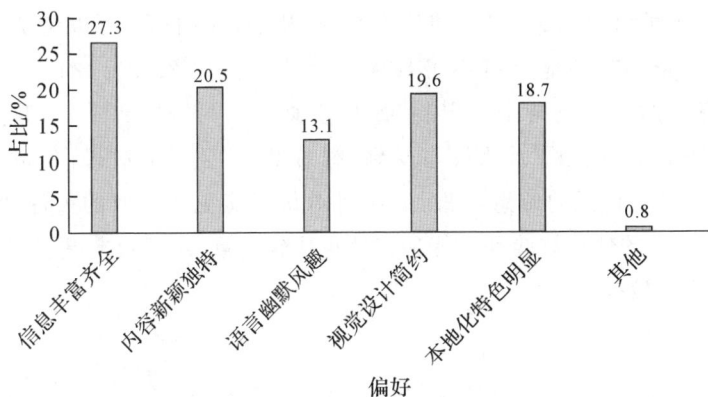

图 13　内容建设偏好分布

每个职业类型的选中占比如下：全日制学生 46.2％，行政机关人员 30％，事业单位人员 54％，企业员工 56.2％，自由职业者 56.4％，其他职业类型 33.3％。全日制学生、行政机关人员以及其他职业类型的选中占比低于总样本选中占比 50.9％，由此可见，这些职业群体的受访者对这款 App 本地化特色是否明显这一问题关注度不够。由于行政机关人员和其他职业类型占比较小，此处主要针对全日制学生群体展开原因分析。在校学生这一群体，尤其是大学生群体来自五湖四海，毕业后也并非只有留杭一个选择，因而他们需要获取更广阔的信息而非局限于杭州本地。

表 12　本地化特色明显与职业类型交叉

			职业类型						总　计
			全日制学生	行政机关人员	事业单位人员	企业员工	自由职业者	其他	
本地化特色明显	未选中	计　数/人	71	7	23	74	17	16	208
		占　比/%	53.8	70.0	46.0	43.8	43.6	66.7	49.1
		总　计/%	16.7	1.7	5.4	17.5	4.0	3.8	49.1
本地化特色明显	选　中	计　数/人	61	3	27	95	22	8	216
		占　比/%	46.2	30.0	54.0	56.2	56.4	33.3	50.9
		总　计/%	14.4	0.7	6.4	22.4	5.2	1.9	50.9
总　计		计　数/人	132	10	50	169	39	24	424
		占　比/%	100.0	100.0	100.0	100.0	100.0	100.0	100.0
		总　计/%	31.1	2.4	11.8	39.9	9.2	5.7	100.0

如图 14 所示,在 App 形式建设方面,提及率较高的为"可以免费获取""使用流畅不卡壳"和"功能具有不可替代性",分别占比 25.2%、24.7% 和 23%;"版本更新及时"和"支持个性定制"提及较少,占 14% 和 12.5%。政府推出休闲生活服务 App,是为了让市民享受到"智慧城市"建设的成果,免费提供才能体现政府服务于市民的诚意,因而受访者对是否能免费获取的关注较高;同时受访者对 App 的使用体验和功能独特性也比较看重,对于版本更新和个性定制的问题则关注较少。

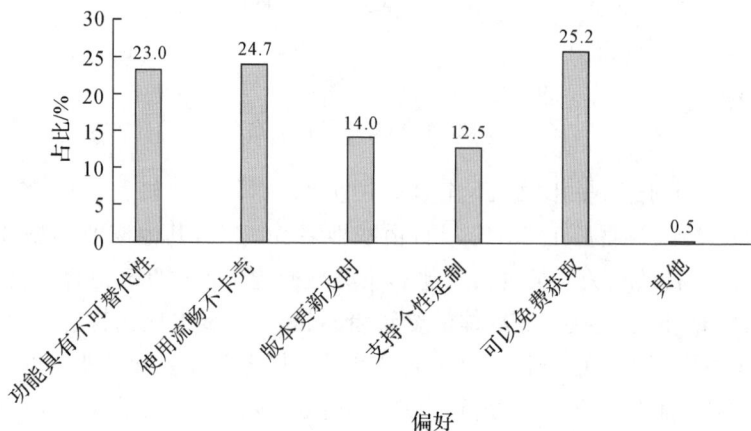

图 14　形式建设偏好分布

五、现存问题及相关建议

(一)现存问题

1.更新不及时,信息内容滞后

在上文所梳理的各类 App 中,大多都已一年多未更新动态,而各应用市场中还存在大量连续两三年没有更新动态的杭州本地应用。更新不及时无外乎两种原因,一是得不到资金支持,App 产品无法持续运营;二是得不到政府数据支持,无法保证内容的动态变化。一些 App 即使在刚推出时因其本地化特色受到杭州市民的欢迎,但随着信息内容与现实生活差距越来越大,也就逐渐淡出人们的视野。

2.功能内容同质化倾向明显

如上文所述,各大类型 App 都存在功能趋同的问题,即使是由政府主导或参与开发的也不例外。如"交通杭州"与"智慧交通"都为杭州市民提供综合性交通出行信息,功能几乎完全相同;旅游服务类 App 多数为杭州旅游攻略和指南;生活资讯类 App 的功能广泛,甚至部分覆盖了交通出行和旅游服务的内容,例如"城市通"和"爱杭州"中就包含了交通出行板块。不同的开发团队各自为政,产品"撞车"情况层出不穷。

3.市民认知度较低,且使用体验较差

根据问卷回收数据,424 位受访者中接近半数对课题组所选案例 App 处于不了解的状态,而只有 20％左右表示有过下载使用体验。在为何没有下载或继续使用这些 App 的回答中,表示不了解和不需要的群体也占多数,可见这些App 的整体认知度和实用性较低。而在有过下载使用体验的样本中,平均卸载率也在 30％左右;还在继续使用的受访者中也是不常使用的居多,可见这些App 不仅认知度低,在用户体验方面也是差强人意。

4.缺乏本地特色,可替代性强

虽然许多 App 产品的开发目的是服务于杭州市民,但在其实际运营中很难实现这一点。事实上,很多功能和内容都可以在其他更加优秀和更加成熟的App 中实现,如交通功能可由高德地图、百度地图等来替代;餐饮休闲场所推介可以用大众点评;旅游信息则有携程旅行、去哪儿旅行等可以选择。市民似乎没有必要特地选择一款杭州本地应用来支持其休闲生活的展开。而这也是目前杭州休闲生活服务类 App 存在的问题之一,即缺乏独特性,没有特别能吸引市民使用的功能和内容,可替代性太强。

综上,杭州本地休闲服务类应用存在诸多问题,而这些问题最终都导向一个结果,即这些 App 并没有让杭州市民切实受惠于杭州"智慧城市"建设的成果,影响"智慧民生"目标的实现。杭州市政府在"智慧城市"建设工作的后续开展中应该更加关注这一点。

(二)相关建议

1.注重内容全面性和信息时效性

针对"更新不及时,信息内容滞后"的问题,政府相关部门应该更加注重App 内容全面性和信息时效性建设。在关于 App 内容建设的调查分析中,受

访者对"信息丰富齐全"的呼声最高,总共 424 人的样本中有 315 人认为这一点是影响他们是否愿意使用这款 App 的重要原因,其重要性可见一斑。而这里所谓的内容全面性,指 App 内容应该覆盖杭州市民休闲生活的方方面面,前文提出的交通出行、本地新闻、公共设施、同城活动、城市生活、旅游信息、餐饮休闲等内容都要有所涉及。覆盖范围不仅包括杭州主城区,也要将萧山、余杭、富阳、千岛湖等地涵盖在内,实现大杭州区域内的信息共享。但内容的全面性并不意味着所有信息的简单罗列堆集,而要求有明确的分类,且发布的每一类内容都应该有相关领域的专业人士进行筛选和把关,以确保质量。所谓信息时效性,指的是信息从大众传媒发出到受众接受、利用的时间间隔及其效率。在时间面前,信息是易碎品。即使是全面、真实的信息,一旦失去时效,就失去了它的价值。通过 App 传播的信息也是如此,若不能保持一定的更新频率,很快就会被时代所淘汰。市面上很多杭州本地 App 都因为无法提供最新的信息而失去了用户关注度,最后成为无人问津的产品。为了避免这种情况,就要确保App 内容推介的新鲜度和消息推送的及时性,让杭州市民能第一时间获取休闲生活服务相关的信息。

2.整合现有资源,建立统一平台

杭州市政府相关部门及有关企业已经推出了一系列服务市民的本地休闲生活服务类 App,但由于各政府部门及有关企业各自为政,不互通有无,所以这些 App 存在非常明显的功能趋同问题,重复建设现象严重。针对这一点,杭州市政府应该建立统筹部门,及时与相关部门进行沟通和协调,充分利用现有资源,将同质化的手机 App 进行整合升级,力求精而不求多。例如,交通出行类 App 中,单一功能的"杭州地铁""杭州限行"等完全可以并入"交通杭州""智慧交通";"交通杭州"与"智慧交通"也可以合而为一。或者索性将所有交通服务类 App 都整合入生活资讯类 App 的交通板块中,建立统一的服务平台。这种措施具有多重优点:一是可以减少重复建设,降低开发成本;二是可以将分散在各处的力量集中起来,重点提升 App 服务质量,精益求精;三是统一平台方便市民使用,不需要为每个功能都下载一个 App;四是方便政府管理,例如交通部门只需要向统一平台提供数据信息,而不需要向每个带有交通功能的 App 都提供。

3.加强宣传推广,提升用户体验

针对市民对相关 App 认知度低这一问题,政府相关部门及开发企业需要加强有效的宣传推广。从某种程度来说,有效推广是做好 App 的根本手段,它包括直接推广、口碑传播及产品自身吸收用户的能力。① 直接推广可采取线上和线下两种途径。线上推广可通过以下方式：①建立各种百科词条（百度百科、搜搜百科等）。在词条中介绍 App 的具体功能和内容，并提供下载链接，方便市民通过上网搜索获取信息；②利用官方微信、微博进行推广。微信和微博用户基数大，可通过政府相关部门或开发企业的官方微信号、微博号推送 App 的具体内容，并附上下载二维码。③论坛推广。在杭州本地影响力较大的论坛如"19楼"等发布 App 相关信息，并提供下载链接。④与应用商店合作。每天都有大量用户访问各大应用商店，若能与应用商店取得合作为 App 做推荐，也能获取一定的关注度。线下推广有以下方式：①户外广告。可以在人流集中的公交车站、地铁站、商圈广场等地投放广告吸引关注。②媒体宣传。如在当地有影响力的报纸如《钱江晚报》《都市快报》上发布 App 相关信息。此外，提升用户体验其实也是一种推广方式。根据问卷调查得知，人们更容易从广告宣传、媒体报道和朋友介绍这三种途径获知 App 相关信息。如果说广告宣传和媒体报道属于直接推广，朋友介绍属于口碑传播，那么良好的用户体验就属于产品自身吸收用户的能力。在这方面，政府及开发者需要正面回应用户在应用商店对产品做出的负面评价，并根据他们反映的问题不断调整 App，尽量减少广告投放，优化界面设计，并使操作过程方便简洁，加强用户使用舒适度。

4.体现本地特色，发挥独有资源优势

市面上已经有大量更加优秀也发展得比较成熟的手机应用在信息资讯、微评互动、餐饮娱乐场所推介等方面为杭州市民的休闲生活提供服务。这些应用通常拥有大量受众群体，也培养了良好的用户习惯，具有较强的用户黏度。在这种情况下，政府再去开发相似功能的 App，无疑是对财力物力的巨大浪费。一方面，重复开发会造成严重的资源浪费；另一方面，由于用户习惯很难打破，即使推出了相应产品，也会因为可替代性太强而难以得到关注，后续运营也会比较艰难。针对这种情况，政府相关部门应该通过与这些应用合作的方式充分利用这些现有资源，例如，在交通出行板块的叫车功能上实现直接跳转滴滴打车或优步，而非自行开发叫车功能。相比之下，政府相关部门应该更加注重发挥自身的资源优势，即利用杭州这座城市独有的信息数据资源来开发相应的手机应用，将关注点集中在公交地铁、公共自行车租赁、图书馆、文化馆、博物馆、运动场馆以及市内的大型节事活动（如国际性会议展览、文化交流活动）等公共

---

① 周渝渝.有效推广是做好 App 的根本手段.IT 时代周刊[N],2013-10-20.

设施和公共活动资源的开发和利用上。与杭州市民卡结合使用也更能体现其本地特色,因为杭州市民卡是杭州市政府授权发放给市民办理个人社会事务和享受公共服务的 IC 卡。例如,前两年杭州推出政策,市民可凭借市民卡在假期使用周边学校的体育设施,那么 App 中可以设置查询功能告知用户周边有哪些学校的设施可用、拥挤程度如何等。在这些方面,政府具有天然的优势,这是其他 App 功能无法取代的。

5.明确服务对象,了解用户需求

一款 App 在推向市场之前需要做很多准备工作,市场调研就是重要的一环,只有明确服务对象,了解目标用户的需求,才能在推出后得到市场的认可和青睐,才能实现有效的价值。因此,杭州休闲生活服务类 App 在建设过程中,需要明确自身的主要服务对象是杭州市民而非来杭游客,并根据这一点调整 App 的具体内容。例如,对于杭州市民来说,城市生活信息必定比本地旅游信息更具吸引力,因此在内容设置上就要对城市生活信息更加偏重,而旅游信息相对较少一些。专业的市场调研能帮助 App 开发者明确产品定位,对症下药。政府应该聘请专业机构对杭州不同市民群体的休闲生活习惯、休闲服务的需求等进行详细调查分析,并建立数据库,以此为基础去做产品的开发和后期维护。同时,倾听民意也是获取市民关注度的有效方式。事实上,课题组在调查问卷的最后设置了主观题询问受访者对于以杭州市政府为主导推出综合性的休闲生活服务 App 有何具体意见和看法,收获了不少具有价值的答案。这些来自杭州市民的声音为课题组提出相关建议提供了更加开阔的思路。政府相关部门及开发团队也应该注重市民的意见和反馈,以确保推出的产品能使他们从中受益,实现服务于市民的最终目的。

(2015"智慧城市建设与休闲生活发展"专项课题)

参考文献:

陈珊.杭州移动 4G 网络基站突破 1 万个 最高网速实测达 216Mbps.[EB/OL].(2015-01-08)[2020-11-4].http://tech.hexun.com/2015-01-08/172192914.html.

杭州市经济和信息化委员会网站,http://www.hzjxw.gov.cn/hz/web/index.asp.

杭州市民卡官网,http://www.96225.com/smknet/service/index.action?result=indexJsp.

杭州市人民政府官网,http://www.hangzhou.gov.cn/col/col809953/index.html.

杭州萧山国际机场有限公司官网,http://www.hzairport.com/index_flash1.aspx.

聚光科技（杭州）股份有限公司官网，http：//www. fpi-inc. com/about. php.

叶向挺."杭州智慧旅游"手机 App 应用正式上线［N/OL］. 杭州日报. 2012-05-01［2020-11-04］. http：//hzdaily. hangzhou. com. cn/hzrb/html/2012-05/01/content_1263336. htm.

浙江三网科技股份有限公司官网，http：//www. thirdnet. com. cn/index. aspx.

周渝渝.有效推广是做好 App 的根本手段［N］. IT 时代周刊，2013-10-20.

城市国际化背景下会展业发展研究

——以杭州市为例

马智慧[*]　　盛宗航[**]

以金融、物流、信息等为主的现代服务业已成为现代城市与区域竞争的核心内容,成为城市产业发展的制高点。发展现代服务业是当今城市发展的重要战略。作为现代服务业的一个新兴领域,会展业是加快现代服务业发展的重要抓手和载体。会展业产业关联度大、溢出效应明显,可以有效集聚商流、物流、人流、资金流和信息流,直接推动酒店、餐饮、旅游、交通运输、物流快递、装修设计等行业发展,也有利于拉动制造业的转型升级,产生乘数效应,具有强大的产业联动、经济辐射和城市营销功能,对经济社会发展有着强劲的带动作用,是经济发展的风向标。在全球经济低迷,中国经济进入新常态的情况下,会展业却以 1∶9 的产业带动系数,成为推动经济社会发展的重要引擎,被誉为“城市的面包”“旅游皇冠上的宝石”“触摸世界的窗口”和市场的“晴雨表”,具有桥梁、纽带和“润滑剂”的作用。例如,永久落户乌镇的第一届世界互联网大会的直接经济收入为 2 亿元,而同期拉动周边经济增长 15 亿元;第二届世界互联网大会的直接经济收入为 3.4 亿元,直接拉动长三角经济收入增长 22 亿元①。因此,国内各大城市都把会展业作为优先发展、重点扶持的新兴产业,城市间的会展业竞争不断加剧。

作为中国会展业的发祥地之一,21 世纪以来,杭州会展业取得了突飞猛进的发展,每年举办的超过 50 人的会议会展逾万个,专业展馆展览超过 200 个,

　　* 　杭州国际城市学研究中心、浙江省城市治理研究中心。

　　* *　　杭州师范大学经济与管理学院。

　　①　白鸥,李拓宇.会展产业联盟治理与合作行为:杭州会议产业联盟的案例研究[J].旅游导刊,2020(3):62-86.

展示面积超过 200 万平方米①，从事会议会展及相关行业的企业有 300 多家，市会展协会单位会员已达 200 多家②，总量翻了两番。特别是近年来杭州以旅游国际化为突破口，大力实施城市国际化战略，城市国际化水平不断提高，在国际会展方面，举办了首届世界佛教论坛、APEC 中小企业峰会、世界文化大会等国际性会议，西博会、中国国际动漫节、文化创意产业博览会、世界休闲博览会、中国（杭州）国际电子商务博览会等会展打响品牌，国际化程度不断提高。据 ICCA（国际大会及会议协会）统计，2015 年，杭州共承办国际会议 27 个，已连续 4 年排名中国内地城市第三位，仅次于北京、上海。从整体发展态势看，杭州正以每年 20% 的增长速度向"国际会议目的地城市"和"国际会展名城"目标迈进。但横向比较来看，上海、北京、广州等中心城市对国内外会展资源的集聚力不断增强，国内其他城市也高度重视会展业的发展，特别是长三角其他城市，如南京、苏州等加大对会展业的投入，对杭州形成了有利的竞争态势。省内的宁波、义乌、温州等城市依托本地产业优势，通过规划引导、政策跟进、硬件建设，并得到国家有关部委和省政府支持，会展业发展迅速。"前有标兵，后有追兵"的竞争现实已不容回避。加快打造杭州会展品牌，全力提升杭州会展业的国际化水平、整体发展水平和核心竞争力，已成为杭州会展业持续发展的必然选择。

承办 G20 峰会、第 19 届亚运会等重大高端国际活动，为杭州城市国际化发展和会展业转型升级，创造了千载难逢的历史机遇，建设具有国际影响力的会展之都和赛事之城是杭州重要的战略目标，打造"国际会议目的地城市"和"国际会展名城"是杭州建设"世界名城"的题中之义和重要抓手。在城市国际化背景下，总结杭州会展业发展经验，理清发展思路，提出有针对性的对策措施，借力城市国际化发展，推进会展业转型升级，特别是加强配套设施建设、完善服务体系，提升既有会展品牌国际化程度，培育和引进一批国际性机构、会展项目和会展企业，增强集聚辐射全球人才、资源、要素、产业的能力，以国际会展带动旅游休闲国际化，形成商旅互动的消费促进体系，带动城市建设环境和市民生活品质提升，对于杭州经济社会可持续发展，共建共享历史文化名城、创建活力之城和东方品质之城具有重要意义。

---

① 沈绍宇，童琦.会展业生态化发展研究——以杭州为例［J］.价值工程，2020（13）：17-19.

② 陆淑云，方微.当地居民对节事活动的感知分析——以杭州西博会为例［J］.价值工程，2018（10）：246-247.

一、会展业对于杭州的特殊重要意义

会展业是一个快速发展的朝阳行业,与杭州城市发展理念、发展方向、发展重点、发展战略紧密结合,在加快杭州经济社会发展、提升城市知名度和美誉度、丰富市民精神文明生活等方面起着不可替代的重要作用,特别是大型国际会议和国际展览是不出国门的对外经济文化交流与合作平台,是发展对外经济贸易和技术交流的重要载体,是新型的"无烟工业"和都市产业,是拉动经济发展的引擎产业。

会展业是杭州城市旅游的"催化剂"。会展业是低投入、低污染、高效益的产业,是"旅游皇冠上的宝石"。它不仅能为主办城市带来巨额的会展收入,而且还能拉动主办城市旅游业的发展。会展业的发展可以有力地推动杭州旅游从国内游"一轮独大"向国内游、入境游"两轮驱动",从观光游"一枝独秀"向观光游、会展游、休闲游"三位一体"转变。

会展业是杭州城市经济的"发动机"。会展业是产业关联度大、投入产出比高的朝阳产业,是发展前景广阔、发展潜力巨大的新兴产业。会展业的发展有助于推动杭州产业转型升级,加快"3+1"现代产业体系发展步伐。会展业可以集聚国内外知名企业、知名品牌、知名产品,为各行各业提供商机,把杭州产品推向国内外市场,促进杭州经济又好又快发展。会展业也是广揽天下客、广交八方商、广聚四海财、做好招商引资工作一个最管用、最有效的抓手。据测算,平均每届西博会拉动杭州生产总值增长约 0.5 个百分点[①]。以西博会为代表的会展业已成为杭州经济发展的重要增长点之一。

会展业是杭州城市文化的"融合器"。城市文化需要在交流中发展、在交流中提升。各类会展架起杭州与中外城市文化交流合作的桥梁,使传统文化与现代文化、本土文化与外来文化在杭州实现相互融合,为杭州这座拥有 8000 年文明史、5000 年建城史的古城注入新的活力。

会展业是杭州城市环境的"美容师"。杭州每年以西博会等会展开幕为节点,推出一大批旅游景点,展现城市建设新成就,实施一系列道路建设整治工程,做到年年环境有变化、年年有重量级旅游产品推出,进一步提升了城市环境

---

① 郑洁,张越.看互联网如何改变世界——写在第四届"世界互联网大会乌镇峰会"之后[J].中关村,2018(1):28-29.

和品位。

会展业是杭州城市发展成果的"展示台"。会展业自身的发展与城市的发展紧密结合，与时代同行，与发展同步。杭州城市发展的成果通过各类会展立体、多彩的大舞台得到充分展示，进一步增强杭州市民的自豪感、提升杭州城市的凝聚力、增强杭州城市的竞争力。

会展业是城市营销的"大事件"。会展业是"触摸世界的窗口"，是城市营销的利器，是打造城市品牌的王牌。会展经济是"眼球经济""注意力经济"，特别是一些超大型的综合性、国际性会展，如同一个强大的磁场，是杭城的"流行语""关键词"，成为"世界了解杭州、杭州走向世界"的重要窗口。

会展业是生活品质的"提升机"。会展业被誉为"城市的面包""信息冲浪""知识会餐"，汇聚大量的客流、物流、资金流、信息流，形成巨大的集聚、辐射效应，为各行各业创造更多商机，为人民群众带来了更多创业就业的机会，为各类人才施展才华搭建更为广阔的舞台，让杭州市民和中外游客享受到节日的盛宴和精神的洗礼。同时，当好东道主，倡导全市人民以文明的言行为城市争光、以优质的服务迎八方宾朋、以优良的秩序展城市风采，有助于推动精神文明建设不断取得新成效。

二、杭州会展业发展状况

杭州是中国会展业的发祥地之一。1929 年，杭州举办了首届西湖博览会，在当时的中国首开先河，轰动全国，誉满中外，与同期举办的美国芝加哥博览会、费城博览会和法国巴黎博览会并称为"四大博览会"，至今让国人引以为豪。杭州市委、市政府十分重视会展业的发展，努力为杭州会展业发展创造良好的环境，同时也积极鼓励国内外中介机构来杭州办展办会。在时隔 71 年后的2000 年，杭州市委、市政府承前启后、继往开来，恢复举办西湖博览会，开启了杭州会展业快速发展的引擎。2006 年，杭州举办了首届世界休闲博览会，开创了中国休闲时代新纪元。特别是"十二五"以来，杭州市会展业以西博会、休博会为龙头，把会展业发展与城市发展紧密结合起来，打造平台，集聚资源，推进行业与城市互动发展，形成了独特的"城市会展"发展模式，形成了"会展经济助推城市发展，城市发展提升会展水平"的良好发展态势，在会展规模、发展品质、品牌影响、市场培育、人才培养等方面实现了新提升，成功地走出了一条具有杭州特色的会展业发展之路,提升了杭州的硬实力和软实力,提高了城市知名度和美誉度,推动了杭州经济社会又好又快发展。特别是带动了产业发展,围绕城市定位及产业优势,以举办会展活动为抓手,促进产业转型,加快产业升级。杭州市通过举办休闲发展论坛、休闲产业博览会、全球网商大会、电子信息博览会等项目,大力推进"东方休闲之都""天堂硅谷""电子商务之都"等建设。

杭州市会展办的数据显示,"十二五"期间,杭州会展业总体呈现稳步增势,会展经济效益不断凸显。在 2013—2015 年,杭州举办和承办的会议分别是 11432 个、11662 个、12563 个,其中国际会议分别为 613 个、673 个、692 个(1000人以上的会议 58 个),会议数量每年呈上升趋势①。每年在专业展馆举办的展览超过 220 个,展示面积超过 200 万平方米,有品牌的节庆活动超过 120 个②。2015 年,杭州全市共举办各类展览 297 个,比 2010 年增加 141 个,场馆面积由 2010 年的 167.97 万平方米增加至 2015 年的 265.4 万平方米③。杭州会展不仅数量大大增加,形成了"月月有会展,季季有活动"的格局,而且国际视野、国际思维、国际标准不断提升,会展业的国际化程度实现了历史性突破,举办了多个涉及商贸、政治、学术多领域、高规格会议,如世界佛教论坛大会(2006)、孙子兵法国际研讨会(2006)、联合国粮农组织政府间茶叶工作组会议(2008)、中美商贸联席会(2009)、中国小水电论坛(2010)、ECFA 会议(2012)、中日首次高层海事会谈(2013)、中非合作论坛会议(2013)、国际禁毒政策会议(2015)等,以及全球网商大会、中国国际丝绸博览会、文博会、动漫节等一大批国家级、国际级会展项目。值得注意的是,上述国际会议中的三次,即世界佛教论坛大会(2006)、中国小水电论坛(2010)、中日高层海事会谈(2013)首次举办地选择在杭州,侧面说明了杭州的会展得到了业内高度认可。不仅如此,这些国际会议内容和性质本身也获得了国外智库研究的较高评价,詹姆士敦基金会文献"China's Soft Sell: Is the World Buying?"(2009)和"Beijing's New Grand Strategy: An Offensive with Extra-Military Instruments"(2007)把杭州的孙子兵法国际研讨会、世界佛教论坛大会都看成是中国软实力提升和中国新战略的具体步骤。会展业的快速发展使杭州先后摘取了"中国最具影响力节庆城市"

---

① 沈绍宇,童琦. 会展业生态化发展研究——以杭州为例[J]. 价值工程,2020(13):17-19.

② 刘雅祺. 后"G20 峰会"时代杭州打造国际会展之都的比较研究[J]. 商业经济研究,2017(23):159-161.

③ 张晓明. 从 G20 国际峰会看杭州市"会展产业生态化"发展[J]. 宁夏社会科学,2016(6):104-109.

第一名、"最佳节庆城市奖""中国十佳会展城市""中国十大魅力会议目的地首位"等多项桂冠。

在硬件设施方面,杭州国际博览中心、奥体中心、杭州国际会展中心、杭州和平国际会展中心等一大批专业性会展场馆已建成并投入使用。同时,一支专业化的会展管理服务队伍已经形成,展览业务咨询、展览工程、展场租赁、会展物业管理等较为完善的展览服务体系基本建立。目前,专业服务公司有近300家,从业人员数万人。中国美院等在杭高校专门设置了会展专业,已为社会培养输送了逾万名会展专业人才。在软件环境方面,为了优化会展环境,更好地构筑产业平台,杭州先后出台了《进一步加快我市会展经济发展的若干意见》和《杭州市会展业应对金融危机持续健康发展若干政策措施》《关于扶持杭州打造国际会议目的地若干措施》等一系列鼓励发展的政策。

三、城市国际化背景下杭州会展业发展面临的机遇和挑战

随着国内城市间会展业竞争的日趋激烈,"前有标兵,后有追兵"的发展形势要求杭州会展业必须进一步提升理念,拉高标杆,推出举措,在新一轮竞争中占得先机,赢得主动,实现杭州会展经济的跨越发展。G20峰会的举办,为杭州城市国际化发展带来了历史机遇,也对杭州会展业发展提出了更高要求。在日益增多的国际会议在杭州召开的背景下,特别是G20峰会效应,使得更多的国际组织地区总部和分支机构将会在杭州选址,从而促进杭州会展业的转型升级。在此背景下,系统分析杭州会展业发展面临的机遇和挑战,对理清下一步发展思路,提出有针对性的对策举措,具有基础性作用。

1.杭州会展业发展面临的机遇

(1)"峰会效应"机遇

国际峰会是当今世界上最为重要的会议,把国际峰会放在杭州开,就是要利用这一平台,向世界全面展示我国现代化建设新的发展成就,让国际社会对我们有更深的了解,同时也是给浙江和杭州带来一块"金字招牌",全面拉升会展业的提升发展。国际重要会议对提升会展业的拉动作用是十分明显的,比如,2014年APEC会议在北京雁栖湖国际会展中心召开后,怀柔区借助APEC

会址,积极引进国际会议、大型企业商务会议。2015年1月至2016年4月,承办"读懂中国"国际会议、中欧文化高峰论坛等国内外会议会展1585场次,相关收入突破3.3亿元①。G20峰会的召开,提升了杭州会展中心的建设,培养了有国际视野和专业水准的会展人才,给杭州会展业带来直接和间接的收益。为迎接G20峰会,杭州加强了环境治理力度,不仅增加了杭州在世界的曝光度,还将杭州的历史人文、自然山水展现在世人眼前,让世人为杭州的良好生态环境和深厚的历史文化积淀所吸引、叹服,彰显了"杭州元素",打出了一张颇具魅力的城市名片,极大提升了杭州在国际上的吸引力。G20杭州峰会后,杭州城市知名度显著提升,这为会展业的发展带来了巨大的机遇。2010年上海世博会,使上海基础设施建设整整提前十年,城市面貌焕然一新。2012年广州亚运会投资超过1200亿元,其中九成用于城市基建项目,城市建设速度原规划至少加快了5年到10年。G20峰会也给杭州的基础设施建设带来极大改善,机场、地铁、道路等基础设施建设进程大大加快,交通拥堵的现象明显得到改善,城市建设速度相对于原有规划大幅度提前,城市面貌焕然一新。城市的硬件设施得到改善,会务、餐饮的接待能力和服务水准也得到了提升,也把杭州的会展业拉升到了新的高度。例如,随着国际博览中心、奥体中心等基础设施建设逐步完成,杭州承接国际性会议展览和体育赛事的硬件条件不断提升,为会展业发展提供了更强的承载能力,也为巩固杭州作为二线领先城市、全国一流会展名城地位打下坚实基础。下一步,杭州要利用和放大G20杭州峰会综合效应,全力打造国际会议目的地城市,加快推进观光游览、休闲度假、文化体验、商务会展"四位一体"的旅游国际化转型,当好城市国际化的"急先锋"。

(2)国内会展业格局变化新机遇

中国"入世"十多年来,国际知名会展公司已经完成在北上广深等一线城市的第一轮会展布局,目前正在开始向二线城市拓展市场。要抓住这一难得的产业发展机遇期,力争使杭州成为国内外知名会展布局中二线城市的首选。

(3)杭州市相关规划新机遇

2016年7月11日,中国共产党杭州市第十一届委员会第十一次全体会议审议通过的中共杭州市委文件《中共杭州市委关于全面提升杭州城市国际化水平的若干意见》(市委〔2016〕10号)提出,抢抓举办G20峰会和亚运会的历史性战略机遇,发挥杭州本土会展品牌优势,重点补齐国际机构和组织入驻率不高、

---

① 叶敏.做精做强西博会 服务杭州新发展[J].杭州(周刊),2012(3):27-28.

承办国际会议层次不高、会展服务功能不完善、国际体育赛事少、运营能力不强等短板,实现承办国际会议展览和体育赛事的重大突破,成为具有世界水准的国际会议举办城市、会展之都、赛事之城。《杭州市现代服务业发展"十三五"规划》提出,"十三五"时期,杭州会展业增加值年均增长10%以上。《杭州市旅游休闲业发展"十三五"规划》提出,"十三五"时期,建成能够举办国际顶级会议的国际会议中心6处,能够举办国际顶级展会的会展场馆7处,能够举办国际级体育赛事的体育场馆5处;新增五星级旅行社5家、四星级旅行社10家、全国百强旅行社2家;拥有国际品牌连锁酒店超过30家、全市住宿业数量达到5800家、床位数达到36万张。《杭州市旅游国际化行动计划(2016—2020年)》提出,加快推进"国际重要的旅游休闲中心"建设,努力建成"中国旅游国际化示范城市",基本形成以国际化为引领的观光旅游、休闲度假、文化体验、商务会展"四位一体"的全域旅游新格局。这些都为下一步会展业发展提供了规划依据和重要动力。

2.杭州会展业发展面临的挑战

(1)缺乏顶层设计

据不完全统计,全国已有80多个城市出台了会展业发展规划,以系统谋划、有效促进会展业发展。目前杭州尚未出台"十三五"时期有关会展业顶层设计的规划。在地方立法方面,也尚未出台引导和规范会展业发展的办法或条例。

(2)扶持政策乏力

目前国内很多城市都制定了针对会展业的鼓励扶持政策,如北京,从国际会议竟会到落地协调都有对应的扶持政策;厦门在政府办事中心设有专门的办事窗口,会议引进扶持政策兑现,在现场提交材料就可以办理,可操作性强。而杭州目前鼓励扶持政策较为乏力。从2007年开始,南京市政府每年设立的会展专项资金大约为800万元到1000万元[①];2008年,宁波市出台《关于加快推进宁波国际会展之都建设的若干意见》,每年安排2500万元用于会展业发展的专项资金(《宁波市人民政府公报》);无锡市对会展业的扶持资金为每年800万元(《无锡市会展业统计管理暂行办法》);义乌市所设立的会展业发展专项资金为每年1000万元[②];根据《杭州市人民政府关于加快杭州旅游业发展的若干意

---

① 关于印发《南京市会展发展专项资金管理办法》的通知.宁财规〔2018〕9号.

② 张海霞,张旭亮.义乌会展业的现状及发展对策[J].经济论坛,2005(23):35-38.

见》的精神,2005年杭州市财政设立了每年500万元的会展业专项资金。与长三角几个比较重要的会展城市相比,杭州对会展业的直接专项资助经费并不是很高。

(3)管理职能分散

从国际上会展业发达城市的经验来看,如新加坡、首尔、墨尔本等均设有会议观光局承担会展目的地的推广,代表目的地整合全行业资源,全面开展会展营销和促进工作,特别是国际会展竞标引进和落地协调等工作,这是建设会展目的地的机构保障。迪拜也有专门的会议促进局,负责申办和招揽各种会议;香港旅游发展局也成立了会议拓展部;2015年厦门成立了会议展览事务局,加强对会展业的统筹管理。而目前杭州市会展办、节展办、市旅委、市商务委等都承担了会议和展览的部分职能,力量分散,没有一个有效的管理协调机构,无法形成合力,很难保证大型会议或展览的承办质量。办展办会牵涉政府机构多,接近两位数的部委办局及各区、县(市)等都在办节办会办展,各管一块又互不隶属,资源得不到很好的整合使用。

(4)市场化和产业化程度不高

会展运营商的独立化以及会展服务成为一种社会职业是会展业成熟的标志。杭州会展业的市场化和产业化程度还不够高,与北上广等一线城市还有一定距离。杭州会展业的国际参与度较低,海外专业组展商在杭州举办的展会比较少,国内其他城市的专业组展商来杭办展数量也不是太多,大多数展会由本地的专业组展商主办或承办。会展业对资源具有独占性的特点,这就要求会展企业必须做大做强,有效地挖掘和整合各类项目资源、公共资源、市场资源和社会资源。尽管会展服务相关企业达300多家,但目前杭州会展企业的规模、资金、经验、市场化有限,知名度不高,竞争力不强,容易受到周边城市的冲击。例如G20峰会核心区域的会展工作主要由北京的公司和团队策划执行,而非杭州本地会展企业。杭州大型会展服务集团等具有行业影响力的龙头企业尚未形成,目前尚无国际知名会议策划与服务企业入驻杭州。同时,小规模企业在市场的过度竞争中,重复办展较多,对有限的会展资源造成了浪费,降低了展会的规模效应和品牌效应。

(5)场馆等基础设施总体竞争力不强

会展设施是会展业发展和打造会展品牌的基础。在会展业诸要素中,唯有场馆是不动因素,其余均为流动因素,可以通过政策、资金、市场解决。另外,还应该注意到,国内外各地政府投资大型展馆,政府作为展馆的所有者,有权对展馆的经营行为进行控制,通过控制展馆来调控会展市场,优先安排大展、名展和应该培育、扶持的会展。对于政府支持的重要会展项目,展馆在场馆的使用档期、服务上优先安排;对于政府培育、扶持的重要会展项目,在场馆租金上予以优惠;对于政府认为需要限制的会展项目,利用价格和档期杠杆进行限制;对于政府认为不应举办的会展项目,不提供场馆。例如,法国尼斯市 Acroplis 会展中心由政府投资建设,建成后的营运管理商通过招标产生,Acroplis 协会通过竞标获得管理权。Acroplis 协会免费或优惠承接市政府的各类会议以及市政府主办的各类展览,同时积极招徕各类商业性会展,以营利性的会展收入弥补公益性会展减少的支出。随着国际博览中心的建成,杭州市的会展业基础设施上了新台阶,但与北京、上海、深圳、广州等国内会展中心城市相比,还有不小的差距,突出表现在展览场馆的国际化、标准化、现代化程度不高,展览基础设施落后,跟不上会展业的最新发展,不仅在展览设施的数量上远远少于会展发达国家和地区的城市,而且在质量上差距也很大。特别是从单个展馆来看,差距更明显,5 万平方米以上的大型会展场馆很少,超过 1000 人以上规模的会议场地较少,展览设施成为制约杭州会展业特别是大型会展发展的瓶颈。从国际看,意大利米兰国际展览中心有 65 万平方米;德国杜赛尔多夫展馆总面积超过 49 万平方米;美国芝加哥麦克米展馆总面积 46 万平方米;法国巴黎凡尔赛国际展览中心展馆面积近 30 万平方米;日本东京国际展览中心面积 23 万平方米[①]。从国内来看,广州的"广交会"原展馆面积达 17 万平方米,新会展中心面积高达 34 万平方米。[②] 上海自贸区和上海国家会展中心的强大组合叠加效应,正吸引中国最优质的展会项目向上海聚集,上海同时也正在向全球会展中心城市的发展目标快速挺进,对杭州形成较大压力。《2014 年度中国规模以上展览机构调研分析报告》显示,2014 年度的 630 个规模以上展会,按数量统计,排在前十位的城市分别是:上海 106 个、广州 61 个、北京 47 个、深圳 27 个、重庆 25 个、青岛 22 个、成都 21 个、天津 20 个、郑州 18 个、西安 17 个。《2015 年度中国规模以上展览机构调研分析报告》显示,2015 年度的 743 个规模以上展会中,上海以 125 个的绝对优势蝉联榜首,广州以 166 个排名第二,北京则以 55 个名列第三,成都以 31 个展会项目超过深圳冲到第四。展览面积方面,上海以 1217.24 万平

① 吴易明.国际会展业的发展现状、特点及其对中国的借鉴[J].江西财经大学学报,2004(2):66-68.

② 刘珊."一带一路"背景下广州打造国际会展中心城市现状分析[J].科技经济导刊,2019(24):11-12+21.

方米位居第一,广州以 780.85 万平方米位居第二,北京以 380.14 万平方米的面积蝉联探花,深圳以 225.64 万平方米代替重庆重新回到了第四的位置。值得注意的是,济南与昆明挤掉了沈阳和郑州,首次排进了前十位。相比之下,杭州还有不小的差距。规模以上展会是城市会展业的中流砥柱,是判断城市会展业发达程度和影响力的重要标准。增加大型展会的数量,提高单体展会面积,是杭州会展业需要解决的两个重要问题。

(6)国际会议数量少且缺乏持续性

每年在杭州举办的纳入 ICCA 统计标准的国际会议仅 15～20 个,而上海和北京承接的国际会议均在 100 个左右。如果将杭州放在世界范围内排名,仅排在 180 名左右,而同在亚洲的新加坡,世界排名是第五位。按照国际通常的标准,一个国际化大都市每年至少要举办 150 次的有影响的国际会议。例如,东京每年举办的国际性会议将近 200 次,巴黎为 300 次左右,"世界会议之都"日内瓦每年举办的大型国际会议更是多达上千次。此外,在杭州举办的国际会议相对零散,未形成可持续性和系统性,对扩大杭州在国际上的影响作用有限。杭州会展业目前面临的主要问题之一仍然是如何实现"走出去"和"迎进来"。

(7)营销力度不够

由于会展业宣传面向专业客商、会展策划单位等特定受众,这就要求建立专业的会展品牌推广体系。杭州会展业的宣传推广紧密地与西博会等具体会展项目和旅游、招商等宣传推广相结合,具有资源整合、宣传面大的优势,但也存在指向性不强、效果不明显等问题,不利于扩大杭州会展品牌的影响力。一直以来,杭州偏重旅游目的地的宣传,相对忽视商务市场和会展目的地的专业性宣传。而商务会展特别是国际会议市场以较小的客源占比贡献出较大的收入占比以及良好的社会经济效益,因此理应加大对这部分市场的投入,加强会展目的地的品牌营销。

(8)国际化环境有待提升

杭州缺少丰富的国际航线,尤其是洲际航线的短板制约了国际会展的引进,国际可进入性较差;城市公共服务"软环境"国际化水平不高,信息、语言、医疗、金融、通关、中介、旅游等重点服务领域的质量和效率有待大力提升;城市语言环境的国际化程度也不高,外籍人员的距离感较大;缺乏国际化医疗服务和设施;人文环境的国际化程度有限。这些对培育和引入国际会展有较大影响。

(9)会展专业管理人才缺乏

会展需要大量高素质的专业服务团队,以保证管理、服务等专业化工作的圆满完成。目前,设有会展专业的在杭高校有 11 所,学生 2000 多名,但都只是初具雏形、缺乏经验、专业性不强,特别是人才培养体系比较薄弱。杭州尚无拥有具有较高国际知名度的 PCO(专业会议组织者)或 DMC(目的地管理公司)。此外,杭州现有的会展人才多为辅助性人才以及支持性人才,亟须策划、运营管理、设计、外语以及法律咨询等方面人才,策划和运营管理人才尤其匮乏,人才结构的不合理影响着会展业的发展。

四、城市国际化新阶段杭州会展业发展思路

承办 G20 峰会和 2022 年亚运会为杭州会展业发展带来了极佳的历史机遇。要充分放大"两会"综合效应,发挥杭州本土会展品牌优势,补齐短板,建立和完善推动会展业"二次创业"的体制机制,提升会展业的竞争力、辐射力和市场占有率,形成一批以杭州特色文化为内涵、以杭州特色产业为依托的国际性、全国性专业会展品牌,建设具有国际影响力的会展之都和赛事之城,成为国际会议目的地城市和会展名城。

1.顶层设计

站在新的历史起点上,杭州会展业发展要着眼长远,通过顶层设计系统谋划可持续发展问题。围绕打造"国际会展名城"远景目标,以及打造"国际会议目的地城市"近期目标,坚持以西博会、休博会、动漫节、文博会等龙头品牌为引领,处理好区域内"自转"与区域外及全球"公转"之间的关系,借鉴国内外先进做法和经验,结合杭州"十三五"发展规划的制定和实施,在深入分析会展业宏观背景和杭州会展业现实状况的基础上,规划杭州会展业的发展目标、发展重点、发展举措,研究出台《杭州国际会议目的地体系规划》《杭州会展业发展"十三五"规划》,对会展业发展进行顶层设计,提出系统解决方案,与城市定位和发展战略衔接,以规划为先导,整体推进杭州会展业快速、协调发展。特别是将会展业的发展列入城市发展的总体框架,规划要体现城市产业特点,满足市场要求。在会展项目的组织和安排上,既要保证重点产业,如已经举办的具有杭州特色的会展,又要注重基础产业,既抓专业化,又要追求多样化。要依据杭州建设会展之都的特点和优势,使会展业发展与杭州现代化建设同步。以 G20 峰会、亚运会为契机,建立与国际接轨的会展业评价标准,将有关标准融入城市建设发展各环节,提高城市国际化品质。推进会展业发展法治化,借鉴国内外经

验,结合杭州实际,积极推进会展业地方性法规立法工作,在多方征求意见的基础上,出台《杭州市会展业管理条例》,以法规形式明确会展业有关标准,优化杭州会展业市场环境、规范会展节庆活动,完善"游戏规则",明确会展市场的准入机制和举办主体的资质条件,建立有效的行业协调机制,逐步从审批制过渡到登记制和注册制,对会展的质量和展览公司的资质进行市场化、动态化的评估和认证。

2.提升"四化"

提升"国际化、市场化、专业化、品牌化"水平,提高会展业的综合影响力与带动力。

(1)国际化

虽然杭州会展业坚持国际化发展方向,行业的国际影响力有了显著扩大,但与当前全球一体化加深、城市国际化推进的要求相比,国际化办会理念、运作手段等方面还有待提升,具有较高知名度的国际性会展还不多,西博会、休博会等大型会展在国际上的名气还不够响,能提供国际专业服务的会展企业还比较少。因此,要和全球接轨,坚持开放办会,通过攀高亲、请高手,加强与国际性会展组织、世界级大公司的联系,借助它们的国际影响力来提升杭州会展业的国际影响力;建立国际营销和宣传网络,推进会展宣传国际化,不断扩大在国际上的知名度和影响力。打响"国际会议目的地"品牌,充分发挥杭州成为G20峰会举办城市的带动效应,加强与国际机构的合作交流,着力引进一批有世界影响的国际会议、高端论坛项目。充分发挥在杭高校和科研机构的作用,争取更多的国际学术会议在杭举办。争取联合国相关机构和有关国际组织入驻杭州或设立办事处等机构。建设或改造提升大型会议场馆和国际型酒店群等配套设施,培育引进专业会议组织者、目的地管理公司等专业机构,提升举办国际会议承载服务能力,努力进入由国际大会及会议协会发布的全球会议目的地城市前80强行列。

(2)市场化

以企业为主,市场化操作。比如,云栖大会以阿里巴巴为主,参会人员从原来的6000人到8000人再到2015年的15000人,政府主要解决安全、治安、保障等问题。又如,电博会由杭报集团主办,政府外包,政府采购,参与度很高。虽然杭州会展业坚持市场化发展方向,社会化运作水平得到了显著提升,但目前政府直接操作会展项目,既当"裁判员"又当"运动员"的情况还存在;会展企业的市场运作能力还不强,专业化水平还有待提高,需进一步健全体制,加强引导,培育扶持。在新的发展阶段,要全面推动杭州会展业市场化转型,以上海等地的会展业市场化为学习标杆,寻找差距,借鉴经验,加强市场培育,把会展作为一个产业来发展。在办展方式上,摆脱政府大包大揽的做法,让专业的组展企业来办,将政府职能转向服务保障上来,真正做到政府主导与市场化运作相结合。要与单纯靠行政手段的"形象工程"、靠财政拨款的办节办会划清界限。注重按市场规律办事,发挥市场的基础作用,探索产业化办会的新路子,不仅让老百姓赚到钱、让各行各业赚到钱,而且使每个会展本身也能实现资金自求平衡甚至盈余。当前,杭州会展业正处于转型升级的重要阶段,要不断创新,统筹管理,提供政策支持,优化市场环境,坚持市场化运作,产业化经营,不断提升杭州会展业发展水平和整体品质,形成以"政府引导、协会支撑、企业主体、市场运作、服务产业"为特征的具有杭州特色的会展业发展模式,形成会展业市场化运作的"杭州模式"。要充分发挥政府在市场化运作过程中的主导作用,着力发展壮大会展企业,做强做优会展项目,更多地在政策配套、公共服务等方面给予保障和支持。通盘考虑杭州的会展资源,提升杭州会展行业品牌的整体竞争力。要充分发挥会展企业在开发会展资源、创造发展商机中的主体作用,努力实现品牌资源、宣传资源、项目资源的市场化、社会化。

(3)专业化

坚持国际标准,占领会展业制高点。鼓励知名展览公司、策划公司、策划人才来杭举办会展项目,提升参与群体的专业化程度,形成"专业展览以业内人士为主、专业会议以专家学者为主、学术活动以专业人士为主"的格局。借鉴国际先进的专业会展组织方式,严格按专业程序操作,确立一套规范的业务流程。专业会展的举办单位应注重对专业公司、专业团体、专业人士的招徕,将参与者按照专业客户与非专业客户的不同类别进行注册登记,收集、掌握会展的专业客户群,做好专业客户的跟踪、服务工作,扩大杭州会展在专业领域的影响力,进而提升杭州会展的品牌。

(4)品牌化

立足杭州的产业优势、人文优势,按照"求精、求特、求专、求优"要求,不断推进会展项目精品化、精品项目特色化、特色项目品牌化、品牌项目国际化,着力打造具有杭州特质的会展品牌,挖掘城市特质文化,将特色文化的传播、城市故事的渲染、生活氛围的营造作为主要途径和手段,进一步丰富和彰显杭州会展特质,全面提升独特性、唯一性、不可替代性。

3."三力合一"

坚持政府主导力、企业主体力、市场配置力"三力合一"的发展模式。

(1)政府主导

坚持"政府搭台",充分发挥政府在制定规划、整合资源、完善政策、市场准入、优化环境、提供服务等方面的主导作用,创造良好的办展、投资、贸易和服务环境,出台扶持政策举措、落实专项资金、提供公共服务保障,为不同地区、不同城市、不同企业之间的交流合作"穿针引线""牵线搭桥",为企业搭建一个现代化、高水平、外向型、低成本的"大舞台"。

(2)企业主体

坚持"企业唱戏",吸引众多企业参与项目运作与投资,实现行业品牌与企业品牌良性互动,让中国企业与外国企业、国有企业与民营企业、本地企业与外地企业、大型企业与小型企业、制造业企业与服务业企业等不同类型企业"同台唱戏"。

(3)市场配置

坚持市场基础配置力,对全市会展资源进行整合,统一进行市场化运作,以市场需求为第一信号,寻找商机,推进企业与行业共同发展。充分发挥市场"无形之手"作用,对各类会展资源进行市场化运作,努力实现各类资源利用效益的最大化。按照"谁投入、谁受益"原则,引入竞争机制,筹措办会资金,形成多元投资主体。展会既要有标准、有门槛,又要市场化运作,建立健全公开公平公正的竞争机制。

4."四牌共打"

坚持"杭州牌、浙江牌、中华牌、国际牌""四牌共打"的运作方式。

(1)打好"杭州牌"

立足杭州城市特色,找准比较优势,构筑竞争优势,打造产业优势,努力让会展业成为杭州形象展示的大窗口、城市经营的"金名片"。特别是突出杭州产业特色,依托杭州信息软件、文化创意、电子商务、旅游休闲、金融服务等优势产业,打造各产业的会展发布、交易平台;依托互联网经济培育新兴会展业态,推进会展业转型升级;通过策划、引进、举办服务信息经济、智慧应用发展的会展项目,发挥会展经济在促进经济发展、提升生活品质、建设"智慧杭州"方面的积极作用。

(2)打好"浙江牌"

坚持资源共享、品牌共推、市场共拓、产业共兴,积极为省内兄弟城市搭建参与平台,实现优势互补、互利共赢。

（3）打好"中华牌"

积极争取国家有关部门的支持，主动加强与北京、上海等城市知名展会的互动宣传，邀请国家有关部门、全国性行业协会等参与主办或承办杭州的会展项目。

（4）打好"国际牌"

坚持借船出海、借梯登高，邀请国际机构作为支持单位，引进世界 500 强等国际知名企业和国际专业买家参展，推进国际交流合作。

5."五个结合"

（1）会展与旅游结合

以会展为平台，促进会展业和旅游业联动发展。会奖旅游是集商务旅游、观光旅游为一体的综合性旅游活动，在国际上通用提法为"会展及奖励旅游"（MICE），由会议（meeting）、奖励旅游（incentive travel）、大会（convention）以及展览（exhibition）组成。"会奖旅游"主要有以下特点：第一，专业性强。对服务商的专业度、业务操作能力和资源整合能力要求高。第二，单团规模大。停留时间长，为一般旅游者的 2 倍。第三，消费力度高，消费水平为一般旅游者的 2～3 倍。第四，利润率高，一般能达到 30% 以上。全球每年的会议产业对经济贡献达 3000 亿美元，约占全球旅游业总产值的 5%；"会奖"旅游达 300 亿美元，在成熟的旅游目的地，"会奖"旅游收入甚至占旅游总收入的 4% 左右，而且每年的增长速度大大高于全球旅游业的增长速度和全球 GDP 的平均增长水平。正是如此大的经济效益，令世界各地都在争夺"会奖旅游"市场。会奖旅游城市的打造需要具备多方面因素。研究表明，影响"会奖旅游"中心竞争力的最主要因素依次是：生产要素、腹地经济优势、旅游基础设施、法制健全透明度和城市基础建设。而较重要因素有政府管理优势、生态环境优势、自然交通优势、环境优美度、开发度优势、政府社会凝聚力、政府服务能力、交往操守、文化制度优势、综合制度优势和结构竞争优势，主要涉及城市的制度、服务以及城市文明化的环境建设。随着经济全球化进程的推进，全球商务旅行日益增多，"会奖旅游"被公认为是 21 世纪的朝阳产业，正成为当今世界旅游业发展的一个重要方向。比如，德国首都柏林位居国际大会及会议协会（ICCA）2015 年度世界会议十强城市之首，主要经验有三条：一是会议与展览"二合一"，长期坚持展览中心与会议中心结合发展模式，举办的大型国际会议中 32% 为展览伴随性会议。二是会展与旅游"嫁接"，相关部门联手在海外打包宣传会展与旅游，打造会展旅游新亮点，实现"以会带游，以游兴会"。三是会展与产业互动，围绕具有比较优势的关键性产业,举办相应会展,帮助德国企业获取资讯、拓展市场。杭州会展业也应加强产业延展链建设。会议展览期间,举办杭州特色美食展、创意商品展、文化演艺活动等,发挥品牌会展的联动发展效应。

(2)完善硬件设施和提升软件服务结合

把奥体博览城打造成为国内领先、世界一流的会展赛事中心,加快大中小型会议会展设施的总体规划布局,尽快形成覆盖市域、"一主多副"的会议会展场馆设施体系;引进国际先进经营理念、运营机制和运营主体,完善会展业相关政策配套措施,加快会展业通行规则、通行标准建设,着力提升专业化、优质化、国际化服务水平。

(3)自主培育与引进合作结合

虽然 2015 年杭州以 27 个国际会议首次进入 ICCA 全球会议城市排行榜 100 强,但与北京多达 95 个、上海多达 55 个相比,仍有较大差距。要聚焦电子商务、信息软件、云计算大数据、文化、生态等特色领域,坚持政府主导、企业主体、市场运作相结合,推进西博会、休博会转型升级,巩固提升动漫节、云栖大会、文博会等展会的国际化水平,重点培育一批具有全球影响的本土会展项目。建立国际会展引进和申办联运机制,加强与联合国教科文组织、国际大会及会议协会(ICCA)、国际展览联盟(UFI)等国际性组织和国家部委的联系,着力引进一批国际顶级会议、展览项目,力争加入全球最佳会议城市联盟。

(4)旅游和商贸结合

围绕创建"国家全域旅游示范区"和建设国际消费中心城市,深入实施"旅游国际化"和"旅游全域化"战略,实施新一轮旅游国际化行动计划,打造一批世界级旅游产品和品牌,打造一批国际化商业特色街区,积极争取境外旅客购物离境退税试点,全面提升旅游产品、营销、功能、服务、管理、环境国际化水平,实现"吃、住、行、游、购、娱"与会展业的积极互动及综合效益最大化。

(5)"峰会后"深化策略与"亚运前"行动方案结合

认真总结服务保障 G20 峰会的经验做法,提炼上升为标准化、规范化的峰会成果,运用到"亚运前"行动方案制定之中。深入谋划会展与体育赛事之间的平台资源共享,办好全国学生运动会、世界短池游泳锦标赛,做好 2022 年亚运会筹备各项工作,深化与国际性体育赛事组织的联系和合作,提升本土赛事品牌的国际知名度,引进培育一批国际性顶级赛事运营项目,加快建设具有国际影响力的赛事之城。

五、杭州会展业发展的重点举措

1.形成科学的会展业空间布局

从整体上看,当前杭州会展业场馆、业态与城市规划、建设的兼容性不足,会展场馆布局缺乏系统规划,承载能力弱,大型场馆偏少,各场馆缺乏协调,交通衔接效率低下,影响整体效益。目前,杭州五星级酒店的数量仅次于北京、上海、广州,接待承载力和服务水平较高,另外,杭州奥体博览城的建成极大提升了杭州会展场馆的现代化水平,为杭州争取和承办更多更高水平的国内外大型展会奠定了坚实基础。但是,会展目的地竞争力的核心不是简单的硬件设施的竞争,更在于各种要素合理配置、协调发展。澳门虽然面积不大,酒店和会议中心却非常集中,房间可以达到上万间,中间又分布了非常合理的会议中心,酒店配套设施更加完备,这些硬件设施的合理优化和配置,对大型会议的举办有很大的吸引力。又例如,始建于 1960 年的芝加哥 McCormick 会展中心,展览面积约 20 万平方米、会议面积约 6 万平方米,数十年来一直占据着北美最大会展中心位置,始终保持较高的利用率。因此,要整合杭州现有会议会展场馆资源,完善以杭州国际博览中心为地标的重点会展场馆布局,合理分工,鼓励高标准建设会展场馆和配套设施,避免低水平的重复建设,推进档次高、规模大、设施配套齐全的国际化大型会议会展设施建设。与城市规划、交通设施建设和TOD 发展理念有机融合,建成一批具备举办国际会展、国际赛事能力的场馆设施,形成“一主、四副、多点”的国际会议会展设施配套及特色发展格局。“一主”即钱江新城、钱江世纪城、高新区(滨江),以大型综合类国际会议、展览为主;“四副”即西湖风景区(以中小型文化类国际会议为主)、湘湖风景区(以大中小型休闲类国际会议会展为主)、白马湖生态创意城(以中小型文创类国际会议会展为主)、西湖区(以中小型文化科技类国际会议会展为主);“多点”即市域范围内适合举办国际会议会展的场所。新场馆的建设方案应从全市经济建设和环境建设的全局出发,统筹考虑,借鉴国内外会展场馆的优秀之作,取其精华,组织专家、学者、企业家等充分研讨,优中选优。同时,要实现产城融合,以“美丽中国”先行区、“两美”浙江示范区建设为载体,提升城市环境质量和基础设施国际化水平,为会展业发展创造良好环境支撑。考察国内外会展发达城市。当地政府都把会展场馆视作对外经济文化交流的公共服务的基础设施来投资建设。

他们认为，政府投资场馆既要计算本身投入产出效益，更应从会展对城市旅游、文化、商贸、交通、通信等相关行业的带动效应，创造"注意力经济"和提升城市知名度等方面来综合评价。为了避免社会资源浪费和无序竞争，会展场馆应由政府科学规划、严格控制，不得重复建设。建成的场馆，不得随意改行转业。如德国科隆展览公司所管理的展馆，70％的股份由政府持有，政府对场馆建设进行首期投入，但在后续经营中并不回收直接利润，其股份所产生的利润，作为对展览公司的再投入，用于展览馆改扩建和会展公司的扩大发展，政府的收益主要来源于因举办展会而增加的税收。杭州要把会展业纳入全市基础设施建设规划中，积极借鉴国内外会展场馆的建设经验和特点，结合杭州会展业实际，从基础上不断缩小与国内一线城市的差距。构建以大型会展场馆、中小型会展场馆、专业展览中心、会议中心为基础的四级会展基础设施体系，兼顾专业化、特色化、综合化，提升大杭州区域国际化水平及与国际会议的兼容性，提升以航空、高铁为主的交通国际化水平和衔接效率，形成大中小场馆分工协作、高中低档国际会议共享资源的良性格局。加快会展场馆配套设施建设，对已建的会展场馆，规划、建设、商贸等部门要采取必要的引导、扶持措施，完善配套设施和周边环境，尽快形成功能完善、优势互补、配套齐全的会展区块。创新业态建设，重点发展专业展览中心、中小型会展场馆、品牌展会、会展专业培训等业态。强化展馆的旅游功能。新加坡、香港、广州、昆明、南宁、苏州、厦门、大连、郑州、南京、宁波、义乌等国内外城市的会展中心，都是壮观、大气的城市标志性建筑，是外来旅客的必到之地，如德国汉诺威展览馆、香港会展中心、厦门会展中心、大连星海会展中心等，都是旅行社旅游线路上的重要参观游览点。新加坡政府还把地铁线路接到会展中心，方便旅游者出行。以大型会议中心为轴心，以文化、运动、慢乡、养生为主题，建立杭州城市会展生态圈，提升设施周边旅游要素建设，形成"会展＋旅游"产业集群。引导会展企业精准化投资相关场馆建设，并采用会展场馆所有权与经营权分离的管理方式。鉴于大型场馆投资大、回收期长的特点，政府投资的展馆，大多数委托具有政府背景的机构进行经营管理，国际上目前基本形成"政府控股、企业运作"运作模式。新加坡博览中心由新加坡政府投资建设，并由新加坡国际展览集团（国营企业）负责经营运作。大连星海国际会展中心由政府委托大连贸促会经营管理。深圳、南京、苏州等市会展中心，都由国有资产管理公司进行运作管理。成都、武汉的国际会展中心，专门组建国有控股企业进行管理。宁波、义乌的会展中心经一段时间运作后，部分业务委托社会公司经营。香港国际会展中心，政府委托香港贸发局管理，但贸发局不自己经营,通过公开招标由香港会议展览中心(管理)有限公司中标经营。

打造特色小镇"一镇一会、一镇一展"品牌。杭州目前建有近 40 个特色小镇,可以依托小镇的特色,推出"一镇一会、一镇一展"计划。参照乌镇世界互联网大会的模式,把诸如云栖互联网大会、全球对冲基金西湖峰会等继续做强,形成拳头产品。把一些已有知名度的展会举办点延伸到各小镇,让小镇各具特色,提升小镇的知名度,为下一步引进国际会展奠定基础。做到依托小镇做会展,以会展促进小镇发展,起到双赢效果。

处理好区域内"自转"与区域外及全球"公转"之间的关系,突破信息、资金、人才瓶颈,构建区域性会展新格局。将会展格局向周边县市、都市经济圈城市拓展和延伸,推进"会展西进",不断提升杭州会展业在长三角乃至全国的地位和影响力。主城区与县(市)联动发展。进一步完善构建"主城区+县(市)"的会展业联动发展格局,在主城区培育举办一批高品质精品会展活动项目的同时,要结合各区县(市)特色产业,加快在县(市)培育和举办一批特色鲜明、品牌响亮的会展活动项目,实现"一地一品"。对区县(市)的会展项目进行行业规划与综合协调,放大会展资源的效能,共塑杭州会展业的整体形象。杭州市与都市圈内联动发展。进一步推进杭州与杭州都市圈内的嘉兴、湖州、绍兴在会展发展上的联动,在宣传推广、资源互动、项目巡回等方面加强合作。杭州市与长三角联动发展。充分发挥长三角城市群在吸引会展资源方面的优势,利用大虹桥会展圈的聚集效应和溢出效应,承接中等规模的展览项目和高规格的国际会议,做大做强杭州会展业。上海经济总量位居长三角城市之首,众多的跨国公司企业争相落户上海,在推动长三角地区逐步向世界级制造业中心发展的同时,也给长三角地区会展业带来巨大的市场空间。上海雄厚的经济基础为其会展业的发展奠定了良好的基础,特别在会展业专业人才的培养方面,上海走在全国的前列,现已拥有一支通晓外语、管理、贸易、营销和国际惯例的会展专业人才队伍。杭州要利用紧邻上海的地理优势,搭乘上海国际会展业快速发展便车,抓住产业链各个环节的洗牌机会,与上海增加黏合度,形成会展互补新格局。积极利用上海的国际会展资源,通过两地会展业协会等渠道的牵线搭桥,加强与国外、境外驻沪会展公司的业务联系与合作,吸引一些与杭州产业优势和环境优势相匹配的优秀品牌会展项目选址杭州。杭州的宾馆饭店、旅行社和相关服务机构要积极赴沪开展宣传推介活动,不断拓展市场,争取更多的跨国企业来杭举办各类国际性会议。充分借助上海会展人才优势,加强杭州会展业人才队伍建设,进一步提高杭州办展办会的专业水平。从长远来看,上海会展业必将持续高速度发展,可以说,今后的上海不仅是长三角地区的会展业中心,其会展业实力还将在亚洲乃至世界上占有重要地位。杭州会展业要接轨上海,就必须对自身进行合理定位、科学规划、正确引导,使沪杭两地的会展资源达到最大程度的结合。与展览业相比,杭州的城市特色决定杭州在发展会展业方面更具优势。杭州具备优美的城市环境和自然优势,西湖、大运河申遗成功,更使杭州焕发出夺目的光芒,可以为会议带来良好的举办环境,为会议中的难点突破带来灵感;沉淀深厚的历史人文,为会议带来正能量的美感;发达的经济和繁荣的商业给会议带来活力的感染;良好的区位条件和旅游服务配套,超大的城市规模以及完备的城市功能,为会议带来包容和便利。这些良好的综合条件,使人们愿意在这里举办各种高端会议,让杭州成为世界上最受欢迎的会议旅游目的地之一,成为名副其实的"东方日内瓦"。上海作为世界级的经济、金融、贸易中心城市,吸引了一大批国际知名企业在上海安营扎寨,全球排名前100位的工业跨国公司已经有半数以上云集沪上,为杭州会议旅游业发展提供了巨大的市场空间。为此,应该积极鼓励杭州的宾馆饭店、旅行社和相关服务机构加强与上海同行的合作、加强在上海的宣传力度,争取更多在沪的跨国企业、国际机构来杭举办奖励会议、采购会议、产品推介会议、学术研讨会议等国际性会议。

2.加强会展品牌培育

近年来,杭州通过举办西博会、休博会、动漫节、文博会等会展活动培育了一批有较大影响力的展会。但从横向上比较,目前杭州多数的会展项目尚处于品牌初创期和培育期,会展项目单体规模较小,主题不够新颖,特别是具有国际和全国影响力的品牌会展数量不多,会展品牌核心竞争力不强。品牌的核心价值是指品牌最具独特性、识别性、归属性和价值性的价值部分。打造杭州会展品牌,要紧紧围绕杭州城市的发展实际和方向,坚持产业化发展,着力提升杭州会展品牌的核心价值。要通过评估体系,建立会展项目的激励与淘汰机制。对一些主题匹配好、行业影响力大、规模效应明显的优势项目,坚持年年举办,持之以恒做大做强。对一些符合主题的项目,亦可实行隔年举办等灵活方式,使项目单位有充分的时间集聚会展资源,争取提升品牌。对一些游离于主题、行业影响力小、管理不规范、生命力不强的弱势项目,逐步予以淘汰。继续推进西湖国际博览会转型升级,提升世界休闲博览会、中国国际动漫节等展会国际化水平。坚持办好西博会,突出精专,提升品质。对西博会项目管理办法进行修订完善,提高西博会项目的准入门槛,实行建立在评估基础上的项目淘汰制,使西博会成为杭州品牌会展的集聚平台和展示窗口。进一步发挥西博会作为杭州会展业发展龙头和平台的领跑、示范、带动效应。通过办好西博会,培育一批具有影响力的杭州品牌会展项目,提升杭州会展品牌的核心竞争力。在成功举办首届、第二届休闲博览会的基础上,创新策划第三届休闲博览会,同步做好休博会知识产权和遗产的保护利用工作。以筹备第三届休闲博览会为契机和抓手,大力培育体现杭州产业优势、文化特色的休闲类会展项目,把休闲博览会打造成彰显"东方休闲之都"风采、展现浓郁杭州特色的大型专题性博览会。举办第三届休闲博览会,大力提升杭州会展业的专业化水平,从而提升杭州会展品牌的核心竞争力。自主培育。随着产品经济向服务经济发展,会展业的格局和形态也在发生着变化,主要表现为从商品型、产品型会展向服务型、标准型、技术型会展转化。要把培育的着力点放在挖掘新的会展资源上,突出行业规范的制定、技术手段的创新、服务领域的拓宽、生活方式的引领。要挖掘历史人文、旅游休闲、电子商务等杭州特色会展元素,培育具有国际影响力和号召力的本土会展品牌。引进消化。在目前激烈的会展业竞争中,争夺新一轮的会展资源,已成为会展业发展的主动力之一。提升杭州会展行业品牌的核心竞争力也要进一步加大招展引会力度。要建立国际会展引进和申办联动机制,引进一批国际知名会展项目。除了具有国际影响力的著名会展项目和国内特大型会展项目之外,引进的品牌会展项目要有市场运作的前景,要能留在杭州并定期举办的项目。项目引进后,要积极消化吸收,不断创新发展,形成内源的扎根性。"嫁接"提升。选择基础好、潜力大的会展项目与国际著名的会展公司开展合作,利用国际平台进一步做大做强。

3.形成会展与产业发展良性互动

推进会展经济的产业化。会展经济的功能和作用是综合性的、全方位的。一是在社会分工的基础上实现专业化协作。随着市场经济业态的成熟,产业经济的分工已经越来越细、越来越专业。会展业就是依托市场的专业化服务机构的渗透与彼此竞争,带来了产业的兴旺和行业的发展,为实现会展企业与其他协作单位之间的无缝结合提供了运作体系。二是促进产业经济实现再生产的良性循环。会展业促进相关产业发展,同时,相关产业的发展和质量水平的提高又能促进会展业的发展,产业链的每个环节都能在其他环节的推动下得到提升。例如,会展业推动了旅游业发展,而旅游业又能推动交通业发展,发达的交通业又促进会展业的发展,从而形成会展经济产业链彼此促动的良性循环。三是实现会展业对相关产业的带动作用。会展业产业链通过客流、物流、信息流、资金流的交互扩散,不断推进相关产业的发展。当前,杭州会展经济发展势头迅猛,并向产业化深度演进,这反映了市场在配置会展资源中正在发挥支配性作用,体现了会展业发展的内在规律。推进会展经济的产业化,是杭州会展业发展的方向。只有以市场为取向,实行产业化运作,会展业才能可持续发展。会展经济产业链是与会议、展览运营体系相关的多种产业的集合。从广义上讲,会展经济产业链是链动所有产业的经济链。如果将会议或展览的客体及参展商、参观商、会议代表无差异化,不区分它们所从事的行业领域,统称为客流,会展经济产业链即成为围绕会展活动的运营服务体系的总和,是现代服务业的典型形态。会展经济产业链根据紧密程度的不同,又可分为核心产业、延伸产业和配套产业。核心产业包括会议运营业、展览运营业、展馆运营业等;延伸产业包括策划业、广告业、特装业等;配套产业包括交通业、饭店业、零售业、餐饮业、旅游业、电讯业、搬运业、演艺业、咨询业等。目前杭州会展业的配套条件较差,产业化水平较低,制约着会展业的发展。从事会展、策划、广告、营销、特装等工作的企业小而分散,缺乏实力与品牌。会展业与关联产业的发展还缺乏协调。因此,会展业产业化,重点是整合产业链条,以核心产业促进延伸产业和配套产业,实现互动和协调发展。要使会展业成为杭州的支柱产业,就要利用会展经济造就新的企业群体,促进会展与旅游、会展与经贸、会展与文化、会展与科技的融合,架起杭州与世界进行经济合作和文化交流的桥梁。

助推重点产业的转型升级。《2015中国会展指数报告》指出,会展业发展趋势与宏观经济发展是一致的,是正相关的关系。会展业是以城市为平台和载体的新经济样式,涉及城市的经济、文化、生活等各个领域。有关资料显示,发达国家会展业对城市经济的拉动比例为 $1:8\sim1:10$,即会展业每收入1元,关联产业可增收 $8\sim10$ 元。发展中国家的比例相对低一些,一般为 $1:4\sim1:6$。[①] 发展会展业可以起到"一业兴万业"的作用。要辩证分析会展业产业关联度高的特点,加强与相关行业主管部门的协作,用好相关产业政策、产业资金等,借力做强做大相关会展项目,全面提升杭州会展业发展品质。目前,与上海工博会、深圳高交会、宁波服装节、青岛啤酒节等具有明显当地产业和市场特色的会展相比,杭州会展业虽然已初步形成了自身发展特色,但整体品牌定位还不够清晰,行业品牌、企业品牌、项目品牌间的关联度不高,"串珠成链"的集聚效应不明显,合力不强。要围绕杭州城市定位及产业优势,积极培育、做大做强一批

---

① 吴易明.国际会展业的发展现状、特点及其对中国的借鉴[J].江西财经大学学报,2004(2):66-68.

打上杭州烙印的,体现杭州优势产业、本地特色,能切实推动杭州经济发展的会展项目,逐步归类,形成品牌、规模,有效促进相关产业、人才、资金、技术、信息等高端要素的集聚,助推杭州相关重点产业的转型升级。

突出专业带动,促进产业协同发展。以会展企业为龙头,发展以交通、物流、通信、金融、旅游、餐饮、住宿等为支撑,以策划、广告、印刷、设计、安装、租赁、现场服务等为配套的产业集群,形成行业配套、产业联动、运行高效的会展业服务体系,增强产业链上下游企业协同能力,带动各类会展服务企业发展壮大。以构建"1+6"产业集群的项目为主体:通过举办电子商务博览会、云栖大会、杭州电子信息博览会等信息经济展会,加快发展信息经济核心产业;通过举办文化创意产业博览会、工艺美术博览会、药店博览会、金融博览会、丝绸女装展、汽车工业展览等展会,加快建设文化创意产业集群、旅游休闲产业集群、健康产业集群、金融服务产业集群、时尚产业集群和高端制造产业集群,不断推进会展业与优势产业融合发展。深入推进会展业与其他产业融合发展,以信息产业提升会展业智慧化水平,以会展业促进"1+6"产业集群构建,推进传统产业全面转型升级,实现会展业与优势产业的良性互动发展。特别是用好峰会"金字招牌",系统构建全球招商网络,统筹开展全球重点城市"杭州招商周"等系列活动,推动B20峰会招商成果落地、扩大浙商回归成效。以创建全面创新改革试验区为契机,加快建设跨境电商创业创新中心、服务中心和大数据中心,推进中国(杭州)跨境电子商务综合试验区和全球电子商务平台(eWTP)建设,引进国际商务联络处等机构,深化外商投资管理体制改革,完善境外投资管理机制,努力构筑外经、外贸、外资和服务外包新优势。

4.提升比较竞争优势

会展业的核心竞争力体现在创新能力上。品牌化和特色化是扩大会展知名度和实现规模效应的法宝。目前杭州会展业差异化发展,提升比较竞争优势还需增强。在现有基础上,进一步打造特色、提升层次,与国内相关城市形成错位发展态势,实现你无我有,你有我优,不断扩大整体比较竞争优势,具体方案还有待深入研究。要深入挖掘杭州城市发展特色和优势,通过错位发展,差异化竞争,进一步明晰杭州会展业发展定位,找到加快发展的"捷径",可从以下两大方面着力推进。

一是实施"文化+会展"行动,打造东方文化会展中心城市。会展业发展具有深刻的文化内涵,文化流是其中的独特现象,是会展经济产业链极为重要的组成部分。众多来自不同国度、具有不同生活方式和文化背景的人群集聚于大型会展活动时,形成了潮涌式的多元文化的交融、思想的沟通、观念的碰撞和意见的交锋,各种科技知识、创新思维、策划理念、设计理念、营销理念、品牌理念的传播,以及各种物产文化(如杭州西博会中的丝绸文化、服饰文化、工艺美术、集邮文化、美食文化、茶文化等)和民俗文化、民间艺术的展示,加上报业、广告业、影视业、演艺业的大规模介入与渗透,极大地扩张了会展业的文化传播功能。会展经济的产业链条一直伸展到文化、教育、传播领域,产生了巨大的文化推进作用。从这个意义上说,会展经济也是文化经济、知识经济,它带动了文化消费,创造了巨大的文化价值。因此,要突出杭州会展业的地方文化特色,发挥杭州历史人文优势,重点补齐地域文化特色挖掘推广不够、重大国际文化交流与合作开展较少等短板,在会展中讲好"杭州故事"、传播好杭州"声音",努力实现会展业国际文化交流和城市文化软实力提升的新突破。要塑造会展业东方文化品牌个性,传承弘扬金石篆刻、浙派古琴、传统蚕桑丝织技艺等世界非物质文化遗产和优秀传统文化,充分展示丝绸、茶叶、中医药、杭帮菜、金石书画、围棋等特色文化,培育时尚文化,发展时尚会展。支持重点文化企业参与国际展会,加快建设具有国际水平的音乐厅、美术馆、书画院,培育引进国际一流演艺经纪公司,策划举办一批具有国际影响的音乐节、舞蹈节、电视节、旅游节等重大文化活动。巩固和提升传统节庆文化活动人气和影响力,依托城市文化特色,进一步组织好玫瑰婚典、美食节、观潮节、吴山庙会、丝绸时尚节、茶文化博览会等一批具有浓郁地方特色的旅游文化节庆活动,并积极将其打造成为品牌会展产品。

二是实施"体育+会展"行动,打造国际赛事之都。后 G20 时代,"运动"成为杭州主要标签之一。2017 年大运会、2018 年世界短池游泳锦标赛、2022 年亚运会等重要体育赛事,将成为杭州迈向国际化的桥梁。今后五年,仅杭州市各体育场馆的新建、续建和扩建的投入,就将接近 184 亿元,而依托这些体育场馆设施发展起来的周边产业,必将迎来新一轮的高速发展。同时,在杭州举办多项国际重要赛事,既是国际体育赛事组织对杭州国际化经济实力的认可,也是对杭州国际化人文化环境的认可。杭州要按照国际一流水准,推进一批重点体育场馆建设和改造,提升本土赛事品牌的国际知名度,培育发展本土职业体育俱乐部。大力发展群众体育,持续提升杭州游泳等项目的国际领先地位。加强与国际性体育赛事组织的联系与合作,创新体育赛事开发推广方式,大力培育引进体育赛事运营企业和项目,形成市场化、多元化、专业化办赛模式,创新体育赛事的开发和推广方式,完善政府补贴赛事活动等引导机制,鼓励社会组织、俱乐部等承办各类体育比赛,形成市场化、多元化、专业化办赛形式。着力培育"水上运动"赛事品牌。加强与世界知名国际运动协会的合作,提升杭州马拉松赛、骑游大会等本土成熟体育赛事的国际知名度和参与便捷度。加入国际知名的山地自行车协会,大力申请国际自行车联盟(UCI)自行车城市标签,积极争取举办国际自行车联盟(UCI)世界自行车场地锦标赛等国际性知名自行车大赛,提升杭州骑游产品的国际知名度,力争成为国际知名自行车规划会议Velocity Global的主办城市。大力发展"互联网+体育"产业,以此为契机,推动体育产业与电子商务相结合,鼓励利用App等方式扩大体育消费。推动体育场馆智能化建设,完善场地预订、门票销售、信息查询、健身指导等服务内容,大力推广信息技术在体育健身中的应用。

5.完善会展业服务体系

创新经营理念和运营机制,提升会展服务水平和配套能力,打造系统完善的会展业服务体系。

完善中介服务体系。以市场需求为引领,优先发展法律、咨询、广告策划、知识产权等高端中介服务业,培育发展金融、健康、科技、文化、信息技术等领域新兴中介服务业,规范发展各类行业协会、商会,构建种类齐全、布局合理、功能完备、运行高效的中介服务业体系。支持各类中介机构向"专、精、特、新"方向发展。加快推进中介服务业标准化建设,鼓励龙头企业、地方和行业协会先行制定标准。

完善"互联网+会展"技术服务体系。互联网和电子商务在会展业中的运用,成为会展业加速发展的强力引擎。要加快发展智慧会展、共享会展等新业态。市西博办(会展办)联合杭州有关部门及设有会展专业的高校及300多家会展企业建立产学研一体化、具有国际一流水准的杭州智慧会展服务平台——"杭州会展业公共信息服务平台",开发重要会展一对一App,提高信息服务效率,健全杭州会展业数据库、预订系统、交易系统等,实现展会的申报、审批、查询、发布等"一站式"功能。整合会展大数据,实现交通物流、金融保险、网络通信、酒店餐饮、休闲娱乐、商旅购物、办公服务、安保检验等全产业链的数据共享。设立"杭州会展经济实验室",强化有关数据收集、整理和分析的功能,加强与国内外相关机构在国际会展大数据相关领域开展交流与合作。引入国际先进理念,加大对国际社会和媒体反馈数据的采集和分析力度,为杭州会展国际化、高端化、智慧化发展提供技术支撑。

完善扶持体系。根据宏观形势以及行业实际,研究、调整并出台适应新形势要求的会展业发展政策，加强引导，优化服务，保障会展业有序发展。发挥会展业发展资金"四两拨千斤"的作用，提升杭州市扶持会展业发展专项资金规模，完善有关奖励扶持政策，进一步加大会展产业的扶持力度，培育优质项目、重点品牌、专业人才，对需支持和扶持的品牌项目以政府购买服务方式运作，促进会展产业竞争力的提升。设立"杭州会展业扶持基金"，通过对高端会展筹备阶段所需资金提供无息贷款以及开展会展亏损类保险等形式，对来杭举办会展的公司或机构提供相应扶持。

完善场地服务体系。整合杭州具有国际接待能力的短租会展场地和闲置会展场地资源，进一步提升杭州在国际市场上的竞标竞会实力，启用"杭州国际会展认证系统"，当杭州举办大规模城市级别会展活动时，3～4家系统会员星级酒店将按照一个固定的优惠价为会展活动组织者预留固定的房间数。

完善市场监管体系。工商、公安、卫生等部门形成合力，加强对招商招展、广告宣传、公共安全等事项的监管和服务，保护会展知识产权和品牌，制止不正当竞争，严厉处置有损杭州会展业整体形象的不法行为，严防安全事故发生。建立会展业的统计制度。统计部门加强对会展行业的统计调查和统计指导，建立健全会展业的统计指标体系，为制定会展产业政策和领导决策提供依据。加强对会展知识产权的保护，聘请商标注册顾问，引导会展项目注册商标，加强对会展注册商标的管理和保护，保护相关会展项目的商标图形和文字的版权。

完善人才服务体系。设立"杭州市会展业人才激励基金"，加大会展业高级人才培养和引进。积极创造条件，支持、协调相关院校开设会展专业或会展课程，重点培养和引进国际营销、国际会议管家、小语种导游、同传翻译等方面的人才。在杭高校的会展专业通过调整专业设置和与行业对接开展对外交流、海外培训项目等，加大力度培养会展策划和运营管理的会展核心人才和具有国际化视野的高级应用型人才。举办会展业务培训班，选派人员到国际、国内会展业发达城市学习考察，定期组织中高层管理人员赴境外开展专题培训，邀请国际会展专家来杭培训国际会展的营销和管理人才。进一步营造国际化氛围，建立更多的外国人生活社区，加大国际化医疗、教育设施的建设等，增强杭州的国际吸引力，以宽松的政策、优良的环境，吸引国内外高层次会展专业人才到杭州创业发展，采用市场化的合作方式，吸引国际会展专业组织服务团队扎根杭州。鼓励中介机构与上海方面加强会展培训工作的合作，以缩短本地会展人才的培育进程。尽快制定杭州会展人才培养规划，将会展业人才培养纳入长三角紧缺人才培养范畴，规范会展人才管理，促进会展人才的合理流动。探索建立会展专业人才认证制度,推进会展执业资格制度建设。通过努力,使会展业的核心人才、辅助人才相互配套,形成多层面、立体化的人才体系。

建立与国际接轨的信用体系。按照国际信用管理规范,加强信用法规、信用道德、信用监督三大体系建设,形成以道德为支撑、以产权为基础、以法律为保障的社会信用制度。进一步强化政府信用,提高政府运作透明度,增强政府公信力,发挥政府在构建社会信用体系中的主导、示范作用;加快建立以企业经济户口为依托、以信息技术为支撑的信用管理体系,搭建全市统一的企业信用信息平台;培育个人征信的外部环境,建立个人信用联合征信系统,打造"信用杭州",使"信用杭州"成为吸引国外投资者的"吸铁石",成为杭州和在杭企业走向国际的"硬通货"。

6.创新营销策略

以 G20 峰会、亚运会等大事件为契机,实现会展品牌与城市、行业、企业、产品、个人品牌的有效链接、良性互动、有机联系,通过纸媒、网站、新媒体、城市礼品、旅游纪念品、知名公关公司等,推广杭州会展形象,凸显杭州会展独特的风格和个性,增强吸引力、凝聚力和辐射力,提升美誉度和知名度。实施杭州会展业企业形象识别系统(CIS)战略,打造杭州会展品牌的整体形象,建立杭州会展业品牌质量管理体系,树立杭州会展业统一的、具有较高知晓度和美誉度的品牌形象。把会展品牌总体宣传和项目品牌推介相结合,进行多层次的宣传推广。坚持境内、境外宣传一起抓,每年都选择境内外重点城市、热点城市组织开展会展业的宣传推广活动。坚持把会展业的发展与城市发展的重点和方向相结合,把会展业品牌的打造与杭州城市品牌的打造相结合。进一步把城市品牌的内涵充实到相关会展项目中,把城市品牌推广营销融入会展品牌的宣传推广之中。进一步建立健全杭州会展业的境内外营销机构,建立国际营销和宣传网络,推进会展宣传国际化,不断扩大杭州会展业在国际上的知名度和影响力。充分利用 G20 峰会的效应,加入全球最佳会议城市联盟,充分利用国际展览业协会年会等时机,加强杭州会展业专题推广,吸引国际关注特别是会展组织的关注。加强与国际性会展组织、世界级大公司的联系,加强与西班牙、意大利、法国、美国等领事馆的合作,邀请世界旅游组织、国际民间艺术节组织理事会等国际组织参与杭州会展业发展,借助它们的国际影响力来提升杭州会展业的国际影响力,积极引进相关组织及其项目落户杭州,吸引国际组织集聚,掌握行业话语权。承办具有国际性的品牌展会对于提升城市软实力具有重要意义,有些国际展会已经成为一个城市的名片。像瑞士小镇达沃斯,通过一年一度的世界经济论坛而声名鹊起、享誉世界。从 2007 年开始在中国举办的夏季达沃斯论坛,也成了大连、天津的城市名片。博鳌亚洲论坛,则使博鳌从一个小渔村发展成为聚焦亚洲乃至世界目光的大舞台,给海南的发展带来了无限商机。因此,杭州要积极引进或培育高端国际展会落户,与德国杜塞尔多夫展览有限公司等国际知名展览公司加强合作,力争引进更多规模大、层次高的会展项目,如争取类似 APEC 峰会等顶级国际性会议在杭举办。目前,杭州还没有 ICCA(国际会议协会)注册的会议项目(上海已有 7 个)。下一步,杭州要争取突破历史,获得 ICCA 注册会议项目的举办权。利用浙江大学等在杭高等院校的资源,将一批国际影响力大、规模层次高的会议项目引进杭州。加强国际招展招商力度,将展览项目境外展位比例提升到 20% 以上。加强合作,促使会议项目境外参会代表比例和节庆活动项目国际元素比例不断提高,全面丰富和充实杭州会展业国际化发展内涵。

统筹使用宣传力量,会展宣传要与旅游部门的旅游宣传,外宣、外事、经贸、文化等部门的对外宣传有机结合,统筹策划,协同运作,形成整体效应,实现资源效用的最大化。要充分利用各级平面媒体、广电媒体、网络媒体、户外媒体等载体的宣传功能,充分利用有关国际组织、友好城市、著名会展、华侨、外商等渠道的资源平台,建立与完善杭州会展业的国际国内营销和宣传网络。加强西博会门户网站和杭州会展网建设,充实并完善网站英文版内容,借助互联网渠道,提升西博会和杭州会展业在国际上的知名度和影响力。结合杭州智慧城市建设,加快推进会展服务网与支付宝、微信等的融合,以"互联网+会展"和大数据支撑,提升信息服务的便捷化、国际化。

7.创新会展业管理体制机制

要以创新体制机制为着力点,理顺会展业管理体制,完善工作推进机制和管理机构,培育市场主体,壮大会展业市场。设立统一的会议和展览管理和促进部门,强化对会议业、展览业、旅游业的顶层设计,统筹抓好规划引导、资源整合、项目策划、政策支持、宣传推介等工作,形成行业配套、产业联动、运行高效的服务体系。加大会展业统筹整合力度,建立高效的会展业管理体系,借鉴目前国内主要城市会展管理机构设置情况,结合杭州实际,整合杭州市会展业发展促进委员会、西湖博览会组织委员会办公室(杭州市发展会展业协调办公室)和中国国际动漫节节办公室等机构,以及市旅委、市商务委、贸促会承担的部分会展工作职能,成立与国际接轨、功能齐全的"杭州市会展局",统筹全市会展活动的管理、协调和服务工作,充分整合部门、行业和社会资源,形成部门间、行业间和政企高校间合作发展的综合效应。制定"权力清单"和"责任清单",规范政府行为,做到有所为有所不为,将政府职能限定在编制行业规划、制定政策与执行、完善行业统计与数据审核、建立项目评估机制、改善公共服务等方面。制定"负面清单",进一步培育杭州市会展协会、国有会展运作企业等社会和市场主体,在政府逐步、有序退出大型会展活动举办的同时,转由市场化运作,加快政府主导会展项目的转型发展。行业协会具有民间性、代表性、协调性、服务性、非营利性和权威性特点,通过行约行规进行自律协调,举办业务培训,出版刊物,交流信息与经验,对会展项目进行评估,进行行业统计,组织对外交流与合作等。因此,要特别加强会展业协会建设,发挥协会在引进举办项目、进行行业自律、沟通联系会展企业、加强调查统计研究等方面的作用,共同推进会展业发展;理顺协会组织架构,明确企业在协会中的主体地位,强化服务功能与自律管理;要配齐配强协会工作力量,积极发挥会展协会的桥梁纽带作用,做强做大会展产业链,加强行业发展信息的互通、共享,为企业发展搭建信息交流和合作共赢的平台,不断提升杭州会展市场的整体发展水平。鼓励和扶持现有的会展公司和公关公司从会务接待向专业化程度较高的会议策划、服务运营商转型,培育与国际接轨 PCO(professional convention organizer),即专业会议组织者。会展企业是会展项目的运作主体,也是会展市场发展的主体。要通过政府引导、市场运作,做大做强会展企业,为企业发展铺路搭桥,通过规划先导,提出杭州发展会展业的主方向,引导会展企业通过有序竞争做大做强,使企业成为打造会展行业品牌的主体力量。加快培育会展龙头企业,通过税收优惠、政府采购等支持政策来促进会展运营商公司的发展,通过试点示范、重点支持等手段来加速培育具有专业水准和竞争实力的龙头型会展运营商,争取能有一批公司成为 ICCA 等国际会议组织的成员,从而促进我市会展产业的市场化进程,并增加举办各类国际性展会的话语权和实力。创办国有控股的会展专业公司——杭州会展集团公司,对会展资源进行优化配置,加快扩大企业规模,提升效益,充分发挥其在行业中的领跑、示范作用,壮大打造会展品牌的主体力量。同时,将国际博览中心等大型场馆交由其经营管理,通过管理场馆,组织同业合作,集聚专业人才,灵活、高效运作会展项目,并形成市场竞争机制,使会展资源价值最大化。这既有利于体现政府的调控,又可使展会运作符合市场化、专业化要求。此外,加大符合条件的会展企业扶持力度。会展企业要成为强势主体,必须建立现代企业制度,引进、培养专业人才,建立、完善规范的管理与运营制度,创立独特的服务品牌,靠市场竞争发展壮大,并在竞争中进行跨地区、跨部门的战略重组,通过兼并、收购或联合来组建展览集团,提高企业组织规模,成为会展龙头企业。会展业作为一个充分竞争的行业,应该形成多种所有制并存的竞争格局。政府应遵循"不求所有、但求所在"和"优胜劣汰"的原则,鼓励会展企业之间的兼并,培育具有竞争力的大型展览集团,鼓励这些集团公司进军国际市场,参与国内外会展市场的竞争。支持会展龙头企业通过收购、兼并、联合、参股、控股等形式,跨地区、跨行业组建大型国际展览集团,推动本地会展企业与境外合作者联合办展,积极拓展展会的来源渠道。要以楼宇(总部)经济为载体引导会展企业集聚,提供更加完善的基础设施和配套服务,打造一批会展总部经济集聚区、会展服务特色楼宇。

8.营造会展业提升的国际化环境

完善与会展业相配套的旅游休闲服务,做好"城市旅游"发展文章,加快"特潜"行业、高端休闲度假类项目、国际旅游综合体的开发建设,使"吃住行游购娱"、休闲保健、文化体验等服务与国际接轨,标准高端化,推动旅游目的地功能、产品、产业标准、管理的国际化。推动西湖、运河等核心区块旅游新产品的特色形成与品质提升,推进市级特色街区升级为国际化街区,构建世界级水准的产业集群。积极开展与美洲、欧洲、非洲、大洋洲国家和地区的航线合作,强化重点区域通达性,完善旅游交通、咨询中心、标识标牌、无线网络、快速支付、智慧旅游、涉外医疗等旅游公共服务体系建设,打造国际化精品服务品质。精准开通有利于会奖旅游业发展的国际航线。发挥好杭州 144 小时过境免签政策,培育推广杭州 144 小时过境免签特色会奖旅游产品线路。加强与"一带一路"节点城市的铁路骨干支线网衔接,深化与宁波舟山港、上海港等战略合作,鼓励企业参与海上丝绸之路建设。加快制定过境免签、境外游客购物离境退税政策,提升入境游客购物消费水平。进一步强化语言、人才、金融、法治、应急等方面的环境建设,进一步提升国际化环境。加快推出杭州"Language No Problem(语言无障碍)示范产品"。提升场馆、休闲、美食、住宿、购物设施的国际化品质,设立多语种标识牌、指示牌、说明牌、导览图,介绍相关情况和交通换乘信息,提升针对国际游客的自行车租借智能化和国际化水平,逐步完善多语种网站和手机 App 系统建设。将杭州纳入海外旅游者查询的健康安全咨询服务系统数据库,建立和完善杭州主要涉外医院与国际医疗保险机构费用结算、医疗服务相接轨的医疗服务体系。开设国际 SOS 急救体系建设,完善国际医疗急救转运体系。提升医疗急救服务质量,为"120"用户提供在线双语服务。提升公安局指挥中心(110 报警台)多语种报警服务功能,进行旅游综合执法改革,有效解决国际游客投诉时语言不通的问题,切实提高投诉处理及时率和满意度。增加外币兑换点数量,扩大外币银行卡的使用范围,在主要景区(点)、宾馆饭店、便利超市、商贸中心、特色街区等消费场所逐步实现外币银行卡刷卡消费和国际移动手机支付。

9.加强会展业经验输出

设立"杭州会展研究院",成立杭州会展咨询专家委员会,加强对杭州会展业发展的比较研究和国际化研究,引入国际神秘游客概念和国际焦点小组(focus group)调研方法,定期进行杭州会展服务满意度调查,并分主题进行专项研究。杭州民营经济发达,经济活力强,办展办会机制灵活,对专业人才的需求量大,是创业的天堂,可以为高级会展管理人才来杭发展提供广阔的空间。要依托这些优势,设立会展创新创业基地,培育会展培训市场,打造具有强大吸引力的会展培训基地和具有示范效应的会展标准化基地,鼓励杭州会展管理部门、协会、企业、展馆、组织、研究机构积极开展国内外交流,参与行业标准和规则的制定,占领行业制高点,扩大杭州在会展业的话语地位。

(2016年"城市国际化与城市休闲发展"专项课题)

文化规划推动创意城市建设的产业集群研究

——以杭州市十大文创产业园为例

李明超*

一、问题提出和文献回顾

创意城市是在经济全球化的背景下,由产业转移和经济结构升级推动,伴随城市更新和创意产业兴起而出现的一种新型的城市形态,是在消费文化和创意产业基础上向社会其他领域延伸的城市发展模式,是科技、文化、艺术与经济的融合。创意、创意产业和创意城市之间存在着密切的关系:创意产业和创意城市都以创意为基础,创意产业是创意城市形成和发展的经济引擎,创意城市是创意产生和创意产业兴起的空间基础。创意产业与创意城市在兴起的动力方面存在某些类似之处,除了来自产业内部和城市区域的创新推动之外,创意产业还与政府政策、产业转型、人才培养和文化理论等因素密不可分。① 国际经验表明,创意产业发展与创意城市建设存在相关性,主要受到三大要素的影响:外部条件(external conditions)、政府导向(government direction)、市场运作主体(participant firms)。② 创意产业发展的内生自然力量来自市场主体,外部环境制约着创意产业的发展,政府根据市场的具体情况适时调整自身的导向,创造更加适宜的环境平台,市场运作主体则利用政府创造的环境平台进行战略选

* 杭州国际城市学研究中心、浙江省城市治理研究中心。

2014 年度"城市休闲与新型城镇化"专项课题《杭州市十大文化创意产业园区发展态势与绩效评估》研究成果。

① 李明超. 创意城市与英国创意产业的兴起[J]. 公共管理学报,2008(4):93-100.

② Anders Lund Hansen et al.. Creative Copenhagen: Globalization, Urban Governance and Social Change[J]. European Planning Studies, 2001(7): 851.

择(时机选择、项目选择、模式选择)以应对外部环境,并且通过自身的发展产生集聚效应和溢出效应,从而能动地改造外部环境。由此就提出了创意城市推动文化创意产业发展的动力机制问题,即对当地城市创意产业支撑环境进行评估的问题。如何对文化创意产业的城市支撑环境进行评价,以创意城市的视角让城市管理者发现相互之间在支撑环境上存在的差距,从而提升城市环境对创意产业的支持力度,这些问题都需要对创意城市推动下的文化创意产业进行深入的研究。本文以浙江省杭州市为例,围绕 21 世纪以来杭州依托城市有机更新、产业转型升级和创意城市建设等外部条件,依托政府导向和市场导向的基础性作用,实现城市发展与经济发展共同推进,探讨创意城市对文化创意产业发展的支撑作用。

在创意城市研究方面,关于如何理解创意城市的内涵,国际上主要有两种代表性观点①②:一是美国城市研究学者简·雅各布斯;二是英国著名创意城市研究学者查尔斯·兰德利及其研究小组提出的观点。此外,日本学者佐佐木雅幸则在概括上述两者观点的基础之上提出了一种对创意城市的综合性解释。国外创意城市已形成内生型和外生型两种发展模式。两种发展模式的划分并不是截然分离的,也没有孰优孰劣,通过创意城市建设让城市的经济、文化平衡发展,创造性地解决城市发展中不断出现的经济、社会、环境等问题,使城市获得可持续发展,市民的精神生活和物质生活质量都得到提高,这是创意城市发展的共同目标。近年来,世界许多城市都将创意城市建设作为城市发展的一种模式,制定发展战略,并将其纳入城市发展规划。③ 2004 年 10 月,联合国教科文组织第 170 届执行理事会决定设立创意城市网络的评选项目,分为文学之都、电影之都、音乐之都、民间手工艺之都,设计之都、媒体艺术之都、美食之都等七类。这一决定旨在通过对成员城市促进当地文化发展的经验进行认可和交流,从而在全球化环境下达到倡导和维护文化多样性的目标。被列入全球创意城市网络,意味着对该城市在国际化中保持和发扬自身特色的工作表示承认。成员城市加入时需要得到联合国教科文组织认可,可以自由退出,联合国教科文组织也可以在其失去代表性后建议其退出。截至目前,我国共有 6 座城市名列其中,涵盖设计、音乐、美食、民间工艺等四大类别,分别是深圳市(2008

① 汤培源,顾朝林. 创意城市综述[J]. 城市规划学刊,2007(3):169.
② 刘平. 国外创意城市的实践与经验启示[J]. 社会科学,2010(10):26-30.
③ 丛海彬,高长春. 城市创意产业支撑环境评价研究[J]. 城市发展研究,2011(4):77-83.

年 11 月荣膺"设计之都"）、上海市（2010 年 2 月荣膺"设计之都"）、成都市（2010 年 2 月荣膺"美食之都"）、哈尔滨市（2010 年 6 月荣膺"音乐之都"）、杭州市（2012 年 5 月荣膺"手工艺与民间艺术之都"）、北京市（2012 年 6 月荣膺"设计之都"）。

创意城市概念的提出和实践，将文化创意产业发展与城市发展紧密地结合在一起：一方面，创意产业的发展对城市形象的提升、城市产业的发展、城市就业率的提高及城市治理制度的创新等方面起到了很大的促进作用；另一方面，作为控制大范围生产系统的枢纽，城市的集聚效应给创新的产生、扩散和商业化提供了发展空间。回顾国内外研究文献，针对创意城市和文化创意产业的研究重点集中在三方面：一是探讨文化创意产业发展对区域和城市的作用，二是探讨文化创意产业兴起的城市特质和基础条件，三是探讨现代城市文化创意产业发展的测度。从总体上看，关于第一方面的研究成果最多，对第二方面的研究系统性还不够强，很多观点有相似之处但缺乏必要的理论和实证基础，而对创意城市发展水平、城市创意指数、文化创意产业量化研究等方面近几年开始出现。

与国内外学术界对于创意城市、文化创意产业研究的丰硕成果相比，将创意城市和文化创意产业结合在一起研究、探讨创意城市对文化创意产业推动作用的成果尚不多见。相似的观点主要可以归结为以下三方面：第一，一定地位特征是创意经济产生的城市条件。美国学者阿伦·斯科特认为[1]：一个城市要发展创意经济，一是要具有艺术、科学和文化的固有结构，二是已经形成了以地理为基础的文化团体，三是要拥有与地域紧密相连的生产制度及环境，创意经济在地理上集中在国际化城市，并强烈依赖当地复杂的劳动力市场的生产密集网络来参与城市文化活动。查尔斯·兰德利认为，典型的创意城市一般会表现出与狭义的艺术密切相关的特点。国内学者王缉慈认为，我国创意经济发展既存在空间上的不平衡，也存在创意产业的结构失衡。空间不平衡主要表现为经济发达地区与欠发达地区之间的差别，文化活跃地区与文化生活相对单一地区之间的差别，以及东西部对发展创意经济认识程度上的差别。[2] 第二，技术、人才和宽容是创意经济发展的城市特征和条件。佛罗里达认为，城市的科技、人才、宽容是创意经济发展的重要条件。他抓住创意经济的核心要素，从创意阶

---

① 林拓，等. 世界文化产业发展报告（2003—2004）[M]. 北京：社会科学文献出版社，2004：273-284.

② 张京成. 中国创意产业发展报告 2006. 北京：中国经济出版社，2006：353-355.

层入手,将创意经济与城市结合起来,城市竞争能力主要体现为对创意阶层的集聚能力,城市创意经济发展的关键是对创意阶层的吸引和培育。美国学者约翰·M.埃格认为,创意专业人士在城市的聚集构成"创意阶层"和"创意社群",创意社群的形成,必然带动一个城市的经济朝着创新、现代、高层次、可循环、不可复制的方向提升。国内学者厉无畏认为,创意阶层是构成创意生产力的基本要素,是创意产业核心竞争力的载体,是创意企业最宝贵的财富,是创意经济最核心的产业要素和资源。① 第三,完善的知识分享与扩散机制和有效的知识产权保护体系,是创意经济发展的重要条件。姜奇平认为,创意经济的发展需要知识的分享和扩散,知识产权的过度保护反而会限制创意经济的发展。② 约翰·霍金斯认为,由于存在相互矛盾的两种趋势,即一方面人们普遍要求获得更多的知识产权、广泛的专利保护和更严格的法律,以及更严格地执行法律;另一方面又存在期望得到更开放的知识分享和更加宽松的许可制度。③

上述这些代表性研究成果从不同的视角,回答了创意经济会在什么样的城市兴起的问题,但还基本停留在对现象的分析,尚未深入到城市经济发展的机理。研究视角比较单一,研究人员主要集中在产业经济学、城市规划学等学科领域,缺乏从区域经济学、城市经济学视角,对文化创意产业的城市基础、创意城市对文化创意产业的支撑作用等方面进行的深入分析。创意经济兴起于发达国家的现代城市,这种现象并非偶然。一种经济形态对地域空间的选择,是为了获得配置效率提高所产生的经济效益。创意人群、人文环境、社会氛围、城市文化、技术基础等等,既是创意经济的城市特征,也是创意经济发展所需要的城市要素,这就是所谓的创意城市发展模式。创意城市在经济上最大的动力来自于大量涌现的文化创意产业集聚区,但集聚区的形成机制和管理主体一般只有三种:自发集聚、企业主导和政府主导。自发集聚的文化创意产业集聚区是主流,依据集聚主体的不同,可分为以人为本的集聚区和依城而建的集聚区;企业主导的集聚区往往是划园而治,规模较小;政府主导一般出现在与老工业区或旧城区改制相关的集聚区中,也有新城区另行建设,一般规模较大。当然这种区分只是相对而言的,在实践中常常是三种形成机制与管理主体混杂交融。

① 厉无畏.创意产业导论[M].上海:学林出版社,2006(6):232-242.

② 周子琰,姜奇平.创意经济新论[M].北京:新星出版社,2006:72-77.

③ 尹宏.现代城市创意经济发展研究[M].北京:中国经济出版社,2009:31-32.

二、培育城市文化创意园区特色

杭州注重培育城市文化特色由来已久,早在 2006 年,杭州市委、市政府便提出了新的文化发展观,即既要关注经济硬实力,更要关注文化软实力;既要修复自然生态,更要修复人文生态;既要打造投资者天堂,更要打造文化人天堂。近年来,杭州主要依托工业遗存、历史文化建筑、楼宇及农居等载体,创新文创产业园区开发模式,先后涌现了 LOFT49、柴家坞农居 SOHO 等一批文化创意产业基地。目前,在全市首批十大市级文创园区带动下,24 个文创特色楼宇蓬勃发展、8 大重点行业稳步推进的良好局面,以及依托老城区空间优势、新城区产业优势的"10+X"园区格局基本形成(见表 1)。据初步统计,首批十大文创园区建成面积为 124.4 万平方米,同比增加 57.16 万平方米,增幅达 85.01%;园区使用面积为 52.77 万平方米,同比增加 11.54 万平方米,增幅达 27.99%;园区企业数量为 1437 家,同比增加 600 家,增幅达 71.68%;园区就业人数为 23074 人,同比增加 8042 人,增幅达 53.50%。①

经过多年的培育发展,杭州文化创意产业的产业特色日益鲜明,在全国已具有一定知名度。在杭州市创意产业中,以动漫产业为核心的文创相关产业发展非常迅猛,产业知名度最高。2012 年,杭州市动漫产业实现营业收入 43.1 亿元、利润总额 23.2 亿元、上缴税金 5.83 亿元,同比分别增长 42%、19%、46%,出口、衍生品和版权三项重要的收入组成均实现快速增长,同时成功举办第八届中国国际动漫节,吸引了 61 个国家和地区参与,461 家中外企业参展,超过 208 万人次参加了主会场和分会场的各项活动,荣登中国最具影响力文化节榜首。在文化创意产业带动下,杭州老城区楼宇经济日益活跃,新建并投入使用的各类楼宇总建筑面积近 2000 万平方米,其中税收超 3000 万的楼宇超过 142 幢,超亿元楼宇超过 47 幢,超 10 亿元楼宇 1 幢。比如,下城区税收 1 亿元以上的楼宇已达 18 幢,楼宇税收达 72.8 亿元,超过全区税收 56%。②

---

① 杭州市文化创意产业办公室. 创意园区、工作简报、产业信息、政策信息等[EB/OL]. [2014-11-20]. http://www.0571ci.com.

② 杭州市文化创意产业办公室. 创意园区、工作简报、产业信息、政策信息等[EB/OL]. [2014-11-20]. http://www.0571ci.com.

表 1　杭州十大文化创意产业园区基本情况

创立时间	园区名称	主导产业	经营业绩	所在城区
2008 年 10 月	西湖创意谷	以设计为核心,具体包括设计产业、建筑设计产业、视觉艺术产业、流行设计与品牌时尚产业、创意生活产业等六个方面	以中国美院为依托的大学科技园;产业孵化园:浣纱路、开元 198、文保点;展示交易区:清纱坊、涌金创意家园、天工艺苑;时尚休闲:南山路、万松岭路、湖滨路	上城区
2009 年 11 月	西溪创意产业园	以影视剧为核心,具体包括剧本创作、影视拍摄、制作、电影发行、院线放映等主要特色的文化产业布局	园区占地 0.95 平方公里,有 59 幢建筑,建筑面积约 2.6 万平方米。签约入驻有杨澜、潘公凯、余华、刘恒、邹静之、赖声川、朱德庸、蔡志忠、麦家等 20 位名人以及"国内电视剧第一股"浙江华策影视股份有限公司、"国内最大纪录片库制作公司"长城影视股份有限公司、"省内最大电影发行公司"浙江省电影有限公司、"省内影视产业龙头"浙江影视集团、"享誉全国精品电视剧制作商"南广影视、"国内电影制作标杆企业"金球影业等 27 家企业	西湖区
2005 年 6 月	西湖数字娱乐产业园	以数字娱乐产业发展为依托,为数字娱乐产业链上的企业提供发展空间、政策扶持和公共服务	一期总面积 2.4 万平方米,园区已聚集了包括联梦娱乐、中国博客网、华人传媒等近 30 家企业,基本涵盖了数字娱乐产业链上的杭州重点企业,其中有 5 家企业全国业界排名第一	西湖区
2008 年 4 月	之江文化创意园	以现代设计、动漫、艺术品、新媒体为主导的产业格局	总规划面积为 2351 亩。凤凰·创意国际是之江文化创意园、中国美术学院国家大学科技(创意)园的首个启动项目,占地 332 亩,是全国第一个由旧水泥厂改建而成的 loft 创意园区,现有 107 家企业在这里办公,蔡志忠、孟京辉等名人入驻	西湖区
2008 年 5 月	运河天地文化创意园	以工业遗产保护与利用、现代工业设计研发、影视制作、印刷及包装、广告传媒、建筑装饰设计、婚庆摄影等行业为主要产业集聚特色	位于杭州轻纺、化工、重机等近现代工业及仓储的主要分布区,利用遗留的大量闲置老厂房进行改建,以运河天地·旅游文化创意园、运河天地·LOFT49 文化创意园、运河天地·元谷文化创意园为主要组成部分	拱墅区

续表

创立时间	园区名称	主导产业	经营业绩	所在城区
2008 年 4 月	白马湖生态创意城	按照"宜业、宜居、宜游、宜文"逐步形成以动漫游戏、文化会展、设计服务、文化旅游为特色,集研发、生产、休闲、居住、商贸多功能于一体的文化创意产业集聚区、白马湖旅游休闲度假区、杭州和谐创业示范区,以及杭州城市美学、建筑美学示范区	规划面积 20.5 平方公里,是杭州乃至全国规模最大、产业基础最优越的文化创意产业集聚区。在大项目引进方面,包括华数字电视产业园、宏梦创意园、美院创意园、朱德庸幽默馆、中国动漫博物馆等"三园三馆"已经或即将开工建设,中广国际多维影像产业基地、艾斯弧国际设计中心、亚卫通科技、杭州国家数字出版产业基地核心区等均已落点。朱德庸、姚非拉、朱炳仁、沈乐平、聂峻等大批文化名人入驻	杭州高新区(滨江)
2008 年 2 月	下沙大学科技园	包括工业设计、平面设计、软件设计、影视制作、文艺创作、时尚设计、传媒文化、旅游及城市规划等产业	总体规划约 88 万平方米,与高教园区内各相关高校共同创建,开发区管委会依托集 14 所高校的大学城以及新加坡杭州科技园的国际创业平台	杭州经济技术开发区(下沙高教园区)
2008 年 1 月	杭州创新创业新天地	包括文体休闲娱乐中心和创意产业区、新型都市工业示范区、商业休闲区、科研孵化区、总部商务区五大功能区	将原有厂区用地转换成综合性用地,分工业遗存、酒店式公寓、写字楼、星级酒店、科技研发中心、都市工业示范区与休闲娱乐中心等多个组团进行建设。其中,工业遗存老厂房占地 3.2 公顷,主要由杭重公司搬迁后遗留下来的铸铁车间、清理工部等建筑组成	下城区
2008 年	创意良渚基地	突出玉文化元素,重点发展文化生态旅游与时尚消费创意设计等产业,形成文化生态旅游、时尚生活、文化创意会展、玉文化研究交易等产业集聚区	位于余杭区良渚镇,是杭州十大文化创意产业园区中最具历史文化底蕴的板块,实施了万科·良渚文化村等项目开发	余杭区
2007 年 4 月	湘湖文化创意产业园	包括影视创作、平面设计、建筑设计、广告策划、工业设计和工艺美术等	位于萧山湘湖畔,是第一个由大型主题公园改造的文化创意产业集聚区,占地面积达 8 万平方米,是杭州主办世界休闲博览会的主要场馆,拥有五星级大酒店、游乐园、剧院、购物广场、创业者公寓等配套设施	萧山区

资料来源:杭州市文化创意产业办公室. 创意园区、工作简报、产业信息、政策信息等[EB/OL]. [2014-11-20]. http://www.0571ci.com.。

三、加大城市文化企业发展的扶持力度

近年来,杭州市加大了对文创企业的扶持力度,产业政策日趋完善。杭州市在扶持文创产业方面时间之早、规模之大、力度之强,在全国范围内也是少见的。市委、市政府相继出台一系列政策扶持文创产业发展,特别是颁布了《关于鼓励和扶持动漫产业发展的若干意见》《杭州市文化创意产业发展规划》《关于进一步推进信息服务业发展的若干意见》《关于加快文创产业园区建设的若干意见》等四个文件。各区、开发区也陆续出台相关配套措施,从资金、税收、土地、人才等方面扶持文创产业的发展。① 任何企业的发展,都离不开政策和资金的支持。文创产业更是如此,以文化、创新、创意产品为主打产品的文创产业主要由中小企业构成,这些企业普遍具有"轻资产、无形资产比重大"的特点,融资难其实一直是困扰文创产业发展的瓶颈问题。近年来,杭州市有关部门出台了多项政策,每年安排不低于 1000 万元的投融资专项资金,自 2008 年以来召开了五届文创产业投融资洽谈会,并与 10 家在杭金融机构建立了战略合作关系,分别推出了多期文创产业集合信贷产品"宝石流霞"和"满陇桂雨"。2011 年,合作金融机构为杭州市文创企业提供了超过 65 亿元的信贷支持,"宝石流霞"和"满陇桂雨"集合信贷产品已为超过 160 家中小型文创企业提供了总额为 3.1 亿元的信贷支持。

为改善中小文创企业的投融资环境,促进重点文创企业做大做强,杭州特推出四大系列新举措:一是组建国有文创产业投资公司。由市文创办、市文广集团、杭报集团三方共同出资组建杭州文投创业投资有限公司,公司按市场化方式运作,以杭州市文创产业为固定投资方向的国有投资公司,旨在打造一个全方位的国有文创产业投融资平台,引导社会资本进入文创产业领域,对具有高增长潜力的重点文创企业或重点文创项目进行股权投资或债权融资,促进优秀文创企业做大做强。二是在整合民营资本方面,由杭州文投创业投资有限公司、杭州文广投资控股集团、浙江华策影视股份有限公司、浙江金永信投资管理有限公司等企业发起成立以民营资本为主的杭州市文创产业投资基金,基金总规模 5 亿元,首期到位资金 1 亿元。三是组建全国首个专门针对文创产业无形

---

① 翁卫军. 杭州市中小型文化创意企业融资难问题研究[J]. 中共杭州市委党校学报,2009(2):10-16.

资产担保贷款的风险补偿基金。为了推动金融机构积极开展针对文创企业的无形资产担保贷款业务,拓宽杭州文创企业特别是中小型文创企业的融资渠道,构建多层次的贷款风险分担和补偿机制,合理分散金融机构的信贷风险,由杭州市文创办与杭州银行合作组建该风险补偿基金,推动杭州文创企业无形资产担保贷款从个案业务到批量操作的转变。该风险补偿基金首期1000万元,杭州银行根据1:10的比例放大,给予文创企业1亿元的授信规模。四是成立杭州市文化产权交易所。由市文创办、杭报集团、市文广集团、西泠印社集团、杭州市投资控股有限公司、西溪国家湿地公园西区经营管理有限公司等国有文化单位和国有企业共同出资组建,是我市又一个重要的文化产权综合性交易融资平台。新成立的杭州文化产权交易所将着眼于创新融资模式,拓宽融资渠道,着力打造杭州文化产权市场"信息、金融、交易"三大中心。

在竞争日趋复杂、知识导向和动态的经济体中,产业集群越来越重要。集群不仅可以降低交易成本、提高效率,而且改进激励方式,创造出信息、专业化制度、名声等集体财富,更重要的是能够改善创新的条件,加速生产率的提高。虽然群内企业的惨烈竞争暂时降低了利润,但相对于其他地区的企业却建立起竞争优势。推进产业转型升级必须要与建立现代产业体系有机结合。转型升级是手段,建立现代产业体系才是目的。建立现代产业体系,是对产业发展的导向性、战略性、系统性、超前性谋划。只有解决好建立现代产业体系问题,明确产业发展的战略导向和战略重点,产业转型升级才能有方向、有目标,确保不该发展的产业不盲目发展,以免这些产业在若干年之后就被淘汰、付出不必要的代价。杭州的文创产业如何在城市发展战略规划格局下,在已有的十大创意产业园区的基础上进一步加强专业化分工和空间融合,经过市场的洗礼,从初级的"企业扎堆"逐步走向成熟,是杭州打造"全国文化创意中心"急需解决的问题之一。结合城市产业创新,杭州文创产业发展主要呈现四方面的启示。

(一)无线互联网、动漫和电子商务等新经济成为发展关键

杭州的"无线城市"是由无线宽带城域网、移动数字电视、移动多媒体网络构建的基础网络架构,包含了城市管理信息应用、行业信息应用和新媒体应用等创新应用。2007年,杭州开始无线宽带建设,创新构建无线宽带城域网。2008年8月,"无线城市"正式开通使用,杭州成为全国首个主城区全面开通无线宽带网络的城市。至2010年底,杭州"无线城市"网络已建成3500多个基站,覆盖面积达155平方公里,应用覆盖无线政务、公共事业、智慧交通、智慧生

活、智慧旅游、医疗保健、教育学习、求职就业八大领域，支持包括 PC、手机、平板电脑、游戏机、数字相框等多终端接入，实现全城免费 Wi-Fi 开放，城市信息化建设取得了重大进展，为进一步实现"三网融合"奠定了基础。

以阿里巴巴为中心的电子商务快速发展，并在城市高新区和西部城区形成了一定的产业聚集。2012 年 7 月，阿里巴巴宣布调整淘宝、一淘、天猫、聚划算、阿里国际业务、阿里小企业业务和阿里云为七大事业群。2012 年，阿里巴巴旗下淘宝和天猫的交易额突破 1 万亿元。新经济观察家认为，过去人们把日本的"丰田规模经济"奉为亚洲经济发展模式；如今，阿里巴巴的出现成为中国经验取代日本经验的标志性事件，向世界推出了中国经济崛起的样本。以阿里巴巴为中心的电子商务产业将带动其他产业的发展，推动杭州电子商务产业聚集区建设。

以动漫产业为主的相关产业继续迅速成长。动漫产业作为杭州重点扶持的核心产业，近几年取得了长足的发展，动漫产品无论数量和质量在全国都处于领先地位。第七届国际动漫节的成功举办，使杭州"动漫之都"的城市名片具备了一定的国际知名度，杭州已经是国内具有影响的动漫产业基地，技术、资金、人才都有相当程度的储备，这一产业将继续快速发展，并继续在国内处于领先地位。未来杭州动漫产业会不断加强动漫游戏产业价值链整合和扩张，引导动漫游戏产品创意、研发、制作、运营、销售等价值链整合，完善动漫产业价值链体系，同时加强产品重点形象研究、保护和市场推广。

(二)"市场＋环境＋资本"成为体制保障

文化创意产业作为民营资本高度集聚的新兴领域，必须处理好政府扶持、发展环境、资本主导之间的关系。杭州的做法主要是以城市发展方式转变推动经济发展方式转变，以做城市、做环境带动做产业、做企业，以政府办好企业"围墙外的事"带动企业做好"围墙内的事"。在文创产业发展初期，以政府为主导的发展模式大大推动了产业的发展，使文创产业具备进一步发展的基本条件和相应空间。但是，从世界各国发展文创产业的经验看，市场化是文创产业健康发展的最大平台和必然趋势。在文创产业发展到一定程度，进入成长期后，政府势必要渐淡出这一领域，将发展的主导权交给市场。杭州市充分利用独特的人文环境和自然环境交融的优势，依托浙江活跃的民营资本，形成"市场＋环境＋资本"的发展模式，实现市场化运作、产业化经营、规模化产销，卓有成效地推进实施产业化、市场化、差异化、特色化和国际化战略。

与此同时,政府这只"看得见的手"更多地放在营造良好的投资环境、提供丰富的融资渠道、维护公平的市场秩序等方面。通过文化体制改革和资源转化利用,促进文化产业壮大发展;大力推进知识产权保护及法制化进程,营造文创企业赖以健康生存发展、鼓励自主创新、市场化和走向国际市场的制度环境。

(三)倍增效应和衍生价值成为发展动力

城市品牌是城市发展的"导向牌"、凝聚人心的"吸铁石"、城市形象的"金名片"。当今世界已进入了城市品牌经营的新时代,出现了由企业品牌经营上升为城市品牌经营的新趋势,城市之间通过品牌的经营在生产力、文化力、竞争力上比输赢、论高下。2006年,杭州面向全国征集城市品牌,最终确定了"生活品质之城"城市品牌。杭州在品牌经营过程中,以城市品牌为龙头,充分发挥城市品牌对行业、企业、产品品牌的辐射、带动作用,使各类品牌有效链接、良性互动,相互支撑、整体提升。

杭州文创产业有力地推动了制造业转型升级,推进了现代服务业更新发展,推动了产业结构调整、创新发展模式和资源开发利用,实现了城市品牌经济与品牌建设的融合发展。呼应城市品牌与行业品牌的组合。自"生活品质之城"城市品牌确定后,各个行业主动呼应城市品牌,打好"组合牌",拧成"一股劲",形成了"叠加效应"。比如,旅游业打"东方休闲之都,品质生活之城";高新产业打"天堂硅谷,品质生活";会展业打"西湖博览会,品质生活城";茶行业打"品质生活,中国茶都";服饰业打"中国丝绸之府,生活品质之城""中国女装之都,生活品质之城";动漫行业打"中国动漫之都,生活品质之城";电子商务行业打"电子商务之都,生活品质之城";居住行业打"和谐人居,品质杭州";餐饮业打"天堂美食,生活品质",等等。"生活品质之城"城市品牌与行业品牌的巧妙组合,使城市品牌在各个领域、各个行业具体化、形象化,形成了品牌创建合力。在城市品牌效应的带动下,杭州的文创产业结合新时期体验性和交流性旅游的发展,成功推动旅游城市向文化旅游、城市旅游拓展,不断推出各类"节庆活动经济",开拓新的旅游资源,加长和壮大城市文创产业链。以文创产业促进文化旅游,不拘于传统旅游资源,以创意方式创新旅游资源,成为杭州市新的经济增长点。同时,文创产业还将有力推进杭州城市经营,提高杭州的品质和格调,通过优化政策环境,建设制度环境,形成浓厚、宽松、多元的城市文化氛围,打造"创意杭州"的城市整体形象和名片,创造城市品牌、行业品牌、企业品牌和产品品牌,提高城市的知名度。

(四)产业集聚与融合成为发展方向

产业链就是以市场前景比较好、科技含量比较高、产品的关联度比较强的优势企业和优势产品为链核,通过这些链核,以产品技术为联系,资本为纽带,上下联结、向下延伸、前后联系形成的链条,从而促进产业不断衍生的生态综合体。这样,一个企业的单体优势可以通过产业链得到加强,并转化为一个区域和产业的整体优势,形成一个区域和产业的核心竞争力。处于产业链核心位置或者拥有完整产业链的区域将在竞争中胜出。反映到文化创意产业中,由于处于产业价值链的高端环节,从区域产业链竞争的高度出发,如何更好地发挥其高度的融合性、较强的渗透性和辐射力,是城市文化创意产业发展面临的一大挑战。

在打造文化创意产业集群方面,杭州的做法主要有:第一,将文创园区作为产业集聚发展模式,突出重视园区的差异化、特色化和规模化发展、产业链的集聚与互补、提质增效和加强服务功能,加强对本地文创产业的带动作用,克服小而散、同质化、低水平的发展问题,优化产业园区空间布局。第二,坚持大项目带动战略。从杭州文创产业目前发展态势看,那些资金、技术、人才雄厚的大企业,在销售增长率、利润、抗风险等方面都远远强于中小企业,其发展速度也高于中小企业,预计在未来几年,这一强者恒强的态势将继续维持。第三,对融合各类科技前沿领域的高端新技术研发和应用予以高度重视,如积极探索包含3D技术、3G技术、三网融合及内容产业等一体的数字文创产业,并且把包括移动互联网、物联网技术、新媒体视频化和多媒体产业、新媒体艺术产业与新媒体结合的内容产业及其产业链进行融合,作为杭州文化创意产业今后的发展方向。

从空间格局上来看,杭州文化创意产业主要分布在老城区,特别是西部老城区,与城市人才、产业格局相吻合,符合文化创意产业依托城市经济和文化基础进行发展的规律。从总体上来看,目前杭州文化创意产业还存在一些问题,一是开发园区特色不够突出,定位存在雷同现象,部分园区把竞争的重点放在相互比优惠政策、比土地价格上面,导致一些企业在一个园区优惠政策用完后,跳到另一个园区继续利用优惠政策。二是知识产权保护政策有待加强,知识产权保护力度的不够,企业没有热情也没有动力去从事原创作品的开发。在市场上造成了一种"劣币驱逐良币"的现象,原本一些合法经营的企业,受利益驱动,也加入到侵犯知识产权的行列中来,使得知识产权市场更加混乱。三是企业融资平台需要拓宽。文创企业的特殊性决定了其不是银行贷款的重点,虽然杭州市也进行了一些融资平台的试点,但是资金的数量和规模远远不能满足文创企业发展的需要。四是人才发展机制尚不健全。受文化创意产业人才个性的主观因素和杭州生活成本等客观因素影响,当前杭州文创企业人才流失现象严重。如何在城市发展战略的高度上推动创意城市和创意产业协同发展,提升文化创意产业人才发展空间,保障人才队伍建设,改善人才生活环境,这些突出问题值得研究。

四、结 论

在经济全球化时代,国际化大都市之间的竞争、跨国公司之间的竞争、国家之间的竞争是三大主要竞争领域。其中,随着世界城镇化特别是发展中国家城镇化速度的加快,城市之间的竞争日益引起广泛关注。正如著名管理学家迈克尔·波特所言,城市乃至其内部的特定地区,才是新的优势资源,竞争优势来自差异化,而不是源自某个普遍性的"世界标准"。[①] 创意产业、创意城市都是城市特色化竞争和发展的产物,准确把握两者之间的关系是实现城市经济结构转型升级的关键。

警惕作为城市公共政策基础的市场失灵和干预过度现象[②]。从文化创意产业的省份布局来看,我国文化创意产业发展呈现东快西慢、东高西低的特征,基本符合工业化和城镇化发展的国情。[③] 然而近年来,文化创意产业园成为国内各地发展文化产业的主攻方向之一,已经出现了愈演愈烈的一哄而上现象,据不完全统计,仅北京、上海、广州、深圳、杭州、南京等 10 个城市,就建起动漫、文化创意等名目繁多的文化园区 300 余个,同质化和恶性竞争等问题随之产生。2008 年,随着与实体经济严重脱钩的美国城市建设热潮的熄火,全球市场崩塌了,当经济危机迅速在全球蔓延开来之时,它给未能妥善应对城市革命的人类

---

① 蒋雁,吴克烈. 基于因子分析的创意产业区影响因素模型研究——以杭州四大创意产业区为例[J]. 上海经济研究,2009,(4):65-72.

② 杭州十大创意产业园区[EB/OL]. [2014-09-20]. http://www.hangzhou.com.cn/.

③ 杰布·布鲁格曼. 城变——城市如何改变世界[M]. 北京:中国人民大学出版社,2011:229-231.

再次敲响警钟。① 由于我国东中西部差异较大,中央政府在制定产业政策时应给予各地区必要的调整空间。中央授权城市地方政府进行必要的规划引领,以便因地制宜地制定创意产业和创意城市的发展方案。当前要尽量避免贪大求全,任何的地方政府都可以运用创意的思维和方法来推动产业与城市的发展,但发展创意产业和创意城市需要必要的城市规模、产业基础和文化积累,并非所有城市都适合发展创意产业,都能够建设创意城市。

构建以跨区域城市群为发展单元的产业政策体系。城市生活是健康的城市文明的基础,它拥有激发人们实现梦想的力量。人们对城市生活品质的追求直接推动了创意力量的崛起,推动了区域和地方的城镇化。② 然而,我国文化产业园区布局与城市发展水平之间极不平衡,部分地区文创产业存在严重的行政化色彩和趋势。文化资源分布和城市发展水平的巨大差异是造成我国文化产业分工体系非均衡发展的基本国情。面对当前如火如荼的“文化创意园区热”,不加区分地要求处在不同层级上的城市都去大力发展文化产业,不仅脱离我国文化资源状况构造体系特征和文化分工的实际,而且还会对有限文化资源造成极大的破坏。因此,要实现我国文化产业协调发展,必须突破文化产业发展的行政框架,以支撑生产、生活区域融合的城市群为新的发展单元,克服原有的按照行政区划配置文化资源的行政设计,充分调动和发挥在本区域范围内每一个城市发展文化产业的积极性,基于城市体系形成一个错落有致、优势互补、分工恰当、有机竞争和协调发展的新文化产业战略力量发展格局,使城市群内各个层级体系上的文化产业获得全新的市场生命活力。

实施以城市发展带动经济发展的新型城镇化战略。政府应当树立“筑巢引凤”的发展思路,以高品质的创意城市环境来吸引多领域的文化创意产业。在国家战略性新兴产业导向下,国内城市与城市、园区与园区之间围绕文化创意产业竞争激烈,而政府优惠政策的边际效应却在逐渐降低。未来文创产业发展必须把政策重心转到打造环境、培育创新主体方面,通过营造适宜创新的城市环境,促进企业、企业与大学、研究机构、中介机构之间的合作关系,鼓励自主创新、科技金融创新、产学研协同创新,引导企业打造更多拥有自主知识产权的名牌产品,形成以自主创新为主导的核心竞争力。整合文创产业园、创意经济商

---

① 欧文·休斯. 公共管理导论[M]. 张成福,等译. 北京:中国人民大学出版社,2007:92-100.

② 贾斯汀·欧康纳文化、传媒和创意产业研究中心. 我国 31 个省市区文化产业竞争力实证研究(2008—2010)[R]. 中国文化创意产业网,2012.

圈、商业街区等模式,使整个产业集群在城市创新层面获得良好的外部规模效应,并推进产业集群融入更大区域乃至全球产业价值链体系。抓住产业结构转型升级和城市发展转型升级的历史机遇,以构建"3+1"现代城市产业体系为目标,充分利用文化创意产业融合性较强的特点,在推动城市有机更新的背景下,通过第二产业的升级调整、第三产业的延伸细分,逐步实现文创产业与城市其他行业、空间结构转型等有机结合,开辟一条以产业创新与城市更新互动发展为特征、以城市发展方式转变带动经济发展方式转变为方向的新路子。

整合资源构建文创产业发展公共服务平台。政府引导,市场运作,通过非营利性的公共服务平台整合社会资源,搭配相关产业链推进创意产业的形成和发展,这是英国等西方国家和我国上海、深圳等先进城市的成功经验,也是广大企业的迫切愿望和要求。[①] 一是建设信息交互平台。创意产业集群应该是一个开放动态的系统,信息在集群内部和集群内外可以畅通高效流动。集群需要信息中心专门为群内企业提供信息服务,包括提供新技术信息、管理知识和行业资讯,这种信息交互平台最理想的模式是建立创意生活圈,以降低单个企业获取信息的成本,使创意企业间的联系渠道更快捷畅通。二是建立公共服务平台。创意产业对配套设施的要求较高,集群必须具备良好的基础设施条件,而单个中小型创意企业无力配备整套的制作设备。政府、大企业或者专业设备提供商可以投资建设专业配套设备,采用租赁的方式,在盈利的同时服务于中小型创意企业。公共服务平台可避免企业资源的重复投资和低水平运营,实现双赢发展。

依托重点园区推动文化创意产业集群发展。在有条件的城区,建立多种形式的创意产业园区或基地,打造创意产业发展的载体。无论何种机制下形成的创意产业集聚区,都必须在充分认识创意产业自身属性的基础上寻找和构建其发展所需的环境,使创意产业园区成为创意企业和创意人才的集聚地、创意产业的发源地、创意成果的展示窗口。结合旧城区改造,对创意产业集聚地进行统一规划和整合,探索建立功能定位合理、具有特色的产业基地。在保护文化生态和历史风貌的前提下,充分利用旧厂房、仓库和老建筑,把它们改造成创意产业基地,避免大拆大建对历史遗产的破坏,让城市的文脉得以延续,并丰富其内涵,从而提升城市的功能。

综上所述,十大文化创意产业园是杭州文化创意产业的发展基地,拥有深

---

① 李明超. 创意城市推动文化创意产业发展的政府导向作用研究[J]. 管理学刊, 2013(6).

厚的产业文化,其发展建设的规模正在不断扩大,产业构成不断完善,空间集聚度也不断加大,但也存在着发展建设的漏洞,亟须通过新的规划进行改革提升。首先对于成熟阶段的园区,由于前期发展情况较好,形成了一定的发展惯性,但是存在的弊端比较难以改变,在规划时要深刻考虑园区的未来,提高园区产业的空间集聚性,更加坚决地打造龙头企业,发掘潜在资源。其次,对于起飞阶段的园区,由于正处于高速发展的阶段,需要借鉴优秀园区的建设经验,明确自身特色,扶持企业孵化器,加强基础设施的建设,加大开发强度。最后,对于起步阶段的园区,起步阶段不能操之过急,要有自身发展的规划,稳扎稳打,利用好优惠的政策,学习优秀园区发展经验,加快基础设施建设,加大宣传力度。

花果文化旅游休闲融合研究

——以进化镇青梅文化旅游开发为例

邱　涵*

一、绪　论

（一）研究背景

1.旅游休闲方式日趋多元化,花果文化旅游兴起

21世纪旅游市场快速拓展,旅游者休闲需求日趋多元,促使旅游产品开发走上了个性化的发展道路,经济成就、民风民俗、农业产品等社会经济文化资源也被纳入到旅游吸引物的范畴中,旅游发展的专题化和细致化趋势越来越明显,其中以花果文化旅游为主题的休闲农业文化旅游发展势头强劲,具有较大开发潜力。

花果作为一种独特的旅游资源,天然具有良好的发展前景。旅游资源的深层次开发,必须要有文化底蕴来支撑,而花果旅游和文化产业的结合,一方面使旅游资源得到重新整合,另一方面又可以给花果产业增添新的功能,从而形成一种新型的、具有巨大发展潜力的花果文化旅游产业,经过深层开发的花果文化成为旅游市场中又一奇特的旅游资源。

2.花果文化旅游已成旅游业主要形态之一,获得良性循环与巨额收益

国外的花卉业与旅游业结合起来,如"花卉王国"荷兰的花卉招来世界各国

* 浙江大学旅游与休闲研究院。

游客和花商①;法国提出通过展示花卉来开展旅游活动能够促进旅游业和花卉业共同发展的观念。花卉企业成为法国的又一大产业。此外,马来西亚、泰国、日本、新加坡等其他国家也十分重视花卉与旅游业的结合②。

在国内,同样是青梅种植出口大镇的广东省普宁市高埔镇也以"传承梅花精神、弘扬青梅文化"为使命开发青梅旅游基地,推动青梅产业转型,以青梅文化带动产业。2018年普宁市梅花文化旅游节期间,全市休闲农业和乡村旅游共接待游客300多万人次,比上一年增长14%以上,营业收入同比增长16%以上。高埔镇在促进农业与乡村旅游融合方面取得了良好的效果:建设青梅基地生态旅游区,每年新增观光游客10万人次以上,同时吸纳农村剩余劳动力1000人以上。

3.中央政策大力支持,花果文化旅游的发展愈发受瞩目

作为旅游业的一个分支,乡村旅游既融合第三产业,又紧密联结农业生产、农产品加工业、农村服务业,是一种新型的产业形态和消费业态。乡村旅游具有满足城市群居民日益增长的周边短途休闲度假消费需求的独特优势,呈现出超出一般旅游业态的蓬勃活力,在提高城乡居民生活质量、促进贫困地区脱贫攻坚等方面发挥了越来越重要的作用。另一方面,随着中国新农村建设和城乡一体化融合发展,休闲农业和乡村旅游市场迅速增长。截至2018年底,全国休闲农业和乡村旅游示范县(市/区)共388个、中国美丽休闲乡村560个。

2007年中央一号文件就已指出:"农业不仅具有食品保障功能,而且具有原料供给、就业增收、生态保护、观光休闲、文化传承等功能。"国务院2016年中央一号文件强调:大力发展休闲农业和乡村旅游。大力发展休闲度假、旅游观光、养生养老、创意农业、农耕体验、乡村手工艺等,发展具有历史记忆、地域特点、民族风情的特色小镇,建设一村一品、一村一景、一村一韵的魅力村庄和宜游宜养的森林景区。2017年,农业部办公厅下发《关于推动落实休闲农业和乡村旅游发展政策的通知》,旨在促进引导休闲农业和乡村旅游持续发展。2018年12月,国家发展改革委等13个部门联合印发《促进乡村旅游发展提质升级行动方案(2018—2020年)》,提出"鼓励引导社会资本参与乡村旅游发展建设",加大对乡村旅游发展的配套政策支持。此前,2018年中央一号文件已再次明确提出关于"实施休闲农业和乡村旅游精品工程"的要求。

---

① 徐纪林.荷兰法国花卉业发展情况考察报告.杭州农村通讯,2002(2).
② 黄挺.花卉、旅游紧密结合——马来西亚的观光农业.中国农村小康科技,1997(2).

按照 2015 年国务院出台的进一步促进旅游投资和消费若干意见,要求实施乡村旅游提升计划,开拓旅游消费空间,并大力推进乡村旅游扶贫。到 2020 年,全国建成 6000 个以上乡村旅游模范村,形成 10 万个以上休闲农业和乡村旅游特色村、300 万家农家乐,乡村旅游年接待游客超过 20 亿人次,受益农民 5000 万人。休闲农业和乡村花果文化旅游未来具有巨大的发展空间。

4.进化镇青梅文化旅游资源得天独厚,具备花果文化旅游发展条件

进化是著名的青梅之乡,植梅已有千年以上历史,最早记载于宋太平兴国三年(978)的《诸氏家谱》,因而享有浙江省"青梅之乡"的美誉。

从休闲资源角度分析,进化镇万亩梅林在春寒料峭之时盛开,远望若白雪,若浮云,点缀在黛色的山间,倒映在清澈的湖里,景色美轮美奂。"十里梅花香雪海,疑是九寨落天乐",其景致其实在灵峰和超山之上。"十里香雪",2008 年被评为萧山十景之一。同时,以果青、汁多、肉厚、核小、皮薄、质脆、酸味纯正而驰名中外的进化"萧山大青梅"早在 2003 年就通过国家质检总局批准,成为萧山第一个通过原产地标记的农产品;这次原产地标记申领成功后,那些非萧山产的青梅就不能再以"萧山大青梅"的名义销售,萧山大青梅的权益将得到有效的保护。

目前青梅种植面积 1000 公顷,年产量约 2000 吨,在景观价值、文化价值、生态价值上构成休闲文化旅游资源系统,具备花果文化旅游的良好发展条件。

(二)研究意义

1.现实意义

贯彻落实进化镇"生态农业立镇、生态工业强镇、生态旅游兴镇、生态人居旺镇"的生态经济发展战略,充分挖掘资源和自然优势,以旅游、休闲等第三产业为新的经济增长点,抓住发展机遇,依托产业整合开发,加快生态经济建设步伐,促进进化成为萧山特色经济强镇、生态文化名镇、休闲旅游旺镇,打造"大美进化"的品牌。

促进进化镇农民就业,增加农民收入,提高农民幸福指数,有利于促进进化镇精神文明建设,建设新农村和构建社会主义和谐社会。

2.理论意义

本文对进化镇青梅文化进行探究,提出自然资源与传统文化的保护行动,并从旅游体验的角度,对青梅文化开发提出理论指导,让进化镇花果旅游产业长效可持续发展;让青梅文化旅游内涵深邃、内容丰富、形式多样、风格独特;让

"进化青梅"文化世代传承。

本文通过进化镇青梅文化旅游的开发现状和典型花节开发个案的分析,找出发展文化旅游休闲融合的优势和劣势,以及开发过程中存在的不足,针对旅游开发中的问题,提出合理的建议和解决对策,找寻花果文化与旅游发展的契合点,促进进化镇青梅文化旅游产品的优化升级,树立具有品牌竞争力的花果旅游产品形象。

拓展现代休闲农业与花果文化旅游的内涵和外延,进一步把握文化旅游休闲融合发展研究理论。

(三)概念界定

1.休闲农业文化旅游

休闲农业文化旅游是利用农村景观、自然生态环境资源、高效特色农业示范园区等,结合农村文化及农村、农民生活习俗,经过休闲理论指导和科学规划、开发,为游客提供休闲、观光、独家、体验、娱乐、教育及推广、示范等多种服务,是横跨第一、二、三产业,把农业、农产品加工业和服务业、文化产业紧密结合的一个新型产业形态。发展休闲农业文化旅游是拓展现代农业内涵和外延的新理念。

2.花果文化旅游

花果文化旅游是集旅游观光、农业种植、科技示范、科研教育、文化休闲等为一体的以花卉水果为旅游资源的休闲项目,因其形成了四季不同时期的旅游资源闭环,故不同于单纯的受时间季节因素影响较大的花卉文化旅游或水果文化旅游。

二、进化镇青梅文化休闲价值分析

(一)休闲美学价值

青梅花,色白、化小、气雅香,每朵由五个小花瓣组成。它有与其他花卉所不同的特点,就是先开花,后长叶,再结果。青梅花的观赏特性因时间、空间和距离的不同而异。从美学上来说,审美者赏梅花有远观和近赏之分,近赏到的是青梅花的色、香、形三方面,远观则有一种朦胧的意境美。从休闲美学的角度分析,花文化审美第一是景,即景色、景观、景致;第二是精,即精品、精致、精典;第三是境,即环境、意境、境界。境需要"景"与"精"的结合来促成。进化镇的景色、景致已经具有较高的审美价值,每到梅花节,进化镇万亩梅林在春寒料峭之时盛开,远望若白雪,若浮云,点缀在黛色的山间,倒映在清澈的湖里,景色美轮美奂,四周梅海滔滔,与绿波碧影相映成趣,美不胜收。梅花在树丛中密密匝匝,层层叠叠,开尽了初春的繁华,一片壮丽之景。远山逶迤,绿树掩映,梅林似身着盛装的女子,躲在山麓的茂林间,羞答答的散发着满身的芬芳,洁白的脸庞流露出淡淡的喜庆,姿态端庄地坐在梳妆台前,温柔地随着清风对语……但若是希望达到审美的"境界",则需要通过与经典的结合。

如在居古典四大名著之首《红楼梦》中,女眷第一次集会就是赏梅饮酒的休闲活动。"因东边宁府中花园内梅花盛开,贾珍之妻尤氏乃治酒,请贾母、邢夫人、王夫人等赏花。"之后宝玉午睡,睡在了秦可卿"寿阳公主于含章殿下卧的榻",梦遇了如"春梅绽雪"一般的警幻仙姑。其中的典故来源于南朝宋武帝刘裕的女儿寿阳公主的梅花妆。《太平御览·时序部》引《杂五行书》记载:"宋武帝女寿阳公主,人日卧于含章殿檐下,梅花落公主额上,自后有梅花妆。"世人传说寿阳公主是梅花的精灵变成的,因此寿阳公主成为正月的花神。

无论是仿古赏梅,还是复兴古人的梅花妆,在戏剧文学经典中寻找梅花的典型意向和场景,与传统文化碰撞,使进化镇的青梅文化具有极高的休闲美学挖掘发展价值。

(二)历史文学价值

青梅花是中国最受欢迎的花卉之一,几个世纪以来,在中国的艺术和诗歌中经常被描述。早在春秋战国时期,青梅就被用于食用、礼品馈赠和祭祀。青梅花被认为是冬季的象征,也是春季的预兆。它们被视为在冬季积雪中最耀眼的花朵,散发出飘逸的优雅,而他们的香味即使在一年中最寒冷的时候,仍然弥漫在空气中。因此,青梅花象征着毅力和希望、美丽、纯洁和生活的转瞬即逝。在儒学中,梅花代表美德的原则和价值,柳宗元《龙城录》记载:隋开皇年间,有一个官员名叫赵师雄。他因看不惯朝野的腐败暴政而辞官,隐居在罗浮山中。一天赵师雄游罗浮山时,夜里梦见与一位装束朴素的女子一起饮酒,这位女子芳香袭人,又有一位绿衣童子,在一旁笑歌欢舞。天将发亮时,赵师雄醒来,坐起来一看,自己却睡在一棵大梅花树下,树上有欢鸟在欢唱。原来梦中的女子就是梅花树,绿衣童子就是翠鸟。这时,月亮已经落下,天上的星星也已横斜,赵师雄自一人惆怅不已。北宋时苏轼赞罗浮梅花"罗浮山下梅花村,玉雪为骨冰为魂"。宋、元时代咏梅之风日盛,"千花百草。送得春归了。拾蕊人稀红渐少。叶底杏青梅小。小琼闲抱琵琶。雪香微透轻纱。正好一枝娇艳,当筵独占韶华"。(宋·晏殊《千花百草》)青梅花的意向在中国美学中的艺术、绘画、文学和园林设计中反复出现。

青梅的花语是两小无猜,象征着儿童的天真与亲昵的关系,青梅竹马的成语就是取自李白《长干行》中的"郎骑竹马来,绕床弄青梅",相传古代金陵城长干里街道住着两户人家,两家均有孩子,他们从小在一起玩耍,小男孩骑着竹竿当马,欢快地跑出来,女孩见梅树上长着许多青梅就叫男孩去摘。男孩给他摘下许多。后来两个小孩长大结为夫妻,双双恩爱白头到老。"弄梅骑竹嬉游日。门户初相识。未能羞涩但娇痴。却立风前散发衬凝脂。近来瞥见都无语。但觉双眉聚。不知何日始工愁。记取那回花下一低头。"(清·王国维《虞美人》)青梅竹马从此成为中国人对于姻缘的美好愿景,时常在诸多文学作品中出现。

(三)民俗文化价值

古人认为"梅具四德,初生为元,开花如亨,结子为利,成熟为贞"。梅花绽开五瓣,象征快乐、幸福、长寿、顺利、和平,这就是人们常说的"梅开五福",集中反映了中国人的价值追求和精神导向。而探究"梅"的起源传说,可以挖掘到许多有趣的故事。据说人间一开始是没有花的,荒凉萧瑟,玉皇大帝派众花神到人间去生根长叶,开花若干时日修成正果方可返回仙界。众花神于是纷纷从瑶台下界,选择了自己喜欢的地方生长。从此人间百花齐放,美丽芬芳。可有一个花神因为喝醉了酒睡着了,等她醒来的时候,已经是寒冬了,其他花神都已经完成任务返回了天宫。只有这个花神只好在冬天开放了。大家都觉得她很倒霉,才称之为"霉花"。一个白字书生将其误写作每,一想花草属于木,又给加了一个木字旁,就成了今天的梅花。

古人的休闲文化活动也离不开青梅,"青梅煮酒"是自三国时期以来最受文人青睐的聚会活动之一:"梅花开尽百花开,过尽行人君不来。不趁青梅尝煮酒,要看细雨熟黄梅。"(宋·苏轼《赠岭上梅》)"煮酒青梅次第尝,啼莺乳燕占年光。蚕收户户缲丝白,麦熟村村捣麦香。"(宋·陆游《初夏闲居》)

(四)保健食用价值

青梅又叫青皮、海梅、苦香、油楠、青相,是亚洲常见的水果,含有大量的有机酸、蛋白质、碳水化合物、脂肪,可入药。它一直被视为东亚国家的传统食品和健康药品(盐渍食品、蜜饯食品、梅饮料、梅酒、梅醋、护肤美容制品、中药制品),典故曹操"望梅止渴"中的梅就是指青梅。最近的一项研究表明,梅子提取物是用于开发一种口服抗菌剂的潜在候选药物,用于控制或预防与几种口腔致病菌相关的牙病。最近的研究还表明,梅子提取物可抑制与胃炎和胃溃疡有关的幽门螺杆菌。动物实验表明,在耐力运动训练期间,食用梅子提取物,可以锻炼骨骼肌的氧化能力,并且可以诱导肌肉选择脂肪酸作为其能量来源,而不是氨基酸或碳水化合物,从而有助于增强耐力。

三、进化镇青梅文化旅游发展现状

(一)主要旅游项目概况

进化镇的旅游业发展比较迅速,近年连续成功举办了吉山梅花节、梅子节,累计吸引 30 多万名游客。节日期间,赏梅、摄影、养生、品茶、打麻糍等特色活动成为进化镇青梅文化旅游的一个又一个亮点。2018 年初,吉山梅园被评为浙江省最美赏花胜地,最近,吉山梅花节成功入选"十佳乡村振兴文化贡献项目"。

根据《萧山区进化镇旅游风情小镇发展规划(2018—2022)》打造独具进化特色的净心文旅小镇。在"一心三带三区"的总体布局下,青梅文化旅游属于东部田园康养风情区,在二期规划中通过发掘"梅文化"、打造"微笑的梅子庄园"田园综合体、梅子微笑工厂,形成集观光、产业、文创于一体的"千亩梅园文化创意产业基地"。

目前进化镇青梅文化旅游的主要构成是吉山梅园、微笑的梅子庄园和梅子微笑工厂。

吉山梅园是目前萧山梅花品种最多的赏梅基地,主要包含碧竹潭、残荷塘、清波池、梅花幽谷、茶梅小径、红梅映山这几个赏梅景点,占地约 200 亩,共有 1000 多株梅树,树龄都在三四十年以上,涵盖了 10 多个品种,其中不乏珍稀种类如宫粉、朱砂、绿萼等。

在吉山梅园中,除了赏梅,旅游消费者还可参观梅子体验馆。梅子体验馆里有进化镇种植青梅的历史沿革,有 20 多个品种的青梅标本,有青梅深加工及衍生文创产品的展示,还有吉山梅园历年承办吉山梅花节、湘湖龙井炒制比武以及各类农业培训活动的写真资料。梅花节期间,还有台湾梅子寿司 DIY、梅花插花艺术学习等游客互动体验。园区还设有乡村美食一条街,为进化镇周边村民前来销售当地美食提供了天然的平台,也为前来梅园赏梅的游客提供了品尝美食的机会。

微笑的梅子庄园和梅子微笑工厂是集观光工厂、休闲旅游、文创体验于一身的青梅特色产业园区,是基于与台湾南投县信义乡农会梅子梦工厂的两岸青梅产业合作打造而成的。微笑的梅子庄园于 2017 年 2 月开园,旨在将"进化青梅"这一品牌打造成萧山区乃至杭州市新的地理文化名片,共同树立中国青梅健康养生中心的里程碑。目前这几个旅游项目都是免费开放,无须支付门票费用。周边旅游点配套和服务点正在按规划建设完善中。

(二)消费市场基本情况

之前由于交通等基础设施的不完善,消费者主要以本地居民为主要群体,近年来随着高速公路的开通和相应基础设施的逐步完善,镇外游客的数目也有了增长,但仍然限于萧山、杭州等周边区域的短途游客,基本上没有国外或市区以外的游客。

从游客类型来看,主要群体为 40~60 岁年龄段的中老年人,旅游方式以节庆参观、非专业摄影为主,青年群体或亲子家庭群体较少参与。

从游客消费特点来看,消费者消费能力不强,旅游消费开支较低,主要消费在交通方面,而非典型乡村休闲旅游的食宿方面;再次回访旅游消费意愿不高。

(三)当下旅游开发问题剖析

1.网络宣传介绍不完善

在"互联网＋"时代,网络宣传为乡村旅游业带来了转型升级和可持续发展的契机,它能有效解决当前乡村旅游发展存在的产品同质化和营销渠道单一化的问题。但笔者通过百度搜索引擎、谷歌搜索引擎搜索"进化梅花",搜索到政府网页和地方媒体新闻报道页面,得到了有效旅游信息,搜索"微笑的梅子庄园"和"梅子微笑工厂"得到的智能推荐是提问"如何去微笑的梅子庄园?"和"微笑的梅子庄园开业了吗?",无直接的正面回答显示。

笔者通过主流旅游 App 如马蜂窝、穷游、飞猪旅行、大众点评进行关键词搜索(截至 2020-01-03,未得到关于"微笑的梅子庄园"或"梅子微笑工厂"的任何信息,仅马蜂窝上"吉山梅园"有 6 条评价信息和 80 张照片,缺乏介绍或攻略信息)。

笔者又通过新兴旅游渠道推广 App 如抖音、bilibili、小红书进行关键词搜索,仅在小红书上得到 1 条与进化镇有关的"杭州周末游微笑的梅子庄园"的介绍,遂综合 App 搜索结果总结如表 1 所示。

表 1　App 中有关进化梅花的信息

App 关键词	进化梅花	吉山梅园	微笑的梅子村庄	梅子微笑工厂	进化青梅
马蜂窝	无信息	6 条评价,80 张照片,评分 3.8/5	无信息	无信息	无信息
穷游	无信息	无信息	无信息	无信息	无信息
飞猪旅行	无信息	无信息	无信息	无信息	无信息
大众点评	无信息	10 条评价,19 张照片,评分 3.5/5	5 条评价,29 张照片,评分 4/5	无信息	无信息
抖音	无信息	无信息	无信息	无信息	无信息
Bilibili	无信息	无信息	无信息	无信息	无信息
小红书	无信息	无信息	1 条介绍	无信息	无信息

可见目前进化镇青梅文化旅游的有效网络宣传几乎为空白,对营销传播的忽视、互联网思维的欠缺,是导致很多大规模投资的旅游型乡村也仅仅是"邻近小城市的后花园"的原因之一。

2.消费群体构成单一,消费能力较弱,无法带动配套产业链的发展

以短途旅游、中老年龄段为主的青梅文化旅游消费群体构成单一,而其消费市场背后的问题指向是青梅文化的地域特色不突出(导致旅游消费回头率低)、基础交通设施不完善(青年学生之类的公共交通使用群体难以到达)、宣传营销缺乏(辐射力仅限于周边区域)。

长以此往,当游客群体越发失衡、客源不足时,进化镇相关旅游产业经济便将失去良性循环发展动力,使进化镇旅游企业陷入被动状态。

3.缺乏跨文化交流基础

进化镇旅游业的发展必然会迎来国际游客,但是目前青梅花果文化相关旅游项目都仅有中文(或仅有汉语拼音字母,形同虚设,不能为外国游客提供任何有效信息)的标识和相关服务。跨文化交流的旅游翻译将直接影响到旅游目的地的形象和当地旅游业的发展,同时也影响到对外文化的传播和交流。若进化镇有打造国际化景点的信心,从长远角度看需要提供英语、日语、韩语等主流语言翻译的服务。

4.缺乏休闲美学的设计与融入

景区的休闲美学设计需要五个"分":分类、分层、分地、分项、分龄。景区的设计要首先研究整体结构,然后是具体设计的美,主要包括元素美和功能美,而这一切最终是为了达到给旅游者休闲体验的设计,"眼耳鼻舌身心神"全面深化休闲——无美、无乐、无感则无休闲,无旅游。

然而就目前的进化镇青梅花果文化旅游项目而言,存在旅游产品细化却不足、缺乏休闲文化底蕴、旅游供给粗放的问题。

以吉山梅园的引导介绍牌为例,这些梅花品种的引导介绍牌包含了基本的信息,有统一的卡通形象,但缺乏与景色相结合匹配的系统设计和特色,粗制滥造的塑料打印制品缺乏艺术美感,缺乏高水平的艺术设计和应用,远远不能满足景区实现差异化品牌建设的需求,不能营造美的旅游氛围,不能激发游客的审美花果文化旅游体验,从而影响了景点的自身传播能力。

四、案例分析——以日本樱花文化旅游为例

(一)案例介绍

樱花之于日本,跟梅花之于中国,其实有很多相似的地方。日本人喜爱的樱花,通过挖掘传统樱花文化,附以其他旅游资源,将樱花旅游发展成享誉国际的文化旅游品牌,这对于作为中国典型传统名花的梅花旅游是一个很好的启示。基于该启示,本文对进化镇的青梅花果文化旅游进行探讨和展望。

在2019年3月20日到4月10日的短短20天的时间里,据日本旅游局不完全统计,共有6300万游客进行了赏樱之旅,其中超过500万海外游客专程为了观赏樱花进入日本旅行。如此庞大的旅游消费者带来的是不菲的收益:据估计赏樱游客(包含日本国内游客)为日本旅游业带来的直接消费达到3010亿日元(约合人民币182亿元)。

除此之外,日本的"软形象"也获得加分。在2018年,日本旅游局在推特上发起活动,号召国际游客发表出观赏樱花的照片。截至目前,这项活动已经获得约50万英文用户的响应。自1994年日本有樱花旅游记录以来,日本经济增

长率最高的时期都是樱花绽放之时。2018年樱花用两个月拉动6500亿日元的经济收益,与奥运会影响力相当。因此,若论花卉旅游经济,全世界找不出第二个国家可以与之匹敌。若论花卉而产生的文化影响力,日本樱花亦稳居全球第一。

(二)经验总结

日本樱花文化旅游不只是走马观花,而是在观光赏花旅游的基础上,有很高的游客参与,集休闲、教育、饮食、文化为一体,极大挖掘旅游的内涵。日本樱花的成功点主要有三个方面。

1.将传统文化转换为丰富的旅游产品

在樱花季,从东京、名古屋到福冈、京都,每一处赏樱胜地,世界各国的姑娘们都穿上了日本传统和服,踩上了木屐,撑上了油纸伞。从头饰到服饰,再到手提包和鞋子,为日本的传统服饰制造业创造了极大的经济收益。同时,樱花种植往往与寺庙、神社等日本传统建筑相结合,既为消费者增添了旅游观赏项目,又为寺庙神社等传统旅游业带来可观的收入。

而更为重要的是,传统文化的仪式感将日本樱花文化旅游的概念通过Instagram、LINE、Facebook、Twitter等全球化的社交媒体软件以"免费的软广告"的形式传播向全世界,进一步促进了日本旅游业的发展。

2.樱花元素与其他休闲旅游元素相互渗透融合

在樱花季,日本大街小巷都被粉色的"限定"二字包围。但凡生活所能消费的一切产品,都被印上了樱花,都被染成了粉色。所有樱花限定商品的背后,是花卉文化与生活休闲美学高度融合创新下,创意产业的再升级和创意经济的再发展。

在日本京都,景区中随处可见专门的樱花产品特产店,产品包括樱花酒、樱花果汁、果脯、樱花糕点等等,虽然口味参差不齐,但都包装精美,并非常专业地标注着樱花的种类名称,给旅游消费者带来强烈的文化参与性和文化认同感。

3.政府的精细化管理和支持

日本政府对樱花景观有精细的管理条例,不仅对标识牌的语言翻译有着统一的管理,对地穴、地被、支撑架的处理细节等影响景观质量的因素也有明文规定,让旅游资源呈现出极致化效果。

五、策略与建议

进化镇具有得天独厚的青梅花木种植自然地理条件和悠久的青梅文化历史，欣赏青梅花木，品玩青梅，早已成为进化镇人民游憩休闲的重要生活方式。近年来，进化镇将如何强化文化保护和利用，推动经济社会高质量发展的这一课题，列入乡村振兴的重大议题和党委政府的中心工作，并根据《萧山区进化镇旅游风情小镇发展规划(2018—2022)》进行集观光、产业、文创于一体的青梅花果文化休闲布局，颇有成效。但笔者基于文化旅游休闲融合发展研究的角度仍需提出进一步的开发建议。

(一)增强青梅文化旅游的休闲审美和文化内涵

加强青梅文化旅游的文化内涵挖掘有利于改变目前我国花卉旅游产品结构雷同、档次低的状况。相较于某些地方政府在花期扎堆办花节而造成的交通堵塞、粗制滥造的旅游乱象，进化镇在开发青梅文化旅游产品项目和设计中，需要在乡村民俗、休闲美学和历史文化上做好文章，少一点盲目跟风的花卉景区建设，通过多方协同设计审美的园林景观；少一点高呼文创的表面政策，多一些高校合作生活美学的研究与产业引导；加强文化内涵建设，提高相关旅游产品的品位和档次，使乡村旅游产品具有较高的文化品位和较高的艺术格调。

在追求自然风光、文化传承和乡土化中有一个常见误区，这个误区就是对原生态概念的理解。其实原生态在旅游休闲内涵的角度专门指：从原生态着眼(保持本色)，从次生态着力(突出特色)，从泛生态着手，从深生态着魂(文化)。

而在具体的运用中，花文化审美有三重意境，一是景：景色、景观、景致；二是精：精细、精致、精品；三是境：环境、意境、境界。

自2018年以来，进化镇在践行"美丽乡村＋艺术文化"已走在前列，与中国美术学院签订战略合作协议，在欢潭村设立乡建工作室和环境艺术系实践基地；联合浙江工商大学旅游与城市规划学院设立乡村振兴实践基地，在推进全域旅游、弘扬本土文化上开展全面深入合作。

进化镇政府应充分利用此次战略合作机会，进一步扩大合作面至梅花植物景观营造方面，邀请园林规划专家、景观设计专家合理定位青梅花景观，以空间营造突出主题，形成良好的视觉效果，避免单一的规模化种植或过于繁杂无序化的大面积种植形式,更多地考虑观赏角度与视角,合理利用梅花的中间层次特征,协调梅花季相、色彩、层次单调与丰富问题,以疏密相间的景致,形成梅花景观的空间与时序,弘扬梅花文化与传统,创造更好的意境。

梅花在中国园林中常与建筑、草坪、溪流等园林要素结合,以衬托建筑成为点景、连接乔木林与草坪成为片景、溪流边缘行植成为带景等3种主要造景形式。笔者建议在现有吉山梅园和微笑的梅子庄园田园综合体的基础上邀请专家参与深入研究梅花观赏特性,利用梅花和背景植物的特性,做好梅花与背景植物的配置,既要考虑各自的观赏价值,更要考虑配置后的观赏效果,并着重考虑梅花自身营建的主旨,突出文化内涵,增强游客对梅花文化的认识和领悟,才能在赏梅的意境中产生精神共鸣,到达"境界"。建议相关梅花景点营造巧于因借,收放相宜,使意境隽永,实现传统造园艺术和现代美学的和谐统一,以成就著名的梅花旅游(摄影)景点为目标。

(二)与其他旅游产品开发相结合,丰富四季休闲体验主题文化

青梅花果文化旅游是充满艺术文化品位和科普教育的休闲体验活动,青梅文化要融入旅游"吃、住、行、游、购、娱"各环节,促进其内涵和创意提升,比如在餐饮设计、民宿设计甚至交通的设计中都可以着重体现梅花的元素。同时,南京师范大学程杰教授曾说过,梅文化不应只注意梅花的观赏价值和精神意义,还要注意梅果子的食用价值、饮食文化及经济意义。

目前进化镇青梅饮食文化不仅缺乏传承,而且"萧山大青梅"的原产地农产品与旅游结合得不好,仍然保持着20世纪90年代的以直接出口外销日本为主,没有像台湾信义梅子梦工厂一般实现花卉旅游美食产品、美容产品、保健产品的有效互动。笔者建议进化镇在与台湾信义梅子梦工厂进一步合作的基础上,以突破四季限制为目标,以月为周期更换主题,为青梅文化休闲体验产品做本地特色的整体的规划,比如在12月至次年2月的初冬,举办踏雪寻梅的嘉年华活动;在2月中旬到3月的进化梅花最佳观赏期,举办"赏梅选魁"梅花节和摄影节;在3月的初春到4月举办梅花新酒开桶装瓶的活动;在5月举办"青梅生缘"相亲大会;在5月中下旬的立夏以后采收期举办采果梅子节;在7月正夏举办梅花水上嘉年华吸引暑期游客;在8月举办梅花文化论坛;在9月举办青梅酿酒节;在10月举办青梅种植亲子活动……以郊野森林游为主线,通过踏青赏花和节庆活动的形式,突出文化建园与文化办节方针,坚持政府为主导的办节模式,打造融观赏、参与、互动为一体的文化盛事,举办"梅花论坛、赏梅选魁、

踏雪寻梅、青梅生缘"等主题活动,体现"人·文化"办节方针,营造中国赏梅文化,培育以梅花为特色的知名旅游节庆品牌。

青梅花果文化旅游不仅要融入文化产业,提升旅游创意水平和文化内涵;也要融入文化事业,以旅游的市场化运作反哺文化事业。如前文提出的日本樱花、旅游、和服的相互促进,中国汉服传统文化也可以实现与梅文化的良性互动,且在项目成熟的时候考虑申报省级非物质文化遗产。

(三)采取有效的营销手段,加大互联网宣传力度

随着近年中国旅游业的发展,旅游主体在不断大众化的同时,旅游消费需求也悄然发生了变化,旅游消费需求呈现出多样化、个性化的趋势。越来越多的消费者已经不再满足于"走马观花"式的旅游,而是希望在旅游过程中得到身心愉悦的完美体验,使自己的个性化需求得到充分满足。不同旅游业态之间的竞争压力也有所增大,而如果能够借助"互联网十"的概念来革新和升级乡村旅游营销策略,将能够有效推动旅游产业的快速发展。

目前国内较成功的乡村旅游项目主要都是在政府主导下的"互联网十"营销推广,乡村政府专门建设事业单位类型推广机构甚至公司,专职旅游展览、广告投放、宣传内容设计制作等具体事务的操作。这就要求进化镇政府的旅游职责部门利用新闻报道、形象宣传片、旅游广告等社会推介活动,多渠道、多角度地宣传进化青梅花果的旅游形象,制作青梅花果文化旅游相关的专门宣传画册、景区宣传片(以及短视频)、导游词、导游手册、旅游地图等宣传产品。构建景区—旅行社、景区—景区、景区—媒体、景区—政府、景区—教育机构、景区—互联网新媒体(KOL)、景区—游客的立体渠道模式,增加"进化青梅"的社会知名度和声誉度。

其中尤其注意充分应用新媒体营销,比如微信、小红书、抖音、bilibili及其他与旅游相关的App,利用搜索引擎和微博完善旅游信息的查询和预订功能,创建和收集游客数据库,以增加进化镇青梅文化旅游的浏览量和知名度。

(四)全面实施人才培训工程,建立科学的发展模式

乡村旅游良性循环发展的一大阻力是人才需求问题。在开发乡村旅游中,农民具有不可忽视的作用,要把开发乡村旅游做活、做大、做好,就得加大社区参与力度,加强对农民的培训和引导工作,激发农民办旅游的积极性和提高农民办旅游的能力,努力开拓乡村旅游的本土特色,增强旅游收益,使广大农民真

正受益。

对此,建议制定人才培训工程,重点培养两支队伍。一是乡镇旅游部门的干部,集中学习国内外发展乡村旅游的先进理念和成功经验,二是相关的从业农民,帮助农民掌握乡村旅游和青梅文化旅游的必要知识和创收路径,通过树立旅游示范带头人的方式力争几年内使相关经营者、从业人员得到培训,重视培养或吸引旅游管理人才、旅游营销人才、导游人才、文化旅游人才,将梅花农业、农民和进化镇发展高度结合起来,使旅游业成为进化镇相关乡村社区重要的产业,从而建立科学的乡村旅游发展模式,即"政府+公司+村庄+农户"模式,从政府规划引导、服务保障、人才培养,公司建设运营、规范管理,村庄协调沟通、监督开发,农户参与生产、获益分红的角度,加以理论分析、依托实践检验,合理分配政府、公司、村庄、农户四者的利益,促进良性发展。

(五)关注市场新热点,加大对青年学生消费群体的吸引

文化体验旅行能够吸引众多有着相同兴趣和爱好的游客,已经成为近年来旅游目的地营销的重要抓手。由方文山发起的西塘汉服文化周是众多文化体验旅行活动中的佼佼者。10月底正值国内很多目的地相对平淡的季节,江南小镇西塘却迎来了新的客流高峰。一群年轻旅行者拎着塞满汉服的行李箱奔赴西塘。来自马蜂窝的大数据显示,10月下旬,在全国大部分目的地热度回落的情况下,西塘旅游热度环比上涨22.6%。

马蜂窝相关数据显示,汉服文化周开幕前夕,西塘酒店价格普遍出现较大幅度上涨,不少酒店价格涨幅甚至达到200%至400%,仍然供不应求。

西塘汉服文化周为西塘小镇吸引了大量游客的关注,来自全国各地喜爱汉服文化的青年学生们来到这里相互交流,并参与汉服巡游等活动。众多汉服商家也早在几个月前就将制作工期分为"西塘前"和"西塘后"。西塘汉服文化周举办至今已是第10年,近两年的汉服文化热让更多新加入的青年爱好者也参与到西塘的活动中来。

值得注意的是,这些文化品牌活动的参与者都呈现出显著的年轻化特征,90后人群,甚至00后的学生们,构成了这类活动的主要消费群体。学生青年游客是国内新兴的游客群体,且在中国游客中的占比越来越大。虽然这是一个没有具体收入的旅游群体,但确是所有旅游消费者中最有活力和休闲时间的群体,同时学生群体有开放的消费思想和极大的宣传影响带动力。随着现在各种不同的毕业旅行、文化体验旅行的流行,学生群体进化镇青梅文化旅游发展所

不容忽视的一个群体。

同时,活动期间游客在目的地停留的时间也有明显增长。平日里西塘等古镇类目的地最为热门的往往是周边城市出发的一日游产品。而汉服文化周期间,游客会关注礼乐表演、汉服走秀、传统婚礼、文化市集等多种活动,平均在西塘度过 3～5 天。

实际上,打造具有影响力的文化品牌活动,对目的地发展的影响并未停留在活动本身。汉服文化周帮助西塘塑造了不同的目的地品牌形象,使其在众多古镇中脱颖而出,从休闲度假小镇发展成为文化旅游小镇,为古镇的长久发展提供了强大的驱动力。而类似于汉服之类的市场,是进化镇文化旅游在将来发展中值得特别注意研究、把握并结合的新热点。

(六)文旅融合的创新把握,注重细节,打造"古韵梅乡"品牌

文化旅游休闲融合不仅体现在宏观上,更重要的是体现在细节上,细节产生吸引力,细节创造竞争力。要使进化镇的旅游目的地的综合素质尽快达到国际水平,必须在品牌细节上下大功夫,通过打造"古韵梅乡"品牌这一重要方式,使进化镇文化旅游能够一步到位,达到国际先进水平。

从投入产出的高度看,细节不需要庞大的资金投资,但却能得到更好的效果。或者换句话说,不需要资金的大投入,却需要文化的大投入;不需要硬件的大投入,却需要软件的大投入,需要旅游工作文化意识和文化素质的大提高。总之,起点是消费者,要以人为本;终点是细节,要以文化为本。

第一,把握异质文化。进化镇作为旅游目的地,对异质文化的把握是发挥特色的根本,对海外要弘扬中国特色,对国内要弘扬地方特色和民族特色,对本地要弘扬自我特色。这样就需要在各个方面研究历史化、民族化、乡土化、个性化等问题,打造以梅的四季自然景观为基础旅游产品,对其旅游内容进行多元延伸和内涵活化;同时整合资源所处地域的山川、河流、乡村民宿等资源,并将区域要素与青梅产品开发互相渗透、融合、协调,拓宽花果文化旅游的载体空间。

第二,普及同质文化。大众化的旅游需要商业化的运作,也要求现代化的设施。从这一点来说,世界各个国家,国内各个旅游区(点)都是相同的,如住宿设施、环卫设施以及各类公共设施,旅游英语的翻译等等都要提升到文化高度来认识,来操作,来努力达标,这就要努力实现国际化、现代化、标准化。若希望进一步达到国际领先水平,则建议为进化镇青梅文化旅游引入视觉形象识别系

统(Ⅵ)设计[①],凡与进化梅花有关的一切视觉设计都需要以此为核心规范进行拓展。其中最需要强调两点,一是需要规定标志与标准字的组合形式,以确保进化梅文化视觉形象在不同场合和载体环境中传达的清晰、完整和统一。使用中不得改变其形状、结构和比例。一致连贯地使用品牌标志有助于保持品牌的统一性,使品牌更容易识别。二是为进化梅花宣传建立特定的标准色彩规范,合适的标准色是构成梅花精神及品牌文化的重要因素,通过视觉传达宣传给受众产生强烈印象,达到进化梅花色彩在视觉传达中的识别作用。

第三,异质文化与同质文化的有机结合。这就要求一部分进化镇相应的旅游设施要达到异质的外观和同质的内涵,即意味着民族化的形式和现代化的内容的有机结合。

第四,培育品牌力量和文化自觉,基于主题活动、媒体宣传、服务管理、硬件设施和应急预案等综合措施,打造"古韵梅乡"品牌的四个力,即视觉震撼力、历史穿透力、文化吸引力、快乐休闲力,使前来赏梅成为一种文化自觉。

(2019 年"休闲与乡村振兴"专项课题)

参考文献:

丹尼逊·纳什. 旅游人类学[M]. 昆明:云南大学出版社,2004.

黄挺. 花卉、旅游紧密结合——马来西亚的观光农业[J]. 中国农村小康科技,1997(2).

杰弗瑞·戈比. 21 世纪的休闲与休闲服务[M]. 张春波,等,译. 昆明:云南人民出版社,2000.

骆高远. 观光农业与乡村旅游[M]. 杭州:浙江大学出版社,2009.

徐纪林. 荷兰法国花卉业发展情况考察报告[J]. 杭州农村通讯,2002(2).

---

① 视觉识别系统(visual identity,缩写简称为Ⅵ)是运用系统的、统一的视觉符号系统。视觉识别是静态的识别符号具体化、视觉化的传达形式,项目最多,层面最广,效果更直接。视觉识别系统用完整、体系的视觉传达体系,将企业理念、文化特质、服务内容、企业规范等抽象语意转换为具体符号的概念,塑造出独特的企业形象。视觉识别系统分为基本要素系统和应用要素系统两方面。基本要素系统主要包括企业名称、企业标志、标准字、标准色、象征图案、宣传口号等。应用系统主要包括办公事务用品、生产设备、建筑环境、产品包装、广告媒体、交通工具、衣着制服、旗帜、招牌、标识牌、橱窗、陈列展示等。

杭州国际城市学研究中心

浙江省城市治理研究中心　联合专项课题成果

浙江大学旅游与休闲研究院

ATL
Academy of Tourism and
Leisure, Zhejiang University

Leisure
and Urban
Development

庞学铨　主编

休闲与城市发展

（下册）

ZHEJIANG UNIVERSITY PRESS
浙江大学出版社

目　录

第五编　休闲与公共设施

从资源共享到全民阅读 ……………………………………………………… 3

公共文化设施现状及其在城市休闲发展中的作用研究 ………………… 32

独立书店在城市休闲中的作用与发展路径研究 ………………………… 82

休闲学维度中的城市博物馆研究 ………………………………………… 116

第六编　休闲与城市国际化

休闲时代背景下国际性节事活动发展研究 …………………………… 159

国际化视野下的杭州休闲民宿发展路径研究 ………………………… 204

第七编　休闲与文化遗产

传承与创新：杭州非物质文化遗产发展与市民休闲 ……………… 233

"洞霄宫道教生态文化园"建设研究 …………………………………… 262

第八编　休闲与城市综合体

文化商街型城市综合体休闲功能提升研究 …………………………… 287

旅游综合体现状与开发对策研究 ……………………………………… 316

地铁上盖综合体对城市品质生活的影响因素分析 ………………… 338

第五编 休闲与公共设施

从资源共享到全民阅读

——杭州市图书馆"同待遇"发展对策研究

彭　菲[*]

一、导　论

(一)城市人口与流动

随着农业社会向工业社会迈进,从 7000 年前最早的城市雏形耶里哥古城到现代巨型都市,从美国的"城市美化运动"到柯布西耶的"现代城市"设想,城市伴随着社会文明进程的发展而日益完善,同时也反映了人类对于美好城市形象的热切追求和美好生活环境的不倦向往。如今,城市不再仅是满足人们生产和日常生活的聚居场所,而是一个区域文化的展示和人们追求幸福的承载地。城市的发展和演变,不仅是文明进步、经济腾飞和科技崛起的见证,而且是人与城市关系不断推进的结晶。尤其是工业革命以后,城市的功能与意义不再局限于单一的空间地理概念,也就是说城市开始从经济、社会物化的载体,转向人们行为与生活艺术的展现平台。而人们纷纷涌向城市,既实现了人生的自我追求,也享受到了城市带来的便捷与保障。可以说,人是城市建设和发展的核心推动力,也是最应共享城市成果的待遇主体。

1.人口迁徙与城市问题

目前世界人口总体发展态势表现为:①人口总数仍在增长,但增长率持续放缓,有些发达国家和地区甚至出现人口负增长;②人均寿命不断延长,人口老龄化加速;③城市成为人的最主要栖居地,2014 年全世界城市居民已达到

---

　*　浙江大学亚太休闲教育研究中心。

54％,其中北美城镇居民占82％,预计到2050年全球将会有66％的人口在城市居住;④国际人口不断迁移,以2017年为例,世界范围内的移民数量约为2.58亿人,比2000年增长了49％,民族融合与文化交融成为城市发展的重要问题。难以想象,1800年世界城市人口比例仅为3％,在20世纪末期已经上升至47％,目前全世界约有32亿城市人口,至2030年将会增加到50亿,世界上3/5的人口生活在都市,城市俨然成为最重要的生活场所。

而随着城市化进程加快,流动迁徙人口持续增长,我国也面临着重要人口问题:一方面,农村人口流向城市,三、四线城市人口向一、二线城市迁徙;另一方面,未来人口结构将发生重大改变,老龄化趋势进一步加强。人口流动对输出和输入城市都会产生重要影响:就输入城市而言,众多人口的集聚不仅给城市带来空气污染、水污染等环境问题,交通拥堵、贫富分化差距拉大、犯罪与治安等社会问题,还有人们生活压力、浮躁、厌倦等心理问题,以及休闲资源和环境共享与利用等问题。与此同时,新二元社会结构问题也开始涌现,由之前存在的市民与农民之间二元结构问题演变为由"农民""市民""农民工"构成的三元结构,由此还要综合考量本地居民与外地移民之间关系和待遇问题。

2.人口留守与城市未来

人口流动带来的城市问题,并不意味着人口留守弊大于利。"人"仍是城市鲜活的生命力和流动的文化体现,它在给城市带来人力补给和有机更新的同时,也承载着城市有机更新和创造性发展的重要使命。全球化给我们带来了世界观、产品、信息及其他元素的交换和竞争与挑战①,如雨后春笋般涌的城市如何适应现代化发展,提高自身竞争力,吸引更多投资与游客,以加速经济效益的增长,成为其面临的首要问题。

首先,在我国城市化高速推进进程中,农民工问题是所要面临的重要挑战,预计2030年后,农民工人数会达到5亿多人,倘若按现有统计来测算,城市人口中真正增长的部分不是本地居民的自然增长,而是外来农民工的快速增长。依照很多人所认为的"刘易斯拐点"可能已经到来的观点来看,未来几年将从劳动力过剩转向劳动力短缺的"民工荒"阶段。目前杭州被评为"最受农民工欢迎的城市",而其外卖、快递、医疗美容等产业的蓬勃发展依靠的正是这些城市建设的"有功之臣",城市发展与建设不仅应该吸引这些外来者,更应该使其共享

---

① Al-Rodhan, R. F. Nayef. Gérard, S. Definitions of Globalization: A Comprehensive Overview and a Proposed Definition, 2006.

民生成果。

其次,随着人工智能时代的到来,未来城市将逐渐步入 3.0 阶段,又将面临较低层次人口何去何从的问题,这不仅关系到民生发展,还涉及城市安定。《财新周刊》2017 年第 2 期刊登麻省理工学院大卫·托尔(David Autor)、苏黎世大学大卫·多恩(David Dorn)、加州大学圣地亚哥分校戈登·汉森(Gordon Hanson)三位教授的研究成果,在定量测算了 1999—2011 年美国制造业工作岗位流失原因及影响后,发现中国对美国出口只占 20%,其余 80% 来源于自动化、美国国内对于清洁能源等新产品需求、房市繁荣伴随次贷危机突然中止带来建筑岗位消失,而人工智能首先取代的将是那些重复劳作和技术含量低的劳动力。

最后,随着技术的进步,许多新的需求必会出现,因此未来城市规模和能力上的扩张不仅在于人口,更取决于人才。与此同时,杭州近年来国际移民越来越多,距离北京、上海等国际城市的国际化程度还远远不够,因此吸引国内外"高精尖"人才,打造兼容并包的多元文化氛围,是其未来发展的重要目标。由此可见,城市若想获得更为持久、长远的发展,不仅要吸引人才,更要留住人才。而当今人才所重视的除了城市经济水平和自然环境之外,还有城市文化和人文环境以及城市归属和社会认同,而"待遇"则是与外来人口最为相关的生活保障。

因此,城市流动人口是把双刃剑,它在带来城市发展问题的同时,也带来了新的发展路径和方向。一方面,人力资源尤其是人才资源在城市发展中占据重要地位;另一方面,一座健康的城市是由不同阶层和文化背景的个体所组成的,也就意味着城市发展既需要能够提供知识与技术创新的高端人口,也需要通过提供体力等服务的"低端"人口。而构建城市的复杂网络需要各行各业的从业者,而这个网络越复杂,所能够创造的就业机会就越多,同时也意味着社会面临分配不均、待遇不合理等现实问题。

(二)休闲服务与待遇

王国平用"待遇"一词,来表述关乎人们权利利益、社会地位和幸福福祉等范畴,希望以此为基础,研究并解答社会领域中纷繁复杂的问题,进而实现包容性增长。从某种意义上来讲,待遇是需要主体和需要客体及其之间所有关系的总和①,它是一个双向维度,客体不仅向主体提供一定的物质款待,主体还要从中感受到精神认同和尊重。待遇问题的出现体现了对等和公平原则,尤其是在本地人和外来人口问题上体现得更为明显。

1. 群体关注与待遇

"同城同待遇"主要针对共同生活在一座城市中的市民、农民和移民(包括流动人口及农民工),是关系到民生改善与社会和谐的重要问题。杭州在全国较早提出让农民工得到收入、住房、教育、医疗、社保、组织、安全以及救助等"八有"目标的保障,保证公民享有报酬、权利、福利、权益、社会保障和公共服务等权益。与此同时,浙江各地在外来务工人员子女入学问题上,普遍实行"同城同待遇",通过公立学校扩招、私立学校招生、建设民工子弟学校,以及千方百计减免困难学生的入学费用,设立各种"希望工程"基金、"爱心"基金,发放"教育券"等多种渠道,保证民工子女有学上、上得起。因此,待遇不光是一种形式,各项政策的发布和落实充分体现了市政府各部门对群体的关注与重视。然而尽管各项针对性政策相继落实,实际上市民、农民、移民的"三元社会结构"短期内仍难以消除,由于学历、职业等自身条件对社会缴费等贡献不尽相同,也难以做到完全公平、公正,需要群众的长期监督与制度的不断完善。

从马斯洛的行为需求角度来看,各项措施主要解决的是外来人口衣食住行等基本物质需求(工资、住房等保障),并满足其生命安全及财产保障的安全需要。而对于常年在杭州打拼的移民人口来说,在奋斗初期,生存能力和环境对他们来说至关重要,但随着时间的推移,日常生活意义以及认同与归属等生活方式和情感问题会上升成为关系到生活品质的主要问题。真正的人文关怀是对个体归属和爱以及自我自尊的满足,只有这样才能更好地激发个体创造力和自我实现的可能。因此,本文认为"同城同待遇"不仅意味着工资、教育等显性因素的平等享有,还应包括与移民日常生活息息相关的休闲资源和文化条件的共同享受与特殊优待。

2. 公共服务与休闲

当代美国社会学家劳拉·贝思·尼尔森(Laura Beth Nielsen)认为,学界对权利理论的讨论经历了三代:第一代关注自由和自治的权利,诸如宗教自由、言论自由和公民权;第二代聚焦经济、社会与健康的权利,诸如基本教育权、基本医疗保障的权利;第三代关注"群体"或"团结"权利,包括健康环境权利、和平权

---

① 王国平. 待遇论[M]. 北京:人民出版社,2016:37.

利等。我国目前正处于向新兴城市社群建构转型阶段,而对文化设施和休闲资源等社会福祉的关注,关乎公民"幸福、快乐、健康"的生活状态。因此,"同城同待遇"不仅仅是有收入、有房住、有书读、有医疗、有社保、有安全、有救助、有组织这八个目标待遇,将来还要涉及公共文化设施共享和休闲服务与产品供给等内容,以此来满足市民精神发展需要和休闲需求。党的十九大报告指出,我国社会主要矛盾已经转化为人民日益增长的美好生活需要和不平衡不充分的发展之间的矛盾,公共服务和休闲产品的提供能够缓解这一矛盾进而提高人们生活水平。从1998年九届人大一次会议首次把"公共服务"作为政府职能转变目标,到2012年《国家基本公共服务体系"十二五"规划》的出台,我国逐渐建立相对完善的旨在保障全体公民生存和发展基本需要的公共服务,并将教育等领域纳入国家基本标准,即将直接与民生问题密切相关的公共服务界定为基本公共服务。

从休闲视角来看,尽管近年来人们生活水平有了显著提高,民众休闲活动参与仍比较滞后,以传统而被动地看电视、上网、打牌、逛街等休闲为主①。一方面,大多数人沉浸在满足生理需求和物质享受之上,网络和大众传媒的发展在带来更多自由的同时,也给"俗闲"提供了更多可选择的空间;另一方面,现代商品经济的快速发展,不仅抢夺人的时间和注意力,还容易使人迷失在物质和符号的世界里,从对必需品的需要走向奢侈品的欲望。而物欲的扩张,只会带来精神上的愈加匮乏,低级休闲只会使人陷入自我迷失和对自身存在的困惑。而图书馆正是在躁动的现代生活中创造宁静环境和自由发展空间的无功利性场所,使人们能够在此进行知识追求和自我价值实现。

(三)公共空间与图书馆

阅读不仅能增长知识、提升素养,还有利于培养良好的生活方式和积极的休闲态度,进而能够在自由时间里发展自我,可以说"休闲的生活方式"将越来越成为决定人生幸福的核心因素②。随着人们休闲观念的转变,越来越多的人意识到旅游、健身、阅读等健康休闲选择的重要性,图书馆也将进一步融入人们生活,成为公共场所阅读与交流的主要休闲选择。

---

① 马惠娣,张景安. 中国公众休闲状况调查[M]. 北京:中国经济出版社,2004:3-10.
② 托马斯·古德尔,杰弗瑞·戈比.人类思想史中的休闲[M]. 成素梅,等译. 昆明:云南人民出版社,2000:119.

1.休闲教育

休闲是人类的文化基础，文化创造和延续也源于休闲。从词源上看，休闲与教育密切相关①，受过教育的古希腊罗马人将日常休闲与文化习惯视为品位和文明的缩影，正如奥勒留所说，最好的休闲时间是用在沉思与阅读。而文化氛围与休闲环境作为日常活动场所，与人们生活更为贴切，能够在无形中影响人们的休闲方式选择，使其从"在休闲中受教育"向"在休闲中享受生活"转变。②在现代生活的影响下，人们的休闲时间、空间和活动等生活方式发生了巨大改变，倘若不能合理地选择休闲，容易走向"俗闲"，沉浸物欲并陷入自我的迷失。因此休闲选择具有重要意义，同时也需要社会文化教育和对人们进行休闲引导。

2.公共空间

社会的公共性能够"使人们从时间的自然废墟中拯救出来任何东西，并使之历经数百年而依然光辉照人"③，也正因如此，公共空间具有超越自然生命的永恒性，不再为某一代人或某一个人所拥有。因此，一个完整的人不是逃避外在世界"出世"的人，而是"修身齐家治国平天下"，从最小的私人空间向最大的公共空间不断移动，实现人生永恒价值的过程。"一个人如果仅仅去过一种私人生活，如果像奴隶一样不被允许进入公共领域，如果像野蛮人一样不去建立这样一个领域，那么他就不能算是一个完全的人"④，正所谓私人空间是人生存的条件，公共空间是人"成为人"的条件。如果说私人空间阅读是个体享受的自由和思考，公共空间阅读则融入了公众参与和交流。图书馆是最主要的公共阅读空间，但一直以来，图书馆的运营和建设在注重提升文献资源价值和强调遵守公共秩序的同时，却忽视了个人自由和能动性选择，始终与人们日常生活保持一定距离。因此，在未来信息和休闲时代，图书馆发展要以满足读者日常行为需求为目标，通过与人们休闲方式相结合，使阅读和图书馆休闲成为一种习惯和选择，最大限度地吸引读者并使其愿意停留，让"每个人都会真正地成为自

---

① 马惠娣. 人类文化思想史中的休闲——历史·文化·哲学的视角[J]. 自然辩证法研究,2003(1):55.

② 刘海春. 论马克思的人本理想与休闲教育目标[J]. 自然辩证法研究,2005(12):97.

③ 汉娜·阿伦特.公共领域和私人领域[M]//汪晖,陈燕谷.文化与公共性.北京:生活·读书·新知三联书店,2005:92.

④ 汉娜·阿伦特.公共领域和私人领域[M]//汪晖,陈燕谷.文化与公共性.北京:生活·读书·新知三联书店，2005:57-124.

我,并因此而使生活富有意义"①。

3.公共服务

休闲是现代人最主要的因素,是一种舒适的社会地位,一种精神或审美状况,亦是人的一种存在状态。我国在休闲文化方面有着独特的理解方式和行为方式,展现了特有的文化内涵和价值意义,公众也往往通过休闲活动追求内心的安宁与和谐,因此休闲资源是城市发展与市民生活所必不可少的重要条件,休闲参与的提高有助于幸福感的提升。正如龙应台所说,看一座城市的发展水平和文明程度,不仅要看它有多少外观靓丽的高楼大厦,建设、储备了多少公共资源,更要看这些公共资源的使用情况,这是衡量解决民生问题的一把重要尺度。而公共服务是面向公益基础性服务,和其他服务不同之处在于更注重待遇的公平性,以满足待遇主体在追求自身需要的同时能够实现被改造、创造的关系。以图书馆为代表的公共文化服务,既具有公益基础性质,又能够为市民提供城市文化休闲资源,进而实现文化教育功能、休闲空间和服务功能向现代休闲服务的转型。

4.生活方式

如今"人们使用图书馆的主要动机不是教育而是休闲消遣"②。为适应人们生活需要和行为方式的多元化发展,图书馆将逐渐摆脱传统的严肃形象,向具有亲和力、吸引力的大众休闲延伸,即从全民阅读到对移民群体权利与利益的特殊关照,从被动的文献信息保存、资料浏览场所向自由、能动的综合性休闲空间转化,从单项的教育传递功能转向严肃休闲的互动交往。只有肩负起提升公众休闲素养和休闲层次的重任,才能展现出适应城市发展的生命力。

总之,图书馆作为公共阅读空间,肩负着提高全民素质、改善人们休闲生活的重任,只有将融入人们生活与日常休闲方式相结合,关注移民群体实现全民参与,通过空间再生产促进休闲元素整合,推动社会公共交往和严肃休闲发展,才能够真正做到引导人们享受高层次的积极休闲,并使其在社会交往中找到认同和归属感。

---

① 托马斯·古德尔,杰弗瑞·戈比.人类思想史中的休闲[M].成素梅,等译.昆明:云南人民出版社,2000:119.

② 公共图书馆读者资讯需求与资讯寻求行为之研究报告[EB/OL].[2010-07-01].http://plisnet.ntl.gov.tw/08b_05.asp.

(四)研究意义与方法

第六次全国人口普查显示,杭州市在册外来人口占总人口比例的 1/4,移民群体多以学生、农民工为主,其知识素养及休闲现状关系城市精神文明和生活品质发展。因此本文以杭州市外来人口为研究对象,通过对其图书馆参与及满意度调研,为杭州市图书馆未来发展转型提供建议和参考。

杭州市近几年在吸引外来人口和打造休闲城市形象上取得的成绩有目共睹,图书馆是群众在日常生活中受益最多和接触最多的公共文化场所,其公共性、开放性、门槛低和受益群众广等特点对移民群体具有一定的吸引力。因此,在文化设施与城市休闲发展的调研中,以杭州市图书馆为例进行调查研究,更具有前瞻性和借鉴意义。

1.研究意义

现代社会是开放的社会,经济全球化、文化交融和科技信息的迅猛发展,进一步弱化了原有的认同建构,对人们的人生观、价值观和行为产生了前所未有的影响。作为城市发展的重要建设者,移民群体面临着生存压力、情感归属和资源不均等问题,而以往休闲研究缺少对较少参与休闲、休闲方式消极等特殊群体的关照。本文对移民群体休闲参与进行研究,体现了人性思考和人文关怀,是建构和谐社会之所必须,也是解决"同城同待遇"问题的新途径,同时也为城市休闲发展和移民休闲方式拓展提供新思路。

(1)构建和谐社会之所必须

图书馆本应是一个平等、开放,公众自由参与和自主选择的公共空间,每个人都享有到图书馆阅读的权利,而图书馆只有将读者吸引进来、使其愿意停留,才能提供改善生活方式的可能。城市新移民面临闲暇、经济和参与等休闲问题,图书馆"资源共享"和"全民阅读"理念的落实是改善民生、提供更多休闲机会的重要环节,也有利于避免"休闲时间双重性"[①]带来的休闲问题。图书馆通过提供轻松舒适的休闲环境和丰富多彩的文化活动对新移民进行文化教育熏陶,使其感受到休闲资源享受的平等,并通过休闲活动找寻参与感和归属感,这也是图书馆公益性、社会价值和责任使命之所在。[②]

---

① 高德胜. 生活德育论[M]. 北京:人民出版社,2005:233.
② 杰弗瑞·戈比. 你生命中的休闲[M]. 康筝译. 昆明:云南人民出版社,2000:103.

（2）创新解决"同城同待遇"问题的途径

尽管外来人口在短期内会给城市发展带来压力，但从长期发展来看，这一群体能够为经济发展和转型提供持久动力，在未来劳动力减少的预期下，能够预防"刘易斯拐点"的到来；良好的城市休闲环境与资源将成为吸引未来人才的重要因素，通过城市公共文化设施为城市新移民提供家园感和归属感，将成为未来新引人才尤其是高精尖人才的有利优势；这不仅能够更好地在城市建设理念和群众休闲参与之间搭建起桥梁，而且能够促进市民与新移民的沟通与交流，进而缓和三元社会结构矛盾。

（3）促进城市休闲发展

加强城市平衡休闲理念的贯彻与建设，既能便民，满足新移民休闲需求，为流动和碎片化的个体认同提供一片栖息之地，使其从浮躁、忙碌的社会中解脱出来，获得内心的片刻安宁与体悟，又能促进休闲商业、旅游的发展，推动城市空间再生产，还能将图书馆建设引入到人们日常生活中去，有利于使新移民充分利用碎片时间和休闲空间，更好地融入城市休闲参与。

（4）转变移民休闲方式

"休闲的生活方式，将越来越成为决定人生幸福的核心因素"，不会休闲的人也很难实现个人幸福和自我发展。外来人口在生存压力和缺乏归属的情境下，往往容易形成以娱乐性和闲适性为主的大众化休闲方式。图书馆向休闲方向转型，既能够改变其休闲观念，使越来越多移民意识到旅游、健身、阅读等健康休闲方式的重要性，还能够丰富移民日常生活，提高其休闲参与和情感融入，同时也能够使图书馆进一步融入人们生活，成为公共场所阅读和休闲交流的主要选择。

（5）精神关照是认同的重要途径

每个人都享有到图书馆阅读的权利，图书馆发展更应关注拥有大量闲暇却较少主动选择休闲阅读的人群，如城中"留守"儿童、"空巢"老人以及忙碌的外来群体等。轻松舒适的休闲环境能对其进行文化教育熏陶，合理引导移民进行适当的休闲，使其从"俗闲"转向有智慧的选择。待遇问题的解决不仅是政府层面由上到下的政策落实，更需要客体的接受和认同，只有变救助为互助，才能够更好地解决移民群体的心理需要和情感归属，进而提升城市认同感。

2. 研究方法

笔者曾主持 2013 年"杭州市公共文化设施现状及在城市休闲发展中的作用研究"项目，将杭州市公共文化设施分为文化展示类、图书阅览类和社会文化类并进行了较为系统而全面的调查。调查结果显示:①62.42%的受访群众认为文化设施在城市休闲发展中的地位十分重要,68.79%的受访对象对文化设施的公共休闲空间界定给予肯定,体现了图书馆向公共空间转型发展的可能性;②近3/4的杭州市民表示对公共文化设施总体环境基本满意,而环境的整洁舒适也是其参观公共文化场所的主要动机;③73.9%的人认为图书阅览类公共设施是他们最常去的文化场所,但高达68.79%的受访群众表示区域交通成为其对公共文化设施选择和利用的最主要制约因素;④受访者表示文化设施的休闲功能、活动内容和开放时间尚不能满足其休闲需求,与商业场所相比,在门槛低、知识性强和环境卫生方面有明显优势,但也存在着周边配套设施不足、交通可及性一般、服务质量有待于提高以及趣味、体验、互动性不佳等问题。

尽管之前调研项目从基本认知和休闲满意度两个方面进行了较为深入的调查,但仍存在问题和不足:①以文化与城市之间关系作为切入点,注重对客观资源的分析与调查,缺少调查群体归属感、参与感、幸福感等主观体验的考虑;②将杭州市民视为一个整体,尽管考虑到老人、青少年等特殊群体,但对杭州大量外来人口缺乏周到考量;③在突出文化设施休闲发展对城市引导作用的同时,忽视了对市民尤其是外来移民的生活改善和意义的关注。因此,本研究是对之前调查研究的延续与扩展,以图书馆功能转型为切入点,通过展述移民认同和休闲参与之间的关系,探索新时代图书馆发展的新出路,使其能够与人们休闲方式相结合人们的一种选择和习惯,进而最大限度地吸引读者并使其愿意停留,让"每个人都会真正地成为自我,而使生活富有意义"。

二、城市休闲与认同归属

德国生命哲学家奥依肯在 1908 年出版的《生活的意义与价值》一书中,为人的生活意义与价值寻找指点了迷津。他认为,现代人比任何时代人都更加繁忙,也享受着比任何时代更加丰裕的物质生活,但他们却仍然在精神上倍感失落,这一点在外来群体中表现得尤为明显。因此,面对社会精神生活失范现象,要重新建构精神性和公共性,以此帮助个体寻找生活的本来意义和价值。

(一)精神失范与重构

精神生活的失落,尤其是精神公共性的失落消弭了人的独特性,甚至使人沦为时代工具性的物,无论对个人还是社会来讲,这都是致命的危机,而移民群体精神生活失范问题已经成为当前和谐社会建设中关系社会公共安全的最大问题之一。

首先,公共性包含人的公共性和社会公共性。精神生活公共性失范是指精神生活偏离人与社会的公共性,偏离生活的内在意义和外在公共性。当下经济的快速发展导致了种种不平衡的断裂,而这种断裂在很大程度上削弱了移民群体精神生活赖以发展的社会公共性和个人主体性,尤其是在转型期社会公共性不足的情况下,更会激发人的负面精神状态,使焦虑、不安、怨恨与绝望纠缠于人性之中,特别是移民群体在新的城市中容易被公共性困境与难题瓦解了的共同体中抛出来,进而陷入认同危机。而当外来移民群体精神生活取向变为通过限制、取代、伤害乃至消灭他人来满足自己时,各种公共安全问题不可小觑。

其次,对每个个体价值的尊重与关怀,改善人的生活质量,导向人有尊严的公共性生活,是每一个公共性的社会追求的目标,也是构建和谐社会的根本所在。因此,我们要更好地认识当下,以真正实践的姿态迎接未来。要看到,随着贫富差距的拉大和阶层逐渐固化,物质不平等也带来了精神上的不平等,而成员在多大程度上拥有何种质与量的精神资源决定了其地位和处境,精神生活既是社会分层的结果,同时也塑造了社会分层的秩序。不能说移民群体和外来人口就没有精神生活,尽管底层劳动者为生活而奔波,他们以其坚韧与忠诚为社会的发展做出了实际的贡献。我们要带着尊重的态度和改造的姿态去扭转不安和焦虑的社会精神病态,使其真正成为时代的积极建设者。

最后,当今时代对人与社会公共性重塑的需求,超越了以往任何一个时代。只有遵循教育为本的价值基础,在重建人的公共性和社会公共性中走得更持久、更深远,并在此基础上引入合宜的社会公共性实现机制,才能够从长远解决"因为富所以富,因为穷所以穷"的社会之痛,更好地建立公平公正的社会秩序,通过休闲方式的培养使其自身及后代在无形中改善精神生活,最终促使个体主体性能力得到应有的发展。在理顺公平、公正、社会共识与社会存在、价值倡导与价值内化之间关系的基础上,本文积极寻求和拓展移民群体精神生活公共性建构路径,提出合宜的社会结构与流动机制,恢复移民群体的社会共同体意识,激发其公共精神和社会参与意识,重塑其属人的公共性,使其感觉到"可以贫穷,但仍有向上流动的希望",这是极为重要的。

总之,移民群体精神生活公共性的问题是人与社会公共性失落与建构的问题,是个体与社会互构的问题,也是解决待遇问题的出发点和起始点。而精神关照和心理引导是使人成为公共性的人的重要途径，因为人类与生俱来具有一种精神器官，即人类至高无上的荣耀与辉煌，正如康德在《实践与理性批判》一书中写道："我对它们的思考越是深层和持久，它们唤起我的惊奇和敬畏就越是历久弥新——我头顶浩瀚的星空和我内心的道德法则。"

（二）认同归属与休闲

精神生活公共性的发展意味着包括移民群体在内的个体精神生活主体性的发展，它能加强个体的社会判断及选择的能力，使包括移民群体在内的社会成员真正拥有一套内化的价值体系，并能基于主动的建构性认同整合不同参与主体的行动。因此，对移民群体精神生活公共性的研究有利于形成真正意义上的社会整合力，关注移民群体社会公共性的发展显然有利于给人们提供更多的社会共同体归属感，形成强大的社会凝聚力并导向社会公共性的发展。

从个体角度来讲，人人都希望自己能有稳定的社会地位，个体的能力和成就也能够得到社会的认可，而个体受到外在尊重，能使人对自己充满信心，对社会满腔热情，体验到自己活着的用处和价值。而尊重的需要又可分为内部尊重和外部尊重，对移民群体来讲，提高薪酬等物质待遇均属于外部尊重，个体能够通过地位、威信受到别人的尊重、信赖和高度评价；而当个体受到非特殊优待而真正归属融入时，才是真正的无歧视和无差别的内部尊重。如我们经常提到优待妇女、善待农民工，这些观点出发的起始点就在于默认其弱势群体地位和不平等身份，因此我认为通过休闲方式实现个人的归属和融入才是根本性的解决之道。

1. 移民与认同危机

后结构主义和后现代主义者都强调提高增强身份形成和维持的流动性。在消费社会，认同越来越不像传统市场那样稳定和固定，如宗教认同、社会阶层和家庭变得越来越不确定。同样，在快速变化和流动的世界，固定的认同也变得越来越无用和流动。对人们来说，认同是建立在消费者和休闲选择之上，可以购买现成的，也可以轻而易举地将其丢弃取代。沃德（Warde）指出，我们的认同并非像所买的东西那样构成简单，很多商品选择对个体认同影响很小，相反其他因素如国籍、民族、职位、家庭和友谊对塑造认同有重要影响。

随着现代制度的导入引起日常生活的嬗变，当代社会逐渐演化成更加流动、混合和自由的世界，全球化推动观念、价值和认同的交换，多元、变化的现实世界使得个体从传统的身份束缚中解放出来，从对家族、村落的血缘依赖和认同纽带,转向以现代生产和消费为重心的工作和休闲认同。然而,空间和社会流动性的日益增强以及人们生活方式的决定性分化,在给流动人口带来更好的物质条件的同时,也加剧了个体陷入认同危机的可能。首先,外来人口的个体身份随着社会环境、地位和关系的变化而不断产生、重组和消失,个体认同在本质上很难保持始终如一,而自身同一性的冲突与断裂,也带来了个体认同与身份之间的混乱、个体困惑和无从选择的危急状态。其次,生活环境的急剧转变造成了认同感和归属感的缺失,人们一方面渴望在新环境中实现个体自由和选择,另一方面更亟须获得他人的肯定与认可。最后,尽管移民希望在建构中维持和发展自我,但为了适应激烈变化的竞争环境,他们不再拘泥于固定的或已知的身份,而是在一连串不断变化的情境中证明自己,并渴望通过主观努力等方式进行客观身份的改变。

首先,认同社会起源非常重要,社会结构塑造社会群体,反过来塑造文化和休闲。派生性地位等社会身份处在特定阶级、阶层、种族、民族等社会分类下,创造它的同时也赋予了我们"主人的身份",不管我们在今后发展成何种个体差异,都可以巡查到,正如同名片中所简述表达的信息。其次,当主观认同与客观身份的冲突或断裂,使人们面临认同解构并陷入危机当中[①],随着身份从拥有性向存在性、拥有先天属性向后天资源推进,认同的建构倾向也相应地增强,建构的可能性和必要性也同样地增加。最后,随着主观能动性和自由意识的增强,人的自主选择与重新建构成为个人成长与发展的主要过程,个体也能够在每个情境下了解我们是谁,并发现在每个情景中理解和展示自我有细微差别。最后,归属不是绝对的同一,更重要的是根据某种特定属性"归类",将其归入不同的社会群体中,个人身份就是他所拥有的各种群体同一性的总和,也能够在所属群体上体现出来。

总之,人的身份的逻辑同一性使人与其他动物区分开来,并具有超越国籍、信仰、种族和社会差别之外的共同属性。然而,人的归属性、文化性、经济性、社会性等属性特征,需要人们在群体划分时寻求内在归属感,同时人们也会对自己身份产生不满、自豪等情绪,这种主观态度问题就是心理认同层面上的体现。而人们在更加个性化和易变的"生活方式"中构建出不同的认同方式,对归属感和认同具有重要影响。

2.休闲方式与归属

赫伯特·马尔库斯(Herbert Marcuse)指出,人类在经济、政治和社会关系

---

① 伍庆. 消费社会与消费认同[M]. 北京:社会科学文献出版社,2009:26.

中需要从事有意义的生产并加入有意义的社群,才能够从中寻找方式加强其社会归属感、信任感和认同。日常生活中,人们正是在个体认知、价值观念的指导下,为了生存和发展而进行工作、休闲、社会交往、消费等各种日常行为活动。作为人们日常生活中重要的生活方式,休闲方式涉及人们对休闲时间分配、休闲空间利用、休闲活动参与等方面的选择。在现代背景下,碎片时间、虚拟空间及人口流动都在无时无刻影响着人们休闲方式的表现,个人只有通过自己对休闲的理解、时代把握、生活追求和教育素养,来平衡生活中的工作、家庭与休闲,才能够创造和选择属于自己的休闲方式,进而融入社会群体,找到归属感。

(1)时间碎片

生活的节奏本身是自然规律和身体的自然节奏,然而随着城市的发展,这种节奏逐渐被打破,人们每天按照紧张忙碌的节奏,涌向城市的不同空间场所,开始一天的工作,这些看似与休闲相左的生活方式,却被越来越多的城市人津津乐道。当然,时间的分配与利用受个体认知和价值观念影响,选择的结果也决定了个人发展的层次与水平,随着人们工作时间缩短、休闲意识觉醒和休闲权利得到保障,现代休闲时间已经逐渐摆脱拥有剩余时间和空闲精力的客观事实,其价值也从消极、被动地恢复身心转向积极、主动地探索自我,寻求人生的价值与意义。阅读正是对休闲时间的积极利用,能够使人通过知识的学习与思考,形成健康心态和丰富的内心世界,进行更加明智的休闲选择。对广大群众来说,阅读习惯的养成,需要文化氛围的培养与熏陶;选择阅读作为一种休闲方式,也需要以自由、舒适的休闲空间为载体,使其成为内心之爱的选择。

(2)自由选择

在约翰·凯利看来,相对自由的选择始终是定义"休闲"的一个重要因素,自由本身不过是休闲的前提而非目的,休闲的真正目的在于能够自由地选择,倘若不会利用自由时间,无所事事,那么自由也就失去了存在的意义。因此,选择做什么比做得怎样更重要,因为前者源于情感与冲动,后者取决于理性与安排,休闲正是要求人们进行选择,并通过选择的结果作用于个人的成长与发展。当然,并非所有的选择都会带来休闲的益处,只有在文化教育的引导下符合德性的行为,才是能够引导我们走向真正愉快和幸福的选择。人每时每刻都要面临不同的选择,选择是个体行为取向的表达,也是在自我认同和社会认同基础上进行相应的行为取舍。而休闲是在相对自由的环境下,进行的最为真实的自我展示,如果不受文化熏陶和知识教育的影响,很容易堕化为自由时间里的欲望释放。尤其是当"全球化以一种非常深刻的方式重构我们的生活方式"[1]之时,流动和碎片化的个体认同亟须寻找一片栖息之地,以慰藉、洗涤心灵,实现自我探索与成长。而图书馆作为一种公共休闲空间,不但可以使人从浮躁、忙碌的社会中解脱出来,获得内心的片刻安宁与体悟,还可以使其在拥有共同追求的社会交往中获得认同和归属感,理应成为良好休闲方式的培育之地。

（3）休闲空间

作为居住和工作环境之外的第三空间,图书馆不仅为人们享受阅读提供良好的环境和氛围,还能够满足人与人之间的情感交流需要,实现从"书"的空间向"人"的空间转换。随着社会发展,将会有更多拥有一定教育背景、休闲时间和经济条件的人们自愿投入到严肃休闲中,专注于内心喜好和自由选择。他们热衷于专业知识和经验技巧的阅读、分享与交流[2],需要图书馆提供媒体活动室和研讨室等具有创造性的交流空间,以此提高休闲能力、技巧和鉴赏力,在具有挑战性的严肃休闲中感受到畅爽体验,进而摆脱低级趣味,形成较高层次的文化休闲[3]。在专业人士和各级发烧友的引导下,更多以书法、绘画、茶道、音乐等为主题,以收集、交流、体验为内容的专业性图书馆将会出现,以更为轻松愉快的方式贴近人们生活,为严肃休闲爱好者们提供休闲交流空间,图书馆价值也将升华为增强认同和归属感的公共交流与休闲空间。

三、杭州市图书馆发展现状及问题

本文之所以以杭州为例,不仅因其近年来在打造"生活品质之城"和"休闲之都"上取得了举世瞩目的成就,还在于随着国内口碑和国内外地位的提升,杭州吸引了大量外来人口,如今它既是近 700 万杭州人的家,也是 300 万"新杭州人"的家。

---

① 安东尼·吉登斯. 失控的世界[M]. 南昌:江西人民出版社,2001:107.

② Stebbins A. Serious Leisure: A Perspective for Our Time[M]. New Brunswick, NJ: Transaction Publishers,2006:5-7.

③ 魏书娟. 高校图书馆休闲功能的界定与开发[J]. 图书馆建设,2011(1):79.

（一）发展趋势及现状

1.文化政策与图书馆发展

2006年9月,《关于加快"一名城、四强市"建设的意见》将主要目标定位为:"围绕杭州市性质和总体发展目标,大力推进教科文卫体领域改革、开放、创新,不断增强文化创造力、凝聚力和感召力,到2010年把杭州建设成为历史与文化相得益彰、休闲文化与创业文化和谐交融、文化事业与文化产业互为映衬、城市文化和农村文化共同发展、文化软实力与经济硬实力同步提升,教育科技文化卫生体育等主要发展指标居全国同类城市前列的文化名城和教育强市、科技强市、卫生强市、体育强市",同时还提出了"进一步加强文化遗产保护、构筑完善文化发展布局、着力打造公共文化服务体系、努力繁荣文化精品生产"等战略部署。这意味着杭州从新的历史起点上来审视和布局杭州文化名城建设。

2007年11月,杭州市制定了《杭州市公共文化服务体系建设规划(2008—2010)》,这是杭州市关于公共文化服务体系建设的第一个规划。同时为贯彻落实党的十七大提出的"推动社会主义文化大发展大繁荣"的战略部署和市委十届三次全会精神,进一步加大文化建设投入,加强基层文化设施建设,深入实施《杭州市文化设施建设专项规划》,杭州市构筑了"15分钟文化圈"规划,将杭州打造成"两轴、两带、六区、七心、多点、特色街区以及均衡分布的文化服务网络"的总体空间布局结构,使杭州市民可以在15分钟内,搭乘一辆"文化车",便捷地开展文化活动。

十年后,杭州市公共文化服务体系发展"十三五"规划(2016—2020)中指出,现已基本建成"城市15分钟,农村30分钟"文化活动圈,全市共建有公共图书馆14座,11个区、县(市)级图书馆达到国家一级图书馆标准,建成乡镇(街道)图书分馆164家、公共电子阅览室540个,打造以浙江图书馆、杭州图书馆、杭州少年儿童图书馆等市(省)级图书馆为核心,以西湖区图书馆、上城区图书馆、下城区图书馆、江干区图书馆、拱墅区图书馆、萧山图书馆和余杭图书馆等区级图书馆为辅助的四级设施网络覆盖城乡体系,逐步将各社区、村、街道、乡镇图书馆(室)也纳入公共图书馆体系,使它们和杭州图书馆一起形成了服务联网模式。与此同时,杭州市图书馆数字化水平不断提升,完成市级和85%以上的县级数字图书馆虚拟网建设,并与国家数字图书馆联通,开展地方特色资源库建设工作,推动本土文化资源的数字化转换,公共图书馆"一证通"工程深入推进,基层服务点延伸至农家书屋。

由此可见,"十三五"时期是杭州深化改革创新、实现高起点上新发展的关键时期。深入落实五大发展理念,加快构建现代公共文化服务体系,着力保障人民群众基本公共文化权益,对于杭州市实现经济社会协调发展、基本建成文化强市、率先高水平全面建成小康社会具有重大意义。到 2020 年,建成城乡一体、服务优质、便捷高效、惠及全民的公共文化服务体系,率先实现基本公共文化服务均等化,着力打造成为现代公共文化服务的先行区和示范区,全省文化中心的示范作用进一步显现。将突出服务中心工作、全文化设施网络、推进标准化均等化、开展智慧文化建设、推动社会化发展、提升文化服务效能和改善文化发展环境作为助力国际名城建设的目标,以期持续扩大城市文化国际影响力。

未来发展的主要任务是各区、县(市)建有独立建制、部颁一级的公共图书馆和文化馆,推动上城区图书馆建成开放;推动城乡公共文化服务一体化,根据常住人口变化趋势,合理配置城乡文化资源,深入推进图书馆总分馆建设,实现一体化配送与运营,打通公共文化服务"最后一公里";公共图书馆免费开放,每周开放时间不少于 60 小时,乡镇公共电子阅览室开放时间不少于 30 小时,农家书屋每周开放时间不少于 40 小时,同时杭州市政府在《加快构建现代公共文化服务体系的实施意见》中提出,市级要建不少于 10 个 24 小时图书馆,各区县(市)建不少于两个 24 小时图书馆;县级公共图书馆人均藏书 1.2 册以上,或总藏量不少于 65 万册,人均年新增藏书量不少于 0.08 册,农家书屋图书不少于1200 种、1500 册,报刊不少于 10 种,年新增图书不少于 60 种;市、县(市、区)公共图书馆每年组织送书下乡 1.3 万册次;县级公共图书馆对乡镇图书分馆每年流通不少于 4 次;公共图书馆每年举办免费展览不少于 6 次,公益培训或讲座不少于 16 次,市、县(市、区)、乡镇(街道)人民政府每年指导举办 1 次全民阅读活动。此外,图书馆还要加强馆际合作,建立图书馆联盟、文化馆联盟、博物馆联盟等,推进城区网格化、全天候公共阅读服务,到 2020 年,市图书馆新建 2 座主题图书馆,建成 10 座 24 小时微型图书馆,新增 2 座 24 小时微型智能图书馆,实现高校文化站全覆盖。

2.杭州资源共享模式发展

早在 2006 年 6 月 1 日,萧山图书馆与杭州地区八大图书馆在杭州共同发布《杭州地区公共图书馆服务公约》。自此,萧山图书馆读者手中的图书借阅卡变身为多功能卡,不仅能在杭州图书馆借阅书籍,还可以在杭州地区其他八大图书馆享受免费借阅服务。这是萧山融入"大杭州"的又一次力作,让人们更加真实、深刻地感受到"大杭州"不仅仅只是一个口头上的概念,更是一个具象化的存在。

目前杭州六个老城区与萧山区、余杭区已经在图书馆、公园等公共文化设施与服务上实现了一体化。《杭州图书馆办证指南》中明确规定杭州市户籍居民,包括余杭区、萧山区居民可持市民卡或第二代居民身份证到杭州图书馆注册,开通文献借阅功能。《杭州市办理公园IC卡公告》也规定杭州市区(包括萧山区、余杭区)居民持个人有效身份证即可办理公园IC卡。余杭地区在公园等公共文化设施与服务方面已经实现与市区全面或基本接轨。正如杭州图书馆党总支副书记刘冬所说:"到图书馆不一定是读书,也可以是休闲避暑。公共图书馆应该以开放的理念去服务市民,这样才能称为公共图书馆。"杭州图书馆以先进的服务管理理念走在图书馆发展前列,为市民提供开放空间,促进城市文化和休闲发展。

(1)平等、免费、全民共享

图书馆自成立以来一直坚持"平等、免费、全民共享"这一理念,并将其贯穿于业务实践当中:在国内大型公共图书馆中率先推出取消借书证和押金等举措,市民可凭借市民卡及第二代身份证自助借还;将新馆建成国内外开放比例最大的公共图书馆,将近90%的面积用于对接待读者;增设低幼部,实现了覆盖所有年龄段读者的公共图书馆服务。图书馆服务的读者对象是"0岁到100岁",包括各个年龄段和文化层次的人,真正做到了"平等、免费、全民共享"。图书馆对他们的唯一要求,就是把手洗干净再阅读。杭州图书馆馆长褚树青认为:"我无权拒绝他们入内读书,但您有权利选择离开。"杭州图书馆也因此被网友称为"最美图书馆"。

(2)市民大书房,平民图书馆

杭州图书馆新馆以温馨、舒适的家居式风格为读者带来了全新的阅读体验,这种布局风格的设计为读者利用图书馆资源提供了最大限度的便捷,营造了"人在书中、书在人中"的阅读环境。

(3)利用科技和艺术提升魅力

图书馆创建了具有国际一流水准的音乐馆,不仅让音乐爱好者们大开眼界,而且提升了市民的音乐审美与文化生活品质。图书馆还实现了无线网络全馆覆盖,采用当今世界最先进的射频识别(RFID)技术进行业务管理,在文献财产管理、文献清点、文献准确定位等方面极大地提升了文献管理效率和服务水平。

（4）构建城乡服务网络

为贯彻覆盖城乡、全民共享，让文化惠及更多人群的职业理念，杭州图书馆构建起城乡四级图书馆服务网络；借助社会力量成立了图书馆之友社和国内首家图书馆事业基金会，组织开展演出、讲座等颇具特色的文化活动；定期出版《文澜信息》刊物，展现杭州风土人情；作为杭州图书馆的门户网站，"文澜在线"让市民足不出户就能够享受到图书馆的服务。

（5）定期举办活动，丰富市民休闲生活

杭州图书馆每月定期举行各种活动，并将活动内容提前一个月公布在网上和图书馆宣传栏上，以便相关爱好者参加。仅 2014 年 1 月馆内活动就有 70 余项，不仅包括图书馆定期举办的常规活动如摄影展、征文展、书画沙龙、书友会、音乐会、美食体验活动等，还包括特定时间节点举办的特殊活动，如纪念毛泽东同志诞辰 120 周年系列活动。图书馆还针对特殊人群定期举办活动，如少儿手工制作、外语学习、经典诵读等活动，从小培养儿童的兴趣爱好，有利于其养成良好的休闲习惯。

（二）发展问题及挑战

近几年随着杭州休闲的发展，一批具有时代特色和先进发展理念的公共文化设施拔地而起，成为杭州休闲发展的有力支撑以及市民进行休闲活动的重要场所。尽管市政府在公共文化设施发展上做出了很大努力，并取得了一定的成绩，杭州市公共文化服务发展水平仍然存在区域不均衡现象。在全省基层公共文化服务评估指标排名中，杭州市综合实力排名前列，但仍有个别区、县（市）未建有公共图书馆或基础文化设施滞后，公共文化的财政支出与全市经济总量和财政规模相比仍显不足，图书馆文化设施运营、文化项目运作、公益性文化服务社会化程度不高，基层公共文化服务设施效能有待进一步提升。

公共文化设施是否真正满足广大群众的休闲和文化的需要，起到推动城市休闲和文化发展的作用，并不是由政府理念和建设发展决定的，群众才是真实的试金石，群众满意度是衡量城市公共文化设施发展成败的重要标准。然而在现实条件下，杭州房价、交通等原因大大限制了移民群体对休闲资源的利用。本文针对移民群体进行了图书阅览类公共设施的满意度调查研究，得出以下结论。

1.总体满意度较高，环境得到最高认可

在各类公共文化设施中，图书阅览类公共文化设施因其内容丰富性、阅读学习环境宜人性、资源可重复利用性而备受不同年龄阶段人群的欢迎。各大图书馆丰富的人文特色活动也调动了人们参与的积极性,近几年推出的"杭图模式",更为广大人民群众提供了极大的便利。调查结果显示,市民对图书阅览类公共文化设施的满意率也相对较高,近2/3受访者表示杭州市文化设施基本可以满足其休闲需求,说明其在杭州城市发展中得到了群众普遍认可。

在调查中我们发现,人们选择图书馆的主要动机依次为:公共文化设施整洁舒适的环境、丰富休闲娱乐生活、有较强的知识性趣味性、较低的休闲成本、精神享受、消磨时间等。其中,图书馆的环境整洁和较为舒适条件受到了一致好评。尤其是在炎热的夏季,很多市民倾向走进公共文化场所,博物馆、图书馆成为附近居民的纳凉点,这体现了群众对图书馆环境的充分认可。

2.总体利用率不高,对活动缺乏了解

一方面,由于移民普遍较为忙碌,图书馆并未成为他们日常生活中频繁出入的场所,只有少部分准备考试的读者选择安静的图书馆进行备考,还有近一半人表示将其作为每周或每个月消遣的一种方式。另一方面,图书馆的宣传工作还有待于进一步提高,因为其直接关系到人们对公共文化设施有效信息的获取。如今杭州各景区旅游宣传铺天盖地袭来,而占据大量"黄金"地盘的图书馆却显得"静悄悄",大多展馆仅使用网站、公众号关注等方式进行宣传介绍,宣传渠道较为狭窄,各种活动也难以向移民传达,因此降低了休闲参与度。图书馆及各类展馆可通过招募志愿者、举办讲座、网站互动等方式来提高群众的积极性,充分发挥公共文化设施作用,调动群众参与热情。

3. 更多期许,交通依然是主要制约

影响移民前去图书馆的因素不仅有内在因素,还受外界因素的影响,近70%人认为区域交通是制约其享受公共文化空间的主要因素。如当前城市各文化设施组团发展建设,一方面可以构筑功能齐全的现代文化中心,但同时也给人们带来交通出行的不便,附近居民可以享受更多的文化资源,而较远地区群众则多了一道使用文化设施的障碍,这对居住城市边缘的广大移民群体来说更为明显。有的群众表示:"市民中心功能齐全,杭州图书馆设备先进,令人向往,可是位于钱塘江边往返都要2个小时,从时间成本上来看,实在是太不方便了。"可见,鉴于城市交通问题的影响,很多图书馆未能充分发挥文化辐射作用,而区域和社区图书馆的辅助作用也未真正发挥出来。

与此同时,人们希望政府能够在完善休闲功能、丰富展示内容、延长开放时间等方面加以改善。如有市民回忆前几年几乎每天都去钱江新城杭州图书馆

自习的痛苦经历："图书馆没有食堂,内只有面包和饼干,市民中心周边也没有餐馆,现在每天到了吃饭的时间,我只能开车到新塘路打来回。"而现在部分开设食堂的公共文化设施场所,其味道也不尽如人意,有人笑称"在那里用餐不够休闲"。如果图书馆食堂能够提供廉价可口的饭菜和午休场所,将会对忙碌的移民更具有吸引力。

4. 建设不完善,服务水平有待改善

一名下城区人大代表认为,经过区政府几年来的不断投入,区、街道、社区公共文化服务体系逐步完善,但区公共文化服务体系建设和管理工作仍存在一定薄弱环节,阵地(设施)利用率不高,设备更新滞后,部分设施存在闲置浪费现象;部分街道综合文化站存在面积不达标、选址不科学、移作他用等现象;少数社区文体活动室开放时间不统一、设施利用率较低;社区文化活动内容不够丰富,中青年等群体活动参与率不高,适合残疾人等弱势群体的文体活动还比较匮乏。他希望政府能够加强对区公共文化阵地(设施)使用状况的监管,充分发挥图书馆、文化馆、文化站(室)等公共文化设施的功能和作用。适当增加残疾人文体设施和盲文图书,通过街道互动、社区互助等方式用足、用活、用好现有文化设施。

5. 社区图书馆作用尚未充分发挥

曾经的"24 小时城市街区自助图书馆"在街头遭冷遇,证明市民需要的是一个充满文化氛围的休闲空间,拥有特定空间形态的图书馆、博物馆,有其特有的空间价值。然而,目前社区图书馆建设还存在质量不高、形同虚设等问题,未能充分发挥作用。

随着休闲时代的到来,人们越来越注重八小时之外的精神生活,而社区作为与人们生活紧密相连的空间,发挥着越来越重要的作用。政府需要根据这种社会变迁,对社会管理做出改变。在国外,每个社区甚至每个公寓都有自己的文化活动中心和健身房,这也成为评价社区质量高低的重要因素。社区作为与群众接触最为密切的文化前沿阵地设施,对于提高市民素质,丰富休闲生活起着不可或缺的作用。社区文化设施不仅要建设好,还要充分发挥好其阵地作用,尽可能满足大多数群众的需求。

总之,杭州市图书馆因其多元的办馆理念、跨系统联盟的总分管制、图书服务全民共享等发展模式,得到了专家和群众的普遍认可。而调查发现,人民群众对图书馆的真实需求与杭州市公共文化设施发展现状还是有一定差距的,这也要求政府实现自身转型,推动公共文化设施建设,不断满足人民群众日益增

长的精神文化需求和休闲需求,为他们提供足够的公共文化休闲空间、公共文化产品和服务。

在快速发展的现代社会,基本的卫生环境和硬件设施在现有图书馆已基本普及,不再是具有吸引力的特色资源;馆际互借和文献传递使得图书馆规模和藏书不再是荣耀的资本;虚拟空间和电子阅读向传统的实体图书馆发出挑战;组织活动的丰富性并不等于群众的高参与性。当然这些问题的提出并不是对图书馆存在意义和社会价值的否定,而是为其功能转型提供新的思考。一直以来,图书馆发展在注重提升文献资源价值和强调遵守公共秩序的同时,忽视了个人自由和能动性选择,始终作为一个严肃场所与人们日常生活保持一定距离。因此,在未来信息和休闲发展的时代,图书馆建设要以满足读者日常休闲需求和改变人们休闲方式为目标,致力于打造自由、创造、交流的开放性的公共空间;坚持发展理念转型,只有意识到将设施与服务直接作用于受益群众,才能够使得资源得以最大限度的发挥和利用。总之,图书馆发展要从"全民共享"走向"全民阅读",政府不仅是公共基础设施的提供者,还要促使移民群体依靠自身内在力量去改变现状和解决问题。

四、国外图书馆发展案例研究

一个国家公共文化设施的数量、覆盖范围、服务质量及"观众"是衡量这个国家文明程度的重要标尺,也是体现这个国家科学文化发展水平的重要窗口和标志。在国外,公共图书馆已经成为人们日常生活、休闲的一部分,可见一个国家公民的素质并不是生来具有的,而是在学校、家庭与社会的大课堂里经久培育与提升的。图书馆作为重要公共空间,无疑是滋养与提升公民素质的一块不可忽视的极其重要的沃土,也是提高市民休闲生活、发展休闲城市不可缺少的一环。然而,我国尽管图书馆数量众多,却鲜有跻身世界前列的坐标性图书馆,因此需要向国外优秀图书馆学习发展理念和服务方式,以此实现自我提升和发展转型。

(一)华丽的坐标——盐湖城公共图书馆

盐湖城公共图书馆是一个令人瞩目的现代建筑,它以全新且令人折服的方式进一步确立了图书馆在城市中的重要地位。它由三角形主建筑、邻近正方形的行政大楼、玻璃"城市之室"和公共广场组成。这座建筑于 2003 年开放,拥有一个巨大的室内公共空间,除了拥有阅览室和公共服务机构,还有商店和天台花园,以及一个玻璃顶盖的弧形走廊环绕藏书区。从藏书区经过廊桥即到达对面较远处的阅读区,这里可以欣赏到 Wasatch 山的美景,它取代了传统正式阅览室的阅读廊,而以一种"读者社区"式的设计,既保证了阅读者的隐秘性私人空间,又把阅读和外部美丽的景色有机联系了起来。图书馆特有的环形斜墙设计,成为盐湖城的一个独特的标志,走上屋顶花园,城市和周围山脉的壮观风景尽收眼底。职员们认为新图书馆的功能设置非常实用,从书本的传送处理、整体环境的照明到办公室功能区的使用等方面都相当不错。盐湖城公共图书馆建筑赢得了 2004 年 AIA 荣誉奖和 2005 年 AIA/ALA 图书馆建筑奖。

(二)平民阅读的创新——俄罗斯图书馆

《俄罗斯联邦国家支持与发展阅读纲要》颁布后,俄罗斯的国民阅读促进与推广表现为一种热潮,各馆在确认不改变其文化母体传承与保护职能的情况下,致力于弥合大众文化阶层之间的缝隙,继承、整合、发展传统阅读,使国民阅读促进逐渐沉淀为一种理性探索与兼容并包的发展态势。他们坚持把阅读促进活动引入民众之中,倡导国民阅读重在"全民",不只是精英阶层的阅读,也不只是图书馆用户中积极读者层的阅读,而是致力于推动广大市民和普通公众的阅读。图书馆没有抛弃"全民"中"不阅读"和"很少阅读"的这一部分人,努力宣传阅读与营造氛围,努力使国民阅读成为名副其实的"全民"阅读。在"阅读是不能强迫的,但阅读是可以渲染与蔓延的"理念基础上,各州以区、市、县、乡村为单位逐层蓬勃有序地开展各项活动,如走上街头、深入基层、榜样教育等形式都曾被俄罗斯图书馆成功地运用于读者服务工作。

(三)游戏化服务实践——美国图书馆

美国图书馆开展游戏服务由来已久,积累了较为丰富的经验。美国图书馆协会(ALA)从 2008 年开始举办图书馆游戏日的活动,每年都能吸引很多图书馆和公众参与。美国图书馆游戏化服务分为定制开发游戏、整体体验的游戏化、图书馆活动的游戏化和教育的游戏化四种形式。其规模和应用的范围普遍不大,实施部署游戏化服务时也多利用已有平台,注重以用户为中心设计,重视评估和效果跟踪,但缺乏深入评估的有效工具。与此同时,各类图书馆也积极开展游戏制作的实践,上线的数字游戏种类非常丰富,包含问答解谜游戏、角色扮演游戏、休闲游戏、虚拟现实游戏、平行实境游戏和社交游戏等多种类型。游戏和游戏化无疑将会在未来图书馆服务中广泛应用,当然游戏化服务应用的进程不是简单的积分、点数、排行榜的应用,也不是奖励制度的重新包装,而是需要对图书馆服务进行梳理并将已有的设计技术运用到实际需求,这是图书馆新理念和服务方式的发展探索。

(四)创客空间改造——旧金山公共图书馆

旧金山公共图书馆创客空间主要指依托其主馆和各分馆的物理空间开展的创客空间服务,主要分为馆内创客空间、馆外移动创客空间和其他协作创客空间。馆内创客空间具体可归为八类,包括混合型空间、手工艺空间、培训空间、阅读空间、学习空间、游戏空间、亲子空间以及体育空间。馆外移动创客空间,指的是图书馆派人员带上设备,走出图书馆,到一些馆外空间(如公园、广场、社区等)进行创客服务,既拓宽了创客空间服务范围,也满足了更多居民的需要,是馆内创客空间服务的延伸与补充。与此同时,旧金山公共图书馆还积极与其他机构部门合作,共建图书馆创客空间,较为典型的是为收容所羁押的青少年提供包括图书资料借阅、阅读建议、参考资料讲解、作者访问、咨询辅导等服务。创空空间的优势在于:服务对象更为明确且具有针对性;能够突破物理空间寻求多方协作;空间延续性强,有助于鼓励用户参与;运营形态多样,注重平等交流。

(五)社区图书馆与服务——温哥华公共图书馆

加拿大图书馆属于社区服务的一部分,以温哥华公共图书馆为例,它共有22个分支机构,分布在温哥华市区的不同位置,且分布密集。温哥华市大约有60万人口,平均不到3万人就有一个图书馆。图书馆的使用非常方便,只要出示居民有效证件,填一个简单的表格,不需要任何费用,几分钟内就能在任意一个图书馆申请到一张借书卡,可以在温哥华公共图书馆的任何一个分馆使用。温哥华公共图书馆不同分支机构的图书也是共享的,它们拥有一个统一的图书信息系统,只要连接网络就能在上面方便地检索任意书籍以及所处的状态。市民还可以利用图书信息系统预约取书,免去来回奔波。另外,24小时自助还书服务更给人们提供了便利。在图书馆行业频受数字化浪潮冲击的当下,加拿大图书馆的人气却在过去10年中逆市上扬,不但数量没有减少,甚至还比过去有所增加。当地人更多的是将图书馆当作文化休闲中心,经常利用讨论室举办小型研讨会,以及举办一些中等规模的朋友间聚会。

五、图书馆"同待遇"发展策略提升

当认同作为一个社会问题从现代社会中呈现出来时,社会转型中认同建构的迫切性问题也就体现了出来。流动人口认同危机的出现是中国城市化进程中所要面临的必然矛盾,也是关系到城市长远发展和社会和谐建设的主要问题。城市发展首先要回答好"为何发展"这一问题,"以人为本"是我们发展城市的核心要义;流动人口对新环境的选择也意味着对生活的思考,即"我有怎样的生活期待",以及"外界环境对我的包容、认可和评判"。杭州城市生活品质的"共建"和"共享",不仅意味着以农民工为代表的基层群众建设,更要有"新杭州人"对建设成果的享受。

当下杭州市图书馆发展尽管取得了一定成就,但是仍面临着转型任务。时代的发展要求图书馆正确定位自身的文化休闲功能,创建发挥文化休闲功能的环境,以艺术休闲、文体休闲、旅游休闲和休闲阅读等文化娱乐内容增强图书馆的亲和力、吸引力,使图书馆引导大众休闲。正如美国图书馆所提出的,"图书馆的主要动机不是教育而是休闲消遣",图书馆不应顽固坚持图书馆的教育、教化功能,而应关注图书馆功能的多元化,甚至包括休闲娱乐功能。因此,需要借助其所拥有丰富的文献资源、先进的网络信息导航技术、丰富的科研与创新素养培养经验、相对宽敞的场地设置、较为齐全的休闲活动设施,进一步营造适合读者个性化发展的空间和氛围,培养其独立性、综合能力和自主创新精神,鼓励兴趣爱好群体交流与沟通,并为其提供学习、交流、自我提高和自我展示的空间,进而提高移民群体的融入与归属感。

(一)发展平衡休闲,推动社区发展

社区图书馆,作为日常生活中人们接触最为频繁的场所,要坚持以人为本、以方便服务为基准的人性化设计。它带给移民的不仅仅是获取信息和追求知识的满足,还需要有一种安宁、轻松的文化氛围,以涤荡心灵,舒缓心理压力,达到学习与休闲并举的目的。因此,社区图书馆要改变以往冰冷、机械、过分严肃的面孔,营造出一种亲切、平等、轻松的氛围,以吸引民众积极参与。如在社区图书馆增设学习阅览区、社区讨论室、茶吧、咖啡区等,并用音乐唱片等进行装

饰,营造氛围;目前很多鲜奶吧、咖啡店也设有小型阅读区,社区可以和此类餐饮店联合,为其提供深入社区的空间和文化环境,也可以将所得租金进一步用于公共文化设施建设和管理中去;还可以开设社区自己的休闲娱乐场所,招募社区义工和志愿者,形成社区的良性互动。

总之,未来图书馆转型的重点是向社区休闲发展,以提供高品质、小规模的休闲空间为主,通过网上预约、文献传递、图书车下社区等方式,使附近居民免受公共交通等外在因素制约,能够经常享受家门口的休闲,这尤其适用于渴望缓解生活压力、调整日常节奏的新移民。

(二)发展严肃休闲,促进交流互动

纯静态的图书馆已不合时宜,在未来的发展中,交流和活动的空间将逐渐扩大,成为公共文化设施的重要组成部分。交流互动空间就是让人感受宽松与亲切的思想交流与文化共享的场所。打造交流互动空间,既可以是设立报告厅、多功能厅、展览厅、影剧场、个性化学术研究室、放映室、视听室,也可以是设立小剧场、书屋、咖啡屋。其目的是尽可能为读者营造一个温馨的环境和气氛。

在所有互动中,严肃休闲者最需要的是分享与互动平台。严肃休闲者往往选择通过阅读作为培养休闲技巧和休闲鉴赏力的重要手段,掌握高层次文化休闲(如诗歌、歌剧、芭蕾、音乐、书法和绘画、运动等)知识和信息。在一定程度上,阅读能够使移民学会以整体性的、脱离低级趣味的、文明的、有创造性的方式享受休闲生活,既培养了特长,又挖掘了潜在学习能力和兴趣。因此,图书馆要为拥有一定教育背景、休闲时间和经济条件的新移民提供投入到严肃休闲的机会,如提供媒体活动室和研讨室等具有创造性的交流空间,以此提高休闲能力、技巧和鉴赏力,使其在具有挑战性的严肃休闲中感受到畅爽体验,进而摆脱低级趣味,形成较高层次的文化休闲;同时还可为专业人士和各级"发烧友"组织书法、绘画、茶道、音乐等主题的休闲活动,提供以收集、交流、体验为内容的休闲活动场所,以更轻松愉快的方式贴近人们生活,为严肃休闲爱好者们提供休闲交流空间;还可以通过对某音乐档案网站点击率的分析来验证规范性行为理论,或对钱币收藏者的信息搜寻行为进行分析,研究谱系学爱好者之间的信息与共享,做到更专业化地服务于严肃休闲者,同时也使移民的休闲生活更加丰富多彩,促使其在信念、情感、态度、知识、技能、审美、行为、价值及交际等方面有所转变。

(三)关注特殊移民,缓和社会矛盾

从小培养孩子的阅读习惯,关系到国家未来休闲的发展,不论是社区还是大型图书馆,儿童和青少年图书馆建设都尤为重要。场馆应摆脱严肃拘谨的形式,以"游戏"为主题,将读书阅读与亲子互动、手工体验、兴趣课堂等活动结合起来,为孩子打造日常学习、游戏的重要休闲场所。面对我国人口老龄化现状,图书馆应设立老年人专区,为其提供更为舒适、安静的休闲环境,同时还可以与文化活动中心、老年大学相结合,提供更多生活类书籍和与书法、舞蹈等兴趣爱好相关的视频资料,以此丰富老年人休闲,使其生活更有意义。此外,图书馆还可以为失业人员提供技能、技术类图书和讲座,使其能够更好地利用闲暇时间,而不是无所事事;修建残疾人专属通道和相关设施,使其能够走出来在图书馆享受闲暇时光;设立监狱图书馆,对服刑人员进行普法、心理咨询和相关技能培训,有利于缓和社会冲突,预防犯罪;还要将更多资源投入到基础教育较为薄弱的边远农村和地区,加强图书馆建设和文化知识普及,以此增强民族文化认同感,使社会边缘群体更好地融入社会,促进社会和谐发展。

(四)打造地标建筑,增强城市自豪感

在北美洲和欧洲,很多城市图书馆早已成为游客旅游参观的场所,杭州也可以利用自身特色,在西湖岸边打造杭州书院等特色图书馆,在打造城市地标的同时还可以进行城市文化宣传与推广。中国历来有读书修身并重、注重阅读环境的优良传统,杭州的书院自唐代始,至清代到达极盛,前前后后总共出现了约31所,其中以敷文书院(万松书院)、崇文书院、紫阳书院、诂经精舍四大书院最为著名。而如今万松书院成为西湖周围唯一以书院文化为主体的文化公园,其他书院也失去了往日的光环。建议以古代书院为依托,打造具有古代建筑特色、与周边自然环境融为一体的杭州书院,书院以藏书、讲学、交流、休闲为主要功能,以传播中国传统文化、杭州特色文化为主要目的,以杭州市民、游客,尤其是青少年为主要对象,以古文习得、传统书画和手工技艺、传统乐器、民族舞蹈等为内容载体,把读书求知与修身养性统一起来。与此同时,图书馆若想成为地标建筑,还可以与博物馆、历史文化馆、档案馆等公共文化设施相结合,打文化场馆组合牌,不仅提高空间利用率和社会地位,加强周边体育和餐饮等配套设施建设,还能够打造新的功能完善的文化中心,进而提高知名度和移民自豪感。

(五)商业旅游推广,提高休闲机会

休闲商业化作为城市文化的重要部分,能够给人们带来更多的休闲机会。而图书馆具备其他休闲设施和机构不具备的良好条件:优越的地理环境、雄伟的现代化建筑、干净舒适的环境、丰富而历史悠久的文献典藏以及低成本的花费,因此其在旅游上的开发潜力是巨大的。如上海市图书馆新馆已具备游览、购物、娱乐等综合功能,成为上海市民游览及周末休闲的好去处。一方面图书馆建设可从内容上进行革新,如香水图书馆、音乐图书馆等;另一方面可与购物中心、咖啡厅、影剧院等商业空间相融合,形成充满活力的多功能复合式公共空间;充分发掘社会力量,通过众筹等方式将大众思想和需求引入图书馆建设,以更好地实现图书馆的空间效用和价值,如陆博书架等。当然,图书馆向商业化发展并不是对其公益性的否定,而是消费社会下人们的行为习惯休闲需求发展之必须,有利于更好地发挥图书馆的公共服务职能,提高民众接触机会和利用率。

(六)充分利用空间,改变传统形态

作为居住和工作环境之外的第三空间,图书馆不仅为人们享受阅读提供良好的环境和氛围,还能够满足人与人之间的情感交流需要,实现从"书"的空间向"人"的空间转化。从馆内空间来看,可根据图书馆书本借阅情况减少重复书籍购入,将更多空间用于休闲改造,同时改变桌椅整齐划一的布局,通过可折叠和移动桌椅组合,提高利用率,同时充分利用馆外空间,将座椅延伸到广场、公园等绿地,打造没有围墙的绿色图书馆,提高休闲机会。此外,未来图书馆环境将会发生彻底改变,从砖墙建筑到审美艺术、绿色生态空间,图书馆将会成为一座与周围环境结合、文化特色融入的艺术空间,成为旅游目的地和城市坐标。

(七)加速信息发展,打造数字时代

在科技信息时代,杭州可以依托互联网发展的成功模式以及3.0智能时代的开启,打造数字时代和快乐阅读方式,实现个体与群体和媒介的交互活动,这不仅包括以娱乐为目的的阅读,而且包括以解决问题为目的的信息获取之间的关系行为。图书馆研究者可以通过对背包客信息搜寻行为的研究来关注旅游信息的构建,研究网络虚拟社群中的休闲阅读爱好者的找书策略,并针对某一类兴趣爱好者的信息行为建立社群;还可以对网络上的虚拟兴趣社群(音乐博

客群)中的信息交换和交流进行关注,在众多相关研究的推动下,促使图书馆向专业化方向发展。

在当下娱乐盛行的时代,很多人宁愿待在家里守着电视,也不愿拿起书本阅读,更不用说去图书馆看一看,而中国人休闲情感与西方人相比,更倾向阅读、电脑游戏等低唤起的消极休闲参与(LAP)。因此,全民阅读是对群众参与和利用的期许,全民阅读普及的关键在于如何满足群众的真实需求,使人们做到自愿参与,并将阅读作为一种休闲方式融入日常生活之中。

休闲与文化本身就是丰富的、多样化的体现,城市也通过公共空间和服务来传递不同的城市文化感受,作用于不同性质的城市人群。希望图书馆能够在将来成为惠及包括移民在内的大众的休闲方式,代表公共文化设施成为推动城市休闲发展的一股新生力量。

(2017 年"休闲文化与城市休闲""同城同待遇指数"专项课题)

公共文化设施现状及其在城市休闲发展中的作用研究

——以杭州市为例

彭菲　武岳*

一、休闲时代下的公共文化设施发展

(一)背景:休闲时代的来临与社会革新

1. 休闲时间的解放

随着科技的发展和社会的进步,休闲时代的帷幕已经开启,人们拥有更多的休闲时间和休闲空间。以我国为例,1995 年 5 月,全国开始实行 5 天工作制;1999 年 9 月 18 日,国务院发布《全国年节及纪念日放假办法》,决定增加公众法定休假日,规定春节、"五一"和"十一"法定休假 3 天,并推出了黄金周休假制度,使中国人每年的法定休息日达到了 114 天;2007 年 12 月 14 日,《国务院关于修改〈全国年节及纪念日法〉的决定》规定元旦、清明节、五一劳动节、端午节、中秋节各放假 1 天,春节、国庆节各放假 3 天,使法定休息日达到 115 天。目前面对"黄金周"等休假问题,我国再次商讨假日改革方案,新一轮假期改革方案指日可待,相信它会更加适应休闲时代潮流,保障公民的休闲时间和休闲权利。休闲时间的解放,使我们有更多的时间可以享受休闲,同时也亟须社会投入更大的精力去关注休闲,推动城市休闲的发展。

正如休闲学者马惠娣所说,休闲时间已经成为大多数人生活中的重要组成部分,休闲正"从少数人的消磨光阴,演变成多数人的生活方式"。人们的休闲

---

* 浙江大学亚太休闲教育中心。

需求空前高涨,休闲方式层出不穷,不同的休闲服务和产品应运而生,休闲所创造的经济正以前所未有的速度吸引着全世界人们的关注,闲暇时间正成为一种"以时间形态存在的社会资源"。

2．休闲空间的延展

1933 年,国际现代建筑协会在雅典召开以城市规划为主题的会议,制定了著名的城市规划大纲——"雅典宪章",明确指出休闲与居住、工作和交通一起共同构成了城市的四项基本功能[①]。城市休闲空间无疑为满足人们的休闲需要,方便人们的休闲活动提供了适应的空间环境[②]。如今,随着社会的发展,休闲的内涵和外延都发生了一定的变化,它与居住、工作和交通等区块融为一体,在规模、大小上更加灵活,形式也更为多样。图书馆、博物馆等公共文化设施和场所不再是单纯的文化教育基地,而成为人们休闲的空间;很多文化广场、公园等休闲空间也不单是娱乐场所,而是更多地增添了人文气息;休闲空间也不再单指大规模的室外娱乐场所,它可以是小型社区文化广场、活动站,也可以是车站休憩场所。城市休闲空间的延展,给予了我们更多发挥、创造想象的空间。同时,如何处理好城市休闲空间与城市文化、社会、经济发展之间的关系,也是我们面临的重要挑战。

3．休闲权利的赋予与保障

从人的角度来讲,休闲是通过城市发展来实现的。1970 年由世界休闲组织颁布的《休闲宪章》彰显了个人的休闲权利。它指出,所有人都有参与符合其所在社会的规范和价值标准的休闲活动的基本人权,所有的政府都有义务承认并保证其公民的休闲权利,应当确保公民得到丰富多彩的高质量的休闲与娱乐机会,通过维护本国自然、社会和文化环境来确保公民未来开展休闲活动的可行性等。

我国的《职工带薪年休假条例》,明确规定"机关、团体、企业、事业单位、民办非企业单位、有雇工的个体工商户等单位的职工连续工作 1 年以上的,享受带薪年休假。单位应当保证职工享受年休假。职工在年休假期间享受与正常工作期间相同的工资收入",为全面落实职工休假权利提供法律保障。2013 年,国务院办公厅印发《国民旅游休闲计划纲要》,旨在满足人民群众日益增长的旅游休闲需求,促进旅游休闲产业健康发展,推进具有中国特色的国民旅游休闲体系建设。

---

① ［美］凯文·林奇. 城市意象［M］. 方益萍,等译. 北京:华夏出版社,2001.
② 吕宁. 中国城市休闲和休闲城市发展研究［M］. 北京:旅游教育出版社,2010.

随着社会的发展，人们将逐渐进入"休闲时代"。在这样的背景下，人们对于休闲应当有更为丰富的理解，休闲不应被认为只有服务于工作才有意义，而应被视为可以自由支配的时间，可以根据个人的兴趣与爱好来自由地安排个人生活，休闲的权利理应得到弘扬。但这种休闲权利的实现也要依托一定的发展空间来实现，而作为经济、文化、政治全面发展城市，正是人们实现休闲权利的最重要场所，它是众多人口的集聚地和人们生活的栖息地。

（二）内核：文化——城市永恒的灵魂

文化是推动人类社会由低级向高级发展的动力。17世纪的美国人类学家摩尔根在《古代社会》一书中曾指出：人类是从发展阶梯的底层开始迈步，通过经验知识的积累，才从蒙昧社会进入文明社会。这里所说的"经验知识的积累"，就是文化的积累。文化的积累在人类社会前进历程中的作用是不可低估的，在当代，它也是城市现代化的成败所在，它是城市竞争力提升的重要标志。

文化对城市的塑造发挥着重要的作用，它是一个城市经济的不竭动力。如果说经济是现代城市的动力，城市景观是现代城市的形象，那么文化则是现代城市的灵魂。只有文化内涵丰富的城市，才是发展潜力强大的城市①。

1. 城市文化的经济价值

从经济价值来看，城市文化对城市经济发展起着潜在的拉动作用，尤其是对旅游业、服务经济的发展。一个具有文化底蕴和独特个性的城市，能够吸引游客来促进城市旅游业的发展；城市文化的精神力量如理想、道德、信念、价值观、求实创新、奉献精神等，往往能够形成一种凝聚力，对城市文化产业的发展起到促进作用；另外，城市文化对于城市经济的持续发展所起的作用还表现在：发展城市文化，可以降低社会成本而增加社会收益。如良好的城市文化，有助于城市居民形成向上的精神风貌，进而减少犯罪并降低安全成本②。

2. 城市文化的社会价值

从社会价值来看，城市文化涉及市民素质、社会风气、民俗风情等各种文化现象和文化活动，以及与之相配套的城市文化设施。良好的城市文化环境对内有利于市民向心力、凝聚力以及自身素质的提高，进而形成良好的市民行为习

---

① 王国平. 中国城市学蓝皮书（2013）［M］. 杭州：杭州出版社，2013.

② 张鸿雁. 城市形象与城市文化资本论——中外城市比较的社会学研究［M］. 南京：东南大学出版社，2002.

惯和社会文明风气;有利于文明城市的建设,塑造美好的城市形象,从而促进城市经济、社会与人的和谐与可持续发展。良好的城市文化环境对外可以向游客展现良好的城市形象,使人在精神上产生共鸣感,进而提升城市魅力和吸引力。城市是人文的空间化,城市文化本质上涉及的是人与城市的关系。正如伊里尔·沙里宁所说:"让我看看你的城市,我就能够说出这个城市的居民在文化上追求的是什么。"

3.城市文化的生态价值

从生态价值来看,城市文化对城市生态环境起着不可低估的矫正作用。文化就是人化,即人类通过思考所造成的一切,是人类存续发展中对外在物质世界和自身精神世界的不断作用及其引起的变化。这种变化既有有利于人类可持续发展的正向作用,又有破坏性的负向作用。城市是区域的经济、政治、文化中心,也是人们对地球作用最活跃的地方,是高度人工化的生态环境,也是一个脆弱的生态系统、人与自然矛盾最尖锐的地方。从"水污染"到"雾霾",生态环境俨然成为威胁健康城市生活的头号大敌,而城市生态环境问题的产生是有其深刻的文化根源的,在很大程度上是由文化观念落后、缺乏长远目光导致的。只有当人们对生态环境和经济发展的理解从物质层面上升到精神层面,重视城市文化环境和精神文化的建设时,城市文化在生态方面的价值才会更加凸显,更有利于促进城市的可持续发展。

4.城市文化的发展价值

从城市发展价值来看,作为一个复杂的大系统,城市不仅仅是柏油马路、高楼大厦、娱乐场所、文化设施等现象的简单罗列,更是丰富的建设艺术、优美的人文与自然环境、人的文化艺术和休闲活动等与城市现代文明的和谐统一。城市文化影响了人类对城市的环境、造型、色彩、技术等各方面形象的塑造,使城市形象的每个方面都深深地打上了文化的烙印。城市文化通过增加城市魅力、提升城市品位、丰富城市居民生活、扩大城市外界影响、增强城市综合实力和综合竞争力等直接或间接地参与城市建设与发展。由此可见,城市文化在城市建设与发展中起着举足轻重的作用,城市文化是推动城市经济持续与健康发展的重要力量。也正是由于城市文化具有经济、社会和生态价值,我们在城市发展中更要注重推动城市文化的发展。在城市文化发展中,随着历史与文化的发展延续,每座城市都形成了具有独特个性的城市特质。一个没有文化气质的城市,充其量只是一个摩天大楼充斥的水泥空壳,没有生机且难以在世界城市竞争中立足。城市也因为特有的文化内涵而散发独特魅力,威尼斯的水文化、古罗马的建筑文化、维也纳的音乐文化、巴黎的时尚文化,这些鲜明的文化形象与城市主体结合起来,形成了特有的城市形象①。

从文化发展的时间轴上来看,文化积淀是随着时间跨度的加大而日渐深厚、日渐稳定的,城市的文化特性,无论是传统的还是当代的,都直接影响到城市的空间形态;从文化发展的空间轴上来看,空间是文化的载体,而人的活动又是空间形态的主体,因此有着同一文化背景的人群,即便远离自己的文化核心圈也能创造出新的文化归属地,广布海外的唐人街便是一个很好的例证。由此可见,空间形态是城市文化的重要物质载体,也是人们主观活动的客体承担者。因此,城市文化研究应关注城市空间,因为城市空间是展现城市风貌和市民精神面貌的最好落脚点,也是一个城市文化的直观表达。

(三)载体:休闲时代下的公共文化设施

1. 空间形态是城市文化的重要物质载体

空间形态是文化的载体,其所表现的形态包括城市道路、街巷、建筑,以及文化产业、文化设施和产业文化标识等。尽管在当今全球化与新城市化双重浪潮的推动下,城市文化所蕴含的价值观、城市文化的结构和功能都发生了很大的变化,但城市文化永远离不开人与城市的关系,离不开人所生活的空间形态。它不仅承载了历史的记忆,是城市对遗存的保护,更是随着时代的发展,城市空间形态的创新。

2. 城市休闲空间是进行休闲活动的依托

城市公共休闲空间是指一座城市给人们提供的进行各种休闲活动的公共场所,以及在这种特定场所中所形成的快乐、自由的休闲氛围。它可以是一个相对单一的休闲点(点)、一条休闲街道(线)、一个休闲场所(面),还可以是点线面三者的结合,用集中与分散的方式把市民的各种休闲活动和休闲空间环境有机地综合起来。因此,就实体层面而言,公共休闲空间是由有形的公共休闲设施及相关建筑设施共同组成的环境空间;就其软体层面而言,它还包括一定休闲场所中形成的既有制度习俗、文化环境、精神面貌及休闲氛围等。

城市的原始功能主要是为居住、生产和商业活动提供空间,即"城"与"市"。随着城市的发展,城市功能逐渐多元化,城市居民在生产、生活之余产生了更多

---

① 朱俊成. 城市文化与城市形象塑造研究——以南昌市为例[D]. 南昌:江西师范大学,2006.

的休闲需求,休闲活动开始从家庭空间转移到社区空间,休闲与休憩成为城市功能的重要延伸。在时间与空间有限的前提下,城市成为居民进行休闲活动的主要场所之一,成为日常休闲活动发生频率最高的地域空间。

3. 公共休闲空间与人性维度

1996年,安德烈·端尼在《新都市主义宪章》中提出以人为本的设计策略,对提升城市公共空间品质有深远的影响。扬·盖尔在《人性化的城市》中提出人性维度是城市中有利于人们行走、站立、坐下、观看、倾听及交谈的维度[①]。他认为在发展中国家人性维度遭遇着复杂严重的状况:城市的迅猛扩张造成空间环境大量破坏,城市变成"增长的机器",一味追求效率。城市形态粗滥、空间尺度失衡导致公共空间无法衍生出商业、娱乐、文化等活动,缺乏人文关怀,城市宜人化公共空间正在流失。他提出城市规划必须强调人性维度——这是塑造高品质城市公共空间的强烈需求,是创造活力、安全、可持续城市的梦想。公共休闲空间作为人们日常休闲活动的重要空间载体,也是以人为本的重要体现。

4. 公共文化设施与城市休闲发展

从文化和休闲意义上来讲,公共文化设施是新时期将二者紧密结合的重要空间形态,它既是展示城市文化、市民精神面貌的窗口,也是群众休闲活动的重要场所,对城市休闲发展起着重要作用。

(1)公共文化设施内涵

公共文化设施即公共文化服务体系建设的基础平台和首要任务,是展示文化建设成果、开展群众文化活动的重要阵地,其建设和管理水平直接关系到人民群众基本文化权益的实现和文化发展成果的共享程度。它是具有文化内涵的空间形态,主要包括博物馆、文化馆、图书馆、文化站、文化室、非物质文化遗产展示中心、非物质文化遗产传习所以及一些纪念地等。它具有以下几个特性:①公共性:通常以免费或收取较少费用的形式对外开放,为全民共同享有。②公益性:关系到社会福祉及公民的休闲、文化权利,通常以非营利为目的。③文化性:提高空间文化品位,有利于城市的文明建设,展现城市文化形象。④休闲性:以文化的形式给人们带来愉快与自由的体验,是新的休闲场所。⑤民生性:强调以人为本,满足公民的文化和休闲需求,丰富其闲暇生活。

(2)公共文化设施与城市休闲发展

休闲是一个个性化的选择,同时又是一种公众性的选择,城市休闲意味着

---

① 扬·盖尔. 交往与空间[M]. 何人可,译. 北京:中国建筑工业出版社,2002.

休闲需要公众参与,在公共空间下孕育一种公共的文化。一方面,城市生活的压力和单调导致人们对休闲需求的日益增长;另一方面,城市作为人类生产、生活的场所,逐渐将休闲理念应用到城市发展、建设中去。公共文化设施因其具有公共性、公益性、文化性、休闲性、民生性,而成为弘扬城市文化、发展休闲城市的重要结合点。[1]

公共文化设施是城市休闲发展的重要前提和基础。首先,文化设施是对城市历史文化的保护,它通常分散在城市中心、景区或人口较为密集的场所,是外地游客了解城市文化的窗口,也是当地市民休闲放松、获取知识的公共场所。其次,公共文化设施能够全面提高市民素质并整体提升城市文明程度,有利于对居民休闲进行合理引导。公共文化设施场所对儿童的影响尤为重要,它有利于青少年从小养成良好的休闲习惯,合理利用时间,进行适合自身发展的较高层次的休闲。再次,成功打造的公共文化设施,不仅能够成为市民活动、游客参观的场所,还能成为一座城市重要的旅游地标,如法国罗浮宫、英国大英博物馆,它们已经成为城市乃至国家的代表。最后,公共文化设施为人们休闲文化活动提供空间,是传播休闲文化理念的重要场所,是城市重要的公共设施,也是打造休闲城市的前沿阵地。

城市休闲发展是公共文化设施进一步发展的保障。随着休闲时代的发展,公共文化设施已从原有意义上单纯的文化场所逐渐转变成休闲文化空间,是城市公共休闲空间的重要组成部分。城市休闲发展为城市文化设施建设和转型提供理念指导及物质保障。从政府角度来看,城市休闲发展能够推动政府休闲观念的转变,促使其将休闲理念应用到城市建设中去,公共文化设施作为重要的公共空间场所,是休闲理念实践的重要场地。从群众角度来看,城市休闲观念发展,能够促进民众休闲意识的觉醒,使其自发维护自身休闲权益,自觉参与到城市休闲发展建设中去,维护公共文化设施,并对公共文化设施中的休闲利用提供合理建议。

(四)调研:课题研究综述

1. 研究对象

城市与文化息息相关,公共文化设施作为城市文化的重要物质载体,不仅能够生动直观地展现一座城市的精神文化风貌,更是广大人民群众满足自身需

---

① 李一平,陈宁. 杭州特色与经验:文化卷[M]. 杭州:杭州出版社,2008.

求的场所。随着城市的发展和时代的变迁,文化设施已从原来的单纯意义上的文化场所向文化休闲空间转变。而在这种转变中,一些问题出现了,如城市公共文化设施目前发展情况如何,是否将休闲理念融入公共文化设施建设中去;群众的真实需求和对公共文化设施发展满意度是否达到理想水平,现有公共文化设施能否满足群众的休闲需求;公共文化设施在城市休闲发展中的作用如何,该怎样满足群众休闲需求,推动城市休闲发展。这一系列问题正是我们希望通过课题解决的问题,也是进行本次课题研究的目的所在。

公共文化设施可分为不以营利为目的的公益性文化设施,还有与产业发展、市场经济相结合的营利性文化设施。因政府主导的公共文化设施多为公益性文化设施,群众受益最多、日常接触最多的也是免费开放或收费较低的公共文化场所,因此本次调研将具有公共性、开放性、门槛低、受益群众广的非营利性公共文化设施作为重点研究对象。

在城市样本选择上,近几年杭州在打造休闲城市形象、推动休闲发展上取得的成绩有目共睹,多次荣获"中国十大休闲城市"称号,并获得包括最值得向世界介绍的中国名城、中国(大陆)国际形象最佳城市、中国最佳旅游城市等在内的诸多殊荣,同时将"东方休闲之都,生活品质之城"作为城市形象选择口号进行宣传与推广。因此,在文化设施与城市休闲发展的调研中,以杭州市为例进行调查研究,更具有前瞻性和借鉴意义①。

在课题研究上,首先,本文通过对休闲背景、文化内核、空间载体等逻辑关系的理论梳理,展示公共文化设施对城市休闲发展的关系及研究价值;其次,对杭州公共文化设施发展现状和已取得的成绩进行梳理,展示杭州市政府在推动城市公共文化发展上所做出的努力;再次,以杭州公共文化设施为研究对象,通过问卷调查、访问等形式,获取相关信息,通过数据分析及结合有关资料,形成群众对杭州市公共文化设施满意度及其在城市休闲发展中所处地位和所起作用的基本评判;最后,结合公共文化设施及其在推动城市休闲发展中作用和地位的分析,对未来杭州市公共文化设施在休闲时代下的发展进行展望,并从休闲视角出发,提出相应的、切实可行的观点、意见和建议。

在研究内容上,由于不同文化设施具体功能、性质不同,因此根据杭州市公共文化设施自身的特点,本文将研究对象分为以下三类,并分别针对不同群体对杭州市民和游客进行调查走访:①文化展示类:包括历史文化类展示、艺术文

---

① 郭旭,郭恩章,陈旸.论休闲经济与城市休闲空间的发展[J].城市规划,2008(12):79-86.

化类展示和自然科技文化类展示,如各种形式的历史文化博物馆、纪念馆、美术馆、科技馆等公共文化设施;②图书阅览类:主要包括省市级图书馆、社区图书馆等以图书阅览为主的公共文化设施;③社会文化类:包括文化广场、青少年活动中心、社区文化站等为市民提供活动和休闲娱乐的公共文化场所。

2. 研究意义

(1) 理论意义

公共文化设施作为精神文明建设的物质载体,既是城市物质文明高度集中的反映,也是城市综合经济实力和文化实力的有效展示,同时也是提高城市文化品位和市民文化素质的重要活动场所。建设、完善精神文明基地可以刺激和促进物质文明的进一步健康发展,公共文化设施用地的合理布局和项目的优化配置是满足文化需求、彰显文化特色的重要途径,是保障群众就近、便利、有选择地参加文化活动,保障群众公共文化权益的重要表现。而休闲文化可以说是城市内聚力和精神的体现,它能深入人心,形成既定的休闲氛围,进而推动整个城市的休闲发展,促进社会和谐。进行公共文化设施研究,有利于为休闲时代下的公共文化设施发展提供理论依据和指导,有利于展示城市的文化形象,体现城市的人文情怀,关乎城市居民的幸福感,也是建设休闲城市,丰富和提升城市生活品质的理论保障。

(2) 现实意义

公共文化设施的建设,符合社会文明发展趋势——这些由政府或社会力量投资建设、向公众开放、用于开展各类文化活动的公益性文化场所,包括大型图书馆、博物馆、纪念馆、美术馆、文化馆等,既是居民接触和普及文化艺术的重要场所和最佳渠道,也是满足公众文化需求、增强国家文化软实力、提高全民素质的重要内容,更是打造"学习型城市"、建设"文化名城""休闲之都"的重要实现途径。同时,城市底蕴与现代艺术手法结合的创意性表现,还可作为城市的文化标志性景观,增强城市的魅力与影响力,成为城市的新地标与新名片。

3. 研究思路与方法

本文从文化和休闲视角出发,以杭州为例,通过对公共文化设施与城市休闲发展的关系研究,找出城市公共文化设施发展现状与人民群众休闲文化需求之间的差异,并思考和探讨完善杭州公共文化设施建设的视角、思路、途径、内容和方式,为杭州市政府进一步推进城市文化设施建设和市民休闲发展提供决策的理论和资料依据。

本次调研以抽样调查问卷、访谈为主要社会调查方法,进行数据采集;分析过程主要采取理论研究法,包括文献研究法、比较研究法、定量研究与定性分析法等。整个调研过程共分为五个研究阶段。

(1) 文献研究阶段

该阶段的主要任务是收集并研究国内外与休闲和公共文化设施相关的文献资料,从理论上进行系统的分析和梳理,为问卷设计和后续分析研究奠定基础。

(2) 数据收集阶段

在对杭州市区各类公共文化设施进行尽可能科学准确分类的基础上,与政府有关部门、民间有关机构联系,收集现有文本数据,采用目标人群访谈、问卷调查的方法,收集现场实际资料,分类进行梳理分析,形成包括现状、成绩和问题在内的基本统计数据。同时根据反馈结果对调查问卷和调查方案进行调整和修正,以取得较好的调研效果。

(3) 数据录入和分析阶段

通过对回收的问卷进行完整性和逻辑性检查,剔除不合格问卷,将有效问卷录入到数据库中。并对问卷调查和访谈结果进行整理、统计和分析,用SPSS、EXCEL 等工具将数据导出形成图表,为研究报告提供准确的参考数据。

(4) 内容撰写与研究阶段

以城市学、休闲学、文化学、社会学、管理学、旅游学和心理学等多学科交叉视角,借鉴国外发达城市文化设施管理、运营等有益经验,同时运用定量分析与定性分析相结合、比较分析与规范分析相结合、案例分析与理论归纳相结合等方法,在课题所涉范围内提出相关的理论概括和思考,提出进一步完善杭州市公共文化设施的观点、意见和建议,促使其在城市休闲发展中起到重要作用。

(5) 归纳总结形成结论

在以上阶段基础上形成最终研究报告。报告内容力求客观公正,同时提出具有前瞻性的观点和可操作性的意见建议,争取为城市公共文化设施建设和城市休闲发展提供理论引导。

二、杭州公共文化设施发展现状

(一)"文化之城"与"休闲之都"

1. 文化是杭州城市形象的灵魂

杭州文化璀璨,积淀深厚。从新石器时期后期开始,先后出现过极具特色的良渚文化、吴越文化、南宋文化和明清文化，形成了一个完整的文化发展系列。其中良渚文化是杭州文化的开端和缘起，南宋文化是杭州古代文化发展的顶峰时期，也是杭州在国内最具有代表意义的文化。除此之外，还有伴随杭州发展、与人们生活息息相关的各种文化，有代表历史遗迹的西湖文化、市井生活的运河文化、高雅的茶文化和丝绸文化、承载城市发展记忆的工业产业文化、佛禅文化以及近几年兴起的创意文化、动漫文化等。丰富的文化资源是杭州的灵魂、发展的根基，也是其特有的内在特质。随着改革开放的发展，杭州也从对自然景观的开发到注重对城市历史与文化内涵的深层挖掘，更加重视城市形象的历史文化意蕴，从而打造城市特色精品。而公共文化设施是抽象的历史和文化的最佳保存和传承的场所，它以生动的形式向世人展示城市文化的面貌，是人们了解一座城市文化的重要窗口，是城市规划与发展中不可忽视的重要一环。

2. 休闲是杭州城市形象的特质

从自然环境来看，杭州属于亚热带季风气候区，冬温夏热、四季分明，降水丰沛，季节分配比较均匀。地形上看，它"三面环山一面城，一城山色半城湖"，有着江、河、湖、山交融的自然环境。市内拥有两个国家级风景名胜区、两个国家级自然保护区、六个国家森林公园、全国首个国家级城市湿地公园等。自然环境的优越，为杭州市的休闲建设发展提供了广阔的天地。

从社会环境来看，杭州以建设新"天堂"为目标，在城市保洁和环境整治领域取得了显著成效，尤其在园林绿化方面，注重人文关怀，满足市民和游客的休闲需要，创建良好的城市环境形象。萧山、余杭撤县建区后，杭州开始"从西湖时代走向钱塘江时代"，在布局上形成"城在景中，景在城中"的意境，进一步扩展城市休闲空间，同时打造多个旅游休闲综合体。得天独厚的自然和社会环境使杭州成为国内外游客心目中的休闲宜居城市和旅游目的地。

从人文环境来看，当杭州优美的自然景观和悠久丰富的历史文化彼此相融并和谐地融入杭州人的日常生活中时，杭州人特有的休闲生活气息便形成了。从南宋士大夫文化、市井小民文化到现代杭州人悠然的休闲文化，杭州人总是热爱生活，沉浸在对杭州美景和历史文化的享受之中，把杭州真正看作是自己的城市、自己的家。他们也把西湖和杭州的历史文化融入日常生活中，使外来人士能够充分感受到杭州闲适优雅的生活状态。

可以说文化是杭州城市的灵魂，是其独一无二的特有资源，它可以让城市散发魅力，吸引更多游客前来；休闲是杭州城市的特质，它能够以舒适闲淡的方式凸显杭州文化底蕴，使游客驻足。经过几千年的城市发展，杭州的文化已经融入城市休闲生活之中,市民休闲也散发着文化的气息,整个城市是文化的城市,更是休闲的城市。公共文化设施作为市民文化、休闲活动的重要场所,在彰显城市文化、推动城市休闲发展上更是有着举足轻重的地位。

(二)杭州文化建设发展历程

改革开放以来,杭州市文化建设取得了重大成就,文化领域发生了深刻的变化。城乡文明程度和市民素质逐步上升,历史文化保护工程成效显著,社会领域体制改革取得突破进展,基础设施建设力度加大,社会力量兴办文化的积极性逐渐提高。其发展历程具体可分为以下五个阶段。

1. 文化事业步入改革开放新时期

改革开放以后,杭州摆脱计划经济时期国家对文化事业管理过多、过死,缺乏生机的状况,步入了文化领域恢复、发展和繁荣时期。1983 年 11 月中共杭州市第五次党代会召开,在《进一步开创杭州新局面》的报告中指出,"文化艺术战线是社会主义精神文明的一条重要战线,杂技、越剧、歌舞团要努力提高表演水平"。这标志着杭州市委政府对文化艺术在社会主义精神文明建设中的地位有了初步的认识。

1984 年 2 月,"杭州市文学艺术工作者第二次代表大会"召开,市委、市政府宣布了"关于加强文艺工作的十项措施",这既是杭州市对党的文艺政策的贯彻和落实,也是对文化体制改革的初步尝试。20 世纪 80 年代中期以来,伴随着经济体制的转换,杭州市开始自发探索市场经济框架下文化发展的新方式。

1992 年邓小平同志南方谈话的发表和中共十四大的召开,标志着我国改革开放和现代化建设进入了新的阶段。在这一宏观背景下,杭州市以改革释放文化发展活力的意识显著加强,积极尝试转变政府职能,对文化体制改革进行探索。

2. 自觉探索文化发展的新方式

20 世纪 90 年代以来,随着杭州市场化进程的加速、经济社会的迅猛发展,文化的作用力已越来越突出。在这一背景下,杭州市委政府于 1995 年召开杭州文化发展研讨会,会后出台了《杭州文化发展战略和总体布局(1996—2010)》,提出的文化发展战略构想是:"适应杭州城市的性质、地位和社会主义市场经济的要求,以提高人的素质为中心,形成历史文化与现代文化完美融合,景观文化与城市文化交相辉映,高雅文化与群众文化彼此促进,具有深厚文化底蕴、优良风尚、一流文化设施、发达文化产业和现代文化体系,并以西湖文化鲜明的文化特色、强劲的文化内聚力和辐射力,成为长江三角洲区域乃至于我国东南部的重要的文化中心。"这一战略构想不仅标志着杭州重构文化发展新方式的自觉,也标志着杭州市意识到杭州文化具备向更高层次发展的条件。

3. 实行文化体制改革,释放发展活力

1999 年,浙江省委、省政府对杭州市提出了"建经济强市,创文化名城"的要求。以此为契机,杭州市委、市政府制定了《关于杭州建设文化名城的若干意见》,即:"以邓小平理论和党的十五大精神为指导,围绕把杭州建设成为现代化国际风景旅游城市的总体目标,着眼于提高市民的文明素质,着眼于提高城市的文化品位,着眼于满足人民群众不断增长的文化需求,大力推进文化建设和文化创新,把杭州建设成一个历史文化与现代文化完美的融合,具有深厚文化底蕴、优良文化风尚、丰富文化生活、先进文化设施、发达文化产业的文化名城。"这是杭州文化建设的一个标志性事件。2001 年 8 月,杭州市制定了《杭州市文化事业和文化产业发展"十五"计划及 2010 年远景目标》,规划立足于世纪之交杭州发展的新阶段和新形势,从比较高的起点对杭州公益性文化事业和文化产业发展的总体目标进行了重新定位。截止到 2002 年,杭州拥有文化馆 13个、群艺馆 2 个、公共图书馆 11 个、博物馆 12 个。

4. 加快"一名城、四强市"建设

2002 年 11 月,党的十六大召开,将文化建设的地位和作用提到了前所未有的高度。2003 年 2 月召开的中共杭州市委第九次党代会上,确定"构筑大都市,建设新天堂",在基本实现现代化奋斗目标的同时,提出要塑造和弘扬杭州人文精神。2006 年 9 月《关于加快"一名城、四强市"建设的意见》出台,将主要目标定位为:"围绕杭州市性质和总体发展目标,大力推进教科文卫体领域改革、开放、创新,不断增强文化创造力、凝聚力和感召力,到 2010 年把杭州建设成为历史与文化相得益彰、休闲文化与创业文化和谐交融,文化事业与文化产业互为映衬、城市文化和农村文化共同发展、文化软实力与经济硬实力同步提升,教育科技文化卫生体育等主要发展指标居全国同类城市前列的文化名城和教育强市、科技强市、卫生强市、体育强市。"同时还提出了"进一步加强文化遗产保护、构筑完善文化发展布局、着力打造公共文化服务体系、努力繁荣文化精品生产"等战略部署。这意味着杭州从新的历史起点上审视和布局杭州文化名城建设。

5. 加快公共文化服务体系建设

2007 年 11 月杭州市制定了《杭州市公共文化服务体系建设规划(2008—2010)》,这是杭州市关于公共文化服务体系建设的第一个规划。同时为贯彻落

实党的十七大提出的"推动社会主义文化大发展大繁荣"的战略部署和市委十届三次全会精神,进一步加大文化建设投入,加强基层文化设施建设,按照构筑"15分钟文化圈"的要求,深入实施《杭州市文化设施建设专项规划》,杭州市于2008年制定《杭州市城区文化设施三年实施规划行动计划》。"十一五"期间,杭州加快公共文化服务体系建设扎实推进,一是重大文化设施建设力度加大。杭州市图书馆新馆、市青少年发展中心等一批标志性文化设施建成并投入使用。二是基层文化设施建设初具规模。全市累计建成省级"东海明珠"工程89个、市级176个,覆盖率达90%;建成乡镇(街道)综合文化站153个,达标率达76.9%;文化信息资源共享工程建成10个区、县(市)级支中心,全省率先实现村(社区)服务点全覆盖;建成图书信息"一证通"服务点1342个;建成村(社区)文化活动室2721个,覆盖率达90.57%。

6. "15分钟文化圈"

文化部于2013年1月制定并发布了《"十二五"时期公共文化服务体系建设实施纲要》(以下简称《纲要》),《纲要》指出,适应推进城镇化和建设社会主义新农村的要求,统筹规划、合理布局,以城乡基层文化设施建设为重点,以流动文化设施和数字文化阵地建设为补充,继续加强公共文化设施建设,努力形成比较完善的国家、省、市、县、乡镇(街道)、村(社区)六级公共文化设施网络。杭州也先后出台《杭州文化设施专项规划》(2007)和《杭州市文化设施专项规划评估与修编》(2013)。根据规划,杭州形成了"两轴、两带、六区、七心、多点、特色街区以及均衡分布的文化服务网络"的总体空间布局结构,并形成"15分钟文化圈"。新阶段杭州市公共文化设施发展具体规划格局如图1所示。

经过建设与完善,形成文化设施相对集中布置的区级城市组团级文化中心,并与博物馆、图书馆、文化馆和遍布市区的文物保护单位(点)、历史文化街区、特色文化街区等构筑均好、有序和健康的文化设施"点状"系统,区(县、市)级形成"三馆两中心一广场"的文化设施配套。三馆指图书馆、博物馆、文化馆。两中心、一广场指青少年活动中心、老年活动中心及文化广场。街道(乡镇)、社区(村)等综合文化站和文化活动室的覆盖率不仅要达到100%,而且人均基层文化设施建筑面积要不低于0.2平方米。城区里15分钟内要能找得到文化设施,农村里30分钟内要能找得到文化设施。人们出门15分钟内,就能找到一个文化设施。这个文化设施可能是图书馆、博物馆、文化馆,也可能是青少年活动中心、老年活动中心、文化广场,或者是街道(乡镇)综合文化站、社区(村)文化活动室。杭州的居民可以在15分钟内,搭乘一辆"文化车",便捷地开展文化活动。

两轴 ─┤ 延安路文化轴线
      └ 曙光路体育场路文化轴

两带 ─┤ 钱塘江文化带——利用沿线的钱江新城等区块,通过杭州大剧院等大型、标志性
      │   文化设施的建设,使钱塘江成为现代城市文化空间。规划利
      │   用现有文化资源,着力发展休闲农业,形成以休闲、旅游为特
      │   色的文化功能区
      └ 运河文化带——通过发掘遗存古迹、展示桥梁文化、利用和开发历史建筑等手段,
                    同时通过文化设施的建设,丰富特有的文化内涵,使运河沿线成
                    为城市文化的空间

六区 ─┤ 西湖风景名胜区——加强文物古迹、西湖龙井茶原产地的保护,保持西湖龙井茶
      │   文化的原真性,保持西湖风景区秀丽、清雅的湖光山色与璀
      │   璨的历史文化交融一体的特色
      │ 西溪国家湿地公园——作为具有"天堂绿肾"和"副西湖"的国家首个湿地公园,
      │   要重视西溪湿地的文化内涵,更要注重湿地周边地区的
      │   文化特色
      │ 之江国家旅游度假区——国家级的旅游度假区,规划要加强其休闲与度假功能,
      │   成为展示杭州旅游品牌与品质的重要区块
      │ 湘湖旅游度假区——充分挖掘文化内涵,利用以跨湖桥遗址为核心的"跨湖桥文
      │   化",处理好保护与利用的关系,使之成为文化与旅游合理
      │   结合的度假区
      │ 良渚文化遗址保护区——良渚遗址是实证中华五千年文明史最具规模和水平的
      │   地区之一,规划进一步弘扬和挖掘良渚文化,加强保护,
      │   使之早日成为世界文化遗产
      └ 超山风景名胜区和塘栖古镇——超山是江南三大赏梅胜地,塘栖为运河沿线千
                             年古镇。规划进一步突出古镇文化,与超山旅
                             游相辅相成,成为"镇景相融"的文化功能区

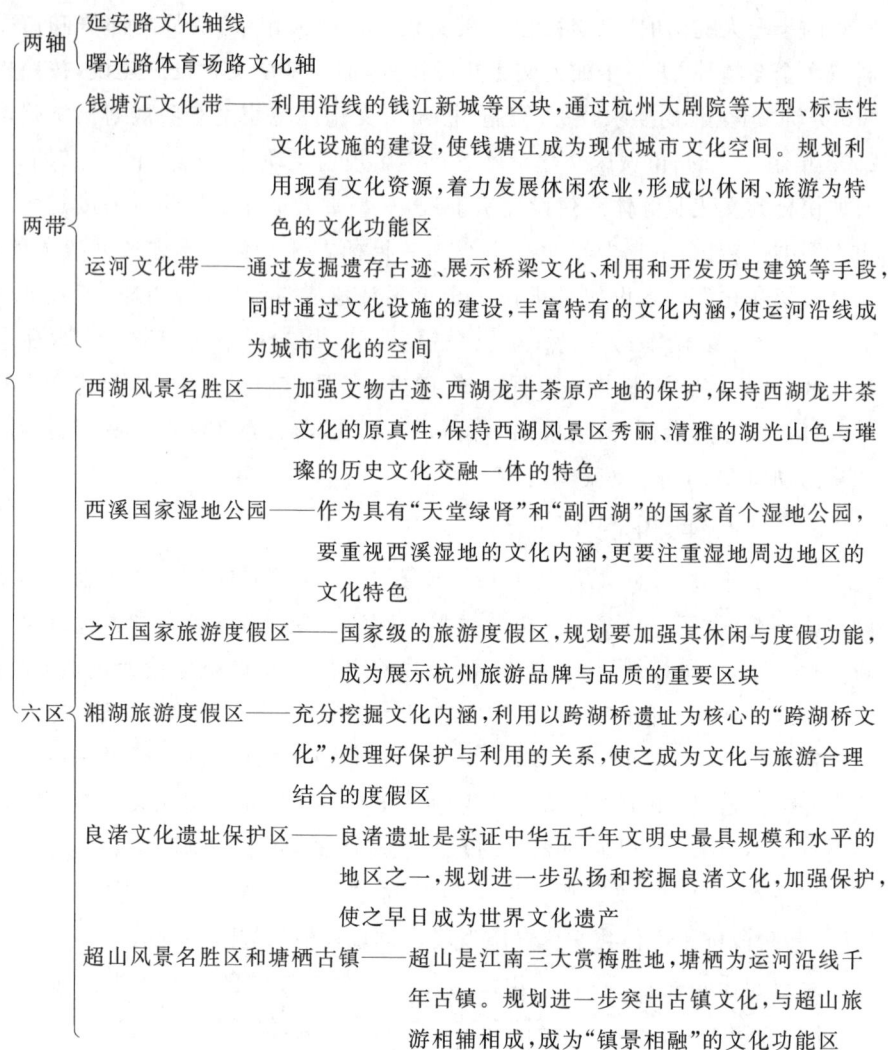

图 1   杭州市公共文化设施发展具体规划格局(2013 年)

(三)杭州各类公共文化设施发展现状

近几年来,杭州公共文化设施迅速发展,增添了许多"生力军":杭州图书馆新馆、浙江美术馆等一批有影响、具有标志性的文化设施相继落成;各区也相继建成了萧山剧院、余杭江南水乡博物馆等大型文化设施;西城广场、庆春广场、运河广场……短短数年,杭州建成了总面积达两万平方米的大型文化广场,为"周末越剧大舞台""周末广场音乐会"搭建了平民化的文化舞台(见图2)。与此同时,一支公共文化服务队伍正在茁壮成长。据不完全统计,目前全市已有

1435 支城乡业余文艺团队和近百个民间职业剧团,数千名活跃于各类文化艺术事业单位的文艺工作者,400 多名具有专业艺术水平的文化辅导员走进了社区……

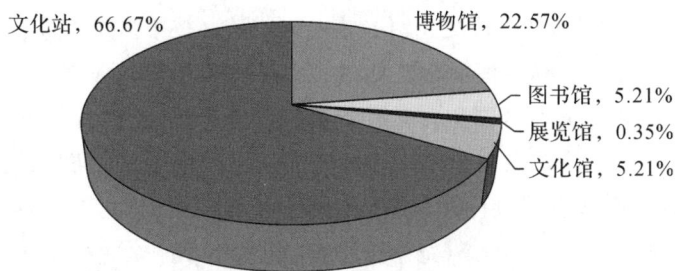

图 2　2012 年杭州市各类公共文化设施比例统计

据杭州年鉴统计显示,在 2008—2012 年,杭州市各类公共文化设施均取得了一定发展,图书馆、展览馆、文化馆和文化站在近五年保持持平状态;2008—2010 年,一批具有杭州文化代表性的博物馆发展迅速,且在各类公共文化设施中所占比重日益增大,仅次于文化站,名列第二位(见图 3)。

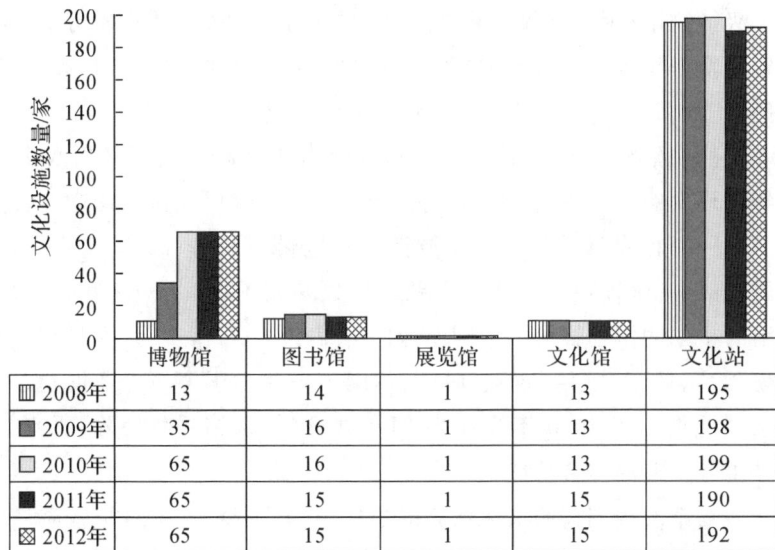

	博物馆	图书馆	展览馆	文化馆	文化站
▦ 2008年	13	14	1	13	195
▨ 2009年	35	16	1	13	198
□ 2010年	65	16	1	13	199
■ 2011年	65	15	1	15	190
⊠ 2012年	65	15	1	15	192

图 3　2008—2012 年杭州市公共文化设施数量统计

1. 文化展示类

(1) 发展概况

目前杭州市有博物馆 60 多家,其中免费开放的占九成以上,藏品资源相当丰富,供给 40 万多件,涵盖历史、文化、艺术、自然、科技等多个方面。近年来,在杭州市政府大力支持下,规模不断扩大,参观人数大幅增加,地方文化特色凸显。

2003 年杭州率先在全国免费开放所有公办博物馆、纪念博物馆,2007 年杭州市属各博物馆接待观众首次超过 300 万人次,其中西湖博物馆达 115 万人次,博物馆的社会效益明显提升;2011 年杭州各博物馆(纪念馆)接待观众量创历史新高,杭州市属各博物馆(纪念馆)全年共推出 100 余个临时展览,连续两年数量破百,接待观众量突破 550 万人次。杭州博物馆接待人数大幅度增加,其种类也渐趋完善,不仅有综合性博物馆(浙江博物馆、杭州历史博物馆、西湖博物馆),还有茶叶、丝绸、钱币、中药、刀剪剑、伞业、扇业、围棋、铜雕、湿地、财税等专题性博物馆约 30 座。既体现了杭州历史发展轨迹和城市鲜明特色,又形成了完整的系列,满足不同人群参观的需要。

杭州市共有国家一级博物馆 1 座,即浙江省博物馆,这也是浙江省唯一一座国家一级博物馆;国家二级博物馆 5 座(中国茶叶博物馆、杭州历史博物馆、杭州南宋官窑博物馆、胡庆余堂博物馆、中国江南水乡博物馆),其数量仅比北京少 1 座,比上海少 2 座。此外,杭州还有民办博物馆 20 家左右,占总比重 30% 以上,它是国有博物馆的重要补充,其所占比例高于全国平均水平 17%。在近几年建设发展过程中,杭州市注重突出专题性,建成几家全国唯一、之最的博物馆。第一座粮食博物馆——余杭四无粮仓陈列馆于 2009 年 7 月 8 日开馆,是国内唯一一座以粮食仓储为主题的历史陈列馆;唯一一座经林业局批准的以湿地为主题的博物馆——中国湿地博物馆于 2009 年 11 月 2 日正式开馆,是一座融教育、展示、宣传、收藏、研究、休闲于一体的国家级专业博物馆;还有第一座水利博物馆于 2010 年 3 月 22 日正式开馆,该馆具有展陈、研究、交流、教育和休闲等多方面综合功能。

杭州博物馆的规划按照文化设施的总体布局,围绕着"一区""一轴""多点"设置,形成集聚效益和辐射效应。"一区"即西湖风景名胜区一级南宋皇城遗址公园区域;"一轴"即京杭大运河文化轴;"多点"即各城区结合自身文化特色,形成特色文博点。未来之江文化中心将建设一座浙江文化城,随着中国美院之江校区的入驻,以及浙江音乐学院的开工,杭州提出了打造"之江文化大平台"的概念。浙江文化城选址在宋城南面,包括浙江博物馆(新馆)、浙江图书馆(新馆)、浙江省非物质文化遗产馆、浙江省文学馆等。此外,规划新建杭州博物院、南宋博物院(将建在南宋皇城遗址内)、中国音乐博物馆等,续建中国动漫博物馆、"三江两岸"展示馆①。杭州市主要展馆如表1所示。

表1　杭州市主要展馆一览(截至2013年)

序　号	单位名称	地　　址	备　注
一、历史文化类			
1	中国京杭大运河博物馆	拱墅区运河广场1号	市级爱国主义教育基地
2	良渚文化博物馆	余杭区良渚镇	
3	中国茶叶博物馆	龙井路88号	省级爱国主义教育基地
4	中国杭州西湖博览会博物馆	北山路40号	市级爱国主义教育基地
5	西泠印社·中国印学博物馆	孤山后山路10号	省级爱国主义教育基地
6	杭州历史博物馆	粮道山18号	省级爱国主义教育基地
7	杭州西湖博物馆	南山路89号	市级爱国主义教育基地
8	南宋官窑博物馆	玉皇山南施家山42号	省级爱国主义教育基地
9	杭州都锦生织锦博物馆	凤起路519号	市级爱国主义教育基地
10	胡庆余堂中药博物馆	大井巷95号	省级爱国主义教育基地
11	中国江南水乡文化博物馆	余杭区临平人民广场	市级爱国主义教育基地
12	中国良渚文化博物馆	余杭区良渚镇良博路164号	省级爱国主义教育基地
13	杭高校史馆	杭州高级中学校园内	市级爱国主义教育基地
14	杭州城市建设陈列馆	延安路和庆春路口	市级爱国主义教育基地
15	杭州近代教育史陈列馆	老浙大直路6号	市级爱国主义教育基地
16	杭州市城市规划展览馆	钱江新城市民中心	
17	南宋遗址陈列馆	上城区严官巷口	
18	杭州碑林	劳动路57号	市级爱国主义教育基地
19	西泠印社孤山社址	孤山路31号	

① 杭州市规划局. 杭州市文化设施专项规划评估与修编[EB/OL]. (2013-11-22). [2013-11-22]. http://www. hzplanning. gov. cn/DesktopModules/GHJ. PlanningNotice/PublicityInfoGH. aspx? GUID=20131121183143312.

续表

序号	单位名称	地　址	备　注
20	老虎洞宋元窑址	凤凰山	
21	杭州市城区河道陈列馆	环城东路庆春立交桥下	市级爱国主义教育基地
22	浙江省博物馆	杭州市孤山路 25 号	始建于 1929 年,浙江省内最大的集收藏、陈列、研究于一体的综合性人文科学博物馆
23	中国丝绸博物馆	杭州市玉皇山路 73-1 号	第一座全国性的丝绸专业博物馆,也是世界上最大的丝绸博物馆
24	杭帮菜博物馆	凤凰山路江洋畈公园内	
25	浙江革命烈士纪念馆	万松岭路 100-1 号	
26	杭州博物馆	粮道山 18 号	
27	中国围棋博物馆	钱潮路 2 号	
28	中国财政博物馆	吴山广场 28 号	
29	清河坊民俗博物馆	河坊街 190	
30	远古文化博物馆	劳动路 126-3 号	
31	中国刀剪剑博物馆	拱墅区小河路 336 号	
二、艺术文化类			
32	浙江美术馆	南山路 138	
33	朱炳仁铜雕艺术博物馆	河坊街 221	
34	中国美院皮影艺术博物馆	南山路 201 号	
35	杭州工艺美术博物馆	拱墅区小河路 336 号	
36	西湖美术馆	孤山路 15 号	
37	浙江省群众艺术馆	武林路 71 号	
38	杭州市群众艺术馆	朝晖新村 3 区 2 号	
三、自然科技类			
39	西溪湿地博物馆	紫金港路 21 号	
40	浙江自然博物馆	西湖文化广场 6 号	

续表

序号	单位名称	地 址	备 注
41	浙江省科技馆	中山北路 581 号西湖文化广场	
42	中国水利博物馆	萧山区水博大道	
43	教育技术博物馆	学院路 35 浙江教育综合大楼 11 层	

近几年杭州博物馆发展迅速,不仅挖掘了具有杭州特色的文化内涵,成功地展示了杭州城市的文化形象,还为广大市民和游客提供了文化、休闲空间[①],成为杭州旅游发展和市民生活的一部分。

(2)案例展示:杭州工艺美术博物馆群

杭州市政府近年来倾力打造的中国工艺美术馆群可以说是将杭州特色文化、公共空间与休闲体验结合在一起的最佳示范基地。中国剪刀、伞、扇博物馆三座博物馆,于 2009 年"十一"期间正式对外开放,它们以运河景观、历史建筑、工业遗产为特色,是集收藏、研究、展示、教育、宣传、娱乐、购物等功能于一体的平民化国家级专属性博物馆,是杭州对非物质文化遗产保护的积极探索。利用原红雷丝织厂旧址打造的杭州工艺美术博物馆也于 2011 年 9 月 30 日开馆。手工艺活态展示馆在原通益公纱厂基础上打造,也于 2011 年 5 月 1 日开馆。"四馆合一"的杭州工艺美术博物馆群被授予全市首批"联合国教科文组织全球创意城市网络'工艺与民间艺术之都'传承基地"。四馆共收藏工艺美术品 4168 件,其中珍贵文物 404 件,借展 274 件。截至 2012 年 6 月底,四大博物馆共接待观众 390 万人次,游客参观满意率约 99%。如今,它不仅是工艺美术和非物质文化遗产的传承基地,也成为收藏本地生活记忆的影像馆和杭州公共社会文化服务示范点,同时还是广大市民游客休闲体验的场所[②]。更重要的是,杭州工艺美术博物馆群建设积累了成功的经验。

①城市有机更新理念。它既是国家化、专业化的美术博物馆,更是大众化的公共文化城市,是城市有机更新的典型案例,也是运河综合保护工程的点睛之笔。它以主动姿态参与到城市历史街区的修复中,参与到运河文化带和商业

①　邓乙桂. 试论博物馆的文化休闲功能[J]. 文史博览(理论),2009(7):19-21.

②　林军,韩一丹. 杭州工艺美术博物馆群未来发展方向与模式探索[M]//周膺. 杭州蓝皮书:2010 年杭州发展报告(文化卷). 杭州:杭州出版社,2011:141-156.

圈的振兴中,参与到公共文化服务体系构建、学习型城市建设、全国文化创意中心建构中。它凸显了杭州城市文化形象,也体现出政府转变服务意识,有意识介入到产业经济领域,以经纪人角色参与旅游与休闲、策展服务、文化创意产业发展。②工美特色展示的"金橱窗"。它不但展示各种手工艺术展品,还收藏本地的生活记忆,进行活态展示并开展社交、体验活动,成为公共社会文化服务的示范点、非物质文化遗产传承之地。③在创新中求发展。杭州工艺美术馆群是新时代的产物,更以新思想和创新机制促进自身发展。它是形式上的创新,"请进来,坐下来,动起来",开拓文化与民间工艺交流平台;它是机会上的创新,它由运河综保全额出资建馆,并负责展品征集、展陈、布设等;它是传播上的创新,同行业协会、西博会合作,与各地工艺产业园相结合,向世界推广杭州工艺美术,将国际公益美术和优秀传承引入杭州。④贴近群众,拉近距离。它与多所学校合作,是广大青少年的第二课堂活动基地;它也是"流动博物馆",以主动的姿态走进社区、学校,将展览送到社区;还开放网络虚拟博物馆展厅,拉近与观众距离,成为"永不闭馆的博物馆"。

2.图书阅览类

(1)发展概况

目前杭州市共有浙江图书馆、杭州图书馆、杭州少年儿童图书馆三个市(省)级图书馆,以及西湖区图书馆、上城区图书馆、下城区图书馆、江干区图书馆、拱墅区图书馆、萧山图书馆和余杭图书馆等区级图书馆。2003年,杭州已经开始构建杭州公共图书馆四级网络服务体系,现在已有2000余个社区、村、街道、乡镇图书馆(室)逐步进入公共图书馆体系,它们和杭州图书馆一起形成了服务联网模式。

在今后杭州市图书馆规划中,图书馆是城市公共文化设施建设的重点,具体由市(省)、区、基层三级打造(见图4)。新场馆的建设既是杭州已有公共图书馆的有益补充,更是为进一步贯彻落实"15分钟文化圈"、促进杭州公共图书馆网络服务系统发展奠定基础。

(2)案例展示:公共图书馆有个"杭州"模式

杭州图书馆是杭州市发展比较成熟的图书馆,其多元的办馆理念、跨系统联盟的总分管制、图书服务全民共享等理念与实践,得到了专家和群众的认可。该馆成立于1958年,2008年10月在城东钱塘江畔建成新馆。新馆馆舍面积达5万平方米,馆藏文献210万册,拥有国际领先的智能化技术设备。作为杭州这座历史名城的重要文化空间,杭州图书馆正朝着城市教室和市民终身教育中

> 市（省）级：保留浙江图书馆各馆舍、杭州图书馆各馆舍及杭州市少年儿童图书馆，结合之江文化大平台新建浙江图书馆新馆。
>
> 区级：在保留现有各区级图书馆的基础上，上城区结合区体育中心或科技文化中心新建图书馆；下城区在石桥地区新建分馆一处；拱墅区在吉如地区新建分馆一处；江干区在丁桥、九堡地区新建分馆各一处；西湖区在蒋村地区新建分馆一处；杭州经济技术开发区结合新建图书馆，并在浦沿街道新建分馆一处；余杭区结合文化艺术中心开发区结合文化交流中心新建图书馆；滨江区结合区文化中心新建分馆一处。
>
> 基层图书馆、室：城市六大组团（义蓬、瓜沥、临浦、良渚、余杭、瓶窑）新建区图书馆分馆，其他街道（乡镇）根据人口规模结合街道（乡镇）综合文化站设置相应规模的图书室；社区（村）文化活动室设置图书阅览室。

图 4　杭州市图书馆规划

心、城市历史记忆中心、市民文化休闲中心、公共信息服务中心的目标迈进。开馆以来，读者人数从 8 万人达到目前的 20 多万，平均每天人流量 6000 人次，最高达每天 15000 人次。

①"平等、免费、全民共享"。图书馆自成立以来一直坚持"平等、免费、全民共享"的理念，并将其贯穿于业务实践当中：在国内大型公共图书馆中率先推出取消借书证、取消押金等举措，市民可凭借市民卡及第二代身份证自助借还；将新馆建成国内外开放比例最大的公共图书馆，将近 90% 的面积用于接待读者；增设低幼部，实现了面向所有年龄段读者的公共图书馆服务；还提出"杭州图书馆对所有读者免费开放"措施，因此就有乞丐和拾荒者进门阅览。图书馆对他们的唯一要求就是把手洗干净再阅读。馆长褚树青认为，"我无权拒绝他们入内读书，但您有权利选择离开"。图书馆服务的读者对象是"0 岁到百岁"，包括各个年龄和文化层次的人。图书馆真正做到了"平等、免费、全民共享"，为广大市民提供休闲文化场所。杭州图书馆也因此被网友称为"最美图书馆"。②"市民大书房，平民图书馆"。杭州图书馆新馆以温馨、舒适的家居式阅读风格为读者创造出全新的体验，这种布局及功能的设计为读者利用图书馆资源提供了最大限度的优化与快捷，营造出"人在书中、书在人中"的阅读环境，还为读者提供休息区等休闲放松的空间。③利用科技和艺术提升魅力。创建了具有国际一流水准的音乐图书馆，不仅让包括"发烧友"在内的音乐爱好者们大开眼界，更提升了市民的音乐审美与文化生活品质；实现了无线网络全馆覆盖。采用当今

世界最先进的射频识别(RFID)技术进行业务管理与服务,该技术在文献财产管理、文献清点、文献准确定位等方面也得到了充分的应用,极大地提升了文献管理效率。④构建城乡服务网络。为实现覆盖城乡、全民共享,让文化惠及更多人群的理念,杭州图书馆构建起四级图书馆服务网络;借助社会力量成立了图书馆之友社团和国内首家图书馆事业基金会,并组织开展演出、讲座等颇具特色的文化活动;还定期出版《文澜信息》刊物,同时还编辑出版反映杭州风土人情的文学期刊《文澜》杂志;作为杭州图书馆的门户网站,"文澜在线"可以让市民足不出户就能够享受到图书馆的服务。⑤定期举办活动,丰富市民休闲生活。杭州图书馆每月定期举行各种活动,并将活动内容提前一个月公布在网上和图书馆宣传栏上,以便相关爱好者报名参与。仅 2014 年 1 月,馆内活动就有70 余场,活动内容不仅包括比较常规的活动如摄影展、征文展、书画沙龙、书友会、音乐会、美食体验活动;还有针对特殊纪念日的,如纪念毛泽东同志诞辰 120周年等系列活动;针对特殊人群的少儿手工制作、外语学习、经典诵读等活动,从小培养儿童的兴趣爱好,有利于其养成良好的休闲习惯①;同时还有手绘、木刻版画、布艺等新兴的手工制作活动。

正如杭州图书馆党总支副书记刘冬所说:"到图书馆不一定是读书,也可以是休闲避暑。公共图书馆应该以开放的理念去服务市民,这样才能称为公共图书馆。"杭州图书馆以先进的服务管理理念走在图书馆发展前列,为市民提供开放空间,促进城市文化和休闲发展。

3. 社会文化类

(1)发展概况

在社会类公共文化设施中,文化广场近几年发展迅速,对杭州的市民百姓来说武林广场、西城广场、运河广场、吴山广场每周的特色文艺演出早已耳熟能详;西城广场、余杭人民广场、萧山文化剧院广场、萧山临浦镇文化广场和吴山广场还被誉为"全国特色文化广场"。

居住区级文化活动中心及居住小区文化站,是为社区居民提供文艺演出、图书阅览、展览展示、体育健身、社区教育、科普宣传、群众文化活动等多功能服务的公益性文化设施,也是构建"15 分钟文化圈"的重要保障。2013 年杭州政府工作报告指出,加快构建覆盖城乡公共文化服务体系,推进文化惠民工程。加快公共图书馆服务一体化建设,创建 20 个乡镇(街道)、10 个村(社区)公共电

---

① 潘拥军. 刍议城市公共图书馆的文化休闲功能[J]. 图书馆论坛,2007(6):16-18.

子阅览室、20个市级文化示范乡镇(街道)综合文化站,争创100个市级文化示范村(社区)。杭州在城乡社区文化服务体系中不断积极探索,建立完善"以省市级设施为示范、以区级设施为带动、以街道(乡镇)级设施为中坚、以社区(村)级设施为基底"的四级公共文化设施网络。

在未来发展规划中,杭州将在保留现有省、市、区级文化馆各馆舍的基础上,在下城区、拱墅区、江干区、西湖区、经济开发区、滨江区、余杭区建设分馆;在保留现有青少年活动中心(青少年宫)的基础上,新建滨江区滨江分中心,并在拱墅区、江干区、西湖区、经济技术开发区新建分中心;在保留现有浙江省老年活动中心、杭州市老年活动中心的基础上,在下城区、西湖区、经济技术开发区和滨江区新建老年活动中心;在强化现有文化广场的文化功能、扩展公共文化活动空间的基础上,经济技术开发区结合科技文化交流中心新建文化广场,拱墅区结合体育公园新建文化广场,江干区在丁桥地区建设文化广场,西湖区结合文化艺术中心建设文化广场,并新建转塘艺术广场及三墩北文化广场。

(2)案例展示:吴山文化广场——人·自然·城市的和谐

杭州吴山广场占地8万平方米,1999年9月建成。南缘与吴山山趾相间。吴山广场的定位是给市民提供一个大众化、高品位的文化娱乐休憩场地,成为杭州创建文化名城的一部分。每年他们都要组织灯会、风筝节、纳凉晚会、美食节等群众喜闻乐见的活动,让市民想来、爱来,来得有味道。广场内还打造吴山国际旅游广场及各种文化活动,让杭州市民不出杭城就能领略到各种文化艺术,丰富多彩的文化艺术也把吴山广场打扮得更加靓丽[①]。

①自然山水型广场。吴山广场是西湖风景名胜区的有机组成部分,吴山山势起伏,左控钱江,右扼西湖,体现了"江流天地外,山色有无中"的景观特色,与西湖一起成为著名的风景旅游区。杭州市充分利用吴山俊秀和西湖柔美打造风景一流的城市文化广场。②文化活动型广场。吴山广场不仅是商业经济与民俗文化融合的街区,更是展示城市民俗文化的活动中心。这里举办内容精彩、雅俗共赏的群众文化活动,以增加吴山广场的文化吸引力和辐射力。每年举办各类大型活动200多场次,群众性文化活动1000多场次,年总人流量达到1000多万人次,被誉为"没有围墙的剧院"。这些活动激活了广场人气,打响了广场品牌,也为提升广大市民的文化生活品质、丰富休闲生活内涵做出自己的贡献。③有深厚历史文化底蕴的时代广场。吴山文化,记录和体现了城市的历

---

① 王宁. 从文脉与环境中寻找设计理性——杭州吴山广场概念设计[J]. 新建筑,1999(1):47-49.

史文化,突出地反映了春秋吴越争霸,五代吴越雄踞一方、富甲天下和作为南宋中央枢纽所在地的历史,它是能整体体现历史文化风貌的风水宝地。如今,它沿袭昔日河坊街历史文脉,充分挖掘、保护和恢复百年老店、专业特色店,形成六大特色:药文化特色、茶文化特色、饮食文化特色、古玩艺术特色、市井民俗特色、文化古迹特色。④旅游、休闲型广场。吴山广场是最能代表杭州本土娱乐文化的地方,也是景观文化与旅游资源完美结合的公共场所。它是以风景、古迹为基础,以历史文化、民俗文化为中心内容,集自然景观、吴越文化、杭人时尚为一体的综合型文化旅游区、城市公共休闲空间。近几年,吴山广场也成为推广城市休闲的重要场所,成功举办了"杭州夜休闲主题推广活动(2012)""杭州休闲养生集市(2013)"等一系列城市休闲活动。

从对文化体制的重视到以人为本理念的回归,杭州市政府在公共文化设施发展上做出了很大努力,并取得了一定的成绩。近几年随着杭州休闲的发展,一批具有时代特色和先进发展理念的公共文化设施拔地而起,成为杭州休闲发展的有力支撑及市民进行休闲活动的重要场所。但这些公共文化设施是否真正满足广大群众的休闲和文化的需要,起到推动城市休闲和文化发展的作用,并不是由政府理念和建设发展决定的,因为群众才是真实的试金石,群众满意度是衡量城市公共文化设施发展成败的重要标准。

三、问卷调查与研究

(一)基本调研情况概述

根据杭州市公共文化设施自身的特点和发展情况,本文将研究对象分为文化展示类(包括博物馆、科技馆、美术馆、纪念馆等)、图书阅览类(图书馆等)、社会文化类(文化广场、青少年活动中心、社区文化站等)。鉴于杭州艺术类公共文化设施起步较晚,在城市休闲发展中的作用有待于进一步发挥,部分问题增设了艺术类公共文化设施调查。具体调查分为两个阶段。

第一阶段:走访杭州市内的浙江图书馆、杭州图书馆、西湖博物馆、杭州群艺馆、浙江美术馆等公共文化场馆 20 余家,通过问卷调查、现场访谈等形式进行调研并收集资料。制定《公共文化设施现状及在城市休闲发展中的作用研究调查问卷》,首次调查随机发放问卷 300 份,当场回收 287 份,其中合格问卷 257

份,有效率 85.67％。内容涉及市民对杭州公共文化设施与城市休闲发展的基本认知及总体评价,题量为 30 道,同时访谈市民和游客 30 余人。

第二阶段:在首次调查中也遇到一些问题,由于公共文化设施涉及范围较广,利用群体呈现较大的差异性,很多老年市民称从未进过图书馆,闲暇时间喜欢在文化广场进行休闲;很多年轻人是图书馆的常客,但却很少在文化广场或社区文化场所停留。首次问卷回收之后,根据问题反馈和回收效果,调研团队制定了《公共文化设施休闲满意度调查问卷》,针对固定场所人群,按文化展示类、图书阅览类、社会文化类三类文化设施场所发放问卷各 200 份,题量 15 题,共回收问卷 589 份,其中有效问卷 567 份,有效率为 94.5％。两次问卷发放与调研均较为顺利,达到了比较满意的调查效果。

(二)问卷调研:市民心中的公共文化设施与休闲

1. 基本信息

(1)性别

问卷调查比例女性高于男性(见图 5),实际调查中,女性也更愿意参与调研,并分享自己对公共文化设施的见解。相比起来,男性较为被动,尤其是四五十岁的中年男子,较为沉默,容易拒绝参与调研。

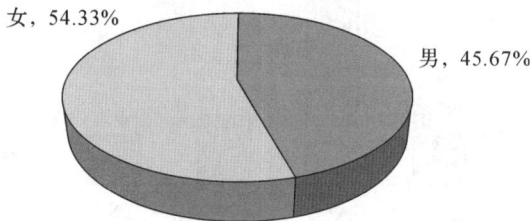

图 5　调研对象性别比例

(2)年龄

在问卷调研中,因老年人自身条件限制(如文化水平较低、老花眼等原因),所以主要采取访谈形式对他们进行调研,但不可否认的是,他们是杭州公共文化设施变迁的见证者,拥有自己独特的判断和思考;20 多岁以下人群主要以工作较早的打工人群和高校在校学生为主体,广大中小学生课业压力较大,与社会接触较少,但他们是青少年宫、市民中心的主要参与人群,且其参与也能带动家长与此类文化设施的接触,因其处于行为、习惯塑造期,也是城市公共文化设施的最重要获益者;20～59 岁人群是本次调研的主要目标群体,他们具有较强的社会认知能力,也是利用社会公共文化设施最多的人群,公共文化设施的使用能够使其提高文化素养,增强社会竞争力,同时也影响其对下一代生活方式和休闲方式的引导(见图6)。

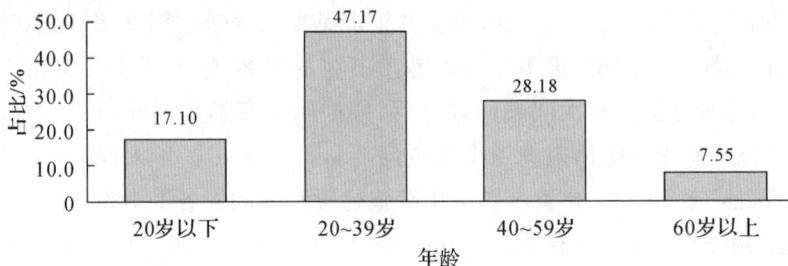

图 6　调研对象年龄分布

(3)文化程度

因本次调查与公共文化设施相关,调查问卷大多在图书馆、博物馆等文化场所发放,因此受访者总体受教育水平较高,大专以上学历占 70% 左右(见图 7)。

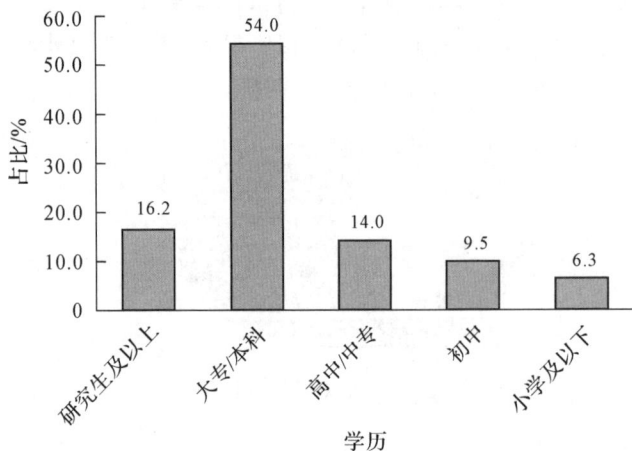

图 7　调研对象文化程度统计

(4)职业

总体上来看,接受调研群众各职业比例比较适中,企事业单位工作人员、科研人员及高校学生占比较大,这与受访人群的整体受教育水平偏高相关联(见图 8)。

(5)在杭生活时间

调查主要以在杭居住一段时间的人群为主,在杭州常年居住的市民是杭州

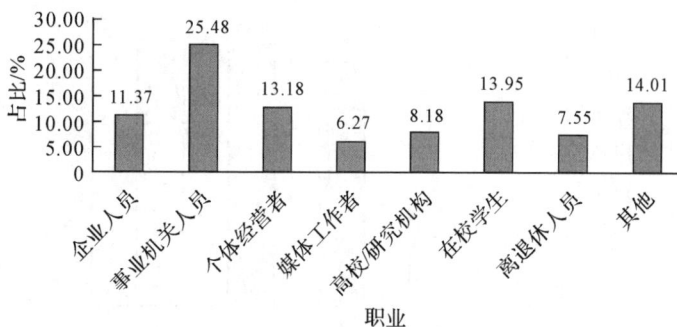

图 8　调研对象所在职业统计

公共文化设施发展的见证者;一些因为学习、家庭来到杭州的暂住居民,则为本次调研提供了城市对比和有益借鉴;少部分游客则直观地反映了短时间内杭州给其留下的文化形象和设施建设印象(见图 9)。

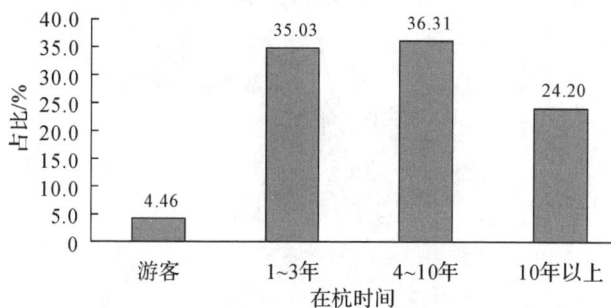

图 9　调研对象在杭生活时间统计

2. 认知调查

(1)公共文化设施与城市休闲

城市公共文化设施和休闲的发展不光依靠政府的努力,更要靠群众对文化和休闲的领悟以及对公共文化设施的利用。调查显示,近七成市民认为公共文化设施是公共休闲空间,也是展示城市精神文化面貌和提高市民素质的场所。市民原来认为公共文化设施是单纯的学习和教育场所,这种看法已经转变,而且还提高到了城市文化形象发展的较高层次。多半群众认为公共文化设施对城市休闲发展十分重要,1/3 群众认为其作用比较重要,这说明大多数杭州市民已经具有认同公共文化设施休闲发展的觉悟(见图 10)。近 3/4 的群众对杭州市公共文化设施的总体评价是"比较满意",仅五分之一群众认为成效一般,说明杭州市公共文化设施发展和群众真正的休闲、文化需求还有一定差距,有待于进一步加强和完善(见图 11)。

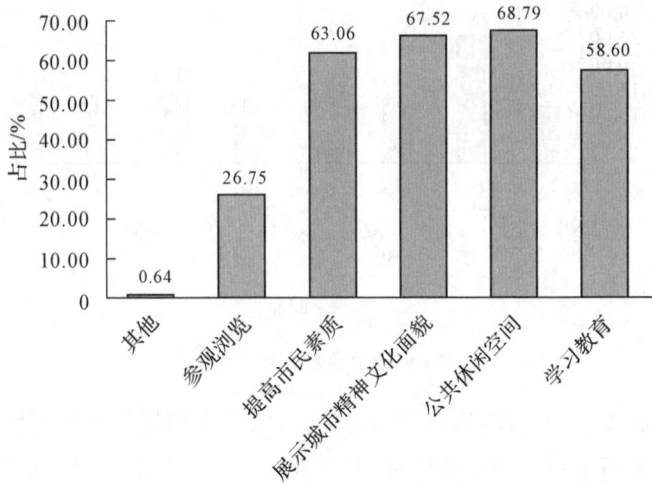

图 10　公共文化设施主要功能

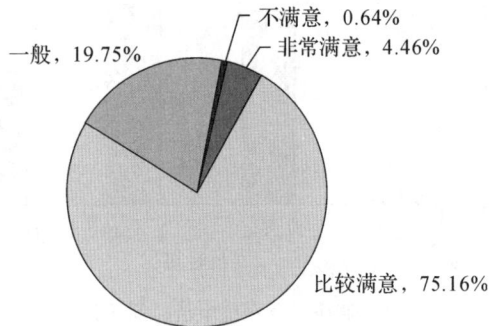

图 11　调研对象对公共文化设施的总体评价

　　调研将各类公共文化设施分为社会文化类、图书阅览类、艺术文化类和历史文化类，分别展开研究。调查发现，图书阅览类公共文化设施因其内容丰富性、阅读学习环境宜人性、资源可重复利用性而备受不同年龄段人群的欢迎，各大图书馆丰富的人文特色活动也调动了人们参与的积极性，近几年推出的"杭图模式"，更为广大人民群众提供了极大的便利，调查结果显示人们对图书阅览类公共文化设施的满意率也相对较高。这说明其在杭州城市发展中得到群众普遍认可。近 40％受访者认为，以社区文化站、文化广场等为代表的社会类公共文化设施对城市休闲发展的作用最大，它与群众日常休闲活动息息相关，具有便利性、分散性特点，是城市打造公共休闲空间、群众进行休闲的重要文化场所。为了突出杭州发展较慢的艺术文化的重要性并调研其在群众心目中的形象,调研将展示类公共文化设施分为历史文化类和艺术文化类。调查结果显示,在所有类型的公共文化设施当中,人们去艺术文化类公共文化设施场所的频率最低,这说明此类文化设施在推动城市休闲发展中是最需要改进的场所。可见,杭州市历史文化类展馆由于近几年的飞速发展取得一定成就,而与北京、上海等大都市相比,杭州艺术文化还有待于深层次开发,有望为人民群众带来艺术上的视觉盛宴。

(2)市民休闲需求与公共文化设施

公共文化设施与市民生活息息相关,其在城市休闲发展中的地位也得到了群众的认可。那么在人们日常生活中,究竟对公共文化设施有多少了解呢?人们是否能够有效地使用公共文化设施? 数据显示,只有 3.2% 人认为自己对身边的公共文化设施非常了解,90% 多的参与调查者表示自己只知道城市中比较有名的公共文化场所,对身边的文化设施只是大概了解或不太清楚,可见城市公共文化设施的宣传和推广还有待于进一步加强,市民对文化设施的利用意识还有待于提高。

调查结果显示,人们选择公共文化设施的动机依次为:公共文化设施整洁舒适的环境、丰富休闲娱乐生活、有较强的知识性趣味性、价格较低的休闲成本、精神享受、消磨时间等。对于公共文化设施的发展和评价,人们往往把环境整洁、舒适作为评价的首要因素,这也是他们去公共文化场所的主要动机,尤其是在炎热的夏季,很多市民、游客涌向公共文化场所,并非为了参观游览、学习知识,博物馆、图书馆成为附近居民的纳凉点,这也对公共文化场所的运营造成了压力。这也说明大多数群众尚缺乏对公共文化设施合理利用的认识,也缺乏一定的休闲和文化意识,市民素质有待于进一步提高。

同样我们也看到,人们日常生活中未把去公共文化场所当作生活中的一部分,只有近 6% 的受访者表示去公共文化场所的频率非常频繁;大多数人表示将其作为每周或每个月消遣的一种方式。

当然,影响群众去公共文化设施场所的因素不仅有内在因素,还受外界因素影响,近 70% 人认为区域交通因素是制约其享受公共文化空间的主要因素。尽管杭州市拥有各具特色的展馆、图书馆近百家,但集中分布在西湖风景名胜区、西湖文化广场、运河文化广场等文化中心区域,加上杭州较为拥挤的交通问题,一定程度上限制了杭州大部分市民对公共文化设施的选择和利用。这也说明了杭州市"15 分钟文化圈"政策的必要性。

总体上来看,近 2/3 接受调查的市民认为杭州市文化设施基本可以满足市民的休闲需求,当然也有近20％的市民表示不满意,希望政府能够在完善休闲功能、丰富展示内容、延长开放时间等方面加以改善。很多市民表示,近几年博物馆、图书馆注重馆内设施和环境发展,给人提供比较好的接受文化熏陶的环境,但通常场馆比较孤立,周边配套设施不够完善,缺少足够的休闲空间;特别在城市交通不是很完善的情况下,有时想在图书馆待一整天,却很难找到除了食堂之外的其他用餐场所,有的展馆连食堂等配套设施都不提供,给群众带来了极大的不便,更谈不上休闲。更多的群众呼吁延长开放时间,平日里每天下班之后,展馆都基本闭馆,除了周末没有接触文化场所的时间;还有群众希望图书馆能够像国外一样可以通宵,以便给他们提供更多准备考试的空间。这表明城市公共文化设施发展和群众休闲需求之间还是有一定差距的,那么城市该如何推动公共文化设施发展,群众又对政府给予哪些希望呢?

（3）政府与公共文化设施发展

在市民对政府推动公共文化设施发展评价上,大多市民认为近几年政府在打造城市公共文化设施上做了很大努力,从数量上开拓、"数字"模式推广到"15分钟文化圈"、打造四级公共服务体系,都取得了一定成绩,为市民群众提供了享受文化的空间和便利。但是在公共文化设施促进休闲发展方面,政府还缺乏相应的理念指导和应用实践,尤其在场地交通和公共文化设施宣传上有待于进一步提高。如果说交通限制了人们对公共休闲文化空间的利用,那么宣传则影响了人们对公共文化设施有效信息的获取。如今杭州各景区旅游宣传铺天盖地袭来,而占据大量"黄金"地盘的公共文化场馆却显得"静悄悄",里面的"家珍"不经一番探索也很难被发掘,大多展馆采用网站方式进行宣传介绍,宣传渠道较为狭窄。如何利用好各文化设施场馆,提高其在促进市民休闲生活、推动城市旅游休闲发展中的地位,也是要解决的重要问题。同时,更多的市民希望政府在未来发展规划中,能够优化资源配置、合理规划公共文化设施,同时在提高群众参与度、满足人民群众不断增长的休闲需求方面多下功夫,在新的时代把工作重点转向更加"人性化"的开发建设。

（4）公共文化设施与市民参与

认为公共文化设施参与氛围较好或一般的占总调查人数的90％以上,人们希望能够通过招募志愿者、举办讲座、网站互动等方式来提高群众的积极性,充分发挥公共文化设施作用,调动群众参与热情。

3. 休闲满意度调查

为了更好地调查市民对公共文化设施的休闲满意度,调研特增设问卷,分别在不同类型文化场馆发放,对不同类型文化设施的休闲环境、休闲空间、交通可及性、休闲设施、公共服务、休闲内容、互动性和体验性、人们的主观休闲感受、是否符合文化休闲场所界定等九个方面进行休闲满意度调查和比较。

人们普遍对博物馆、图书馆等文化场所的环境比较满意,认为近几年馆内环境和设施有了很大程度的改善;相较而言,人们对社会文化类公共文化设施满意度一般,有的群众认为广场绿化维护不够,只能称之为"绿",却缺少人工管理;与景区等地方相比,小区附近文化广场缺乏城市应有的精致和舒适;很多群众表示并未去过附近小区的文化站或社区文化中心,去过的人们也表示环境一般,开放度、利用率都比较低,环境设施也不能和大的文化场馆相媲美。

人们对公共文化设施的休闲空间比较满意,博物馆宽敞的展厅、图书馆读者休息区以及户外广场都给人以舒展的空间,文化展示类、图书阅览类、社会活动类三类文化设施总体满意率(包括非常满意和满意的评价)分别为77.3%、80.01%、56.83%,人们对社会活动类公共文化场所给予更高的期望,并希望在居民小区附近有更多、面积更大的文化休闲广场,以满足其休闲活动的需要。55.94%和60.84%的人们给文化展示类和阅览类公共文化设施投了服务满意票,同样也有55.73%的群众认为社会文化类公共文化设施服务不够完善,具体表现在管理较为混乱、缺乏合理有序的休闲引导等方面。

交通问题则是人们普遍反映比较严重的问题,市内展馆组团发展建设,一方面可以构筑功能齐全的现代文化中心,但同时也给人们带来交通出行的不便,附近居民可以享受更多的文化资源,而较远地区群众则多了一道享用文化设施的障碍。有的群众表示:"市民中心功能齐全,杭州图书馆设备先进,令人向往,可是位于钱塘江边往返都要两个小时,从时间成本上来看,实在是太不方便了。"可见,鉴于城市交通问题的影响,很多文化中心未能充分发挥文化辐射作用,有些地方政府寄希望于通过展览、打造文化中心等形式带动当地经济、社会发展,但也由于交通问题的阻碍,公共文化设施的真正作用未能充分发挥出来。

从公共文化设施内部的休闲设施、休闲内容、休闲活动上来看,人们的总体满意率比较高,对杭州市公共文化设施发展给予了肯定,但也希望政府加强对市民休闲的专项投入,使群众和公共文化设施形成良性互动,提高公共文化设施的利用率和群众参与率。

总体上来看,人们还是对文化展示类和图书阅览类公共文化设施保持了敬畏,部分人表示自己来图书馆是为了备考,去博物馆也大多是走马观花的浏览,很难在其中感受到休闲的氛围和体验。更多的人认为在社会文化场所中能感受到休闲,这也是在城市休闲发展中最重要的公共文化设施。可见,在现代城市生活中,城市文化广场已经成为城市开放空间系统中最重要的组成部分。它不仅是一个城市形象的象征,是城市重要的交流、休闲与陶冶情操的公共活动空间,而且也体现了城市社会历史文化的融合,通过塑造自然美和生活美的空间,提供休息、游览、休闲、娱乐的好去处,便捷了民众生活。

(三)访谈调研:现象与讨论

1. 社区文化设施发展

近几年来,杭州市集中精力打造重大公共文化设施项目,从钱江新城的市民中心到未来的"之江文化大平台",新的文化中心离市区越来越远,而杭州交通状况令人堪忧,也极大地缩小了文化中心的辐射范围。大部分群众表示交通是他们选择公共文化设施的重要因素,比起高档先进的省市级公共文化场所,他们更在意家门口的文化设施,认为这才是真正惠及百姓的文化平台。

(1)群众声音

下城区人大代表认为,经过区政府几年来的不断投入,区、街道、社区公共文化服务体系逐步完善,但区公共文化服务体系建设和管理工作仍存在一定薄弱环节,如阵地(设施)利用率不高,设备更新滞后,部分设施存在闲置浪费现象;部分街道综合文化站存在面积不达标、选址不科学、移作他用等情况;少数社区文体活动室开放时间不统一、设施利用率较低;社区文化活动内容不够丰富,中青年等群体活动参与率不高,适合残疾人等弱势群体的文体活动还比较匮乏等。他希望政府能够加强对区公共文化阵地(设施)使用状况的监管,充分发挥图书馆、文化馆、文化站(室)等公共文化设施的功能和作用,建议适当增添残疾人文体设施和盲文图书,通过街道互动、社区互助等方式用足用活用好现有文化设施。

(2)调查显示

大多数市民对附近公共文化设施的打分(0分为最低,5分为最高分)为3分,甚至更低。家住黄龙附近的刘女士表示:"自家小区附近文化设施较少,且质量不高,很多社区文化中心形同虚设,未能发挥作用。"随着休闲时代的到来,人们越来越注重八小时之外的精神生活,而社区作为与人们生活紧密相连的重要空间,发挥着越来越重要的作用。政府需要根据这种社会变迁,对社会管理做出改变。而在国外,每个小区甚至每个公寓都有自己的文化活动中心和健身房,这也成为评价小区生活质量高低的重要因素。作为与群众接触最为密切的文化设施前沿阵地,社区对于提高市民素质、丰富休闲生活起着不可或缺的作用。社区文化设施不仅要建设,更要充分利用到实处,不一定要具有多大规模,温馨而舒适即可满足大多数群众的需求。

曾经的"24小时城市街区自助图书馆"在街头遭到冷遇,这说明市民需要的是一个充满文化氛围的休闲空间,作为空间形态而存在的图书馆、博物馆,有其特有的空间价值。"15分钟文化圈"建设、全市公共服务体系打造任重而道远。

2.社会力量与资源

发展社会公共文化设施,不单要依靠政府引导、市民觉悟,更要动员全社会力量共同解决问题、促进发展。调查显示,大多市民认为政府出资建设公共文化设施是城市公共文化设施建设的主力,也希望依靠集体、社会捐助和企业的力量与政府共同打造。

(1)群众声音

很多市民认为敞开大门的杭州图书馆太远不方便,身边的大学图书馆又不对外。让姚妈妈烦心的是,她们住所附近就是一所大学,她曾经试图带着女儿去大学里借书看,可是不得而入。"如果大学图书馆也能像杭州图书馆一样,让我们借书看就好了,这样我们就不用大老远跑到城里来。"很多人也认为,大学图书馆向公众开放,是很好的建议,毕竟为社会服务也是高校的功能之一。如果以后诉求强烈,开放图书馆完全有可能。

(2)调查显示

高校图书馆免费开放的总支持率达89.81%,这也反映了群众对公共文化设施的迫切渴望。公共设施建设应充分整合社会资源,利用社区文化、企业文化、校园文化,为建设有杭州地方特色、富有人文关怀的公共文化设施服务,努力构建"一个街道一个特色,一个社区一个亮点"的公共文化服务新格局。新建的浙江旅游博物馆位于杭州市浙江旅游职业学院内,是我国第一个以旅游为主题的博物馆;位于浙江大学玉泉校区的地质博物馆、中国美院的皮影艺术博物馆、浙江大学西溪校区朱仁民艺术馆,都是高校比较成功的展馆,可以在适当情况下对外开放,既能扩大对社会的影响力,还能让更多群众受益。

3.文化场所与休闲空间

(1)群众声音

随着夏日气温的升高,市民的纳凉需求也在变大,博物馆、图书馆等对外免费开放的公共文化设施成为纳凉热点。"现在每天都有超过5000人进入馆内,周末这个数字会超过一万人次。"浙江自然博物馆工作人员惊叹道。同样火爆的场面也出现在杭州图书馆。进入暑期以来，杭州图书馆每天的入馆人流量基本超过 8000 人次，1—6 月最高的一天超过 17000 人次。这也大大影响了公共文化设施的承载能力和服务质量，很多市民呼吁大家相互体谅，共同营造一个好的环境。

（2）调查显示

超过半数市民认为公共设施免费开放对城市休闲发展意义重大，提供了更多的休闲空间和文化场所，而这些公共文化设施仍不能满足市民的休闲需要；市民也需要在文化环境中接受熏陶，才能更加有效地使用公共资源，培养出较高层次的休闲方式。

从城市空间理论看，公共文化设施属于城市公共休闲空间中的文化教育空间，向外来游客和本地居民提供服务。而目前我国大部分城市的公共休闲空间供给相对不足，并且多以步行街、商场、公园等文化层次相对较低的设施为主。作为一个较高层次的文化教育休闲空间，以图书馆、博物馆为代表的公共文化设施不仅是一个地区、一个城市的重要文化窗口，更是提高市民素质、公众游览、休闲的重要场所。因此，在大众休闲时代，公共文化设施更要以休闲服务为己任，进行休闲服务功能创新，为公众提供一个格调高雅、求知益智的文化交流、学习和休闲的空间，进一步完善和提高其游憩功能，改变人们的休闲活动层次，提高城市的文化品位。

4．配套休闲设施发展

（1）群众声音

目前杭州市公共文化设施建设质量普遍提高，但其周边配套设施却不够完善。有群众回忆前几年去钱江新城杭州图书馆自习的痛苦经历："图书馆没有食堂，只有面包和饼干，市民中心周边也没有餐馆，现在每天到了吃饭的时间，我只能开车到新塘路打来回。"而现在部分开设食堂的公共文化设施场所，其味道也不尽如人意，有人笑称"在那里用餐不够休闲"。

（2）调查显示

通过将公共文化设施与商业性文化设施做对比，我们发现，大多群众一致认为公共文化设施的最大优势在于消费低，这也是他们选择公共文化设施的主要原因，其环境卫生、浓厚的知识氛围也是公共文化设施特有的优势，能够让人感受到休闲、放松。但是除此之外，公共文化设施在配套设施、交通便捷性、场馆设施、服务质量上与商业性文化设施相比还有差距，呈现方式上缺少趣味性、互动性，休闲氛围不够浓厚。公共文化设施在今后的发展中还应在这些方面上多下功夫,使其成为名副其实的文化休闲场所,让更多的群众从中获益,享受休闲文化。

由调查可知,在新时期发展下,人民群众对公共文化设施的真实需求与杭州市公共文化设施发展现状还是有一定差距的,这就要求政府实现自身转型,推动公共文化设施建设,不断满足人民群众日益增长的精神文化需求和休闲需求,为其提供足够的公共文化休闲空间、公共文化产品和服务。

四、国外公共文化设施发展

(一)历久弥新的博物馆

近日,英国著名视觉艺术媒体《艺术报纸》公布了 2012 年最火艺术博物馆排行榜(见表 2),法国巴黎罗浮宫博物馆以全年吸引 970 万游客位列第一,远远高于排名第二的纽约大都会艺术博物馆,实现"吸客"五连冠。亚洲仅中国台北故宫博物院跻身前十,在所列 100 座艺术博物馆中,中国内地仅有上海博物馆入榜,位列第 20 名。

表 2　2012 年最火艺术博物馆前十名榜单

排　名	博物馆	城　市	参观人数
1	罗浮宫博物馆	巴　黎	9720260
2	大都会博物馆	纽　约	6115881
3	大英博物馆	伦　敦	5575946
4	泰特现代美术馆	伦　敦	5304710
5	英国国家美术馆	伦　敦	5163902
6	梵蒂冈博物馆	梵蒂冈	5064546
7	台北故宫博物院	台　北	4360815
8	国家艺术博物馆	华盛顿	4200000
9	乔治·皮蓬杜国家艺术中心	巴　黎	3800000
10	奥赛博物馆	巴　黎	3600000

我国博物馆数目众多,能够进入世界"百强"的却屈指可数。虽然该排行榜

并没有把每年参观人数达一千万以上的故宫博物院收入,但这也反映了我国博物馆、艺术馆发展尚未跻身世界前列,未得到国际上的真正认可。这些历史悠久的海外博物馆,历经时代发展与变迁,不仅没有失去原有的魅力,反而历久弥新,越来越受人们追捧。它们在发展理念、吸引游客方面也开始尝试高科技和人性化的做法,值得我们借鉴。

1. "世界之最":法国罗浮宫博物馆

罗浮宫是法国最大的王宫建筑之一,位于首都巴黎塞纳河畔、巴黎歌剧院广场南侧。馆内拥有的艺术收藏达 3.5 万件,分为雕塑、绘画、美术工艺及古代东方、古代埃及和古希腊罗马等 7 个门类,是世界三大博物馆之一。它以收藏丰富的古典绘画和雕刻而闻名于世,是法国文艺复兴时期最珍贵的建筑物之一。罗浮宫共分希腊罗马艺术馆、埃及艺术馆、东方艺术馆、绘画馆、雕刻馆和装饰艺术馆 6 个部分,其中最著名的是镇宫三宝,即《爱神维纳斯》《胜利女神尼卡》和《蒙娜丽莎》,更有大量希腊、罗马、埃及及东方的古董,还有法国、意大利的远古遗物,陈列面积 5.5 万平方米。罗浮宫吸引人的不仅是雄伟的建筑和丰富的藏品,更是其充分利用高科技更好地展示展品,给游客带来休闲体验的震撼。

法国罗浮宫博物馆 2012 年 5 月引进"任天堂 3DS"掌上视频游戏控制导游系统。该系统呈现为一个可实时定位的交互式地图,使游客随时知悉其在馆内的具体方位,并可依据游客不同要求直接引导其前往想观赏的某一件或几件展品。除高科技导游系统外,罗浮宫还为每件展品提供了高清图片,即使人多拥挤,游客们也可清晰地观赏达·芬奇的《蒙娜丽莎》。游客在参观过程中还能够听到 700 多条关于艺术作品的音频评论,并可观看手语视频演示。罗浮宫还运用 3D 模拟技术展现《胜利女神像》,游客无须佩戴特制眼镜即可观赏。目前,罗浮宫还在开发可供下载的智能手机和 iPad 应用程序,包括 3DS 音频游览程序的智能手机版。

科技进步为博物馆带来了新的发展机遇,也为博物馆注入了新的活力。正如罗浮宫副馆长、数字化发展部门主任艾格尼斯·阿尔凡达瑞所说:"在今天,一个博物馆如果不能在各个运作层面使用新技术,就将坐失良机。"

2. 现代的象征:乔治·皮蓬杜国家艺术中心

巴黎的"国立蓬皮杜文化中心"位于著名的拉丁区北侧、塞纳河右岸,是根据法国已故总统蓬皮杜的创意而建立的。它由"工业创造中心""公共参考图书馆""国家现代艺术博物馆""音乐——声学协调研究所"四大部分组成,供成人参观、学习或从事研究,使造型艺术、建筑艺术、城市规划艺术、电视电影、文学、音乐、舞蹈以及其他种种最现代化的表现手段相得益彰,充分展示它们的不同形式,体现它们的相互关系,表现当代思想的活动极其艺术实践的一个场所。与此同时,"中心"还专门设置了两个儿童乐园。一个是藏有 2 万册儿童书画的"儿童图书馆";另一个是"儿童工作室",4 岁到 12 岁的孩子都可以到这里来学习绘画、舞蹈、演戏、做手工等。工作室有专门负责组织和辅导孩子们的工作人员,以培养孩子们的兴趣和智力,帮助孩子们提高想象力和创造力。

"工业创造中心",主要通过各种展览会和图书资料向观众介绍有关市政建设、生活环境及各种工艺产品的发明和创造情况。同时还向观众提供各种日常消费品的资料与咨询。"公共参考图书馆"完全不是传统意义上的那种旧式图书馆,它拥有当代书籍 30 万卷,期刊 2400 种,幻灯片 20 万张,微缩胶卷 15000 个,唱片 1 万张及各种电影、录像、地图、磁带等,馆内设施一律开放。"国家现代艺术博物馆"也与那些旧的艺术博物馆不同,集中突出了"现代"二字,专门介绍 20 世纪以来的西方各种造型艺术,包括立体派、抽象派、超现实主义派、结构派、概念艺术及流行艺术等各种流派的 2000 幅作品。"音乐——声学协调研究所"为避免噪音干扰修建于大厦旁边的地下,其主要功能是让音乐工作者能够利用现代的设备和技术来从事创造。此外,它还从事研制新乐器和各种音响设备的工作。

"文化中心"门前的空场地呈坡形,可容纳自发性的娱乐活动及露天表演,使传统的街头艺术得以恢复,成为卖艺者自由活动的"天堂"。它周围的中世纪街巷密如网布,完全禁止机动车辆通行,使游人得其所哉。"中心"内的大厅里和第五层不定期举行展览会、学讨论会和演出活动,还有电影放映、戏剧表演等,成为当代艺术创作活动的见证。

如果说罗浮宫博物馆代表着法兰西的古代文明,那么"国立蓬皮杜文化中心"便是现代巴黎的象征。它像一个夺目的瑰宝,镶嵌在巴黎市内。开始时,它也像埃菲尔铁塔一样,因为它与众不同而遭到了许多非议。如今参观它的人数远远超过了埃菲尔铁塔,居法国首位。仅开架式图书馆一处,平均每天接待 1 万人。它不仅是一个名副其实的文化中心,而且是巴黎的一大名胜。可以说,它是一座新型的、现代化的知识、艺术与生活相结合的宝库。人们在这里可以通过现代化的技术和手段,吸收知识、欣赏艺术、丰富生活。

(二)深入生活的公共图书馆

1. 温哥华公共图书馆

加拿大的图书馆属于社区服务的一部分,以温哥华公共图书馆为例,它共有 22 个分支,分布在温哥华市区的不同位置,且分布非常密集,大概相隔十几条街就可以发现一个图书馆。温哥华市共有人口大约 60 万,平均不到 3 万人就有一个图书馆。

图书馆的使用非常方便,只要出示居民有效证件,填一个简单的表格,不需要任何费用,几分钟内在任何一个图书馆就可以拿到一张借书卡,然后可以在温哥华公共图书馆的任何一个分支使用。温哥华公共图书馆不同分支的图书是共享的,它拥有一个统一的图书信息系统,可以在网上方便地检索你所要的书籍以及所处的状态,即可在一两周后在预约地点取书。大部分公共图书馆的分支并不大,大概有 200～400 平方米,即使这样也可以通过网络借到你需要的书籍,免去奔来回波。24 小时自助还书更给人们提供了便利。在图书馆行业频受数字化浪潮冲击的当下,加拿大图书馆的人气却在过去 10 年中逆势上扬,图书馆数量不但没有减少,还比过去有所增加。当地人更多的是将图书馆当作文化休闲中心,利用讨论室在这里举办小型研讨会,不少中等规模的聚会也常常在有浓厚文化氛围的图书馆里举行。

加拿大的图书馆并没有宏大的建筑、卷帙浩繁的藏书,而它却注重将图书和文化带入人们的生活中,在给民众提供了很大的方便同时,也很好地培养了加拿大人读书的习惯,如此高质量的公共服务也反映出加拿大政府的服务意识。这对中国政府在提供公共服务和公共教育方面的工作开展有借鉴意义。

2. 盐湖城公共图书馆

盐湖城公共图书馆是一个令人瞩目的现代建筑,它以全新且令人折服的方式进一步确立了图书馆在城市中的重要地位。它由三角形主建筑、邻近正方形的行政大楼、玻璃"城市之室"和公共广场组成。这座建筑于 2003 年开放,是一个巨大的室内公共空间,除了拥有阅览室和公共服务机构,还有商店和一个天台花园。一个玻璃顶盖的弧形走廊环绕藏书区。从藏书区经过廊桥即到达对面较远处的阅读区,这里可以欣赏到 Wasatch 山的美景。它取代了传统正式阅览室的阅读廊,盐湖城公共图书馆以一种"读者社区"式的设计,既保证了阅读者的隐秘性私人空间,又把阅读和外部美丽的景色有机地联系起来。图书馆特有的环形斜墙设计,成为盐湖城的一个独特的标志,走上屋顶花园,城市和周围山脉的壮观风景尽收眼底。职员们认为新图书馆的功能设置非常实用,从书本的传送处理、整体环境的照明到办公室功能区的使用等方面都相当不错。盐湖城公共图书馆建筑赢得了 2004 年 AIA 荣誉奖和 2005 年 AIA/ALA 图书馆建筑奖。

盐湖城公共图书馆的亮点在于它不仅为盐湖城提供了一个重要的当代地理标志,其内部的玻璃"城市之室"为人们带来了活力和喜悦,它也为未来各处的城市图书馆提供崭新的设计理念,图书馆的设计同时也旨在为盐湖城市中心创造出向来缺乏的公共活动空间。图书馆与文化广场的结合,是公共文化设施发展的一个创举,为我国文化设施建设发展提供了新的思路,同时它也真正从文化场所上升为公共休闲空间,为人们文化休闲活动提供了完善的场所。

(三)服务大众的社区文化设施

伴随着城市化、工业化和现代化,作为社会福利体系的重要组成部分,社区文化在世界各国都备受关注。国际上的社区文化发展大都是工业化、城市化的产物。在各国城市中,社区文化有的以居民自创自享为主,也有以政府倡导、群众自娱自乐共同促成的模式,有的国家注重公益文化教育投入和非营利组织的捐献,有的国家则是文化工业加产业化运作。这些国家社区文化的推进历程和经验方法值得我们了解和借鉴。

1. 美国社区文化设施建设

在美国社区里,人们接受文化的场所大多是公共文化设施,如公园、图书馆、文化中心、体育场馆等。利用这些公共资源为社区居民服务,吸引青少年,引导他们关心社区,并为建设社区出力,这是"美国市长会议"和"国际城市与州县管理者协会"采纳的社区文化发展战略中的一项具体方案。美国社区文化设施建设的特点:一是地方政府支持和充足的活动经费;二是社区得到各企业的支持,充分利用社会设施开展文化娱乐活动。一些企事业机构的捐款和赞助也使他们得到好的名声,在社区树立好的公众形象。企业与居民间的互动行为,推动了社区文化活动发展,也为企业带来商机,形成双赢。如贝瑟斯德社区合作委员会成立于1994年,是非营利机构,负责社区环境建设和文化娱乐活动。他们的目标是"一个社区,一个目标,营造快乐氛围"。根据住户文化层次和收入状况,社区有针对性地开展各项文体活动。

2. 日本社区文化设施建设

社团组织促进社区文化,提升人的素质,有利于社区居民自治。日本城市里每个社区都有充足而且优越的公共文化设施和场所。尤其在东京等一些城市,人们的文化生活相对比较丰富。这些地区的居民普遍素质较高,同时对于文化发展需求也比较高。在日本社区,各种小型社区活动小组或是各种兴趣小组发展迅速。人们根据自己的兴趣、爱好,自发组织、积极参加社区的各类组织,比如妇女插花兴趣小组、健身小组、社区自行车协会、环境保护者协会、老年康复健康协会、英语俱乐部等各种各样的组织。在每个社区中,以市一级的社区为例,诸如市立图书馆、文化馆、音乐厅等设施十分便于当地居民使用,并且都是免费的。社区中的文化宫等设施也是免费开放的,经常举办一些公益性演出、展览,如社区里的民间合唱团、绘画兴趣小组、音乐兴趣小组等。所有这些活动都是由社区居民实施、为社区居民举办的。

一个国家公共文化设施数量的多少、分布范围、质量的高低及"观众"的多寡是衡量这个国家文明程度的重要标尺,也是体现这个国家科学文化发展水平的重要窗口和标志。在国外,公共文化设施已经成为人们日常生活、休闲的一部分,而非接受教育的严肃场所,当地公民与儿童频繁出入于各类博物馆、图书馆和文化活动中心,不禁让人深思与感叹。一个国家公民的素质不是生来具有的,而是在学校、家庭与社会的大课堂里经久培育与提升的。但绝对不可否认,公共文化场所是滋养与提升公民素质的一块不可忽视的极其重要的沃土,也是提高市民休闲生活、发展休闲城市不可缺少的一环。

五、休闲时代下的公共文化设施发展

(一)休闲时代下公共文化设施的意义作用和发展路径

从杭州市公共文化设施发展现状和市民调研情况中,我们发现,政府致力于为市民提供更多的文化资源和更健全的公共服务体系;市民期望享受更便利的公共设施和干净舒适的文化空间。而在休闲时代下,公共设施该如何发展,人们对此还模糊不清,没有明确的认识。那么,究竟休闲时代下公共文化设施意味着什么,对城市休闲发展有何作用,未来该如何发展,这是需要我们不断探索的重要问题。

1. 文化场所更是休闲空间

曾经有一篇题名为《年轻人为什么不愿在博物馆度过闲暇时光?》的文章指出:现在的情况是,不少青年人宁可去参加各种选秀活动,也不愿来博物馆看一看。在我国,公共文化设施一直是人们心目中神圣的文化殿堂和教育场所,对其功能的认识还局限在收藏、研究、教育之上,这也反映出长久以来我国对公共文化设施休闲功能的漠视。随着休闲时代的到来,公共文化设施发展也要从原有的文化教育观念转型，它不仅仅是文化场所，更是一个为人民大众服务的休闲空间。它既可以满足人们休闲的需要，也可以使人们在潜移默化中接受文化的感染，提高文化素质。空间的文化与休闲相结合，更能褪去传统公共文化设施在人们心目中严肃的面纱，让人们开始接近公共文化设施，并将其视为日常生活中的一部分。

2.对遗产的保护更是对未来的创新

从跨湖桥、良渚文化的开创和发展到苏东坡、白居易等先贤的倡导和示范，杭州历来以文物之丰和文明之盛而被公认为我国重要的历史文化名城，至今保留了包括西湖在内的大量文化遗产。文化遗产是杭州城市的文脉和根系，是传承杭州历史文脉的重要载体。博物馆、历史纪念馆等公共文化设施是传承杭州历史、展示杭州文化的重要载体。20世纪80年代以来，杭州陆续建成了代表中华文化的中国茶叶博物馆、中国丝绸博物馆、中国良渚文化博物馆、南宋官窑博物馆、胡庆余堂中药博物馆、张小泉剪刀博物馆等，使杭州的文化内涵更为丰盈，同时也成功地将传统文化保存下来，供后世学习、参观。如今公共文化设施不仅具有对历史的保护功能，更是对未来的创新和思考。新兴的展览方式极大地促进了杭州公共文化设施的发展，展览不再局限于固定的场馆，以较低的成本、灵活的方式、与时俱进的内容，给杭州市民带来更多惊喜。休闲博览会、西湖博览会、文化创意博览会以及新落成的杭州动漫博物馆等，赋予了公共文化设施新的内涵，使其内容丰富多彩，这不单单是对历史的留守，更是对未来的开拓和创新，引领未来发展的潮流。

3.旅游的补充更是城市休闲的发展

黄金周出游是一种休闲需求的井喷式爆发，然而人口拥挤，交通拥堵，酒店爆满的问题爆发，正是人们日益增长的休闲需求与优质景区资源不足之间矛盾的集中体现。若是能在人们日常生活中发挥公共文化设施的休闲功能，使人们能够在闲暇时间享受知识的熏陶和精神的放松，培养并提高人民群众休闲选择能力，将有利于缓解一些城市问题，对推动人的发展和城市休闲发展具有重要价值和意义。同时，公共文化设施的发展，也能带动开辟新的旅游景点，为城市旅游休闲发展增光添彩。

4."东方休闲之都"更是"幸福和谐之都"应有之义

只有满足大多数市民的基本文化需要，才能确保广大市民拥有起码的品质生活。一方面，公共文化设施建设力度越大，越能满足人们的文化和休闲需求，人们投入健康文化生活的时间越多，社会成员违法犯罪行为就越少；另一方面，丰富健康的公共文化生活,可以为社会成员提供许多共享闲暇与合作机会、交往平台、提升平台。一个以先进的主流文化引领、改造和同化其他非主流价值观的过程,有助于社会共同价值观和正确社会舆论的形成,进而有利于成员和谐共处。因此,推动公共文化设施发展,不仅能够推动城市休闲发展,更是建设"幸福和谐之都"的必然要求。

在"休闲时代"即将来临的今天,作为城市文化和休闲载体的公共文化设施,理应肩负起引导公众合理利用闲暇时间以促进个人全面健康发展的重任,这也就要求公共文化设施的未来发展应着眼于构筑一种健康有益的新型休闲生活方式,努力成为市民眼中极具吸引力的公共文化休闲空间,让公共文化设施褪去严肃、教育的光芒,让现代人在闲暇时间里获得心灵的滋养,满足其求知、审美、休闲和自我实现的需要。

(二)未来杭州公共文化设施发展展望

休闲时代下的公共文化设施发展,既要着重突出其文化性,发挥文化宣传教育优势,以高雅的文化氛围提升休闲产品的层次,为休闲事业的发展提供更多、更具知识性、更有潜力的高层次公共文化设施,又不能忽视其休闲性,以"寓教于乐"的形式让人在潜移默化中受到教育的影响,为人们提供更优质、更具文化氛围的休闲空间,也为单调的文化设施注入新的活力。只有充分发挥公共文化设施的作用,才能彰显其推动城市休闲发展的意义。

1. 树立品牌经营意识和市场意识

不光企业需要经营,公共文化设施更需要经营,而且是自主经营。位于"黄金地段"的公共文化场所,不仅占据着宝贵的城市空间,也消耗政府大量的财政支出。而如此巨大的消耗是否能够产生相应的文化和社会效益呢?我们看到,工作日期间,各大公共文化场所尤其是博物馆非常冷清,这也就意味着全市60余家博物馆大量宝贵资源的闲置。因此,可适当放宽对公共文化设施的管理,鼓励其树立品牌意识,积极开展多种方式经营理念,同时支持企业、高校、个人等社会力量投入到公共文化设施建设中去。

(1)注重品牌形象,进行宣传推广

将竞争理念引入公共文化设施发展中去,为其注入新活力。未来公共文化设施的竞争优势将不再局限于内容丰富性、环境优越性,更在于配套设施功能齐全化、休闲化以及高质量的服务。各公共文化设施既可以把自己当作一个品牌进行宣传,也可以在融入城市旅游的过程中进行推广。目前,杭州市公共文化设施主要依靠网站形式进行推广,影响力较小。有鉴于此,各公共文化设施主体可依靠当下流行的微博、微信进行推广,定期推出馆内咨询和活动,还可以建立更加完善的会员制度,如图书馆可定期举办书友会,博物馆也可以依托自身的特色资源,如茶叶博物馆、杭帮菜博物馆可定期举行交流会、品鉴会,吸引一部分爱好者参与,即所谓的严肃休闲爱好者,并为品牌进行宣传与推广。此外,可以设计自己的品牌形象,打造具有自己品牌 LOGO 的服装、文化用品和纪念品等,以此加强馆内工作人员凝聚力和向心力,也向群众展示公共文化设施具有的良好精神风貌。

(2)在公益性与自我造血的平衡中寻求运营突破

在西方社会,早在 1969 年便有英国学者提出博物馆市场营销的概念。"市场营销的概念应扩及至非营利组织如博物馆……因为任何组织都不可避免地要采取市场策略","市场营销是博物馆或美术馆为了实现自身使命,充分满足使用者的鉴别,满意与快乐等需求而采取的管理过程"。美国博物馆协会对博物馆营销定义是"在促进公众理解与欣赏的基础上,更多地了解博物馆的收藏、陈列于服务",并不是买卖,而是博物馆为能发挥更大效益而采取的一种工作手段,提高社会贡献率。由此可见,新兴时代公共文化设施在商业运营模式上的探索是在保持自身非营利事业机构性质基础上,立足国内市场经济发展现状,大量引入市场化的理论、方法,建立起符合环境的管理体系和运作模式。公共文化设施的自我造血,不仅能够减少政府拨款,还可以利用个人社团捐赠、专项基金运收益、授权、特许销售费、借展费等方式进行自我造血,反哺社会和群众。如今,经过多年的发展,公共文化设施已不再是嗷嗷待哺的婴儿,该在保持公益性、社会性的同时,学会自谋发展出路,发挥自身优势,在休闲经济时代立有一席之地。

(3)鼓励多种形式的公共文化设施发展

在公共文化设施发展中,如何为市民提供更好的公共文化设施,不但要依靠政府的力量,更需要整个社会的支持与参与。提起音乐图书馆,多数杭州人都能想到西湖边的"张铭音乐图书馆",音乐图书馆用音乐书籍、CD、不定期的音乐讲座、演奏会等形式为大众营造了一个"音乐沙龙",成为杭州音乐爱好者们欣赏音乐、感受艺术的好去处。民办公共文化设施不仅为市民提供更多可选择的文化空间,也为政府文化设施建设提供有益借鉴。政府应鼓励、促进各种形式的公共文化设施建设,对其进行政策和资金资助,使其在保持公益性的基础上适当盈利,并成为城市公共文化设施发展的重要补充。同样,对于个人、社区、社会团体义务建设的公共文化设施，政府更应该给予政策上的支持和保护，以促进社会良好风气的形成。

2. 休闲功能：打造多功能文化休闲综合体

随着人们休闲需求与休闲活动的日趋多样化以及城市交通问题的出现，人们希望在同一地域空间中可以实现对多种休闲方式的选择，尽情体验休闲生活的自由，从而使得各类休闲空间都将朝向更为综合化与集中化的方向发展。多功能文化休闲综合体主要表现为功能与内容的综合、文化与休闲的综合。公共文化设施的经营管理要跳出"仅仅提供文化知识信息"的观念，它应该作为一种配套服务出现在人们的生活里。只有变成一个很好的生活休闲地点，才会让求知者真正感觉到放松。过去一个商场可以成为带动周边配套设施发展的中心，未来一个全面的公共文化设施也可以作为一个城市综合发展的中心，发挥超出教育功能之外的更多作用。

（1）完善的休闲配套设施

将各种休闲功能设施如休憩、餐饮、购物、娱乐、文化、健身等，在同一区域内进行综合设置，在不同的功能之间寻找内在的联系，以形成针对不同休闲群体的休闲空间，从而形成整体优势，可以达到吸引大量休闲人群、延长休闲时间、增加休闲效益等目的。如公共文化设施内的沙发阅读区、小型讨论室、咖啡厅或水吧等相关配套设施的出现绝对是改变公共文化设施整体气质的关键，让整体氛围更轻松、更人性化，更像生活的一部分；场所内可以出售自主研发的纪念品，同时宣传自身形象，博物馆可以出售与展品相关的纪念品，图书馆可以和图书商场结合起来，如果顾客喜欢哪本书也可以直接向图书馆订购；公共文化设施与健身结合起来，更能够体现"劳逸结合"的思想，能够让热爱运动的人停下来接受文化的熏陶，也能让整天沉浸在学习、工作当中的人们远离亚健康，保持良好的身体状态。如加拿大博物馆把本国的美食与博物馆结合起来，推出了博物馆美食之旅，大大提高了博物馆休闲功能，增加了博物馆的吸引力；青岛市博物馆商店出售的多为山东特色文化商品，如剪纸、年画、自刻手工艺品、智力拼图商品等，吸引了众多参观者，成为青岛市博物馆一大亮点。

（2）综合性公共文化设施

所谓综合性公共文化设施，即是文化展览类、图书阅览类和社会文化类公共文化设施不再有明显的区分，而形成相互依存的关系。图书馆可以利用走廊，定期举办小型文化艺术展览；博物馆内设有与展品相关的小型图书馆，可供兴趣爱好者做进一步学习研究；图书馆和博物馆可以走出室内，在文化广场上、居民社区内和学校举办展览,这既是对文化的宣传,也是对自身品牌的推广;博物馆和图书馆内空间可设计成作为休闲共享空间的"室内广场",可以在此举行馆内、市内甚至更大范围内的文化集会活动,如音乐会、鉴赏会、时装发布会、颁奖典礼等,不一而足,同时也可以将装饰性的艺术融入场馆建设中去,成为提升休闲阅读品位的重要手段,如馆外广场雕塑、馆内艺术雕塑、阅览室艺术壁挂和书画作品、大厅及公共通道的艺术品点缀、装饰性绿化、图书馆家具的艺术设计及配套布局等。

公共文化设施因此被赋予了新的角色,其功能大大超越了传统意义上的文化教育功能。一整套休闲设施的配备构筑起一种从早到晚浸泡在公共文化场所的新型休闲生活方式:早晨,你可以来到这里学习,然后到报告厅听取有关讲座。中午在餐厅用餐后可以参观展览,也可以参与由公共组织的、有专家指导的各种现场体验活动,如绘画、雕刻、制陶等,还可以把作品带回家留作纪念。累了,可以到休息厅、咖啡馆或酒吧稍事休息,晒晒太阳、聊聊天,还可以去健身房锻炼身体,舒活筋骨。傍晚,不妨逛逛书店和纪念品商店,把一天美好的记忆带回家。

3. 休闲旅游:纳入城市旅游发展体系

公共文化设施具备其他休闲设施和机构不具备的良好条件:优越的地理环境、雄伟的现代化建筑、干净舒适的环境、丰富而历史悠久的文献典藏以及低廉的花费。因此,公共文化设施在旅游上的开发潜力是巨大的,开发图书馆的旅游功能,同时发挥其文化休闲功能,让二者相辅相成。如上海市图书馆新馆已具备游览、购物、娱乐等综合功能,成为上海市民游览及周末休闲的好去处。同时,上海市图书馆还辟有音乐欣赏室、声像资料放映室,为当地市民提供了较好的休闲条件。

(1)资源开发

目前,市大多数公共文化设施仍然较为注重通过室内空间、环境设计来渲染文化的主题。但是我们要看到,公共文化设施并不是一座孤立的建筑,同样它也需要一个自然生态的、可供参观者休闲游憩的外部空间,如在西湖边设置玻璃长廊等公共文化设施,并设计游客休闲区,把阅读和外部美丽的景色有机地联系起来;重视花园、绿地等室外环境景观,让参观者的活动能从室内延伸至室外,增强公共文化设施的亲和力;还可以利用原址保护、修旧如旧的理念,就地保护,发展公共文化设施旅游;也可以利用户外公园空间,搭建露天博物馆,即与自然融为一体的户外博物馆,如杭州花圃公园可被打造成花圃博物馆,展示国内各种花卉,只需一些讲解标牌和标本,即可把公园串联成具有文化气息的博物馆。

(2)资源整合

在公共文化设施发展中,不光要注重开发,更要加强周边旅游资源的整合。可利用门票免费的优势同旅行社合作,同其他景点串联发展;还可以通过设计博物馆之旅增加景点,挖掘自身旅游休闲资源,为旅游开辟新景点,为博物馆集聚新人气。

4. 休闲社区:提高市民休闲生活质量

(1)社区休闲空间

作为日常生活中人们接触最为频繁的场所,社区公共文化设施要坚持以人为本、以方便服务为基准的人性化设计。它不仅要满足市民获取信息、追求知识的需要,还要营造一种安宁、轻松的文化氛围,以此来使人们涤荡心灵,舒缓心理压力,达到学习与休闲并举的目的。因此,社区公共文化设施必须改变冰冷、机械、过分严肃的面孔,营造一种亲切、平等、轻松的氛围,才能吸引市民积极参与,如在社区图书馆增设学习阅览区、社区讨论室、茶吧、咖啡区等,并用音乐唱片等进行装饰;目前很多鲜奶吧、咖啡店也设有小型阅读区,社区可以和此类餐饮店联合,为其提供深入社区的空间和文化环境,也可以将所得租金进一步用于公共文化设施建设和管理;还可以开设社区自己的休闲娱乐场所,招募社区义工和志愿者,形成社区的良性互动。

(2)交流与互动

交流与互动不光是公共文化设施单方向的组织活动,还包括人与人之间的交往、互动。因此纯静态的公共文化设施已不合时宜,在未来的发展中,交流和互动的空间将逐渐扩大,文化活动设施日益成为公共文化设施的一个重要组成部分。交流互动空间,就是让人感受宽松与亲切的思想交流与文化共享的场所。打造交流互动空间,可以是设立报告厅、多功能厅、展览厅、影剧场、个性化学术研究室、放映室、视听室,也可以是设立小剧场、书屋、咖啡屋。总之,在社区公共文化设施的管理建设中,我们更多强调质量而非数量,把重点落实到建后的维护和管理,提高群众参与率和使用率;应该更多地去考虑如何扩展公共文化设施在社区的影响,尽可能为区民营造一个温馨的环境和气氛,让大家感受到亲切、友好的感觉,下次还会再来。

例如,白天小区内都是子女上班后照看孩子的老人,可在小区内设立玩具图书馆和儿童活动室。这既可以让老人得到解脱,也可以发挥玩具及游戏对儿童健康成长的长处,从小给孩子以健康的成长环境,培养其良好的休闲生活方式;大人也可以从中接受文化的熏陶。这也正符合了休闲教育应该"从娃娃抓起"的理念,培养个体对生活的好奇和热情,丰富其兴趣爱好,使之正确认识"玩"的价值,为日后的休闲生活储备足够的技能,提供更多选择机会。再比如,广场舞在给部分人们带来休闲的同时,也给部分群众带来困扰。而热衷舞蹈的人们选择广场的部分原因是广场宽阔、环境设施好,另一方面也反映了社区公共文化设施空间的不完善,如在小区内设立舞蹈室、棋牌中心、乐器室,不但能够为社区居民提供丰富的休闲生活,也能促进社区群众交流和社区和谐。

(3)公共文化设施联动发展

扩展省市级公共文化设施功能和范围,使其不仅局限于场馆自身,覆盖到周边的社区和环境,将场馆内的展览、藏书带到社区共享,这也是提高公共文化设施利用率的有效途径。通过与周边社区的联动,不仅传播了文化,扩大了自身影响,也为市民打造了一个开放的文化休闲空间。未来的"移动图书巴士"、流动展览馆都可以成为城市街边的一景。

5. 休闲引导:新型文化设施建设

在杭州,不光有很多历史资源有待于进一步保护和开发,还有大量的新兴文化财富等着我们去开发。只有利用好这些资源,才能引领未来杭州公共文化设施的发展。

(1)杭州书院

中国历来有读书修身并重、注重阅读环境的优良传统,杭州的书院自唐代始,至清代到达极盛,前前后后总共出现了约31所,其中以敷文书院(万松书院)、崇文书院、紫阳书院、诂经精舍四大书院最为著名。而如今万松书院成为西湖周围唯一以书院文化为主体的文化公园,其他书院失去了往日的光环。建议以古代书院为依托,打造具有古代建筑特色、与周边自然环境融为一体的杭州书院,书院以藏书、讲学、交流、休闲为主要功能,以传播中国传统文化、杭州特色文化为主要目的,以杭州市民、游客,尤其是青少年为主要服务对象,以古文习得、传统书画和手工技艺、传统乐器、民族舞蹈等为内容载体,把读书求知与修身养性统一起来。

(2)马可·波罗主题文化广场与外国文化风情街

在杭州公共文化设施建设中,不光要传承杭州本土文化,还要凸显国际化,可修建象征中外友谊的马可·波罗主题文化广场与外国文化风情街,不仅能使在中国的外国人产生文化共鸣,也能让杭州人感受到异国文化情调,丰富杭州文化内涵,提升国际化水平。可建造马可·波罗佚事陈列廊,让国际客人重踏大旅行家足迹,同时系统整理旅行背后的故事,也有助于深化对南宋时期杭州的认知;馆内同时搭建中外交流表演舞台,精心设计趣味性高、参与性强的互动表演节目,邀请国外民间乐队助阵;兴建集文化体验、休闲功能于一体的马可·波罗文化主题广场,同时配备各种相关的旅游和活动设施的多功能文化广场,既是中西文化沟通的桥梁,也兼具较强的休闲功能,营造轻松的休闲环境,使其成为国际客人和市民常规性集会场所;国外文化风情街可用来展示不同国家的文化和特产,成为集文化展示与商业发展为一体的新兴街区。

(3)互联网科技馆

从阿里巴巴到淘宝到云技术,在短短几年内,杭州科技和互联网发生了翻天覆地的变化,而在杭州各种类型的文化设施发展中,我们发现科技类、自然类博物馆所占比重较小,可依托企业资源打造杭州互联网科技馆,记载杭州互联网发展历程,同时以高科技网络体验为主题,向杭州市民展示科技发展魅力,为市民提供一种新型的公共文化设施。

(4)杭州艺术区

杭州艺术类公共文化设施发展起步较晚、规模较小,也是市民反映最需要改进的公共文化设施。可依托文化创意园扩大发展规模,打造对外开放的杭州艺术区,可以让艺术家利用艺术广场空地自由发挥,使其成为画廊、艺术中心、艺术家工作室、设计公司、餐饮酒吧等各种空间的聚合,形成具有国际化色彩的"SOHO 式艺术聚落"和"LOFT 生活方式",实现当代艺术、建筑空间、文化产业与历史文脉及城市生活环境的有机结合。

(5)杭州休闲体验馆

杭州是世界休闲博览会的举办城市,也多次被评为"中国十大休闲城市"之一,其休闲发展理念和实践受到国内外一致认可。可以打造杭州休闲体验馆,传播最新休闲理念,展示旅游休闲、娱乐休闲、运动休闲、度假休闲、文化休闲等丰富多样的休闲生活方式,记录杭州休闲发展脚印,保留世界休闲博览会的文化成果,让市民在此更多地感知休闲、了解休闲。在此,将休闲作为一种文化来打造,杭州休闲体验馆也将成为未来杭州公共文化设施建设以至于休闲发展的一座坐标,是城市休闲发展的见证,更是市民获得休闲体验的文化场所。

6. 休闲目标:"高峰体验"

由马斯洛提出的"高峰体验"概念指的是一种让人"感受到一种发自心灵深处的战栗、欣快、满足、超然的情绪体验"。这正是当代公共文化设施休闲发展希望能够带给人们的体验目标。要达到这个目标,关键是要使观众能够全身心地投入进来,创造性地参与和互动。显然,游客需要的不是一成不变的"文物的集中参观地""堆满书的书架"和"空旷的广场",而是轻松、舒适的休闲环境,充满趣味性、新奇性的场所,用多媒体等高科技手段开发可动手、参与性强、带有适度挑战性的展示方式,以及休闲活动的互动……这也正是我们在建设和发展公共文化设施中所要追求的目标,能够在文化休闲场所深化观众多元的感官体验,使其在习得文化知识的同时,留下丰富而充满趣味性的休闲经历。

六、结　语

文化本身就是丰富的、多样化的,体现在今天的城市里,不能只有高、大、平、直的空间形态,还要有精致、自然、温馨和个性化的空间来传递不同的城市文化感受,适应不同性质的城市人群。休闲也并非慵懒或无所事事,其真正的意义是学习静默、培养观看和倾听的能力。随着时代的发展,城市和空间都在成长,都需要文化的支撑、休闲的培育。让公共文化设施休闲成为一种新型的生活方式,让公共文化设施成为推动城市休闲发展的一股新生力量。

（2013"休闲文化与城市品质提升"专项课题）

独立书店在城市休闲中的作用与发展路径研究

——以杭州市为例

周　雨[*]

一、引　言

随着休闲时代的到来,休闲越来越受到人们的重视,休闲文化作为人的生命活动的组成部分,是社会文明的重要标志,是人类全面发展自我的必要条件,是人类生存状态的追求目标,是人之为人的根本所在。在现代化和现代性背景下,休闲文化实质上是现代性的重要标准之一,其所反映的不仅仅是个体的一种新的生活方式、生活态度和生活理念,也是衡量国家和社会经济发展水平、发展质量和生产力高低的重要标志和尺度,对城市休闲和城市发展有不可或缺的作用。近年来,社会各界对休闲研究的关注度不减,对休闲文化和城市休闲的探讨热度也与日俱增。在这样的大背景下,作为"东方休闲之都,生活品质之城"的杭州市自然也走在发展休闲文化、提升城市休闲品质的前列。

自 2016 年杭州成功举办 G20 峰会,城市形象和知名度获得极大提升,杭州迈入"国际重要休闲旅游中心"的新时代。2017 年,杭州旅游按照"国际化、全域化、智慧化、品质化"的要求,培育国际化旅游产品,再推一批新的景区景点迈向国际舞台,稳步推进旅游度假区建设,全面推动旅游产业向观光游览、休闲度假、文化体验、商务会展"四位一体"转型升级。杭州正逐渐打造"东方休闲之都,生活品质之城"这一品牌,为打造这一品牌,需要整合全市休闲资源,打造极具杭州本土城市特色的休闲产品,实现休闲产业系列化、规模化、品牌化。实际

＊　浙江大学旅游与休闲研究院。

上,杭州自古以来就是一座休闲的城市,崇尚休闲,追求休闲,具备打造"东方休闲之都"的历史传统、经济条件、资源禀赋、环境优势和产业基础。杭州的休闲产业从美食、茶楼、服饰、娱乐、健身疗养、文化传播、演艺、艺术欣赏等各方面与世界的休闲经济全方位接轨,杭州正为自己打造一枚富有国际分量、符合国际化旅游都市的金名片——"休闲之都"。"生活品质之城"是杭州最具代表性、差异性、独特性的城市品牌。生活品质表示人们日常生活的品位和质量,包括经济、文化、政治、社会、环境等五大生活品质。在杭州方言中,"做生活"就是"做工作",生活品质既包括生活品质,又包括工作品质;城市品牌中的通用连词"之"字,在杭州城市品牌中也有特殊含义,可以理解为"之江",这就把杭州坐落在"之江"江畔这一地理位置表达了出来,"之城"也就是"杭城",体现了从"西湖时代"迈向"钱塘江时代"的城市发展战略。

在这一过程中,杭州的城市文化设施成为重要的文化窗口,在城市品牌打造和传播中承担着重要使命,成为市民休闲生活的重要阵地。本文选取了作为城市文化设施重要组成部分的独立书店为切入点,对杭州市文化设施在休闲城市发展中的现状和作用进行了调查分析,试图探究目前杭州市休闲文化和城市休闲发展现状,以期提出有价值的对策建议。本文之所以选取独立书店作为研究案例,原因有二:独立书店在近年来受到了越来越多的关注和讨论。一方面,很多城市普遍出现独立书店因经营不善而大面积消亡的现象;另一方面,新开的独立书店又如雨后春笋般出现在城市之中。这个有趣的现象及其背后的原因值得关注与思考。正如刘易斯所言:"独立书店是自由社会的基石。"独立书店的崛起,影响着都市人的休闲生活。不同于传统意义上的实体书店,独立书店带有着浓厚的人文情怀和个体独立意识。无所依附、人文关照、持之以恒是独立书店的三个特点。独立形态、独立品格、独立操作,一家独立书店即便开设多家分店,在风格上也各有特色,秉承复制而不重复的理念,其独创之举往往也是匠心所在。独立书店的独立性及人文品性是独立书店的核心所在,也表明其不仅仅是文化设施,更是一种文化空间,是充满人文情怀的城市公共空间。城市公共空间存在的历史悠久,以往对公共空间的研究和探讨也多集中于其政治功能、社会功能和文化功能,对其承载的休闲价值的发掘和研究少之又少,尚未引起重视。但随着社会文化环境的变化和人们生活方式的改变,公共空间的功能随之发生改变。公共空间在人们的休闲生活中发挥着越来越重要的作用,为人们的休闲选择提供了更多可能性,成为人们休闲的主要阵地。作为城市公共空间的一部分,独立书店的崛起影响着城市公共空间的变革,也影响着都市人的休闲生活。因此,对以独立书店为代表的城市公共空间的关注,对于把握公共空间的休闲价值和当下人们休闲呈现出的新特点具有重要意义,也将为我们对城市空间的研究开启新的视角,为休闲研究开辟新的思路。

二、绪　论

(一)独立书店的概念

独立书店,有别于传统实体书店。对于独立书店的概念和范围,目前国内外有诸多讨论但并无定论。英国图书销售商联盟主席帕特里克·尼尔(Patrick Neale)认为,不管书店为谁拥有,只要管理者或者经营者对所销售的书籍、聘用的人员、开展的活动有控制权,就是独立书店。他认为,人们需要除家庭、工作场所以外的第三空间,这既是放松、休闲、会友的空间,同时又是学习成长的空间,独立书店的特质与之非常吻合。北京万圣书园创始人刘苏里对独立书店的定义则为:"独立书店是零售书业业态的一种存在方式,不同于大型单体店、网上书店、图书俱乐部等,他们靠自主经营、自有资金而生存。他们选书往往集中在特定领域,相比大型连锁书店,独立书店所购书籍更为深奥或偏向非主流市场。"保持其独立形态、独立品格和独立操作是独立书店之所以"独立"的基本前提。独立书店是专业的书店,卖品集中在几个知识或学科领域,其特质是不以图书销售为单一目标,密切参与并塑造本地的精神文化生活。《书店的灯光》的作者刘易斯则提出:"独立书店是自由社会的基石。"在这里,有诸多关于"独立书店"的讨论,而如何去定义"独立"关乎我们对独立书店的理解,是我们研究独立书店问题首先要探究的方面。笔者认为,"独立"只是一种相对的独立,而非绝对的独立,独立书店之"独立"体现为独立于政治、商业和读者,但独立书店不能独立于传统、科技和城市发展。

1.独立于政治,独立于商业,独立于读者

独立书店谓之独立,在于其独立于权力、经济和市场等一切力量而存在,不受任何力量的干扰,独立存在,独立发展。简言之,独立书店是排除所有内外力量干扰的书籍零售实体。作为个体的独立存在,犹如独立出版、独立音乐人、独立乐队一般,独立书店带有强烈的独立性和自主性。独立即自由,独立意味着向我而生。其存在本身不受任何力量干扰,从成立到发展,从资本到运营,皆由

自己所支配,完全体现自身的意志,展现自我的个性。相较于大型连锁书店,独立书店拥有独立的意志、资本、经营目标和管理理念,可以完全自由地挑选出版社、书目、服务项目、装修风格等,完全呈现书店想要表达的思想和内容。独立形态、独立品格、独立操作,每家独立书店坚持复制而不重复的理念,保持自己鲜明的个性。独立于读者,这是最值得关注的一点,独立书店不以读者的意志为转移,不以读者需求和市场反应为导向,这与其他书店有本质的不同。

2.不独立于传统,不独立于科技,不独立城市

面对科技的发展特别是互联网的冲击,独立书店也不能置身之外,在保持独立性的同时不能独立于社会的发展,不能独立于传统和科技。跨界综合经营已成必然,利用科技和传统实现双赢,是书店从业者必须考量的问题。若独立于传统与科技,在互联网购书平台的冲击下,独立书店将面临很多实体书店的命运,无法存活下去,最终破产倒闭。因此,许多独立书店开始实现跨界融合,除图书外提供更加多元化的休闲服务内容,由此形成更具辨识度的风格与特色。国内已有很多独立书店进行了尝试,如致力于打造生活空间美学的方所书店,售书已不是方所书店的全部,其他包括咖啡、展览空间、服饰时尚、手工艺品等在内的丰富的生活美学内容将这样一个公共休闲空间填充起来,使其成为独立于外界喧嚣都市生活的一片净土,给人以宁静、舒适的感受与体验。再如南京的先锋书店,虽在南京市内有很多分店,却各有主题,复制而不重复,位于中山陵下的永丰社承诗社传统,以诗集为主;先锋文史书店选址于总统府,以名人传记为多。除此之外,先锋书店形成了完整的文创产品体系,延展了书店的生命力。不独立于传统,仍立足于书店的定位,跨界融合,打造集图书、咖啡、文化沙龙、展览、交流分享于一体的文化综合体,与其他休闲元素结合形成更加综合的现代休闲空间。

(二)国内外独立书店休闲方面研究现状

基于对文献资料的搜集、梳理、归纳和分析,不难看出,目前国内对独立书店作为公共空间的休闲价值研究方面的资料非常之少,国外尚有少部分休闲语境中的空间研究。如约翰逊·阿曼达、格洛弗·特洛伊认为休闲活动本质上是空间的,作为一个广泛的探究领域,理解个体感知和体验空间的方式,创造了一个更完整和更有语境的休闲方式。他们认为,目前对休闲空间的研究通常集中在位置和距离上,强调空间的物质层,并专注于空间的经验可观察到的方面,比如人们参加休闲活动,休闲场所所在地,以及休闲资源分布在一个社区。了解

社区和个人对公共空间的感知、经验和主张,将有助于更好地理解休闲的概念,以及它与可持续发展、社区发展、公民、社会资本或城市生活质量的关系。

随着休闲时代的到来,公共空间的休闲功能和价值的意义日益凸显,资料的不足更加印证了本研究的必要性和重要性。因此,基于文章的研究对象和研究内容,这里主要从两个方面进行文献综述:关于独立书店特别是休闲方面目前的研究,以及对休闲价值的探讨。

1.关于独立书店目前的研究

本文主要关注国内学术界对独立书店的研究现状。经资料收集和整理归纳发现,国内对独立书店的关注和研究多集中于书店的经营和转型,特别是面对当下电子阅读占据主流的市场境况,书店如何立足并长期存在和发展下去,是当下研究的主要方向。如肖洋的《数字时代我国独立书店的生存境况研究——基于生态位理论视角》一文,从生态位理论角度解析在数字出版如火如荼的背景下,独立书店的生存境况,探索多形式下的生态位选择策略,还探讨了独立书店的生态位的政策、经济与社会维度,空间性、动态性与积累性特点以及生态位宽度的"态"与"势",即"态"表现为独立书店在整个书店集群(包括实体书店、网络书店)中所占据的竞争位置,以及对资源选择和利用的能力的积累现状,"势"表征的是书店随着时间推移在未来竞争中资源利用的变化率,以趋势来反映独立书店的竞争力。郭瑞佳的《中国独立书店向"非营利性组织"转型的可行性探讨》一文则看到独立书店与"非营利性组织"的高度相似性,提出将独立书店纳入"非营利性组织"范畴的设想,从根本上解决独立书店在获取政府政策和资金扶持,以及接受社会慈善捐赠、吸纳志愿者问题上的法律困境,为走在公共服务供给方式实践前沿的独立书店开拓新的发展思路。王涵、方卿在《网络环境下实体书店生存与发展——国外独立书店给我们的启迪》一文中,借鉴欧美实体书店的调整转型经验,探讨实体书店在角色扮演的过程中,如何合理利用互联网带来的新技术,改造商业服务,满足顾客的新需求,寻求适合中国实体书店的生存发展之道。另外,这类研究还有董丽荣、许金普的《独立书店在数字化背景下的出路》、张士宏的《基于移动电子商务O2O模式的实体书店经营模式探析——以独立书店为例》、唐凯芹的《独立书店生存危机与数字化运营策略研究》等。

除此之外,从文化的角度对独立书店的研究尚有一些文章发表,比如喻琳在其论文《公共文化空间视域下文化权利的实现路径——以独立书店为例》中,将文化权利作为新一代人权的重要内容,而独立书店作为公共文化机构和公共文化的载体,有责任也有义务保障公民文化权利的实现。该文章从公共文化视域下,分析其价值功能,从而阐释公民文化权利的实现路径,体现独立书店在维护和实现公民文化权利中的重要作用,并界定了独立书店的概念,即独立书店一般是指以销售书籍为主要经营重点之外,以文化为核心,集咖啡馆、沙龙、餐厅等于一身的综合性文化空间。而近年来由于面临成本增加、网上书店的崛起和读者阅读习惯的改变等问题,独立书店逐渐转变为致力于打造成为一个集休闲和体验为一身的公共文化空间。

由此可见,国内对独立书店的休闲方面的研究仍为空白,对独立书店作为公共空间的解读以及发生在其中的休闲行为和休闲价值的研究更是缺乏研究资料,这体现出本研究的创新性和价值。

2. 城市文化设施的休闲功能和价值

在研究城市文化设施的休闲功能和价值之前,首先要对休闲价值进行概念界定。从总体上来说,国内外涉及休闲价值研究的文献资料非常不足,特别是国内缺少对休闲价值的范围界定和概念内涵的研究文献。部分学者对休闲价值进行了宏观的梳理,同政治、经济、社会、文化和生态等多领域结合,形成了关于休闲价值的看法:罗春潮在《休闲价值与人的全面发展》一文中提出,休闲研究的核心工作是考察休闲与人的发展、休闲与人类的发展进步的价值问题,而且首当其冲的是休闲对人"成为人"的价值,即休闲促进人的全面发展的价值问题,并从休闲所具有的放松、游戏、发展等心理学功能,社会化功能,象征功能,治疗功能,经济功能和政治功能六个方面加以论述。罗春潮和莫碧珍的《论休闲的和谐价值》一文则强调了休闲的人本价值、社会价值和生态价值,认为休闲的人本价值反映并促进了人与自身和谐,休闲的社会价值反映并促进了人与社会和谐,休闲的生态价值反映并促进了人与自然和谐。廖小平、孙欢在《休闲价值论》一文中将休闲作为一种价值观,并在中西语境中进行了对比分析,认为把休闲与人生的意义联系在一起是两种文化共同崇尚的。文章认为,休闲所带来的意义和价值,对个体而言表现为消除疲劳、获得快乐和"成为人",对社会而言表现为经济价值、政治价值、生态价值和文化价值。马惠娣、刘耳在《社会转型:对中国传统休闲价值的回归》一文中,呼吁回望中国文化传统中的休闲价值,思索生命与生活的真谛,学会敬畏自然、淡定神气、消除奢欲,对重建人类美丽的精神家园有极其重要的意义。耿奖研在其硕士论文《休闲价值与"成为人"》中,认为休闲是"成为人"的必要条件,在实现"成为"人的过程中,同时书写休闲的本质:自由、欣赏、审视、体验、创造。

　　还有部分学者对不同领域的休闲价值的体现进行了论述,主要集中于休闲体育和民俗活动两个方面:第一,在体育休闲方面,黎明华、欧阳江琼在《论民族传统体育的休闲价值》一文中指出,民族传统体育项目作为中国传统文化的一个代表,融休闲、强身养心、繁荣经济、促进社会和谐等功能为一体,体现了中国传统文化浓郁的人文精神,十分契合休闲时代的特性。张广林、王俊奇在《论休闲体育的价值》一文中表示,休闲体育不仅本身体现了体育的价值,还在经济、文化、社会、休闲学各个领域体现出价值。因此,休闲不只是一种体育现象,同时也是当代文化现象和社会、经济发展的集中表现。张伟在其论文《马克思休闲思想与西方运动休闲之价值取向——兼谈中国传统休闲价值观与西方休闲价值观的融合》中,循着马克思休闲思想的精髓,分析现代西方运动休闲的核心价值,并认为自由、创造与生命价值的回归是西方运动休闲价值取向的核心着眼点。第二,在民俗活动方面,刘婷在其论文《论云南少数民族物质生产民俗的休闲价值》中,阐述了云南少数民族农耕社会结构中的休闲二重性,分析了具有休闲附加功能的云南少数民族物质生产娱乐风俗,指出在云南少数民族中均存在各类生产民俗的休闲转向,很多物质生产民俗具有了一种附加于实用价值之上的休闲的象征意义。刘婷在其另一篇论文《论民俗活动的休闲价值》中,则将民族活动所承载的休闲价值分为显性和隐性,显性价值形态是指能以设备、符号等外显形式表现出来的价值形态,即民俗中所有能够以外显形态表现出来的习俗与风情;隐性价值形态首先是指“不能以符号系统直接表现出来的价值形态”,即当民俗活动与休闲生活在精神域界形成叠交时其所具有的情感体验价值、娱乐价值、康复价值和经济价值。

　　此外,还有很多学者对休闲价值进行了具体案例的量化分析:黄其新、陈燕妮在《城市湖泊的生态休闲价值及其实现机制——以武汉东湖为例》一文中,以武汉东湖为研讨对象,认为城市湖泊的休闲价值体现在生态观光、生态教育和文化体验方面,加强生态资源保护、关照市民休闲需求和发展生态休闲产品则是保障价值实现的有力手段。薛培芹在《城市公共休闲空间的价值及其测评研究——以西安为例》一文中,采用CVM的价值评估方法对城市公共休闲空间的直接使用价值、间接使用价值、选择价值、遗产价值与存在价值进行界定和测评。孙琨、钟林生、张爱平、张国平《城市生态游憩空间休闲价值对比分析——以常熟市为例》一文则聚焦于生态游憩空间,对常熟市具有突出城市生态游憩服务功能的林地、草地、水域区选择可比性观测廊道,在对游客自发性休闲游憩行为进行动态观测的基础上,对各生态游憩空间的休闲价值进行动态对比。朱桃杏、吴殿廷、陆军、鲍捷、郭谦、李瑞等在《城市河道公共休闲的适宜性指标体系构建与评价——兼论北京河道公共空间休闲价值》一文中,将城市河道公共休闲空间适宜性指标归纳为资源特性、形态特性、功能特性、文化特质、公共特性等五个维度共 42 项指标,使用最常用的关联矩阵法,反映各指标的重要性差异,利用确定的指标体系和权重测度了北京城区已治理的 14 条河道的公共休闲适宜度。

在这里,笔者认为,"休闲价值"不能等同于"休闲的价值","休闲的价值"可以追溯到休闲的经济价值、社会价值、文化价值、生态价值等,而"休闲价值"作为一个整体,应当从休闲学的视角对其进行界定。因此,笔者认为,从广义上讲,"休闲价值"可视为"休闲的价值"所包含的多个方面,而从狭义上讲,对"休闲价值"的概念必须予以明确。在本研究中,独立空间作为城市文化设施的"休闲价值"主要指作为城市独立空间的文化设施的独立书店在作为休闲场所、提供休闲服务以及满足人的休闲需求的过程中所体现出的价值,紧紧围绕休闲本身,不包括公共空间所具有的一般意义上的社会学功能。

(三)独立书店的休闲功能

在本文中,我们试图厘清独立书店作为城市重要文化设施在城市休闲发展中的功能及其实现情况。笔者认为,休闲功能的实现主要体现在对城市居民生活的影响方面,因此对独立书店休闲功能的研究需从对人群的休闲需求和休闲满意度调查切入,分析独立书店为何以及如何能够实现休闲的目的,即从休闲动机的层面进行分析,由此得出独立书店应该具备哪些休闲功能,同时从调查中发现目前休闲功能的实现情况,并针对调查结果提出更好的改进意见。

首先,关于休闲动机的定义,国外大多认同雅各布·G.比尔德(Jacob G. Beard)和穆尼尔·G.拉吉卜(Mounir G. Ragheb)于 1983 年提出的观点,即休闲动机是一种驱使的力量,主要是寻求社会和心理需求的满足,以及确立和支持消费的形成。而在国内,对"休闲动机"一词做出比较规范界定的是李仲广等人于 2004 年编写的《基础休闲学》一书,其中指出休闲动机是引起、引导和整合个人休闲活动,并导致该休闲活动朝向某一目标的内在心理过程,这是产生休闲活动的主观原因。雅各布·G.比尔德和穆尼尔·G.拉吉卜以整体休闲为重点,根据 48 项休闲活动项目,探讨美国人的休闲动机,对 1205 位 16 岁以上的游客进行旅游动机调查,发展除了测量休闲动机的量表。量表分四个层面,每个层面有八个子问题。四个层面即知识性动机(Intellectual)、社交性动机

(Social)、胜任—熟练性动机(Competence-Mastery)、刺激—逃避性动机(Stimulus-Avoidance)。在本文中,我们以雅各布·G.比尔德和穆尼尔·G.拉吉卜的休闲动机量表为基础,结合其他学者的研究成果,根据人们的休闲动机提出独立书店应具有的休闲功能。

1.缓解压力

在暂避日常环境方面,个人可以暂时离开人际交往的世界,例如个人的问题、麻烦、失败、朋友和家庭。暂避是一个有力的休闲动机,以应付个人生活中的自然性障碍。很多人们来独立书店是为了放松和娱乐,缓解日常生活的压力。无论是遇到工作上的压力或者是家庭生活中的困扰还是人际交往过程中的问题,暂时回避这些问题成了休闲的一个动机。他们或是沉浸在读书的喜悦中,不去思考这些问题;或是在独立书店舒适的环境中放松自己,让自己忘记身边的忧愁。独立书店逐渐致力于打造美的生活空间,用从书籍到包括饮品、展览空间、服装首饰、手工艺品等在内的丰富的生活美学内容,将这样一个公共休闲空间填充起来,使其成为独立于外界喧嚣都市生活的一片净土,给人以宁静、舒适的感受和体验,让人们在这种环境中忘记压力。

2.休闲交往

个人通常想去参与休闲活动也常因为社会交往和人际关系的影响。独立书店是一个安静的去处,不管是工作交往还是家庭交流,或者是朋友间聚会,独立书店都可以作为一个极具特色的地方。独立书店在提供书籍的同时,也营造了一种文化体验,从室内环境到氛围打造,从书目挑选到其他服务,充分结合了人们休闲的需求。独立书店内的休息区域为来独立书店与别人交流分享或者和朋友约会的人群提供了场所,独立书店极具个性色彩的书籍或是自身的装修装饰提供了一定的交流话题,独立书店的饮品食品为每一个交流的读者提供了另外一份选择。独立书店每年几十场或者上百场的文化沙龙,加强了光顾独立书店的读者之间的联系与互动。共同的兴趣和生活方式促进了读者间的交往和分享,独立书店为城市的居民之间搭建起文化的桥梁。

3.知识运用

知识动机是指在休闲活动中运用知识或者增加知识。无论是来独立书店感受多元融合的文化氛围、安静地读书,还是来独立书店参加名家讲座或文化沙龙,都表达了来独立书店运用知识、增加知识的休闲动机。针对受访者的休闲需求,独立书店应该提供良好的阅读环境和种类丰富的图书以满足休闲需求者的需要。独立书店的基本功能在于卖书,更多的时候也不仅限于卖书,而是为爱书人,即为有相同兴趣爱好的人提供一个可以深阅读、深交流、深思考的空间,带给人们一种文化知识体验。从精挑细选书目再到举办文化沙龙、学术讲座,独立书店让更多的读者参与进来,充分调动他们的知识储备,在这个过程中运用知识从而增加知识。

4.追寻本真

休闲的最终目的在于实现美好生活,实现个人的全面发展。真正的休闲在于使人"成为人",实现对本真的回归,回归到最真实的自我,实现人的主体价值。作为知识与文化汇集的空间,独立书店提供知识运用和交流分享的平台,为读者打造一个全方位的暂时隔绝日常生活的纯粹文化美学空间,为城市居民开辟一个真正放松自我、独立思考、享受生活的好去处,真正把读者的需求与体验放在首位并尽量保证自我价值的实现。

三、杭州独立书店发展现状调查

为了分析论证人们对杭州市独立书店的休闲需求以及满意度,深入分析杭州市独立书店在休闲城市发展中的现状和作用,我们设计了问卷。该问卷分为四个部分:第一部分,受访者背景特征;第二部分,休闲需求调查;第三部分,休闲满意度调查;第四部分,其他问题分析。

本次调查问卷根据便利抽样、随机采样的原则,在杭州居民、游客、在杭学习与务工人员等群体中选取样本,通过实地发放与网络发放相结合的方式,在2017年12月7—9日于西湖景区、河坊街景区、杭州市内部分高校以及部分独立书店内发放纸质问卷,共回收问卷173份;在2017年12月9—15日通过网络(主要通过微信与问卷星)发放问卷,共回收问卷127份。剔除漏填、错填问卷14份,最后得到有效问卷286份,有效回收率为95.3%。

根据问卷调查结果的统计分析,首先描述有效问卷的样本结构,即个人背景特征。根据表1至表6对问卷有效样本的身份、性别、年龄、学历、职业和月收入情况等内容进行描述性分析,具体情况如下:

(1)身份的有效样本总数为286,其中杭州居民77人,占样本总数的26.9%;游客29人,占样本总数的10.1%;在杭学习者128人,占样本总数的44.8%;在杭务工者32人,占样本总数的11.2%;其他身份人员20人,占样本总数的7.0%。

表 1　受访者身份

身　份	频率/次	占比/100%	有效占比/100%	累计占比/100%
杭州居民	77	26.9	26.9	26.9
游　客	29	10.1	10.1	37.1
在杭学习	128	44.8	44.8	81.8
在杭务工	32	11.2	11.2	93.0
其　他	20	7.0	7.0	100.0
总　计	286	100.0	100.0	

　　(2)性别的有效样本总数为286,其中男性135人,占样本总数的47.2%;女性151人,占样本总数的52.8%。

表 2　受访者性别

性　别	频率/次	占比/100%	有效占比/100%	累计占比/100%
男	135	47.2	47.2	47.2
女	151	52.8	52.8	100.0
总　计	286	100.0	100.0	

　　(3)学历的样本总数为286,其中初中及以下文化程度有4人,占样本总数的1.4%;高中/中专文化程度的有18人,占样本总数的6.3%;大专/本科学历的有130人,占样本总数的45.5%;研究生(含)以上学历的有134人,占样本总数的46.9%。

表 3　受访者学历

学　历	频率/次	占比/100%	有效占比/100%	累计占比/100%
初中及以下	4	1.4	1.4	1.4
高中/中专	18	6.3	6.3	7.7
大专/本科	130	45.5	45.5	53.1
研究生(含)以上	134	46.9	46.9	100.0
总　计	286	100.0	100.0	

　　(4)年龄的样本总数为286,其中18岁以下的有11人,占样本总数的3.8%;18~24岁的有148人,占样本总数的51.7%;25~35岁的有104人,占

样本总数的 36.4％,36～45 岁的人有 19 人,占样本总数的 6.6％;46～60 岁的有 2 人,占样本总数的 0.7％;60 岁以上的 2 人,占样本总数的 0.7％。

表 4　受访者年龄

年　龄	频率/次	占比/100％	有效占比/100％	累计占比/100％
18 岁以下	11	3.8	3.8	3.8
18—24 岁	148	51.7	51.7	55.6
25—35 岁	104	36.4	36.4	92.0
36—45 岁	19	6.6	6.6	98.6
46—60 岁	2	0.7	0.7	99.3
60 岁以上	2	0.7	0.7	100.0
总　计	286	100.0	100.0	

(5)职业的样本总数为 286,其中学生 161 人,占样本总数的 56.3％;教师 6 人,占样本总数的 2.1％;公务员 6 人,占样本总数的 2.1％;其他事业单位人员 22 人,占样本总数的 7.7％;公司职员 59 人,占样本总数的 20.6％;军人 3 人,占样本总数的 1.0％;个体/自由职业者 25 人,占样本总数的 8.7％;离退休人员 1 人,占样本总数的 0.3％;家庭主妇 3 人,占样本总数的 1.0％。

表 5　受访者职业

职　业	频率/次	占比/100％	有效占比/100％	累计占比/100％
学　生	161	56.3	56.3	56.3
教　师	6	2.1	2.1	58.4
公务员	6	2.1	2.1	60.5
其他事业单位	22	7.7	7.7	68.2
公司职员	59	20.6	20.6	88.8
军　人	3	1.0	1.0	89.9
个体/自由职业	25	8.7	8.7	98.6
离退休人员	1	0.3	0.3	99.0
家庭主妇	3	1.0	1.0	100.0
总　计	286	100.0	100.0	

(6)月收入的样本总数为 286,其中月收入低于 3000 元的有 156 人,占样本总数的 54.5％;月收入处于 3001～5000 元的有 47 人,占样本总数的 16.4％;月收入处于 5001～8000 元的有 46 人,占样本总数的 16.1％;月收入处于 8001～

12000 元的有 23 人,占样本总数的 8.0%;月收入处于 12001~20000 元的有 7 人,占样本总数的 2.4%;月收入大于 20000 元的有 7 人,占样本总数 2.4%。

表 6   受访者月收入情况

收　入	频率/次	占比/100%	有效占比/100%	累计占比/100%
<3000 元	156	54.5	54.5	54.5
3001~5000 元	47	16.4	16.4	71.0
5001~8000 元	46	16.1	16.1	87.1
8001~12000 元	23	8.0	8.0	95.1
12001~20000 元	7	2.4	2.4	97.6
>20000 元	7	2.4	2.4	100.0
总　计	286	100.0	100.0	

(一)杭州独立书店的发展情况调查

我们通过调查问卷获得了一些受访者日常读书、购书的选择途径,也走访了杭州一系列知名的独立书店,对现今杭州的独立书店整体行业环境进行了分析,并指出了杭州市独立书店发展面临的困境。

1.网络书店和连锁书店占据大部分市场

根据表 7,我们可以得出仅有 16.8% 的受访者在选择读书的主要来源或方式时选择了独立书店,远远低于选择网络购买纸质书、下载或购买电子书,通过图书馆或他人借阅,到新华书店等大型连锁书店读书等来源方式。

表 7   受访者读书的主要来源或方式(频率)

读书来源		响　应		个案占比/100%
		个案数/个	占比/100%	
$您读书的主要来源或方式是*	到新华书店等大型连锁店	62	10.9	21.7
	独立书店购买	48	8.4	16.8
	图书馆或他人借阅	134	23.5	46.9
	网络购买纸质书	168	29.5	58.7
	网络下载或购买电子书	158	27.7	55.2
总　计		570	100.0	199.3

* 使用了值 1 对二分组进行制表。

根据图 1,我们可以得出有 32.17% 的受访者在实体书店中更倾向大型书城,有 28.67% 的受访者表示在实体书店中更倾向独立书店,也有 39.16% 的受访者表示无所谓。

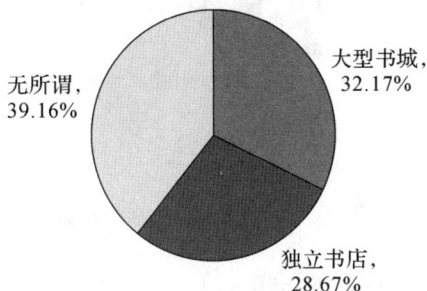

图 1　受访者在选择实体书店时的倾向

网络书店以其超低的价格、便捷的服务、丰富的资讯,吸引了一大群的顾客,尤其是年轻顾客。网络书店无须支付昂贵的店面租金和店员工薪,经营成本大大缩减。另外,依赖网络搜索引擎,网络书店可以同时"上架"上百万种图书,并且保证顾客能够迅速找到所需图书,而传统书店囿于店面和营业时间限制,很难做到这点。另外,新华书店等连锁书店可以凭借其品牌优势、规模化经营、规模化采购、专业的业务培训、先进的硬件设施等优势,在市场上长盛不衰,在今天多重夹击的环境下仍占据着部分市场份额。

2.国民图书阅读率和购买率低

根据图 2,我们可以得出有 41.26% 的受访者表示自己每个月可能都不会去逛书店,有 29.72% 的受访者表示自己每个月会逛 1 次书店,有 24.13% 的受访者表示自己每个月逛 2～4 次书店,仅有 4.9% 的受访者表示自己每个月逛 4 次以上书店。

2017 年 4 月 18 日,中国新闻出版研究院发布的第十四次全国国民阅读调查报告数据显示,2016 年我国国民人均图书阅读量为 7.86 本,较 2015 年增加了 0.02 本。同时调查显示超过四成的成年国民认为自己的阅读量较少,近六成的国民认为 2016 年个人阅读量没有变化,近七成的成年国民希望当地有关部门举办阅读活动。我国国民人均阅读量少的问题已经有所体现,但在另一方面却是以经营专业类、学术类、社科综合类图书为主的独立书店在夹缝中生存,处境艰难。只有提高国民的阅读兴趣,提高国民在纸质书刊上的消费能力,才能让独立书店生存下去。

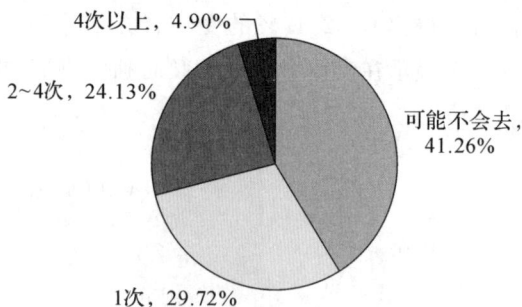

图 2　受访者每月逛书店的次数

3.新媒体改变读者的阅读习惯

近几年来,因互联网技术而衍生出来的新媒介产品不胜枚举。新媒体技术大大改变了人们的生活习惯和阅读方式,数字化阅读终端将大量的读者从传统阅读方式分流到了电子阅读方式,无纸化阅读的时代正在到来。根据中国新闻出版研究院公布的第十四次全国国民阅读调查数据,2016 年我国成年国民数字化阅读方式的接触率连续八年上升。受数字化媒介迅猛发展的影响,2016 年我国成年国民数字化阅读方式(网络在线阅读、手机阅读、电子阅读器阅读、光盘阅读、Pad 阅读等)达到 68.2%。进一步对各类数字化阅读载体的接触情况进行分析可知,2016 年我国成年国民的网络在线阅读接触率和手机阅读接触率有所上升,其他数字化阅读方式的接触率有所下降。我们成年国民网络在线阅读接触率连续八年上升,成年国民手机阅读接触率同样连续八年上升,我国成年国民的手机阅读接触率连续三年超过网络在线阅读接触率,并且这种差距逐渐拉大。

4.运营成本的压力依然严峻

20 世纪 90 年代,杭州城内民营书店星罗棋布,其中大多数是极具个人色彩的独立书店,此后独立书店挡不住网络书店的价格战,以及电子阅读大潮的冲击,接连从人们的视野中消失。"开书店最大的困难,一直都是房租,房租,房租!"席殊书屋经营者叶钧坦言。14 年的坚守,每到筹集房租的 10 月都非常难熬。在 2015 年,席殊书屋最终还是选择了关门歇业。运营成本成为所有独立书店都必须面临的严峻挑战,大家纷纷寻求不同方式缓解成本压力,甚至依靠国营资产变得不再"独立",为了更好地生存和发展下去,独立书店适当放弃了自己的一些坚守,做出改变。

(二)杭州市独立书店休闲需求及休闲满意度调查

该问卷的第二部分和第三部分是针对受访者对独立书店的休闲需求和休闲满意度的调查。这两个部分体现了受访者对独立书店的休闲需求和休闲满意度的基本情况,而这些休闲需求和相对应的休闲满意度的体现,也恰好反映了独立书店具有的休闲功能在城市休闲中的具体体现。

1.独立书店休闲需求调查

在独立书店休闲需求及满意度调查问卷第二部分—休闲需求调查中,我们设置了 10 个问题,通过非常不同意、不同意、有些不同意、无所谓同意或不同意、一般、有些同意、同意和非常同意七个不同程度(权重为 1—7)来描述受访者对独立书店休闲功能需求程度。我们首先对独立书店休闲需求的平均值和标准差进行描述性分析,归纳人们对独立书店的休闲需求。

表 8　独立书店休闲需求描述性统计

问卷题目设计	个案数	平均值	标准差
我期望来独立书店安静地读书	286	6.02	1.288
我期望来独立书店自由随意地体验	286	6.00	1.233
我期望来独立书店感受多元融合的文化氛围	286	5.81	1.359
我期望来独立书店自主决定购买书籍或文创产品	286	5.71	1.344
我期望来独立书店参加名家讲座或文化沙龙	286	5.49	1.477
我来独立书店是为了缓解日常生活压力	286	5.38	1.455
我来独立书店是为了放松和娱乐	286	5.23	1.447
我期望来独立书店与别人分享交流	286	5.09	1.513
我来独立书店是为了和朋友约会	286	4.18	1.717
我来独立书店是为了喝咖啡,吃东西	286	3.69	1.746
有效个案数(成列)	286		

由表 8 可知,人们在对独立书店的各休闲需求的得分平均值介于 3.69 至 6.02 之间,标准差介于 1.233 至 1.747 之间。就各休闲需求的得分平均数而言,"我期望来独立书店安静地读书"得分平均数最高(6.02),根据得分平均数排序,依次为:"我期望来独立书店自由随意地体验"(6.00)、"我期望来独立书店感受多元融合的文化氛围"(5.81)、"我期望来独立书店自主决定购买书籍或

文创产品"(5.71)、"我期望来独立书店参加名家讲座或文化沙龙"(5.49)、"我来独立书店是为了缓解日常生活压力"(5.38)、"我来独立书店是为了放松和娱乐"(5.23)、"我期望来独立书店与别人分享交流"(5.09),排名最后两位,平均值低于有些同意程度(权重5)的是"我来独立书店是为了和朋友约会"(4.18)和"我来独立书店是为了喝咖啡,吃东西"(3.69)这两种休闲需求。

我们可以通过表8发现,排在人们休闲需求得分平均数前5位中的"我期望来独立书店安静地读书"(排序1)、"我期望来独立书店感受多元融合的文化氛围"(排序3)、"我期望来独立书店自主决定购买书籍或文创产品"(排序4)和"我期望来独立书店参加名家讲座或文化沙龙"(排序5)这四种休闲需求均可归类到"知识需求"中去,这说明人们对独立书店的知识相关方面的需求较高,自然独立书店便应提供知识导向的休闲功能,针对受访者的休闲需求,独立书店应该提供良好的阅读环境,种类丰富的图书以满足休闲需求者的需要。独立书店的基本功能在于卖书,更多的时候也不仅止于卖书,而是为爱书人,即为有相同兴趣爱好的人提供一个可以深度阅读、深度交流、深度思考的空间,给这些人营造一种文化知识体验,从精挑细选的书目再到文化沙龙、学术讲座,让更多的读者参与进来,充分调动他们的知识储备,在这个过程中运用知识并增加知识。排在第二位的是"我期望来独立书店自由随意地体验"(排序2)。接下来便是"我来独立书店是为了缓解日常生活压力"(排序6)和"我来独立书店为了放松和娱乐"(排序7),这两种休闲需求可分类至"压力疏解需求"中,人们来独立书店期望能够短时间地逃避工作、家庭或是其他的困难问题,独立书店逐渐致力于打造美的生活空间,用从书籍到包括饮品、展览空间、服装首饰、手工艺品等在内的丰富的生活美学内容,将这样一个公共休闲空间填充起来,使其成为独立于外界喧嚣都市生活的一片净土,给人以宁静、舒适的感受和体验,让人们在这种环境中忘记压力。排在后几位的是"我期望来独立书店与别人分享交流"(排序8)、"我来独立书店是为了和朋友约会"(排序9)和"我来独立书店是为了喝咖啡,吃东西"(排序10),"我期望来独立书店与别人分享交流"和"我来独立书店是为了和朋友约会"可以归到"社会人际交往需求",在这些方面,得分平均数较低,且标准差较大,可见人们对在独立书店中进行社会人际交往的休闲需求较低。一般来讲,独立书店作为一个偏向于安静的场所,并不适合人际交往等需要交流的活动,以及吃东西、喝咖啡等活动的开展。

2.独立书店休闲满意度调查

在独立书店休闲需求及满意度调查问卷第三部分—休闲满意度调查中,我们设置了 10 个问题,通过非常不同意、不同意、有些不同意、无所谓同意或不同意、一般、有些同意、同意和非常同意七个不同程度(权重 1—7)来描述受访者对独立书店休闲功能满意程度。我们对独立书店休闲功能满意度的平均值和标准差进行描述分析,归纳人们对独立书店休闲功能的满意程度。

通过表 9,我们发现人们对独立书店休闲功能的满意度得分平均值在 4.35～5.45 之间,标准差在 1.261～1.698 之间。就对独立书店各休闲功能的满意度得分平均数而言,得分最高的是"我来独立书店获得了自由随意的体验"(5.45),根据得分平均数超过有些同意(5)排序,依次为"我觉得在独立书店很放松,很愉悦"(5.41)、"我来独立书店可以安静地读书,不被打扰"(5.28)、"我来独立书店感受到了多元融合的文化氛围"(5.23)、"我来独立书店自主购买了书籍和文创产品"(5.23)和"我来独立书店缓解了日常生活压力"(5.12),排在后边的还有"我可以愉快地在独立书店和朋友约会"(4.64)、"我来独立书店参加了许多名家讲座或文化沙龙"(4.49)、"我可以开心地在独立书店喝咖啡,吃东西"(4.39)和"我经常在独立书店与书友交流分享"(4.35)。

在本文中,我们将上述相关的休闲功能满意分为"心理满意""教育满意""社会满意""放松满意"和"身体满意"。其中,"心理满意"包含"我来独立书店感受到了多元融合的文化氛围"和"我来独立书店获得了自由随意的体验","教育满意"包含"我来独立书店可以安静地读书,不被打扰""我来独立书店参加了许多名家讲座或文化沙龙"和"我来独立书店自主购买了书籍和文创产品","社会满意"包含"我经常在独立书店与书友交流分享"和"我可以愉快地在独立书店和朋友约会","放松满意"包含"我来独立书店缓解了日常生活压力"和"我觉得在独立书店很放松,很愉悦","身体满意"包含"我可以开心地在独立书店喝咖啡,吃东西"。

表 9　独立书店休闲满意度调查描述性统计

问卷设计	个案数	平均值	标准差
我在独立书店获得了自由随意的体验	286	5.45	1.261
我觉得在独立书店很放松,很愉悦	286	5.41	1.331
我来独立书店可以安静地读书,不被打扰	286	5.28	1.515
我在独立书店感受到了多元融合的文化氛围	286	5.23	1.388
我在独立书店自主购买了书籍和文创产品	286	5.23	1.423
我在独立书店缓解了日常生活压力	286	5.12	1.370

续表

问卷设计	个案数	平均值	标准差
我可以愉快地在独立书店和朋友约会	286	4.64	1.642
我在独立书店参加了许多名家讲座或文化沙龙	286	4.49	1.694
我可以开心地在独立书店喝咖啡,吃东西	286	4.39	1.698
我经常在独立书店与书友交流分享	286	4.35	1.679
有效个案数(成列)	286		

3.独立书店休闲需求与休闲满意度相关性分析

针对独立书店休闲需求及满意度调查问卷第二部分—休闲需求调查和第三部分—休闲满意度调查的调查结果,我们进行了皮尔逊(Pearson)相关系数分析。根据表10到表19休闲需求与休闲满意度相关性分析表,我们可以发现每一个休闲需求与相对应的休闲满意度均成正相关关系,即人们的休闲需求越强烈,需求满意度越高。

表 10　受访者期望来独立书店感受多元融合的文化氛围与感受到了多元融合的文化氛围相关性[b]

问卷内容	数据分析	我期望来独立书店感受多元融合的文化氛围	我来独立书店感受到了多元融合的文化氛围
我期望来独立书店感受多元融合的文化氛围	皮尔逊相关性 显著性(双尾)	1	0.520[**] 0.000
我来独立书店感受到了多元融合的文化氛围	皮尔逊相关性 显著性(双尾)	0.520[**] 0.000	1

[**] 在 0.01 级别(双尾),相关性显著。
b. 成列 $N=286$。

表 11　受访者期望来独立书店自由随意地体验与获得了自由随意的体验相关性[b]

问卷内容	数据分析	我期望来独立书店自由随意地体验	我来独立书店获得了自由随意的体验
我期望来独立书店自由随意地体验	皮尔逊相关性 显著性(双尾)	1	0.511[**] 0.000
我来独立书店获得了自由随意的体验	皮尔逊相关性 显著性(双尾)	0.511[**] 0.000	1

[**] 在 0.01 级别(双尾),相关性显著。
b. 成列 $N=286$。

表 12　受访者期望来独立书店安静地读书与可以安静地读书,不被打扰相关性[b]

问卷内容	数据分析	我期望来独立书店安静地读书	我来独立书店可以安静地读书,不被打扰
我期望来独立书店安静地读书	皮尔逊相关性 显著性(双尾)	1 	0.557** 0.000
我来独立书店可以安静地读书,不被打扰	皮尔逊相关性 显著性(双尾)	0.557** 0.000	1

　　** 在 0.01 级别(双尾),相关性显著。
　　b. 成列 $N=286$。

表 13　受访者期望来独立书店参加名家讲座或文化沙龙与参加了许多名家讲座或文化沙龙相关性[b]

问卷内容	数据分析	我期望来独立书店参加名家讲座或文化沙龙	我来独立书店参加了许多名家讲座或文化沙龙
我期望来独立书店参加名家讲座或文化沙龙	皮尔逊相关性 显著性(双尾)	1 	0.460** 0.000
我来独立书店参加了许多名家讲座或文化沙龙	皮尔逊相关性 显著性(双尾)	0.460** 0.000	1

　　** 在 0.01 级别(双尾),相关性显著。
　　b. 成列 $N=286$。

表 14　受访者期望来独立书店自主决定购买书籍或文创产品与自主购买了书籍或文创产品相关性[b]

问卷内容	数据分析	我期望来独立书店自主决定购买书籍或文创产品	我来独立书店自主购买了书籍和文创产品
我期望来独立书店自主决定购买书籍或文创产品	皮尔逊相关性 显著性(双尾)	1 	0.553** 0.000
我来独立书店自主购买了书籍和文创产品	皮尔逊相关性 显著性(双尾)	0.553** 0.000	1

　　** 在 0.01 级别(双尾),相关性显著。
　　b. 成列 $N=286$。

表15　受访者期望来独立书店与别人分享交流与经常在独立书店与书友交流分享相关性[b]

问卷内容	数据分析	我期望来独立书店与别人分享交流	我经常在独立书店与书友交流分享
我期望来独立书店与别人分享交流	皮尔逊相关性 显著性(双尾)	1	0.493 * * 0.000
我经常在独立书店与书友交流分享	皮尔逊相关性 显著性(双尾)	0.493 * * 0.000	1

　* * 在0.01级别(双尾),相关性显著。
　b. 成列 $N=286$。

表16　受访者来独立书店是为了缓解日常生活压力与缓解了日常生活压力相关性[b]

问卷内容	数据分析	我来独立书店是为了缓解日常生活压力	我来独立书店缓解了日常生活压力
我来独立书店是为了缓解日常生活压力	皮尔逊相关性 显著性(双尾)	0.640 * * 0.000	1
我来独立书店缓解了日常生活压力	皮尔逊相关性 显著性(双尾)	0.640 * * 0.000	1

　* * 在0.01级别(双尾),相关性显著。
　b. 成列 $N=286$。

表17　受访者来独立书店是为了放松和娱乐与在独立书店很放松,很愉快相关性[b]

问卷内容	数据分析	我来独立书店是为了放松和娱乐	我觉得在独立书店很放松,很愉悦
我来独立书店是为了放松和娱乐	皮尔逊相关性 显著性(双尾)	1	0.520 * * 0.000
我觉得在独立书店很放松,很愉悦	皮尔逊相关性 显著性(双尾)	0.520 * * 0.000	1

　* * 在0.01级别(双尾),相关性显著。
　b. 成列 $N=286$。

表 18　受访者来独立书店是为了喝咖啡,吃东西与可以开心地
在独立书店喝咖啡,吃东西相关性[b]

问卷内容	数据分析	我来独立书店是为了喝咖啡,吃东西	我可以开心地在独立书店喝咖啡,吃东西
我来独立书店是为了喝咖啡,吃东西	皮尔逊相关性	1	0.668**
	显著性(双尾)		0.000
我可以开心地在独立书店喝咖啡,吃东西	皮尔逊相关性	0.668**	1
	显著性(双尾)	0.000	

　　** 在 0.01 级别(双尾),相关性显著。
　　b. 成列 $N=286$。

表 19　受访者来独立书店是为了和朋友约会与可以愉快地在独立书店和朋友约会相关性[b]

问卷内容	数据分析	我来独立书店是为了和朋友约会	我可以愉快地在独立书店和朋友约会
我来独立书店是为了和朋友约会	皮尔逊相关性	1	0.679**
	显著性(双尾)		0.000
我可以愉快地在独立书店和朋友约会	皮尔逊相关性	0.679**	1
	显著性(双尾)	0.000	

　　** 在 0.01 级别(双尾),相关性显著。
　　b. 成列 $N=286$。

　　一般来讲,个体能从休闲活动中获得满足感,此种满足感又转而强化个体继续参与休闲的动机;休闲参与者从参与中感受的内在动机越强,则其满意度越高;相反,如果他的动机越弱,则其满意度亦会降低。休闲参与动机强烈,参与时的自主性表现就越充分,使参与者能全身心地投入,获得精神上的共鸣与享受愈发强烈,从中得到的快乐和满足感也越强。所以,休闲需求和休闲满意度是一种互相促进的正向相关关系。

　　具体来讲,"知识需求"对于休闲满意度有显著影响,主要原因是在休闲参与的过程中,获取到越来越多的未知世界的知识、自身分析食物的敏锐性和感触与以前相比有更深的认识,对未知事物的好奇心愈浓厚,在休闲参与的过程中所得到的成就感和满足感就越强烈,它主要体现在"教育满意"上;"社会人际交往需求"对于休闲满意度有显著影响,因为在休闲活动过程中,可以结交到志同道合的朋友,人终究是社会的人,能从与他人的互动中获得社会归属感,主要体现在"社会满意"上;"压力疏解需求"对于休闲满意度有显著影响,原因可能是在日益加大的工作压力下,人们希望真正有自己的放松方式,给自己一点喘息的时间,不管采取何种休闲方式,人们参与休闲活动的主要目的还是希望从

工作压力、生活烦恼等问题中暂时逃脱出来,汲取前进的动力,这方面主要体现在"放松满意"上;寻求本真对于休闲满意度有显著影响,原因可能是在休闲活动的参与中,参与者实现对本真的回归,回归到最真实的自我,实现人的主体价值,主要体现在"心理满意"上。

4.其他分析

根据表20,我们可以得出有60.5%的受访者认为环境安静,适合读书是独立书店吸引他们去的地方,有52.4%的受访者认为多元融合的文化氛围是独立书店吸引他们的地方,有41.6%的受访者表示书目多、可随意翻阅是独立书店吸引他们的地方,分别有26.6%和25.9%的受访者表示名家讲座、文化沙龙和社交的好去处是吸引他们的地方。该问题的结果符合我们在对独立书店休闲需求调查中得出的"知识需求"在独立书店的休闲需求中占据主导地位的假设。

表20　受访者认为被独立书店吸引的地方(频率)

问卷内容		响　应		个案占比
		个案数	占比	
$您认为独立书店吸引您的地方是*	多元融合的文化氛围	150	20.4%	52.4%
	书目多,可随意翻阅	119	16.2%	41.6%
	环境安静,适合读书	173	23.5%	60.5%
	名家讲座、文化沙龙	76	10.3%	26.6%
	社交的好去处	74	10.1%	25.9%
	有饮品和简餐	51	6.9%	17.8%
	单纯为了买书而去	40	5.4%	14.0%
	有免费的公共 WI-Fi	36	4.9%	12.6%
	其　他	17	2.3%	5.9%
总　　计		736	100.0%	257.3%

*　使用了值1对二分组进行制表。

根据表21,我们可以得出有52.1%的受访者在独立书店的消费更多在于购书,有40.2%的受访者在独立书店的消费更多在于文创产品,有20.3%的受访者在独立书店的消费更多在于饮品和简餐。

表 21　受访者在独立书店的消费原因(频率)

问卷内容		响　应		个案占比/%
		个案数/个	占比/%	
$您在独立书店的消费更多在于[a]	购　书	149	38.1	52.1
	文创产品	115	29.4	40.2
	饮品和简餐	58	14.8	20.3
	其他体验和服务	69	17.6	24.1
总　计		391	100.0	136.7

*　使用了值 1 对二分组进行制表。

根据图 3,我们可以得出有 62.59% 的受访者表示为了更好的休闲体验,他们愿意入座消费,仅有 12.93% 的消费者表示不愿意入座消费,也有 24.48% 的受访者表达了无所谓的态度。

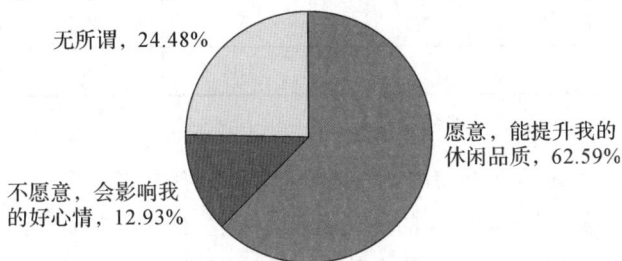

图 3　为了更好的休闲体验,受访者是否愿意入座消费

根据表 22 呈现的结果,我们可以得出有 70.2% 的受访者表示希望独立书店能够提供赏心悦目的内部环境,有 58.9% 的受访者表示希望独立书店能够提供舒适的桌椅和陈列布局,有 54.4% 的受访者表示希望独立书店能够播放温馨舒缓的背景音乐,有 46.7% 的受访者表示希望独立书店提供亲切温暖的服务,有 38.9% 的受访者表示希望独立书店提供小型摄影展和画展,有 34% 的受访者表示希望独立书店提供读书会和文化沙龙,有 30.2% 的受访者表示希望独立书店提供色味俱全的美食和饮品。

表 22 受访者希望独立书店提供的特色休闲服务(频率)

问卷内容		响 应		个案占比 /%
		个案数/个	占比/%	
您希望独立书店能提供的特色休闲服务有*	赏心悦目的内部环境	200	17.3	70.2
	色味俱佳的美食和饮品	86	7.5	30.2
	亲切温暖的服务	133	11.5	46.7
	温馨舒缓的背景音乐	155	13.4	54.4
	舒适的桌椅和陈列布局	168	14.6	58.9
	休闲功能分区	127	11.0	44.6
	小型音乐会、独立音乐等	69	6.0	24.2
	小型摄影展和画展	111	9.6	38.9
	读书会和文化沙龙	97	8.4	34.0
	其 他	8	0.7	2.8
总 计		1154	100.0	404.9

* 使用了值 1 对二分组进行制表。

根据表 23 呈现的结果,有 72% 的受访者认为独立书店作为一种文化现象,应当继承和发扬下去;有 57% 的受访者认为独立书店作为市民休闲的好去处,应该支持其发展;有 46.9% 的受访者认为应该支持独立书店创新休闲服务并延伸到其他有趣的产业。

表 23 受访者对独立书店的看法

问卷内容		响 应		个案占比 /%
		个案数/个	占比/%	
您对独立书店的看法是*	作为一种文化现象,应当继承和发扬下去	206	34.4	72.0
	成为市民休闲好去处,应当支持其发展	163	27.2	57.0
	网络化读书和大型书城是主流,独立书店存在与否是无所谓的	42	7.0	14.7

问卷内容		响 应		个案占比 /%
		个案数/个	占比/%	
您对独立书店的看法是*	支持独立书店创新休闲服务并延伸出其他有趣的产业	134	22.4	46.9
	可能失去实际价值,可以作为一种文化地标,需要政府支持	46	7.7	16.1
	其 他	8	1.3	2.8
总 计		599	100.0	209.4

* 使用了值1对二分组进行制表。

(三)杭州独立书店调研结论

1.个体对独立书店的休闲需求与休闲满意度

独立书店关注个体的独立意识和精神,影响着都市人的休闲生活,改变了都市人的生活方式,使都市人从快节奏的都市生活中得到解放,享受慢生活带来的休闲体验,获得精神上的满足。独立书店对书店主人而言,是体现其独立意识的存在,书店的一切体现着书店主人的品位与希冀,从选书到装修,再到活动的举办、相关产品的选择、细节的设计等方方面面均取决于主人的喜好,处处体现着主人的意志;对读者而言,完全可以按照自己的意志选择一家喜欢的独立书店,享受阅读和休闲的空间,和有相同兴趣的人在这里交流与分享,在紧张的都市生活中暂时得以放松,获得一种慢生活的体验。

(1)受访者对提出的休闲需求均有较高的认可度

根据对独立书店休闲需求及满意度调查问卷第二部分——休闲需求调查的分析,我们可以发现,有超过80%的受访者表示非常同意、同意或有些同意期望来独立书店感受多元融合的文化氛围,期望来独立书店自由随意的体验,期望来独立书店安静地读书,期望来独立书店自主决定购买书籍或文创产品;也有超过70%的受访者表示非常同意、同意或有些同意期望来独立书店参加名家讲座或文化沙龙,来独立书店是为了缓解日常生活压力,来独立书店是为了放松和娱乐;有65.04%的受访者表示非常同意、同意或有些同意期望来独立书店与别人分享交流;仅有41.26%和32.51的受访者表示非常同意、同意或有些同意来独立书店是为了和朋友约会以及来独立书店是为了喝咖啡，吃东西。

在对独立书店休闲需求的调查中，我们可以发现，出于人际——社会交往动机而想来独立书店与他人交流或是与朋友约会的休闲需求略低于其他的休闲需求，这一问题的原因可能是独立书店在本质是一个具有安静氛围的阅读场所，而不是一个主要用于聚会或交流的场所。这一问题也同样出现在来独立书店是为了喝咖啡、吃东西这一休闲需求中，体现了独立书店在休闲功能上与咖啡店、蛋糕烘焙坊等场所的差异。这一点反映出独立书店作为文化空间的本质，及其日益凸显的文化休闲功能。

(2)受访者对独立书店的休闲功能大部分感到满意

根据对独立书店休闲需求及满意度调查问卷第三部分－休闲满意度调查的分析，我们可以发现，有81.82％的受访者表示非常同意、同意或有些同意来独立书店获得了自由随意的体验，有77.63％的受访者表示非常同意、同意或有些同意在独立书店很放松、很愉快，有75.17％的受访者表示非常同意、同意或有些同意来独立书店自主地购买了书籍或文创产品，有73.77％的受访者表示非常同意、同意或有些同意来独立书店感受到了多元融合的文化氛围，有73.43％的受访者表示非常同意、同意或有些同意来独立书店可以安静地读书，不被打扰，有70.97％的受访者表示来独立书店缓解了日常生活压力。而对于愉快地在独立书店和朋友约会，来独立书店参加了许多名家讲座或文化沙龙，经常在独立书店与书友交流分享和可以开心地在独立书店喝咖啡、吃东西的满意度调查中，仅有50％左右的受访者表示了非常同意、同意或有些同意。

在对独立书店休闲功能满意度的调查中，我们发现，对在独立书店参加了许多名家讲座或文化沙龙的满意程度较低，而在休闲需求调查中，对参加名家讲座或文化沙龙的需求却较高，我们建议独立书店应该选择适合自己的主题以及适当的时间来开展名家讲座或文化沙龙。而对于愉快地在独立书店和朋友约会，经常在独立书店与书友交流分享和可以开心地在独立书店喝咖啡、吃东西的满意度调查中，有略低的受访者表示满意。

(3)人们的休闲需求与休闲满意度成正相关

人们的休闲需求与休闲满意度成正相关，即人们的休闲需求越强烈，则其休闲满意度越高。

2.独立书店对休闲城市发展的意义

庞学铨教授提出，休闲文化最基本的价值在于它能改变城市形象，让城市更宜居，使城市更具创新活力，同时提升生活品质和城市境界。休闲的文化价值同其经济价值一样,是休闲城市发展的重要推动力量。首先,作为城市重要的文化设施和文化空间,独立书店在满足人们文化需求和休闲需求的同时,成为城市重要的文化窗口和文化地标。独立书店展示的是城市读书人口的存在状态和城市的文化特征,体现的是城市的人文素养的一个侧面。独立书店不仅仅是书籍售卖的场所,更为读者提供了一个表达空间,一个让人们去思考、讨论、分享生活的空间,帮助人们求知、求智并获得心灵的解放,在这一点上,独立书店的价值同休闲价值的本质是相通的。休闲强调人在自由时间进行轻松愉悦的活动,摆脱外在压力,以获得身心的满足,实现真实自我,进而完善自我。独立书店的存在,正是为人们提供了这样一个放松自我、独立思考、深入交流的空间,使人们得以身心放松。这样的独立书店聚集在城市中,为城市的发展提供了更加多样化的休闲空间,也为城市休闲的发展注入了活力。

其次,独立书店对休闲城市发展的意义具体体现在城市旅游的经济意义和城市品牌传播方面。同其他城市公共空间和文化设施一样,越来越多的独立书店已经开始成为城市的新文化地标,如南京的先锋书店、成都的方所书店、台湾的诚品书店等,已经成为城市旅游的重要目的地,吸引着游客为了一家书店而选择去一座城市旅游。从这个层面上说,传统旅游早已向深度旅游、文化旅游方向发展,独立书店在城市旅游中的作用日益凸显,不仅直接增加了客流量,而且由此带动了城市的旅游业发展和休闲经济的增长,促进了旅游目的地城市休闲产品和休闲服务品质的提升,并在此过程中提升了城市的知名度和美誉度,促进了城市品牌的打造和传播。

再次,休闲作为一种生活方式,已经成为现代城市生活的重要内容。休闲与工作的界限日益模糊甚至交叉,二者打破了传统意义上时间和空间的局限。在工作中休闲、在休闲中工作的现象已经越来越常见,独立书店也为这样的生活方式提供了更加便利的环境。一杯咖啡,一张桌子,舒适的椅子,便捷的无线网络,几本钟爱的书籍,舒缓的音乐,坐在对面的工作伙伴或朋友……在这样的环境下,就可以实现工作与休闲的自由转换,而这些现象的出现和日益普遍化正体现出一座城市经济、文化和社会发展和繁荣,体现了休闲社会的发展。

可见,休闲不仅仅是一种生活方式,更成为推动城市发展的动力,刺激着城市的休闲经济增长,促进城市休闲文化的繁荣,提高了城市的宜居水平和城市居民的幸福感,而这一切正是发生在作为物质载体的城市公共空间中。城市公共文化空间的快速建设为城市居民休闲提供了更多机会,多层级、多形式、多特色、多要素的城市公共文化空间体系的形成将促进休闲文化的多元化发展,城市公共文化空间管理与服务水平的提升将带动城市休闲的进一步发展。

四、独立书店与城市休闲的融合发展之路

（一）提高独立书店与城市休闲的融合程度

1.建立以政府为主导的充分发挥企业主体力和市场配置力的独立书店休闲服务保障机制

创新政府管理体制，发挥政府的主导作用，是推进城市文化设施建设发展的重要支撑。要做好城市文化设施在城市休闲发展中的文章，必须探索构建与时代发展相适应的城市文化设施休闲管理"新体制"。在发展过程中，必须坚持"政府主导、企业主体、市场化运作"。坚持政府主导力、企业主体力、市场配置力"三力合一"，关键在于发挥政府的主导力，突破口在于创新政府管理体制。发挥政府主导力，必须以强有力的行政手段推动各种资源的有效整合，着力在制定规划、完善政策、市场准入、加强监管、优化环境、宣传促销、提供服务等方面充分发挥主导作用。发挥企业主体力，企业无疑是城市文化设施建设运营以及休闲发展的主体，企业要在城市文化设施建设、产品开发、市场营销、休闲服务等方面充分发挥主体作用。发挥市场配置力，除了靠行政力量整合之外，重要的还是靠在"谁投入、谁受益"原则下，实行市场化运作。要引入竞争机制，筹措建设资金，形成多元投资主体，推进城市文化设施产业化、经营市场化和管理社会化，让投入进来的企业，在休闲发展相关的产业中能够得到回报。

2.促进独立书店与其他文化休闲机构的合作

在杭州市的城市休闲系统的建设过程中，独立书店不应再是独立的休闲空间，而应该是众多的公共休闲设施中的一员。城市休闲系统下的机构和单位可以根据其性质和隶属关系分为公益性（政府主导）和营利性（私营为主）两类。

（1）独立书店与其他公益性机构合作

这些公益性机构中有公共图书馆、档案馆、博物馆、少年宫、文化宫、科技展览馆和美术馆等。这些单位与独立书店有着相近的文化职能，除去自身的工作职能外，还以满足城市居民休闲需求为目标。合作方式可以朝多样化、休闲化发展。比如，独立书店可以与图书馆联合推出某一系列的读书活动，可以与科技展览馆功能展开某一项科技的展览活动，还可以将科技展览从展览馆搬入独

立书店。

(2)独立书店与其他营利性行业合作

和独立书店一样的为数众多的营利性企业在休闲行业占据着重要作业,对城市的休闲发展起着补充和调节作用,主要包括各种咖啡厅、艺术馆、酒吧、影剧院等场所。独立书店也不再是单纯的书店,在多样化的融合中逐渐探索发展。在杭州,越来越多的实体书店走特色化、专业化经营路线,包括 24 小时全天运营、跨界餐饮休闲、教育培训、引入文创产品、开进社区、旅游景区甚至企业单位等。著名财经作家吴晓波认为,应该争取在其他文化场所谋得自己"优雅的位置",譬如大型酒吧街、现代电影城等年轻人文化消费区,让书店成为其中的一道风景线,如同台北的诚品书店。他认为:"不少成功的实体书店已不是简单的卖书场所,而成为时尚的社交平台,举办各种讲座、沙龙。"朱钰芳则认为:"文化创意产业链将是书业的生死场。"传统意义上的书店,仅靠卖书来营利已经很难支撑书店的生存,更别说发展了。独立书店要想活下去,必须做强主业,做好产业,以产业带动主业,形成一条新的产业链。

面对近几年实体书店不景气的状况,晓风书屋在用心开拓着新出路,平均每年要举办几十场甚至上百场文化沙龙、学术讲座,陈丹青、白先勇和土家野夫等知名作家都是书屋的座上宾。晓风书屋不仅让读者参与进来,再做一些衍生产品,包括环保布包、本子、笔和书房里的小物件以及有杭州特色的明信片、摆件、书签等,还在自己的店内开出了西点房,为客人提供低价的现磨咖啡、茶和甜点等。除了晓风书屋,杭州许许多多的独立书店也纷纷采取措施,让自己的书店成为一个文化场所。杭州的另一家老牌书店枫林晚,前几年在阿里巴巴总部开了三家书店,把书店打造成企业的"文化管家",由企业免费提供场地并支付一定的服务费用。枫林晚的"学术+沙龙+咖啡+会所"的品牌特色,深灰色基调的卖场,简约而现代的风格,奠定了其浓厚的学术氛围。枫林晚有一个极其明显的特色,便是它的文化沙龙。其创始人朱升华认为,书店不能光卖书,还应该通过书店这个平台,加强书与读者的联系和互动。因为是学术书店,来的顾客大都是学者,学者与学者常常在书店碰头。朱升华想,何不把这些学者聚集起来,搞些活动呢?于是"九月诗会""手机单向收费问题"等,就成了沙龙活动的话题。每次学术活动,都有很多大学生参加,学者与大学生就最新研究成果进行探讨。通过沙龙活动,书店与读者的关系更加融洽。杭州不少大学生都知道文三路上有家"枫林晚"。浙大出版社、浙大跨学科研究中心都把"枫林晚"当作聚会的处所。这些改变和转型,一方面延伸了书店的生命力,为书店增添了新的吸引力和闪光点;另一方面,为书店扩展了资金来源渠道,缓解了书店的运营压力,为更好地实现书店的初衷创造了更多的可能性。

(二)加强独立书店开展休闲服务的理念支撑

1.政府的政策指导和独立书店运作理念

一个区域或城市对城市文化设施的政策体系的完善必须跟得上城市文化休闲系统建设的步伐,不但要加快建立健全各项政策法规,更应将休闲服务作为重点纳入到城市各个文化设施的建设中去,推出更加符合整个城市休闲系统的文化设施管理条例、章程,加强政策方面的指导和规划。同时,独立书店的运作理念应当紧密结合社会需求和服务目的,在休闲服务所占的比例逐渐变大的情况下,独立书店应将休闲纳入到服务政策理念的制定中来。在理念变革中,独立书店应对本地区的休闲需求现状和书店的实际情况进行分析,首先了解本地区教育发展状况、历史和文化特点、本地区休闲系统的整体发展态势和战略目标;其次对书店目前的书籍资料、设施设备、书店空间格局、产品和服务提供情况、地理位置等进行综合通判评估,然后确定书店在休闲服务方面的阶段性目标,在此基础上进行战略调整和实施,以此指引书店各项事务向着休闲服务的目标前进。具体来说,在资金上必须保证独立书店的休闲服务能够正确开展,在资源布局上要有利于读者在独立书店内享受休闲活动,在服务上要本着人性化的理念尽量满足读者的休闲需求,在对外合作政策上要积极与其他公共休闲场所和机构展开合作,借以拓展独立书店的休闲服务范围和内容。

2.文化休闲方面的经费管理

大多数的独立书店要开展休闲服务都会面临经费短缺的问题,很容易因此知难而退。长此以往,独立书店将跟不上城市休闲系统建设的步伐,更加不能提供足以满足人们休闲需求的服务,最终不能获取足够的资金来进行休闲服务建设,成为一个恶性循环。这也是为什么独立书店必须考虑到在有限的运营资金情况下如何更优化更合理地向读者提供休闲服务的原因。

(三)提高独立书店休闲服务设施资源的休闲实用性

1.增强书店内实体设施的休闲化

休闲意味着人们尽最大可能利用闲暇时间来释放压力获得愉悦的心理状态。针对这一点,独立书店应当尽可能地降低读者为获取休闲花费的时间和精力成本。随着经济发展和对城市休闲文化环境的重视,杭州市独立书店的发展呈现出持续的增长。这些独立书店都将馆舍建筑的美学和科学价值、服务空间的合理便捷度乃至用户活动区域的装饰舒适度作为重点来打造,配备了功能齐全的小型报告厅、缓解疲劳的休息区、随处设置以供设备充电的电源插座、覆盖全区的便捷无线网络等,便于读者使用和放松。

2.培养独立书店空间的休闲氛围

文化氛围是一个地方经过蕴藏的丰富人类精神财富的熏染而逐渐形成的,具有浓厚人文气息,促使人产生积极能量的环境力量。当今社会人们的学习工作节奏加快,压力变大,因此各种机构和单位都希望建立一种文化氛围,以此来减轻人们的压力、陶冶人们的情操、培养人们积极的精神状态。书店本身就是这种文化氛围的天然载体,具有先天性的优势。书店同图书馆一样,作为人类文化遗产的保存地,是人类的精神家园之一。因此,独立书店应当在本身所具有的优势上,努力营造文化氛围:在馆舍布置和装修上尽量采用文化意味浓厚的素材,在馆内设施的设计上适当采用独特风格,在宣传推广活动中突出书店的文化特色等。除了文化氛围的营造之外,独立书店还应当开辟多种形式,积极探索书店文化氛围与休闲活动的结合方式,如举办小型音乐会、摄影展、书画展等活动。

城市居民享受独立书店服务不仅仅是获取阅读的文化享受,还想要享受一个舒适愉悦的环境。笔者认为,独立书店想要打造能够满足读者需求的休闲氛围,应该从大处着眼,小处着手。首先,独立书店在选址和空间布局方面应从读者视角出发,将他们进入独立书店一路所见所闻都作为书店设计的参考对象。独立书店的选址应该尽量接近包括广场公园博物馆等场所在内的休闲机构,使读者未进书店便感受到一种休闲氛围;或选址于远离人群和喧嚣的安静之处,使读者到达之前已然获得宁静的放松体验。当进入书店后,他们应当即刻感受到图书馆的独特文化品位。在书店的外环境的布置上,要注重书店周边店铺的类别,最好同饱含文化底蕴与创意理念的店铺相邻,将二者很好地结合起来,产生一种人文和自然和谐融洽之感,带给读者舒适之感。其次,在书店内部,也要努力打造舒适的休闲阅读环境和休闲活动空间,突出独立书店的文化底蕴,让读者产生身心愉悦的感受。特别是在一些细微处,比如馆内环境的装饰上,可以在适当的位置挂一些典雅的书法或者绘画作品,在内部装饰的布置上既要体现文化底蕴,又要彰显时代特色,亦庄亦谐,让休闲和学习的读者各得其所。除此之外,工作者应该尽量保证书店内合理的采光及温度湿度,在读者接触最多、使用频率最高的桌椅选择和摆放上,要保证能带给读者"家"一般的舒适感觉。

（四）扩展独立书店休闲服务的内容——城市第三空间

城市居民的第一空间是居住场所，第二空间是工作场所，第三空间是一种能够满足人们情感需求，使之自由呼吸的"家外之家"。第三空间的范畴应该包括图书馆、咖啡厅、广场公园等，而第三空间的存在最能展示一个城市的多样性和活力。实际上，这种第三空间的概念正是要将公共图书馆和书店等城市公共空间变成城市的休闲中心，人们在这里可以脱离家庭的角色束缚、工作中的人际关系，完全投入到平等自由的休闲活动和人际交流中，借以释放第一空间和第二空间中积累的压力和紧张。

独立书店与传统书店最大的不同在于"人"，独立书店"独立于读者"意味着书店的主人有着很大意义上的决定权，主人的意志在很大程度上决定了书店的风格与内在，也体现在书店的方方面面，如独立书店强调独立思考，书店有自己的思考能力，形成并不断完善自己的风格和品性，不受外界干扰，坚持自己的人文关照。因此，独立书店保持自己的风格和特点，重视个体的意识和体验是其灵魂所在，必须坚持人本主义，必须保持其独立性和差异性。

特别是互联网的普及，图书市场出现更激烈的竞争，导致图书市场进一步细分，出现了更专业、更有针对性、更接近读者需要的专项图书。从目前来看，独立书店实施差异化战略仍具备一定的前瞻性。在图书市场接近饱和、竞争激烈的情况下，刚起步的书店或者是正在考虑转型的书店，可以向顾客提供差别化的产品和服务，区别于其他竞争者的特质，从而使自身在行业中别具一格。这里的差异化战略主要体现在产品的差异和客户的差异上，坚持独立之精神，为读者定制专属的书籍和特别的服务，使每位读者获得个性化的体验。

独立书店的定位在于文化空间，提供文化服务并满足人们的文化需求，实现文化体验。因此，独立书店不仅仅是卖书，而是为爱书人，即有相同兴趣爱好的人提供一个可以深阅读、深交流、深思考的空间，给这些人提供一个舒适的环境，打造最舒适的休闲环境。独立书店在卖书的同时，更应该去经营一种文化体验，从室内环境到氛围打造，从书目挑选到其他服务，充分结合人们休闲的需求，关注图书与店内其他商品、图书与顾客之间的关联，提供更加多元化的服务。例如，提供适当的休息区域、咖啡等饮品，以及其他手工品、文创产品等，打造真正的休闲美学空间，提供一个全方位、多层次的休闲空间。方所书店和言又几书店在这一点上做得特别好，融合饮品、文创产品、设计以及其他相关产业如拼图、服饰、音乐、手工等诸多工作坊于一体，形成了独特的生活美学空间，为读者提供全面的休闲体验。

（2017 年"休闲文化与城市休闲""同城同待遇指数"专项课题）

参考文献：

David J. Snepenger, Leann Murphy, Ryan O'Connell, and Eric Gregg. Touristsand Residents Use of A Shopping Space[J]. Annals of Touksm Research. 2003(3) ;567-580.

James N. Roemmich, Leonard H. Epstein, Samina Raja, LinYin, Jodie Robinson and Dana Winiewicz. Association of access to parks and recreational facilities with the physical activity of young children[J]. Preventive Medicine 2006(43);437-441.

Johnson, A, Glover, T, Understanding Urban Public Space in a Leisure Context[J]. Leisure Sciences, 2013(2), pp. 190-197.

Robert Freestone, David Nichols. Realising new leisure opportunities for old urban parks: the internal reserve in Austsalia[J]. Landscape and Urban Planning, 2004(68):109-102.

陈美爱. 市民休闲动机与休闲城市的发展[J]. 求索, 2013(2):257-259.

陈勇. 面向城市旅游的城市规划[J]. 城市规划, 2001(8):13-15.

陈竹, 叶珉. 什么是真正的公共空间？——西方城市公共空间理论与空间公共性的判定[J]. 国际城市规划, 2009, 24(3):44-49,53.

陈竹, 叶珉. 西方城市公共空间理论——探索全面的公共空间理念[J]. 城市规划, 2009(6):59-65.

刘慧. 城市居民休闲动机与休闲满意度及其相关性研究——以长沙市居民为例[D]. 长沙:湖南师范大学, 2009.

庞学铨. 从休闲学视角看城市空间之美[J]. 社科动态, 2016(5).

庞学铨. 休闲文化对于城市发展的价值与意义[J]. 杭州(下旬刊), 2010 (11):30-31,33.

吴必虎, 董莉娜, 唐子颖. 公共游憩空间分类与属性研究[J]. 中国园林, 2003(4):48-50.

吴必虎, 贾佳. 城市滨水区旅游·游憩功能开发研究——以武汉市为例[J]. 地理学与国土研究, 2002(5):99-102.

吴宁. 日常生活批判——列斐伏尔哲学思想研究[M]. 北京:人民出版社, 2007.

肖星, 李文兵. 城市建成区户外游憩系统初探——以兰州市为例[J]. 人文地理, 2002(12):6-9,96.

肖洋. 数字时代我国独立书店的生存境况研究——基于生态位理论视角[J]. 编辑之友, 2013(1):45-48. DOI:10. 3969/j. issn. 1003-6687. 2013-01-012.

扬·盖尔. 交往与空间[M]. 北京:中国建筑工业出版社, 2002.

张莹. 书店应该是文化平台. http://www. chinanews. com/cul[EB/OL]. [2014/02-28](2014-02-28). 5896307. shtml.

休闲学维度中的城市博物馆研究

王　露*

一、导　言

　　休闲是现代文明的产物。随着大众休闲时代的到来，休闲学研究越来越受到关注。休闲学研究不能束之高阁，如何运用其研究成果指导人们的休闲生活是关键。博物馆是城市文明和社会进步的标志，是城市及其所代表的区域科技、资源、人文等综合因素的反映，是典型的具有人文特色的公共设施。在现代城市中，每年有数百万公众到博物馆参观游览，参观博物馆成为公众的重要休闲方式之一，由此催生了城市博物馆的现代休闲功能。博物馆的工作焦点开始从传统功能向休闲教育、休闲文化、休闲产业、数字休闲等方面拓展。

　　杭州是历史文化名城，拥有丰富的历史文化资源，也具有良好的休闲传统和休闲氛围。杭州市委、市政府早在多年前就提出了打造"东方休闲之都"的奋斗目标，并成功举办了两届世界休闲博览会，在世界休闲领域具有领跑示范作用。随着杭州市民和游客休闲需求的新发展，提高和发展类的休闲日益成为人们休闲生活的重要内容，博物馆休闲已然成为一种新型的文化生活方式。目前，杭州市有各类博物馆、纪念馆、名人故居等文化场馆近百处，这些文化场馆都在传统功能基础上努力尝试拓展休闲功能，在城市博物馆休闲建设方面积累了成功的经验。

　　本文将休闲学理论融入城市文化遗产保护领域，进行休闲学维度中的城市博物馆学研究。通过分析杭州及周边博物馆休闲资源的优势，探讨城市博物馆

　　*　杭州国际城市学研究中心、浙江省城市治理研究中心。

休闲教育模式,诠释城市博物馆休闲文化的精髓,开发具有城市博物馆特色的休闲产业,探索城市博物馆数字休闲建设,以期为杭州建设"东方休闲之都"添砖加瓦,促使杭州市成为中国乃至世界博物馆休闲建设与研究的典范。

二、博物馆的休闲教育研究

随着知识经济新时代的来临,人们对休闲时间与追求心灵飨宴需求的增加,博物馆俨然成为大众休闲的最佳选择。博物馆以建筑物和藏品等"物"的独特存在方式展现人类的文明和智慧,为不同兴趣、不同年龄、不同能力的现代人提供了跨越时空传递信息的历史画卷,创造出一个生活化的休闲社会。从功能角度看,城市博物馆首先要有收藏展示、科学研究和传播教育的功能;其次不同类型的城市博物馆又应该有自己的定位和侧重点。但不管定位如何,城市博物馆的终极目的是一致的,引用贡布里希的解释就是"给人收益或乐趣"[①]。而这一点与休闲的作用具有很大重合性,因此城市博物馆本身在发展休闲功能上具有很大潜力。西方学者认为,为实践20世纪90年代博物馆"全方位教育"的理念,现代博物馆开始把教育功能的焦点从传统教育向休闲教育转移。"教育"与"休闲"本是博物馆功能中不同的两端,但却彼此交融、互动,整合这两项资源既是博物馆应对自身发展的抉择,也是社会对博物馆功能所做的选择。

本节将休闲教育作为博物馆的新功能之一进行系统化研究,在探讨休闲教育的由来与定义的基础上,以"学校""公众""家庭"为目标群,对城市博物馆休闲教育的模式进行归纳与解读,进而揭示休闲教育的目标及其在城市博物馆建设中的作用。

(一)博物馆休闲教育的由来及定义

关于休闲与教育的关系,从历史学上考证,早在2000多年前,古希腊人就已经预见了"自由人如果不想使自己的生活沦为灾难,就一定要接受休闲人生的教育"[②];从语言学上考证,"休闲"古希腊语为"schole",其教育、教养的含义衍生出英语中的学校"school",这说明休闲的"这种精华含义以一定的受教育程

---

① 贡布里希.博物馆:它的过去、现在和未来,理想与偶像——价值在历史和艺术中的地位[M].范景中、曹意强、周书田译,上海:上海人民美术出版社,1989.

② 杰弗瑞·戈比.你生命中的休闲[M].田松,等译,昆明:云南人民出版社,2000.

度为前提,并将有社会价值的娱乐区别于其他娱乐"①;从教育史上考证,自1918 年美国联邦教育局将休闲教育列为教育的"中心原则"②始,休闲教育的现代概念的提出已有 100 多年的历史了。休闲教育的演进史表明:休闲与教育是一对矛盾统一体。两者相结合而成的休闲教育则是对人类生活及人类共同体终极辩护的产物。

当今社会,教育界为了避免马尔库塞笔下的社会机械整合型人即"单向度人"的批量生产,开始突破程序性教育即常规教育的单一模式,而转向程序性教育与非程序性教育相结合的复合模式发展。所谓"非程序性教育",就包括博物馆、课外读物、旅游等,尤其是博物馆以休闲教育功能作为表现形式的非程序性教育,能针对不同人的不同兴趣进行潜移默化的感染,有别于程序性教育重知识、重理论的特点,对人的教育启发作用不可估量。

于是乎,博物馆遭遇休闲教育似乎成为一种宿缘,自从"以休闲为中心"教育理论本土化热潮的迭起,休闲教育遂被定位为博物馆的职能之一。近年来已有不少博物馆研究员将博物馆的"休闲教育"视为国民素质教育的新领域,台湾博物馆研究专家桂雅文曾在《爱上博物馆》一书中对博物馆的休闲教育功能下了定义:"博物馆是基于提供全人类集体、个人的发展与其他公立教育机制上的合作,及教育灵感与美感的充实等目的而存在的。"③国际博物馆协会对博物馆的定义强调:"以多管齐下的方式来强化寓教于乐的目的,对大众展示具有文化价值的成群对象与标本……"美国博物馆协会的定义:"……寓教于乐地对大众展示具有教育及文化价值的对象与标本。"④由此可见,博物馆的教育功能中"寓教于乐"的休闲因子是与生俱来的,这便为博物馆休闲教育的诞生提供了必然性与可行性。

综上而言,城市博物馆休闲教育的内涵是:通过博物馆这种特殊的公众消费模式培养人们对休闲行为的选择和价值判断的能力,具体包括休闲行为价值判断的能力、选择和评估休闲活动的能力、决定个体目标和休闲行为标准的能力、合理运用闲暇时间重要性的理解能力等四项标准。其外延十分广泛,涉及

---

① 马惠娣.休闲——文化哲学层面的透视[J].自然辩证法研究,2000(1):59-64.

② 美国联邦教育局将休闲教育列为青少年增长率的一条"中心原则",内容是:提升个人生活质量的整体活动,提升休闲价值、态度和目的的认识。提升个人生活质量的整体活动,提升休闲价值、态度和目的的认识。

③ 桂雅文.爱上博物馆[M].桂林:广西师范大学出版社,2003.

④ 桂雅文.爱上博物馆[M].桂林:广西师范大学出版社,2003.

智商、情商、审美、技艺、体育、社交能力等方面内容。博物馆休闲教育的最高目标是鼓励人们通过创造性的休闲方式来实现自己的追求与理念,达到自我发展和承担社会责任相契合的境界。

(二)博物馆休闲教育的发展模式

在博物馆休闲教育的理念逐渐普及化的同时,作为理念实验场所的博物馆开始面临着一个更为现实的问题,即体现人文关怀的休闲教育在博物馆里的实践。如何在具体实践中顺应时代潮流构建一种崭新的价值取向?如何在根植于本土文化的同时以海纳百川之胸襟体认世界文化的共性?对此类问题的终极追问为博物馆休闲教育范型的树立提供了张力与维度。休闲教育以给生活提供意义为最终目标,符合公共现代性追求的基本诉求;而博物馆也正是在休闲教育的实践过程中提升了自身的功能层次,给自身的生命力赋予了一种常青的意义。

比较国内外各类博物馆实践休闲教育的具体操作过程,可以发现国内与国外的博物馆在实践休闲教育的模式上存在着相当大的差异:国内博物馆主要通过陈列展览宣传本地历史、文化、经济、科技的发展概况,并且努力建构与游客交流的平台,拓展与观众互动的空间,开设各种能激发兴趣的、有教育意义的活动,寓教于乐,寓教于游,让观众在获取博物馆相关的信息过程中掌握社会、时代发展的脉搏,从而达到使观众群不断巩固、扩大的目的;而国外博物馆则传承了源自希腊时代博物馆古义的精神,通过与学校形式各异的交流与合作,从小培养国民的"博物馆情结"。博物馆作为传承文化、传播知识的社会角色已深深根植于人们的观念与行为之中。例如,美国的博物馆将教育功能写入"建观宗旨"中,把博物馆塑造成社会的"道德储存库";西欧与亚太地区的博物馆专设教育服务办公室负责休闲式教育的日常事务;欧美规模较大的博物馆会与大学联合创办学术基金、奖学金以及培养研究生。[①]

基于宗旨、受众面以及休闲教育本质方面的共同点,国内外博物馆休闲教育的实施在差异中依然闪烁着相同的因子。"文化的宝库""科学的大本营""教育的实验场""专家的资料库"[②]等精辟定位常常附注于博物馆的定义之后,甚至成为其别称。这正是国内外博物馆为自身编织的美丽桂冠,而休闲教育应该是其中不可或缺的工具、材料。现择取教育"标的群"的差异一项对博物馆休闲教

① 杨玲,潘守永.当代西方博物馆发展态势研究[M].北京:学苑出版社,2005.

② 杨成志.博物馆历史文选[M].西安:陕西人民出版社,2000.

育的模式进行分类。

1. 为学校提供附加教育服务

发达国家对采取非程序性教育方式的休闲教育十分重视,无论是美国的学院模式与北欧的民众学院模式,还是日本的公民馆模式与新加坡的社区中心模式,都将社会资源纳入教育资源系统加以有效利用。诚然,学校与博物馆之类的社会公益机构的联系正是休闲教育实施的基本条件和保障。当标的群有与博物馆接触的意愿,并渴求通过磨合性的碰撞来发展自身休闲能力的时候,博物馆的休闲教育功能就凸现出来了。

有学者云:"休闲教育要先分析社区的资源,然后确定活动的参与者,还要评估个人活动成功的可能性。"[①]据此,我们也可以概括出博物馆休闲教育的三项实施指标,即自身的资源、观众群及两者之间的关联。其目的就是利用自身的独特资源吸引观众,使两者间产生向心力与摩擦力,从而使得观众从休闲教育中受益。首先,藏品作为博物馆的独特资源在休闲教育中的功效不可小觑,它能帮助观众直接用感观感知作为人类总体思维产物的历史,用诉诸视觉的物体述说物体的"事"。其次,既然该模式中的观众群被限定为学校里的学生,那么接下来要解决的问题便是如何利用藏品来激发学生的求知欲,实现休闲教育的教学目标。这需分两步走:一是通过使学生透彻、深入地了解博物馆内藏品所承载的文化含义来实现完善学生认知能力的要求;二是在了解藏品的基础上进行行之有效的升华与延展来实现培养学生创造能力的诉求。

以杭州市实施的青少年学生"第二课堂"建设为例,杭州及周边博物馆充分利用自身资源,积极为学校提供附加教育服务,将自身定位为学生寓教于乐的"第二课堂"。据调查显示,自"第二课堂"实施以来,杭州中小学生参观博物馆的频率与兴趣度都保持在一定的高度并呈上升趋势。杭城的各类博物馆利用沙盘、模型、图片等传统展示模式以及环幕(立体)电影、幻灯投影、电子触摸屏等现代陈展手段,营造出一个动静相宜、亦真亦幻的文化场景,促使学生在领略历史变迁和人文景观的过程中实现认知能力与创新能力的提升。建议今后在"第二课堂"实施过程中,要进一步加强和学校的联系与合作,针对不同年龄层次的学生提供各具特色的服务,如与高校联系,通过培训使大学生成为博物馆的义务讲解员,或为不同专业的大学生提供相关的课题调研机会;同时与中小学合作,建立教育基地,通过开设主题讲座、举办知识竞赛、观看教育片等方式,

---

① Leisure Education/Community Integration Awareness Program(LEAP).

为教育的精神与品位塑型,培养学生的审美能力与情趣。

2.为公众提供终身教育服务

随着学习型社会、终身教育的观念逐渐深入人心,作为公众文化机构的城市博物馆凭借其大量教育资源的拥有者和大众文化消费的倡导者的独特地位与优势,俨然成为社会教育的大本营的缔造者。美国学者詹金斯在《博物馆之功能》(1880 年)一书中强调"博物馆应成为普通人的教育场所";美国博物馆协会成立宣言(1906 年)也表示"博物馆应成为民众的大学"。① 博物馆由"物"而生的"灵"与"魂"之精神产品,在为公众提供终身教育的过程中得以升华,在一定意义上验证了"博物馆不在于它拥有什么,而在于它以其有用的资源做了什么"(古德语)。

考察、对比世界各地对博物馆的定义,可以发现有几个关键词是势必会被涉及的,即"永续经营的""大众的""教育的"。将这三个关键词予以逻辑意义上的联系、整合,便可得出这样的结论:博物馆在某种意义上说是为公众提供终身教育的永续经营的社会机构。

博物馆一个容易出现的问题是封闭性和重复性,尤其是在面对地球村初露端倪、传统文化日趋式微的今天,博物馆应当与时俱进地通过拓展影视播放面、更新展品器物、增设临时展览等途径不断扩大资料库、扩展受众面,以实现展示内容和服务项目的新颖性和独创性。

以西湖博物馆为例,其建立伊始就将自身定位成传承历史文化的教育机构,在之后的创新型建设中无不贯彻了为公众提供终身教育服务的宗旨。其中,最具特殊意义的一项举措是实现了博物馆与图书馆"珠联合璧"景观的打造。追溯西方博物馆的进化轨迹,可以发现两者合璧的传统古已有之。如亚历山大博物馆最初与同名图书馆联为一体,查尔斯顿博物馆作为美国的第一座博物馆由南卡罗来纳查尔斯顿图书馆协会建立,美国的图书馆专门设有"博物馆内图书馆"(museum library)的类别,等等。而在国内,两者合璧似乎可以被誉予"创举"之称。西湖博物馆这种将典藏专业性书籍的开放性图书中心设置为自身附属机构的做法,在某种意义上,正是将博物馆与图书馆之间的难解之缘以一种更为普泛化的形式贯穿为公众提供教育服务的使命之中。

3.为家庭提供亲子教育服务

休闲教育和亲子教育酷似一对孪生姊妹,在以家庭为单位的教育场景中扮

---

① 杨玲,潘守永.当代西方博物馆发展态势研究[M].北京:学苑出版社,2005.

演着重要角色。在城市博物馆这个促使个体完成个人与社会发展任务的主要存在空间里,培养标的群的鉴赏力、创造力、自我实现能力的过程就是所谓"成为人"的过程。在这个过程中,受教育者会切实体验到:为什么这种生活方式对于他们的幸福及维系一个社会、家庭来说是至关重要的。亲子教育是相互的,即教育的标的既可以是孩子也可以是家长。这种以血缘关系为纽带而组成的教育统一体,其和谐性与紧密性是其他任何教育体不可企及的。

在纳什所提出的休闲等级模型图①(见图 1)中可以发现,人的休闲教育过程呈现为等级,是不断得到提升的过程,其中创造性活动处于最高层,而反社会的犯罪行为留于最底层。同时,教育的成品投入之间成正相关关系,即表格中金字塔外侧的"新模式的发明者""发明家""画家"等,与金字塔内侧的"创造性地参与""积极性地参与""投入性地参与"等之间呈现一种平衡与张力。其中,只有"投入性地参与"以上至塔尖的部分方能成就人才,而且人才的分类由参与的精神状态决定。毋庸置疑,亲子教育是通过自我认识、完善同时使家庭成员获得相似益处中获取"成为人"的自由并发现意义的过程,其优越性在于:首先可满足"投入性地参与",而后在正确的休闲理念指引下逐步激发人体内潜在的积极性与创造性因素,最终达到"新模式发明者"的高峰体验。此外,利用美国社会学家把休闲人分为能动型、流动型、自我中心型、迷惑型四种类型的启发源来进行休闲教育个案研究,能获得异曲同工之妙。

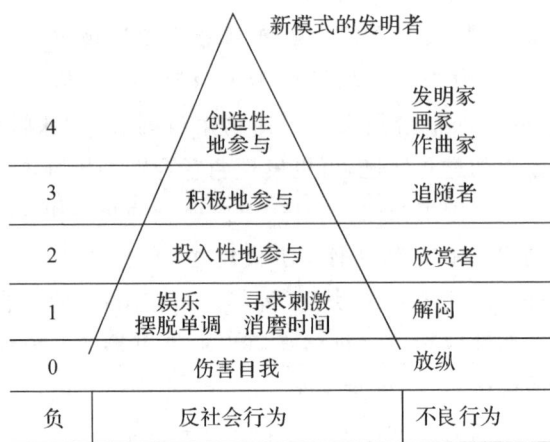

		新模式的发明者
4	创造性地参与	发明家 画家 作曲家
3	积极地参与	追随者
2	投入性地参与	欣赏者
1	娱乐 寻求刺激 摆脱单调 消磨时间	解闷
0	伤害自我	放纵
负	反社会行为	不良行为

图 1　休闲等级模型

① 杰弗瑞·戈比.你生命中的休闲[M].田松,等译,昆明:云南人民出版社,2000.

　　在调查中,我们经常可以看到家长和孩子一起游览博物馆的场景。其实以家庭为单位的本地观众正是博物馆固定游客的构成主力。家长带孩子去参观,其动机是希望通过从事有价值的活动来使家庭成员在彼此交流、切磋中增长见识、培养情趣;而另外一个潜在的愿望则是渴望通过在休闲时间里与家人相处的机会来促进家庭互动、增进彼此感情。因此,内地博物馆可以参照香港地区一些家庭社团开展亲子服务,增加互动环节,把这种情感性服务与博物馆多元化功能的挖掘有机结合起来,使城市博物馆成为增进家庭成员之间情感的纽带和催化剂。

　　综上所述,城市博物馆休闲教育的内容(目标)可以概括如下:

　　第一,通过捕捉、提供信息和正式、非正式的教育,帮助休闲者发展智力、培养情趣、提高创造力、完善和实现自我;

　　第二,通过对休闲者休闲行为方式的教育、引导,改善休闲者的消费观念,培养自由而全面的人;

　　第三,通过普及休闲知识、阐明休闲理念、揭示休闲价值,实现由他人指引转向自我指引、调节和控制的过程,保障区域文化的健康发展,催化人们伦理道德的重建。

　　城市博物馆休闲教育功能的实现过程,即触发游客发现创意、引动思考、反省改变的过程,也就是满足游客在从事劳动后调整身心、发展智力、激发热情、实现自我价值等欲望的过程。由此可见,城市博物馆自身的文化属性、象征与符号意义包容了人们已知并视为永世留存的文化与自然物,超越了一般意义上的文化现象和行为。"人是悬挂在由他自己编织的意义之网上的行动,文化就是这些意义之网"的休闲教育理念的真谛由此得以揭示。我们力求通过城市博物馆休闲教育功能的系统化实践,将博物馆的参观者塑造成为非海鸥徜徉"走马观花"式,也非蜜蜂采蜜"点到为止"式,而是土拨鼠钻研"咀嚼"式的观众群。我们有理由相信:休闲教育功能的实现使得博物馆成为观众与时间交换互动最激烈的场所。

三、博物馆的休闲文化研究

　　如果说生存能力是对人类文明的首次考验,那么休闲能力则或许是对人类文明更严峻和更全面的一种考验。而由"休闲"引发的最深层次的研究当数对休闲文化的探究。在大众休闲时代的大环境中,城市博物馆作为人们追求心灵缳宴的文化场所,与休闲文化产生了不可割舍的情缘。有关研究指出,观众参观博物馆的动机主要有六点,包括教育、娱乐、社交活动、生活循环、地点便利性、实用等主题。有的学者还认为参访博物馆可同时获得刺激、娱乐、思考与学习等四类经验。换言之,人们希望在闲暇时间参观博物馆,从中学习新事物。因此,如何兼顾学习和娱乐功能成了博物馆必须正视的课题。

本节基于对"休闲文化"概念的界定与辨识,对城市博物馆与休闲文化的关系进行厘定与剖析,将休闲文化作为城市博物馆文化的衍生产物进行拓展研究,促进城市博物馆与休闲文化相融合,进而对博物馆的休闲文化内涵进行深层次诠释,并就构建城市博物馆休闲文化体系提出针对性对策建议。

(一)从"休闲"到"休闲文化"

美国休闲研究者 K. 罗伯特在《现代社会中的休闲》一书中指出:"休闲已经成为人们日常生活中的重要组成部分,是人们生活质量的标志……休闲时间、休闲花费、人们对休闲活动的参与比例都在不断增加。人们的财富——物质的、精神的、社会的,都越来越取决于其休闲,休闲兴趣和休闲活动正在成为人们整体生活方式的核心。"而休闲活动可以分为两类:一类是消遣娱乐活动,一类是提高、发展类活动。前者具有补偿功能,能使人们在工作时间内所消耗的生理、心理和文化能量得到补充。而后者包括闲暇时间里的教育、艺术、科学创造等益智活动,则是自我选择的结果,因而能使主体获得"高峰体验",满足主体对自我实现感的要求。

将休闲上升到文化范畴则是指人们处于文化创造、文化建构、文化欣赏的生命状态和生命享受之中,达到满足自身各方面需要的目的。休闲文化跳出了个体研究层面,从人类群体的角度观察人们的行为、情感和思维的共同性以及通过这种共同性传递文化信息、构建文化意境,从而促进人的全面发展的过程。休闲文化是整个社会文化的一部分,总是与一定的经济、政治、道德、伦理等社会因素相结合,一个地区的休闲文化的发展状态可以反映该地区的社会面貌。

当一个地区人均 GDP 达到 2500 美元时,社会就会进入休闲消费的扩张期,人们将拥有相当的经济实力和空余时间投入休闲消费。杭州经济连续十多年保持两位数的增长,在 2001 年时人均地区生产总值已超 3000 美元,这一方面为休闲业的扩大再生产奠定了物质基础,另一方面提供了与休闲经济发展相适应的消费力。在日常生活中,我们也可以看到杭州消遣娱乐类休闲的繁荣盛况,像购物街、酒吧、歌厅等休闲场所反映了当代杭州市民以及广大游客的休闲趣味。同时,提高、发展类休闲则把休闲从仅仅作为人们的一种生存状态提高到成为一种精神状态。提高和发展类的休闲在改善人们精神生活质量、促进社会发展中起重要作用。卢梭在《爱弥尔》一书中说过:"生活得最有意义的人,并不是年岁最大的人,而是对生活最有感受的人。"从群体范围上来说,这种人文气息氛围的塑造在很大程度上依靠的是具有人文特色的公共设施。当这样的公共设施成为人们休闲的重要内容时,静态的人文设施和资源就能转化成为动态的人文气息和人文精神,即一个城市无形而且无价的资产,也是"休闲之都"的休闲文化标志之一。

(二)博物馆与休闲文化

无论人类曾经创造过多么辉煌的文明,它都将遵循永恒法则而无一例外地为历史所尘封。然而,生活于现代的人们仍然可以通过某个途径去寻找这些文明的踪迹——那就是博物馆。因此,城市博物馆从某种意义上来说是冻结历史的文化机器。

公元前3世纪托勒密·索托在埃及的亚历山大城创建的"缪斯神庙"被认为是人类历史上最早的"博物馆"。博物馆的英文"museum"即由希腊文的"缪斯"演变而来。这座缪斯神庙专门设立大厅研究室来陈列天文、医学和文化艺术藏品,俨然成为一个具有专业性研究的机构。"专业性研究"由此开始成为博物馆的重要职能之一。国际博物馆协会在对博物馆的定义中提到"博物馆以研究为目的";美国博物馆协会的定义中出现了"博物馆以研究、诠释为目的"等表述;全世界各地对博物馆所下定义的共同点是"博物馆是专业的";而专家中以艾文(Edwin H. Colbert)的定义最能体现博物馆"专业性研究"的功能,即"一间作为保管某些对象或通过研究与展示来诠释某些对象的机构"[①]。在综合博物馆研究众多描述的基础上,博物馆专业性研究的特点可被概括如下:一是由能够运作一个具有特定知识与能力的研究性团体组成;二是通晓相关领域的文献资料、资源之所在,能够使用世界通用的标准来彰显专业理论;三是在与同行的切磋、交流中能建构起博物馆的独特精神与文化。

人类文明史的演进过程向我们展示了人类为生存而斗争的本能与习惯,它以物质功利性为目标定位,以经济利益的获取为成功标志。然而,随着物质文

---

① 桂雅文.爱上博物馆[M].桂林:广西师范大学出版社,2003。

明的发展，人类经济问题将逐步退出历史竞争舞台。试想，当人类生存这一世代传承的传统目标淡化甚至消失时，人类所面临的新的生存目的与价值定位将会做怎样的调整呢？用一句话回答，即解决精神贫瘠问题，也就是如何休闲。于是，"休闲"以及与之相关的领域便被提上研究日程。从研究层面上看，而今学者们早已突破了"休闲经济"等物化领域的研究，进入到"休闲文化"研究等深层领域。而所谓的"休闲文化"就是为人们诠释如何通过对自我人性的感悟，树立崭新的生存观和发展观，以适应经济压力消除后人类探寻自由的新目标。

（三）博物馆休闲文化的内涵解读

台湾德简书院的主持人王镇华曾对人为博物馆的专业研究提出三项要求，即配天的、创新的、备忘的，将博物馆文化与休闲文化相融合，探求休闲研究和博物馆研究之间的联系纽带，得出以下结论。

1．"配天"文化

所谓"配天"，是指捕捉时代潮流发展的新动向，将过滤、整理完毕的信息与博物馆的实际运作进行整合，从而演绎成一种将历史积淀与时代气息、世界文化与本土文化相结合而相对成熟的博物馆特色文化。"配天"文化"由艺入道"的特性与器物"道器并存"的性质相碰撞而产生的那种人世淳厚的天人生活，自古而今不断被人们诠释着。在休闲主流思潮涌动下的今天，如何将休闲文化纳入城市博物馆体系，这是我们思考的焦点问题。城市博物馆是一种非中性的文化载体，在文化建设中有着强烈的价值取向。参照国内外的经验，城市博物馆事实上在大众休闲文化中扮演着重要角色。不可否认，博物馆的历史性、文化性、艺术性、教育性是其他项目无法比拟的。城市博物馆若能切实根据自身文化基因的特点，同时顺应时代发展的需要，将其功能定位为陈列展示与休闲文化相结合，就能更好地结合娱乐性和休闲性，成为假日文化休闲的亮点窗口和休闲文化传播的有效载体。这种集文化展示与休闲娱乐于一体的新尝试，必将有助于构建新型城市化下的博物馆文化体系，并将大众休闲文化进一步根植于城市博物馆。

2．"创新"文化

"配天"文化与"创新"文化的区别在于：前者是万古常新、有变有常的；而后者的交替更替则是不可逆的。国际博物馆协会将娱乐作为现代博物馆的基本功能之一。城市博物馆的娱乐功能是经济社会发展的要求，是休闲社会对博物馆提出的重要要求，更是博物馆打破传统收藏展示文物、教育研究等功能的一种新的尝试。现代城市的观众有将参观博物馆视为娱乐活动的趋势，城市博物馆必须应对这种趋势，使其成为愉悦身心、陶冶情操的艺术殿堂。城市博物馆建设若能遵循"创新文化"的思路，勇于在传统功能系统中探索创新休闲文化，塑造更具娱乐功能的全方位的博物馆休闲文化体系，那么城市博物馆必须改变过去的单一面貌，呈现出顺应不同观众群体的兴趣爱好和审美情趣的各类展示活动，不断以内容、风格、形式的创新满足人们在新型城市化背景下的文化需求。如此"洋"未必胜"中"、简未必差繁，在多元化、立体式的中西休闲研究比较中，城市博物馆势必会迸发出熠熠光芒。

3."备忘"文化

如果不加以褒贬而论的话，所谓"备忘"指的就是展示与收藏。休闲社会呼唤更具体验功能的博物馆文化。除了深具临场感、增加真实体验外，详细的展品和展示介绍可以在观众参观博物馆短短 1~2 小时的时间内，让观众吸收更多的信息和知识，同时还可以为观众提供接触人群和社交活动的机会。不同的参观者带着不同的动机走入博物馆，他们的期待也各不相同：有人希望娱乐性、互动性、参与性高，强调"感性"的休闲体验；而高度参观的人们则希望能从博物馆中获取更多的新知，强调"知性"的休闲层次。在设计展览或规划方案时，要兼顾不同层次的参观者，提升博物馆休闲的品位。基于体验理念的博物馆展示设计，应当成为新时期博物馆展示设计的主流。同时，需要合理搭配富有艺术性的活动空间，满足观众的空间需求，创造一个优雅的博物馆文化休闲环境，激发人们对博物馆参观环境的艺术追求，唤醒主动利用博物馆文化的意识和热情。此外，伴随当前社会文物收藏热的兴起，博物馆应充分发挥传统功能，定期举办文物鉴赏活动及讲座，丰富公共的文化休闲生活，使观众既能通过展览大饱眼福，又可通过专题讲座获取相关文物知识，同时也可以吸引更多的公众关注博物馆、走进博物馆，从而进一步提高博物馆的知名度。

综上所述，促进城市博物馆与休闲文化的融合，构建博物馆休闲文化体系，需要更深远的思考、科学的规划和长期的推动，仅因迎合时代潮流的需要而进行粗浅的结合或片面的挂钩，则无法真正将休闲文化融入博物馆研究中，产生永续发展的效应。总之，城市博物馆的休闲文化建设期待更多的理论研究者与实践先行者的投入与奉献，一起打造"谁信门前车马隘，别是人间闲世界"的境界。

四、博物馆的休闲产业研究

"到 2015 年人类将走过'信息时代'的高峰期而进入'休闲时代'。"①美国未来学家格雷厄姆·莫利托曾在 1999 年对世界潮流发展做出如是预言。"休闲是从文化环境和物质环境的外在压力中解放出来的相对自由的生活。"②休闲对促进人的全面发展具有重要意义,它超越了物质需求的层面,从个体的精神需求出发实践人文关怀。同时,休闲是不被社会必要劳动吸收的时间,是反映国家生产力水平高低的标志,也是衡量社会文明的尺度。随着休闲理念逐渐被人们接受,休闲产业也成为一个十分具有发展前景的新兴产业。

本部分在对城市博物馆休闲产业崛起进行回顾总结基础上,对博物馆休闲产业资源优势进行分析研究,剖析城市博物馆休闲产业的主要特点,提出城市博物馆休闲产业建设的发展趋势及其理论设想、实践思路,为现代城市塑造国际形象和新的经济增长点提供重要参考。

(一)博物馆休闲产业的崛起

休闲产业是指与人的休闲生活、休闲行为、休闲需求(物质的与精神的)密切相关的产业领域,特别是以旅游业、娱乐业、服务业为龙头形成的经济形态和产业系统,已成为国家经济发展极为重要的支柱产业。休闲产业一般涉及国家公园、博物馆、体育(运动项目、设施、设备、维修等)、影视、交通、旅行社、导游、纪念品、餐饮业、社区服务以及由此连带的产业群。③

美国《未来学家》杂志曾撰文说:随着知识经济时代的来临,未来的社会将以史无前例的速度发生变化。也许 10～15 年后,发达国家将进入"休闲时代",发展中国家将紧随其后。休闲、娱乐和旅游业将成为下一个经济大潮,席卷世界。近年来,发达国家的休闲产业进入高速发展的新时期。美国用于休闲的支出已经超过 10000 亿美元,大约占全部消费支出的 1/3。在这种靠消费驱动的经济模式中,休闲已成为美国第一位的经济活动。据美国宾夕法尼亚州立大学著名的休闲研究教授杰弗瑞·戈比预测,人们的休闲概念将会发生本质的变

---

① 格雷厄姆·莫利托.全球经济将出现五大浪潮[M].黄明坚译,经济学家,1999.

② 杰弗瑞·戈比.你生命中的休闲[M].康筝译.昆明:云南人民出版社,2000.

③ 马惠娣,王国政.休闲产业将是我国新的经济增长点[J].科技日报,2000-07-14.

化,在经济产业结构中,休闲产业的从业人员将占整个社会劳动力的80%～85%,休闲服务将从标准化和集中化转向个性化服务。

随着人的消费结构中对物质的消费量的递减,休闲的"文化"需求将越来越普遍化。不可否认,文化产业的兴起是休闲产业未来走向的重要趋势之一。大众文化消费于20世纪初首先在欧美国家普遍流行,至今已蔓延全世界。大众文化是以大众化生产、大众化传播、大众化消费的形态出现的一种新的人类生活方式。法兰克福学派的定义是"现代都市工业社会或大众消费社会的特殊文化类型,是通过现代化的大众传媒所承载、传递的文化产品。从外延上讲……它们是现代印刷媒介等所承载,如大众社会流行的广告、流行音乐、流行舞蹈、电视、娱乐性电影、消闲报刊、书籍等等"①。

我国的文化产业与发达国家相比起步较晚,但在经济全球化的影响下,文化产业已逐渐从经济边缘向中心靠拢。中共十七届六中全会做出了"推动文化产业成为国民经济支柱性产业"的战略性部署,这一举措更是将文化产业置于新的战略高度。作为冻结历史的文化机构和场所,城市博物馆是展示人类文明进程、传承历史文化的重要载体,因而成为文化产业发展的重要资源。关于博物馆的展示和服务,国家职能部门颁布实施的《博物馆管理办法》明确规定,"鼓励博物馆研发相关文化产品,传播科学文化知识,开展专业培训、科技成果转让等形式的有偿服务活动"。更重要的是,观众需求是城市博物馆发展和社会影响的支撑,观众对博物馆休闲、娱乐、文化功能的需求势必要求博物馆提供除展览物藏品以外的更多"产品",要求博物馆人应当从更高层的立意、更丰富的内涵、更广泛的形式来重新审视和理解博物馆的基本功能,把"管理"的思维转换成"营销"的思维,把以文物、藏品为本的理念转化为以人为本、以观众为本的理念。因此,在大众休闲时代,城市博物馆利用自身丰富的文化艺术资源来发展具有博物馆特色的文化休闲产业,已经成为博物馆发展的现实要求和必然趋势。

(二)博物馆休闲产业的主要特点

1.文化性的特点

博物馆文化休闲产业区别于生产物质产品的行业,旨在提供和满足人们精神需求方面的产品和服务。博物馆文化休闲产品凝聚着传统历史文化的信息

---

① 欧力同,张伟.法兰克福学派研究[M].重庆:重庆出版社,1993.

和创造者的评述感受。虽然它需要依附物质载体,但人们消费的不是其物质外壳,而是其内在信息。人们通过对博物馆文化休闲产品和服务的享受,满足了自身精神需求和休闲需要,同时也提升了自身知识水平和文化素养。由于人们消费的是博物馆文化休闲产品的内涵和信息,因此博物馆文化休闲产品信息的复制、传播等产业化运作,其目的也是让更多的人了解其中的文化价值。

2.多样性的特点

博物馆文化休闲产业底蕴深厚,形式多样,外延丰富,涉及行业众多,产业的辐射力和渗透力强,与博物馆传承文化的博大精深一脉相承。博物馆可根据各自的文化基础,透过藏品和展览展示,发展形式多样的文化休闲产业,并形成可以彼此互动的产业链。博物馆文化休闲产业链不仅包括博物馆藏品的收集、展览的设计,还包括博物馆文化商品的生产、再生产和营销等环节,提供延续博物馆展览展示内容的互动参与项目和服务,进一步挖掘博物馆文化的内涵。

3.原创性的特点

博物馆文化休闲产业是围绕博物馆文化产品和服务形成的产业集合体系。因此,博物馆文化休闲产品的"原创性"是博物馆文化产业发展的根本与灵魂。博物馆藏品具有文化和审美上的独创性,而藏品的陈列展览、有关藏品的研究论文及考察记录反映了特定社会和历史阶段的状况和特征,是博物馆工作人员的创造性劳动产物。这些产品是一切博物馆文化休闲产业活动的源头。

4.专业复合型的特点

博物馆文化休闲产业是关联性极强的产业门类。随着大众旅游的兴起,博物馆既可以与专业旅游企业共同开发独具特色的博物馆旅游项目,也可以进入社会教育体系,与教育、劳动部门合作,开展各种涉及人文、自然、科技、工业等领域的博物馆教育服务项目。博物馆的文化休闲产业链可以实现链条内与外的合作,具有专业复合型的特点。

5.社会效益最大化特点

博物馆的文化产品蕴涵着人类共同价值,因此要保持博物馆文化休闲产品和服务的公益性,不能单纯地将博物馆文物的收藏维护、陈列展示、考察研究等方面的工作推向市场。但博物馆藏品可以分为实物和信息两个部分,藏品本体虽然不能进入市场进行产业化运作,但藏品蕴涵的信息是可以被开发的。因此,在文化休闲产业兴起的时代背景下,博物馆在遵循公益性的前提下,将产业理念引入博物馆的运营中,通过投入资金、人员、设施等资源,征集、收藏、维护文物,并将文物进行展览设计,提供文物展览、参观服务等一系列满足人们精神需要的文化产品,追求社会效益最大化。

(三)博物馆休闲产业的发展措施

1. 不断创新博物馆经营管理理念

首先要明确博物馆是以公益文化性质为主体,进行科研、教育和文化传播的场所,牢固树立博物馆服务社会、服务人民的思想核心。文化休闲产业的发展要围绕着这一核心进行。同时,要不断创新经营管理理念,把发展博物馆文化休闲产业视为博物馆社会教育、文化服务功能的拓展和延伸,视为体现高雅文化内涵、张扬博物馆人文情怀的特色文化活动。博物馆休闲产业的经营管理应兼顾经济效益、社会效益、文化效益,激活博物馆各种发展潜能,在处理经济和文化、社会的关系上要慎之又慎,切不可舍本逐末。

2. 建立产业多元化开发和宣传平台

首先,博物馆文化休闲产业开发模式要从原来的部门单一开发模式向跨行业、跨部门合作开发模式转变,从而提高文化休闲产品开发效率,有效降低产品开发成本,使之更加符合市场经济的发展规律。其次,博物馆文化休闲产品开发的种类由原来的以旅游纪念品为主,向非遗演出、名家讲堂、文物咨询等文化多元化产品转变,从而丰富文化休闲产业发展空间,拓展文化休闲产品服务功能。最后,博物馆文化休闲产业宣传要运用现有多种宣传平台和宣传方式对博物馆这一特殊公共文化机构进行全方位宣传,特别要通过网络技术让广大人民群众更好地了解和认识博物馆,更多走进博物馆,从而有效带动博物馆文化休闲产业的和谐发展。

3. 加强特色文化休闲产品开发和创新

文物藏品是博物馆的基础,藏品数量和质量决定了博物馆的地位和影响。博物馆的藏品创新,是发展文化休闲产业的文化宝库和艺术源泉,也是吸引游客和开发各种旅游纪念品的重要基础。博物馆拥有对文化藏品的开发权,也有着文化产品加工和开发的先天性条件。要在深刻理解和把握博物馆馆藏资源和特色的基础上,围绕陈列展览和藏品开发博物馆的特色馆藏资源,形成科学严谨的自我产品开发流程、产品监制准入制度和产品入场管理制度,对特色藏品进行深入发掘,选择合适的载体,并提炼其文化艺术内涵,激发公众的消费兴趣,促进博物馆文化品位的提升。

4.加强博物馆高端专业人才队伍建设

文化产业是凝聚着高文化、高品位、高素质和高科技的综合产业,对管理和经营人员的综合素质的要求非常高。面对新的形势,在人事管理方面,博物馆要选拔一些年富力强、德才兼备,且善于经营和管理的人才担任博物馆文化休闲产业经营管理工作,以此培养一批高素质、专业化的高端人才,增强博物馆的活力,推动博物馆事业创新,建立起与中国特色社会主义市场经济相适应的博物馆文化产业发展体制和经营机制。

5.开发博物馆文化休闲产业品牌资源

由于博物馆在社会中具有崇高的文化地位和影响,开发带有博物馆标志或具有代表性的品牌资源,无疑会满足游客的纪念心理而受到欢迎,从而促进产品销售。首先,要认识到知名度对发展文化休闲产业的意义,有效开发和宣传带有博物馆场馆、馆标形象的品牌包装和设计,重点开发博物馆 LOGO 应用体系,提升博物馆的社会知名度和影响力。其次,要注重博物馆文化休闲产品专利设计的申请,加强法律意识,保护博物馆文化休闲专利产品的使用权利。最后,要加强博物馆和社会各界的有效沟通和交流,积极争取社会、企业集团对博物馆文化产业发展的支持和投资合作,同时为社会提供具有品牌价值的风向性指数,使博物馆成为国内相关文化产品的商业推广和展示平台,最大限度地挖掘博物馆的文化创意品牌的价值。

五、博物馆的数字休闲研究

数字化为人类的生活创造了无限可能,也将为休闲时代创造无限的发展空间。世界著名的未来学家托夫勒曾断言:"人们就要向一个惊人的娱乐专业化时代前进——这个专业化很大程度上是以高度发达的技术为基础的。"[①]这种高度技术化的闲暇方式包括全息摄影、意向控制、交互电视、立体电影、计算机游戏等。种种迹象表明,数字化为休闲事业的发展打下了基础,并提供了更新更广的舞台,而休闲事业的发展反过来又对数字化提出了更高的要求,进而推动数字技术的发展,加速数字化的进程。

本节通过对数字休闲兴起的背景及内容综述,提出博物馆数字休闲建设的

---

① 阿尔温·托夫勒.未来的震荡[M].任小明译,成都:四川人民出版社,1985。

实践设想,包括建设博物馆数字休闲陈展系统、开发博物馆数字休闲服务系统、建立博物馆数字休闲管理系统、发展博物馆数字休闲娱乐产业等,有助于利用数字化技术推进连接休闲需求和休闲服务的现代化博物馆休闲事业的发展。

(一)数字休闲概述

1.数字休闲发展的背景

随着数字化进程的加快,繁重的体力劳动大大减轻,生产效率不断提高,人们的工作时间和闲暇时间的比例发生了显著的变化。有资料表明,在一些发达国家中,这种时间比例出现了"历史性的倒转"——闲暇时间超过了工作时间。而且随着高新技术渗透到生活领域,家庭电气化和家务劳动的自动化,使人们花在家务、交通等方面的时间进一步减少,从而出现闲暇时间进一步增多的趋势。闲暇时间正在越来越多的国家中增长,并与 GNP 的增长形成正比。对此,托夫勒在《第三次浪潮》中预言,进入"第三次浪潮"社会后,人们每周工作时间将缩短到 25 小时。到那时,无论是发达国家还是发展中国家,闲暇时间都将增多将是人们生活中感受到的最大的变化。

信息革命为人类提供了创造财富和持续发展的能力和手段,不仅使经济有了大幅度的增长,国民收入有了显著的提高,而且大大改变了人们的生活方式。当人们的收入达到一定水平后,人们可能会更多选择休息与娱乐,工作时间反而随工资率的上升而下降。另外,恩格尔也认为,随着收入水平的上升,人们用于吃、穿、住等生活必需品支出在总支出中的比重基本保持不变或有所下降,而用于娱乐、休闲、教育、旅游和非必须奢侈品上的支出的比重呈较快的上升趋势。此外,根据马斯洛的需求层次理论,人们的需求具有从低层次的生理需求到高层次的精神需求上升的特性,一旦温饱问题解决,人们就会对生活质量提出更高的要求。因此,随着闲暇时间增多、经济增长、收入提高,人们将有更多的时间和更充沛的精力去享受各类丰富多彩的休闲生活,进而推动休闲事业的大发展。

2.数字休闲的主要内容

发展休闲事业必须改变现有传统经营模式,大力开展行业数字化建设,才能使之更加健康、快速的发展。数字休闲的操作过程是:应用现代信息和通信技术,将休闲管理、休闲服务和休闲需求通过网络技术进行集成,全方位地向休闲事业发展提供超越时间、空间与部门分隔限制的优质、规范、便捷和符合国际惯例的管理和服务。数字休闲的内容主要包括休闲电子商务系统、休闲资源与地理信息系统、休闲信息系统、休闲服务系统、休闲管理系统、休闲保障系统、交通管理系统等,其核心是电子商务、电子政务和客户服务。数字休闲的主要技术手段包括软件技术、互联网技术和无线通信技术等。上述资源在目前的信息化时代中都已具备并在不断完善过程中,如果能将数字技术顺利运用至各类休闲事业中,那么数字休闲建设就具有了较大的可行性,而不再是流于空中楼阁式的幻想。例如,数字休闲的发展可以实现以下服务:应用 RS 和 GPS 技术了解近期有关旅游线路客流情况和线路的选择;用网络技术和电子购物技术订购机、车、船票和订购住宿房间,为旅游、观光、休闲、度假提供更多更好的服务,等等。

综上所述,数字休闲是指采用数字技术为旅游、娱乐、服务等休闲形态和系统提供信息整合平台而形成的新型休闲手段,其外延涵盖与人们休闲生活、休闲行为、休闲需求(物质的与精神的)密切相关的各个领域。数字休闲一般涉及国家公园、博物馆、体育(包括运动项目及运动设施、设备、维修等)、影视、交通、旅行、餐饮业、社区服务等行业以及由此连带的产业群。

(二)博物馆数字休闲开发设想

1.建设博物馆数字休闲陈展系统

长期以来,博物馆的展览方式沿用以时间为主线贯穿人类文明与文化的历史性展览思路,基于传统理念的设计造成同行业内各博物馆展示内容和形式的雷同。在信息化社会背景下博物馆要实现可持续发展,势必要转变固有的博物馆展示设计理念,利用高科技的声、光、电等设施,以虚实结合的手段展示历史与文化,重点关注观众在展示中的参与程度和体验感受。第一,开发多媒体、声光效果的陈展系统。利用计算机网络、多媒体、光电控制、机电一体化等技术,为观众提供多元感官的刺激。此外,展览也要精心融入音乐和视频效果,如在旅游展览中播放海洋背景音乐和风光片,在古文明艺术特展中播放古代音乐和动画等,让观众有身临其境的感觉。第二,设计可触碰、具有操控体验感的陈展系统。越来越多的博物馆强调实物操作,尤其是科学馆、工艺馆、海洋馆应用较多的实操设备,让观众在参观时加强印象,并且提升科学知识水平。此外,有的博物馆还利用虚拟现实技术,让观众在虚拟仿真过程中,体验艺术品或工艺品创作的乐趣。第三,开设数字化的导览服务系统。对于现代化博物馆,导览的安排越来越重要。解说清楚、亲切的导览服务对于参观博物馆有加分的效果。通过大屏幕、触摸屏、移动解说机等数字媒体,辅助导览手册的使用或配合讲解员语音导览都能提高观众对展品的了解。特别是对于大型的博物馆或展览,电子地图、网络查询还能防止用户在参观中迷失方向,并能引导观众方便到达自己感兴趣的展区或展台。另外,观众有任何问题也都可以通过馆内电脑进行快捷查询。

2. 开发博物馆数字休闲服务系统

如杰弗瑞·戈比所言:"休闲服务组织必将以信息为第一驱动力。在多数情况下,它们将为客户、顾客或公众提供有关休闲活动机会的信息,而并非机会本身。"①利用数字化的技术手段和展示方式,为观众提供教育、娱乐、社会活动等方面的休闲服务是数字休闲建设的重要内容。加速博物馆文化休闲事业发展,其必要条件之一是开发博物馆休闲信息网络,实现休闲系统的即时性、公共性和可操作性。博物馆休闲信息网满足了游客多样化、信息全方位的咨询服务要求。它通过 GIS 地理信息系统和 B2C 电子商务平台,将客流、交通、住宿、餐饮等信息资源汇聚到一个平台上,实现了强大的信息资源整合。这使观众能更方便、快捷地获取所需信息,实现其个性化休闲娱乐的愿望。博物馆休闲信息网内容具体包括博物馆及景区风光与人文介绍、地理与交通信息、餐饮与住宿信息、商圈电子商务平台等;其信息载体范围覆盖互联网、移动通讯网、有限电视网、交通广播、车载电视、户外电子广告等,观众能通过多样化的渠道随时随地获得信息服务。

如图 2 所示,各类信息提供商借助 GIS 地理信息系统和电子商务平台,利用互联网和移动通信网等媒介,向博物馆观众提供各类便捷的信息服务。

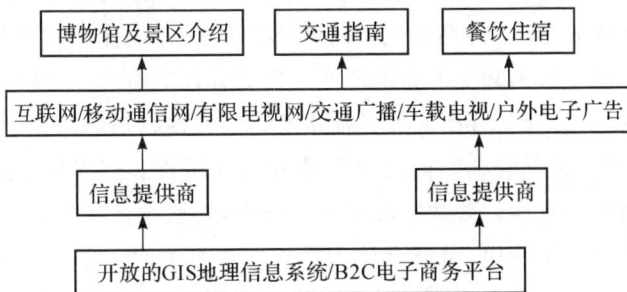

图 2　博物馆休闲信息网络系统

---

① 杰弗瑞·戈比. 21 世纪的休闲与休闲服务[M]. 张春波,等译,昆明:云南人民出版社,2000.

3.建立博物馆数字休闲管理系统

加强博物馆、纪念馆、名人故居、展览馆、文化广场等场馆的数字化建设,还可以凭借网络管理和办公自动化系统,提高馆舍的工作效率和安全性能。博物馆数字化建设离不开信息管理系统的开发与应用,一个高效的信息管理系统不仅能让博物馆快捷、有效地开展展品出入库管理、展览布展、设备管理等方面工作,还能降低人力和管理成本,同时还使得博物馆能够集中精力为观众提供精品主题展览和各类休闲服务。博物馆数字休闲管理系统主要采用 B/S 网络服务体系,利用动态网络编程语言 ASP/JSP 和 Access/SQL Sever 关系数据库等开发工具,研发具有展品管理、新闻发布、员工管理、数字布展等功能模块的系统软件,在博物馆内局域网中运行,并保留一定的接口为外网的观众提供相关的查询与检索服务。

4.发展博物馆数字休闲娱乐产业

以杭州为例,日前杭州已具备了建设动漫产业基地和举办国际动漫节的资源优势,这为发展杭州及周边博物馆的数字休闲娱乐产业提供了基础与平台。推出具有休闲特色的动漫、网络游戏、数字电视等文化产品,打造博物馆数字休闲娱乐产业的品牌项目。数字休闲娱乐产业具有精神享受和物质转化的特点,前者主要表现为观众对于博物馆的文化休闲体验;而后者则致力于开发品牌效应和经营衍生产品。建设与完善博物馆数字休闲娱乐产业,将会带动软件开发、教育出版、动漫及周边产业等相关经济的发展,实现产业集聚、孵化、辐射、研发、交流及合作等具有博物馆文化休闲特色的数字休闲娱乐产业多功能化,进而把博物馆数字休闲娱乐产业塑造成为杭州经济的支柱产业和新的经济增长点。

在信息时代发展国际化的休闲产业,"东方休闲之都"——杭州既把握了时代赋予的机遇,又选择了直面挑战。杭州及其周边博物馆作为城市文化的重要承载者和体现者,蕴涵着丰富的文化资源和人文精神。探索集展示系统、互动平台和管理系统为一体的博物馆数字休闲建设,对通过信息化方式进行有效文化普及发挥着主渠道作用,对城市休闲数字化发展亦具有先导功能,有助于进一步打造连接休闲需求和休闲服务的现代化博物馆休闲事业,并为塑造杭州的现代城市形象和新的经济增长点提供历史机遇。

六、城市博物馆休闲建设案例——以杭州西湖博物馆为例

杭州西湖博物馆位于西湖南线景区,成立于 2005 年 10 月,作为中国第一座湖泊类专题博物馆,在功能定位上集陈列展示中心、游客服务中心、西湖文献收藏中心和西湖学研究中心于一体,力求打造集中展示与传播西湖文化的综合性文化中心。作为西湖休闲文化圈的重要组成部分,西湖博物馆被赋予旅游景点和文化休闲场所双重身份,在展现西湖历史变迁与文化精髓的同时,积极拓展教育休闲、休闲文化、休闲产业、数字休闲等博物馆休闲功能,丰富了人们的文化休闲生活,亦适应了社会休闲事业发展的新要求。

本部分将杭州西湖博物馆的建成和运营作为典型个案进行研究,通过以 120 位博物馆游客为样本的调查研究和结果分析,研究以教育休闲、休闲文化、休闲产业、数字休闲等形式存在的博物馆休闲功能,透视博物馆突破传统博物馆固有模式而将休闲功能加以凸显的特殊内涵,进而为西湖博物馆的休闲定位与建设提供对策性建议,打造博物馆休闲建设的实践载体与典范。

(一)"西湖博物馆与人们休闲生活"主题调研

1.主题调研综述

在新的时代背景下,人们的休闲方式已不再仅仅是看电视、游戏、旅游、体育活动等,也包含对艺术修养、审美情趣、科学文化方面的追求与升华。因此,博物馆越来越成为人们休闲生活的重要选择。

在国外,博物馆学界早已提出博物馆应当具有供人欣赏休闲娱乐的功能。在许多世界著名国际中心城市,如巴黎、伦敦等,博物馆都是当地接待海内外旅游者最多、最受旅游者青睐的佳地。譬如法国有 1000 多家博物馆,几乎每个城市都有一家或几家博物馆,每年参观博物馆的人数多达几千万;而英国有 2500 多家博物馆,每年的观众人数超过 1.2 亿人次。[①] 在我国,自从实行双休日之后,参观博物馆的人数开始增多,但统计数据也显示了两个问题:其一是与国外的数据比较,日均参观的次数明显少于国外;其二是假日参观的人数远远高于

---

① "国博改建,博物馆如何人见人爱?"[EB/OL].(2004-10-01).www.people.com.cn.

平时参观的人数。在我国,与酒吧、电影院这些休闲方式相比,博物馆在人们的心目中还未成为主要的休闲方式之一。究其原因,博物馆在休闲娱乐功能方面的不足则是造成此现象的主要原因。参照国外的经验,博物馆事实上在大众休闲文化生活中扮演着重要角色。博物馆的历史性、文化性、艺术性、教育性是其他项目无法比拟的,如果能够很好地结合娱乐性和休闲性,博物馆可能成为假日休闲的亮点。

西湖博物馆在这方面做了积极尝试和创新。博物馆在设计上另辟蹊径,匠心独运,符合现代人的休闲理念。首先,在建筑设计上以庭院式玻璃房为主,中西结合。博物馆上分为地上和地下两大部分,地上层除了展厅、管理房、研究中心外还有旅游服务部、休闲茶座等。其次,在陈列展示方式上引入声、光、电等多种高科技,结合沙盘、展品、文字、模型、场景、音像等多元化展示手法,突破了传统博物馆凝重、重复的展陈色调和封闭、单一的展陈手段,动静相宜、亦真亦幻地向游客全方位展示西湖文化的汇聚作用和辐射效应。最后,在功能定位上超越了传统博物馆的固有模式而将陈列展示与休闲文化相结合,呈现出休闲教育功能、休闲文化功能、休闲产业等多元化的休闲功能序列。西湖博物馆既是展示西湖的窗口,又是旅游景点和文化休闲场所。

为进一步推进博物馆的休闲研究,我们以"西湖博物馆与人们的休闲生活"为主题展开了社会调查,以随机抽取的120位西湖博物馆游客为样本,对游客的年龄、学历、性别等变量进行描述,对参观博物馆的目的、兴趣点、满意度等方面进行测量,并结合调研结果研究讨论"西湖博物馆与人们的休闲生活"的相关主题。知微显著,本次调研旨在为西湖博物馆的休闲建设提供相关建议,以期进一步挖掘、解读和发扬博物馆休闲内涵,努力将西湖博物馆打造成为公共休闲文化设施的典范。

2.主题调研的资料与方法

(1)关于问卷

经过资料研究、实地访问,制定了如下调查内容:

A.调查对象的具体情况;

B.关于西湖博物馆的情况;

C.关于休闲文化的情况;

D.关于休闲的开放式问题。

(2)抽样方案

A.界定总体:调查确立西湖博物馆的游客为总体对象;

B.制定抽样框:对博物馆进出游客的观察,确定游客在年龄、性别等主要变量上的人数比例;

C.由于是小样本调查(120 人),根据观察判断抽样。

(3)实际调查阶段

围绕"西湖博物馆与人们的休闲生活"研究主题,进行了一次问卷调查,并开展了相应的结构式访问。

(4)数据录入及整理

全部数据由技术人员编码、录入,本次调查采用社会科学统计包(SPSS 12.0)为调查研究的工具,数据的汇编、处理均由此完成。

3.调查统计资料的展开与成果分析

(1)调查对象的基本情况

表 1 显示本次调查样本的性别结构为:男性 56 人,占总数的 46.7％;女性 64 人,占总数的 53.3％。与日常观察基本一致,参观博物馆的女性略多于男性。

表 1　参观博物馆观众性别比例

性　别	人　数	占比/％
男	56	46.7
女	64	53.3

表 2 显示年龄分布呈现不规则分布,中年人相对较少,青年人有一部分,年龄在 50 岁以上的人则占了相当比例。这一分布一方面可能和工作日有关系,中年人一般都有工作,在工作日很少会抽出时间来博物馆;另一方面也和人口老龄化背景有关,据调查,杭州市的人口老龄化速度较快。1990 年,65 岁及以上人口占总人口的比重为 6.79％,到 2004 年已提高到 10.87％,到 2011 年已提高到 17.53％。老人的休闲文化相对单一,而西湖博物馆提供的舒适环境对于这一群体非常具有吸引力。

表 2　参观博物馆观众的年龄比例

年　龄	人　数	占比/％
21～30 岁	24	20.0
31～40 岁	8	6.7
41～50 岁	4	3.3
51～60 岁	28	23.3
60 岁以上	64	46.7

(注:鉴于对调查对象的要求,没有将 10 岁以下的儿童纳入调查范围,这一人群根据观察占了 1％～3％)

表 3 显示男女性别在年龄层次上无显著性的差异，男女在休闲方面要求趋于一致。

表 3　观众性别在不同年龄层次上的分布

性　别	年　龄					总　计
	21～30 岁	31～40 岁	41～50 岁	51～60 岁	60 岁以上	
男	12	4	4	4	32	56
女	12	4	0	24	24	64

表 4 显示从文化程度的样本分布来看，样本的文化程度分布主要集中在中等学历，这一比例占到了总数的 56.6%，而小学程度的样本也占到 10%，大专及以上学历达 1/3。

表 4　观众样本文化程度分布

文化程度	人　数	占比/%
小　学	12	10.0
初　中	40	33.3
高中或中专	28	23.3
本科或大专	32	26.7
本科以上	8	6.7

文化程度这样分布和小样本抽样有关，也和年龄有关。如果我们对年龄进行分层，我们可以看到文化程度和年龄的相关性，即文化程度和年龄呈现负相关，相关系数为 -0.465，双尾检验成立（见表 5）。

表 5　观众学历在不同年龄层次上的分布

文化程度	年　龄				总　计
	21～30 岁	31～40 岁	41～50 岁	60 岁及以上	
小　学	0	0	0	12	12
初　中	0	4	16	20	40
高中或中专	8	4	8	8	28
本科或大专	8	0	8	16	32
本科以上	8	0	0	0	8
总　计	24	8	32	64	120

表6显示,职业的分布除去离、退休人员(63.3%),剩下的职业分布较为分散,工人、农民、学生、个体工商户等均有涉及,说明博物馆的受众面还是比较广泛的。

表6　观众样本职业分布情况

职　业	人　数	占比/%
工　人	8	6.7
农　民	4	3.3
学　生	12	10.0
艺术、体育工作者	4	3.3
个体工商户、私营企业户	12	10.0
待业、无业人员	4	3.3
离、退休人员	76	63.3

表7显示,西湖博物馆的本地游客占了2/3,而外地游客则占了1/3,杭州一直以来是著名的旅游城市,每年的游客数以千万计,而绝大多数是被西湖吸引而来的。西湖博物馆作为西湖文化的载体,越来越被游客认为是领略西湖文化的上好选择。在实际的调查过程中,我们经常看到外地游客在旅游团的组织带领下游览西湖博物馆。

表7　杭州本地居民和外地游客分布

本地居民	人　数	占比/%
是	80	66.7
否	40	33.3
很　少	4	3.3

现代社会里,产业革命极大地推动了生产力的发展,新技术的大量应用,使人们的工作、生活强度下降,工作时间缩短,这也就意味着人们拥有更多的时间去休闲。物质需求已基本得到满足的人们更加渴望文化精神消费与追求,于是休闲便登上了人们的生活舞台。从上表可以看出,相应地拥有空闲时间的人较多,认为比较少和很少只占了20%。但需要说明的是这和调查对象的职业分布(年龄因素)有一定的关系,从附表中我们可以看到主要是离退休人员拥有了大量的时间,另外拥有一定社会物资的人也会把更多的时间放在休闲上。总体上

来讲,人们的生活会随着生产技术的提高而变得相对空闲起来,休闲的内容也成为人们关注的焦点。

空闲时间这样的分布和小样本抽样有关,也和职业有关。如果我们对职业进行分析,我们可以看到空闲时间和职业的相关性,即空闲时间和职业呈现负相关,sig 为 0.33,小于 0.5,双尾检验成立。我们运用 SPSS 的技术对多项选择进行了处理,结果显示调查人员主要的活动集中在去风景区(19.5%)、体育锻炼(16.9%)、看电视(16.9%)、看书看报(16.1%),而与博物馆有联系的选项参加人数达到 44 人次,占 9.3%。西湖博物馆的措施正是将人们的主要休闲爱好有机地结合起来。比如西湖博物馆临近西湖,和风景区融为一体,满足了人们去风景区的要求,且开设了一个图书阅览专区,专供游客查阅有关西湖的各类文献资料,满足了人们通过读书增长见识的要求。此外,博物馆又在馆内安置了多媒体设备,通过电视、触摸屏之类形象直观的形式展示了西湖的人文历史(见表 8)。

表 8 空闲的时间安排情况(多选题)

项 目	选择数/人	占比/%
看书、看报	76	16.1
上 网	28	5.9
看电视	80	16.9
去风景区	72	19.5
逛街、商店	20	4.2
茶室、咖啡厅	36	7.6
看电影等文艺表演	4	0.8
体育锻炼	80	16.9
图书馆、博物馆等公共设施	44	9.3
其 他	12	2.5
总 计	472	100.0

对于双休日是否选择出游,调查的对象的回答并不是一致的,且在每项回答上分布较为均匀。如果考虑到我们选择调查的对象样本小,且老年人占有一定比例,可以按年龄因素对这一题目进行分层研究。附表可以看到除了年龄在21～30 岁这一层次,且实际上除职业身份是学生的主体感到双休日不会经常选

择外出外,其他年龄层次回答分布是比较分散的,比如老年人虽然空闲的时间比较多,但考虑到周末人比较拥挤,或是自身身体因素,周末是否选择外出还是因人而异的(见表9)。

表9　年龄与双休日外出关系

双休日会经常选择外出活动吗?	年　龄				总　计
	21～30 岁	31～40 岁	41～50 岁	60 岁及以上	
经　常	4	4	8	20	36
比较多	4	4	8	12	28
很　少	16	0	8	12	36
几乎没有	0	0	8	12	20
总　计	24	8	32	56	120

4.调查对象与西湖博物馆的休闲方式

我们搜索"西湖博物馆",可以发现 25700 条相关信息。西湖博物馆从筹建起,就吸引了各大媒体的关注,特别是开馆以后举办了许多深受百姓好评的展览,如"相约西子湖"作品展、黄宾虹纪念系列展览、伍公山景区与阮公祠景区的整治规划方案公示、杭州灵隐景区整治方案公示等。媒体宣传是引导,百姓口碑是纽带,西湖博物馆已然深深植根于西湖文化之中(见表10)。

表10　知道西湖博物馆的途径

知道的途径	人　数	占比/%
自己偶遇	4	3.3
他人介绍	44	36.7
媒体宣传	72	60.0

调查对象中绝大多数的人选择了经常到西湖放松心情,占了总体的80%,这一方面和我们调查的对象有关,另一方面也说明了风景如画的西湖确实是一处休闲娱乐、放松心情的佳地。尤其是近几年,杭州市政府对西湖沿线的改造卓有成效,不仅使景点变得漂亮了,而且通过免除多数景点的门票,使得西湖变得更为平民化了,游览西湖成了老百姓日常生活中不可或缺的组成部分(见表11)。

表 11　到西湖放松心情的频率

感受程度	人　数	占比/%
经　常	96	80.0
一　般	12	10.0
很　少	4	3.3
几乎没有	8	6.7
总　计	120	100.0

表 12 显示,选择参观西湖博物馆的方式不尽相同,呈现多样化趋势。我们在馆内实地考察所发现的情况与此相吻合,即参观者或是独自一人,或是结伴而行,抑或是随着旅游团队而来。

表 12　选择参观西湖博物馆的方式

方　式	人　数	占比/%
独自一人	48	40.0
和家人	44	36.7
和同学	8	6.7
和朋友	5	16.7
总　计	120	100.0

表 13 显示,选择任何时候来的人数有 68 人,占了 56.7%;强调只在平时来的人只有 8 人,占了 6.7%;而强调只在周末到馆的人有 44 人,占了 36.7%。

表 13　选择参观西湖博物馆的时间

选择时段	人　数	占比/%
平　时	8	6.7
周　末	44	36.7
任何时候	68	56.7

表 14　参观西湖博物馆的次数

第几次	人　数	占比/％
第一次	64	46.7
第二次	32	26.7
第三次	12	10.0
第四次	4	3.3
五次以上	16	13.3

表 14 显示,在调查对象中,第一次来的有 56 人,占了 46.7％;第二次以上的有 64 人,占了 53.3％。在实际调查中,经常会遇到一些老人,他们非常喜欢西湖博物馆,了解的西湖的知识也丰富,来的次数自然就多,比如在这次调查中 5 次以上的人有 16 人,这在 120 人的小样本中,比例是比较大的。这说明西湖博物馆已经形成了固定的游客群,他们对博物馆产生了一定归属感,认同杭州的文化和西湖的历史,这对西湖博物馆的发展是颇有裨益的。而附表的数据表示下次还来的人有 86.7％之多,这对西湖博物馆的发展无疑起到了积极的推动作用。

西湖博物馆展区主要有四个方面:其一,西湖的山水地貌、生态环境、新旧十景、名胜园林等,观众可看到古代西湖全景图、古代西湖名园图、现今新西湖全景航拍图等;其二,西湖有关的历史人文内容,包括西湖佛教文化名人留痕与遗迹、文艺佳话、西湖节俗、诗词楹联、西湖文选等,以及雷峰塔遗址出土的经卷与舍利、五代金涂塔等一批珍贵文物;其三,西湖历史上各类舫船模型,包括古代的独木小舟、五代和南宋民间用的瓜皮小船、皇帝御用的龙舟画舫等;其四,西湖在国内外产生的影响和效应,包括西湖风景名胜的作用、西湖风物特产的丰盛、以西湖命名的盛事、西湖文化的瑰宝和魅力。

在实际调查中,我们发现人们均对上述展品表现出了喜爱之情,认为西湖博物馆能够综合运用展品、文字、模型、场景、音像等手段,运用先进的技术,同时又能从西湖的历史、地质、自然、人文、物产、民俗等全方位地展现西湖的历史文化内涵,给人以印象深刻。比如,人们对表现西湖风光和各处美景的西湖沙盘、美不胜收的西湖十景、为西湖做出贡献的十大名人都评价甚高(见表 15)。

表 15　对西湖博物馆展览印象深刻的项目(多选题)

展　品	选择数/人	占比/%
沙　盘	48	17.1
四季桥	20	7.1
西湖形成	8	2.9
生态树	36	12.9
西湖十景	36	12.9
西湖十大名人	40	14.3
西湖文化	32	11.4
西湖传说	24	8.6
西湖保护	28	10.0
西湖特产	4	1.4
西湖影响	4	1.4
总　计	280	100.0

　　西湖博物馆不仅重视展品的设置,而且非常注重每一个服务环节。比如在展厅的入口有专人负责咨询、讲解;在展厅四处放置触摸屏,让游客能更直观地了解西湖;在展厅的角落放置了手机充电器,从细节上为游客提供个性服务。而能够使人身临其境感受随波荡漾的西湖之神韵的立体与环幕电影更是受到了游客的青睐,不少友人专程赶往西湖博物馆仅为一睹特色电影之风采。此外,西湖博物馆还专门提供商业服务,设于博物馆二层的工艺美术品商场能方便游客购买杭州特产和西湖纪念品,茶室则能给游客提供一个休憩、品茗的舒适空间(见表 16)。

表 16　对西湖博物馆服务印象深刻的项目(多选题)

服　务	选择数/人	占比/%
讲　解	12	7.5
手机免费充电	12	7.5
触摸屏	84	52.5
商品区、茶室	8	5.0
咨　询	4	2.5
立体电影	40	25.0
总　计	160	100.0

从满意度上来讲,处于优势的设施和服务是免收门票、展品、建筑、休息场地,处于劣势的是讲解、商品区、纪念品和立体电影。所存在问题的症结可能是商品区服务意识相对淡薄、博物馆的纪念品开发力度不足,立体、环幕电影在硬件上存在瑕疵,以及讲解员的讲解水平还存在继续提升的空间(见表 17 至表 24)。

表 17　对建筑的满意度

程　度	人　数	占比/%
满　意	84	70.0
比较满意	32	26.7
比较不满意	4	3.3

表 18　对展品的满意度

程　度	人　数	占比/%
满　意	92	76.7
比较满意	12	10.0
一　般	16	13.3

表 19　对讲解的满意度

程　度	人　数	占比/%
满　意	8	6.7
比较满意	16	13.3
一　般	4	3.3
不知道	92	76.7

表 20　对立体电影的满意度

程　度	人　数	占比/%
满　意	32	26.7
比较满意	20	16.7
一　般	4	3.3
不知道	64	53.3

表 21 对免收门票的满意度

程　度	人　数	占比/%
满　意	108	90.0
比较满意	4	3.3
一　般	4	3.3
不知道	4	3.3

表 22 对商品区的满意度

程　度	人　数	占比/%
满意	24	20.0
比较满意	12	10.0
一　般	48	40.0
比较不满意	4	3.3
不知道	32	26.7

表 23 对纪念品的满意度

程　度	人　数	占比/%
满　意	32	26.7
比较满意	8	6.7
一　般	44	36.7
不知道	36	30.0

表 24 对休息场地的满意度

程　度	人　数	占比/%
满意	76	63.3
比较满意	28	23.3
一　般	12	10.0
不知道	4	3.3

(二)西湖博物馆休闲功能开发对策建议

通过上述社会调研,我们从游客参观西湖博物馆的种种事项中了解了"西湖博物馆与人们的休闲生活"的实际情况。通过对调查对象的随机访问和深入交流,我们还发现参观博物馆作为一种新型的休闲方式不可避免地存在一些问题。据此,通过对调查数据的整理和对反馈意见的梳理,我们对西湖博物馆更好地发挥其服务社会的休闲功能提出以下具有针对性的对策建议。

1.西湖博物馆的休闲教育功能

台湾博物馆研究专家桂雅文曾在《爱上博物馆》一书中对博物馆的教育功能进行了这样的定义:"博物馆就是和学校不一样的教育机构。"①诚然教育是博物馆的职能之一,近年来不少人将其视作博物馆的核心职能,足见发挥其教育功能在博物馆建设中的重要程度。教育可以分为两类:一类是程序性教育,即一个人所接受的小学、中学、大学教育;另一类是非程序性教育,比如博物馆、课外读物、旅游等方式对人的教育启发作用。非程序性教育通常是指针对不同人的不同兴趣进行潜移默化的感染,这有别于重知识、重理论的程序性教育。因此,博物馆不仅要通过陈列展览宣传本地历史、文化、经济、科技的发展概况,而且应该努力建构与游客交流的平台,拓展与观众互动的空间,开设各种能激发观众兴趣的、有教育意义的活动,寓教于乐,寓教于游,让观众在获取博物馆相关的信息过程中掌握社会、时代发展的脉搏,从而实现不断巩固并扩大观众群的目的。

(1)与学校合作

作为一种社会文化教育机构,博物馆也是学校教育向社会的延伸。西湖博物馆充分利用了主题式博物馆的自身资源,积极为学校提供教育服务。在调查期间,我们经常可以看到一批批中小学生来到馆内,在老师的引导下领略西湖的历史变迁和人文景观,受益匪浅。因此,西湖博物馆可以进一步加强和学校的联系与合作,针对不同年龄层次的学生提供各具特色的服务,如与高校联系,通过培训使大学生成为博物馆的义务讲解员,或为不同专业的大学生提供相关课题的调研机会;也可以与中小学合作,通过开设主题讲座和知识竞赛的方式,使博物馆成为中小学生的"第二课堂"。

(2)与家庭合作

有人提出博物馆"要提供情感服务和一种以人为本的环境氛围"②,这不仅

---

① 桂雅文.爱上博物馆[M].桂林:广西师范大学出版社,2003.

② 陈来生.休闲娱乐功能的强化与博物馆的可持续发展——以苏南地区为例[J].江南社会学院学报,2003(3).

体现在硬件设备上,更体现在服务内容上。在调查中,我们经常可以看到家人和孩子一起游览博物馆的场景。其实以家庭为单位的本地观众正是博物馆固定游客的组成部分。家长带孩子去参观,其动机是希望孩子多了解些知识,从事有价值的活动。家长另外一个潜在的愿望则是渴望促进家庭互动,通过在休闲时刻获得与家人相处的机会。因此,西湖博物馆可以参照香港地区一些家庭社团开展亲子服务,增加互动活动,把这种情感性服务与博物馆有机结合起来,使博物馆成为增进家庭成员之间感情的纽带。

(3)与社会合作

面对地球村落初露端倪、传统文化日趋式微的新兴文化场景,西湖博物馆作为一个传承历史文化的终身教育机构,其关于西湖的展示内容应当达到与时俱进的目标。博物馆很容易出现的问题是封闭性和重复性,因此要尽量做好展示内容和服务项目的更新工作,比如在宣传西湖文化时所采用的液晶电视播放梁祝、宝石山的由来等民间传说。在受到游客特别是老年游客认可的同时,我们应该意识到:博物馆的创新型建设不能局限此,而是应该通过拓展影视播放范围、更新展品器物、增设临时展览等措施不断扩大资料库、扩展受众面。例如,可以增加西湖的民间工艺的制作、西湖美食的烹饪过程等公众喜闻乐见的放映内容,或者每周定期举办休闲类专题活动和现场模拟互动节目,以此增加西湖博物馆的新颖性和独创性,同时在真正意义上将博物馆定位为终身教育机构,实现为公众提供终身教育服务的目的。

2.西湖博物馆的休闲文化功能

博物馆除了对已被记录或开发的历史文化资源进行陈列展示之外,还需要不断寻觅新的文化证据,探索更深的社会文化内涵。"博物馆的重要功能之一,就是文化原典的阐释和提升。"[①]西湖博物馆应当义不容辞承担起研究探讨西湖文化的责任。有关休闲方面的主题已经成为经济学、旅游学、社会学等学科研究的对象,但这一亟待开发的研究领域需要理论工作者与实际工作者不断深化对休闲的认识,为指导公众的休闲生活提供依据。根据调研结果,拟针对博物馆如何发挥其休闲文化功能提出以下建议。

(1)充分发挥西湖学研究会作用

博物馆以其科学研究跻身于科研机构的行列。一般而言,博物馆拥有由一流专家组成的专门研究队伍,进行博物馆自身及其与社会关系的研究,从而为

---

① 郭长虹,朱崇亚.博物馆的知识体系[J].中国博物馆,2003(2).

优化博物馆实践提供依据,为其教育等其他功能的实现提供基础。西湖博物馆已建立了一支由高素质人才组成、专门从事西湖学研究的队伍,旨在深入挖掘、揭示西湖丰厚的文化内涵,不断提升对西湖的学术研究水平;与此同时,西湖博物馆已成为西湖文化的研究中心。建议进一步发挥西湖学研究会的研究作用,通过与更多社会研究机构合作,邀请更多人文科学专家担任西湖博物馆名誉顾问,如高等院校人文研究机构、省市社会科学研究机构和政策研究机构等,以点及面,突出重点;同时,收集国内外相关的科研立项信息,尝试出版期刊、论文集等,并定期地把研究成果通报给相关机构、媒体及游客。

(2)利用推广图书借阅中心

图书是有别于实物的特殊藏品和展示内容,它具有高度的学术性,既是进一步研究的基础资料载体,也是新的研究成果的展示途径。因此,图书中心在西湖博物馆的组成元素中占有重要位置。西湖博物馆图书借阅中心已于2006年3月起对外实行阅览式免费开放,游客可以在此查阅各种关于西湖的近现代文献资料。建议应继续丰富图书的种类和藏量,提供复印设备供来访者研究之用;储存一些影视资料,如关于西湖的音乐CD、杭州历史发展的介绍片等;安装无线网络,供读者查阅使用。

(3)保存发扬非物质性文化

"文化遗产是一个无穷无尽的范畴。"[1]正因为如此,及时保护即将消逝的文化资源,不断挖掘潜在的文化内容,是文化研究和博物馆工作者的重要职责。在对西湖博物馆的实际调查中,我们发现很多老人经常参观西湖博物馆及图书借阅中心,他们对西湖文化非常了解,甚至对未载于书册的相关历史传说和资料都如数家珍。这是一种珍贵的潜在资源,如果得到及时保护,将会为西湖文化研究提供全新的资料。而数字化、多媒体的广泛应用则为我们提供了记录和保存资料的新途径。这些老人是西湖博物馆的忠实游客,对博物馆已经有了一定的社区归属感。我们可以借此机会对这些老人进行采访,用录音笔、摄像机等设备记录他们关于西湖记忆的点点滴滴,进而建立一个非物质性资料保护区。同时给被采访的老人颁发荣誉证书,邀请他们成为西湖博物馆学术研究的智囊团成员。

(4)定期开展游客群调研

"生活是创作的第一源泉",这在如何做好博物馆工作上也有积极的借鉴意

---

① 祝敬国.文化与科技的结晶——数字化博物馆:博物馆数字化的概念思考[J].智能建筑与城市信息,2004(8).

义。有人甚至认为开展游客调查研究的作用不亚于展览本身。诚然,游客是需求者,他们喜欢什么,喜欢什么方式,倘若我们对此没有研究,没有一个很好的服务定位,就容易导致教育功能单向性的产生。比如重视了博物馆的教育功能,却忽视了游客对这种功能的反馈,这样就堵塞了信息来源的另一渠道。因此,只有及时获取来自社会生活的反馈才能让我们的工作更具有针对性,从而提高工作效率,改善管理效果。世界上许多著名博物馆在这方面的实践经验值得借鉴,例如在香港的博物馆内,凡游客都会被邀请填写一张反馈表,包括陈列方面和服务方面的意见。西湖博物馆可以效仿同样的方式,定期对游客进行定量问卷研究,通过调查分析相关信息并加以研究、消化,为博物馆的管理与建设提供建议。这样的调研活动能够引发游客对博物馆的认同感和归属感,不仅提高了管理者的管理水平,也是对被调查者的一种尊重,有助于引导他们进一步了解和长期关注博物馆的发展情况,使博物馆成为其休闲生活的重要组成部分。

3.西湖博物馆休闲产业功能开发

博物馆是公益性机构,但是除了政府的支持外,"仍应该做到社会效益和经济效益双丰收","博物馆最大的经济效益的源泉还是博物馆自身的形象和吸引力"①。开发购物休闲功能旨在完善西湖博物馆的功能体系,使其更能适应游客对博物馆传统功能之外的其他人性化服务需求,彰显以人为本的宗旨内涵,同时获得经济收益,适应市场经济的发展要求。在美国的博物馆内,供观众休息的凳椅分布、摆放井然有序,商店、书屋、小卖部、餐厅、咖啡厅等布局合理,观众可以购物、看书、餐饮,或小声讨论问题。小卖部内出售的都是与文物艺术品相关的商品,如文物复仿制品、工艺品、民俗物品、图书、VCD 等。西湖博物馆在这方面已进行了尝试,比如开设小卖部、休闲茶室等,但在具体操作上还存在一些不足之处:

(1)购物区的商品种类少,服务质量不高

购物区的期待顾客主要是外地游客,他们的购物行为属于旅游购物。旅游购物与日常购物的区别在于,前者的动机是精神满足和文化享受②,对商品特色和服务态度要求较高。但目前与西湖博物馆相应的特色商品种类并不是很多,不能给游客提供较大的选择空间。而香港历史博物馆所陈设的商品种类、形式

---

①　徐湖平.博物馆与城市形象[J].南通大学学报(社会科学版),2005(12).

②　石美玉.旅游者购物行为研究[J].旅游学刊,2005(5).

多样,还有专门反映香港历史的影像资料等颇具地域文化特色的物品出售。相对来说,西湖博物馆在这方面上还有很大的改进空间。另外在实际调查中,有的游客反映了商场服务质量问题,营业员对西湖的人文历史了解程度有限,服务态度还需进一步改善。

(2)茶室

西湖博物馆设有休闲茶室,游客在休闲茶室可以一边品茶,一边欣赏"淡妆浓抹总相宜"的西湖美景。而茶文化又是西湖乃至杭州的特色,也是休闲文化的代表之一。西湖博物馆发挥茶文化的古典韵味和休闲功能,配以优美的古筝曲,使游客在丝竹之乐和龙井清香中饱览西湖山水,品味西湖文化。我们在调查中问及"西湖博物馆设有饮茶休闲的地方,人们会不会去那里休闲"时,回答"会"的占了70%,这说明游客对茶室的设置比较满意。

(3)纪念品特色不明显

开发旅游纪念品已经成为博物馆的重要内容,它不仅是博物馆传播历史文化的新途径和新的经济增长点,同时也是促进旅游文化发展和旅游购物收益的有效途径。纪念品被赋予了地方特色、文化个性和艺术品位,在满足游客珍存旅行回忆的同时广泛传播了该地区的历史文化,达到发散式的间接教育作用。"西湖"和"休闲"是西湖博物馆休闲建设的两大关键词,纪念品既是西湖文化的缩写,也是西湖博物馆宗旨的体现。建议西湖博物馆可以参照国外和港澳地区的经验,结合自身特色,深入挖掘西湖文化,推出馆藏珍品的复制品、仿制品和以此为基础的图册、明信片、幻灯片、钥匙链等小物件,使人们能够长期保持对西湖博物馆的美好回忆。

4.西湖博物馆数字休闲功能开发

正如托夫勒所说:"人们就要向一个惊人的娱乐专业化时代前进——这个专业化很大程度上是以高度发达的技术为基础的。"西湖博物馆具有极其丰富的人文信息资源,同时结合临近的延安路商业圈、吴山商业圈、西溪科教圈,数字化建设基础与技术条件比较好,应用与推广前景也十分广阔。在当前信息化和休闲时代的大背景下,西湖博物馆亟须加快数字化建设进程,以数字化促进休闲教育、休闲文化、休闲产业的发展,与此同时,博物馆其他休闲功能的发挥反过来也会推动博物馆数字休闲的发展,两者之间形成互动发展的状态,这是对城市博物馆形象的全新诠释和定向延伸,也充分体现了城市区位特色和人文传统,促使杭州城市提前迈入休闲时代。

(1)西湖博物馆多媒体休闲展厅

利用计算机技术、多媒体技术、网络技术推进博物馆数字休闲建设,可延展人们在文化休闲场所的活动范围,让人们在参观和游览活动中接受更多科学文化知识和艺术熏陶,提高其精神享受。这种高度技术化的闲暇方式包括全息摄影、意向控制、交互电视、立体电影、计算机游戏等。目前,西湖博物馆已经配备了触摸屏西湖模型沙盘、"一湖两塔三岛三堤"立体全景显示系统、《西湖沧桑》三维全息电影、"泛舟西湖"环幕影院等多媒体展示系统,让人直观清晰地感受西湖亿万年沧海桑田的变迁,大有身临其境之感。为营造西湖博物馆具有西湖特色的休闲氛围,带动相关休闲产业发展,博物馆计划在已有的展示模块基础上开发更具有交互性、艺术性、知识性、娱乐性的多媒体展示模块。西湖博物馆休闲多媒体展示系统,通过将西湖的自然风光、历史文化、民俗风情、地方特产等休闲资源进行整合,建立风光展示、名俗展示等分类模块,并借助立体电影、互动视频、仿真游戏、虚拟现实等形式,向观众展示西湖馆内的珍贵历史文化资源。

(2)西湖博物馆数字休闲网络

随着中国居民收入水平的提高,旅游的需求也日益增加,每年的"五一""十一"黄金周旅游的火爆就暴露出因信息不充分而引发的西湖景区交通紧张、景点人满为患等一系列问题。而这些问题的解决恰恰需要应用信息技术和信息网络。旅游公司可以通过网络建立客户、景点、宾馆、运输部门、银行之间的信息联系,进而运用价格或配额合理地配置人流、物流和资金流。这不仅有利于游客,同时也有利于改善旅游产业的服务、提高效益、刺激需求。目前,我国休闲产业的信息开发能力还很薄弱,诸如银行结算系统、信用卡、国家服务(娱乐、消费、旅游信息预报)信息网等尚未得到到位的开发。这就需要休闲产业尽快地应用信息技术和信息网络技术,使休闲产业数字化,以满足休闲产业发展的需要。

通过建设西湖博物馆数字休闲网络,各类信息提供商借助 GIS 地理信息系统和电子商务平台,利用互联网和移动通信网等媒介,为西湖博物馆游客提供全方位的便捷休闲信息服务,如景区风光与人文介绍、景区地理与交通信息、餐饮与住宿信息、西湖商圈电子商务平台等。同时,扩大信息网的载体范围,使其覆盖互联网、移动通讯网、有线电视网、交通广播、车载电视、户外电子广告等,让人们能通过各种渠道随时随地获得信息服务,让观众在博物馆了解西湖历史文化的同时,也能够全面掌握西湖旅游与商贸圈的休闲信息,使休闲信息资源得到最合理的配置与共享。

（3）西湖博物馆数字休闲娱乐平台

充分发挥杭州建设动漫产业基地和举办国际动漫节的优势，大力发展西湖自然景观和人文气息的数字娱乐产业，开发具有西湖博物馆休闲特色的动漫、网络游戏、数字电视等文化产品，让观众在参观博物馆过程中尽情享受数字娱乐大餐，并从中学习历史文化知识、陶冶性情。该平台主要由动画、电脑游戏和数字表演三个部分组成。一是动画：由西湖博物馆联合有关的动画制作单位，策划与制作以西湖历史文化为主题的动画短片，并配合馆内不同的主题展览在动画放映厅里轮换播放。同时，还可以举办有关的动画制作大赛，挑选优秀的获奖作品在馆内放映。二是电脑游戏：馆方制作具有西湖休闲特色的电脑小型游戏，或是与杭州的游戏公司合作，提供企业开发的大型游戏供观众试玩。既让观众在参观过程中体验数字娱乐带来的乐趣，又帮助游戏企业推广产品，从而促进数字休闲产业的发展。三是数字表演：利用激光全息成像与多媒体舞台技术，让观众与计算机技术合成的白娘子、许仙等虚拟角色同台进行表演，使得观众既欣赏表演又参与表演，获得深刻的互动体验，享受无限的乐趣。

（4）西湖博物馆数字信息管理系统

西湖博物馆的数字休闲建设离不开信息管理系统的开发与应用，一个高效的信息管理系统不仅可以使得馆内的展品出入库管理、展览布展、设备管理等工作能够快捷、有效地开展，还能降低人力和管理成本，使得博物馆能够集中精力为观众提供精品主题展览和各类休闲服务。

诚然，上述列举的西湖博物馆的不同休闲功能相辅相成，任何设想或举措都同时指向多种功能的实现。例如，图书借阅中心在彰显博物馆休闲文化的同时，作为对外开放展品的组成也发挥着休闲教育的功能；而博物馆的数字休闲功能范围则更广。但各种功能殊途同归，其终极目的都是为了挖掘、解读和发扬博物馆休闲文化。

倘若说温柔婉约的西湖成就了杭州"人间天堂"的美名，西湖为杭州的休闲生活提供了恬静舒适的休闲环境，那么傍湖而建的西湖博物馆作为西湖休闲文化的一个典范，则承担起了深化游客对西湖休闲文化理解、提高游客休闲生活质量的责任，在挖掘史料、传扬文化的过程中，将自身塑造为公共设施，在传播休闲文化中的范例，让更多的人来这里寻觅历史情愫、体验生活情趣。

（2014 年"城市休闲与新型城市化"专项课题）

参考文献:

Chris Rojek. Leisure and culture [M]. Antony Rowe ltd, Chippenham, Wiltshire, 2000.

Falk, J. H., Dierking. L. D. The Museum Experience. Washington, D. C. Whalesback Books. —2000. Learning from Museum. London:AltaMira Press,1992.

Pieper, J. Leisure:The Basis of Culture[M]. NY:Pantheon Books. 1948.

陈来生.休闲娱乐功能的强化与博物馆的可持续发展——以苏南地区为例[J].江南社会学院学报,2003(3).

邓乙桂.试论博物馆的文化休闲功能[J].文史博览(理论),2009(7).

贡布里希.博物馆:它的过去、现在和未来,理想与偶像——价值在历史和艺术中的地位[M].范景中、曹意强、周书田译,上海:上海人民美术出版社,1989.

桂雅文.爱上博物馆[M].桂林:广西师范大学出版社,2003.

洪樱纯.博物馆与休闲规划:闲暇时间与自由感[J].博物馆学季刊,2019(3).

马惠娣,张景安.中国学人休闲研究丛书——中国公众休闲状况调查[M].北京:中国经济出版社,2005.

马惠娣.人类文化思想史中的休闲:历史·文化·哲学的视角[J].自然辩证法研究,2003(1).

托马斯·古德尔、杰弗瑞·戈比.人类思想史中的休闲[M].成素梅,等译,昆明:云南人民出版社,2000.

杨玲,潘守永.当代西方博物馆发展态势研究[M].北京:学苑出版社,2005.

于光远.中国学人休闲研究丛书——论普遍有闲的社会[M].北京:中国经济出版社出版,2005.

祝敬国.文化与科技的结晶——数字化博物馆(1):博物馆数字化的概念思考[J].智能建筑与城市信息,2004(8).

第六编　休闲与城市国际化

休闲时代背景下国际性节事活动发展研究

——兼论主题计划性休闲活动的参与者体验

程　翔*

一、引　言

节事活动作为一种重要的城市经济社会和文化活动形式,在我国城市的发展中正扮演着越来越重要的角色。1999 年的昆明园艺博览会、2008 年北京奥运会、2010 年上海世博会、2010 年广州亚运会等国际性节事活动对于各地的经济文化的发展、居民幸福感的提升都起到了重要的助推作用。

近年来,杭州市的节事活动正如火如荼地发展,西湖国际博览会、杭州马拉松、中国国际动漫节、杭州国际音乐节、杭州国际戏剧节等一系列国际性节事活动共同推动了杭州的国际化。2015 年,杭州获得了 G20 峰会和亚运会的举办权,并出台了《杭州市加快推进城市国际化行动纲要(2015—2017 年)》,确立了"国际电子商务中心城市与国际重要的旅游休闲中心城市"的建设重点。2016 年召开的 G20 峰会已然成为杭州节事活动的发展高峰,在获得全国人民瞩目的同时也极大地提高了杭州的世界知名度。而即将召开的 2022 年亚运会也必然成为杭州节事活动以至于整个杭州的发展机遇。由此可见,以国际性节事活动带动杭州作为休闲城市的发展正是杭州市的发展规划之一。因此,立足杭州"东方休闲之都、生活品质之城"的形象定位,结合杭州现阶段呈现的节事活动发展良好态势,从休闲学的理论视角对杭州节事活动的发展问题进行深入的专题研究,对于杭州节事活动的品质提升和城市品牌的建设无疑具有十分重要的现实意义。

＊　浙江大学亚太休闲教育研究中心。

（一）节事活动在杭州的兴起、发展

杭州作为成熟的旅游目的地之一，可以说是最早一批发展节事旅游的城市，近现代以来的大型节事活动可追溯至1929年的西湖博览会。近年来，杭州的各类节事活动更是受到了国家多次好评和重视。在中国节庆产业年会上，杭州多次荣获"中国十大节庆城市"称号。在各项活动的评定中，杭州世界休闲博览会被评为"2006年度中国十大节庆"之一；杭州西湖国际烟花大会被评为"2006年度中国十大最具潜力节庆"之一；中国国际（萧山）钱江观潮节被评为"2006年度中国十大自然生态类节庆"之一；杭州（闻堰）三江美食节被评为"2006年度中国十大饮食类节庆"之一。第九届中国杭州西湖博览会分别荣获"2007年度中国十大魅力节庆"和"2007年度中国十大博览赛事节庆"两个奖项；"杭州西湖国际烟花大会"荣获"2007年度中国十大物品类节庆"奖项；"大红鹰玫瑰婚典"荣获"2007中国十大民俗类节庆"奖项；"萧山国际观潮节"和"千岛湖秀水节"获得"2007年度中国十大自然景观类节庆"奖项。总体说来，自西博会恢复举办以来，它以广博为特色、精专为重点，融展览、会议、节庆文化活动为一体，成为目前浙江省持续时间最长、规模最大、商品种类最齐全、到会客商最多、成交效果最好的综合类博览盛会，俨然成为杭州大型节事活动的典型代表。下面我们通过对杭州西博会的发展情况来了解杭州节事活动的发展趋势。

自2000年，杭州市委、市政府恢复举办西湖博览会后，以此为标志，杭州节事活动历经20年的蓬勃发展，拥有了一定的规模和影响力。表1对历届西博会的活动时间、参与人次及活动数量进行了整理。从中可知，2006年、2012年，西湖博览会与世界休闲博览会共同举办，持续时间特别长，活动项目超过200个，参与人次突破3000万。除此之外，每年举办的西湖博览会大概持续半个月到一个月，活动影响力日渐扩大。从节事活动的数量上来看，杭州的节事活动已经从单纯的总量扩张转向有重点地打造品牌节事活动方面发展。

表 1　历届中国杭州西湖博览会情况一览①

年　份	举办时长	参与人次	活动数量
2000	22 天	573.72 万	39 个
2001	22 天	606 万	46 个
2002	1 个月	631.7 万	58 个
2003	22 天	641.58 万	39 个
2004	22 天	672 万	55 个
2005	16 天	672.37 万	53 个
2006	6 个月	3422 万	240 个
2007	15 天	730 万	72 个
2008	22 天	1020 万	102 个
2009	22 天	1290 万	124 个
2010	22 天	1350 万	130 个
2011	2 个月	3745 万	245 个
2012	22 天	1487 万	130 个
2013	29 天	800 多万	50 个
2014	22 天	910 万	50 个重点项目
2015	17 天	800 万	35 个重点项目
2016	18 天	1200 万	33 个重点项目

　　近三年西博会主推的节事活动数量逐年递减,同时在很大程度上保证了节事活动的延续性。2014—2016 年三届西博会共同举办的节事活动,共 17 项。细观该类别的节事活动,其中不少可以算是西博会的经典项目,如中国国际西湖情玫瑰婚典、中国杭州市民休闲节均已举办了 18 届,西湖艺术博览会更是举办了 19 届。这类节事活动已然成为杭州节事活动的品牌代表。

　　从节事活动的主要内容来看,杭州十分注重将节事活动的打造整合进城市发展目标的长期规划中。上文提到的 17 项品牌节事活动中,休闲性质的节事活动占 80% 以上。这既符合杭州市"东方休闲之都,生活品质之城"的城市形象

---

　　①　由中国杭州西湖博览会官网(http://www.xh－expo.com/)提供的数据进行整理而成。

定位，也符合 2003 年杭州市旅游委员会、杭州市发展会展业协调办公室、杭州市财政局在《关于对引进大型会展和旅游节庆项目进行奖励的实施办法（试行）》中提出的指导思想，即"大力吸引国内外优秀大型会展和节庆活动项目来杭举办，促进会展与旅游、经贸、文化和科技等产业的融合，努力把杭州建设成为全国著名、国际有影响的会展城市，促进杭州旅游业从单纯的观光型向观光、休闲、会展旅游三位一体的业态转型"。

三届西博会曾重复举办的活动，共 12 项。其中，50％的节事活动在 2015 年和 2016 年均有开展，保持了一定的连贯性；25％的节事活动隔年举办。各届西博会的特色活动，既反映了时代发展的潮流、趋势，也说明了西博会的项目更加有的放矢，杭州凝聚主要力量构建有特色的、成规模的节事活动。

就节事活动的品牌塑造而言，杭州市政府力争将杭州打造成为"中国节庆之都"和"国际会议目的地"的目标都是以国际为平台而设定的。早在 2008 年发布的《中国杭州西湖国际博览会项目管理实施办法（暂行）》中就有规定："会议名称有'国际'字样的，境外代表应来自 3 个以上国家或地区，且不少于 50 人"；"展览名称有'国际'字样的，境外专业客商参展面积（或展位）应不少于 20％，境外参观商占专业观众比例不少于 20％。"如表 2 所示，三届西博会的国际化程度逐年显著增高。在政府、企业、社会各方的积极努力下，杭州市已逐渐培育出一批具有国际号召力和影响力的大型节事活动品牌。

表 2　西湖博览会节事活动的国际化程度

届　数	含"国际"二字的节事活动数量	节事活动总量	国际化程度
2016 年第十八届西湖博览会	18 个	33 个	54.55％
2015 年第十七届西湖博览会	16 个	35 个	45.71％
2014 年第十六届西湖博览会	19 个	50 个	38.00％

从西博会的发展情况可知，杭州市节事活动的种类、影响力及涉及领域逐年扩大。除西博会外，杭州比较有影响力的节事活动包括杭州国际马拉松、中国国际动漫节、杭州国际音乐节、杭州国际戏剧节等。总之，杭州市的节事活动整合了杭州现有的自然、历史、文化、产业等资源，集聚了国内外知名企业、知名产品、知名品牌，汇聚商流、物流、技术流、人才流、信息流、资金流，正一步步向国际化的舞台迈进。

(二)研究任务

本文对参与者在节事活动中的休闲体验进行分析,致力于构建主题计划性休闲活动体验的理论模型,从而强化节事活动的休闲功能。

1. 理论任务

本文旨在从参与者的休闲体验角度出发来衡量国际性节事活动的休闲功能,为节事活动的发展提供休闲学视角的理论分析。一方面,这将打破学界将节事活动归为旅游活动的单一限定,进一步解决节事活动与休闲、旅游的关系问题。另一方面,尽管学界对节事活动的开发、管理已有不少针对性的发展建议,但尚未从节事活动参与者的视角对节事活动进行评价反思。该课题意在弥补学界从参与者体验角度研究节事活动的空白,为节事活动的学术研究添砖加瓦。

2. 实践任务

本文以休闲学视角对杭州市国际性节事活动进行分析,为其更好地满足参与者的休闲需求献计献策,以期提升杭州国际性节事活动的休闲功能,从而推动实现"以节事活动带动城市的休闲发展和国际化程度"的目标。该研究以全新的视角对节事活动进行反思评估,不仅将为杭州已有的国际性节事活动发展提供建设性的建议、对策,也将为杭州即将要举办的亚运会提供可借鉴的开发思路,甚至可以为各地节事活动的开发、管理提供指导。

(三)研究思路

随着社会经济的进步、文化的发展,休闲生活理念越来越深入人心。2006年,在世界休闲博览会永久落户杭州后,"东方休闲之都"已然成为杭州的金名片,休闲俨然成为人们生活的主旋律之一。因此,杭州市的节事活动具有典型的休闲特征,为本课题的开展提供了基础。

本文从休闲学视角出发,对节事活动参与者的休闲体验进行实地调查,构建主题计划性休闲活动体验的理论模型,并在此基础上为节事活动的发展提供休闲学视角的对策、建议。具体如下:

第一,通过文献研究法搜集整理了国内外学者对于旅游、会展、大型节事活动等方面的研究,对节事活动的研究进行归纳性的总结和评述,并根据斯特宾斯关于休闲活动分类的理论阐述节事与休闲的关系,从而找到本研究的休闲学理论基础。

第二,选取 2016 年举办的中国国际动漫节、杭州马拉松为研究样本,前往节事活动现场进行开放式深入访谈和参与者观察,并辅以非正式交谈,调查参与者对于国际性节事活动的感知、态度和休闲体验。

第三,采用城市学、休闲学、社会学、管理学、旅游学和心理学等多学科交叉视角,通过扎根理论对搜集资料进行质性分析,构建主题计划性休闲活动体验模型。

第四,根据主题计划性休闲活动体验模型,结合休闲时代背景,对国际性节事活动的发展提供相关建议,建议主题主要围绕国际性节事活动开发和管理过程中参与者的休闲体验改善与提升展开,从而推动城市休闲和城市国际化的发展。

二、理论基础

(一)节事活动研究概览

1. 节事活动的概念界定

目前,国内学者在研究节事活动及相关问题时,在论文中多以"旅游节""文化节""节庆""节庆活动""节庆旅游""旅游节庆""节庆经济""旅游节事"等词指代。本文认同余青等学者①的观点,即虽然这些概念互有重复,含义略有不同,但指代的是大致相同的客观事实,建议使用统一使用"节事活动"这一概念。

对于"节事活动",学者们倾向从两个方面来理解:①从仪式、庆典的角度来理解,如戈德布拉特(Goldblatt)、麦克唐奈(McDonnell)提出的定义;②从活动、项目的角度来理解,如盖茨(Geta)、余青、马聪玲等学者对节事的定义(详见表 3)。

---

① 余青,吴必虎,廉华,童碧沙,殷平. 中国节事活动开发与管理研究综述[J]. 人文地理,2005(6):56—59.

表3 不同学者对"节事活动"的界定

学 者	定 义
Goldblatt(1997)	节事是为满足特殊需求,用仪式和典礼进行欢庆的特殊时刻
Getz(1997)	节事是短时间内发生的一系列活动项目的总和;同时,事件也是其发生时间内环境、设施、管理和人员的独特组合
McDonnell(1999)	节事是一些特定的仪式或有意识规划和创造地记录某一特定事件的庆典活动
余青、吴必虎等(2004)	节事是以某一地区的地方特性、文脉和发展战略为基础举办的一系列活动或事件,形式包括节日、庆典、展览会、交易会、博览会、会议,以及各种文化、体育等具有特色的活动
马聪玲(2009)	节事是以吸引区域内外游客为目标,从而举行的规模不等、主题特定且包含多种旅游项目的事件

本文涉及的"节事"定义取自戴光全对其做出的解释①:在事件及事件旅游的研究中,常常把节日(festival)和特殊事件(special event)合在一起作为一个整体来进行探讨,在英文中简称为 FSE (Festival & Special Event),中文译为"节日和特殊事件",简称"节事"。图1生动地描绘了节事与节庆的范围关系图。具体概括为:广义的节庆与节事的外延相当,狭义的节庆则特指节事活动中节日(festival)的部分。节事是以一段特殊的时间,为纪念某个人物、事件或庆祝某种重要作物收获而举办的一系列文化、娱乐、狂欢及博览等活动,是人们在日常生活经历之外的一种文化、社会和娱乐体验的机会。

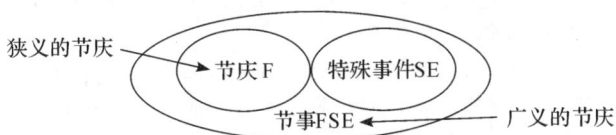

图1 节事与节庆的关系

2.节事活动的研究述评

国外对节事活动的研究由来已久,20世纪60年代,西方对事件旅游的研究就开始了。目前,西方对节事的研究主要集中在传播媒介、大众文化、公共关

---

① 戴光全. 重大事件对城市发展及城市旅游的影响研究[M]. 北京:中国旅游出版社,2005:27.

系、娱乐旅游和市场营销五个学科领域。①

相较之下,我国的节事研究起步较晚,1985 年出版的《旅游市场学》②一书中首次出现"特殊事件"的提法。1993 年,保继刚等学者③在我国首先提出"事件吸引""旅游事件"及"事件旅游"等概念后,许多学者专家先后从各个方面对事件旅游及旅游节庆做了专门的介绍和探讨。尽管近年来学者们日益关注节事活动的研究,但总体而言,国内对节事活动的研究相对较少,尚不够系统化,视野较狭窄。研究往往缘起于大型节事主办地为成功举办节事活动而进行的预测性或总结性研究。

从研究内容来看,我国节事研究主要集中在:①节事活动的开发与管理研究。朱益芳、刘庆友④对南京节事旅游开发存在的问题进行分析,并就未来南京节事旅游的开发提出了参考性建议;唐艳艳⑤、龙良富⑥、赵现红⑦分别从实证角度对民俗型旅游节事活动、景区节事活动及现代节事旅游的开发展开了相关研究。②节事活动的经济学分析。石玉凤、李建国⑧建立了一系列动态数学模型,来对节事活动的内部结构、投入与产出进行分析;周玲强、冯晓虹⑨分析了节事经济效益形成的宏观和微观条件,提出节事产业发展要构建有效的产业组织结构。③节事活动的运作模式研究。吴必虎⑩提出节事活动的四项运作原则和四种模式;刘敏、刘爱利⑪总结出节事活动运作的五种模式,并从参与广泛度和政

---

①　戴光全,保继刚.西方事件及事件旅游研究的简介与启发.事件旅游及旅游目的地建设管理[M].北京:中国旅游出版社,2004.

②　顾树保,于连亭.旅游市场学[M].天津:南开大学出版社,1985.

③　保继刚,楚义芳.旅游地理学(修订版)[M].北京:高等教育出版社,1993:79.

④　朱益芳,刘庆友.南京节事旅游开发探略[J].江苏商论,2007(11):75-76.

⑤　唐艳艳.民俗型旅游节事活动探讨——以安徽省全椒县非物质文化遗产为例[J].资源开发与市场,2009(4):381-384.

⑥　龙良富.基于 RMP 理论的景区节事活动开发研究——以武夷山七夕文化节为例[J].产业与科技论坛,2011(5):46-48.

⑦　赵现红.基于游客体验视角的现代节事旅游开发研究——以开封菊花文化节为例[J].地域研究与开发,2014(3):117-121,126.

⑧　石玉凤,李建国.地方经济文化节庆活动的经济学原理及内部结构数学模型[J].科技进步与对策,2001(8):95-97.

⑨　周玲强,冯晓虹.旅游节庆的开发思考[J].商业经济与管理,2002(11):56-60.

⑩　吴必虎.节事活动的运作原则及模式[J].中国会展,2005(3):48-51.

⑪　刘敏,刘爱利.节事活动的影响效应与运营模式研究[J].中国市场,2008(48):10-12.

府介入程度两个维度对其进行分析。④节事活动的影响评估。于世宏①从城市的角度来审视节事活动管理,从持续时间、影响程度、影响指标等多维视角来综合分析节事活动给城市带来的影响;吴国清②诠释了节事活动的相关"旅游角色"("触发器"→"指示器"→"调节器"),并在此基础上探究了大型节事对城市旅游空间发展的影响机理。

从研究领域来看,关于节事活动的研究多集中在旅游领域,习惯将节事活动看作是旅游活动的一类来加以研究。章平③以宁波为例,论述了节庆与城市旅游的关系;王晓云④以世界博览会为例,研究了节事与城市旅游活动之间的互动发展关系。节事旅游作为旅游研究的主体部分,自然无可厚非,但我国现有节事研究在旅游视角一头独大的局面有待改善。从前文节事活动的分类中可知,旅游业与节事活动虽有重叠的范围,但不能简单地将整个节事业看作是旅游业的一部分。仅从旅游角度研究节事也是远远不够的,节事研究应鼓励多学科视角的交叉研究。

(二)节事活动与休闲理论的渊源

1.节事与休闲的交叉性

从节事活动的类型来看,随着休闲时代的来临,经济的发展和科技的进步使得休闲观念深入人心。休闲类节事活动已经越来越成为各地节事活动的热点。从节事活动的参与者来看,节事活动已不再局限于旅游者的旅游活动,而渐渐成为参与者(包括旅游者、当地居民)的一项休闲活动。旅游活动通常是指离开居住地一段时间的活动,而节事活动的参与者很大一部分是节事举办地的居民,由此,从休闲学的角度对节事活动进行研究极其必要。戴光全等学者对节事节事的未来进行展望,指出"节事旅游向旅游和休闲并重的转变在节事业的发展中具有重要意义。一方面,其目标市场从单纯旅游者扩展为居民和旅游者并重,提高了当地居民的参与性和节事活动的质量;另一方面,休闲时代带来的消费人数的增加和消费能力的提升有利于发挥节事活动的经济效益,促进当

---

① 于世宏.大型节事活动提升城市品牌的长效机制研究[J].沈阳师范大学学报(社会科学版),2012(4):47-50.

② 吴国清.大型节事对城市旅游空间发展的影响机理[J].人文地理,2010(5):137-141.

③ 章平.论大型节庆活动与宁波旅游发展[J].宁波大学学报(人文科学版),2009,13(3):92-94.

④ 王晓云.世界博览会与城市旅游:互动中共创辉煌[J].旅游学刊,2004,19(2):70-75.

地经济的转型升级"①,这也说明了从休闲学对节事进行研究的可能性与必要性。

　　尽管节事活动研究多集中在旅游领域,从休闲学视角来研究节事的论文并不多见,但仍有学者对节事与休闲的关系进行了研究。刘亮亮、袁书琪②说明了节事活动同旅游和休闲产业的密切关系和相互作用(见图2),并从社会学的角度论述城市节事活动对休闲空间、休闲活动、休闲心理的影响(见图3)。Getz③也曾提到,参加节事旅游从很大程度上是一种休闲体验,对多数人来说,参加一项节事活动的收获往往是娱乐、逃避或放松、寻求开心,这种体验可以称之为一般意义的休闲体验(Generic experience)。

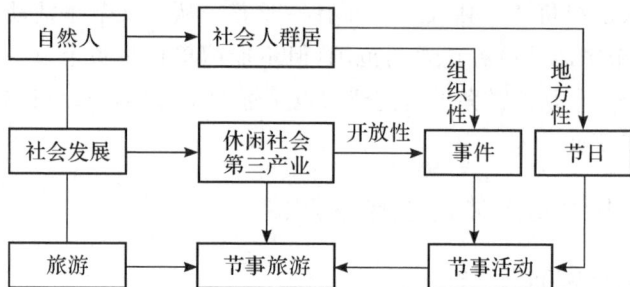

图 2　节事活动同旅游、休闲的关系

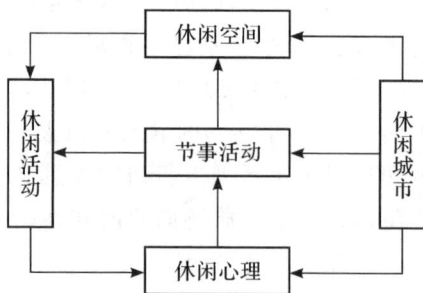

图 3　节事活动对休闲三维度的影响

---

　　①　戴光全,张洁,孙欢.节事活动的新常态[J].旅游学刊,2015(1):4.

　　②　刘亮亮,袁书琪.基于休闲三维度的城市节事活动影响研究[J].重庆师范大学学报(自然科学版),2009(3):98-100.

　　③　Getz D. Event Studies[M]. London:Elsevier,2007.

2. 节事活动与主题计划性休闲

Stebbins[1] 等学者将休闲划分深度休闲（serious leisure）、随兴休闲（casual leisure）和主题计划性休闲（project-based leisure）。深度休闲是指休闲活动参与者有系统地从事业余、嗜好或志工的活动，他们投入如事业一般的专注，并借此机会获得及展现特殊的技巧、知识及经验。随兴休闲是一种参与者在短时间内从事的愉快的活动，可立刻达到内在所需的愉快体验和正向的感觉，只需要很少甚至不需要训练，就可以达到愉悦的感受。主题计划性休闲是指在自由时间内所开展的短期性、创造性活动，相对随兴休闲来说，这种活动比较复杂，参与者需要一定的计划、努力和意志，有时还需要一定的技术和知识才能参与，同时这种休闲活动并不是经常发生，只是一次或偶尔发生。

斯特宾斯（Stebbins）认为计划性休闲主要包含两大类：①一次性活动，比如以满足感为第一诉求的简单 DIY 项目，对参与者来说几乎不需要什么技术与经验；各种旅游，去逛逛不同的国家或大洲；参与某项活动；成为一次性志愿活动国家或者国际会议、体育赛事、展览、艺术节志愿者等。②偶然性计划活动，比如为某人的生日或者某个节庆准备食物、装饰房间，某次惊喜的生日宴会，为节假日所做的周密准备等，但此类活动如果重复次数过多，失去新鲜感和创造性后，容易转变为无聊的日常（routinized）。

从斯特宾斯对于休闲活动的分类来看，主题计划性休闲活动是具有一定复杂性的，一次性或者偶尔发生的，虽不常见但有时会充满创造性的，发生在自由时间或者摆脱非自愿责任束缚时间内的短期活动。就节事活动而言，大部分节事活动都是偶尔发生的，如法定节假日或固定的时间段。参与者也往往需要一定程度的事前计划和努力。有些特殊的节事活动则对参与者的某些技术经验和知识亦有要求。从休闲学视角而言，大部分休闲类节事活动可以归入典型的主题计划性休闲活动。

（三）节事体验研究述评

如前所述，国内对于节事活动的研究相对较少，而且现有的研究都是针对节事活动的操作、运营和管理以及对于节事活动的影响评估等方面，从参与者

---

[1] Stebbins，Robert A. Serious Leisure：A Perspective for Our Time ［M］. New Brunswick，N. J：Transaction Publishers，2007.

体验的角度出发进行的研究不多,且主要集中在消费者体验的角度。胡燕雯[①]总结了国内节事活动实践现状,发现最受消费者欢迎的节事活动基本上具有三个共同点:一是兴奋要素,即令人兴奋或狂热的节事活动才能引起广泛关注和参与;二是娱乐要素,即让人感到轻松和快乐;三是炫耀要素,即参加节庆能够成为日后向人夸耀的资本或谈资。郑辽吉、刘惠清[②]在谈及节事可持续发展问题时指出,其实质是不同利益主体的协调问题,从游客和社区层面而言,节事活动的深层次体验才是基础。因此,本文从休闲学角度出发考察国际性节事活动,关注参与者的休闲体验,在此基础上构建主题计划性休闲活动体验模型,以期实现对休闲理论和节事研究的发展。

三、案例研究:国际性节事活动的参与者休闲体验调查

学界对于节事活动的研究多从旅游学角度切入,注重对于节事活动的经济效益、城市影响等社会宏观层面的研究,比较忽略作为节事活动的参与者主体个人视角的研究。本研究以杭州市两大具有影响力的节事活动作为研究案例,运用比较研究的方法,通过参与观察和深度访谈等手段获取研究资料,了解不同节事活动中参与者的所思所想、所作所为存在的差异性,站在参与者的角度剖析影响他们节事体验的因素。

(一)研究设计

1.案例的选择

本文的节事活动案例选取 2016 中国国际动漫节、2016 杭州马拉松作为研究对象,主要基于以下几点考虑。

(1)两者均符合节事活动的休闲性特征

本文旨在研究节事活动参与者的休闲体验,被选取的节事活动必然具有强烈的休闲特征。中国国际动漫节以动漫为基点举办节事活动,其休闲性不必赘

---

① 胡燕雯. 事件旅游:都市旅游竞争的制高点——以京沪穗为例[J]. 地域研究与开发,2004(4):78-81.

② 郑辽吉,刘惠清. 城市节事可持续发展的体验视角——以辽宁省节事活动为例[J]. 甘肃社会科学,2007(4):213,246-248.

述。而杭州马拉松被定位为一项无国界、无年龄区别的全民运动，设马拉松（42.195公里）、半程马拉松（21.0975公里）、小马拉松（7公里）、情侣跑（4.5公里）、家庭跑（1.2公里）五个项目。从情侣跑、家庭跑的项目设置便可看出，杭州马拉松的定位并非仅仅是一场比赛，而更多是一场全民参与的长跑庆典，具有一定的休闲性。

（2）两者均为国际性节事活动，且已形成一定的周期性、拥有大量的参与者，影响力大

2016年，杭州连续12年成功举办的中国国际动漫节，成为G20杭州峰会前唯一举办的大型文化活动，展会规模和节展效益再次刷新历史新高。在短短六天（4月27日至5月2日）时间里，动漫节以"更国际、更动漫"为主题，覆盖五大洲80个国家和地区的2531家中外机构、5300余名专业人士参展参会，138.5万人次参加了动漫节的各项活动，其中去白马湖主会场的，就有35.87万人次。实际上，中国国际动漫节已成为目前世界上规模最大、参与人数最多、内容最齐全的动漫盛会。相较之下，杭州马拉松创办于1987年，是在原西湖桂花国际马拉松赛和杭州国际友好西湖马拉松赛两大赛事的基础上联合举办的，已有30多年的历史。现在的杭马是中国田联和国际马拉松及路跑协会（AIMS）备案的国际级马拉松赛事，是中国最重要的马拉松赛事之一。在G20之后，首度改名为"杭州马拉松"的杭马在30周年之际再次出发，报名人数突破7万，创参赛人数新高，成为中国更受世界关注的马拉松赛事之一。

（3）两类节事活动均属于主题性计划休闲

如前文所述，主题计划性休闲是指在自由时间内所开展的短期性、创造性活动，这种活动比较复杂，参与者需要一定的计划、努力和意志，有时还需要些许技术和知识才能参与，同时这种休闲活动并不是经常发生，只是一次或偶尔发生。无论是动漫节，还是马拉松，都符合上述特点，既是短期内开展的活动，也对参与者有一定的门槛要求。

2. 研究方法与研究工具

扎根理论是一种质性研究方法，由美国社会学家格拉泽（Glaser）和施特劳斯（Strauss）所创。作为一种自下而上建立实质理论（substantive theory）的方法，它通过系统收集和分析资料，从资料研究历程中衍生出理论[①]，它注重"发现

---

① 李志刚. 扎根理论方法在科学研究中的运用分析[J]. 东方论坛，2007(4)：90-94.

逻辑"而非"验证逻辑"①。研究者在研究开始之前一般没有理论假设,直接从实际观察入手,在系统收集资料的基础上寻找反映社会现象的核心概念,然后通过这些概念之间的联系建构相关的社会理论。② 因此,扎根理论的这些特点十分契合本课题这样的探索性研究。运用扎根理论的研究方法,既可以对主题计划性休闲参与者的休闲体验进行深入的探索,又可以避免实证范式下经验性观念或预设性理论模式对所用资料和所得结论范围的"程式化"限制。③

本文采用 Nvivo 8.0 软件进行数据分析,该软件借助于强大的智能应用程序将定性分析扩展到一个全新的研究层面,是一款辅助信息发掘工具,在很大程度上方便了扎根理论数据资料的整理与分析,旨在帮助个人和组织挖掘数据信息,进行可视化管理与呈现。简而言之,它可以辅助标记各种多媒体资料,帮助使用者检索信息,并把信息绘制成图表。

3.资料搜集和整理

本文的调查对象是参加 2016 中国国际动漫节、2016 杭州马拉松的人群。课题组前往两大节事活动现场进行开放式深入访谈和参与观察,并辅以非正式交谈,以获取一手资料。开放式深入访谈持续时间从 20 分钟到 1 小时不等。此外,充分利用网络资源,大量阅读博客、网站中参与者所写的活动记录,进行理论性抽样,选取合适的文本作为补充资料,并联络一些记录体验的参与者,对其节事活动的体验进行了事后访谈。表 4 展示了本研究调查对象的基本情况。

表 4　调查对象基本情况

编　号	年　龄	性　别	参与性质	职　业
D1	18	女	同学结伴	高二学生
D2	25	男	朋友结伴	公司职员
D3	18	男	朋友结伴	高二学生
D4	25	男	朋友结伴	公司职员
D5	20	女	同学结伴	大一学生
D6	26	男	朋友结伴	自主创业
D7	20	女	同学结伴	大二学生

---

① 范明林,吴军. 质性研究[M]. 上海:上海人民出版社,2009:14-22.

② 陈向明.扎根理论的思路和方法[J].教育研究与实验,1999(4):58-63,73.

③ 高军,马耀峰,吴必虎.外国游客感知视角的我国入境旅游不足之处——基于扎根理论研究范式的分析[J]. 旅游科学,2010(5):49-55.

编 号	年 龄	性 别	参与性质	职 业
D8	23	女	朋友结伴	研一学生
D9	19	女	朋友结伴	高二学生
D10	25	男	朋友结伴	博二学生
M1	24	男	朋友结伴	公司职员
M2	24	女	朋友结伴	研二学生
M3	31	女	独自一人	公司职员
M4	29	男	独自一人	公司职员
M5	25	女	朋友结伴	研三学生

说明:D开头的编号代表调查对象参加了2016中国国际动漫节;

　　M开头的编号则代表调查对象参加了2016杭州马拉松。

本文依据节事活动的时空特性,经过预调查的检验和修改后设计了访谈和观察提纲,提纲主要包括以下内容:①参与者是如何决定参加这个节事活动的?这个决策受到什么因素的影响? 他们参与的动机是什么? 参与的方式是什么? 参与节事活动前有怎样的目的和期望? ②是否具有其他节事活动参与的经历,他们用什么语言来描述这些事件场所以及参与的经历? ③他们参加节事活动前的预期是怎样的? ④他们在事件场所中的所思所想和所作所为? 他们的偏好? ⑤参与者在节事活动结束后的感受有哪些? 是否满足了他们的目的和期望? 印象最深刻的是什么? 哪些东西对他们而言是重要的? 有怎样特别的感觉? 对参与者本人意味着什么? ⑥参与者对节事活动主办方有哪些建议? 以上问题仅仅是起到一个提示作用,在实际的访谈过程中主要依据受访者的思路展开他们的故事,在能够涉及以上所有问题的基础上尽量详细具体地了解事情发生的始末和细节,以便更好地站在受访者的角度理解他们的故事和真实的意义。

本文对所有的访谈都进行了录音,然后逐句转化成文本,最终得到4万余字的访谈资料并在访谈期间对受访者的语音、语调、表情等也进行了记录。调查时调查者与受访者建立了融洽的关系,相互信任,在访谈和观察期间互动频繁,气氛轻松和谐,从而最大限度地确保研究资料的真实性和可信度。

(二)资料分析

本文使用扎根理论对搜集的资料数据进行质性分析,主要是通过开放式编码、关联式编码和核心式编码三个关键步骤完成。为了能够较全面地获取研究的理论维度,在质性分析过程中需要不断地进行资料数据的概念形成和维度抽取,经过"搜集资料—形成概念—整合重组—理论提取"持续不断地循环。同时,为了保证结论的全面性、可靠性和有效性,研究者在后续搜集的资料中发现新的概念时,需要与已经形成的概念进行核对或组合,一旦出现新的类别或范畴时,则需对原来形成的理论范畴进行修正,如此反复进行,直到不再出现新的类别或范畴,即达到了理论饱和。本文遵循扎根理论的质性分析过程,借助Nvivo 8.0 软件,具体研究过程如下。

1. 开放性编码

开放式编码是指将资料分解、比较、概念化和范畴化的过程,也就是一个将资料打散,赋予概念,然后再以新的方式重新组合起来的操作化过程。① 本研究始终围绕着"节事活动参与者的体验需求与影响因素"这一核心研究问题,反复通读访谈文本和观察笔记,悬置个人的预设和偏见,将收集到的资料打散,并逐字逐句进行编码、标签,以从原始资料中归纳、总结主题计划性休闲体验的初始概念、发现概念范畴。

我们利用 Nvivo 8.0 的自由编码功能,将采集的网络访谈资料和案例资料直接进行自由编码,不断将资料进行比对,得到本研究需要的短句。运用 Nvivo 8.0 的类属编码功能,先将资料文本概念化,再提取初步范畴,最终提取概念范畴,具体见表 5、表 6。

表 5 动漫节访谈的概念、初步范畴提取过程

资料文本	概念化	初步范畴提取
A. 就陪他走了一下,感觉太累了 B. 你要带很多衣服是挺累的,但是更多的是期待	感觉累	身体累
A. 坐公交差不多两个小时 B. 还行,太堵了,从 9 点出发,从下沙堵过来,都快 14 点了 C. 有点远,感觉应该是三四个小时 D. 我们找路找不到印象最深刻 E. 如果说距离很近的漫展,一个人去就去了,来这边太远了没人陪就懒得来了 F. 因为他大巴,他江西 G. 坐公交也很挤吧,就开车,开到将近只有 1 公里的位置	距离远	区位因素

---

① 陈向明.质的研究方法与社会科学研究[M].北京:教育科学出版社,2000.

续表

资料文本	概念化	初步范畴提取
A.没想到是一些营利组织 B.这应该是一个爱好者们聚集的一个盛典,而不是企业为了盈利而来宣传	对漫展过多经济成分的失望	展出内容的不合理
A.我喜欢日本动漫,太少了,国漫太多了,我们也不关注 B.毕竟动漫各有所爱,不能这样	展出内容不均衡	
A.他们是国漫的或者是周边为主的,而不是动漫游戏本身。所以兴趣不大 B.国际动漫啊,展台应该有个完整的内容展示,现在就是送小礼品,凑个热闹,具体什么动漫的内容还没看到。好像东一点、西一点,好像穿衣服什么的其他地方都能看到,有点形式化	展出内容形式化	
A.就是太单调了,雷同的太多了,没有新的感觉 B.跟这次没什么区别。因为场地也没换,店也差不多这样子 C.其实差不多	同质化内容	
有的话就是希望专门给 coser 开辟一块好一点的场地。现在都是在摊位里面拍照	场地受限	对展会布置的遗憾
A.我不会化妆 B.有,但是不敢玩,觉得自己很多条件都达不到吧	cos 技能缺乏	对参与者的要求
A.我其实也有很多不认识的新番 B.就是动漫,你不持续关注的话,好像你就 outdate 了,你就不知道这一期展出的是什么 C.因为他很潮,你很容易 outdate	需要持续关注性	
A.我其他展也逛过很多次。在诸暨小展逛过很多次 B.有其他,宁波的,杭州的,上海的	参加过其他漫展	参加漫展经历
A.不是,第二次 B.去年第一次,今年第二次 C.第二次,去年来过 D.就是第二次 E.第二次,昨天第一次 F.第三次 G.来了好几次	来过好几次	

续表

资料文本	概念化	初步范畴提取
A. 动漫的话小学就开始看了 B. 动漫的话小学就开始看了 C. 很小,很早,真的记不得了,最早记得的就是电视上播放的《魔卡少女樱》,真的不记得什么时候了 D. 新番会看,每周都会追,一周更新一集。会有几部一起追的时候,而现在只追一部 E. 初二开始。现在高二 F. 所以你觉得你在这个圈子还算比较资深的是吧?应该是吧 G. 大概从高中开始看 H. 挺多年的,从 2005 年开始 I. 从小看	看动漫时间很长了	参与者日常
A. 大学才开始 cos 的 B. 开始 cosplay C. 刚玩,差不多是第一次 cos 吧 D. 今年主要来看 cosplay 的比赛 E. 我基本上一直追着一些 coser 拍照 F. 其实看过来还是 cosplay G. 看 cosplay H. 一般看到比较好的都回去搭讪或者拍照 I. 来漫展都是来看 cosplay J. 看到这么多 coser 走来走去其实很开心的 K. 喜欢 cosplay 和其他的	喜欢 cosplay	参与者喜好
现在在往游戏发展,因为游戏的难度毕竟在动漫之上	喜欢游戏	
A. 这个是第二套 B. 多啊,3 套左右吧 C. 所以你家里很多动漫周边吗? 嗯 D. 还好吧,有,但是我感觉不是算多的吧 E. 你家里这种东西多吗? 挺多的 F. 所以想买新的周边 G. 买周边之类的 H. 也喜欢一些周边 I. 很多,我就是这种工作室的专门做这个。专门做动漫的周边和道具	喜欢动漫周边道具	
A. 社团就是学校动漫社 B. 以前在社团	加入兴趣组织	

续表

资料文本	概念化	初步范畴提取
满足一个游戏现实化的一个需求,在现实生活中也能够互动,好像不在虚拟世界而是真实世界	游戏现实化需求	互动需求
A.希望商业氛围少,文化氛围浓 B.有 cos 的舞台剧啊,或者一些 cos 的高手多来一点	对动漫文化期待	文化需求
A.就是可以看到那个电视剧里面那些角色,就很兴奋 B.我期待看到美女帅哥	对视觉盛宴期待	视觉需求
A.希望去漫展是看到很多网上有名的,比如 cosplay 名人、宅舞的、唱歌的,还有各路网红。这是我最期待去看到的 B.夏达,夏达那个手绘稿,我专门是为了她才过来的 C.我很喜欢的一个动漫的总策划	追星需求	追星需求
期待看到一些追的漫画,周边还有就是游戏,最多还是来看一些 coser	期待看到各种东西	多样化需求
A.只对动漫本身有兴趣,对周边兴趣不大,饱饱眼福就可以了,很多买回去意义也不大,不实用。反正我就看电子版的就好了 B.审美啊,还有合照需求啊	审美需求	审美需求
A.社团里面差不多 5～6 个,他们昨天已经来过了,今天是第二次。就带上我了 B.平常没有就个人玩的,志同道合的朋友 C.我们俩就是一起来玩的 D.我跟我网友一起 E.我跟我网友一起 F.就觉得这么多人,这么多朋友在一起 G.陪孩子 H.而且这次也凑着这活动是跟朋友来千里来相见 I.以前跟网友都是不见面的,来这边碰面是吧,就是借此机会见到了一直聊的朋友 J.那能结交到一帮比较交心的好朋友,最好的朋友都是一起玩 cos 的	社交体验	社交体验
觉得在这里会进入另外一个世界,跟外面车水马龙不一样	另一个世界体验	

续表

资料文本	概念化	初步范畴提取
A. 就是可以看到那个电视剧里面那些角色,就很兴奋 B. 这里现实生活看到形象海报还是比较亲切	虚拟世界现实化体验	奇特体验
A. 快乐啊 B. 很好奇,然后就是来玩,觉得蛮好玩的 C. 就是想来逛逛,很简单,就是觉得放假出来玩,就奔自己喜欢的地方玩 D. 既然选择来玩就要玩得开心嘛,管他三七二十一呢,哪怕路上堵了一个小时或两个小时	娱乐体验	娱乐体验
A. 因为这个是个另类的体验嘛,就是来这边总是好的嘛 B. 就是来放松啊,就像别人去西湖旅游一样的	旅行放松	放松体验
A. 自己动手了,自己会更得到认可 B. 不,就像大学我一个人在宿舍看动漫,大家都出去爬山了,一个宿舍都想去爬山,他们就会觉得在宿舍看动漫叫宅 C. 平常就是三次元,和二次元是不同的嘛,如果你穿了一些二次元的在三次元的人群当中,别人会另眼相看。我也不懂,平常一些妹子喜欢穿汉服也是中华传统,也不像日本的JK服装一样,走在路上还会被人指指点点,我觉得这些人很不合理。我觉得他们会一拥而上求合影。对啊,他们会说这个人怎么穿成这样啊,所以他们心理上其实是不接受的。就是容不下的,他们是容不下二次元的现实化的	得到认同感、小众文化	认同体验、小众文化
到现在是一个参与者,来这边顺便吸取一下经验,寻找灵感,以后可能会做一些策划活动之类	汲取经验寻找灵感	创造体验

表 6　马拉松访谈的概念、初步范畴提取过程

资料文本	概念化	初步范畴提取
最近几年报名都出现网页卡死的情况,整个支付体验非常差	报名困难	参与阻碍

续表

资料文本	概念化	初步范畴提取
今年对体检表格的提交非常严格,人工审核效率比较低,虽说是对跑者负责,但完全让体验变成煎熬,有些跑者简单的体检报告直接通过,有些心脏全面彩超平板测试的反而说不合格,需要重新传(我就是),让人感觉很莫名其妙	体检审核标准不统一	标准不一
A. 杭州马拉松是 AIMS 赛事,在国际也比较有认可度认知度,但说实话如今国内马拉松这么多,杭马不进则退,与北马、上马等的差距在拉大,相比南京马拉松、无锡马拉松等也有不小差距;今年杭马有很多小心思,有些细节也很贴心,但无法掩盖大的组织上的欠缺 B. 与很多跑马的朋友交流得出的结论基本都是,杭州马拉松是国内很值得跑的马拉松,但完全可以做得更好,相比杭州的美景和城市建设,杭马的组织有点拖后腿了 C. 杭州的全程是不分 ABCD 区的,但好在提前了半小时到达还是能够尽可能地靠近拱门	组织缺陷	组织缺陷
A. 存包的这个车子急着出发,所以没存上的话,就只能背着包跑了,我差点没存上。因为存包要根据号码牌来,对号入座存档和撤离。必须是对应的车才能存,我就是赶不上,找不到那辆车 B. 在领物地点、寄存包时遭遇各种混乱	存包混乱	
跑完之后径直去拿了完赛包,被告知奖牌直接放里面了,也没有志愿者帮你挂脖子上或者直接发放。听说后面 6 小时左右完赛的那批人奖牌都不够发,官方说等登记了再补发给他们	奖牌发放不合理	
赛前赛后各种短信轰炸,本意是好的,提醒信息也都很有价值,但编辑短信的小编似乎未做审核就直接发出,很多短信读不通顺,比如这条: 【浙江马拉松】亲爱的×××,打扰啦,似乎杭马君略给您添堵。先前体检上传了三天才通过审核,这会儿领赛事包又必须原件。您知道,数万体检是医务团队逐条日夜人工审核;原件领包是为最大程度确认本人跑马。跑前体检和自我评估是坚持的,替跑和蹭跑是杜绝的。【杭马组委会】	短信轰炸	

续表

资料文本	概念化	初步范畴提取
跑得比较慢，到后面去问还有没有喷雾时，大多数志愿者都是没有了，甚至连吃的东西都没有了	补给不够	
香蕉皮的重灾区，地上被踩烂的香蕉皮很容易滑倒。这点既没有志愿者能比较快速的清理也没有广播提醒	环境及安全隐患	
A. 就是刚第一次跑两三公里就堵住了 B. 很多赛道真的太拥挤了！这样的路段几乎出现在整个前半程；比赛进行到 10 公里时因太拥挤，人群只能原地等了近 1 分钟，很无语	赛道堵塞	
如果我是主办方，希望在赛后就是帮助选手恢复，可以再多做一些服务按摩啊，或者其他的东西。他们现在有，但是太少了。然后希望引导者更多一些，就是每一个结束跑步的人，他都有一个顺序，就是领完奖牌，然后下一步是什么，如果有人能够引导，速度会比较快一点	赛后服务不够	服务不够
基本上都是单打独斗，就是不管怎样也得一个人跑下去	马拉松是自己的战斗	自我抗争性
A. 起跑之后我就一直在找人跟跑，把自己的速度始终压在 540 左右，因为能力还没到那，这次计划的也是按照 540 稳定输出的节奏跑 B. 没经历科学系统的训练，全程想跑进 4 小时还是有点吃力的；至少对我来说是这样，一到 30 公里	活动的竞争性	活动竞争性
A. 杭州的赛道是比较虐的，就是后半段本来就比较难，前半段已经消耗得差不多了，到后半段再来一个上下坡的话，难度会比较大一些 B. 杭马的赛事特点不适合刷成绩，主要因为赛道难，尤其是虎跑、杨公堤一段起伏比较大	赛道设置难，不适合刷成绩	赛道难
其他马拉松很多都是赛前 EXPO 热闹，赛后比较简单，杭马就反过来，赛前很简单，赛后体育场内热闹得像庙会，赞助商也都选择在赛后大力宣传	商业性太浓	商业性

续表

资料文本	概念化	初步范畴提取
A. 三年前自己开始跑练长跑 B. 一般一个月跑量还是有一些的，大概 100 公里 C. 当一个人正处于从一个阶段转型到另一个阶段的空档期时，必定会有一种新的习惯会养成，那时候跑步就成了我的一种新的习惯 D. 之前从事自行车运动，近两年开始跑步，2015 年开始跑马拉松，先半马后全马	平常有长跑习惯	参与者日常
A. 热爱跑步的人，就是没有人给你宣传，没有人给你推荐，你也自然而然会去跑，但是如果是一个不喜欢跑步的人，你怎么跟他推荐，其实他也不会去 B. 我个人是非常享受跑步过程中的所有一切带给我的感受 C. 我是因为坚持减肥才去跑步的，渐渐能够发现它有趣的地方，就是你跑过来在于你跑步的时候，你在想什么？一天的工作，回顾啊，或者接下来的计划，或者什么都不想只看看周围的人等等 D. 我觉得是跟自己对话的一个时间吧	热爱跑步	参与者喜好
A. 直到后来去德清朋友家做客遇到了一位坚持跑步好几年朋友，在她的推荐下我第一次接触到了栋哥（陪你跑现在办得有声有色）的简爱跑步法、杭马会（十佳跑团）、浙大户外，还有很多热爱跑步的朋友们 B. 是浙大求是跑马会和杭马会的成员 C. 参加了烂诗人那个爬山组织	加入专门的兴趣小组	参与者投入
A. 平常会跟跑友会交流经验 B. 会参加各种跑步讲座，偶尔有马拉松教练	注重对跑步技术、经验的总结	
赛道还是那条赛道，景色确实很美	赛道熟悉而美丽	观赏性
就这样我们从杭州上城区跑进了滨江区的闻涛路，这里有传说中的最美跑道。作为一个忠实的城西人，一直都没有机会来最美跑道体验一下，今天终于如愿了	对城市的归属感	情感归属需求
A. 每年都会报马拉松的原因，是因为我不想放弃跑步这件事情 B. 就我自己来说，每年跑杭马无欲无求，希望可能每年秋天都在这里收获块完赛奖牌，一年都不要落下	坚持跑步的心态去参赛	坚持需求

续表

资料文本	概念化	初步范畴提取
A.不追求名次，因为不是专业选手，很难竞争 B.我现在可能就是玩一玩吧，体验一下 C.带着好心情再度起跑的感觉那是不一样的，当跑马拉松不再那么痛苦的时候，你内心的状态就是另外一种了，我想这是我喜欢的马拉松参赛感觉——享受这个过程。出发速度一路提升，甚至能飙到 5 分以内，我当时还心存侥幸	放松、娱乐的心态去参赛	放松、娱乐需求
A.为了刷成绩去的 B.跑得比较认真，就是心无旁骛。嗯，一路上不会想其他的，而且都不敢停下来，就是一直赶速度，希望成绩能够好一点的	竞争的心态去参赛	竞争需求
扛旗是为了增加马拉松的挑战，扛着旗帜跑完比正常跑慢了 2 个小时，增加了跑完全程的困难	对活动复杂性和挑战的期望	挑战需求
A 9~10 月比赛前针对性的训练，训练强度高，总共100 多公里 B.就是说练习时间或者准备时间，差不多也是半年吧	赛前准备及比赛的竞技性	赛前准备
刚开始有点压力的，这么重要的家门口的赛事自己不跑 PB 有点可惜了	感到压力	紧张感
A.膝盖有点受不了 B.担心后半程体能和电解质流失过快，可能会有抽筋现象出现，所以在 8 公里处我又吞了颗盐丸和少量的自备水 C.怎么还在闻涛路啊！其实我是个路痴，加上对滨江很陌生，更加不知道自己现在身处什么路。又过了一个大长坡后，半马跑者右转后进入半程终点，全马跑者折返，向钱江大桥方向。这时其实我也意识到这才刚刚开始。前面还有最难熬的"撞墙期"。赶紧补充能量胶和盐丸	身体感到困难	活动对身体的挑战
A.每个月的跑量也有上升，虽然有跑过几个"玫瑰"（注解：跑友用脚跑出来的玫瑰轨迹图的方式来庆祝情人节，大约 27 公里），但是一直没敢尝试 30 公里以上的距离 B.我想这之后我该好好地练习步频这个项目了	比赛的难度	比赛难度

续表

资料文本	概念化	初步范畴提取
A.2017 年争取跑到 345 公里 B.耐力这个还需要在今后的训练当中慢慢去提高。再一个就是步频了,经历了上马和杭马的挑战 4 小时的过程,我铁了心要去提高步频	目标设立	未来目标
在 30 公里左右选择了停止挣扎,虽然继续咬牙坚持下去进入 4 小时还是很有可能的。但是后面的情况谁也说不好,也许就崩了呢。毕竟我心里还是没底,更想在收官之战跑的开心一点。于是我选择了放慢速度停下来修整一下,走走跑跑到了 35 公里,就进入了风景区	参赛方案的自主性	愉悦性体验
A.跑着跑着看见一个背影纤细的妹子,步幅很小,身体也很平稳,基本看不到双手前后摆动的姿势。想她给她加油一下下,当我快靠近她的时候我才发现:原来她是个独臂姑娘。我使出了我内心所有的感动和力气温柔地说了声"加油",在身后我也听到了她对我说的"加油"。似乎脚步也变得轻盈了些 B.因为对于正常人来说,跑步都不是那么简单的事情,更何况是盲人看不见跑步,他跑的赛道旁边保健的人,也能够坚持就特别的感人。嗯,当场就泪目了	碰到让自己内心触动的人和事	情感价值体验
A.又有热情的群众提供的私人补给,吃了好几片橘子(这好像是我 2016 年第一次吃橘子,也可能是唯一一次了)。再来上两杯纯净水,瞬间感觉回到人间了,心情大好 B.滨江的观众更外向,更热情。一路给我们加油,林一大哥很能带动气氛,"加油,high 起来"用力大喊,既给我们跑者加油,又能让沿途的市民也参与到这个赛事中,好多小朋友主动伸出小手来跟我们击掌加油。身后还隐约听到一个小朋友对他妈妈说:"妈妈,我们今天也开始跑步吧,明年我们也来跑。" C.现在来杯冰啤酒就好了,要生啤(其实平时我也不太喝酒)。人群里有个年轻妈妈引起了我的注意,她身边有个旅行箱,里面装满了各种补给。边上应该是她的女儿,她和她女儿一路给我们加油,手里还拿着香蕉和水。我们目光对视了一秒,相互微笑了一下,我读到了"加油",她应该读到"谢谢"	与群众的互动,感觉良好	社会互动体验

续表

资料文本	概念化	初步范畴提取
A. 跑出去没3公里我们就遇到一个大姐,她主动问我们"你们跑多少的配速?""630的速度""那我们一起跑吧"话音没落1分钟,她已飞出去了老远。大姐,您这是在用行动"鄙视"我们吗?我心里暗暗在想,大姐,看看我们还有没有缘分在30公里处再偶遇了。在北山路保俶路口第一次偶遇了"黑暗跑团"(注:视障跑者)的跑友从我后面经过,而我却无意冒犯了他们(此处我要面壁3分钟)。后半程一路碰到他们,一直让道给他们加油。因为前10公里的控速很重要,我跑得可认真了,结果在解放路上就把我邻居大哥跑丢了 B. 25公里后开始走路的人也越来越多,我偶尔会对他们说"不要停,慢慢跑",我鼓励他们,同时也在对自己说"你不能停,停下了就跑不起来了"这一路大哥还是很有精神地跟市民们互动,"加油,加油"偶尔对着镜头摆pose C. 前半程跟着女神一起跑,很开心;后半程跟一起扛小旗的男生一起跑,带着他跑,也有一种成就感 D. 五六个人吧,就是一起一起跑的半程,就是一直一起跑	与跑友的互动,互相鼓励	
A. 但是还是会有很有成就感,毕竟无论是怎么样,走都走完了呀 B. 有种表演的感觉,刷新了成就感,也满足了内心的需求	成就感体验	成就感体验
A. 2016年成绩有所提升 B. 我成绩还算不错	比赛成绩不错	
扛着最大的校旗跑完马拉松全程,这是因为浙江大学的校旗带来的荣誉	荣誉感受	价值感体验

2.关联式编码

考虑到初始范畴的意义比较广泛,范畴与范畴之间的相互关系模糊,因此需要进一步将初始范畴放回原始资料中,对原始资料进行分析。在对研究情境和研究对象进行充分理解的基础上,深入分析范畴的属性,通过不断比较,按照不同范畴之间的相互关系和逻辑次序,对其进行归类,对初始范畴加以综合分析,最终形成主题计划性休闲体验的主范畴(见表7、表8)。

表 7　动漫节访谈分析的主范畴与对应范畴

主范畴	对应范畴
参与阻碍	身体累
	区位因素
	展出内容的不合理
	展会布置的遗憾
动漫节活动性质	小众文化
参与者日常活动涉入	参加漫展经历
	参与者日常
	参与者喜好
参与者需求	互动需求
	文化需求
	视觉需求
	追星需求
	多样化需求
	审美需求
活动的严肃性	对参与者的要求
参与者体验	社交体验
	奇特体验
	娱乐体验
	放松体验
	认同体验
	创造体验

表 8　马拉松访谈分析的主范畴与对应范畴

主范畴	对应范畴
参与阻碍	参与阻碍
	标准不一
	组织缺陷
	服务不够

续表

主范畴	对应范畴
杭马活动性质	自我抗争性
	活动竞争性
	赛道难
参与者日常活动涉入	参与者日常
	参与者喜好
	参与者投入
参与者需求	观赏性
	情感归属需求
	坚持需求
	放松、娱乐需求
	竞争需求
	挑战需求
活动的严肃性	赛前准备
	紧张感
	活动对身体的挑战
	比赛难度
	未来目标
参与者体验	愉悦性体验
	情感价值体验
	社会互动体验
	成就感体验
	价值感体验

3.选择性编码

选择性编码也称核心式登录,是指从主范畴中挖掘核心范畴,系统建立核心范畴与其他范畴之间的联结关系。本文通过对主范畴和其他范畴与绿色出行行为之间关系的分析,建立其联结关系,如图4、图5所示。我们确定"主题计划性休闲活动的参与者体验"这一核心范畴,围绕这一核心范畴,将其与其他范畴之间的联结关系确定为活动的性质、参与者的日常涉入、参与者的需求和参与障碍四大因素影响主题计划性休闲活动的参与者体验。

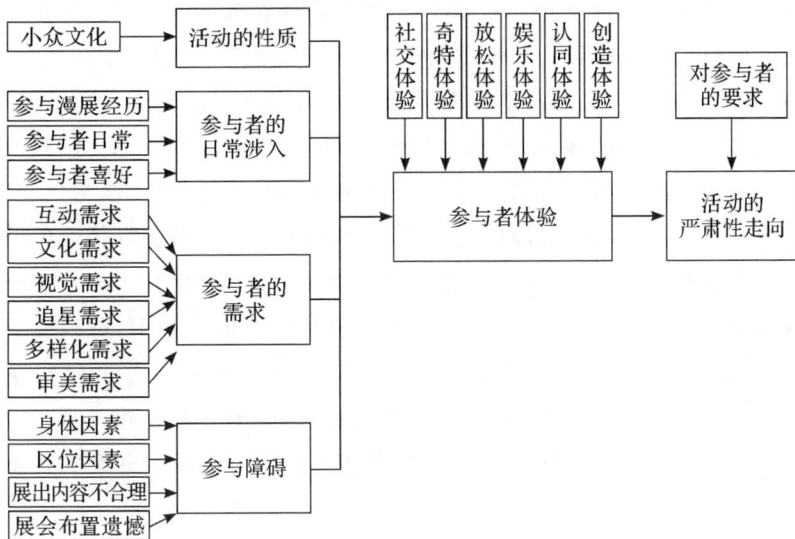

图 4　中国国际动漫节参与者体验模型

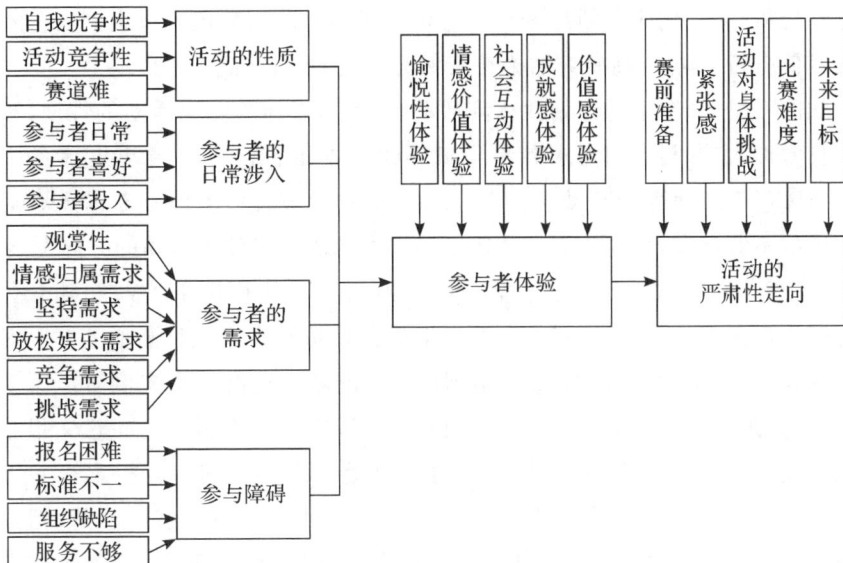

图 5　杭州马拉松参与者体验模型

（三）模型阐述

由上文扎根理论质性分析可知,影响参与者体验的因素众多。国际动漫节的案例中可归纳提取得到 6 个核心范畴,21 个对应范畴。其中,活动的性质、参与者的日常涉入、参与者的需求和参与障碍共同影响了动漫节参与者的体验,在这个过程中,参与者的内在需求与外部遇到的障碍进行不断的协商,共同作用于参与者的体验。动漫节参与者主要的体验类型可被分为:社交体验、奇特体验、放松体验、娱乐体验、认同体验以及创造体验。而这些美好体验的获得又进一步促进和要求参与者向该活动投入更多的精力和训练,使得参与者体会到该休闲活动的严肃性走向。与之类似,在杭州马拉松的案例中,可以提取 6 个核心范畴,26 个对应范畴。尽管杭州马拉松活动的性质、参与者的需求、遇到的障碍等与国际动漫节完全不一样,但依然是这些因素对马拉松参与者的体验构成了影响,并且在这个案例中,活动的严肃性走向因为马拉松赛事的特殊性而愈加显著。

综上,中国国际动漫节和杭州马拉松的参与者体验存在相当程度的范畴重合。本文综合考虑两者的区别联系,构建了主题计划性休闲体验模型,见图 6。本研究通过多案例和质性研究的方法对不同节事活动的参与者体验差异进行探索性分析,多案例研究的特点在于它包括了两个分析阶段——案例内分析和交叉案例分析[①],可提高研究结论在案例类型上的普适性。

如图 6 所示,在主题计划性休闲活动中,参与者体验受到活动的性质、参与者的日常涉入、参与者的需求和参与障碍四个方面的影响,其中参与者的需求与参与障碍不断地进行互动、协商。最后,随着参与者体验的不断深入和对自身要求的不断提高,主题计划性休闲活动不断朝着严肃休闲活动的方向发展。

时至今日,杭州国际化节事活动的发展确实取得了不俗的成绩,随着休闲理念逐步深入人心,主动选择参与节事活动的团体和个人也日渐增多。面对这一状况,昔日常见的"文化搭台,经济唱戏"状况就显得有些本末倒置。因为归根到底,休闲活动是个体作为"人"的生命过程,这一过程所产生的意义很难用数据来完全描述。当然,从宏观角度对节事活动进行观察和分析本身并无问题,从经济人的维度来进行大数据统计也是完全可以理解和有必要的,但除此之外我们仍需要不时以微观的视角进行反思,在细节上分析作为人的个体所思

---

① 孙海法,刘运国,方琳.案例研究的方法论[J].科研管理,2004(2):107-112.

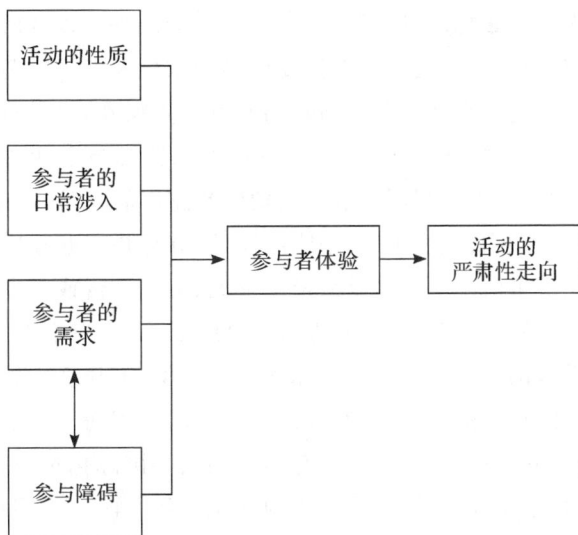

图 6　主题计划性休闲体验模型

所想和所欲,这不仅是不同学科路径的差异,也是提高杭州国际化节事活动的细节深度、为未来发展开拓更多可能性的必要准备。

四、国际性节事活动的发展对策与建议

(一)杭州国际节事的总体境况分析

基于上述访谈数据,我们可以看出,杭州市当前的国际节事活动在总体呈上升发展态势的同时也面临着变革的节点。从宏观角度出发将其置于全球化这样一个大背景中来观察,我们不难发现,海外文化传播带来的理念冲击,产业与市场发展带来的经济诉求,以及居民对自身休闲生活质量追求的不断提升都为这种情况的产生提供了助力。若从微观角度来考量,个体对休闲生活的细分化、体验化及高质化诉求正在自下而上地逐渐成为节事活动最具潜力的发展契机。长期以来,"文化搭台,经济唱戏"的模式一直在左右着大部分节事活动的基调和内容走向,各种大数据分析往往也比较注重以经济人为对象的资料记录。诚然,经济诉求是当前国际化节事活动中必不可少且重要的一环,与文化共同构成节事活动两大支柱。宣传中所标榜的"国际性"往往在此基础上以催化剂的形式点染两者。但如果将视角转向微观层面,以"人"为对象,以参与者的休闲活动诉求为考量标准进行调查的话，结果则反映了以往研究中容易被忽略的一点，那就是个体的休闲旨趣与深度体验诉求以及背后所蕴含的大众休闲泛娱乐化的倾向。这一点即是节事活动的问题焦点所在，也是对其进行改良的契机。围绕这一焦点，本文将于此章，依据选取的国际节事活动调研数据展开讨论，有针对性地对当下杭州国际节事活动所暴露出的问题提出改良对策。

毫无疑问，杭州国际马拉松、中国国际动漫节都是举办数届并取得不俗成绩的成熟国际化节事活动——如果从经济发展、文化交流或者提升国际知名度角度而言，这样说并无太大问题。但从微观的"参与者"视角入手来分析的话，就会发现一些微妙的不同。以中国国际动漫节为例，受访者中大部分人对于该节事活动都有一定程度的认知，并有多次参与经验。但对于该节事冠名"国际"一词，很多人表示并不认同，认为并没有感受到太多国际化氛围；另外大部分受访者都提到活动的内容有流于形式化的倾向，除了官方组织的固定展览与COS① 秀之外，并没有太多吸引眼球的地方，可供一般参与者互动的部分亦不是很丰富；与其他一些同为动漫主题的官方或非官方展会相比，该展会在概念和形象上过于严肃，有比较强烈的官方色彩，缺少参与者主导的内容与氛围。

简言之，当前杭州国际节事活动的状况就是成绩与问题并存。下面我们将从个体的体验角度出发分别讨论已取得的成绩和尚待解决的问题。

1.已取得的成绩

（1）杭州成功塑造了新的国际化节事活动 IP，且发展势头良好

如数据以及上文所言，这两项节事活动都成功构建了较为稳定的"圈子"（social world）②，于官方和民间都形成了一定的影响力并以此为基础不断拓展其规模，提升层次和丰富内容。对爱好者而言这两项活动已经差不多成了等同于法定假日的真正的节日。

（2）响应文化发展与经济发展诉求，填补常规假日节事活动空当期，极大丰

---

① COS 是 cosplay 即 costume play 的简称，指利用服装、饰品、道具以及化妆来扮演动漫作品、游戏中的角色。从事 COSPLAY 的人则一般被称为 COSPLAYER。该项活动是在动漫游戏乃至影视界广泛流行的一种周边娱乐行为，涉及诸如服饰、化妆、造型、表演、摄影等各方面专业知识。世界范围内各大相关展会节庆都会有官方专业和民间团体个人的COS。

② 社会学中常用来描述拥有共同兴趣爱好、活动志愿但物理上又相隔甚远的人所组成的交互社群。学术界比较通用的解释由斯特宾斯于著作《符号互动论研究》（1979 年）中提出。斯特宾斯经常引用这一概念来描述严肃休闲及其他休闲活动组织背后所生成的"圈子"。

富了居民日常休闲生活内容

斯特宾斯严肃休闲理论关于"主题计划性休闲"的论述中将此类活动列入偶然性(occasional)的范围,认为这是在常规假日序列中的一种中间型休闲活动,作为填充随性休闲与严肃休闲之间的空档而存在,并有可能为严肃休闲提供一个基础,实际上这一点在国际马拉松赛事和国际动漫节中体现较为明显。不少受访者表示该活动正好可以用来填补年假内容的空缺,为积攒的长时间休假提供一个行为焦点。部分受访者则表示会经常以业余从业者或者爱好者的身份参与活动,这对参与者体验从娱乐放松上升到认同和创造是大有裨益的。

国际节事活动作为纽带连接社群,形成了新的圈子(social world),最典型的如国际动漫节的 COSER 们。该活动往往以社团和个人小群体两种形式参与节事活动,无论哪种形式,这些社团和个体在私下里会因技术、审美、活动组织等原因展开节事活动外的进一步深度交流互动;马拉松比赛亦然,很多参与者来自长跑爱好者组织,并会有计划地参与各种社团型锻炼和活动。在这里,围绕各项节事活动,不同个体因共同的兴趣爱好和技能要求形成了新的社群,同时对其自身所处的其他社群产生辐射和联动。节事活动给予此种行为动机和资源,反之这种稳定圈子的形成又拓展了节事活动内容的深度和生成性,两者借此构成良性循环,并使得节事活动的内容生成性不断加强。

2. 尚待解决的问题

(1)"国际化"的局限性

这里首先节选杭州国际动漫节参与者 D5 和 D8 访谈中的两段内容:

D5 录音

Q:"你觉得中国国际动漫节这个名称怎么样?"

A:"我觉得普通,希望更炫一点,来的人更多。"

A:"你觉得炫一点,规模更大,同行更多是吗?"

A:"是的。"

D8 录音

Q:"所以它叫中国国际动漫节,你对这个名字怎么看?"

A:"不怎么国际。"

Q:"你觉得外国人太少了? 还是?"

A:"我看到的就是中国这边,这个年纪,国漫卡通主人公比较多,像我这个年纪很难再喜欢卡通了。而且我觉得来这边 COS 的话应该跟我一样喜欢日本动漫的比较多。"

很明显,以国际动漫节为例,从主办方和参与者两个角度出发看待国际化问题,我们可以得出不同的观点。主办方往往更注重参展阵容的国际化、举办规模和形式与国际接轨的程度以及展会所拥有的国际影响力等宏观方面因素。而参与者往往从个人体验新奇感、接触节事内容的新奇程度以及所接触内容的规模与国际化比例等微观角度来评价国际化问题。

结合其他访谈内容,以参与者的角度来看,这几项国际化节事活动所提供的内容本身是富有吸引力的,但国际化的意义可能更倾向噱头,即他们眼中的国际化节事活动实质上是某种"国际化搭台,本地化唱戏"模式。笔者本身也参加过杭州国际动漫节,确实发现很多标明为日系和欧美知名 IP 的展区,实质上只是在做本地化产品以及周边推销,甚至会发生展区的导览人员尚不如参观者对自家展品了解的情况出现。更多的内容则是为本土产品搭桥铺路,营造一种与国际"对抗"的姿态。以这样一种姿态呈现出的"国际化"节事活动,自然会令很多人产生 D8 录音中"不怎么国际化"的印象。

这里我们需要注意一点,COSER 和报名参与马拉松的与赛选手,并不同于一般意义上的节事游客,以严肃休闲理论的观点来看,他们在群组关系中属于业余从业者(amateur)或者兴趣爱好者(hobbyist)①。而在此之外亦有另一个参与者群体,那就是志愿者(volunteer)。一般节事志愿者活动被归类于"主题计划性休闲"下的偶然性(occasional)类别里。普通游客的节事观光活动则属于"主题计划性休闲"下的一次性(one-shot)类别。从调查资料中可以发现,随着参与者活动越来越趋向严肃休闲,深度体验内容越多,其对节事国际化的认同度就越低。COSER 和马拉松选手对国际化程度评价要低于单纯的展会游客和围观群众。这也从侧面说明微观层面上这两项国际节事活动的"国际化"水平未能让很多深入体验的人产生较高认同度这一问题。

(2)形式灵活性和层次感的欠缺

这一点主要体现在调查访谈中关于节事活动"严肃性/功利性"的讨论里。以访谈的内容来看,节事活动的严肃性/功利性是由主办方对活动的定位先天赋予的。政府出面组织的活动会令参与者感受到先天的严肃性;基于商业目的举办的展会必然会带来一定的经济诉求和功利因素。当然参与者并非完全拒斥节事活动的严肃性/功利性,毋宁说大部分参与者都是如休闲制约理论描述

①　业余从业者(amateur)、兴趣爱好者(hobbyist)是斯特宾斯严肃休闲理论所描述的从事严肃休闲的两种活动人群,他们对活动的投入度和报酬期望程度仅次于专业从事者(profession)。

的那样,在以接受这两者的前提下,以"协商"(negotiation)形式参与节事活动的,所以他们主要拒斥的内容还是集中在活动形式的灵活性上。

在这里灵活性主要指动漫节的COSER和志愿者等深度参与者对活动形式所可能具备的多元性、自主性以及多重社交互动性期望,当然他们也需要一般游客所抱有期望的娱乐性与观赏性;马拉松活动深度参赛者则对活动的技术性、竞技性、紧张感、挑战性和组织度有较高期待。无论哪种期望都是对活动形式单调化与日常化的拒斥,所以节事活动能在多大程度上满足多少参与者的事前期待,理所当然就成了衡量该活动的水平的重要标准。调查中的这两项节事活动在组织度、严肃性、紧张感和观赏性方面给予参与者的满足度较高;而在社交互动性、多样性、自主性方面则有所不足。尤其是国际动漫展这种拥有官方—社团,社团—社团,官方——一般观众,社团——一般观众等多重/多元交互维度的活动,其活动组织计划的相对单一性在个人访谈中暴露无遗。

实际上,参与者对不同类型节事活动的期望值还会产生一定程度的冲突,文化/艺术类节庆活动参与者往往对个体和同好者圈子的活动多元自主性需求较高,相对不太注重活动官方严肃性和组织度;而体育节事活动参与者则与之相反,但两者对活动组织的层次性和社交灵活性这一点的要求都很高。可以说,作为调查样本的两种节事活动在这些方面确实是有所欠缺的。

(3)参与者主导性欠缺

参与者在节事活动中的主导性往往同上一点挂钩,上述节事活动参与者的事前预期大致介于纳什金字塔的顶层与四层之间。也就是说,访谈对象中大部分人在期待该活动带来基本娱乐与刺激同时,进而追求情感价值共鸣和主动参与的机会。就一般游客而言,其追求可能会止步于情感价值共鸣层面,但志愿者和COSER之类会进而寻求主动参与乃至最高层次的创造性活动。

与此种期待相矛盾的是,活动主办方在这些活动中提供的更多是外部容易和内部简单的"幼稚型体验"以及外部困难和内部简单的"充实性体验";体验活动多为事先设计好的脚本流程化内容,比较缺乏主题性的创造内容。造成这种状况的原因,一方面如上文所言,新时代节事活动参与者本身对活动复杂性的期望值是一个不断提升的过程;另一方面活动组织者对节事的官方严肃性和功利性过分强调,很多时候压抑了参与者的主导地位,使其无法于各种交互中进行情感价值体验,无法进行创造性活动。例如,漫展中的诸多过于明显的商业要素让人产生集市的日常感;较为单调的互动内容无法激发人的社交欲望,内容雷同的流程化设计没有给人较多的展现兴趣与能力的机会等。

这种矛盾所带来的结果就是调研中反映出的状况:大部分受访者对节事活动本身予以较高评价,但在与自身期望值的契合度上往往会给出较低评价。原因则在于对内容互动性、多元性以及参与过程过于被动的不满。他们希望更为"自主,积极"地进行节事活动,参与节事活动,而非单纯停留在观光和游览、拍照与被拍照这种简单重复、缺乏创意和情感的日常中。

综上所述,杭州节事的国际化进程总体上来说取得了令人瞩目的成绩,有着良好的发展态势和营造自身健康生态圈的潜力。但深入微观层面,转换视角进行剖析的话,很多被人忽视的弊病则会浮出水面:国际化存在过于表面化、活动层次的灵活性与层次感不足、参与者的主导性欠佳等问题。这些问题虽然看似微不足道,不能在宏观角度影响节事的总体发展,但从人文精神的角度来看,这些缺陷恰恰标志着本地节事活动的一种重要缺失——个体视角的回归。大数据洪流无法完全昭示每一个个体独特的休闲人生诉求,而这些诉求的满足与否则决定了节事活动未来可能拓展的高度和细节深度。针对以上问题,下面一节将围绕"回归个体视角"这一中心依次展开对策讨论。

(二)节事活动问题的对策讨论

1. 打造具有城市特色的节事活动

(1)打造城市特色化开发与国际化传播融为一体的城市品牌

当代,城市的节庆活动不仅满足了公共的自身文化生活需要,在很大程度上也是向国内外游客展示本土文化的平台,体现了一个城市的国际形象、文明程度、跨文化交流与国际合作能力。其深层意义,在于为主办城市的全球化资源整合创造条件和机遇。资源整合的实质是需求交换,这就对特色化开发和国际化传播提出了要求。两者间相生相长的关系,使特色化和国际化双向互动成为文化城市建设的基本路径。

因此,打造国际性节事活动的立足点在于城市的特色化,从内容到形式追求个性化发展,实现特色化与国际化的双向互动,形成资源个性的不可替代,进而与城市一起走向世界。就这点而言,杭州马拉松赛事依托西湖、钱塘江的美景打造最美马拉松赛道就是很好的尝试,需要进一步有意识地将国际性节事活动与城市特色进行融合。

【案例1:侧重现代产业链的日本福井县武生市菊花人偶节】

福井县有武生的菊花人偶节、越前的水仙节、春江的郁金香节等数个和花有关的节日。武生市是一个仅有 7 万人口的小城市,大约 1000 年前紫式部在这里生活,并撰写了名著《源氏物语》。除了名人和历史遗迹,这里还拥有丰富的温泉资源和美食。1953 年武生市定菊花为市花,开始举办菊花人偶节(たけふ菊人形),至今已有 50 年历史。10 月前后的一个月时间里,吸引着约 40 万外地游客来此观光,占全年游客的 50%。

日本的人偶("人形")是一门古老手艺,和传统戏曲的化妆、浮世绘都有密切关系,日本传统认为人偶有灵魂,在家中常有供养的位置,更不会丢弃。人偶身着艳丽的服装,在新房落成、小孩成年的时候常常作为贺礼,现在成为日本人送给外国客人最常见的传统礼物之一。

同时,菊花在日本文化中具有特殊的意义。在平安朝初年(8 世纪),受唐代影响,日本皇室乃至公卿贵族和文人墨客都大力推崇菊花之美,九月初九重阳节在日本又称菊节。在这一天,皇太子率诸公卿臣僚到紫宸殿拜谒天皇,君臣共赏金菊、共饮菊酒。10 月,天皇再设残菊宴,邀群臣为菊花饯行。日本皇族族徽上的菊花便是此时镌刻上去的。遥想当年,平安朝留给人们很特殊的记忆就是菊黄蟹肥。美国学者罗斯·本尼迪克特在一本名为《菊花与刀》的书中,将日本民族的性格归纳为:菊花——唯美优雅;刀——武士精神。

50 年前,武生艺人用菊花来做菊花人偶,市政府以此为主题深入挖掘,创办节庆活动——"菊花人偶节",敢于"无中生有",创意大胆,又符合日本人的民族心理。除此之外,菊花节的创办还考虑到 10 月的日本已有凉意,并非最旺的旅游季节,可以有利促销旅游平季;菊花品种繁多,10 月开花且花期长达一个多月。因此,10 月举办的菊花节有效地促进了武生市旅游人数的增长。

随着历年节庆活动的举办,武生市发展了庞大的菊花产业链。除了栽培、造型、盆艺、新品种培养等产业外,还以菊花为中心进行城市绿化。其他产业链还有:一是利用新科技培育新品种,几十年来新品种已达 60 余个,创造了丰厚的利润;二是扩展菊花的用途如食用菊,研究菊花料理;三是发掘菊花在日本文化中的意义,举办歌咏会("绯句会")等。

(2)用"球土化"代替"国际化"

在前文讨论中我们已明确,当下节事活动中存在的国际化问题,往往在于过高的宣传期待与实际运营之间存在较大落差,从而导致国际化沦为噱头。在很多节事活动中,官方宣传的国际化内容与一般参与者相关度并不高;身处一线能与参与者直接接触的国际化交互内容,往往以过于单一的商业交易形式呈现。这种国际化节事给人的印象大多停留在"满是外国人商铺的集市"这一层面上。如此以往多次重复,最初的陌生与新奇感转变为日常(routine)后,"国际化"便会成为参与者脑中刻板的形象,进而导致"国际化"概念在个体接受这一层面降格乃至失格。因此,宣传层面可以淡化对"国际化"概念的单纯突出,转而以"球土化"概念引领节事主题,同时强调本地与国际内容,并将"国际商品的本土化"作为宣传重点。

与较为直接的"国际化"相比,"球土化"概念于受众情感层面上更容易被接纳,其内涵和外延也有更大的拓展空间。单纯"国际化"给人的期待往往只是猎奇,参与者的期待值中"求异"成分较重;"球土化"这一概念则更强调"存异求同",在比较和融合中让参与者淡化猎奇感,进而使参与者获得真正的国际视野和切身参与度。

在实际操作层面,在名为国际化却充斥大量本土内容或者大部分参与者无法直接体验"国际化"内容的节事活动中,"球土化"理念可以有效冲淡"国际化"宣传所带来的期待。在概念上巧妙地引领受众自我发掘本土化与国际化两方面内容,这样本土化内容就从"国际化噱头下的不实欺诈"变为"国际化噱头外的额外收获"。

2.组织层面真正实现"国际化"

品牌节事活动要提升它的档次和社会影响力,很重要的一个趋势就是国际化。国际化的趋势主要体现在三个方面:第一,竞争的国际化。虽然节事活动是立足于本地、本民族的题材,但随着经济全球化的日趋深入,节事的竞争必将越来越激烈。第二,市场的国际化。现在国内的优秀旅游城市都十分关注提升城市国际名片。节事作为城市对外宣传的名片,只有面向国际市场、面向国际游客才能够取得更强更持久的竞争力。第三,经营的国际化。目前国内大型品牌节事的发展受到国际节事组织的极大关注,国际上大的赞助商也都非常关注我国品牌旅游节庆的发展。国际化经营的趋势对各地举办节庆有一种引导性的作用。因此,在全球经济一体化的趋势下,国际化是品牌旅游节庆走向市场化、特色化、专业化的必然趋势。

(1)营造国际化标准的会展环境

杭州作为国际节事活动的举办地,应进一步加强城市基础设施及会馆规划,实现城市规划、交通设施和会展基础设施的有机融合,努力在旅游接待设施、对外交通、紧急救援设施、国际化场馆建设、公共信息标识等各个方面都达到节事国际化的发展要求。

（2）落实国际化管制机制和服务理念

必须不断强化国际化思想观念，建立健全各项管理机制，完善服务手段和服务设施，提高国际化管理素质。一是构建符合国际惯例的管理制度。积极推动节事活动预警机制和安全保障机制建设，构建国际医疗网络等。二是推进节事活动信息化建设。以规范信息内容为重点，加强节事专业网站的建设，完善节事信息咨询要素和活动内容安排等方面的服务。三是改善旅游节庆举办地的语言环境，规范公共信息标识系统和解说系统，使用中文、英文、日文和韩文等多国语言文字，方便中外游客；加强对旅游服务人员的语言培训，切实提高他们与国际游客沟通的语言能力。四是加强旅游节庆举办地旅游服务设施特别是无障碍设施的建设，为残疾人、老年人等群体提供无障碍的旅游服务。

（3）提升节事活动国际化水平

继续推进西湖国际博览会转型升级，提升世界休闲博览会、中国国际动漫节、杭州马拉松等节事活动的国际化水平。具体而言，如在节事参与者的第一线选招一定数量的真正国际化志愿者团队和参与者。节事活动志愿者这个群体拥有连接一般参与者期待和官方理念的重要作用，同时他们也是节事休闲活动中严肃休闲内容的重要一环。提高志愿者中的国际化成分，有助于一般节事参与者在第一线切身感受"国际化"内容，同时也是对上述"球土化"理念的实践。同时，志愿者国际化可以大幅度拓展节事活动背后的社交圈子（social world）交互程度，进而丰富节事活动自身"球土化"理念的层次感。组织结构的国际化还可以带来更多的真正国际交互，这就在节事参与者应激性消费主办方提供的流程化国际内容外，拓展了其真正"国际化"体验。

（4）以营销创新推动客源国际化

创新营销，加快节事活动客源的国际化。随着区域经济一体化和经济全球化发展，中国的节事要走出全国走向世界，必须采取多种营销方式，加大营销力度。一要保证营销经费到位。有了充裕的营销经费，节事活动举办方才能广泛动员，吸引各地游客和当地居民积极参与，营造浓厚的节庆氛围，打造节庆期间游人如织、商贾云集的场面。二要丰富营销内容，围绕节事主题，针对主要客源市场，重点宣传。三要采取灵活多样的营销模式，利用多种营销手段和媒介。

【案例2：爱丁堡艺术节的实践】

爱丁堡国际艺术节（Edinburgh international festival，缩写 EIF）的定位是国际表演艺术的盛大节日，目标是促进爱丁堡及苏格兰人民的文化、教育和经济福祉,主旨在于通过公共文化品牌服务,坚持不懈地致力于城市形象的自我更新与亲和深入的国际沟通。

调查显示,85%的参与者认为,艺术节提升了苏格兰人的民族自信心。89%的爱丁堡居民为自己的城市能举办这样一个艺术节而感到自豪。2010年度的40万观众,竟有高达82%的人属于回头客,体现了人们发自内心的依恋之情。据2010年年报,爱丁堡艺术节经济效益显著,票房总收入达267万英镑,创历史新高;拉动效益达1907万英镑,带来了5200多个就业岗位。

爱丁堡艺术节公众沟通的奥秘在于抓住了人们艺术追求的心理和热情,突出独有特色,赢得国际认同。创办人Henry Harvey Wood相信艺术能增进各国文化间的交流与联系,延续人类的精神文明。秉承这一信念,他于1947年创办了爱丁堡国际艺术节。在不断发展壮大的过程中,爱丁堡艺术节始终注重艺术节的创意策划,衍生出包括爱丁堡国际艺术节、边缘艺术节、军乐节、国际图书节、国际电影节、国际爵士乐节和多元文化节在内的七个艺术节,涉及几乎所有当前世界流行的表演艺术的内容与形式。在这里,怀揣不同诉求的参与者都能找到各自的所爱。对于普通大众来说,爱丁堡边缘艺术节是民众的狂欢,自由、多元、开放的文化艺术交流平台,为充满创意的小乐队、小剧团提供了自我展示的平台,成为民间艺术团体的盛会。传统艺术与实验艺术共生,既是爱丁堡艺术节的魅力,又是城市胸怀与包容力的体现。EIF发展至今,每届都有大约200位艺术家带来150多部表演作品及活动,有来自全球的大约40万观众共享盛事。

除了艺术表演和现场活动之外,爱丁堡国际艺术节公众沟通的重要渠道之一是媒体整合。其传媒战略可归结为"走出去,引进来",比如邀请BBC、CNN等跨国媒体,制作并播出专题片;通过各国国际广播电台,面向世界转播音乐会;推出总题为《后台》的系列短片,向观众介绍著名演出的幕后故事。此外,艺术节主动以人们喜闻乐见的方式与公众沟通。EIF官方网站是全球信息量最丰富的艺术节网站,提供10种语言支持,包括英语、德语、西班牙语、法语、意大利语、葡萄牙语、荷兰语、中文、日语和韩语,以及6种社交媒体支持,包括Twitter、Facebook、Youtube、Flicker、Pinterest、Storify等。媒体部设专人跟踪Twitter并及时回应。国际游客可登录"计划你的行程",享受住宿、交通、观光等个性化服务。一系列追踪式的公众沟通为艺术节的二次传播提供了有效的支持,一传十,十传百,业内外口口相传,EIF终成正果,培养出了一大批忠实的艺术节"粉丝"。据2010年数据,40万参与者中只有18%是第一次出席,确保了艺术节的健康发展和长期可持续。

3.以官方组织"去严肃化"提高某些节事活动的灵活性

上文中提到,对于不同类型的节事活动,参与者往往保有不同层次和角度的期待。当活动主办方的严肃/功利性过于彰显时,这种期待会受到一定程度的损害,进而使人产生单调、刻板或是形式化印象。过于单一的活动类型安排、小型群组活动匮乏、多向互动缺失、活动主题性不突出都是产生这方面问题的原因。针对这一现象本文建议从以下两个方面进行改良。

(1)活动社群的多元化拓展

在斯特宾斯以及其他诸多休闲活动研究者的理论体系中,节事活动里往往存在一个多元的群组交互关系,即存在"主办方—职业者—业余者—普通参与者—普通观众"这套层级交互体系。每一个社群背后都有其相对稳定的圈子,圈子和圈子之间在节事主题或活动主题的催化下会产生连接,并反哺相应的节事与活动。同时,这种多元社群也是稳定和沟通主办方与受众之间的有效途径和通道,提高事前组织度,扩展节事活动场外内容并诱导参与者将活动向严肃休闲倾向发展。

以具体案例而言,国际动漫节往往会有官方和民间两种COSPLAY表演活动,两种活动对参与者的前期投入度都有一定要求,其背后的圈子的交叉度则很高,可以说两种活动的从事者极有可能来自同一社群。但从访谈中我们得知,在国际动漫节中,官方对个体和私人社团的COS似乎并未予以足够多的重视,从事者往往缺少相对稳定和优质的表演空间,组织上也缺乏官方的前期和活动中引导,成果也没有被官方积极采纳。很明显,这对丰富节事活动背后的社群交互来说是不够的,活动发起的主办方应尽量发挥自身的引导优势,以场馆资源和组织优势更多调动介于一般参展观众和专业COS表演者之间的这个群体的积极性,令其充分发挥一般观众与专业活动从事者中间人这个身份的作用,进而大大丰富节事活动背后圈子的交互积极性,如此一来又可以在多个层面提高官方活动的关注度,正可谓"一石二鸟"。

(2)活动主题与类型的细分和深化

本课题的另一部分调研数据表明,参与者对类似国际动漫节之类的多主题节事活动所抱有的期待有着多样化呈现,个体与个体间对于活动主题的旨趣的理解差异性较大,只对某几种或几种类型的主题和某些活动感兴趣的大有人在。与之相应,他们会为感兴趣的内容做大量前期投入,节事活动对其而言只是日常兴趣乃至已然成为严肃休闲的兴趣的某种节点和延续。所以对这部分人而言，泛化的活动类型和并未细分深化的主题并不能满足其较高的休闲体验期待。另外对于动漫这种天生强调多元性和差异性的活动来说，不同年龄、性别、审美趣味乃至性取向的参与者，其诉求都是不同的，并且彼此间可能出现矛盾。所以一般国外类似节事活动相对成熟的做法是，基于不同的活动诉求设置不同的主题区域，并在每个区域进行进一步内容的细分。例如，除了以厂商代表为单位设置展区外，还可以按受众年龄（低龄区、少年区、成年区）、喜好风格（热血类、日常类）、性别（正常向、同性向），以及产品谱系（日系、欧美）来构建展区内部的小生态圈。细分则意味着单一主题内容的深化，可以让有特定兴趣点的参与者于此得到足够充分的活动体验。从而达到满足其情感、价值乃至创造性活动诉求的目的，进而升华节事活动的整体质量。

4. 丰富自主环节以提高节事活动参与者的主导性

这里提到的自主环节主要涉及节事活动的两个方面：事前组织互动与现场群组交互。事前组织与上文所述社群互动拓展相关。具体的做法可以是在节事事前准备过程中于相关圈子里设置强参与性活动环节，例如投票活动、征文活动等，允许参与者售卖自己作品的半商业性活动，并将互动结果反映至正式节事活动运营布置中去。类似的事前组织互动还可以应用于动漫国际节的各层级 COS 选拔，马拉松各级预选以及有奖知识问答等环节上；现场群组交互则更多与主题细分深入相关，针对不同主题兴趣群组，规划相应的深度互动活动。在这个环节中，尽量让参与者进行自发的组织、配对与创作，如万智牌、三国杀的现场交流赛，动漫游戏爱好者同好群体的线下交流会等；另外也可以于一般展示区设置一些低门槛但参与性广泛的活动，如涂鸦墙、签名版。应当注意的是，杭州当前举办的国际化节事活动参与者年龄跨度相对较大，即使像动漫节这种主要针对年轻人开展的活动，依然会有父母带孩子参加，所以在此基础上，于节事中设置以亲子互动为主题的现场交互活动也可以被纳入考量的范围。

当然，在上述的可行性方案建议中，有一点是比较重要的，那就是主办方应恰到好处地"隐藏"自己，扮演幕后支援和组织者身份。从本文调查数据来看，大部分受访者在描述自己的不满时表达了该方面意愿，这一点恰好同官方的去严肃化小节讨论的内容不谋而合。列举问题时部分我们已经讨论过，很多受访者并不排斥官方的组织行为，并最终会以协商形式参加活动，但若官方对活动进程的控制过于频繁地出现在整个节事进程之中，很多参与者会产生一定的抵触心理。所以，尽量避免主办方以过于直接的管理者形象出现，对于提高节事参与者自主性会有很大的帮助。

【案例3：夏威夷草裙舞营销模式的启示】

美国夏威夷国际草裙舞节就是一个以节庆旅游为导向的民间体育发展成功模式。节庆旅游导向的体验营销在把夏威夷四季宜人的优美风光和夏威夷人的热情好客传播四海的同时，也给夏威夷带来了巨大的经济效益，同时也使草裙舞成了世界的舞蹈，吸引越来越多世界各国的人学习。

草裙舞又叫呼拉舞，是夏威夷文化最为经典的展示形式之一。它是一种伴随吟唱和歌声的独特夏威夷舞蹈，它是夏威夷的一大特色，更是波利尼西亚的文化遗产。如今，这个迷人的艺术形式已成为夏威夷文化和夏威夷人标志。草裙舞不但风靡美国大陆和日本，甚至席卷欧洲，近些年也登陆中国。

夏威夷草裙舞的体验营销模式主要是通过让游客观看、参与的互动方式，亲身体验草裙舞的动作节奏、音乐旋律、花环与草裙的色彩，以及优美的环境，让人在运动中体验到那份原始的激情与欢乐，并且留下难以磨灭的美好回忆。

草裙舞的体验营销路径主要有夏威夷节庆旅游、草裙舞节、草裙舞赛事、草裙舞的现场表演和草裙舞课程教学。

①节庆旅游。夏威夷是个节庆活动众多的地方，在这些节庆中，都有着原汁原味的草裙舞。游客如果感兴趣，可在欧胡岛的夏威夷皇家购物中心（Royal Hawaiian Center）或威基基海滩步行区（Waikiki Beach Walk）上一堂免费的草裙舞课。除了"草裙"外，游客还可以自由装饰花环、脚饰、贝壳、羽毛。如果游客有足够的表现欲，还可在一些烤猪大餐活动中登台表演新学的草裙舞步。

②草裙舞节。夏威夷全年都举行盛大的草裙舞活动。众多的草裙舞节中比较著名的是夏威夷国际草裙舞节，每年的 11 月 9 日至 11 日召开，来自世界各地的表演者集聚夏威夷，展现传统、现代、团体演出、个人独秀等草裙舞表演；温馨、和谐的节庆表现了"爱、家庭、欢乐"的精神，让参加者都能感受到温暖和友谊；节庆期间还安排很多座谈会演讲，有关夏威夷的历史、文化、语言、传说等都一一呈现。热闹的节庆活动吸引了大量的游客来此欣赏体验呼啦舞的魅力，民族精神、民族文化默默交流、代代传承下去。

③草裙舞赛事。在夏威夷大岛的希洛（Hilo）举办的快乐君王节（Merrie Monarch Festival）是世界著名的草裙舞比赛；摩洛凯岛也有着为之骄傲的草裙舞传统，每年五月都举办摩洛凯岛草裙舞大赛（Molokai KaHula Piko Festival）；欧胡岛年度草裙舞邀请赛、茂宜岛儿童草裙舞大赛、威基基国际呼啦大会等让游客感受草裙舞的别样情怀。

④草裙舞现场表演。在夏威夷,随处可见呼啦舞表演。草裙舞现场表演可以让游客观赏到优美的舞姿、体验到互动娱乐带来的新奇感受。

⑤草裙舞教学课程。在初体验之后若想学习草裙舞,游客可以去 Waimea Falls 公园、主教博物馆和皇家夏威夷购物中心,那里从上午到下午都有草裙舞教学课程;在毕晓普博物馆等景点,则每天都有固定的学草裙舞的时间;在各大酒店、度假村、购物中心也经常有草裙舞学习、编织花环等节目来推广当地的文化。

具有民族风情的草裙舞在节庆旅游的平台上,实施体验营销取得了巨大的成功。综合草裙舞的体验营销实践,以节庆旅游为导向的草裙舞开发具有以下特点:

①崇拜赞颂的主题鲜明。草裙舞有 Kahiko 和 Auana 之分。Kahiko 是传统草裙舞,多表达对神明的敬意、对当地伟大首领的赞颂等主题;Auana 是现代草裙舞,多表达歌颂国王、大地、爱情、生活情境等主题。但它们通常有同样的主题:追忆历史、讲述传说、向神灵祈福、赞颂他们拜访的地方或人们、介绍自己家乡或岛屿,表达人的关爱、感恩和尊敬之情。

②注重情感心灵的交流。草裙舞是用肢体表达的语言,注重内心情感的表达。练习者不仅要全心致力于肢体训练,还要致力于心智、情感和心灵的成长。在运动练习的过程中,激发出爱心、耐心、力量、真诚、责任感和智慧等,达到身、心、灵合而为一的境界,起到释放精神压力、调节内心情绪、健身美体、增加爱心、耐心和工作能量的作用。

③优美宜人的环境。优美宜人的夏威夷环境是草裙舞表演的一个前提。蔚蓝的天空,暖暖的阳光、清爽的空气,是体验草裙舞的最好环境。

④热情周到的服务。为顾客提供服务就是给顾客很好的体验,在商品市场中同质化现象这么严重,要想实现差异化,最好的途径就是提供与众不同的服务。服务是体验营销的载体,只有真诚、优质的服务,才能赢得消费者的忠诚,才能打动消费者的心。夏威夷草裙舞的成功就在于热情周到的服务再加上动感十足的运动本身魅力。

⑤现场互动的氛围。震耳的鼓点声、舞曲声、喝彩声,使人体验到草裙舞表演现场的热辣、激情与快乐。除了专业演员的表演,更多的是演员与观众的互动。简单的动作学习之后,演员与观众就在热情欢快的氛围中手拉手一起跳起来,幽默风趣的互动、灿烂的笑容和精湛的舞技拉近了演员与观众的距离。

⑥繁简不同的形态。草裙舞编排有很多不同的形态,从孩童最简单的动作

到男性祈求农作丰硕的舞步都有,一共有 98 种各具特色的舞步。适合 8 岁至 80 岁,不分男女皆可学习,是活到老学到老的民间体育运动。

(2016 年"城市休闲与新型城市化"项目研究报告)

国际化视野下的杭州休闲民宿发展路径研究

汪振汉 *

杭州在近两年先后举办了一些有影响力的国际赛事与国际会议,也出台了一系列加快国际化进程的政策战略。具体来看,杭州已成功召开具有影响力的20国集团领导峰会,也紧锣密鼓地正在筹备2022年亚运会国际赛事,杭州市政府也出台了《杭州市加快推进城市国际化行动纲要(2015—2017年)》,围绕长三角打造世界级城市群和世界名城的战略要求,提出以更高的国际视野、更加开放的姿态主动融入全球化。因此,就杭州"东方休闲之都"建设来讲,应当以更加国际化的视野发展休闲旅游产业,提供更加国际化与多元化的休闲旅游产品与服务,以满足更加国际化与多元化的休闲需求。

城市国际化视野下,"国际化的接待住宿"是整个旅游环节中重要的一环。思考与寻找杭州休闲民宿的国际化的方法可以有效提升"外籍游客休闲旅游质量",从而整体上提高杭州国际化的休闲旅游质量。在已有的研究基础上,笔者发现"休闲旅游住宿产品"是影响外籍游客在杭休闲旅游质量的重要因素之一。这意味着在将来国际化与多元化的城市发展进程中,提升外籍游客的休闲旅游质量,必须注重多样化、多元化的休闲旅游住宿产品。休闲民宿作为"非标住宿",其本身就具备风格、品类、产品、创意等个性化与多元化特征,对休闲民宿展开国际化的研究,将极大地助益杭州城市的国际化进程。对于外籍游客来说,如何准确地找到满足自己喜好的休闲旅游民宿产品?对于民宿产品"供给者"来说,如何提供满足国际化的休闲旅游者的住宿需求?对于政府来说,如何解决当前杭州休闲民宿发展中的政策问题,创造健康有序的投资环境?这些问题的回答将助益于外籍游客、民宿主人以及政府相关的旅游决策部门。

城市国际化背景下,杭州休闲旅游产业将迎来更大的机遇与挑战,尤其是

---

* 温州大学商学院,浙江大学亚太休闲教育中心,杭州国际城市学研究中心。

"势头正旺"的杭州休闲民宿产业,不仅仅有休闲民宿之间日趋激烈的竞争,而且还有逐步国际化的复杂市场环境。我们要思考如何开发国际化的休闲民宿产品;休闲民宿要如何抓住国际化的背景下的发展契机,坚实自身的产业基础、拓展国际化的客源市场;如何"洋为中用"——运用国际化的服务理念与做法,结合本土特色做好休闲民宿产品;如何运用"互联网+"思维,扩大及优化产品分销渠道,创新其经营模式;如何打造能够满足国际化客源需求的产品,将东方休闲品格的传统融入产品的体验化设计。这些问题已然呈现在杭州民宿业的眼前,迫切地需要科学的解决方法。

浙江杭州作为中国旅游业发展的第一阵营城市,近年来愈加聚力于旅游国际化的发展道路,在休闲民宿行业方面也出现了"洋家乐"等旅游住宿产品。虽然休闲民宿业的发展是近年来才起步的行业,民宿发展过程中许多相关理论也在探索、借鉴、完善等过程中,但休闲民宿发展进程结合了本身已有的人文旅游资源、自然旅游资源,在国内旅游市场上也独树一帜。本文也将围绕民宿休闲相关内容展开理论研究,包括发展经验的理论总结以及探索休闲民宿发展路径的理论,以更好地为支持休闲民宿产业国际化发展提供理论支持。特别是从休闲民宿的设计理念、国际化的经营模式以及休闲民宿主人的生活方式等方面,从休闲学、社会学、心理学、管理学等学科视角,为当前的休闲民宿学术研究提供新的研究视域,并以国际化背景下的杭州休闲民宿发展为切入点,探讨东方审美休闲的经济价值。目前学术界研究休闲民宿的文献大体上停留在探讨休闲民宿经营成功的案例分享或者经营管理模式等。但对于休闲民宿经营者来说如何将具有东方审美休闲的美学精神渗透到休闲民宿的经营?对国际化的游客来说,如何在杭州体验具有"东方审美休闲品格"的休闲民宿文化与异国情调?这些问题,不仅仅是休闲民宿设计装饰等外观问题,更是休闲民宿主人的经营之道与生活情怀之互动问题,也是休闲民宿主人生活审美化与创造经济价值不可回避的现实问题。

因此,本文通过浙江杭州休闲民宿国际化路径的研究,助力"杭州国际化"乃至"东方休闲之都"的建设;以城市国际化建设进程为纽带,推动"休闲民宿"的发展,丰富"东方休闲之都"品质之城的内涵,最终促进杭州城市的发展。

一、绪 论

近几年来,"民宿"吸引了来自游客、投资者、政府机构、研究学者等多方眼球，"民宿"作为一种新兴的旅游业态，也作为一个新兴的时髦词汇，成了国内旅游业中出现频率极高的词语，同时"民宿"的发展也成了理论研究与旅游行业的热点话题。在这场轰轰烈烈的"民宿"运动中（这可以算作一场别开生面的"民宿运动"），活跃的主体主要包括"学术派"与"实战派"两大阵营。在第一部分的绪论中，笔者将厘清民宿"学术派"理论构建研究中的一些基本概念问题，以及介绍民宿"实战派"中的发展现状。

（一）"民宿"的理论界定

在"民宿"的理论研究中，有两个基本问题是需要考虑的。第一，为什么叫"民宿"？通俗来讲，即为什么一个外来的词汇"民宿"成了旅游业中的热门？"民宿"的核心内涵应当是什么？第二，随之而来的便是"民宿"与西方相近的一个旅游业态——Breakfast & Bed Service，简称：B&BS（民宿），两者之间的异同点的问题。这一问题的讨论，有助于本土"民宿"与国际上通行做法的对接。

1."民宿"的内涵

我们可以通过两个方面来讨论"民宿"内涵。一是"民宿"的词源，二是"民宿"的业态渊源问题。从这两个方面去探究"民宿"的内涵与本质，这样有助于清楚地认识什么是民宿，有助于把握在此基础上所延伸出来的个性化、多元化的民宿形态。

从词源角度分析，确切来说"民宿"是一个回归词，是来自日语中的回归词，在日语中也写作 Minshuku（民宿）。在日语辞典《大辞林》中，民宿包含两种意思，一是在民家投宿；二是家庭旅店，接待旅客住宿的民家，民家获得"许可"后，自行经营的一种简易的宿泊设施。从日本民宿的历史发展过程来看，其起源于20世纪60年代[①]。随着日本工业化的高度发展，城市化进程的进一步加快，吸引了大量的农村青壮年劳动力，同时也形成了大量新一代的农村人口进入城市工作，老一代的农村人口依然留在农村生活的情况。快节奏的都市生活，使得城市人口重新开始向往优美的田园自然风光，因而前往乡村休闲度假成了当时大都市人的重要选择。特别是在自然景观风貌、文化民俗特色以及滑雪场、温泉等旅游资源比较丰富的地区，当时拥有房子的农家在务农的同时，为了增加收入，将空余房间出租给都市旅客住宿，满足前来农村旅游的城市游客的住宿需求。例如：日本伊豆半岛、白马山麓、北海道的宗谷湾、冲绳的久米岛等度假

---

① 郑健雄.休闲旅游产业概论[M].北京：中国建筑工业出版社,2009:246.

胜地出现了有别于传统酒店宾馆的"民宿"度假旅游模式。到 20 世纪 80 年代，中国台湾垦丁国家公园、阿里山景区也出现了类似于上述的日本的经营模式，也沿用日本"民宿"这一称谓。后来中国学界沿用日本对这一业态的名称——民宿。自此之后，"民宿"一词在中国风靡流行了起来。

作为一个回归词来讲，民宿并没有完全脱离原有的中国汉字的原本意义。其核心意义就是让游客投宿在民家。只是后来，这类旅游业态的商机越来越多，利润越来越丰厚，原本只是一种提高家庭收入以及副业的经营模式，逐渐变成了农民、房产投资客、专业设计师，乃至专业酒店等不同主体的投资新宠。在后期商业资本进入之后，日本民宿相关的法规制度也随着市场发展，到目前为止已比较完善，旅馆业法中《简易住宿规范》对民宿的形态有详细的规定，各地也有比较成熟的民间民宿协会组织协会。中国浙江省人民政府办公厅于 2017 开始正式实施《关于确定民宿范围和条件的指导意见》："本指导意见所指的民宿（含提供住宿的农家乐，下同），是利用城乡自有住宅、集体用房或其他配套用房，结合当地人文、自然景观、生态、环境资源及农林牧渔生产活动，为旅游者休闲度假、体验当地风俗文化提供住宿、餐饮等服务的处所"。

2.民宿业态起源考

尽管"民宿"一词是来自日本的回归词，且民宿业的起源已无据可考，但"民宿"这一旅游业态却不是起源于日本，这一基本事实无可争议。如果从接待住宿业发展的历史来看，现代民宿本质上应当是属于住宿接待的场所，根据接待住宿业发展的脉络推断，现代民宿是庞大的住宿接待业发展谱系中的一个细小分支而已。具体来讲，古代西方与东方的酒店发展进程中，从一些欧洲的修道院或者中国的寺院为外出旅行者免费提供庇护之所开始，接待住宿行业随着旅游人数的增加与交通工具的进一步改善与发展，直到西方现代意义上的酒店接待设施的出现。相关文献研究显示，一般学者认为现代民宿起源于法国[①]或者有学者认为乡村旅馆与住宿加早餐旅馆是 18 世纪英国以及欧洲的一种古老酒店形式。[②] 尽管没有确切的证据说明起源于哪一国家，但总体说来，与现代酒店接待住宿业一样，民宿的最早的雏形应当出现在欧洲，美国、日本也随之兴起

[①] 邱涌忠在《休闲农业经营学》一书中指出，民宿之经营可追溯至 18 世纪，法国贵族式的农村休闲度假，之后由于观光休闲风潮之盛行，致使平民的田园景观形成一种需求。

[②] 参见瓦尔特 A. 鲁茨，理查德 H. 潘纳，劳伦斯·亚当斯.温泉:酒店设计:规划与发展[M].田子葳等，译.沈阳:辽宁科学技术出版社，2002:8.

发展①。

有一种比较流行的说法是,在二战之后,英国作为老牌的欧洲资本主义国家,美军士兵利用战争结束撤离归国的时间空当,在英国旅游享受美丽的乡村风光。为了满足他们的住宿需求,当时有一部分英国农村妇女便利用自有的空闲住宅接待美军士兵,并收取费用。随后,这一经营形式也被英国民众所接受,英国的民宿便开始兴起并普遍发展起来。后来英国政府也开始出台一系列的政策,颁布专门的牌照,用来支持与规范这一住宿经营形式。

艾伯纳泽·霍沃德(Abernazer Howard)在他1898年写的《明日花园城市》中指出城市已经变得让人疏远而且不卫生,不适合居住;在乡村,美丽的自然风光、新鲜的空气,对身体健康很有好处……因此,二战后美国在各州的铁路投资增加,同时也推动了郊区与乡村住房的迅猛发展。谢(Hsieh)认为,自二战后民宿被认为是美国旅游旅馆业最为重要的创新之一。郑(Jeong)指出,到20世纪70年代后期,民宿这一住宿模式开始从众多的市场细分中脱颖而出,也被统一认为是民宿。当下中国"民宿"热的问题,一方面有其内在的旅游产业发展机理,另外一方面也受到西方、日本的影响。米利亚尔(Millar)认为,"民宿"是农家乐的升级版,或者用农家家庭旅馆来称呼早期民宿。因为当前有一部分的民宿就是早期的农家乐的改良版,只是增加了住宿等更多的服务项目。这些项目的增加同时也是为了满足游客的需求,比起原有的商务宾馆、快捷酒店、度假酒店、汽车旅馆等,更增添了日常乡村生活、民风民俗以及自然风光的体验乐趣。表1是关于主要发达国家、中国的民宿业起源的原因比较。

表 1　各国民宿起源主要因素

类　别	英　国	法　国	德　国	美　国	澳大利亚	日　本	中　国
民间因素	✓		✓		✓	✓	
结构因素	✓	✓	✓		✓	✓	✓
经济因素	✓	✓		✓	✓	✓	
地方建设				✓		✓	✓
政府因素	✓	✓					

说明②:民间因素指利用空房;结构因素指农村青壮人口流失;经济因素指经营民宿能增加额外收入并带动地方经济发展;地方建设指住宿设施不足;政府因素指因政府有计划带动而发展。

---

① 参见杨永盛.休闲农业民宿[M].台北:威仕曼文化,2005.
② 石名君.台湾民宿品质认证之研究[D].台中:亚洲大学,2008.

3."民宿"与一般酒店异同分析

毋庸置疑的是现代民宿本质上是住宿接待的场所,根据接待住宿业发展的脉络推断,现代民宿是庞大的住宿接待业发展谱系中的一个细小分支而已。因此,它也同样具备一般接待住宿服务产品的特点,但是民宿又有其独有的特征,这些特征在不同的国家的表现也不尽相同。这些鲜明的独特因素,使民宿能够从住宿市场竞争中脱颖而出,具有独特的市场吸引力。

欧洲与美国的民宿之所以能够得到游客的青睐,有许多因素。但从民宿本身来讲,主要是它保留了一些传统的服务风格,像热情好客、主人亲自服务、有趣的建筑、客房装修个性化,舒适、静谧的环境等等。尽管欧洲与美国民宿样式多样,但许多旅客都像是住在乡村小屋或是农场。特别是屋主以个人的私人住宅提供短期住宿,在认识新的朋友的同时,还能增加额外的收入。当然,根据笔者整理,根据经营方式、选址、房主参与经营与否等特征,欧洲与美国的民宿可分为以下几类(见表 2)。

表 2　欧洲与美国民宿分类

民宿分类	特点介绍
床位＋早餐	早期的提供家庭住宿的房子的规模不大,通常一个人就可以完成,另一方可以做其他工作增加收入。一般在都市中心
乡村旅馆	店主参与日常经营,除了提供早餐之外还有餐馆功能。早餐和其他收费项目费用都含在房费当中。当然,店主还经常组织各种活动,邀请住客参与其中。旅馆一般都是在乡村、农场、酒庄等
自助房屋	这种方式由房主提供一栋房子供客人住宿,而房主提供的服务最少。早餐也由客人自己解决。但是在所提供的房子中有餐厅和厨房以及各种设备。房主也随时可以提供各种帮助
B&BS 民宿酒店	这种酒店一般都有超过 20 间的客房,提供早餐。只有建筑装修设计让人感到有民宿的一些感觉,利用庄园、城堡等古老的建筑设施改建,其他服务与普通酒店没有太大差异
家庭旅馆	一些私人住宅的房主愿意提供短期住宿,对主人来说不仅可以认识新朋友,也可以增加收入。房主一般与租客住在同一栋房子。这些房子通常接受一些必要的安全检查。一般也只提供早餐。一般可在市中心,也可以在著名的旅游景区

因此,民宿与一般的酒店相比较其特点是:一般有房主直接或间接地参与经营;大多数为副业经营,也有专业经营;服务特定制化、个性化;规模较小;装修个性化、特色化;一般选址为风景优美的乡村或者著名的旅游目的地附近,详

见表3。

表3　民宿(B&BS)与一般酒店比较

比较项目	民宿(B&BS)	一般酒店
经营方式	副业经营为主,也有专业经营	专业经营
选　址	乡村、风景优美、景区附近	主题乐园、机场、市中心、著名旅游景点、商务活动发达地区
服务项目	特色化服务、个性化服务	标准化服务(会议、商务等服务)
客房数量	数量较少,不多于30个房间	数量的大小决定酒店的规模大小
餐饮服务	简单、特色化的餐食服务;也有自助服务	一般都有餐饮服务

(二)国内外休闲民宿研究文献综述

1.国内民宿研究文献综述

井喷式的民宿发展,在学术界也引起了强烈的反响。在中国知网文献搜索中以"民宿"为关键词搜索期刊文献,显示共有90篇,其中2016年共45篇,2014年与2013年共20篇,近三年来国内研究民宿占到总体数量的70%以上。这些期刊论文的研究主题,主要集中在游客行为偏好研究、民宿营销模式研究(特别是"互联网+"营销模式的研究)以及某一地域民宿发展现状分析研究。

(1)游客行为偏好研究

柯厅敏通过问卷调查与定量研究的方法对温州地区影响民宿顾客满意度与再购买意向的因素展开研究。[1] 范少花在厦门展开民宿游客满意度研究,从餐饮、住宿、交通、整体环境、购物、娱乐六个维度对厦门市民宿进行调查分析发现,游客对民宿的满意度普遍偏低。[2] 马桂玲、马锦义基于游客再宿意愿的旅游民宿开发经营策略展开研究,分析游客选择民宿的动机、游客对民宿满意度的影响因素。[3] 李超然、张超在携程旅行网搜集了用户对丽江古城"亲的"客栈的

① 柯厅敏.影响民宿顾客满意度与再购买意向的因素研究——以温州为例[J].中国经贸导刊,2016(5):53-56.

② 范少花.民宿游客满意度调查研究——以厦门市为例[J].福建商业高等专科学校学报,2016(2):47-52.

③ 马桂玲,马锦义.基于游客再宿意愿的旅游民宿开发经营策略研究[J].乐山师范学院学报,2016(10):55-62.

在线点评并进行编码分析,提炼并识别出游客对民宿的原真性感知①。研究发现,游客在民宿住宿体验过程中,形成了环境影响下的文化真实性和情感真实性两大原真性感知。范欧莉在顾客感知视角下民宿评价模型构建一文中,通过构建民宿评价模型,归纳出主要的 5 个宏观范畴(经营场所、服务、客房、价格、安全)和 16 个微观范畴,揭示消费者对于民宿的消费更趋向于体验性消费、意向消费。②

(2)民宿营销模式研究

颜燕提出并分析了基于"互联网＋民宿"的三种发展新模式。③ 许笑妍等通过海岛民宿 OTO 改造为实体,分析平台运行和发展的风险和机遇,克服困难,抓住机遇使 OTO 平台能够有序健康长期运行。④ 黄其新、周霄通过文化真实性的乡村民宿发展模式研究,认为乡村民宿可以寻求"文化原真型"和"文化建构型"两种发展模式。⑤ 戚春娇、徐巧玲提出民宿结合个性化旅游的杭城深度游模式。⑥ 张雪丽、胡敏在他们的文章中提出杭州民宿发展的定位是迷你且具乡土特色的旅游服务业,并提出村落化综合发展是民宿产业良性发展的有效途径。⑦

2.国外民宿研究文献综述

国外关于民宿的研究文献比国内文献要丰富许多。例如,莱赫托(Lehto)⑧等人对民宿主人家庭与工作的平衡点展开研究,表明民宿主人应当保持一定的

---

① 李超然,张超. 游客对民宿的原真性体验研究——以丽江古城"亲的"客栈为例[J]. 旅游纵览(下半月),2016(7):72-73.

② 范欧莉. 顾客感知视角下民宿评价模型构建——基于扎根理论研究方法[J]. 江苏商论,2011(10):37-39.

③ 颜燕. 基于互联网＋民宿的村落发展新模式研究——以海南中部地区少数民族村落为例[J]. 现代商业,2016(30):40-42.

④ 许笑妍,丁佳璐,邵露雯. 海岛民宿 OTO 改造公益平台可行性分析——以舟山群岛新区为例[J]. 管理观察,2016(33):58-61.

⑤ 黄其新,周霄. 基于文化真实性的乡村民宿发展模式研究[J]. 农村经济与科技,2012(12):68-69.

⑥ 戚春娇,徐巧玲. 民宿结合个性化旅游的杭城深度游模式研究[J]. 旅游纵览(下半月),2016(4):130.

⑦ 张雪丽,胡敏. 乡村旅游转型升级背景下的民宿产业定位、现状及其发展途径分析——以杭州市民宿业为例[J]. 价值工程,2016(23):101-103.

⑧ Lehto et al. When family rooms become guest lounges:Work-family balance of B&B innkeepers[J]. International Journal of Hospitality Management,2013(34):138-149.

工作与生活边界才能享受更好的平衡关系,研究也表明以民宿为副业的主人比完全商业化的民宿经营者具有更好的生活与工作平衡点。琼斯(Jones)[1]等人对中国的潜在的民宿住店客人进行了研究,认为年轻男性以及受教育程度不是很高,或者收入不是很高者更愿意住在民宿,而不是家庭旅馆。贝、劳、文(Bai,Law,Wen)[2]等人以民宿为案例,研究在线用户对于网络购买或者消费的满意度,以及民宿的 E-战略营销模式。里奇斯(Richins)[3]主要研究了选择民宿游客的激励因素,认为身体放松因素是最重要的因素。菲利克斯(Felix)[4]对民宿体验展开研究,发现影响客人民宿体验的因素主要有主客互动以及对民宿服务质量期望。

(三)休闲民宿的本土观察

中国的民宿起步较晚,但发展迅猛,丽江、拉萨、阳朔、成都等地的民宿数量增长较快,品质也很高。但很大一部分民宿仍停留在简单提供住宿或餐饮的初级阶段。杭州休闲民宿异军突起,发展势头猛,有超过中国休闲民宿起步较早的丽江、阳朔等旅游目的地之趋势,也具有其浓郁的区域文化特色。2014 年,杭州市旅游委员会编印的《杭州旅游民宿地图》中标注了杭州几大民宿聚集区,主要以五大民宿区域如四眼井区域、白乐桥区域、满觉陇区域、青芝坞和河坊街区域为主,并涵盖了周边桐庐、临安、余杭等地,详见图 1。

杭州目前大致已经形成了以西湖景区周边民宿为核心,以余杭、临安、桐庐三地区乡村民宿为特色的三大板块。西湖风景名胜区民宿行业协会提供的数据显示,2010 年 6 月底西湖景区民宿数量仅为 41 家,2013 年 6 月底增长至 96 家。截至 2015 年 6 月底,民宿数量达到 210 家,是 2010 年的五倍多。据杭州旅委对全市民宿产业的不完全统计,截至 2014 年 4 月,杭州已有民宿床位 5 万多

①　Jones, D. L, Jing Guan, J. Bed and Breakfast Lodging Development in Mainland China: Who is the Potential Customer? [J]. 2011(5): 517-536.

②　Bai, B., Law, R., Wen, I. The impact of website quality on customer satisfaction and purchase intentions: Evidence from Chinese online visitors[J]. International Journal of Hospitality Management, 2008, 27(3): 391-402.

③　Richins, J. S. A. H. Specialist lodging in the USA: Motivations of bed and breakfast accommodation guests[J]. Tourism: An International Interdisciplinary Journal, 2008(56): 271-282.

④　Felix, D., Broad, S., Griffiths, M., The Bed and Breakfast Experience-An Analysis of hosts' and guests' expectations, University of Nevada, 2005: 1-20.

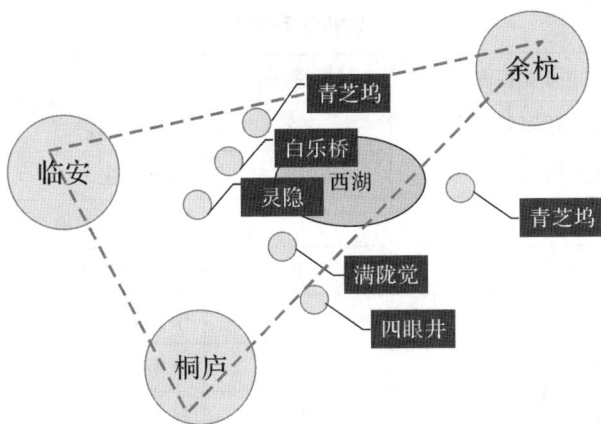

图 1　杭州民宿分布

张,乡村农庄点 300 多个,从业人员超过 2 万,投入资金规模约 30 亿元,年营业收入达 1.96 亿元,以每年超过 30% 的速度发展。① 其中桐庐县发展比较早,主要分为两大类,一类是农户自主经营的大众化民宿,具有代表性的如金牛村、荻浦村、芦茨村等;另一类是外来资本投资的高端民宿,如富春江镇情调酒店悦延居和莪山畲族自治乡的戴家山,利用当地的传统文化、古韵村落、美丽景致打造一系列具有特色的众多民宿。富阳区坚持"绿水青山就是金山银山"的可持续发展理念,探索不同类型的民宿发展途径,如依托富春江沿线的独特地理环境,发展如新沙岛、桐洲岛等为代表的沙洲岛屿型民宿;根据优越的基础设计和便捷的地理交通,发展如黄公望村、东梓关村等为代表的都市隐居型民宿;根据自然风貌和农产特色,发展如窈口村、半山村的山乡体验型民宿。余杭区民宿起步发展相对较晚,以瓶窑、径山、黄湖、鸬鸟、百丈五镇为重点,将大径山板块和以杭长高速为主要通道,依托生态、文化、交通等优势,规划建设"醉美余杭,一带一路"的余杭现代民宿蓝图,使大径山休闲旅游带与农家山水风情相融合(见表 4)。

---

　　① 江玥. 西湖边民宿半年激增四成多,民宿的钱真的很好赚吗?[EB/OL]. (2015-08-16). http://hznews. hangzhou. com. cn/chengshi/content/2015-08-16/content _ 5885281. htm.

表 4 杭州优秀民宿举例

地　址	民宿名称	规模/间	景观营造特点
四眼井	漫居主题度假酒店	58	艺术主题酒店
	秀庄茶园	18	以茶为主
	木和堂	17	原木混搭的原生态风格
白乐桥	蜜桃小院	5	有机地花草庭院
	水墨居住	13	中式庭院
	U-House	6	极简主义
满陇觉	山舍	15	每一件物品都有一个故事
	飞鸟集	12	日式庭院、幽静的世外景色
青芝坞	石琥驿站	21	运动爱好者的集聚地
	威廉的太妃糖酒店	27	甜蜜温暖的氛围
河坊街	达舍	7	以西湖风景为背景装饰
	景象	14	依山而建
桐庐	桐庐秘境	5	温泉私汤，与山民为邻
	芦茨土屋	10	保护生态、淳朴健康的生活方式
莫干山	原舍	10	"主人式"服务、60亩有机农园
	骑迹	7	崇尚户外运动净胜
	法国山居	28	法国乡村奢华生活、玫瑰园
余　杭	菩提谷	4	修身养性

　　注:杭州的民宿有一个共同的特点就是民宿经营者多为建筑师、媒体人、设计师、文人,甚至是来此地的旅行者,他们热爱生活有一份理想主义的情怀,希望将这份用心经营的、淳朴真诚的家的温暖与人分享。[1]

---

　　[1]　赵琼.情境体验主导下的杭州民宿景观营造方式初探[D]. 杭州:中国美术学院,2015.

二、外籍民宿游客需求的实证分析

(一)理论框架

为了分析论证杭州休闲民宿国际化路径,深入分析杭州休闲民宿发展的现状与趋势,在文献回顾的基础上伊丽莎白(Elizabeth)[①]等人访谈了杭州相关民宿以及 10 余位外籍游客,最终确定了杭州休闲民宿需求分析调查问卷的 15 个问题,分别从文化体验需求、主客关系需求、硬件设施需求、安全性需求、便利性需求 5 个指标潜变量,并以此为基础,发展出 15 个外生潜变量,来测量外籍游客选择民宿的需求与动机,如表 5 所示。

表 5　外籍游客选择民宿的需求与动机分析指标体系

文化体验因素	我期待文化体验的真实性。(I expect the presenting of authentically culture.)
	我想了解当地的民风民俗。(I expect the local life-style and costumes during my stay.)
	我期待在逗留期间感受文化活动和艺术。(I expect the cultural programs and decorations, traditional dance, songs, painting and any traditional activities, during my stay.)
主客关系因素	我期待与民宿主人有更多的交流机会。(I expect more communication opportunities with the host.)
	我希望能从民宿主人那里得到更多有趣的信息。(I expect obtain more interesting attraction information from host.)
	我希望主人能积极主动地解决我逗留期间出现的任何问题。(I expect that the host is proactive towards solving any problem arises during my stay.)

---

① Elizabeth Agyeiwaah, O. A. A., Amenumey, E. K. International tourists' motivations to choose homestay: Do their socio-demographics have any influence[J]. Tourism and Hospitality Research, 2014(13):16-26.

续表

硬件设施因素	我希望选择具有文化多样性的特色房间。（I expect diversity of culture featured choice of rooms.）
	我希望有舒适干净卫生的住宿设施。（I expect comfortable, clean and hygienic accommodation facilities.）
	我希望在逗留期间能品尝到当地的美食。（I expect good local cuisine, food and drink, during my stay.）
安全因素	我希望在民宿中保障个人的安全。（I expect personally safe at the homestay.）
	我希望能有保险箱来保管我的贵重物品。（I expect the provision of safety deposit boxes for guarding my valuable belongings.）
	我希望在我逗留期间附近是安全的。（I expect the safety of neighborhood around during my stay.）
便利性因素	我希望我的民宿的地理位置很方便。（I expect the convenience location of B&BS.）
	我希望民宿周围的自然环境比较好。（I expect the good preservation of nature environment around B&BS.）
	我希望民宿附近有便利的公共交通。（I expect the convenience of public transportation accessibility around B&BS.）

（二）问卷设计与样本分析

本次调查问卷根据便利抽样、随机采样的原则，调研采用网络与实地发放相结合的方式，调研团队在 2016 年 12 月 23 日—2017 年 1 月 8 日通过网络发放（主要是通过邮件与脸书 Facebook）电子问卷，共回收问卷 48 份；在 2017 年 1 月 5 日于西湖景区以及浙江大学玉泉校区发放纸质问卷，共收回 219 份问卷。剔除漏填、错填问卷 12 份，最后得到有效问卷 207 份。根据表 6 所知，男性共 88 人，女性 119 人，分别占 42.5％与 57.5％。

表 6 年龄与性别交叉

年 龄	性 别		总计/人
	男	女	
20～29 岁	70	95	165
30～39 岁	17	18	35
40～49 岁	1	1	2
50～69 岁	0	4	4
70 岁以上	0	1	1

在所有受调查人群中,总共来自 31 个不同国家与地区,来自奥地利、加拿大、哥伦比亚、丹麦、芬兰、印度、牙买加、日本、马来西亚、墨西哥、新西兰、波兰、新加坡、瑞典、希腊、土耳其、乌克兰等国籍的分别为 1 人,来自美国的为 71 人,来自英国等国人数为 38 人。因为本次调查来自不同的国籍,文化背景不同,具有较高的代表性。

(三)研究方法与数据分析

根据杭州外籍游客民宿选择的需求与动机指标体系,本文综合运用 SPSS 22.0 统计软件进行信度分析与效度分析、KMO 检验和巴特利特球形检验以及主成分分析法,用最大方差法的原则旋转后提取公因子,再使用 AMOS 20.0 建立杭州外籍游客民宿选择需求与动机结构方程模型,经过模型拟合,最终得出研究结论。

1.外籍游客民宿选择的需求与动机探索性因子分析

首先,对所得数据进行信度检验,对区域旅游合作驱动力指标进行可靠性验证。结果如表 7 所示,数据 Cronbach's Alpha 信度值为 0.825,大于 0.5,表明问卷的数据具有较高的内部一致性,具有信度与可靠性。

表 7 可靠性检验

克朗巴赫的阿尔法	项目编号
0.840	15

其次,对所得数据进行效度检验。效度也称为正确性,是表示量表能真正测量到该量表所要测量的功能的程度,也就是要能达到测量目的的量表才是有

效的,它揭示结构变量和它的测量指标之间的关系。那么,常用的 KMO 度量标准为:0.9 以上表示非常适合;0.8 表示适合;0.7 表示一般;0.6 表示不太适合;0.5 以下表示极不适合。首先看 KMO 检验和球形检验,结果如表 8 所示,KMO 值为 0.844,球形检验值为 986.648,相应的概率为 0.000。同时对于测量量表进行收敛效度检验时,所有公因子方差均适合做因子分析,如表 9 与表 10 所示。

表 8　KMO 和巴特利特球形检验

Kaiser-Meyer-Olkin 抽样充分性测量		0.844
Bartlett's Test of Sphericity	Approx. Chi-Square	986.648
	df	105
	Sig.	0.000

表 9　公因子方差

类　　别	初始值	开　　方
我期待文化体验的真实性	1.000	0.690
我想了解当地的民风民俗	1.000	0.492
我期待在逗留期间感受文化活动和艺术	1.000	0.466
我期待与民宿主人有更多的交流机会	1.000	0.655
我希望能从民宿主人那里得到更多有趣的信息	1.000	0.477
我希望主人能积极主动地解决我逗留期间出现的任何问题	1.000	0.633
我希望选择具有文化多样性的特色房间	1.000	0.432
我希望有舒适干净卫生的住宿设施	1.000	0.569
我希望在逗留期间能品尝到当地的美食	1.000	0.558
我希望在民宿中保障个人的安全	1.000	0.570
我希望能有保险箱来保管我的贵重物品	1.000	0.597
我希望在我逗留期间附近是安全的	1.000	0.456
我希望我的民宿的地理位置很方便	1.000	0.441
我希望民宿周围的自然环境比较好	1.000	0.681
我希望民宿附近有便利的公共交通	1.000	0.479

Extraction Method：Principal Component Analysis.

基于以上问卷调查的数据统计,利用 SPSS 22.0 对数据进行因子分析,以 Kaiser 标准化最大方差法运算提取四个公共因子,15 个变量初始特征值及方差贡献率以及旋转后的三个公共因子的特征值及方差贡献率。3 个公因子累计得到 54.628% 的方差贡献率,即表示三个公因子可以解释 54% 以上的信息量,结果如表 10 所示,表明结果理想。

以主成分分析法,并取消绝对值系数小于 0.1 的项的成分矩阵,如表格 11 所示。根据公因子系数大小以及贡献率所示,因子 1 大致包括了安全的周边环境、安全的民宿内部环境、干净与舒适民宿设施、便利的民宿地理位置、能够保证贵重物品的安全;因子 2 的问题主要涉及多样化的房间选择与优美的自然环境;因子 3 主要涉及真实的文化体验,获得主人的旅游信息帮助以及与主人更多的沟通交流机会、经历当地的生活方式与习惯等。

表 10　因子分析的总方差解释

要素	初始特征值			挤压载荷的牵引和			挤压载荷的旋转和		
	总计	方差/%	累计/%	总计	方差/%	累计/%	Total	方差/%	累计/%
1	4.888	32.586	32.586	4.888	32.586	32.586	3.807	25.383	25.383
2	2.039	13.596	46.182	2.039	13.596	46.182	2.252	15.010	40.394
3	1.267	8.446	54.628	1.267	8.446	54.628	2.135	14.234	54.628
4	0.898	5.984	60.612						
5	0.795	5.302	65.914						
6	0.731	4.875	70.789						
7	0.658	4.388	75.177						
8	0.636	4.241	79.418						
9	0.582	3.883	83.302						
10	0.564	3.761	87.063						
11	0.504	3.358	90.421						
12	0.426	2.840	93.261						
13	0.393	2.619	95.879						
14	0.339	2.263	98.142						
15	0.279	1.858	100.000						

提取方法:主成分分析。

因此,总结分析来看三个因子主要是:对交通便利以及安全的需求;对设施与周边环境优美的需求;对当地文化与主人沟通的需求。

表 11 旋转后的因子载荷

类 别	要 素		
	1	2	3
我期待文化体验的真实性			0.825
我想了解当地的民风民俗			0.698
我期待在逗留期间感受文化活动和艺术		0.660	0.168
我期待与民宿主人有更多的交流机会	0.797		0.126
我希望能从民宿主人那里得到更多有趣的信息	0.670	0.168	
我希望主人能积极主动地解决我逗留期间出现的任何问题		0.243	0.754
我希望选择具有文化多样性的特色房间	0.201	0.448	0.437
我希望有舒适干净卫生的住宿设施	0.714	0.241	
我希望在逗留期间能品尝到当地的美食	0.539	0.497	−0.143
我希望在民宿中保障个人的安全	0.431	0.619	
我希望能有保险箱来保管我的贵重物品		0.748	0.194
我希望在我逗留期间附近是安全的	0.550	0.359	0.158
我希望我的民宿的地理位置很方便	0.486	0.373	0.255
我希望民宿周围的自然环境比较好	0.820		
我希望民宿附近有便利的公共交通	0.685		

首先,根据上文分析,民宿周边与内部需有安全保障,另外还需要便利的交通环境。作为没有来过中国的外籍游客,杭州对他们来说应该是一个陌生的旅游目的地,对于未知领域的安全感需求比熟悉的环境要高。另外,作为外籍游客,他们需要便捷的公共交通,能够随时到达感兴趣的旅游目的地,乡村、郊区等公共交通相对不发达的地区应该不是外籍游客的首选。总体来说,交通便利与人身财产安全是外籍游客选择民宿最为重要的因素。其次,干净、整洁、卫生的硬件设施对外籍游客来说是比较重要的激励因素。在他们看来,作为一种家庭住宿的形式,住宿的整洁程度与卫生条件相比于常规的酒店产品并没有严格的卫生等统一标准。常规酒店产品有更加严格统一的卫生、服务等标准,是他们熟悉的产品或者服务。杭州的民宿产品作为刚刚起步的接待设施,外籍游客

还不了解这些产品的卫生、服务等标准。因此,对卫生与整洁的基本要求是激励外籍游客选择民宿产品的重要因素。另外,民宿周边的优美的自然风光也是激励外籍游客选择民宿产品的重要原因。或者说,他们更加期待民宿周边的自然风光比常规的酒店周边更加舒适宜人。最后,第三项公因子主要是在民宿中体验当地文化。这主要体现在乐意接受房主的旅游咨询建议,希望与房主有更多的沟通与交谈。在这些过程中,外籍游客希望了解更多地道的中国文化。民宿与常规酒店的重要区别是有房东直接或者间接的参与经营,游客与民宿主人或者游客与"当地人"之间有更多的互动,这些"当地文化"是在常规酒店所不能直接体验的,民宿产品应当注重外籍游客对文化体验的需求,能够呈现更多文化产品的民宿也更能吸引外籍游客选择民宿。

2.外籍游客选择杭州休闲民宿需求的结构方程模型

依据探索性因子分析结果,建立外籍游客选择杭州休闲民宿的需求与动机理论模型,一个内生结构变量是"民宿产品选择",五个外生结构变量为文化体验因素、主客关系因素、硬件设施因素、安全因素以及选址便利因素,研究假设五个外生结构变量的影响变量。利用 AMOS 20.0 对收集的数据进行分析,得出模型中的路径系数,建立结构方程模型,如图 2 所示。通过 AMOS 对结构方程模型进行运算,各拟合指数均可接受。其中,卡方自由度比值 Chi-square/df 值为 $1.854 < 5$;近似误差的均方根 RMSEA 为 $0.05 < 0.064 < 0.08$;GFI 为 $0.910 > 0.9$;CFI 为 $0.926 > 0.9$;AGFI 为 $0.863 > 0.8$。数据显示,模型的整体拟合度属于可以接受的范围,说明前文提出的影响关系与实际调查基本符合,图 3 的路径分析的假说模型基本得到了支持。

(三)杭州休闲民宿调研结论

根据上述的探索性因子分析与结构方程模型及外籍游客对杭州休闲民宿的期望研究可以得出四个结论。

第一,由探索性因子分析可知,外籍游客对杭州民宿的最重要的需求主要集中在三个方面:首先是住宿的安全以及交通便利;其次,外籍游客的期望便是硬件设施的卫生、整洁以及民宿周边拥有优美的风景;最后便是对文化体验的需求。

第二,通过结构方程模型的构建,在影响外籍游客选择民宿产品的五项因素中,我们可以很直观地发现,选址的便利性、住宿安全以及硬件设施的需求是影响外籍游客选择民宿产品的最重要三个因素,文化体验需求因素与主客关系

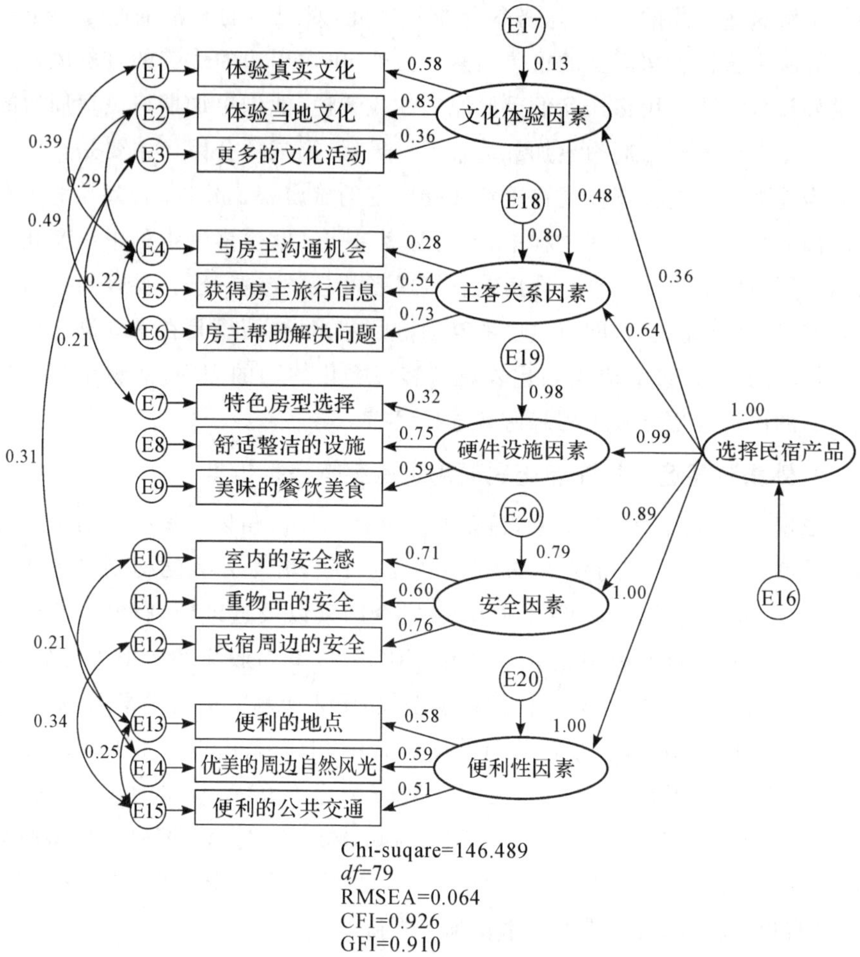

图2　结构方程模型

需求次之。另外,文化体验需求与主客关系需求之间存在相关关系,即便外籍游客没有很强的与房主沟通聊天的期望与动机,但与房主沟通交流机会对他们体验当地文化,感受房主的生活方式有一定的影响。不难发现,外籍游客主客关系最显著的需求体现在房主能够有效解决游客的困难,且外籍游客并不期望能与房主有过多的其他语言沟通,但完全接受房主用直接的语言沟通来解决他们在旅游中遇到的各种困惑与困难。

　　第三,外籍游客将民宿周边交通便利以及民宿住宿安全置于首位的原因是,他们对于文化体验的期望并不是寄予"民宿"或者"民宿管理服务者",最主要的文化体验还是来源于民宿的外部空间与杭州整体的旅游空间。民宿外部空间与杭州旅游吸引物的交通便利与可达性,有利于他们更加方便快捷地融入杭州的东方文化,有助于他们更加积极地寻找能使他们感兴趣的文化旅游项目,鼓励他们勇于探索属于杭州本身的文化特色。与此同时,对于民宿住宿的安全需求与期望就成了他们共同考量选择民宿产品的一个重要因素。对于安全需求在我们看来或许有点意外,在外籍游客看来,"民宿"产品很多情况下是与房主"住在同一屋檐下",或者说需要与房主分享一定的公共空间。在更加注重隐私的西方文化中,这种安全需求可以理解为对空间安全的需求。与普通酒店差异不一样的是"民宿"客房的门锁系统,普通酒店的门锁系统通常都是较为先进的智能门卡,相比于"民宿"的普通家庭房门更为安全。因而,在旅游过程中随身携带的一些个人财物或者贵重物品的安全问题更令他们担忧。

第四,外籍游客对于民宿硬件设施的卫生与整洁是最重要的需求之一,高于多样化的房型选择与丰富美味的餐饮供给。"民宿"产品的实质是接待住宿,保证游客在旅游途中有一个安全、温暖、整洁的休息环境是民宿产品不能随意违背的基本底线。民宿产品的卫生与整洁控制与管理往往缺少监管。而大型的清洁工具、消毒设备以及检测系统往往比较昂贵,对于规模不大的民宿经营来说,配备这些设备在财务管理上来讲是不现实的做法。因此,这样的矛盾就更加放大了游客对于民宿卫生整洁的担忧。这样的担忧与基本需求之间的冲突使得游客更加注重民宿的卫生与整洁条件。

基于以上分析结论,外籍游客对杭州民宿的期望在于交通便利、住宿安全以及干净整洁的硬件设施,最后才是文化体验的需求。杭州民宿经营者要更加注重民宿的基本服务,在此基础上再提高文化体验等附加值,以此来吸引外籍游客选择民宿产品,促进杭州休闲民宿发展的国际化,最终提高外籍游客在杭州的旅游质量,让杭州加快成为国际休闲旅游的新名片,加速杭州城市的国际化进程。

三、民宿国际化之发展对策

(一)塑造"杭州休闲民宿"的东方品格

从跨入 21 世纪开始,不少人曾呼吁杭州应当打造"东方休闲之都"的品牌形象并将此呈现给国际社会,杭州通过各类国际会议、国际赛事的举办,努力塑造"东方休闲之都"的城市品牌的愿望也已初见成效。尽管如此,"东方休闲之都"城市品牌建设处于何种阶段?需要将塑造城市品牌作为一个长远的战略目标,持续不断地赋予其新的内涵以及自觉维护城市品牌。而"东方休闲之都"城市品牌应当有"东方休闲产业"的支撑才能走得更加坚定与长远。2009年,时任市委书记的王国平提出:"为打响'中国最佳旅游城市'和'东方休闲之都'品牌……最后确定了十大行业为杭州'十大特色潜力行业',分别是美食行业、茶楼行业、演艺行业、疗休养行业、保健行业、化妆行业、女装行业、运动休闲行业、婴童行业、工艺美术行业。"①时隔十余年,作为异军突起的"杭州民宿"行业却成为"东方休闲之都"建设道路上的意外惊喜。

1."民宿产业"应当属于"东方休闲之都"的潜力行业之一

如前文所言,杭州民宿产品的起源依赖多方面因素,有民间因素、经济因素、地方建设因素以及政府因素。当政府意识到民宿行业的培育与发展将有益于杭州旅游发展,从而有计划地推动民宿的发展,这其实就已经说明民宿单体的发展在接待住宿市场的孕育中初具规模。杭州应当塑造什么样的民宿品牌以区别于国内的丽江、厦门或者成都等地区? 在国际上,杭州应当如何区别于日本或者欧美国家?

接待住宿是民宿与普通酒店产品的共同特点。但民宿是"非标住宿",也可以说是个性化、体验化、记忆化的住宿接待产品,并以此与传统的"常规酒店"划清界限。自从1985年,喜达屋集团作为第一家外方的酒店管理集团入驻中国大陆之后,此后30多年以来中国各城市旅游局都相当急切也很专注于本地有多家五星级酒店、中外资酒店甚至国外酒店管理集团的时候,殊不知在已经到来的体验经济时代,欧美民宿已经发展了80多年,日本民宿也已经发展了40多年。因此,我们更应该重视杭州民宿的品牌特性,在杭州民宿的基因里烙上"东方休闲之都"的印记,塑造"东方休闲民宿"的品格内涵。

整合、提炼、塑造、传播"东方休闲民宿"之品格特征是政府或其他相关部门树立杭州民宿品格的有效方法,是服务杭州所有民宿单体的重要手段,是联合各民宿业主经营者的重要桥梁。具体而言,整合指的是要利用现有的官方或者非官方的国际传播多元化的渠道,杭州政府或者杭州民宿协会要为杭州民宿代言。提炼指的是杭州休闲民宿的品牌特征需要提炼,而代言的内容应是经过提炼浓缩的杭州休闲民宿的精华品质。塑造指的是根据经提炼的杭州休闲民宿品牌特点,持续强化这一概念,并以此为基本特征来指导打造杭州休闲民宿的

---

① 王国平.发展"十大特色潜力产业",推动"东方休闲之都"建设[J]. 杭州通讯(生活品质版),2009(2):4-5.

品牌,并以此塑造杭州民宿的品格。最后,通过有效推广渠道,扩大传播途径,让国际游客更加容易认识、辨识杭州民宿的特征。

2.民宿经营者应呈现杭州休闲民宿的品牌特色

塑造具有"东方休闲民宿"品格的民宿,民宿经营者就要提供"好的"民宿产品。"好的"民宿产品应当包含两个层次:一是要供给个性化与多元化的民宿产品,以区别于当下用"B&BS(民宿)"的英文翻译来统一命名的杭州民宿产品;二是要提供"好的"产品,必须保障民宿作为接待住宿产品的基本特征——整洁、安全的住宿环境。

首先,民宿产品应当将"非标住宿"的特色呈现出来,而这种"非标住宿"的特色最重要的应当是民宿产品的"非标服务",这种非标服务不仅体现在硬件设施上,更加体现在看不见摸不着的"服务"层面。当前国内的学术研究界或者民宿实体派都没有很好的将其区分。如此之下,杭州民宿产品的特色与品质也就没有展现于公众视野。其中张延、代慧茹在其《民宿分类研究》一文中通过不同的分类标准对民宿进行分类,如按照经营方式,民宿可分为个体经营与合作经营;因自然、人文及经营者理念不同,民宿也可分为不同类型;依据产品与地域条件,民宿可分为海滨民宿、温泉民宿、农园民宿、运动民宿、传统建筑民宿……由于地域及设计理念不同,民宿有不同的外观和风格,总结大致有欧式民宿、和风民宿、中国传统民居民宿……民宿功能及体验分类……当然这样的分类还可以举出很多,而文章恰恰没有将"非标服务"的服务特点进行分类介绍,这也就遗漏了一项极其重要的民宿分类标准。因此,如何根据民宿产品自身的"服务特点"进行分类,才是民宿产品独树一帜,严格区别于国内的一般酒店,严格区别于日本或者欧美的民宿产品的关键所在。另外,以"非标服务"为标准进行分类,也是激励民宿提供更加"好的"民宿产品的重要标准,促进民宿非标服务的差异化竞争、服务个性化竞争、服务的多元化竞争,从而塑造杭州民宿独有的"东方休闲之都"特色。

其次,"好的"民宿产品必须保障民宿作为接待住宿产品的基本特征——整洁、安全的住宿环境。在西方"民宿"语境中,当前最主流的翻译是"B&BS"(民宿)。该住宿类型可以直接在网站 www.airbnb.com 上搜索到大量的房源。爱彼迎公司成立于 2008 年,经过多年的运营与市场推广,在西方国家或者日本等亚洲国家,其市场占有率不容小觑。但这种以区分酒店服务的 B&BS(民宿)住宿形式起源于类似于家庭沙发客、家庭空余房间服务,其房价远远低于同一地区的酒店房价。因此,大多数欧美游客已经形成了刻板的印象,认为 B&BS 是一类相对较为廉价的家庭床位(当然现在的爱彼迎已经远远突破了其刚开始的廉价家庭床位,也同样供应较为高档的民宿服务)。在中国的语境中,城市商品房的家庭空余床位似乎并不是当下"民宿"的概念。是弥合中国大陆与欧美对"民宿"认识上的偏差还是将两类不同的产品严格区分?这是摆在杭州"民宿"经营者面前的问题。笔者认为,一是无论是弥合还是区分认识差异,都应当要守住"接待住宿"行业的最基本底线——提供整洁、安全的住宿环境。二是无论是城市中的提供家庭床位的副业民宿,特别是专门化经营的精品民宿,应该有责任提供更好的"民宿"产品,努力经营并形成"东方休闲民宿"的风格,使东方休闲民宿形成不同于欧美普通家庭床位民宿的特色。

(二)注重细节管理:硬件设施与软件服务

满足游客对民宿住宿的需求,应当从以下几个方面努力:首先,相关政府机构(民宿行业协会)要促进民宿区域集聚发展,培养民宿专业管理者以及培训民宿专业服务技能。其次,民宿运营者要提升民宿产品服务的品质,从"细节服务"方面加强硬件设施的品质与管理,以及提升民宿服务质量。

1.利用选址与接待管理等其他手段提高民宿的交通便捷性

游客对民宿的要求首先是住宿的安全以及交通便利。在陌生的旅游目的地快速便捷地到达他们希望参观与游览的地点是游客,特别是国际游客迫切需要解决的问题,他们对于机场、火车站、地铁站、公交车站等交通工具的需求也显得必要与迫切,外籍游客对于民宿的交通便捷性有较高的要求。日本民宿以体验感好、主题性强著称,他们的选址并不局限于乡村,也散落在城市,通常是城市中靠近著名风景名胜的洋式民宿。

外籍游客对民宿的便捷性要求,就涉及民宿经营者选址的问题。交通的便利性一般指离机场、火车站、地铁站、地铁站距离近,或者离主要旅游景点距离近。当前杭州民宿的发展板块分为西湖周边以及旁边的郊县区域,如果从吸引外籍游客的选址竞争力来看,西湖周边区域的民宿具有较高的竞争力。然后桐庐、余杭、临安等郊县的民宿则可以加强交通接驳管理。以日本温泉民宿为例,受天然温泉出水地点的制约,一般较好地温泉民宿都位于公共交通不便的"山"里,民宿管理者为了解决游客的交通问题,一般都在各自民宿网络主页上提供接驳班车的时刻表,随时供游客查询。游客则可以根据接驳班车时刻表,选择较为方便的时间出行。随着杭州地铁的建造与开通,临安、余杭、桐庐等地也逐步开通了公交车站、地铁等公共交通,民宿管理者或者由民宿协会统一组织,可以考虑增加游客接驳服务。

2. 民宿"非标服务"更应当注重细节管理

由房东精心打造的便利、干净、舒适的房源是民宿经营核心之所在,民宿"非标服务"是民宿服务的灵魂之所在,因此要通过加强细节管理提升民宿产品的硬件设施建设与软件服务。

要注重民宿客房的细节管理。从上文中我们不难发现,杭州民宿在整体设计与周边环境的打造方面下了很多功夫,也初见成效。客房作为接待住宿业的核心产品,是满足旅客消除舟车劳顿以及提供良好休息的场所,当然也是游客在民宿中停留时间最长的地方。民宿产品的定价一般也是基于客房的奢华程度而定的。关注客房的干净、整洁、卫生是细节管理首要的任务,包括床单、被褥、枕头、浴巾、毛巾、拖鞋、浴室、马桶等一系列直接与住客身体皮肤接触的物品,不仅仅要在外观上达到干净整洁的要求,而且在细菌消毒方面也要达到卫生管理的标准,此类卫生的管理正是星级酒店日常管理过程中最为基本也是最为重要的管理内容。民宿客房用品的卫生管理,相比于星级酒店集团的日常管理而言,是存在较大缺陷的。如何加强客房产品的卫生管理也是民宿管理者需要思虑的重要问题,同样也是政府管理机构、民宿行业协会共同思考解决的重要问题。

"非标住宿"是民宿服务的灵魂,注重细节管理也最能体现民宿服务的个性化、舒适化、多元化。由前文的调查分析可知,外籍游客并没有很强烈地要求民宿经营者呈现杭州文化与生活方式的体验,他们更加愿意去探索、体验杭州城市本身的文化魅力。他们更加乐意接受房主给予他们地道的旅游项目或者旅游景点的建议或者帮助。基于此,民宿主人应当利用帮助游客的机会,详细介绍属于杭州的特色旅游景点与文化体验项目,收集、整理属于杭州特色的文化节事活动,可以根据自己本身民宿的特色,将杭州的各种展览、文化节庆活动统一整理归纳,印制成小册子,帮助外籍游客选择感兴趣的活动。再者,注重细节体验还体现在能够精确地将民宿的经营理念、风格特色等信息传达到游客。

因此,民宿经营者要注重民宿细节管理,运用个性化的管理方式与服务方式,在保证民宿产品干净、整洁的基础上,适宜地将"东方审美休闲"情趣渗透到休闲民宿产品中,减少他们对"东方休闲"文化的陌生感、抵触感、不认同感,提高入境游客对"东方审美休闲"品格休闲民宿的深入体验,最终能够提高杭州休闲民宿的国际吸引力。

(三)扎实打造杭州民宿国际口碑,拓宽民宿分销渠道

尽管互联网与旅行宣传手册是游客最主要的民宿信息获得渠道,但是研究发现口口相传是民宿产品最有效的市场营销渠道。[①] 因此,要提高国际游客的忠诚度,建立杭州民宿的国际声誉与口碑,同时也要利用杭州互联网发达的基础优势,拓宽民宿产品的分销渠道。

1. 建立杭州民宿的国际口碑

民宿产品的市场口碑并不是一蹴而就的,杭州民宿的国际口碑同样需要一段时间的培育与经营。杭州目前已有的国际展示平台如各类国际会议、国际赛事、国际展览以及专门为杭州城市品牌量身打造的"国际体验日"。经整理发现,2016年杭州在国际市场方面,通过在美国收视率最高的哥伦比亚电视台、《纽约时报》《今日美国》,英国《每日电讯》、法国《费加罗报》《GEO》杂志、德国《国家地理旅行者》《漫旅》杂志等发布系列整版杭州宣传,杭州入选《纽约时报》"全球最值得去的52个目的地";借助亮相美国"春晚"、英国BBC城市动画音乐短片"G20游杭州"、在韩国举办"印象杭州——我眼中的G20城市"画展三大境外事件营销提升杭州国际知名度;与欧美最大的在线旅行商开启合作,推出杭州旅游专页,向欧美游客提供杭州机票、酒店等优惠产品。政府相关部门、民宿行业协会以及民宿经营者,要积极利用已有的推广渠道,培育打造属于杭州民宿的良好声誉与口碑。

法国政府在前几年特别放宽对已回国中国留学生的签证政策,倡议已毕业留学生携带家庭重归法国寻找求学回忆,向自己的妻子或者丈夫或者子女介绍当年留学的学校、城市等地方。当时吸引了许多中国留学生签证前往旅游。其实,这样的旅游政策确实非常具有吸引力,非常人性化。在杭州的留学生人数一年比一年多,且来自全球各个国家,杭州市政府可以借鉴法国政府的做法,重新吸引海外留学生以及他们组建的新家庭回杭州旅游。例如,如果原有5万曾在杭州求学并已毕业的国际留学生,当他们回国组建家庭之后,预估人数将会有5×2=10万人次(不计算小孩的数量),且这一群体比一般国际游客忠诚度高。据杭州旅游局官网统计数据显示,2016年1—9月杭州的入境旅游人数达

---

① L CHEN, S LIN, C KUO. Rural tourism: Marketing strategies for the bed and breakfast industry in Taiwan[J]. International Journal of Hospitality Management, 2013 (32):278-286.

到 28.86 万人次。那么这 10 万人的潜在游客,将是一个很大的国际游客客户群,达到入境旅游总人数的 1/3。而且,留学生群体已经将曾在杭州生活求学的经历带回到他们自己的祖国,对杭州的感情比一般的国际游客要深厚许多。这一群体也是杭州城市口碑的重要传播渠道。因此,思考这一群体的需求,或许可以帮民宿经营者拓展新的客户群。

2.利用互联网,拓宽民宿分销渠道

当前,民宿的分销渠道与传统的酒店分销渠道并无二异。传统酒店的分销渠道主要有线上的 OTA 与线下的旅行社。民宿产品虽然也有传统酒店产品的性质,如价值不能储存、淡旺季明显、不可转移性等特点,但其规模不大,且属于"非标住宿",因此更加需要创新民宿产品的分销渠道。国际上最大的短租模式网站是爱彼迎,近几年中国大陆也出现了大量的在线短租模式分销商,如蚂蚁短租、去呼呼、途家、住百家、小猪短租、木鸟短租等。

作为民宿营运推广者,民宿在吸引国际游客的过程中,要善于利用互联网营销模式,充分专用民宿预订平台,注重管理民宿管理平台的住客评价体系,利用住客的评价与回馈,改进民宿的管理与服务水平,促进民宿服务质量的提升,提高民宿的国际知名度。

(2016 年"城市国际化与城市休闲发展"专项课题)

参考文献:

Biswakarma, G. On the Dimensionality of Measuring Tourist Satisfaction Towards Homestay[J],International Journal of Hospitality & Tourism Systems,2015(8):51-63.

Hsieh, Y. J. Bed-and-Breakfast Innkeepers in the United States: When the Boundary Between Work and Personal Life is Blurred[J]. Journal of Human Resources in Hospitality & Tourism,2010(9):200-217.

Jeong, M. An Exploratory Study of Perceived Importanceof Web Site Characteristics: The Case of the Bed and Breakfast Industry[J]. Tourism and Hospitality Research, 2014 (13):16-26.

Millar, D. L. J. M. Exploring the Potential Market for the "Commercial Home" in Mainland China: A Comparison of Domestic and International Tourists[J],Journal of China Tourism Research,2013(9):305-324.

Rail, T. R. L. A. Bed and Breakfasts, Small Inns, and the Internet: The Impact of Technology on the Globalization of Small Businesses[J],Journal of International Marketing,

2000(8):86-97.

李燕琴,于文浩和柏雨帆. 基于 Airbnb 网站评价信息的京台民宿对比研究[J]. 管理学报,2017(1):122-128.

张延,代慧茹. 民宿分类研究[J]. 江苏商论,2016(10):8-11.

第七编　休闲与文化遗产

传承与创新:杭州非物质文化遗产发展与市民休闲

彭 菲 *

一、问题与思考:非物质文化与休闲行为

(一)文化的历史与未来

1.文化的力量

从语言萌芽到部落初建,从土地之制到礼乐之兴,从刀耕火种到信息革命,从蒙昧落后到开化文明,历史从人类文明诞生之日起绵延至今,不仅是一部生命繁衍、改造自然的历史,更是一部文化进步、文明传承的历史。而文化本身虽无形无相,却时刻围绕在我们身边。它缘起于人们对周边世界的感知和探索;又因人们所处的环境背景、民族群体、风俗习惯和信仰不同而呈现鲜明特色;同时也随着时代的变化、与外界交流而发生改变。可以说,文化是人类实践活动的结晶,是人们在社会生活中所获得的一切能力以及精神创造物,更是人类文明得以存续、传播和绵延的动力,这也就是文化的力量。

文化承载过去,更牵系未来,它是一股潜在的力量,可以让一个国家和民族变得强大,也可以让其瞬间腐朽灭亡。可以说,什么样的文化造就什么样的民族。在全球一体化的今天,正是由于不同的文化支撑起不同的民族,构建了如此多样化的世界。

---

* 浙江大学亚太休闲教育研究中心。

2.文化的价值

文化价值是就对主体"人"而言的价值,是在天然的自然基础上,按照"人"的标准和理想改变人自身及其世界。所以,"文化"可以简略地界定为"人化"。[①] 人在追求美好的改造过程中所遵循的评价标准也就是文化的价值。因此文化不仅仅是简单意义上的精神文明,而是能将民族精神注入民族血液的力量和绵延不息的民族灵魂;还具有文化的惯性,是历史的积淀,这种惯性还会得以延续,拥有无穷的生命力;同时文化也并不是一成不变的,它能够融合时代背景和外界因素,不断以崭新的姿态呈现于世界。

3.文化的保护

尽管文化源远流长,是一个民族的灵魂与支撑,但在现代化潮流的席卷中,传统文化受到日益增多的挑战,逐渐陷入一种岌岌可危的境地,呼唤着人们对传统文化的重视与尊重。人们也意识到,没有文化的民族在未来社会发展竞争中将没有立足之地,各国纷纷打造具有自身特色的文化,开始对物质文化遗产加以保护,对非物质文化遗产加以推广。从罗马古城、韩国泡菜到中国的杭州西湖、剪纸艺术,文化已经成为城市和国家的金名片,也成为旅游的亮点,吸引大批外来游客。

4.文化的创新

文化是指人按照"文""人"的标准展开的生活,是人使自己及其周围世界"向文而化""向人而化"的能动的历史活动。荷兰哲学家皮尔森强调"文化不是名词,而是动词",意在突出作为创造活动的文化。在现代社会中,人们不仅要保护传统文化,实现文化的传承,更要发挥能动性,使文化适应时代发展,巧妙地融合到人们生活中去。尤其是在休闲时代的背景下,传统文化更不应该被动地被保护,而是要主动与人们休闲和现代化结合起来,寻求一条创新发展之路。

当人逐渐意识到文化的重要性回归到对人的本真关注的时候,工业资本不再占据统治地位,后现代崛起的非物质经济成为目前已知的最有效的替代性选择。它的悄然兴起,以自身特有的巨大的经济效益和发展潜力、生态性和可持续发展等特点,给整个世界的经济与文化格局带来全新的变革。罗马古城的旅游收入,韩国电视剧、日本动漫带来的巨大的文化附加值,都是非物质文化的巨大威力和潜力的彰显。

---

① 李德顺,等. 家园:文化建设论纲[M]. 哈尔滨:黑龙江教育出版社,2000.

(二)非物质文化遗产的特性

文化有不同的呈现形式,而不论是以实物形式存在的长城、西湖,还是代代相传最终形诸文字和形象的戏剧、小说、散文等各种文学艺术表现形式,都在某个特定的角度上揭示了人类文明进步的一个个积淀层。根据联合国教科文组织《保护非物质文化遗产公约》定义:非物质文化遗产(intangible cultural heritage)指被各群体、团体、有时为个人,所视为其文化遗产的各种实践、表演、表现形式、知识体系和技能及其有关的工具、实物、工艺品和文化场所。各个群体和团体随着其所处环境、与自然界的相互关系和历史条件的不断变化使这种代代相传的非物质文化遗产得到创新,同时使他们自己具有一种认同感和历史感,从而促进文化多样性,激发人类的创造力。非物质文化遗产是从形态学视阈确立的一个新的文化理念,它与物质文化遗产共同承载着人类社会的文明,是世界文化多样性的体现。① 各国非物质文化遗产所蕴含的民族特有的精神价值、思维方式、想象力和文化意识,是维护国家和民族文化身份以及文化主权的基本依据。加强非物质文化遗产保护,不仅是国家和民族发展的需要,也是国际社会文明对话和人类社会可持续发展的必然要求。

1. 传承性

非物质文化遗产既是历史发展的见证,又是珍贵的、具有重要价值的文化资源。它带有鲜明的历史记忆,是我国各族人民在长期生产生活实践中创造的智慧与文明的结晶。从历时性来看,非物质文化遗产主要依靠世代相传保留下来,一旦停止了传承活动,也就意味着死亡。然而在科技迅猛发展、经济全球化的今天,非物质文化遗产不仅受到科技发展的冲击,还有市场经济带来的挑战。要保持其持久的生命力,就要顺应时代发展的潮流,在不失原味的基础上,融入市场经济和人们生活中去。

2. 空间性

尽管非物质文化遗产概念中的非物质性指的是以满足人们的精神生活需求为目的的精神生产,它是无形且不可触摸的,但它并不与物质相绝缘,而是以偏重非物质形态的形式而存在。如古琴是物质形态,而古琴演奏则是无形的非物质文化,同时它也需要一定的空间载体得以呈现。非物质文化遗产与物质文

---

① 彭岚嘉. 物质文化遗产与非物质文化遗产的关系[J]. 西北师大学报(社会科学版),2006(11):102-104.

化遗产相结合,更能全面立体地展示文化特色,如西湖与白蛇传说的融合,不仅使非物质文化有了空间和物质依托,能够更生动地展现出来,也使物质文化遗产内涵更为丰富。同时,非物质文化遗产也可以与较为集中的空间相结合,形成某种特定文化传统的区域、场所如古镇、文化生态保护区等,这也是保护非物质文化遗产,向后人展示的重要方法。同时我们也要看到,非物质文化遗产的空间具有可塑性,它可以依托不同形式存在,更利于在全球范围内的广泛推广。

3.独特性

非物质文化遗产一般是作为艺术或文化的表达形式而存在的,体现了特定民族、国家或地域内的人民的独特创造力,或表现为物质的成果,或表现为具体的行为方式、礼仪、习俗,这些都具有各自的独特性、唯一性和不可再生性[1]。其间接体现出来的思想、情感、意识、价值观也都有独特性,是难以被模仿和再生的,越是民族的、地方的,越是具有鲜明特色和历史文化印记,是民族的、国家的瑰宝。我们当代所要保护的也正是这种文化遗产特有的文化基因、文化传统和民族记忆。

4.活态性

非物质文化遗产是各族人民世代相承、与群众生活密切相关的各种传统文化表现形式和文化空间。它是以人为本的活态文化遗产,强调的是以人为核心的技艺、经验、精神,其特点是活态流变,因此它离不开主体人,更离不开人的生活。它不但重视人的价值,重视活的、动态的、精神的因素,重视技术、技能的高超、精湛和独创性,更重视人的创造力,以及通过非物质文化遗产反映出来的该民族的情感及表达方式、传统文化的根源、智慧、思维方式等,世界观、价值观、审美观等这些意义和价值的因素。同时我们也要看到,非物质文化遗产对文化传承的要求更高,因此与物质文化遗产的保护相比,难度更大。

5.不可再生性

非物质文化遗产的传承主要依靠世代相传保留下来,一旦停止了传承活动,也就意味着遗产资源的消亡。没有动态的传承活动,非物质文化遗产资源也就失去了存在的动力。作为遗产资源,其独特的生存条件决定了其难以复制性和不可替代性。因此,我们更要注重对非物质文化遗产的传承与保护。

---

① 李世涛. 试析"非物质文化遗产"的基本特点与性质[J]. 广西民族研究, 2007(3): 182-188.

（三）非物质文化与休闲行为

1. 文化与行为

行为指的是举止行动，是指受思想支配而表现出来的外表活动。社会学上的行为是指人类在生活中表现出来的生活态度及具体的生活方式，它是在一定的物质条件下，不同的个人或群体，在社会文化制度、个人价值观念的影响下，在生活中表现出来的基本特征，或对内外环境因素刺激所做出的能动反应。而文化指的是由习得的、共享的意义体系构成，通过语言的交流达成相互之间的理解。基于这些意义与理解体系，个体调适于自然环境、构建起人与人之间的关系网络，并从心理上适应各种问题和冲突。这些意义和理解、社会和环境条件、人格特征以及其他类型的因素都会影响人们的思维和行为[①]。早在1901年，心理学家便开始研究"文化问题"，试图以统一的"心理动力理论"来解释人类心理、行为以及文化之间的关系。经过100多年的理论与实证研究，人们越来越相信文化对人类行为的巨大作用，人是出于文化中的人，同时人的行为也会对自身所处的文化圈产生影响。

2. 非物质文化与休闲行为

非物质文化遗产是"鲜活"的文化，是古代人们休闲活动的传承、建设现代休闲社会的新源泉。我国非物质文化遗产有着悠久的历史传承和广泛的群众基础，并在古代人们休闲生活中扮演了重要角色。在当代，由于积聚了中国百年传统与智慧，它能够提升人们的文化品位和休闲品质；而人们的休闲选择决定了非物质文化的未来生存与传承。

3. 非物质文化遗产与城市休闲

绝大多数非物质文化遗产都是我国国民传统，是休闲活动的产物，在城市文化发展中起着重要的作用。它们既是连接古代文化与现代生活的桥梁，又是城市的文化名片和文化旅游形象。非物质文化的发展能够提升城市文化品位和内涵，是城市休闲发展的重要组成部分。

然而，随着经济和社会的发展，非物质文化遗产逐渐与人们生活相脱离，并以文化形态被保护起来。在休闲时代下，研究如何对非物质文化遗产进行传承和发展，使其回归市民休闲生活，并在推动城市休闲发展中发挥作用；同样，在

---

① 袁同凯，文化心理与人类行为：以民间信仰为例[J]. 南开大学法政学院学术论丛，2002(S2)：83-91.

休闲时代下非物质文化遗产发展的出路何在,怎样促进其与当代市民休闲的最佳结合,是时代的需要,也是我们研究课题的重要内容。

(四)新时代下面临的发展困境

截至 2011 年 11 月,中国共有非物质文化遗产资源近 87 万项,却仅共有 29 个项目列入代表作名录,7 个项目列入急需保护名录。与物质文化遗产相比,非物质文化遗产更容易受到人们的忽视,也更容易在现代社会发展中流失和发生变异。

1.传统非物质文化的流失

日本抢注同仁堂,韩国抢注中秋节,处于同一个传统文化生态圈的韩国、日本和中国,在文化渊源上有着说不清道不明的瓜葛,甚至连美国、欧洲也拿中国传统文化进行开发,推出《功夫熊猫》等商业巨作。我们在抱怨他国的同时,也要看到自身的不足。尽管中国传统文化源远流长、地大物博,而在中国非物质遗产中,却有 85％没有得到有效保护,包括春节在内的许多传统节日都越来越多地被现代文化侵蚀,华美的汉服也只能在展馆中才能看到。非物质文化起源于古人的日常生活,慢慢升华为艺术,却在当代逐渐淡出人们视野,成为在橱窗里面展出却不为人熟知的文化。中国传统文化的流失不仅对中国来说是一大损失,更影响了中国人民的民族认同感和自尊心。

2.现代市场经济下的变异

保护文化遗产不能仅靠政府资金,更要依靠自身经营走出一条自救之路。然而,当非物质文化遗产与当代市场经济相碰撞时,难以避免出现一些问题,在转化为市场经济或是旅游产品时,容易扭曲变形并丧失文化的本真性。非物质文化遗产强调的是独特性、手工性和传承性,需要占据一定的时间才能完成,而现代经济强调效率与产量,一些旅游产品的批量生产,虽然有利于扩大非物质文化的影响,却是对艺术完整性与手工传承的变异。因此,如何在市场经济下进行宣传与推广,是我们面临的重要问题。

3.与市民休闲生活的脱离

美国休闲学者鲁思(Ruth)认为,休闲的当代意义与应用是从古代文化遗产中派生出来的。从古希腊休闲消费与公共澡堂和罗马斗兽场的建立到中国民间的吹拉弹唱和手工工艺,文化与休闲密不可分,而在当代由于资本的扩张、科技的发展和人们休闲活动的日益丰富,文化与休闲却逐渐分离。人们日益沉浸在资本带来的物质享受和消费炫耀中,着急于对物质的占有,却忽视文化的力量；沉浸于消极的休闲活动中，如看电视、打游戏，却对岌岌可危的非物质文化和艺术传承漠不关心。而非物质文化的灵活性又无形地存在于人们日常生活中，通过人们的休闲活动影响人们的思想观念。我们在韩剧中了解了泡菜美食和传统医学，在不知不觉中受到外来文化的入侵。充分发挥非物质文化的积极作用，不仅能够让人们提升休闲品味和境界，更能让人们在休闲中受到祖国文化的浸染，增强民族认同与自豪感。

(五)研究目的与意义

1.研究目的

非物质文化遗产大多都有悠久的传承，在特定历史时期的国民休闲生活中扮演了重要角色。但由于生活方式、思想观念、欣赏习惯等的变化，许多传统非物质文化遗产项目在某种程度上已经不再适应现代国民休闲的需求，少数项目甚至逐渐走向没落。在休闲时代发展下，如何对非物质文化遗产进行开发和保护，使其不但能够传承下来，还能满足国民休闲需要，促进市民休闲生活水平提高；传统非物质文化遗产发展与当代市民休闲有何关系，如何促进二者最佳结合，休闲时代下非物质文化遗产的发展出路何在，是我们研究的目的所在。

2.研究内容

随着2011年西湖和2014年大运河申遗成功，杭州已成为"双遗产"城市，不仅在城市休闲发展上走在前列，也注重对文化的保护和城市品质的提升。历届杭州市委、市政府一直把弘扬城市文化作为重要使命，并在保护与申遗方面进行着积极的努力。而非物质文化遗产作为一种活态文化，却在杭城城市休闲发展和人民生活品质提升作用发挥上显得暗淡很多，因此本课题将杭州市非物质文化遗产作为研究对象进行调查研究。

根据联合国教科文组织划分，非物质文化遗产应涵盖五个方面的项目：一是口头传说和表述，包括作为非物质文化遗产媒介的语言；二是表演艺术；三是社会风俗、礼仪、节庆；四是有关自然界和宇宙的知识和实践；五是传统的手工艺技能。杭州国家级以上非物质文化遗产，包括世界级非遗名录2项：中国篆刻（金石篆刻）、古琴艺术（浙派古琴艺术），西湖风景名胜区国家级非遗名录1项：苏东坡传说，以及国家级非遗名录13项：梁祝传说、白蛇传传说（杭州市文化馆），杭州小热昏、杭州评词、杭州评话、独角戏、武林调、杭州摊簧（杭州滑稽艺术剧院演艺有限公司），金石篆刻（西泠印社），西湖传说、浙派古琴（杭州市非物质文化遗产保护中心），西湖绸伞（杭州市工艺美术研究所），江南丝竹（杭州艺术学校)等。本项目主要针对具有代表性的国家级以上的杭州非物质文化遗产进行调研,并对具有典型代表意义和重要地位的白蛇传传说、古琴艺术和杭州绸伞进行重点案例研究。

3.研究方法

总体上来看,本文采用目标人群访谈法、问卷调查法进行调研,运用定性分析与定量研究方法对与非物质文化遗产相关的市民休闲行为动机、制约和协商进行研究,并从城市学、休闲学、社会学、心理学等多学科交叉视角出发进行探讨。

为了更好地把握杭州市民对本市非物质文化遗产与休闲的认同、态度、制约以及行为表现,实证调查研究主要坚持定量研究方法。所谓定量研究,也称量化研究,是社会科学领域的一种基本研究范式。它将问题与现象用数量来表示,并以数字化符号为基础去测量,进而去分析、检验、解释,从而获得意义的研究方法和过程。本研究正是运用此方法,通过调研取得相关数据,进而为进一步研究分析奠定基础。本研究在对杭州市非物质文化遗产进行尽可能科学准确分类的基础上,与政府有关部门、民间有关机构联系,收集现有文本数据,采用目标人群访谈、问卷调查的方法,收集现场实际资料,分类进行梳理分析,形成包括对非物质文化遗产认知现状、群众休闲感知与行为取向、参与非物质文化活动的休闲制约等在内的基本统计数据,最后形成对市民休闲行为的预测和对杭州市非物质文化遗产发展的建议。

由于非物质文化遗产与休闲涉及人的主观因素,很多方面不能用数字加以显示,因此本研究在收取调研结果的基础上进行定性研究方法调查,通过参与者观察法、深度采访等方法进行进一步调查。最后统一分析调研结果,得出结论。

最后在写作上,研究以城市学、休闲学、文化学、社会学、管理学、旅游学和心理学、历史学等多学科交叉视角,以辩证的、历史的、实践的唯物主义为基本指导思想,同时借鉴国外对物质文化遗产保护和发展的有益经验,找出新时期下非物质文化遗产发展与市民休闲活动的连接点,提出新时期下由单纯保护到创新发展的观点、意见和建议。研究同时采用文献分析法、历史考察法、比较分析等方法,对问题进行全面思考,最终形成研究总报告。形成的研究报告力求评判的成绩客观,指出的问题准确,论述的观点有前瞻性,提出的建议有可操作性,报告的内容形式图文并茂。

4.研究意义

（1）理论意义

保护非物质文化遗产是认识历史的需要，它与物质类文化遗产一样，同样具有重要的历史认识价值。所不同的是，物质类文化遗产是以物化的固态的方式来展现其历史认识价值，而非物质文化遗产主要是通过活态传承的方式来实现其历史认识价值和意义。可以说，任何一种传统文化事项都具有历史认识价值，都会从不同的角度给人类以启迪。同时它也是文化创新的需要，人类社会要发展，就需要不断创新。创新的源泉主要来自两个方面：一是向国外学习，从异域文化中汲取营养；二是向传统学习，从本土文化中汲取精华。非物质文化遗产在文化创新、艺术创新、科学创新各个新领域中都将发挥重要作用。保护非物质文化遗产，不仅仅是认识历史的需要，同时也是创建新文学、新艺术、新技术、新工艺的需要。经过几千年的发展，非物质文化遗产经久不衰，在进入休闲时代的今天，更需要找到自己的发展空间，为丰富市民休闲，推动城市休闲发展发挥作用。

（2）现实意义

随着国民经济的发展和人们休闲时间增加，我们正向新的"休闲时代"迈进。而如何利用多样化的休闲资源，开发丰富多彩的休闲产品，以满足不断增长的国民休闲需求，成为政府和学术界越来越关心的话题。纵观我国上下五千年的文明史，传承了数量巨大且内涵深厚的非物质文化遗产。2003 年联合国教科文组织通过的《保护非物质文化遗产公约》对非物质文化遗产的定义是：被各社区、群体，有时为个人，视为其文化遗产组成部分的各种社会实践、观念表述、表现形式、知识、技能及相关的工具、实物、手工艺品和文化场所。我国 2005 年通行的关于非物质文化遗产的定义是：各族人民世代相承的、与群众生活密切相关的各种传统文化表现形式（如民俗活动、表演艺术、传统知识和技能，以及与之相关的器具、实物、手工制品等）和文化空间。这两个概念都强调了非物质文化遗产与大众生活特别是大众闲暇生活的关系。绝大多数非物质文化遗产是我国国民传统休闲的产物，而现在大多数非物质文化遗产却只能束之展馆，与人们生活休闲相分离。在新时代下，非物质文化遗产对我国人们休闲活动产生怎样的影响？如何使其自然地回归到人们生活，开拓一条新的保护与发展之路，使其在休闲城市发展中发挥作用？这些问题都值得我们深入思考和研究。

二、融合与分离：杭州非物质文化遗产与市民休闲

(一)融合：杭州非物质文化遗产的发展

1.口头文学

口头文学是广大劳动人民创造的语言艺术，它包括散文式的神话、民间传说、民间故事、韵文的歌谣、长篇叙事诗以及小戏、说唱文学、谚语、谜语等体裁的民间作品。其最本质也是最重要的特点就是产生于民间，流传于民间，发扬于民间。它是最"原生态"的文学，来自民众最真实的体验，因此在后世传播中能够引起人们的共鸣；最通俗易懂的文学，往往能用最简单的语言揭示最深刻的内容，老少皆宜；它又是善于变化的，往往衍生出几个版本，给听众留下臆想的空间；它也是艺术的，是一种语言兼及表演的艺术。因此，虽然口头文学不登大雅之堂，大多不入文学典籍，但却产生于书面文学之前，是人们感情的自我流露，更贴近人的生活和人最本真的休闲状态。

杭州的民间故事(包括神话、传说)，自古受到文人学者的重视。它们载于史志、笔记，或作为创作素材被收入拟话本、白话小说、戏曲作品中。以白蛇传传说为例，它始于唐五代时期，基本成型于南宋，最晚到元代已被文人编成杂剧和话本。明代冯梦龙编纂的拟话本《白娘子永镇雷峰塔》是该传说最早的较为完整的文本。明清以降至于现当代，民间的口头文学与各类俗文艺的改编、搬演相互渗透、相互融合，使白蛇传最终成为故事、歌谣、宝卷、小说、演义、话本、戏曲、弹词，以及电影、电视、动漫、舞蹈、连环画等各种文艺形式的经典题材，是汉民族流传较广的四大传说。它是我国民间文学中的一颗璀璨明珠，所塑造的白娘子、许仙、法海和小青等人物形象，表达了广大人民对人性解放的渴望，是中华民族宝贵的精神文化遗产。其影响不断扩大，最终流布全国，家喻户晓，并远播日本、朝鲜、越南、印度等许多国家。

同时，对于这一传说主要的发生地杭州而言，白蛇传增加了西湖的神秘感，使人向往，它与断桥、雷峰塔及西湖等自然和文化景观形成了密不可分的关系，使杭州和西湖都具有了更为丰厚的文化内涵。

2.表演艺术

民间表演艺术，是民间艺人通过演唱、演奏或人体动作、表情来塑造形象、

传情达意、情感从而表现生活的艺术。它起源于人们较为高雅的休闲艺术活动,是一门拥有悠久历史和带有我国地方特色的民间艺术形式。

杭州最为有名的表演艺术为浙派古琴。浙派是汉族民间最古老的一个古琴流派,古琴是汉族最早的弹拨乐器,是中华民族传统文化之瑰宝。她以其历史久远,文献浩瀚、内涵丰富和影响深远为世人所珍视。浙派操琴风格属于吴越系统,指法圆润,节奏紧凑。创始人是南宋时期著名琴家郭沔,祖籍浙江永嘉,他用自己高超的艺术造诣、对琴乐的独特体会和对国家危亡的急切关注,创作了《潇湘水云》《泛沧浪》《秋鸿》等传世金曲,也为浙派琴艺的形成奠定了基石。

3.传统手工

手工艺是我国传统文化的一个重要组成部分。手工艺是指以手工劳动进行制作的具有独特艺术风格的工艺美术,有别于以大工业机械化方式批量生产规格化日用工艺品的工艺美术。古往今来,传统手工艺延续了"徒弟拜师学艺,师傅口传身教"的传承模式。而掌握手工技术的难度较大,既需要传承人在长期的生产实践中习得精湛的技艺,还需要对手工技艺的感悟。

如杭州绸伞,它是汉族传统工艺品之一,是在绸、绢等伞面上装饰绘画、图案的伞。浙江杭州绸伞既能遮阳,又有观赏价值。西湖绸伞以竹为伞骨,以绸为伞面,轻巧悦目。绸伞选料得当,精选伞面绸制作。绸子薄如蝉翼,轻盈透风,易于折叠。伞骨选用江南三年以上的淡竹制作,竹质良好,不易弯曲。此外,绸伞伞面之上每每绘有各色图案,如山水、花鸟、仕女、奔马等,不仅样式美观,还让西湖绸伞具有了中国古典的江南意蕴。

(二)分离:现代社会下非物质文化与市民生活的距离

古代非物质文化尽管丰富多彩,却在现代社会下随着商业经济的发展而迷失方向,逐渐脱离当下的生活,一方面他们面临着生存危机,另一方面也面临着被市场经济异化的风险,而造成这些问题的真正原因正是与市民生活脱离,与市民休闲生活接轨不当。

运河区域的王星记扇庄鼎盛时期从业人员达四五千人,但从 2000 年至 2010 年手工艺者的增长幅度从 21% 下降到 9% 左右。其中黑纸扇制作目前仅存一位传人。而西湖绸伞从 1995 年开厂至 2002 年,月销量曾达到五六百把。但由于产品工艺复杂,导致成本攀升。大量廉价的仿制绸伞冲击市场,导致销量跌至零,最终退出历史舞台。自 2009 年传承人为中国伞博物馆制作了一批展示用的西湖绸伞,就再也没制作过。此外,非物质文化遗产杭州金银绣和杭州机绣也仅存工艺美术大师工作室,无其他实体机构。这些传统手工艺来源于群众日常生活,但随着历史演变,如今变成了高高在上的艺术品,其基本功能已经脱离了日常的生活需求。高昂的价格使产品脱离了群众生活,造成在群众间的影响、传播力度不够,使这些非物质文化遗产成了时代的弱势群体,出现了集体生存危机。

同样,大都市的非物质文化,多数已经脱离了民众信仰的附着制约,特别是那些容易向商品属性靠拢和进入商品流通的手工艺,大多数由向着个性化、精致化、艺术化的商品方向发展,蜕变为完全世俗化的、欣赏化的文化。在非遗众多门类中,属于生产性非遗范畴的传统手工技艺相对最容易转化为生产力,从而走向市场,实现商品价值。面对市场的转变和城市功能的变化,传统手工艺出现了生存的窘态,如经营场地缩小,品牌形象弱,消费者流失;传统手工作品创作时间长,个人经济实力难以承受;外来文化艺术、生活方式、价值观如潮涌入;洋品牌冲击着传统手工艺市场;国内市场大量廉价仿制品鱼目混珠,使本土的传统手工艺产品失去了大量的消费者,生存的空间越来越小,失去了原有的活力。

(三)反观:杭州非物质文化遗产发展现状与保护

如今非物质文化已经成为一种打扮人们生活的创意文化,且随着人类现代生活方式的改变,许多曾经非常熟悉的文化已离我们远去。然而,这些蕴涵人类文明之始的非物质文化是民族之根,值得我们及早去重视去维护。

2006 年 12 月,杭州公布首批市级非物质文化遗产名录,名录共有 99 项,10大类,并由此确定了建立非物质文化遗产保护代表作名录、每两年评审公布一次的制度体系。截止到 2014 年,在杭州市政府公布的第五批杭州市非物质文化遗产代表性项目名录中,杭州市河道建设中心申报的"杭州古桥传说"成功入选,成为杭州市第五批 45 项非遗名录之一,被收录在"民间文学"项目之中。

从政治政策上,杭州颁布的关于非物质文化遗产保护的政策有《关于加强我市历史文化遗产保护的实施意见》《杭州市政府办公厅关于加强我市非物质文化遗产保护工作的意见》《2006 年杭州市非物质文化遗产保护工作要点》《杭州市非物质文化遗产保护发展规划》《杭州市非物质文化遗产保护项目扶持办法》《杭州市非物质文化遗产代表性传承人申报与认定办法》等。在"非遗"普查过程中,以杭州市群众艺术馆为主体的杭州市非物质文化遗产保护工作委员会采取各种手段,通过媒体、报纸、电台等多种渠道报道杭州市"非遗"保护的各项进程,并开通热线电话以便于群众提供"非遗"线索,与此同时,通过村镇的横幅、农村早间广播、短信等方式,以及文化下乡节目、有奖竞猜等活动,普遍增强老百姓保护非物质文化遗产的意识。

近年来,杭州最瞩目的工作的就是自运河申遗启动工作,运河区域的非物质文化遗产的开发与保护。区域内的传统手工艺,如王星记扇、张小泉剪刀、西湖绸伞、杭州金银绣、杭州机绣、杭州铜雕、南宋官窑瓷器制作等,相继被列入非物质文化遗产的保护名录中。它们伴随着大运河历经了数百年的发展,以精湛的技艺流传至今。2009 年,杭州建成中国刀剪剑、扇、伞三大国家级博物馆,承担了传统手工艺类"非遗"的展示、收藏、研究、培训和交流工作。2011 年 5 月,手工艺活态馆一期开馆,以"活态"的形式展示、弘扬传统手工艺。目前有 30 位老艺人进驻活态馆,现场展示传统手艺。据博物馆统计,2011 年举办了体验项目 29 个,非物质文化遗产手工艺类主题活动 153 场次。

(四)转型:休闲时代下非物质文化遗产回归市民生活

非物质文化是传统社会文化的象征,凝集着传统文化的信息。因此,在当今社会中,我们不能幻想其成为时代的主角,但它传递了民族精神,是形成民俗民风的重要文化基因,也是来自民间休闲生活的展现。想要非物质文化遗产生存,就必须使其重新走进人们的生活,通过一系列的感性认知活动来激发人们对传统手工艺的感怀之情,通过文化的传播来进一步提升人们的休闲水平。因此,我们将对非物质文化遗产的生存研究转到对人的行为的探讨中去。

三、调研与分析:非物质文化遗产与市民休闲行为

(一)计划行为理论

1980 年,美国社会心理学家 M. 菲什拜因(M. Fishbein)和 I. 艾森(I. Ajzen)提出假设认为个体通常是颇为理性的,可以系统地利用自己能得到的信息,所以人们是在决定参与或不参与一个特定的行为之前就考虑到其行动的影

响①。他们在检验了前人有关态度的研究之后,合作创立了一种可以预测和理解行为和态度的理论模型,这就是今天我们所熟知的理性行为理论。在接下来的 30 年间,经过不断的修正和完善,计划行为理论逐渐被人们所验证和接受,并发展成为一种能够预测和解释态度与行为之间关系的社会心理学理论模型。根据 TPB 理论,人的行为受到三种因素影响:个人行为态度(attitude toward a behavior)指个人对自己行为可能出现的结果的一种看法和观点;主观规范(subjective norms)指对他人的标准化行为模式的主观性感知;行为控制感知(perceived behavioral control),即对于促进或阻碍行为效果的相关因素认知。态度通过具体的行为过程影响行为,而其影响又受到主观规范(其他人对问题或活动的看法)、行为控制感知(对某一事情或行动失去控制)和实际控制情况(同等情况下他人做法)的限制②。

1. 个人行为态度

个人行为态度是个体对执行某特定行为喜爱或不喜爱程度的评估。在个人行为态度、主观规范和行为控制感知三个决定行为意向的主要变量中,态度是个体对事物看法和价值观的展现,它是后天习得并可以在某些特定环境下迅速改变的。它是由个体内在生成的,人们的态度会对休闲产生多方面影响,它影响到对某种特定休闲活动的认可和喜爱程度,进而也会影响到休闲行为和体验。在对非物质文化遗产与市民休闲行为的测量中,可以从市民对非物质文化遗产的态度来预测其对市民休闲的影响以及市民对其喜爱,这是预测市民非物质文化休闲参与情况的重要因素。

2. 主观规范

主观规范是指个体在决定是否执行某一特定行为时所感知到的社会压力,它反映的是社会环境、集体或他人对个体行为决策的影响。人都是社会中的人,在休闲活动选择中也难免受到外界环境的影响,社会对非物质文化遗产的重视程度,周边人对非遗文化的看法,都会影响到个人的休闲行为选择。

3. 行为控制感知

知觉行为控制是指个体感知到执行某特定行为容易或困难的程度,它反映

---

① Ajzen I, Fishbein M. Understanding Attitudes and Social Behavior [M]. Englewood, NJ: Prentice Hall, 1980.

② Kleiber, D. A., Walker. G. J. A Social Psychology of Leisure[M]. Stage College, PA: Venture Publishing Inc, 2011.

的是个体对促进或阻碍执行行为因素的感知。在休闲活动中,它不仅包括对休闲活动的制约还有促进某一休闲活动的发生。如果人们对某一休闲活动热情不高,周边人又对这个活动不积极,那么当他遇到即使很小的阻碍因素的影响时,也更容易放弃参与。

总体上来看,休闲行为与休闲参与和满意度有着积极的关系,计划行为也被越来越广泛地应用到休闲活动中进行测量和预测,当个体对某一休闲活动的态度越积极,受周围影响越小或更多受到周边社会环境和个人的积极影响,受到的行为阻碍因素越小或受到推动因素影响,其越可能参与到这一休闲活动中去,并得到积极愉快的休闲体验和较高的休闲满意度。本研究将计划行为理论应用到杭州非物质文化遗产发展与市民休闲行为中,并进行测量,期望通过得出预测性结论,对杭州非物质文化遗产发展提供意见和建议。

(二)调研概述

根据杭州市非物质文化遗产发展的自身的特点和现状,本调研课题将研究对象分为口头文学(包括西湖传说、苏东坡传说、梁祝传说等)、表演艺术(包括古琴艺术、杭州小热昏、杭州评词、杭州评话、独角戏、武林调、杭州摊簧等)以及传统手工(包括中国篆刻、西湖绸伞、江南丝竹等)三大类,并对杭州非物质文化遗产与市民休闲之间关系进行总体调研,并将调研内容分为基本情况、行为态度、主观规范和行为控制感知四部分。问卷类型分为三种:一种是喜欢或同意程度按 1—5 强烈程度进行划分,1 为最不同意,5 为最同意,进而能够对市民基本行为进行判断;二是选择题,包括单项选择题和多项选择题,请市民根据所提供的选项进行选择,进而对其对非物质文化遗产认知有了进一步看法;三是主观题,请市民对杭州非物质文化发展提出意见和建议,以得到更多问题的相关反馈,使市民能够在更为自由的环境下提出自己的意见和看法。具体调查和分析分为三个阶段:

第一阶段:走访杭州市工艺美术博物馆群、浙江省非物质文化中心、杭州市非物质文化中心等场馆,并结合网上相关资料和参考文献,对杭州非物质文化遗产现状进行梳理,编订《杭州非物质文化发展与市民休闲》初稿,对非遗相关工作人员,以及不同年龄阶段游客和市民进行访谈,共走访有关工作人员 4 人,群众 16 人。在访谈中,我们发现区域、年龄阶段以及文化程度的不同,会导致对杭州非物质文化遗产认识与了解程度差异,杭州市民对当地非物质文化遗产了解远远高于外地游客;老年人和教育程度较高的人对非物质文化遗产更为关心和感兴趣。因此,根据访谈结果对调查问卷进行修改,并试发放问卷,直至问卷结果较为满意,开始正式问卷调查。

第二阶段:考虑到在非物质文化遗产相关场所调查主要针对非遗有一定兴趣和了解的群众,会使调研结果出现偏差,因此本研究通过雇佣调研员和与网络问卷调查机构问卷星的合作进行随机问卷发放,以达到普遍性、典型性的结果。同时,鉴于以往项目调查问题和群众的实际情况,本次问卷大大降低了问卷的容量和难易程度,包括基本信息在内共涉及相关问题20道,以态度量表测量为主,大大提高了问卷完成程度,同时将问卷完成时间控制在5~10分钟,大大缩短群众所花费时间,有利于缓解其疲惫厌烦情绪,进而提高问卷质量。在提高群众完成热情方面,对问卷的完成予以赠品奖励,也大大调动了群众对问卷调查的积极性。整个调研共在杭州市发放问卷300份(部分网络调查问卷针对杭州市民),有效回收问卷291份,有效率高达97%,调查时间为27天,总体上取得比较满意的调查效果。

(三)调查与分析

1.基本信息

(1)性别

问卷调查比例约为51:49,男性略高于女性,男女比例总体上较为均衡。

(2)年龄

调研对象的年龄分布如图1所示。

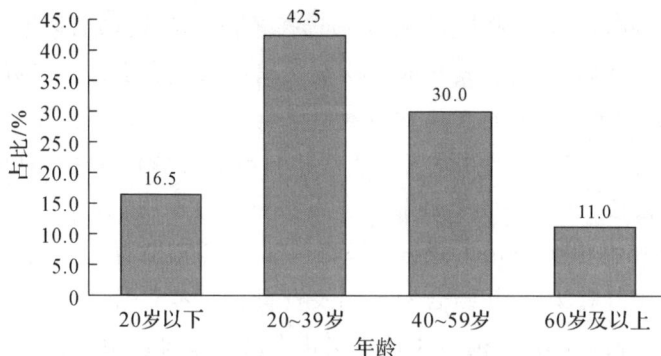

图1　调研对象年龄分布

从年龄分布上来看,本次问卷调查主要以20~59岁的青中年为主,因为他们是目前社会休闲活动参与的主要人群,具有较强的判断能力和社会影响力,同时,其态度和行为也会影响到下一代生活方式和休闲行为。考虑到 20 岁以下的青少年是未来社会的新生力量,他们或处于学生时期,或处在高校准备进入社会,其态度和行为尚处于塑造时期,对未来非物质文化遗产的发展有重要影响。而 60 岁及以上的老年人,由于其更早地接触非物质文化遗产,并见证了非物质文化遗产在当代的转换与发展,同时由于其相对于青年人来说受到现代化影响相对较小,属于较为保守的类型,具有一定年龄阶段的特色。因此,本课题对各年龄段群众进行调研,以便于更好地进行比较。

(3)文化程度。

调研对象文化程度比例如图 2 所示。

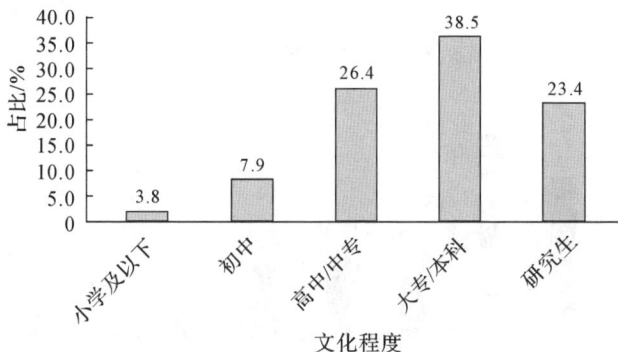

图 2 调研对象文化程度比例

从数据上来看,问卷参与者教育程度均较高,其中本科以及上占总调查人口的 59.2%,在以下对杭州非物质文化遗产与市民休闲行为的分析中,也会涉及教育程度因素。

(4)职业。

调研对象职业分布比例如图 3 所示。

总体上来看,在接受调研的群众的各职业比例中,在校学生所占比例为 1/3,这一现象也是由于学生含义比较广,包括小学生和研究生在内的青少年和中年都可以成为学生,而这一结果也与前面总体受访者教育程度较高相关联。除此之外的其他职业如机关事业单位人员、企业人员、科研人员及退休人员所占比重相差不大,职业比例相对较为均衡。

(5)所在区域。

调研对象所在区域比例图如图 4 所示。

由于调查定位是杭州市民休闲行为,所以调查主要以杭州市民为主,并根据杭州不同区块进行划分,以此考察不同区域大环境对市民对非物质文化遗产

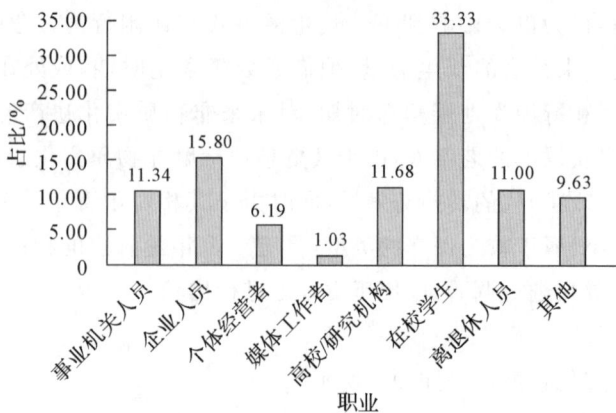

图 3　调研对象职业分布比例

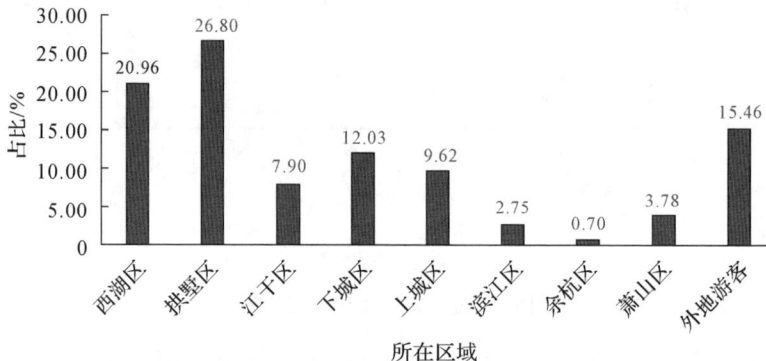

图 4　调研对象所在区域比例

感知的影响。同时考虑到部分外地人可能是潜在的杭州人,一座城市非物质文化发展好坏,能够直观地呈现在外地游客面前,他们抛开区域因素的影响,能够更加客观公正的对城市发展现状进行评述,对杭州市整体非物质文化发展情况进行感知,因此调研中也涉及部分外地游客。他们也在访谈中为笔者提供了很多有益的启发。

2.TPB 理论调查分析

(1)个人行为态度调查。

在对非物质文化的基本了解上,只有近 1/100 的人认为自己对非物质文化非常了解,其中两位是工作人员,一位是对非物质文化遗产非常热衷的群众。近 2/5 的人认为自己比较了解非物质文化,近 3/5 的人表示听过,但是日常生活中接触不多,不是非常了解。同样,认为自己经常接触非物质文化遗产的凤毛麟角,七成受访者表示,虽然偶尔看到相关宣传,但是并不是经常接触,并认为那是一种比较远离人们生活、比较高雅的艺术,与日常行为休闲相距较远。

在非物质文化与城市发展问题上,76.6%的受访者表示对杭州市政府所付出的努力予以肯定。他们认为,杭州作为一个文化悠久的南方城市,在非物质文化遗产保护工作中还是取得了一定成绩,尤其是近年来运河沿岸一系列美术工艺馆的建设,极大地丰富了杭州市民生活,它将展示与体验结合了起来,并为人们提供良好的环境和设施,丰富多彩的活动更使其成为体验杭州文化的好去处。97.2%的受访者认为,非物质文化遗产是城市文化发展必不可少的一部分,在城市文化以非遗发展问题上保持了较为一致的意见,在他们看来,发展非物质文化遗产能够为城市文化增光添彩,同时也能够提升人民群众的文化水平和生活品质。

在非物质文化与市民休闲方面,63.6%的群众认为非物质文化遗产对自己休闲活动还是有一定影响的,它能够丰富市民休闲内容,但这种丰富主要是展馆为其提供休闲场所和体验,所涉及和理解的休闲范围较为局限。72.5%的群众认为参与非物质文化遗产相关活动会给其带来快乐感,还有一小部分认为不太感兴趣,更源于参与其他活动,这部分人群常见于文化水平较低人群和工作繁忙的上班族。在参与程度上,只有30.6%的群众认为自己经常参与相关活动,并对其保持极大的爱好,有些人将其视为严肃休闲,保证每周积极正常参与,也有些人在参与中能够感受到畅爽体验,但是大部分人认为由于种种限制,非物质文化遗产活动还是远离自身休闲活动范畴的,只能保证偶尔参与和必要时的参与,平时并不常接触。

最后,从人群特征方面来看,年龄较为长者,尤其是60岁及以上老人对非物质文化比青少年了解得多,一方面可能由于年长者阅历较多,另一方面也可能和现代社会非物质文化遗产逐渐脱离正轨有关;当地人比外地人了解更多,其中尤其是紧邻运河文化的拱墅区,在非物质文化的宣传的影响下,人们对非遗文化了解和掌握更多,并对其持有更为积极的态度。在游客看来,仅对旅游宣传中的"知名"非物质文化遗产有所知晓,但表示对其他非物质文化比较感兴趣,愿意去体验。同时我们也可以看到宣传和教育的不足,非物质文化遗产在当今时代不应该是高高在上被保护的文化,而应该是融入市民生活、丰富其休闲活动的文化;同样也看到杭州非物质文化遗产发展不均衡,在文化内容较少的区,人们受到的影响则较小,而杭州市的交通和地域因素又限制了其选择。最后近99.3%的人表示愿意参与到杭州非物质文化遗产保护中去,并认为这也是市民应尽的一份责任。

(2)主观规范调查

54.3%的人认为自己休闲会受到周围环境和他人的影响,若他人尤其是身边亲密的人积极参与,自己也会愿意尝试;但也有近一半人表示这是自己的选择,主要由兴趣爱好决定,不太受周边环境影响,但若是周边有更好的宣传推荐和自己感兴趣的活动,更愿意参与其中。

(3)行为控制感知调查

64.9%的人认为由于很多因素不可控,参与非物质文化遗产活动对于他们来说并不是很容易。其中包括时间、地点等各种制约,同时他们也表示很多活动不能够得到及时通知,失去了很多免费体验杭州非物质文化的宝贵机遇。

3.感知分析

从参与目的上分析,从调查研究来看,虽然有近1/3的受访人群还是认为非物质文化即为传统意义上的增长知识,其参与也更属于文化类的行为方式,但更多群众已经意识到参与非物质文化活动主要为了休闲娱乐(见图5),形式越来越丰富多样的非物质文化活动使其感受到了放松与快乐,不再是传统意义上枯燥无味的单纯文字展示,更能够贴近人们生活,容易被人们接受。

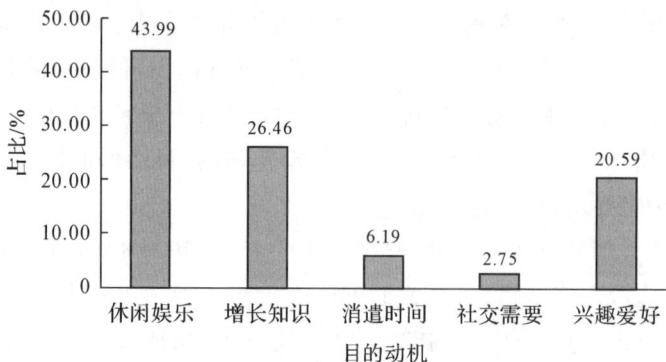

图5　调研对象参与非物质文化遗产活动的主要目的

由图6可知,从受影响方面来看,多数人进行参与还是受自身兴趣爱好影响,同样我们也可以看到,政府宣传对群众的影响还是比较小,周边人群更能影响其行为选择。

由图7可知,从制约因素上来看,交通问题仍是制约市民参与非物质文化活动的主要因素。笔者曾经在参与《杭州市公共文化设施调查》项目中也曾发现类似问题:资源分布不均衡,尽管设施规模越来越大、越来越完善,却忽视了

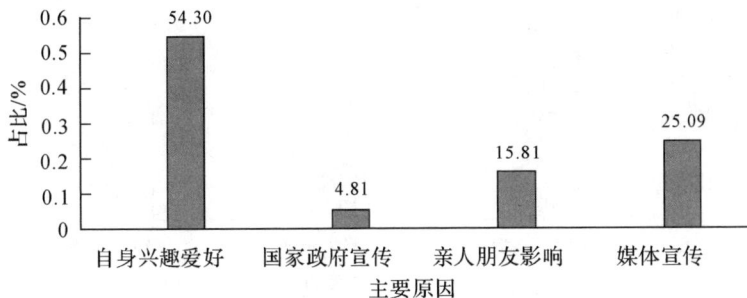

图 6　影响调研对象活动参与的主要原因

群众的参与性问题。如位于运河沿岸的工艺美术馆，城市交通问题大大限制了城南、滨江、下沙等区域人员前往。人们纷纷表示如非节假日或特殊需要，不会考虑去较远的地方进行休闲体验。可见，交通问题而非资源和开发问题仍是城市文化与休闲发展的重要前提，也是制约市民出行和休闲的重要因素。

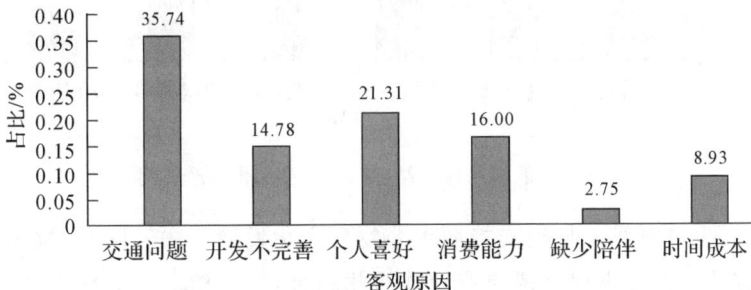

图 7　制约调研对象活动参与的客观原因

由图 8 可知，在三类非物质文化遗产中，人们对口头文学类最为了解，尤其是白蛇传说家喻户晓，很多外地游客都是慕名而来，传统手工类如剪刀、伞与人们生活密切相关，为众人熟知，而表演艺术类却由于门槛高、推广不到位等因素，较难有机会与群众接触，同时由于其具有较高的艺术性，也很难被欣赏。

由图 9 可知，在人们看来，最具有与休闲结合潜力的非物质文化遗产是浙派古琴，尽管接触不多，但人们认为它是音乐与艺术表现的一种形式，而休闲在其印象中也属于较为高雅的生活，因此他们希望在日常生活中能够得到熏陶；同时西湖绸伞因其与杭州气候、文化的关联性与人们生活息息相关，人们也认为其制作、欣赏与收藏也能算上休闲。

由图 10 可知，从重视程度来看，大多数市民还是对杭州非物质文化遗产发展予以肯定，认为尤其是近几年西湖、运河申遗成功，大大增强了市民的自豪感

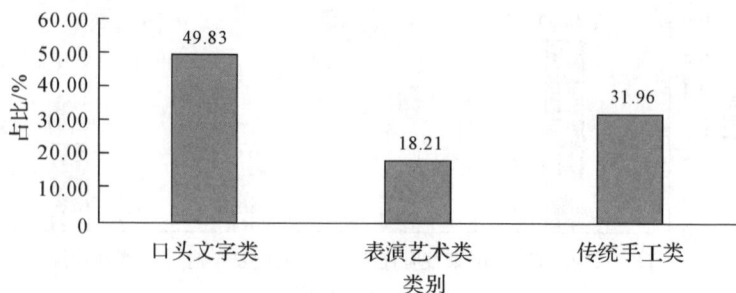

图 8　调研对象最了解哪类非物质文化遗产

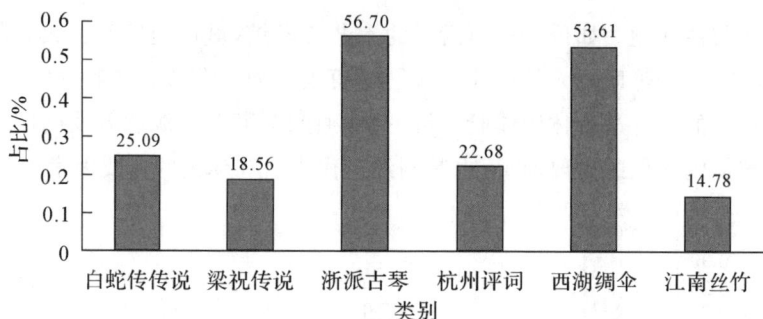

图 9　最能够与休闲结合的非物质文化遗产类别

和自信心，也更愿意参与到支持城市非物质文化发展中去。同时，杭州市政府近几年宣传与推广更加重视与群众体验相结合，充分调动人民积极性，受到群众一致肯定。

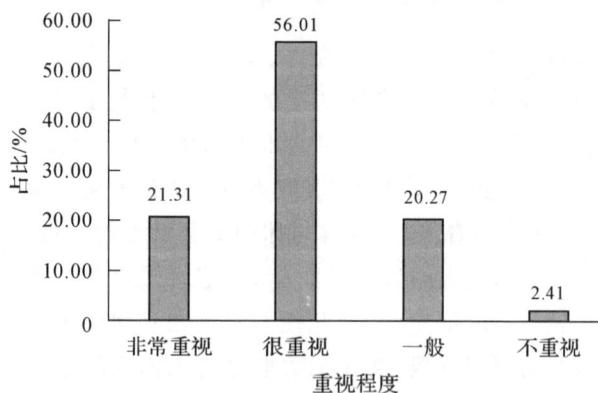

图 10　调研对象对非物质文化遗产的重视程度

　　调研还发现，目前在群众心目中，非物质文化发展更接近于文化类发展。

但是我们也要看到群众对其中休闲的领悟，相信经济和休闲的发展能够更加转变市民休闲观念和对非物质文化的看法，让他们真正把非物质文化融入自己生活中去。

四、探讨与建议：非物质文化遗产与城市休闲发展

（一）法律保护与意识引导

1.加强法律保护

根据调查，我们发现，市民的休闲行为受社会观念和所处环境的影响，同时这种意识行为也是可以加以引导和改变的。这不仅需要政府和组织注重对非物质文化遗产的宣传和推广，加强相关文化教育，提升市民素质；同时也要注重以法律的方式确立文化遗产保护的法律地位与运作程序，保证文化遗产保护的公众意识与社会责任。国际社会十分重视非物质文化遗产保护的立法工作，日本在二战后更是引进欧美法律保护制度和政策，在制定保护非物质文化遗产的法律方面走在世界前列，在保留传统与引进西方现代观念的同时，使日本文化和非物质文化遗产成为屹立于世界的民族特色和强大的吸引力。各省市单位可在我国已有的《中华人民共和国文物保护法》《关于加强我国非物质文化遗产保护工作的意见》《关于加强文化遗产保护的通知》等法律法规基础上，根据自身资源和发展现状，对非物质文化遗产的法律保护加以细化和完善。将对文化的重视上升到国家意识形态，同时也保证我国非物质文化遗产发展有法可依、有法可循。国家对非物质文化遗产及其传承者的承认，既有利于维护传承者的合法权利，防止他人剽窃，也是对文化的尊重。

2.注重宣传与推广

加强非物质文化遗产保护的宣传工作，通过多种途径特别是现代传媒营造保护非物质文化遗产的社会舆论和社会氛围。可将非物质文化遗产的宣传与推广同人们日常休闲行为结合起来，人们在休闲的时候最容易受到外界文化的影响，一部《舌尖上的中国》将多少地方美食带入人们的生活。同样可以将非物质文化遗产同影视传媒结合起来，让人们在潜移默化中感受到文化的力量，激发起人们对非物质文化遗产的兴趣与关注。非物质文化只有走进大众视野，才能更好地鼓励人们进行文化的传承。

3. 联合社会力量

非文化物质文化遗产的传承与保护并不仅仅是政府的责任,更需要包括企业、组织和个人在内的社会广泛阶层通力合作,借助政府的支持与保护,企业的资金投入,组织和个人的积极参与,才能使我国珍贵、濒危并具有历史、文化和科学价值的文化遗产得到有效保护,并得以传承和发展。

(二)文化空间的规划与拓展

1. 降低空间门槛

当年杭州打造没有围墙的西湖,让西湖更贴近人们的生活,不仅为人们提供了更多的休闲资源,更提高了杭州西湖的知名度,每年前来西湖游玩的游客络绎不绝。调研中我们也发现,作为一种民间艺术,非物质文化遗产却因其重要的文化意义而被过度保护起来。除了大部分资源未被开发而不为人熟知以外,已被开发的非物质文化遗产却被束之高阁,与大众相隔离,或是由于接触门槛高和商品价值高,而让人们望而却步。

如法国有 1.8 万多个文化协会保护和展示历史文化遗产。全法国已划定了 91 个历史文化遗产保护区,保护区内的历史文化遗产达 4 万多处,有 80 万居民生活在其中[①]。历史文化遗产保护区的确立并不意味着将其封闭保护,藏于世外桃源,而是向广大人民群众敞开大门,使之成为人们了解民族历史与文化的窗口。同时法国首创"文化遗产日",罗浮宫、凯旋门等著名博物馆和历史古迹向公众免费开放,极大地增强了法国民众保护历史文化遗产的意识。我国应加强文化遗产日的推广,不仅在城市,更应该在非物质文化遗产众多的农村进行大规模推广,通过免费或降低收费门槛,提高公众参与度,让非物质文化走近人们,成为休闲生活的一部分。

同时注重历史文化保护区与人们生活相结合,其中杭州的运河沿岸非物质文化保护区发展卓有成效,将历史文化与人们休闲紧密结合了起来。我们在注重加强此类保护区推广的同时,更要注意保护区不是外界力量的强加,而是受到历史文化熏陶自然而然形成的,政府在规划时也要统筹考虑市民的生活与休闲,促成休闲与文化的有机结合。

2. 整合空间资源

非物质文化遗产资源依托于一定的民族及其生存的地域,并与该地域的自

---

① 飞龙. 国外保护非物质文化遗产的现状[J]. 文艺理论与批评,2005(6):59-66.

然生态环境和人文生态环境息息相关。离开了地域，非物质文化遗产也就失去了生存的空间。

传统方法是通过非物质文化遗产展馆和图书馆等固定场所，运用传统实物展陈的方法去展示，利用丰富的文献资源和先进的场馆设备优势，面向群众进行宣传，对于宣传普及非物质文化遗产知识，唤起全社会重视非遗保护的意识，形成良好的社会环境和舆论氛围有重要作用。然而，虽然固定展馆展示能够有效利用集中空间进行文化展示，但其内容更新相对较慢；城市交通和出行问题成为人们休闲活动的制约，大大降低了场馆的可持续利用和使用率；同时固定场馆给观者带来的体验不足，而非物质文化遗产只有通过体验才能更好地展示其精髓。作为一种"活态文化"的非物质文化遗产仅在博物馆中展出是远远不够的，我们需要具有生命力的文化，而不是躺在坟墓中的传统。因此可以灵活运用空间，整合各种相关资源，将非物质文化遗产与会展、节庆活动结合起来，如西湖博览会和文化节，都是展示杭州非物质文化遗产，将非遗文化带入百姓生活的重要方式。

在杭州市内可开启非物质文化主题公园模式，以满足旅游者多样化休闲娱乐为目的，同时集中展示具有极强的参与性和知识性的主题景区。可依托杭州丰富的自然公园，进行生态打造，同时设置天然舞台进行相关非物质文化遗产的文艺演出，设置民俗茶馆，演出主要以民俗文化、历史事件、神话传说、文学作品等为主题，还可设手工技艺馆，包括传统美食在内的非物质文化都可以在此展现。主题公园集杭州民间传说、曲艺、民间歌舞、民俗、手工技艺和传统医药展示为一体，进行全方位、多角度展示。

3.物质文化遗产和非物质文化遗产保护相结合

非物质文化遗产与物质文化遗产关系密切，不是孤立存在的，而是相互依存、互相作用，从而构成一个整体的空间，即人们的生活场所。有形的物质文化资产往往能够成为一个国家或地区的典型代表，能够更加直观地呈现出来，而非物质文化遗产的展示性强，是活态的文化，具有鲜活的历史感，更能够让人们体验到文化的魅力。因此，在宣传推广时，最好能够将二者捆绑起来作为一个文化共同体加以宣传，如西湖和西湖传说，西湖游览与古琴演奏，运河文化与剪刀、伞的工艺制作等，这样不仅能够让物质文化遗产内涵更为丰富，也能让市民和游客获得更好的休闲体验。

（三）旅游与休闲体验相结合

尽管并不是所有的非物质文化遗产都适合进行旅游开发，但不可否认非物质文化遗产是重要的旅游资源，拥有巨大的旅游市场潜力。文化性与无形性让非物质文化遗产成为一种资源品位较高、文化内涵较深、观赏价值较大的旅游资源，同时非物质文化遗产旅游不同于其他任何形式的旅游产品，具有较强的参与性、娱乐性，体验空间巨大、休闲功能完备。

旅游体验是一种高层次的精神需求，它是旅游经营者提供的以体验作为核心吸引物的，用于满足旅游者个性化需求的旅游产品，是旅游者在身心状态都达到某种特定水准时，意识中产生的一种感觉，是旅游者身心状态与旅游产品的互动过程。它更加强调旅游者自身的积极参与和自身的情感体验，使其可以真正感受到旅游中的乐趣，从而获得一种精神上的享受与满足。而与物质文化遗产的无形旅游吸引相比，非物质文化遗产是一种独特的文化旅游资源，具有天然的旅游体验性。旅游需求的文化化、体验化和符号化的发展趋势，说明旅游者越来越重视体验和感受。基于非物质文化遗产旅游资源开发的内容丰富、主题独特的体验产品更能满足旅游者的休闲体验需求。

韩国在对非物质文化遗产的保护方面，除了保护政策的有效实施和政府的大力运作，还得益于商业炒作和旅游业的参与。介绍当地文化的书刊到处都有供应和销售；在韩国地铁站、香烟包装盒甚至飞机的座背上，都可以见到韩国对非物质文化遗产的各种宣传和推广。此外，韩国还为外来游客安排表演类的非物质文化遗产节目。同时韩国十分重视利用非物质文化遗产来促进旅游业的发展，通过现代观光旅游推动非物质文化遗产的保护和发展，这也是韩国旅游文化产业开发的主要目标。韩国电视媒体在亚洲甚至世界都有一定的影响力，这也是其宣传自身文化的重要窗口，当观众看到自己的偶像所品尝过的美食、走过的场所，未免会产生向往之心。同时韩国不光注重推广，还十分注重以民俗村为单位，通过民俗节和祭祀活动来吸引游客，韩国的文化表演也随时被搬上舞台。江陵端午祭和祭日演出的假面戏年年是当地举办的盛大旅游活动，吸引了国内国际百万人次的参与和观光，使这一非物质文化遗产发展成为巨大的文化产业。

虽然韩国非物质文化遗产发展过分商业化，会使文化失去原有的内涵，但我们要学习韩国对文化的重视和开发，使其成为推动城市旅游发展的重要力量。因此，在发展非物质文化遗产时，除了生产非物质文化遗产纪念品、收藏品、礼仪用品，以及各类旅游商品外，更应注重文化节庆的开发和利用。龙门古镇、塘栖古镇等这些有名的历史文化古镇，只有与非物质文化遗产相关联，才能开发出更加深入人心的文化项目。

　　总之,作为休闲体验类产品,非物质文化遗产旅游要体现人性化、参与性,体验产品的终极目标之一便是人的自主性;作为非物质文化遗产,其非物质化虚无性本质上就是产品与旅游者的一种互动,即脱离物质层面,向纯精神的东西靠近;作为文化产品,非物质文化遗产旅游要体现文化性、情感化,作为一种精神消费,旅游者依据感性和意向来选择商品。

(四)数字资源的整合与利用

　　拓展资源数据库的功能资源数据库建设的目标在于价值的挖掘,具体体现就是给使用者提供更多的功能。而数字化技术的发展为非物质文化遗产的保护提供了全新的记录方式和存储形式。自 2011 年以来,由于在经济、社会、科研等方面存在潜在巨大价值,大数据引起了社会各界的广泛关注。截至 2014 年 8 月,我国已有国家级非物质文化遗产名录共计 1370 项,而入选联合国教科文组织非物质文化遗产名录的项目已达 30 个,目前中国已成为世界上拥有世界级非物质文化遗产数量第一的国家。同时,我们也要看到杭州非物质文化遗产大数据还不够完善,有待于进一步扩充数据库资源,加强对更多非物质文化的保护。可借助图书馆、展览馆等资源,以多媒体手段进行非物质文化的管理和展示。同时,也要注重数据库建设的标准化和规范化,针对不同文化类型进行分门别类,以提高数据资源的共享率。

(五)利用国际力量协同发展

　　保护非物质文化遗产并不是一个国家和地区的任务与责任,需要全世界联合起来,对其予以支持。同时,国际的交流与合作不仅能够丰富我国非物质文化遗产的发展形态,还能有助于开阔市民眼界,加深对国外文化的理解。在申请国家非物质文化遗产上,杭州曾经和国内其他地区一起联合申请,的确取得了显著的成绩。同样,我们也要注重文化的国际联合保护,搭建交流平台。一方面,采用引进来策略,同西博会等有杭州特色展会相结合,借助西博会平台宣传杭州本土特色非物质文化和外国非物质文化,同时还可以组织"国际传统手工博览会""民俗风情与非物质文化展示"等活动,向观众现场展示传统手工技能和工艺作品。另一方面,杭州还可以采用走出去策略,将杭州非物质文化的传播与推广同城市形象宣传结合起来,一同带到国外宣传平台,让世界真正了解到杭州的城市历史和文化内涵,使城市形象宣传成为一种与民间非物质文化相结合的活态展示。

(六)文化内涵提升休闲品质

城市非物质文化遗产是经过漫长的历史时期逐步形成、积淀下来的宝贵财富,反映着城市的历史、社会、思想的变迁,是今天我们可能触摸到的尚未消逝的历史真实,也是一个城市文化内涵的体现。因此,文化遗产是城市生命历程中不可中断的链接,这种链接使今天的生活与历史、未来紧密地联系在一起,使我们的感情有了依托。保护非物质文化遗产,不仅仅是保持城市个性和特色的需要,而且是延续城市文化的需要,更是提升城市生活品质的需要。因此杭州在发展非物质文化的同时,要注重对质的开发,进一步挖掘有价值的非物质文化,尤其要多开发利用与市民休闲密切相关的非物质文化,并通过节庆、展会等形式走进群众生活;而在量上并不是开发越多越好,过多的盲目开发只会造成文化开发的混乱,可以以运河沿岸非物质文化为中心组团开发非物质文化遗产,也可以以手工工艺为内容,进行展会展示。总之,非物质文化遗产的开发要注重提升文化内涵,在保持其原有风味和贴近群众生活的基础上避免过度世俗化。

一座城市的休闲品质提升能够促进市民素质提高,有助于其进行更好的休闲选择。而非物质文化遗产的传承与创新,能够丰富市民休闲活动,促进城市休闲的发展。

文化在长期的发展演变过程中,既有基本的积淀,也有不断的变易。"非物质文化遗产在多数情况下既是昨天的实录、今天的现实,也是明天的预示。我们往往看到有些文化事象随着历史时代的发展和前进在不断变异,有的由于不再与新的社会生活环境相适应而被淘汰,被送进历史,但同样也还有相当多的事象在继续展示着自己的强大的生命力,或者在变异中获得新的发展。"[1]可见,文化遗产的保护工作,既是守护历史记忆的事业,也是着眼于现实、寄望于未来的事业。

我们要看到,非物质文化遗产仅仅"回归"和保护是不够的,需要的是"传承"与创新。在进行扶持、保护与发展的道路上,既要立足于对文化遗产原真性和整体性的科学保护,又要服务于当代文化建设的更新拓展。过分强调文化保护的原汁原味,有可能导致故步自封和抱残守缺;而过分强调文化发展的与时俱进,也可能导致割断历史并迷失自我。而我们要做的就是让非物质文化遗

---

① 刘魁立.关于非物质文化遗产保护的若干理论问题反思[J].民间文化论坛,2004(4).

提高自身生命力，回归原始与市民休闲生活相结合的本真状态，在新时代下自我有机更新，进而丰富市民休闲活动，提升市民休闲活动品质，促进城市休闲品质的提升。

（2014"城市休闲与新型城市化"专项课题）

"洞霄宫道教生态文化园"建设研究

赵玉强

杭州乃历史文化名城,其魅力的源泉在文化。对申遗成功后的"后西湖时代""后运河时代"的杭州来说,在继续保护和发展西湖、运河等杭州传统经典文化的同时,以更宽广的眼光来审视、发掘与利用其他文化资源,对杭州的未来发展意义非凡。

对杭州而言,传统宗教文化也是杭州传统文化的重要组成部分,尤其是道家与佛家辉光映衬,长期并盛,是共同支撑杭州历史文化名城的重要根基。值得注意的是,现在的杭州,以灵隐寺为代表的佛教文化兴盛,而道教文化则日渐衰微,这明显限制了杭州传统文化的发扬、文化软实力的提升与历史文化名城品牌的进一步发展。

依据相关文献与田野调查资料,我们建议:汲取历史智慧,尊重传统经典,在更高的层次上塑造历史文化名城,在杭州乃至浙江历史上最早、同时也是地位最高、最为著名、影响最大的道教名胜洞霄宫遗址原址之上,建设融道教文化展示与体验于一体的综合性、经典性、高端性的生态文化主题公园,使之重新达到千年以来与佛教灵隐寺并驾齐驱的高度,由此重塑与提升杭州(西湖)文化格局与游览格局。

一、洞霄宫简介

(一)地理位置特点与环境介绍

杭州洞霄宫(遗迹)位于杭州市城区西缘余杭区中泰乡西部,与临安区交界,处于杭徽高速南侧,此地为杭州市乃至浙右(浙西)地区的重要地理结点、地脉关键,具体来说,即是由天目山到临安大官山、九锁山、天柱山,继之至杭州北高峰、南高峰,再至慈云岭、凤凰山,最后至钱塘江而止这一重要"龙脉"的关键联结点。《洞霄宫志》引《郡志》云:

登天目山,凭天坛石屋,见山皆西南驰,双溪并趋而合于于潜县,岑崿似少驻,回望天目,层云中如沈雄古大将按辔其后,大势不可遏,少决骤已抵临安县。大官山(按:即现在临安功臣山)者,直培塿尔,循而至九锁,盖为罘罳,环以天柱诸峰,若止息者,已而蠹蠹赴余杭,下武林北高峰,而特起为南高峰,键以八蟠慈云岭,翼为七宝凤凰诸山,昂头妥尾,若翔而集,前界大江乃止。吁,亦异矣!杭之山川,大较以是观之,真实录也!

同时,洞霄宫所处的地理位置亦被视为杭州乃至整个浙西地区的最佳胜地,洞霄宫所处之地"蕴灵毓秀",乃"天地奇观""仙灵奥区",《洞霄图志》记载:"浙右山水之胜莫如杭,杭山水之胜莫如天目,天目之胜莫如大涤洞天,盖大涤山水,发源天目,风气盘礴,冈峦纠缠,相望几百里,然后蕴灵毓秀于此。经以苕川之纡余,汇以南湖之荡莽。九锁外键,一柱中屹,岂非天地之奇观,仙灵之奥区哉?"

洞霄宫作为"宇内名山"之所在,甚至被视为"五岳"之外的"天之八柱"之一,几与五岳俱尊,当数中国"三柱"(其他五柱不见于"中国")之最佳者:

"宇内名山,自五岳之外,所在天有八柱而已,其五在方外,既不可考,今见于中国者三,而洞霄之盛为历代所崇奉,几于与五岳俱尊,又非舒州、寿阳所可企及。"

(二)洞霄宫的历史沿革

杭州洞霄宫为道教三十六洞天、七十二福地之一(第三十四洞天,五十七福地),是杭州地区唯一的道教洞天福地。洞霄宫也是浙江地区历史最早、地位最高、最为著名、影响最大的道教名胜,一度成为全国道教中心及江南道教的领导机构,是杭州道家、道教文化最具代表性的象征,在浙江道教史乃至中国道教史上享有崇高地位,具有极高的历史、文化、生态与休闲价值。如《洞霄图志》云:"道经载,四海之内,凡大小洞天三十有六,福地七十有二,而洞霄咸有一焉。旧志以为与嵩山崇福独为天下宫观称首,地望之重,他莫敢比,信矣!"《茅君传》云:"第三十四洞天名大涤玄盖之天。周回四百里,内有日月分精,金堂玉室,仙官校灾福之所,姜真人主之,与华阳林屋隧道暗通。"

就洞霄宫的历史沿革演变来说,汉代为草创期,唐代为初步发展期,宋代为鼎盛期,元代为繁荣延续期,明清为逐渐衰落期,中华人民共和国成立以后为衍灭消亡期。

西汉时期为宫观草创期。汉初武帝时,洞霄宫即具道教宫观雏形,武帝"元封三年,始建宫坛于大涤洞前,为投龙简以祈福之所"(《洞霄图志》,宋末元初邓牧作,《四库全书》本)。

唐代为洞霄宫初步发展期。由高宗敕建天柱观,"唐高宗弘道元年,本山潘先生奉敕面南建天柱观,四维壁封,千步禁樵采,为长生之林"。同时,在唐"中宗朝,赐观庄一所,后有朱法师改北向"。

唐末,钱镠被唐昭宗封为越王,对洞霄宫的发展做出了贡献。在唐昭宗乾宁二年(895),钱镠与当时高道闾丘方远"相度山势,复改为甲向(按:即东向)",奠定了洞霄宫的基址。昭宗光化二年(899),钱镠曾"录图表奉,诏旨褒嘉",并作《天柱观记》特以记之。

宋代是洞霄宫的鼎盛时期。《余杭县志》卷十六云:"洞霄之名始于宋,而其迹实肇于汉,恢于唐,至宋南渡而称极盛。"

在宋初,面对赵宋的强大兵力,钱镠之孙、第五任吴越国王钱俶根据先祖"善事中国""如遇真主宜速归附"的遗训,审时度势,于宋太宗太平兴国三年(978),主动上书纳土归宋,此间钱氏将天柱观改为天柱宫。

宋真宗御赐洞霄宫,诏道院详定天下名山洞府凡二十处,洞霄宫大涤洞为天下第五。史载:"宋真宗祥符五年,因陈文惠公尧佐奏,改洞霄宫,赐仁和县田一十五顷,悉蠲租税,并赐钟磬法具等,岁度童行一人,应天庆等节设醮,本州应办支费,青词朱表,学士院撰进呈讫,内降修奉。仁宗天圣四年,诏道院详定天下名山洞府凡二十处,杭州洞霄宫大涤洞为第五,仍命每岁投龙简,遇祈祷,封降御香,遣中使或郎官入山。"

宋徽宗崇玄好道,曾赐度牒300道于洞霄宫。"政和二年,住持都监何士昭以宫宇颓圮,诣汴京陈乞,奉旨赐度牒三百道,两浙转运司经理。"同时,此时"援唐天柱观例,经尚书礼部给洞霄宫印记。"北宋末年,因后因方腊起义,洞霄宫主持被杀,洞霄宫亦废于兵火。

至南宋,洞霄宫在朝廷的大力支持下,获得重建与巨大发展,进入全盛时期,成为全国道教中心,甚至取得了"独为天下宫观之首"的崇高地位。高宗南渡时,此处为重要行宫,随后敕建昊天殿、通明馆等重要建筑,"高宗南渡,绍兴二十五年,发帑出金重建昊天殿于东庑后,殿左辟通明馆,本宫住持兼领,焚修于此"。

在孝宗一朝,孝宗及太上皇高宗、显仁皇太后等曾亲自前往拜谒,"孝宗乾道二年三月,德寿太上皇泊显仁皇太后临幸庆成,遇庚申甲子圣节,帝后本命,系朝廷请降设醮,本宫书记撰青词奏承修奉,官差军士守卫,后奏罢军士,以山麓之民充佃火防虞"。

在光宗、宁宗、理宗在位时期,洞霄宫继续得到朝廷的支持,获得继续发展,并显现出盛大局面。如"宁宗庆元二年,知宫陈以明以岁久漫灭,重给。宋国初圣节,道场应奉,本县文武官僚入山建散,诸山僧咸至立班","理宗淳祐七年,灵济通真先生孙处道奏请赐钱,益市恒产,以裨赡用,由是山门规制愈崇广矣"。

当时陆游曾撰《洞霄宫碑记》,强调它在当时"与嵩山崇福宫独为天下宫观之首。……其地望之重,殆与昭应、景灵、醴泉、万寿、太一、神霄宝箓为比,他莫敢望"。

元代是洞霄宫鼎盛之象的延续期。元代初期,洞霄宫遭到兵火损毁,但旋即获得重修,规模甚至更盛于前,继续获得朝廷青睐,总领江南诸路道教所,总摄江淮荆襄等路道教所。史载:

> 至元丙子,后重建,未完,复毁于甲申之夏。今自甲申后再新宫宇,规模视昔愈壮,专一为国焚修,告天祝寿。每遇天寿圣节,道场依例就宫建散,蒙管领江南诸路道教所,总摄江淮荆襄等路道教所,以名山事实闻奏。至元十八年,钦奉圣旨,护持山门。至元二十三年十一月,钦奉圣旨护持及本山诸宫观。元贞元年,元贞二年,大德三年,节次奉宣命,授本宫住持提点及提举知宫,兼管本山诸宫观事。大德八年六月,又钦奉护持及诸宫观,蒙中书礼部铸给杭州路洞霄宫提点所印信。

洞霄宫在明清时期呈现出日渐衰落之势,但仍然是东南一方的重要道观,值得注意的是,明末大儒黄道周曾在此创建大涤书院,黄道周在崇祯五年(1632)七月下旬抵余杭,偕门生何瑞图(字义兆)入大涤山,歇息洞霄宫。其间游览大涤、栖真、归云、龙蜕、凤鸣五洞并创建大涤山书院,由何瑞图负责营建讲舍。后来,黄道周先后五次在大涤书院讲学,前来问业的弟子达四五十人之众,其中有陈子龙、陆自岩、曹振龙、何瑞图、钱去非、程邃等,他们广泛讨论理学和《易》《诗》《礼》与乐律等,影响颇大。在此期间,黄道周撰有《大涤书院三记》,至今流传于世。

在中华人民共和国成立之初,洞霄宫还有蔚为壮观的宫殿建筑。殊为可惜的是,洞霄宫在中华人民共和国成立后遭到彻底毁坏,至今洞霄宫地面建筑已不复存在,只剩下空旷的遗址。

(三)洞霄宫的重要政治地位:以宋代为例

由上对洞霄宫历史沿革的介绍,不难看出,汉代、唐代、宋代、元代等朝曾有多位帝王曾在洞霄宫进行祈福活动或是对之有所褒奖、赠赐,这显示出洞霄宫在国家政治生活中具有独特的政治待遇。纵观历史,洞霄宫在宋代所受的礼遇、尊崇最为优渥。这一方面表现在洞霄宫曾经是南宋高宗的行宫,曾经被高宗、孝宗、宁宗等多位皇帝大加奖掖;另一方面表现在宋代有多位宰相曾任提举洞霄宫一职上。

在宋代官制中,提举洞霄宫一职属祠禄官,一般用来安排年老但未致仕的官员或持有不同政见的官员,"罢之则伤恩,留之则玩政",兼有优待勋臣之意、贬黜大员之意,同时也是一种荣誉官职。提举洞霄宫一职本身并不具有官品,须视任职者所带寄禄官或职事官而定。南宋时期的提举洞霄宫一职,多由退位宰辅或相当级别的高官充任,"自南渡后,惟道士就本宫建散,而县官止于普救寺行事。凡宰执大臣丐闲去位者,以提举临安府洞霄宫系衔"。因而洞霄宫在当时既是"天下神仙府",又堪称"地上宰相家",拥有很高的政治地位。

现主要依据《宋史》,兼参考其他文献,对宋代提举洞霄宫的官员进行统计(见表1)。

表1 宋代官员提举洞霄宫名录

姓 名	官 职	是否曾为丞相	文献出处
翟汝文	资政殿学士、参知政事	是	《宋史》卷二七
沈 该	参知政事、右丞相	是	《宋史》卷三一
厉文翁	端明殿学士		《宋史》卷二一四
钱 即	龙图阁学士		《宋史》卷三一七
卢 革	光禄卿		《宋史》卷三三一
郑 穆	国子祭酒、直集贤院、给事中兼祭酒		《宋史》卷三四七
毛 注	殿中侍御史、左谏议大夫		《宋史》卷三四八
林 摅	敕令检讨官、丞相	是	《宋史》卷三五一
吴 敏	给事中、知枢密院事、丞相	是	《宋史》卷三五二
耿南仲	观文殿学士		《宋史》卷三五二
张 近	显谟阁待制直学士、知太原府		《宋史》卷三五三
蔡 薿	翰林学士		《宋史》卷三五四

姓　名	官　　职	是否曾为丞相	文献出处
上官均	龙图阁待制		《宋史》卷三五五
杨　畏	集贤殿修撰		《宋史》卷三五五
吴执中	御史中丞、后任礼部尚书		《宋史》卷三五六
蒋　静	显谟阁待制		《宋史》卷三五六
李　纲	观文殿大学士、左丞相	是	《宋史》卷三五八
赵　鼎	尚书右仆射、丞相	是	《宋史》卷三六○
张　浚	尚书右仆射、丞相	是	《宋史》卷三六一
朱胜非	观文殿大学士、右丞相	是	《宋史》卷三六二
汪伯彦	观文殿学士、知宣州		《宋史》卷三六二
吕颐浩	镇南军节度使、开府仪同三司、左丞相	是	《宋史》卷三六二
吕好问	资政殿学士、知宣州、御史中丞、兵部尚书		《宋史》卷三六二
范宗尹	左丞相	是	《宋史》卷三六二
李　光	知洪州		《宋史》卷三六三
许　翰	翰林学士、御史中丞、资政殿学士、尚书右仆射	是	《宋史》卷三六三
许景衡	尚书右丞、资政殿大学士		《宋史》卷三六三
徐　俯	翰林学士、擢端明殿学士、签书枢密院事、参知政事	是	《宋史》卷三七二
辛　炳	监察御史兼权殿中侍御史		《宋史》卷三七二
洪　遵	资政殿学士、同知枢密院事		《宋史》卷三七三
洪　适	右丞相	是	《宋史》卷三七三
李　邴	资政殿学士、权知行台三省枢密院事		《宋史》卷三七五
滕　康	秘书省正字、追龙图阁学士		《宋史》卷三七五
张　守	资政殿学士、参知政事	是	《宋史》卷三七五
富直柔	御史中丞、同知枢密院事		《宋史》卷三七五
季　陵	中书舍人、太常少卿		《宋史》卷三七七
卢法原	吏部尚书		《宋史》卷三七七
卫　敏	宣和元年探花、集英殿修撰		《宋史》卷三七八

续表

姓　名	官　职	是否曾为丞相	文献出处
沈　晦	宣和六年状元、徽猷阁待制		《宋史》卷三七八
胡交修	徽猷阁待制、中书舍人、刑部侍郎、翰林学士、知制诰		《宋史》卷三七八
韩肖胄	吏部侍郎、端明殿学士、同签书枢密院事		《宋史》卷三七九
胡松年	吏部尚书、端明殿学士、签书枢密院事、礼部尚书、参知政事	是	《宋史》卷三七九
曾　开	起居舍人、权中书舍人		《宋史》卷三八二
陈俊卿	绍兴八年榜眼、尚书右仆射、同中书门下平章事、兼枢密使	是	《宋史》卷三八三
辛次膺	御史中丞、同知枢密院事、参知政事、资政殿学士	是	《宋史》卷三八三
汪　澈	殿中侍御史、累官参知政事、资政殿学士		《宋史》卷三八四
蒋　芾	南宋绍兴二十一年榜眼、起居郎兼直学士院、中书舍人、端明殿学士、签书枢密院事、参知政事、左正议大夫、右仆射、同中书门下平章事兼枢密使(宰相)	是	《宋史》卷三八四
叶　颙	尚书郎、资政殿学士、尚书右仆射	是	《宋史》卷三八四
叶　衡	右丞相	是	《宋史》卷三八四
钱端礼	签书枢密院事兼权参知政事、进参知政事兼权知枢密院事	是	《宋史》卷三八五
周　葵	参知政事、兼权知枢密院事	是	《宋史》卷三八五
施师点	官参知政事兼同知枢密院事、知枢密院事、资政殿大学士	是	《宋史》卷三八五
萧　燧	吏部右选侍郎、旋兼国子祭酒,龙图阁待制、权刑部尚书、参知政事	是	《宋史》卷三八五
葛　邲	左丞相	是	《宋史》卷三八五
钱象祖	左丞相	是	《宋史》卷三八五
李彦颖	端明殿学士、签书枢密院事、参知政事	是	《宋史》卷三八六
范成大	权吏部尚书、参知政事、资政殿学士	是	《宋史》卷三八六

续表

姓　名	官　职	是否曾为丞相	文献出处
黄　洽	御史中丞、知枢密院事、资政殿大学士、官至参知政事、宰相	是	《宋史》卷三八七
留　正	签书枢院密事、右丞相、左丞相、少师观文殿大学士	是	《宋史》卷三九一
赵汝愚	吏部尚书、知枢密院事、光禄大夫、右丞相	是	《宋史》卷三九二
陈　骙	同知枢密院事、参知政事	是	《宋史》卷三九三
何　澹	资政殿大学士、兵部侍郎、右谏大夫		《宋史》卷三九四
任希夷	礼部尚书兼给事中、签书枢密院事、参知政事	是	《宋史》卷三九五
王　淮	翰林学士、端明殿学士同知枢密院事、参知政事兼枢密院事、右丞相兼枢密院事、左丞相、授观文殿学士	是	《宋史》卷三九六
史　浩	右仆射	是	《宋史》卷三九六
余端礼	监察御史、迁大理少卿、太常少卿、进吏部侍郎、知枢密院事兼参知政事、右丞相、左丞相	是	《宋史》卷三九八
李　璧	礼部尚书、参知政事、同知枢密院事、端明殿学士、赐资政殿学士	是	《宋史》卷三九八
邱　崈	升宝文阁学士、刑部尚书、资政殿学士		《宋史》卷三九八
崔与之	参知政事、右丞相兼枢密使、观文殿大学士	是	《宋史》卷四〇六
杜　范	右丞相	是	《宋史》卷四〇七
娄　机	礼部尚书、同知枢密院事、参知政事	是	《宋史》卷四一〇
赵善湘	兵部尚书、端明殿学士		《宋史》卷四一三
郑清之	参知政事兼签书枢密院事、兼同知枢密院事、右丞相兼枢密使、太傅、左丞相、右丞相兼枢密使	是	《宋史》卷四一四
董　槐	签书枢密院事、同知院事、参知政事、右丞相	是	《宋史》卷四一四
马　鸾	参知政事兼同知枢密院事、右丞相兼枢密使	是	《宋史》卷四一四
葛　洪	历任工部尚书兼侍读、国子监酒、端明殿学士同签书枢密院事、参知政事	是	《宋史》卷四一五
史嵩之	参知政事、右丞相兼枢密	是	《宋史》卷四一五
袁　韶	资政殿学士		

续表

姓名	官职	是否曾为丞相	文献出处
吴 渊	官兵部尚书、端明殿学士、资政殿大学士		《宋史》卷四一六
马光祖	户部尚书、大学士、参知政事、知枢密院事	是	《宋史》卷四一六
范 钟	端明殿学士、签书枢密院事,授参知政事、知枢密院事、左丞相兼枢密使	是	《宋史》卷四一七
谢方叔	殿中侍御史、除刑部侍郎、兼给事中、端明殿学士、签书枢密院事、兼参知政事、拜参知政事、知枢密院事、左丞相、兼枢密使	是	《宋史》卷四一七
游 似	左丞相	是	《宋史》卷四一七
吴 潜	参知政事、右丞相兼枢密使、左丞相	是	《宋史》卷四一八
程元凤	右丞相兼枢密使	是	《宋史》卷四一八
江万里	端明殿学士、同签书枢密院事、左丞相兼枢密史	是	《宋史》卷四一八
宣 缯	兵部尚书、参知政事、观文殿大学士	是	《宋史》卷四一九
曾从龙	资政殿大学士兼知枢密院事、参知政事	是	《宋史》卷四一九
邹应龙	户部尚书、礼部尚书、端明殿学士签书枢密院事、资政殿学士		《宋史》卷四一九
许应龙	兵部尚书、中书舍人、签枢密院事		《宋史》卷四一九
林 略	端明殿学士同签书枢密院事		《宋史》卷四一九
徐荣叟	权礼部尚书兼权吏部尚书、签书枢密院事、资政殿大学士		《宋史》卷四一九
刘伯正	端明殿学士、资政殿学士、签书枢密院事兼权参知政事、参知政事	是	《宋史》卷四一九
李性传	端明殿学士、签书枢密院事兼权参知政事、寻同知枢密院事	是	《宋史》卷四一九
陈 韡	兵部尚书、礼部尚书、端明殿学士、参知政事兼同知枢密院事、知枢密院事	是	《宋史》卷四一九
应 □	吏部侍郎、翰林学士兼中书舍人、同知枢密院事兼参知政事、参知政事	是	《宋史》卷四二〇
徐清叟	端明殿学士、签书枢密院事、进同知枢密院事、知枢密院事兼参知政事	是	《宋史》卷四二〇

续表

姓名	官职	是否曾为丞相	文献出处
李曾伯	端明殿学士、资政殿学士、观文殿学士		《宋史》卷四二〇
王埜	端明殿学士、签书枢密院事		《宋史》卷四二〇
蔡抗	礼部侍郎兼权吏部尚书、端明殿学士、同签书枢密院事、差兼同提举编修经武要略、同知枢密院事、参知政事	是	《宋史》卷四二〇
马天骥	端明殿学士同签书枢密院事		《宋史》卷四二〇
饶虎臣	同知枢密院事兼权参知政事、参知政事	是	《宋史》卷四二〇
皮龙荣	拜端明殿学士签书枢密院、进封伯权参知政事、拜参知政事	是	《宋史》卷四二〇
沈炎	端明殿学士、同签书枢密院事、兼太子宾客、同知枢密院事、权参知政事	是	《宋史》卷四二〇
杨栋	礼部尚书、端明殿学士、同签书枢密院事、兼太子宾客、同知枢密院事、参知政事	是	《宋史》卷四二一
姚希得	同知枢密院事、权参知政事、参知政事	是	《宋史》卷四二一
赵与篲	户部尚书、资政殿大学士		《宋史》卷四二三
杨时	工部侍郎兼侍读、龙图阁直学士、理学家		《宋史》卷四二八
魏了翁	端明殿学士、同签书枢密院事、签书枢密院事、资政殿学士		《宋史》卷四三七
蔡肇	礼部员外郎、进起居郎、拜中书舍人、画家		《宋史》卷四四四
陈与义	资政殿学士、翰林学士、参知政事、诗人	是	《宋史》卷四四五
梦得	户部尚书、迁尚书左丞、词人		《宋史》卷四四五
刑焕	徽猷阁待制、谏议大夫、除枢密都承旨		《宋史》卷四六五
蔡京	右仆射兼门下侍郎(右相)、太师、艺术家	是	《宋史》卷四七二
蔡攸	枢密直学士、龙图阁学士兼侍读、宣和殿大学士		《宋史》卷四七二
王之奇	观文殿大学士		《朱子语类》卷一三二
韦骧	左朝议大夫、诗人		《浙江通志》卷一六七

由以上统计可知,宋代朝廷中共有 128 位重臣曾任过提举洞霄宫,其中仅去位之宰辅大臣提举该宫者,即达 67 位,占半数以上,而若将地位与相差无几的签(同知)书枢密院事、各部尚书等计算在内,则有将近百位重臣提举过洞霄宫。由此不难看出,绝大多数提举洞霄宫的官员都是朝廷中曾经位高权重者,洞霄宫俨然成为退位宰辅重臣的联谊会,洞霄宫在当时鼎盛之至,可以管窥无疑。

(四)洞霄宫的基本观宫建筑、遗址、遗迹

在唐、宋、元之际,"其山水之丽,宫宇之宏",洞霄宫处于全盛时期,具有非常丰富的观宫建筑,"逮宋南渡,都于杭,则门地之盛,声望之隆,与玉清、醴泉、崇福、昭应、太液、宝录诸宫观等矣"。现主要依据《洞霄宫志》,对处于全盛时期的以洞霄宫为主体的相关山水、观宫、洞府等情况进行列表说明(见表 2)。

表 2　洞霄宫观山水洞府古迹名录

门　　类	主要内容	总　　计
宫　观	通真门、九锁山门、外门、双牌门、三门、虚皇坛、三清殿、昊天阁、璇玑殿、佑圣殿、祠山张帝祠、龙王仙官祠、云堂、旦过寮、诸亭、白鹿山房、廨院二所、法堂、方丈、库院、斋堂、道院、至道宫、龙德通仙官、元清宫、冲天观、洞晨观、元阳观、冲真观、龙德观、玄同观、明星宫、洞阳观、岳祠道院、清真道院、凝真道院、若虚道院、通明道院、益清道院、紫清庵、碧壶庵、溪山庵、闲隐庵、学院庵、太平庵、集虚书院	46 处
山　水	天目山、黄山、九锁山、大涤山、天柱山、乳山、香炉山、青檀山、青梓山、青苕山、白鹿山、丹山、观岭、西天柱岭、东天柱岭、冯村、岭上、麻车坞、下坞、上坞、大坞、紫竹坞、苦竹坞、云根石、仙迹岩、来贤岩、伏虎岩、抚掌泉、苕溪、南湖、丹泉(一名天柱泉)、厨院方池、三池、翠蛟亭、冷泉、桃花泉、洗药泉、小石门、洞酌、月窟、水壶、镜潭、试剑岩、涌翠石壁、石步障、通仙桥、道士桥、朝元桥、双仙桥、玉泉桥、鸣凤桥、会仙桥、玄同桥	53 处
洞　府	大涤洞、栖真洞、石室洞(一名藏书,一名东玲珑)、白茅洞、鸣凤洞、蜕龙洞、归云洞	7 处
古　迹	汉宫坛、升天坛、伏虎岩、仙迹岩、来贤岩、石室、抚掌泉、明星浚、药圃、叶天师讲堂、草堂、书楼、南陵、潘道遥墓、嘤亭、聚仙亭、祥光亭、通明馆、神应钟、西洞神光、松化石、重荣木、无骨箬、捣药禽、石香鼎、四山界松、应梦游诗、陈文惠公书字、诵度人经	29 处

由表 2 可见,在宋元时期,以洞霄宫为主体,附近分布着极其丰富的宫观、建筑、洞府、古迹,这直接表明了当时洞霄宫的宏大的规制与丰富的内涵,也昭示着洞霄宫曾经拥有的地位与辉煌。

(五)洞霄宫的主要仙人与高道

《洞霄图志》卷五为"人物门",列魏晋以来与大涤山、洞霄宫有关的重要仙道人物。具体分为列仙与高道两类,现对之总结列表如下,见表 3。

表 3 洞霄宫列仙、高道人物名录

类 别	朝 代	姓 名	备注(赐号/称号等)
列 仙	魏晋南北朝	郭 文	梁乾化三年七月,封灵耀真君
		许 迈	梁乾化三年,封归一真君
	唐	潘先生	唐高宗夙闻其名为敕创天柱观
		叶法善	叶天师,置封越国公舍景龙观
		司马承祯	司马天师,唐明皇诏赠银青光禄大夫,谥贞一先生
		夏侯子云	夏侯天师
		朱君绪	朱法师
		暨齐物	暨天师
		闾丘方远	玄同先生,唐昭宗加命服赐号妙有大师
		郑元章	唐昭宗赐紫衣,号正一大师郑冲素先生
	宋	常中行	常先生
		喻天时	号蟾华子,冲和先生
		陆维之	石室先生
		王 朴	元素先生
		杨乃诚	杨先生
		陈良孙	寝虚先生
		朱真静	宋理宗赐宸翰特赠妙行先生
高 道	唐	白元鉴	威仪先生
	宋	冯德之	冯先生
		唐子霞	唐先生
		石自方	正素先生,浑沦道人,石洞霄
		叶彦球	宋徽宗赐号虚静灵一大师
		何士昭	宋徽宗赐号冲靖大师
		李洞神	宋高宗赐号明素

续表

类 别	朝 代	姓 名	备注(赐号/称号等)
高道	宋	陈希声	宋高宗赐御书度牒,号"凝和大师"
		徐冲渊	自号栖霞子,栖霞先生
		俞延禧	宋孝宗赐"怡然"
		王思明	宋宁宗赐纯素大师
		龚大明	宋宁宗赐紫衣,赐号冲妙大师,遗金币甚厚,还山建法堂,复赐书"演教堂"匾; 理宗赐金五十两,白金五百五十两,合精铜铸钟
		孙处道	宋理宗赐号灵济通真大师,赠"妙行先生"
		贝大钦	宋理宗赐号"灵一大师"
		金致一	凝妙大师(此下八位系参考林正秋先生《杭州道教史》第十四章"宋元时期的洞霄宫",据补)
		潘三华	葆光大师
		高守中	冲虚大师
		王居实	虚一大师
		王大年	冲素大师
		扬大中	明一大师
		龚文焕	演教大师
		郎道一	通妙大师

应当注意的是,上述重要高道多与当时朝廷有着密切关系,这直接表现在他们多被皇帝赐号、赐予金钱修建宫观等方面,同时,这些高道也大都同时担任过洞霄宫住持,林正秋先生所著《杭州道教史》第十四章"宋元时期的洞霄宫"依据邓牧《洞霄图志》卷五《洞霄宫住持题名》所载,从南宋绍兴年间(1131—1162)开始,至德佑乙亥年(1275)元军占领南宋首都临安府前一年为止,共有 13 位高道担任过洞霄宫住持,"皆系尚书省奏旨颁降敕黄省札差充",并有赐号,但任职年月不详,以先后为序分别如表 4 所示。

表 4　南宋洞霄宫住持

姓　名	赐　号
金致一	凝妙大师
叶彦球	虚靖灵一大师
李洞神	右街道录、明素大师
陈希声	右街鉴义、凝和大师
叶彦球	再任、虚靖灵一大师
潘三华	葆光大师
王居实	虚一大师
龚大明	冲妙大师
王大年	冲素大师
贝大钦	灵一大师
扬大中	明一大师
龚文焕	演教大师
郎道一	通妙大师

《洞霄图志》对上述住持皆作了较为简略的介绍，并加了赞语，现录叶彦球一位以略示意：叶彦球，钱塘人，生卒年不详，约两宋之际名道，曾两任洞霄宫住持，出入朝廷与山野间，在当时社会产生了相当影响。《洞霄图志》介绍如下，余皆类此：

> 叶彦球，钱塘人，崇宁间受度，寻师方外，溯长江，上荆汉，浮沅湘，访天师遗迹，南游吴越，过闽广，徘徊罗浮以归，遂走京师，寓宝箓宫复还洞霄，由是锐意教法，飞章走檄，祸福之验，耸动当世。至安吉之乌镇，镇南有地爽垲，乃卜居焉，以符水为民禳袚疾，无不愈。乡人敬信，冠履云集，经营之初，富者出财，贫者出力，故宫殿廊庑金碧焕烂，赐额曰"崇福宫"。先生两领洞霄，晚益精励，赐号虚静灵一大师，于蛟龙洞之傍筑室老焉。天台虞公似良榜曰"归云"，寿八十四，无疾而终。

赞曰：

> 远行求师，足半四方。飞章吁天，休咎立彰。冠履杂沓，金碧焜煌。至今殊庭，福庇一乡。筑室终老，蛟龙洞傍。谁榜归云，虞公似良。

由上可见,南宋时期洞霄宫住持大多经过皇帝的敕封赐号,并且名闻当时,甚至参与朝政,在当时具有相当的影响力。

(六)洞霄宫的文化价值

通过上文对洞霄宫的地理位置、道教地位、历史沿革、政治地位、宫观盛况以及相关仙道人物的介绍,不难发现,洞霄宫在中国文化史尤其是唐宋元之际的文化史上具有独特的地位与文化价值。对此,《洞霄图志》中已有明确的说明:认为"凡宠书幸驾、锡田赐额之异,尤冠一时之盛","高人奇士辈出,于教益振","具诸载籍者,凡殿糜之盛、人物之异、文辞之伟,靡不备见","山川之推为洞天福地之殊者,四方至今犹称之"等,洞霄宫堪称是一座不多见的文化宝藏。

如前所述,作为全国著名的道教圣地,洞霄宫与中国历史上的许多名人颇有渊源,如汉武帝、宋真宗、宋仁宗、宋高宗、宋孝宗、宋代名臣李纲、张浚、名士苏轼、林逋、赵孟俯、陆游、朱熹等。有宋一代,更有数十位宰执大臣在去位之时提举此宫。唐宋以来的许多历史事件与之也有密切关系。唐宋以来,洞霄宫留下了无数权贵、名士、骚人的轶事、墨宝以及诗词文翰,在文学、艺术、建筑、音乐、美术、医药、茶道、武术、养生等众多文化领域均有突出表现。堪称一座辉煌的中国历史、文化、艺术殿堂,具有极高的政治、历史、文化、艺术与生态旅游、休闲价值。如就其文人墨客的诗歌作品而言,元代的孟宗宝就编有《洞霄诗集》(现在已佚),有 11 卷之多,足见历代对其歌咏之盛;今人俞金生编注有《洞霄宫诗选》一书,里面共收录相关诗歌 400 多首。时至今日,洞霄宫原有的宏伟面貌虽已不复存在,但作为道教洞天福地,其穿越时空的多方面的历史文化价值有待有心之人进一步去发掘与弘扬。

二、建议理由

鉴于洞霄宫的如上地位与历史文化价值,我们认为,建设洞霄宫道教生态文化园(暂名)十分必要,基本理由有:

一是当代重建杭州道教灵魂与统帅、重塑浙江道教在中国道教中首要地位的必要举措。浙江道教长期处于全国首要地位,有"中国道教看浙江"之说。一方面,南宋以来,洞霄宫长期作为中国道教中心与江南道教的官方领导地位而存在,在全国道教中具有崇高地位。另一方面,在道教最著名的"十大洞天福地"中,浙江占了三个(黄岩的委羽山洞为第二,天台的赤城山洞为第六,临海的括苍山洞为第十),在中国道教中的分量同样独一无二。综合看来,作为中国道教三十六洞天、七十二福地之一(第三十四洞天,五十七福地)的洞霄宫尤为浙江道教文化之最高代表。但遗憾的是,在中华人民共和国成立以后,浙江道教在当代中国地位不显,逐渐失去了全国性影响。如欲提升浙江道教在全国的领先地位,必以历史上最具地位与影响力的洞霄宫为基础,建设高端道教生态文化园。

二是改变杭州目前佛盛道衰局面,实现佛、道二家并盛,丰富杭州历史文化名城内涵的强力支撑,届时杭州洞霄宫与灵隐寺并盛齐驱的千年盛景将得以重现。唐宋以来,杭州长期居于江南地区的佛教、道教中心地位,二家并胜互映。但中华人民共和国成立后,二者同归于沉寂。改革开放以来,佛教文化复兴,明显增强了杭州文化名城与旅游休闲城市的内涵。但颇为遗憾的是,杭州道教仍处于十分冷清的境地。同以灵隐寺为代表的杭州佛教名寺相比,无论是玉皇山的福星观、吴山的城隍庙,还是葛岭的抱朴道院(现为浙江、杭州道教协会所在地)、栖霞岭的黄龙洞,普遍规模较小,格局不大,功能单一,远不能体现道教文化的博大精深,未能发挥道教在杭州文化名城打造与休闲旅游发展中的引领作用。当下,建设洞霄宫道教生态文化园,即成为进一步充实杭州文化名城内涵,使杭州道教重新追步、比肩杭州佛教的重要途径。

三是尊重历史智慧与经典格局,重新塑造、完善西湖文化格局与游览格局,扩大西湖文化遗产、旅游、休闲圈的智举与妙策。早在南宋,洞霄宫即是城市西部以西湖为中心,以灵隐寺、洞霄宫为辅翼的大的文化、游览格局的主体组成部分。据载,现今仍存的西溪路即是皇家专为到洞霄宫拜谒寻胜的御道。洞霄宫在杭州文化、游览格局中的地位可见一斑。现在通过重新打造洞霄宫道教生态文化园,在更高的水准上塑造杭州大西湖文化圈、游览圈,既是对杭州历史传统、经典线路与格局的尊重,又能深契于当下在西湖申遗成功后的"后西湖时代"西湖文化格局重塑、文化内涵提升的时代需要。

四是恢复与提升"三江两岸"生态景观的重要内容,并能为之画龙点睛、确立精神,是大力推进生态文明建设,在文化层面加快城乡区域统筹发展的需要。洞霄宫作为具有全国性影响的道教文化名胜,在千余年的历史长河中,以道法自然、重生养生的独特价值理念、仪式仪轨以及相关民俗活动,对于浙江尤其是杭州地区民众形成怡心山水、关爱自然的价值关怀有着深刻影响。建设洞霄宫道教文化园,在某种程度上能为目前杭州提出的三江两岸生态建设与保护计划奠定思想灵魂与价值基点。建设生态文化园对于形成相关文化体验、旅游休闲产业链,促进乡村经济文化事业发展,推动城乡统筹发展具有示范性意义。

五是符合当代旅游由简单的旅游观光向休闲体验转变的趋势,是推进杭州进一步建设东方休闲之都的重要举措。从当下旅游、休闲与对品质生活追求的趋势上讲,杭州正在经历着由一般旅游观光向注重文化休闲体验的转变。道教文化正可以发挥其在养生、健身、娱乐、艺术、陶冶情操、精神修养等方面的不可替代的重要作用。洞霄宫道教生态文化园以道教的生态理念为基本建设理念,建成以道教文化展示、体验与休闲为主要内容的生态文化园,为市民提供感悟传统,进行文化体验、文化参与以及文化休闲的重要场所,为杭州旅游休闲城市的发展增添新的大手笔。

六是建设洞霄宫生态文化园的设想,得到了杭州广大市民群众与城市建设与文史专家的普遍赞赏、大力支持与热心帮助。通过调查走访,杭州地区的市民、群众普遍对建设洞霄宫抱有极大的兴趣与热情,迫切希望这一传承两千多年的宝贵文化遗产在当代重新发扬光大。我们拜访过杭州城市史研究专家杭州师范大学林正秋教授,浙江省特级专家、浙江大学宋学研究中心主任束景南教授,杭州休闲研究专家庞学铨教授等专家学者,他们都对建设洞霄宫生态文化园的设想高度赞赏,给予了多方面的意见、建议,并表示愿意提供力所能及的支持。普通市民群众与著名专家学者都以巨大的热情期待着这一颇有文化意义的事业能够尽快产生实际成果。

七是建设洞霄宫道教生态文化园,也是协调中泰乡垃圾焚烧厂建设、保护洞霄宫遗址遗迹,进而改善和展示杭州城市发展良好形象的重要举措。目前杭州余杭区中泰乡垃圾焚烧厂正处于紧锣密鼓的调研论证阶段,这引起了关注当地经济社会发展尤其是生态环境的人士和当地居民的不理解,甚至激烈抗议。应该看到,垃圾焚烧厂的建立很有可能对杭州道教唯一的洞天福地的自然环境造成破坏,基于此种形势,建设洞霄宫道教生态文化园,不仅有着保护千年历史遗存的重要意义,而且很有可能与垃圾焚烧厂的建设相协调,促进垃圾焚烧厂加强监管、生态作业,相反相成,共同谱写生态和谐的发展篇章,二者甚至可能在生态的文章上相映相彰,"跟着垃圾去旅游",成为杭州城市绿色发展、生态发展的展示窗口。

八是建设洞霄宫道教生态文化园,现实条件已经具备,并且成本较小。通过实地考察与文献检索,如大涤山、大涤洞、天柱山(岭)、美女山、仙人洞、天柱泉、石板路、元同桥等各种宫观相关风物、遗址,我们已取得宋元时洞霄宫极盛时期的详细图址,地表已无建筑,建设成本相对较小,并对全国各地道教场所建设经验教训进行初步总结。洞霄宫不仅具有资源优势,而且可以取得后发优势,只要能够协调好临安与余杭的关系,调动双方的积极性,高质量地打造道教生态文化园正当其时。事实上,余杭区和临安区两地的政府部门早在 1998 年就签署了开发洞霄宫的协议书,近几年对洞霄宫重新开发,各界呼声更是日益提高。

三、洞霄宫道教生态文化园的基本设想

(一)基本定位

打造道教文化展示、体验与旅游休闲的综合性文化园,使之成为原汁原味的富有魅力的中国道教文化体验圣地,中国传统道教文化的活标本,江南地区乃至全国领军性、经典性的道家、道教文化主题公园,重现其在千年以前与佛教灵隐寺并驾齐驱的地位与光彩。

(二)基本理念

以生态理念为基本建设理念,所谓生态理念,是指以一种生态的眼光看待与建造洞霄宫生态文化园,具体是将洞霄宫道教文化视为一个自身具有可再生性、可塑性与发展性的文化生命体,同时它又与周围自然、社会、文化等外缘性因素保持着一种同生共长的密切关系。换言之,这包含自然生态、文化生态、生命之态三个方面。

就自然生态而言,即将洞霄宫的存在、发展与再生视为一个与周围自然地理环境、生态环境、风水资源等自然环境统一和谐的整体,要建造洞霄宫生态文化园,就要保持人与自然的和谐相处,共生共荣,以绿色、环保、节能、返璞归真等为具体理念,塑造清新健康、充满生机的自然生态环境,体现人与万物的亲切互动,体现人与自然和谐共处。

就文化生态而言,即将洞霄宫所承载的道教文化、风水文化、政治文化及艺术文化等予以多角度表达,尤其是要使道教文化所涵容的建筑文化、音乐文化、饮食文化、养生文化、武术文化等专项文化和谐自然、原汁原味地呈现。注意道教文化的经典性与地域性,以高端、复朴、有形、便于互动、易于体验的手法塑造

道教正统、正面、正气的精神特质。

就生命之态而言,按照道家齐同万物的理念,将自然万物看作与我一体的生命形态,在建筑布局、项目设计以及文化形态表达上注重与周围环境的生命一体感;尤其是要关注道教在关注人的身体健康、心灵安顿、生命和谐甚至终极关怀等方面的作用,关怀人在宇宙中的生命体验与生命质量,使人充分感受到道教文化在滋养人的身心方面的巨大作用。

(三)主要思路

1.恢复整体布局

在整体布局上,主要以宋元时期的图址为线索,在宏观布局与基本风格上,呈现出古典气息与道家返璞归真的思想主旨。具体说来,即要在大的设计框架、建筑布局与基本规模上努力恢复宋元洞霄宫的图址、样式,尤其是洞霄宫主观及重要宫观的位置布局尽量以恢复性重建为主。

2.提炼文化精粹

以道家、道教所蕴含的文化精粹的内在联系为主线与思路,设计公园内各项目的内在架构与结构关系,尤其是注意将道家、道教文化中零碎、散乱的文化形式以一种内在逻辑串联进去,使之成为有机联系的整体。洞霄宫道教文化博大精深,如自身的列仙、高道、逸事、传说等十分丰富,完全可以有选择地将之呈现出来,再有一些较有代表性的宫观、遗址也可以适当恢复,再者道家道法自然的思想、自由逍遥的境界、历代外丹、内丹修炼的仪轨、智慧以及太极、八卦等道家、道教的精华内蕴也应进行有效展示。

3.创新呈现方式

运用现代科技信息技术,注重传统展示方式与现代表达手段的有机结合,文化经典与时尚元素的完美融合。例如,以典雅精致的宋代建筑为基本主题,以道教文化为基本内容,辅以数字、信息技术等高科技表现手段,适当融入现代时尚元素。

4.重视文化体验

在充分发挥公园参观游览功能的同时,尤其是要关注游客参与体验需要,注意道教文化的具象化、有形化表达。通过设置体验性高、参与性强的项目,让人们在轻松的互动体验中获得心身愉悦,感受道教文化的独特魅力。在这方面,道家、道教具有十分丰富的资源,如武术、中医、中药、按摩、推拿、吐纳、导引、食疗、道教音乐、艺术、斋醮仪式等都可以灵活设计,让游客积极地参与进来,体验道家文化的精髓。

5.突出个性特色

注意把握好与玉皇山福星观、宝石山抱朴道院、吴山城隍庙的差异化关系。这些都是杭州的著名道教名胜,并且也都有一定的特色,要建造洞霄宫道教文化园,应该注意在定位上与项目设置上予以区分,进行差异化处理。在定位上,洞霄宫道教文化园应该更具有统领性、综合性、经典性与高端性,体现出它对杭州道教、浙江道教乃至中国道教文化与发展方向上的引领作用。具体来说,应该以佛教的灵隐寺为标杆,通过合理的规划与打造,重现千年来与灵隐寺并驾齐驱的局面;在项目设置上,应关注市民、游客参与体验的需要,如前所述,道教文化非常适合于广大市民游客的互动、体验,在这方面应该下大力气打造一批拳头精品项目。

(四)项目构想

1.九峰古村文化艺术社区

九峰古村是洞霄宫附近的一个自然山村,是一个原生态的古村落。为了配合洞霄宫道教生态文化园建设,有必要系统规划保护九峰古村,将其建为文化艺术社区,吸引各种专家、学者、教师、艺术家入驻,实行统一的准入制度,建造休憩、娱乐、文化活动等公共空间,为洞霄宫道教生态文化园营造氛围,使之成为重要的外围辅翼。

2.重新恢复"大涤书院"

大涤洞天乃三十六洞天之一,享誉天下。大涤书院为明末大儒黄道周所建,旨在研讨学问、寻求救亡之道,一时间影响颇大,现在完全可以重新予以恢复。可以尝试开展以下活动:

(1)有关洞霄宫、道教、中国传统文化的学术活动。

(2)道教文化、宗教文化、洞霄宫历史等专题研究。

(3)编辑、出版上述研究成果、道教文化等的普及读物、音像作品。

(4)其他社会服务活动,如儿童读经班、国学班等。

3.洞霄宫道教博物馆

洞霄宫道教博物馆拟设置以下专题:

(1)历代帝王与洞霄宫专题馆。重点介绍汉、唐、宋、元各代。

(2)洞霄宫提举专题馆。注意将宋代 60 余位退位宰执大臣提举洞霄宫的历史进行展示,进行历史文化教育。

(3)列仙堂、高道堂、住持堂。洞霄宫的仙道文化极为丰富,可参考《洞霄图志》的相关记载,策划相关性主题展。

4.建立我国第一座"行宫文化展示馆"

行宫文化展示馆拟展示以下内容:

(1)全方位地介绍我国乃至世界上的行宫历史、文化以及独特的地位与作用。

(2)以历史为线索系统说明我国行宫的演变历史。

(3)以宋高宗设立行宫为主要题材,全面介绍宋代行宫文化,努力展示洞霄宫作为宋朝行宫的独特地位与价值。

5.洞霄艺术堂

洞霄宫在历史上引得无数文人骚客留下了大量诗词、翰墨,可以对之进行系统展示,既可以经典性的文化人物为中心进行打造,也可以以诗词馆、翰墨馆、音乐馆、文章馆等主题分馆的形式进行展陈。

6.道教文化体验园

以互动、参与、体验为主要理念,对洞霄宫的道教文化精髓进行全方位展示。可以设立不同的区块,分主题进行打造:

(1)中草药百草园:中草药景观展,如菊花展、薰衣草展;适时开设"药王会"、百花节等。

(2)道教养生园:药膳、中药洗浴、素食园、经络按摩馆(针灸、推拿、按摩)、茶道馆、香道馆、武术馆(丹道、导引、气功)。

(3)道教非物质文化遗产体验园(道教民俗园):道教在神仙信仰、方术、科仪、符箓、节庆、民俗等方面存有宝贵的非物质文化遗产,可以借助"神秘旅游""神圣旅游"的口号引导市民、游客进行深度的道教仪式体验,也可以建造专门的道教节庆体验园,开展洞霄节庆集市、博览会、交易会等。

(4)建设道教音乐表演园(融合北韵全真正韵和南韵广成韵)、道教书画院。

7.慢生活营地,慢城体验基地

以"道法自然""返璞归真""素朴虚静"等道教观念为指引,设立若干慢生活营地、慢城体验基地、静生活修养中心等,给大都市中的人们以一个涤去烦恼、修养身心的最佳去处。

8.道教文化旅游纪念品的开发与展示

可以尝试开发一些具有洞霄宫道教特点的礼物,向市民与游客进行展示、销售,在开发道教文化旅游纪念品的过程中,应注意传统元素与现代高科技的结合,尤其重视一些相关高端养生礼品、纪念品的打造。

当然,上述建议只是一个初步的宏观设想,在具体的规划建设过程中还可以通过进一步研究进行调整、改进与完善。

(2014 年"城市休闲与新型城市化"专项课题)

第八编　休闲与城市综合体

文化商街型城市综合体休闲功能提升研究

——以杭州市为例

武晓玮 *

一、绪 论

(一)文献回顾及问题提出

随着人类社会的发展进步,休闲越来越成为人类生活的必需。从 20 世纪 90 年代开始,世界经济从后工业时代进入到信息时代,1999 年未来学家格雷厄姆·莫利托(Graham Molito)在《经济学家》杂志发表文章,预测到 2015 年人类将从信息时代迈进休闲时代,休闲、度假、娱乐、旅游业将成为下一个经济大潮,并席卷世界各地。"大休闲时代"的预测在发达国家正在逐步成为现实,在美国,人们 1/3 的时间、2/3 的收入用于休闲度假,休闲产业已成为美国等发达国家首位经济活动产业。根据国际规律,人均 GDP 达到 5000 美元时,经济就将进入休闲消费的爆发性增长期。中国在 2011 年迈过了人均 GDP 5000 美元的门槛,着力发展休闲产业的时机已经来临。在休闲时代下,人们的休闲需求也出现了前所未有的井喷式增长,不仅追求休闲的有形价值,而且对精神满足和自我发展的渴望与日俱增,休闲体验需求也从追求感官体验向追求精神、情感、智慧等深层内涵的综合体验转变。这种状况对各类公共空间、设施的休闲功能提出了更高的要求,只有提供完善的休闲功能才能满足大众日益增长的休闲需求,才能促进大众休闲生活更加美好。因此,休闲时代下,各类公共空间、设施

---

* 浙江大学亚太休闲教育中心。

的休闲功能成为一个重要学术问题。

1.休闲功能研究现状

当前,国内外学术界聚焦于城市休闲功能的研究。威廉姆斯(S. Williams)认为城市休闲的发展经历了三个阶段,即创立、巩固与扩大。[1] 奥库斯尼克(Olkusnik)分析了 19 世纪华沙城市休闲的演变过程,认为城镇化是推动城镇发展的主要力量,使城镇成为人们生活、工作和购物的地方。[2] 卡瑞(Curry)研究了 19 世纪 80—90 年代城市社区参与户外休闲活动的增长受到规划制度的威胁,导致日常休闲生活公共空间不断减少。[3] 李特尔(Lee et al)认为城市公共空间是保护环境的场所,是加强环境教育的场所,可以为休闲需要创造机会、满足视觉享受。[4] 陈玉英认为城市休闲功能是指具有特定结构的城市休闲节点,对城市居民和外来游客所提供的休闲活动项目、休闲设施、休闲服务、休闲文化以及休闲组织管理等休闲服务要素,及其相互间的物质、信息和能量在休闲节点内集聚、极化、优化配置过程中所表现出来的满足人们身心愉悦、恬淡闲适、价值展现,以及城市的人力资源再生产、社会经济发展的属性、能力和效用进行了研究。[5] 楼嘉军、徐爱萍以上海城市休闲功能发展为例,依据休闲服务设施配置重点和满足对象的变化,分析城市休闲功能的发展阶段与演变特征。[6] 温燕、周国忠借鉴法国著名休闲旅游度假城市维希的发展,提出我国中小城市休闲功能的提升应该从休闲资源开发中的有序化和适度化、建设多层次的休闲设施、营造主客共享的休闲环境、引导积极健康的休闲意识、挖掘自身特色发展休闲产业等方面着手。[7]

同时,部分学者也对城市内某些公共区域、文化设施的休闲功能进行了探

---

[1] S. Williams. Recreation in the urban environment[M]. London:Routledge,1995.

[2] Olkusnik. Countryside holiday as a cultural and social phenomenon in Warsaw at the end of the nineteenth century[J]. kwartalnik history kultury material,2001(4).

[3] Curry. Community participation in outdoor recreation and the development of Millennium Greens in England[J]. leisure studies,2000(1).

[4] Lee et al. The relationship between information use and park awareness:A study of urban park users[J]. Journal of Park and Recreation Administration,2002(1).

[5] 陈玉英.城市休闲功能扩展与提升研究[D].郑州:河南大学,2009.

[6] 楼嘉军,徐爱萍.上海城市休闲功能发展阶段与演变特征研究[J].旅游科学,2011,25(2):16-22.

[7] 温燕,周国忠.法国小城市发展对我国中小城市休闲功能提升的启示——以维希市为例[J].中南林业科技大学学报(社会科学版),2014,8(1):52-55.

讨。郑秋瑶讨论了城市园林的休闲功能,认为在不同类型的园林中有着不同的休闲设施和休闲环境,发生着不同类型的休闲活动,满足了不同类型的休闲需求。[①] 徐溶讨论了高校档案馆的休闲功能,认为高校档案馆拓展休闲功能是顺应时代潮流和自身发展的需求,并着重阐述了拓展休闲功能的举措。[②] 廖文杰讨论了文化创意产业集聚区的旅游休闲功能,认为国内大多数文化创意产业集聚区的文化休闲功能大多被忽视了。文化创意产业集聚区由于融入了文化理念,有其特定的定位、品位、价值和竞争力,是理想的高端文化休闲区域[③]。黄冠男讨论了图书馆的休闲功能,在分析图书馆休闲功能开发的共性的基础上,提出了不同类型图书馆休闲功能开发的特点,并结合我国现有人群的特征,对不同用户群体的图书馆休闲进行分析。[④]

从上述文献分析中可知,对休闲功能的研究集中在城市休闲功能方面,对城市内各种类型的公共区域、文化设施的休闲功能还缺乏全面、具体的分析,同时对休闲功能本身的内涵和内容还缺少理论上的归纳总结。从研究方法上讲,现有的研究成果多采用归纳、演绎、实证等定性分析方法,仅有极少数成果是建立在定量分析基础之上。从研究成果上分析,研究缺乏系统性,割裂了各项研究领域之间的关系,忽视了其间的结构关系。

2.城市综合体及其休闲功能研究现状

自从20世纪七八十年代西方发达国家诞生第一个城市综合体以来,伴随国内外城市化进程的快速推进,城市综合体已经成为世界范围内各大中小城市建设的重要亮点,对城市经济、社会、文化发展产生了重大影响。一般意义上认为,城市综合体是指在城市中的商业、办公、酒店、居住、餐饮、展览、交通、文娱、社交等各类功能复合、互相作用、互为价值链的高度集约的街区群体。[⑤] 更多的文献将之称之为"HOPSCA",即 hotel(酒店)、office(写字楼)、parking(停车场)、shopping-mall(购物中心)、convention(会议会展)、apartment(公寓),其核心功能为商务办公、商业零售、酒店公寓和住宅。根据黄杉、武前波、崔万珍的

① 郑秋瑶.城市园林休闲功能研究——以杭州为例[D].杭州:浙江大学,2006.

② 徐溶.高校档案馆休闲功能之探析[J].兰台世界,2010(4):36-37.

③ 廖文杰.文化创意产业集聚区旅游休闲功能构建[J].商业经济研究,2015(20):138-139.

④ 黄冠男.图书馆休闲功能研究[D].昆明:云南大学,2016.

⑤ 龙固新.大型都市综合体开发研究与实践(第二版)[M].南京:东南大学出版社,2011.

归纳分类,城市综合体可分为九大类型,分别是商务办公型、商业零售型、酒店公寓型、交通物流型、休闲旅游型、文化创意型、科教研发型、体育运动型、健康医疗型,其中,商业零售型城市综合体又分为购物广场型、文化商街型、特色商场型、时尚街区型。文化商街型城市综合体是城市综合体中一个具有代表性的类型,指"围绕传统文化商业街区,以商业零售为主要业态,形成文化型、开放式商业综合体"①。

国内学术界对城市综合体的研究,大多集中在城市综合体的组织功能及结构构成、城市综合体的项目规划设计、城市综合体的选址及建设规划、城市综合体的运营、城市综合体的经济效应等方面。如洪晖在《城市商业综合体内部开放空间设计研究》一文中对城市综合体内部开放空间多样化的特点进行阐述及系统的研究,探讨商业综合体内部开放空间的设计及手段。② 林燕在《浅析香港建筑综合体与城市交通空间的整合》一文中通过实例分析,归纳出香港城市综合体与城市交通空间设计与整合的思路及特点。③ 芦冬梅在《都市综合体的空间结构特征探究》一文中从城市综合体交通系统、空间功能及建筑形态三大空间组成方面归纳出有关城市综合体的规划与设计手法。④ 朱凌波在《城市综合体分析》一文中认为"城市综合体将会成为一座城市的名片,成为城市形象的标杆性建筑,成为推动城市发展的象征性符号,成为城市精神的象征"⑤。杨建军、朱焕彬在《城市综合体建设的空间影响效应——以杭州市城市综合体建设为例》一文中认为在城市综合体的规划建设中,要做好城市整体空间影响的论证工作,突出其凝聚核心的效应,应从功能用地与交通整合的角度进行城市综合体的规划设计,有效组织片区功能用地布局的协调发展,并着力引导公共交通优先的城市发展模式。⑥ 张炳辉在《城市综合体开发的经济集聚效应分析与启示》一文中认为城市综合体开发具有经济集聚效应,在城市综合体开发建设过程中,如果各地区政府因地制宜、统筹安排、积极利用各种有利条件,提高经济

---

① 黄杉,武前波,崔万珍. 国内外城市综合体的发展特征与类型模式[J]. 经济地理,2013(4):1-8.

② 洪晖. 城市商业综合体内部开放空间设计研究[D]. 武汉:华中科技大学,2005.

③ 林燕. 浅析香港建筑综合体与城市交通空间的整合[J]. 建筑学报,2007(6):26-29.

④ 芦冬梅. 都市综合体的空间结构特征探究[D]. 大连:大连理工大学,2008.

⑤ 朱凌波. 城市综合体分析[J]. 现代物业(上旬刊),2011(2):64-68.

⑥ 杨建军,朱焕彬. 城市综合体建设的空间影响效应——以杭州市城市综合体建设为例[J]. 规划师,2012(6):90-95.

集聚的向心力,经济集聚效应就会产生早、效果强、持续久。① 黄杉、武前波、崔万珍对国内外城市综合体发展模型进行了九大类型划分,从城市本质功能视角探讨了城市综合体的重要内涵,并认为生产服务型综合体是当前城市综合体的主流,而生活服务型综合体将成为未来城市综合体的重要发展趋势。②

近几年,部分学者开始探讨城市综合体的文化价值。如孙澄、寇婧在《当代城市综合体的文化功能复合研究》一文中指出城市综合体与文化资源旳复合发展也已成为解决城市综合体及城市发展问题的有效途径之一。③ 熊太纯、侯涤、李卫峰、刘海在《城市综合体的公共阅读空间建设研究》一文中指出城市综合体提供的公共文化服务主要包括文化创意服务、影视文化服务、文化教育培训、书店文化服务、图书借阅服务。④

对城市综合体的休闲功能研究处于刚刚起步阶段,零星可见于几篇硕士学位毕业论文。如罗建兰《城市购物中心休闲功能的研究》指出购物中心满足了人们购物与休闲娱乐互相结合的要求,是城市中既具活力又有文化的公共场所,是城市中功能完善的公共休闲空间,在城市中发挥了重要的休闲功能。⑤ 高立《济南市大型购物中心休闲功能研究》通过调查与分析,发现济南大型购物中心休闲功能存在一些问题,如休闲业态设置比例不当、同质化严重、与济南本土文化融合度不高等问题。⑥ 林凝《城市综合体的旅游休闲功能研究——以成都市为例》对成都市城市综合体旅游休闲功能的发展现状进行了简要概述和调查,提出加强文化娱乐项目、休闲公共空间建设等建议。⑦

从上述文献分析中可知,对城市综合体的研究,集中在对城市综合体的一般性讨论,还缺少对不同类型城市综合体的划分,以及对不同类型城市综合体的具体研究。对城市综合体的休闲功能研究集中在购物广场型城市综合体,还

---

① 张炳辉.城市综合体开发的经济集聚效应分析与启示[J].社会科学战线,2012(9):68-72.

② 黄杉,武前波,崔万珍.国内外城市综合体的发展特征与类型模式[J].经济地理,2013,33(4):1-8.

③ 孙澄,寇婧.当代城市综合体的文化功能复合研究[J].建筑学报,2014(S1):78-81.

④ 熊太纯,侯涤,李卫峰,刘海.城市综合体的公共阅读空间建设研究[J].图书馆工作与研究,2017(3):5-9.

⑤ 罗建兰.城市购物中心休闲功能的研究[D].南昌:南昌大学,2007.

⑥ 高立.济南市大型购物中心休闲功能研究[D].济南:山东师范大学,2014.

⑦ 林凝.城市综合体的旅游休闲功能研究——以成都市为例[D].成都:四川师范大学,2015.

缺少对其他类型城市综合体休闲功能的研究。同时,对城市综合体休闲功能的内涵、构成要素、发展阶段、特征还缺乏系统深入研究。

3.文化商街型城市综合体及其休闲功能研究现状

文化商街型城市综合体在全国普遍存在,几乎每个城市都至少有一条文化商业街。然而这些文化商业街都面临着共同的问题:一是地方性、文化性不足;二是文化、审美、休闲体验缺失,游客置身其中感受更多的是商业氛围而非人文气息。目前,国内学术界对文化商街型城市综合体的研究集中在空间形态设计、地域文化特色等方面,强调了文化商街型城市综合体的设计、发展应与地域文化底蕴相结合,然而对文化商街型城市综合体所提供的休闲功能,满足的休闲、审美需求,以及承载的文化构建意义还缺乏系统、深入探讨。

综上所述,休闲时代下,对城市、公共区域、文化设施等空间休闲功能的探讨,应是当前休闲学界研究的重点,不仅对完善休闲理论体系有重要理论意义,而且对满足居民休闲需求,创造更好的休闲环境也有重要实践意义。作为居民日益重要的活动场所,城市综合体承载着满足居民休闲需求的重任,其休闲功能是一个不可回避且必须重视的问题。而当前国内学术界对城市综合体的休闲功能研究处于刚刚起步阶段,对文化商街型城市综合体应提供的休闲功能,应满足的休闲、审美需求,应承载的文化构建意义还缺乏系统、深入探讨,这种状况无法满足实际中对休闲功能理论和实践上的双方面需求。因此,对城市综合体及文化商街型城市综合体的休闲功能还需要进一步探讨和研究。

(二)选题意义

1.理论意义

以文化商街型城市综合体为切入点,探讨使用主体对城市综合体的具体休闲需求以及城市综合体应具备的具体休闲功能。同时基于文化商街型城市综合体"休闲功能现状"及"休闲功能提升"两方面的研究,有助于丰富和扩展城市综合体休闲服务理念。

2.实践意义

本文以杭州河坊街为例,对河坊街进行实地考察,了解文化商街型城市综合体休闲功能提供情况,为杭州河坊街休闲功能提升提供建议和对策,有助于杭州河坊街的进一步发展。

（三）基本思路

1.文献研究

本文主要是梳理文化商街型城市综合体休闲功能的内涵、内容。

2.数据收集与分析

本文调研文化商街型城市综合体休闲功能现状，具体包括：①杭州河坊街休闲功能提供情况；②游览者对杭州河坊街的休闲需求；③游览者对杭州河坊街的休闲功能满意度。

3.归纳总结

本文主要探讨的是文化商街型城市综合体休闲功能提升路径。

（四）研究方法

1.文献资料法

通过查阅文献资料，从理论上梳理城市综合体休闲功能的内涵与外延、具体内容等，集中分析探讨文化商街型城市综合体的休闲功能。

2.实地考察法

通过实地考察，亲身感受、了解杭州河坊街休闲功能提供情况。

3.问卷调查法

针对杭州河坊街游玩的游览者发放调查问卷300份，了解游览者对河坊街的具体休闲需求以及休闲功能满意度。

4.深入访谈法

针对在杭州河坊街游览者，运用深入访谈法采集现场访谈样本50份，了解游览者对河坊街的具体休闲需求以及休闲功能满意度。

5.归纳总结法

对调研结果进行归纳总结，探讨杭州河坊街在休闲功能提供方面存在的问题和不足，并分析出现这些问题的原因。针对杭州河坊街在休闲功能提供方面存在的问题提出对策，对文化商街型城市综合体休闲功能提升提出建议。

二、文化商街型城市综合体休闲功能概述

(一)城市综合体休闲功能的界定

1.城市综合体休闲功能内涵

一般意义上认为,城市综合体是指在城市中的商业、办公、酒店、居住、餐饮、展览、交通、文娱、社交等各类功能复合、互相作用、互为价值链的高度集约的街区群体[①]。

城市综合体的休闲功能可以理解为一个城市综合体为满足本地居民日常的休闲活动需求和外来游客的旅游活动需求所提供的服务及其所发挥的作用的总和。从目的角度看,休闲功能主要是为了提升城市居民的生活质量以及在城市暂作停留的外来游客的旅游活动质量;从服务对象角度看,休闲功能的服务对象是本地居民市场和外来游客;从服务对象的常态性、规模性和密切性而言,城市综合体休闲功能主要是满足本地居民的休闲娱乐需要;从要素角度讲,休闲功能包含满足市民进行休闲娱乐和符合游客从事旅游需求的设施、产品、场所和各种配套的公共服务政策与制度等;从作用角度讲,休闲功能在服务居民和游客过程中都会表现出一定的社会影响力、市场吸引力和区域辐射力,衡量这些作用往往成为判断城市综合体休闲功能作用强弱的重要指标。

2.城市综合体休闲功能构成要素

城市综合体的休闲功能主要通过休闲环境、休闲设施、休闲产品与服务来满足本地居民和外来游客的各种休闲需求(见表1)。休闲环境指让人感受到愉悦、自由的人文环境和物质环境的总和,既包括和谐友好的人文氛围,又包括干净美好的自然环境和人为环境。休闲设施指满足各种休闲活动需要的设施,包括文化艺术类设施、体育类设施、娱乐类设施、科学技术知识类设施等。文化艺术类设施有博物馆、美术馆、电影院、剧院、音乐厅等;体育类设施有体育馆、健身馆、游泳馆、瑜伽馆等;娱乐类设施有酒吧、咖啡厅、茶馆、网吧、KTV、舞厅等;科学技术知识类设施有科技馆、图书馆、书店、教育培训场所等(见表2)。休闲

---

① 龙固新.大型都市综合体开发研究与实践(第二版)[M].南京:东南大学出版社,2011.

产品和服务指满足各种休闲需要的物质产品及劳务的总和。首先,休闲产品与服务与其他一般产品、服务的主要区别在于产品和服务的文化信息含量不同,休闲产品和服务以满足人们的休闲需求为目的,是人们精神文化需要的对象化体现。其次,休闲产品与服务和休闲设施紧密相关,如果一个城市综合体拥有较为齐全的休闲设施,那么将会提供更为多样化的休闲产品与服务。休闲功能强的城市综合体应当具有完善的休闲环境,全面的休闲设施和多样的休闲产品与服务。

表 1 休闲功能类别一览

类 别	定 义
休闲环境	让人感受到愉悦、自由的人文环境和物质环境的总和
休闲设施	满足各种休闲活动需要的设施,包括文化艺术类设施、体育类设施、娱乐类设施、科学技术知识类设施等
休闲产品与服务	满足各种休闲需要的物质产品和劳务的总和

表 2 休闲设施分类一览

类 别	设 施
文化艺术类	博物馆、美术馆、电影院、剧院、音乐厅、文化活动中心
体育类	体育馆、健身馆、游泳馆、瑜伽馆
娱乐类	酒吧、咖啡厅、茶馆、网吧、KTV、舞厅、SPA 类会所
科学技术知识类	科技馆、图书馆、书店、教育培训场所

(二)文化商街型城市综合体休闲功能的特殊性

根据黄杉、武前波、崔万珍的归纳分类,城市综合体可分为九大类型,分别是商务办公型、商业零售型、酒店公寓型、交通物流型、休闲旅游型、文化创意型、科教研发型、体育运动型、健康医疗型。其中,商业零售型城市综合体又分为购物广场型、文化商街型、特色商场型、时尚街区型。文化商街型城市综合体是城市综合体中一个具有代表性的类型,指"围绕传统文化商业街区,以商业零售为主要业态,形成文化型、开放式商业综合体"①。

---

① 黄杉,武前波,崔万珍.国内外城市综合体的发展特征与类型模式[J].经济地理,2013(4):1-8.

文化商街型城市综合体具体有两个显著特征：文化性和开放性。

文化商街型城市综合体多是由原来的传统历史文化街区改造而成，集中体现了一个城市的历史文化传统，具有显著的地域文化性，是地域文化的活的代表。因此，文化商街型城市综合体在休闲功能上应更加突出文化因素。在休闲环境方面，突出强调古城风貌带来的文化感受，让前来游览的人们感受到当地独特的地域文化；突出展现当地居民独特的人文情怀与民俗风气。在休闲设施方面，突出强调地域文化的传播与发扬，各种设施的设计应用充分体现当地独特的文化。在休闲产品与服务方面，突出强调地域文化中特有的产品和服务，比如当地的特色美食、民俗制品等。

文化商街型城市综合体是一个开放性的商业综合体，居民和游客无须乘车，步行穿梭游憩，可自由随意地走走逛逛，更能获得心灵自由感，具有更强的自主性。

三、文化商街型城市综合体休闲功能现状调研

(一)问卷设计与样本分析

为了了解游览者对河坊街的休闲需求与休闲满意度，分析文化商街型城市综合体休闲功能提升路径，在文献回顾和实地考察的基础上，采用问卷调查法，收集数据，进行分析。本次调查的问题从三个部分设计：第一部分为调查对象的基本情况，如身份、性别、年龄、文化程度及月收入；第二部分为调查对象对河坊街的休闲需求与休闲满意度；第三部分为调查对象对河坊街的整体感受、对河坊街的休闲设施的看法以及对河坊街休闲功能的态度。问卷采取随机发放、即时填写的方式进行。共发放 315 份问卷，回收 306 份，回收率为 97.14%，经过逐份筛选，剔除错答、漏答和有规律做答等无效问卷，得到有效问卷 287 份，有效统计率为 91.11%。

调查样本的基本情况如下：杭州居民 85 人，游客 95 人，在杭学习 64 人，在杭务工 33 人，其他 10 人；其中，男性 125 人，占 43.6%，女性 162 人，占 56.4%。年龄、学历、职业、月收入等分布如图 1 至图 4 所示。

使用 SPSS 23.0 对问卷进行可靠性分析，结果见表 3，可以看出本问卷的克隆巴赫 Alpha 系数为 0.775，一般认为，大于 0.70 时，属于高信度；0.35～0.70

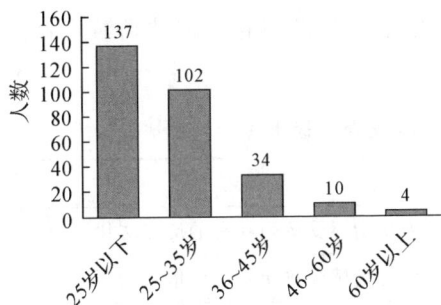

图 1　年龄分布

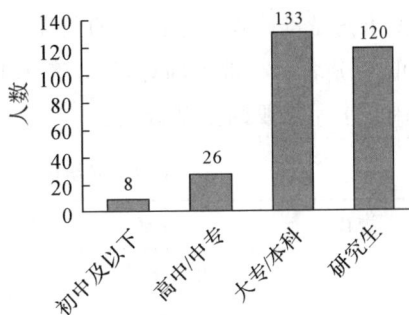

图 2　学历分布

时,属于尚可;小于 0.35 则为低信度。因

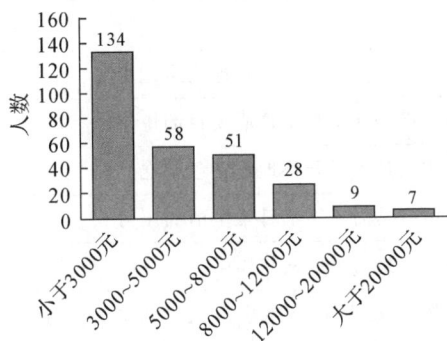

图 3　职业分布

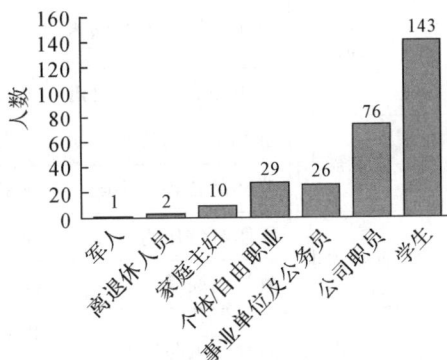

图 4　月收入分布

此本问卷的数据具有较高的内部一致性,具有信度与可靠性。

表 3　可靠性分析

克隆巴赫 Alpha	基于标准化项的克隆巴赫 Alpha	项数
0.852	0.775	94

(二)河坊街游览者休闲需求的实证分析

为了分析河坊街游览者的休闲需求,在文献回顾的基础上访谈了 50 位河坊街游览者,最终确定了河坊街休闲需求分析的 10 个问题。本调查确定了文化体验需求、自主权需求、身心愉悦需求、逃避日常需求、人际关系需求 5 个潜在变量,并以此为基础,发展出 10 个观察变量,如表 5 所示,测量游览者来河坊街游览的需求;使用李克特七级量表方法设计问卷。填写问卷前,受访者在被要求清楚准确理解该问卷的前提下,根据自己的休闲偏好,从1—7选择赋值权重(1分表示非常不同意,7分表示非常同意)。最终获得符合河坊街游览者休闲需求所需要的全部数据。

表 4　河坊街游览者休闲需求分析指标体系

潜在变量	观察变量	问题描述
文化体验需求	历史文化风貌	我期望来河坊街感受杭州独有的历史文化风貌
	风俗民情	我期望来河坊街感受杭州古都民俗风情
	老字号与特色	我期望来河坊街体验老字号店铺,见识特色手工艺品、美食
自主权需求	自主决定体验与购买	我期望在河坊街自主地决定体验和购买哪些产品与服务
	自由随意地走走逛逛	我来河坊街是为了自由随意地走走逛逛
身心愉悦需求	赏心悦目的快感	我来河坊街是为了获得赏心悦目的快感
	开怀品尝特色小吃	我来河坊街是为了开怀地吃特色小吃
逃离日常需求	缓解日常压力	我来河坊街是为了缓解日常生活的压力
	放松与娱乐	我来河坊街是为了放松与娱乐
人际关系需求	陪伴家人与朋友	我来河坊街是为了陪伴家人或朋友,方便与人交流

首先对数据进行描述性分析。根据数值,需求排名依次为文化体验需求、自主权需求、逃离日常需求、身心愉悦需求、人际关系需求,如表5所示。其中,文化体验需求最高,说明游览者来河坊街游玩,最主要的是想体验独属于杭州的历史文化风貌,感受杭州独有的民俗风情,游览老字号店铺,购买特色手工艺品和美食。自主权需求排名第二,说明游览者来河坊街游玩,特别希望可以没有约束,自由自在地走走逛逛,自主地体验休闲环境、浏览休闲设施、购买休闲产品。这与前文描述的文化商街型城市综合体的两个特征不谋而合,独具文化性和开放性特征的文化商街型城市综合体是满足游览者文化体验需求和自主权需求最好的场所。文化商街型城市综合体应该紧紧抓住自己独有的特征,在这两方面进一步发展完善,提供更好的文化体验服务与自主性体验服务。

表 5　休闲需求列表

满意度	文化体验			自主权	
项　目	我期望来河坊街感受杭州独有的历史文化风貌	我期望来河坊街感受杭州古都风俗民情	我期望来河坊街体验老字号店铺,见识特色手工艺品、美食	我期望在河坊街自主地决定体验和购买哪些产品与服务	我来河坊街是为了自由随意地走走逛逛
平均数	5.7	5.67	5.72	5.5	5.75
	5.70			5.63	5.29

满意度	身心愉悦		逃离日常		人际关系
项　目	我来河坊街是为了获得赏心悦目的快感	我来河坊街是为了开怀地吃特色小吃	我来河坊街是为了缓解日常生活的压力	我来河坊街是为了放松与娱乐	我来河坊街是为了陪伴家人或朋友,方便与人交流
平均数	5.4	5.18	5.14	5.48	5.15
	5.31		5.15		

利用 SPSS 23.0,对数据进行探索性因子分析。首先进行 KMO 和巴特利特检验,KMO 检验用于检查变量间的偏相关性,取值在 0~1 之间。KMO 统计量越接近于 1,变量间的偏相关性越强,因子分析效果越好。如表 6 所示,河坊街游览者休闲需求数据的 KMO 和巴特利特检验说明,变量间具有较强的相关性,KMO 统计量为 0.868,大于 0.7,说明各变量间信息的重叠程度比较高,可用因子分析模型进行降维。

表 6　KMO 和巴特利特球形检验

KMO 取样适切性量数		0.868
巴特利特球形	近似度检验	1394.371
	卡方自由度	45
	显著性	0.000

变量共同度公因子方差表示各变量中所含原始信息能被提取的公因子所表示的程度,由表 7 所示的变量共同度可知:有 7 个变量共同度都在 50% 以上,其中 4 个变量共同度在 70% 以上,因此提取的公因子对各变量的解释能力是较强的。

表7 公因子方差

休闲需求	初 始	提 取
我期望来河坊街感受杭州独有的历史文化风貌	1.000	0.790
我期望来河坊街感受杭州古都风俗民情	1.000	0.806
我期望来河坊街体验老字号店铺,见识特色手工艺品、美食	1.000	0.731
我期望在河坊街自主地决定体验和购买哪些产品与服务	1.000	0.484
我来河坊街是为了自由随意地走走逛逛	1.000	0.442
我来河坊街是为了获得赏心悦目的快感	1.000	0.576
我来河坊街是为了开怀地吃特色小吃	1.000	0.516
我来河坊街是为了缓解日常生活的压力	1.000	0.657
我来河坊街是为了放松与娱乐	1.000	0.726
我来河坊街是为了陪伴家人或朋友,方便与人交流	1.000	0.450

提取方法:主成分分析法。

使用主成分分析法,对数据进行因子分析,由总方差解释可知,只有前2个特征根大于1,因此SPSS只提取了前两个主成分作为公因子。前两个公因子累计得到61.785%的方差贡献率,即表示前两个公因子可以解释61%以上的信息量,结果如表8所示,表明结果理想。

表8 总方差解释

成 分	初始特征值			提取载荷平方和		
	总 计	方差百分比	累积/%	总 计	方差百分比	累积/%
1	5.016	50.157	50.157	5.016	50.157	50.157
2	1.163	11.629	61.785	1.163	11.629	61.785
3	0.782	7.819	69.604			
4	0.707	7.071	76.675			
5	0.639	6.386	83.062			
6	0.508	5.079	88.141			
7	0.413	4.127	92.268			
8	0.316	3.164	95.432			
9	0.242	2.417	97.849			
10	0.215	2.151	100.000			

提取方法:主成分分析法。

　　成分矩阵表是主成分系数矩阵,如表9所示,可以说明各公因子在各变量上的载荷,每一列代表一个公因子作为原来变量线性组合的系数(比例),相关系数(绝对值)越大,公因子对该变量的代表性也越大。取消绝对值系数小于0.1的项的成分矩阵,根据公因子系数大小以及贡献率所示,公因子1对各个变量解释得都很充分,涉及的休闲需求包括体验杭州历史文化风貌、古都民俗风情、老字号店铺与特色手工艺品、美食;自主的体验、自由随意的游览。公因子2的问题主要涉及体验杭州历史文化风貌、古都民俗风情;缓解日常生活压力,放松与娱乐。

　　因此,总结分析来看两个公因子主要是:自由、自主体验杭州独有文化的需求和逃避日常生活压力、追求放松愉悦的需求。

表9　成分矩阵

休闲需求	成　分	
	1	2
我期望来河坊街感受杭州独有的历史文化风貌	0.687	−0.564
我期望来河坊街感受杭州古都风俗民情	0.775	−0.454
我期望来河坊街体验老字号店铺,见识特色手工艺品、美食	0.797	−0.309
我期望在河坊街自主地决定体验和购买哪些产品与服务	0.689	
我来河坊街是为了自由随意地走走逛逛	0.665	
我来河坊街是为了获得赏心悦目的快感	0.745	0.146
我来河坊街是为了开怀地吃特色小吃	0.694	0.186
我来河坊街是为了缓解日常生活的压力	0.713	0.385
我来河坊街是为了放松与娱乐	0.731	0.438
我来河坊街是为了陪伴家人或朋友,方便与人交流	0.559	0.370

　　提取方法:主成分分析法。提取了2个成分。

　　如表9所示,按照公因子权重大小来看,体验杭州独有历史文化、感受杭州古都风俗民情、体验老字号店铺,见识特色手工艺品、美食;自由自在地走走逛逛,自主地体验休闲环境、浏览休闲设施、购买休闲产品是游览者来河坊街游玩的最主要需求。其次,在河坊街缓解日常生活压力,获得赏心悦目的快感,得到放松与娱乐对游览者来说是比较重要的激励因素。

（三）河坊街游览者休闲满意度的实证分析

1.游览者对河坊街整体满意度的实证分析

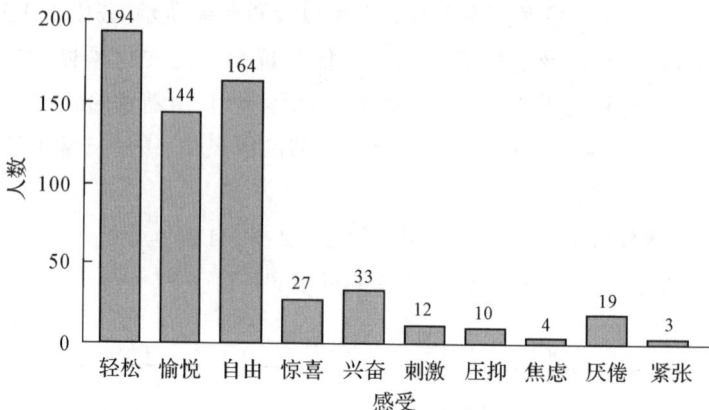

图 5　受访者对河坊街的整体感受

从图 5 可以看出，大部分受访者认为河坊街的整体氛围给他们带来了轻松（67.6%）、自由（57.1%）、愉悦（50.2%）的感受，说明大部分受访者对河坊街整体休闲氛围是较为满意的。从图 6 可以看出，81%的受访者对河坊街的整体休闲功能感到满意（非常满意占8%，比较满意占 73%），说明绝

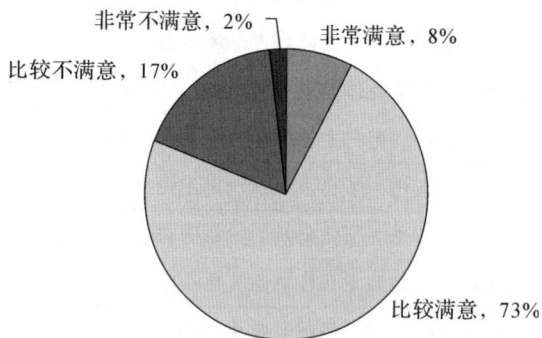

图 6　受访者对河坊街的整体满意度

大部分受访者对河坊街的整体休闲功能是比较满意的。

2.游览者对河坊街不同维度满意度的实证分析

根据休闲需求的划分，对河坊街的休闲满意度也分为以下五个问题维度：文化体验满意度、自主权满意度、身心愉悦满意度、逃离日常满意度、人际关系满意度。分设为以下 10 个描述："我感受到了杭州独有的历史文化风貌""我感受到了杭州古都风俗民情""我对老字号店铺、特色手工艺品、美食感到满意""我可以自主决定体验和购买哪些产品与服务""我可以自由随意地走走逛逛""我觉得河坊街环境清新、干净、漂亮""我在河坊街可以开怀地吃特色小吃""我在河坊街缓解了日常生活的压力""我在河坊街感觉放松与愉快""我觉得河坊街方便我与家人、朋友的交流"。根据问卷设置，受访者根据自身情况从1—7选择赋值权重（1分表示不同意，7分表示非常同意），数字越大表示越同意问题描述，即满意度越高。从表10可以看出，满意度各项数据的平均数均超过了平均水平，说明受访者在五个问题维度下都较为满意。根据数值，满意度排名依次为自主权满意度、逃离日常满意度、人际关系满意度、文化体验/身心愉悦满意度。其中，自主权满意度最高，说明河坊街能够在满足游览者的自主权需求与逃离日常需求方面略高于其他方面，在满足文化体验需求、身心愉悦需求、人际关系需求方面，还需要进一步提高。

表 10　休闲满意度列表

满意度	文化体验			自主权	
项　目	我感受到了杭州独有的历史文化风貌	我感受到了杭州古都风俗民情	我对老字号店铺、特色手工艺品、美食感到满意	我可以自主决定体验和购买哪些产品与服务	我可以自由随意地走走逛逛
平均数	4.99	4.84	4.75	5.43	5.51
	4.86			5.47	

满意度	身心愉悦		逃离日常		人际关系
项　目	我觉得河坊街环境清新、干净、漂亮	我在河坊街可以开怀地吃特色小吃	我在河坊街缓解了日常生活的压力	我在河坊街感觉放松与愉快	我觉得河坊街方便我与家人、朋友的交流
平均数	4.89	4.83	4.99	5.16	4.95
	4.86		5.08		4.95

3. 游览者对改善河坊街休闲功能的建议

图7显示了受访者最希望河坊街改善的具体方面，首先选择最多的是"古城风貌应更加突出杭州历史文化特色"，即增加河坊街休闲环境的地区文化性；其次是"提高食品和手工艺品的质量"，即提高河坊街提供的休闲产品的质量；再者是"改善环境，保证干净、整洁、漂亮"，即改善河坊街整体休闲氛围，使之更加赏心悦目，获得感官快感。

从图8可以看出，受访者来河坊街最想做的前三项事情分别是"自由地边吃、边逛、边玩""感受杭州古城历史文化风貌""购买杭州特色手工艺品与美

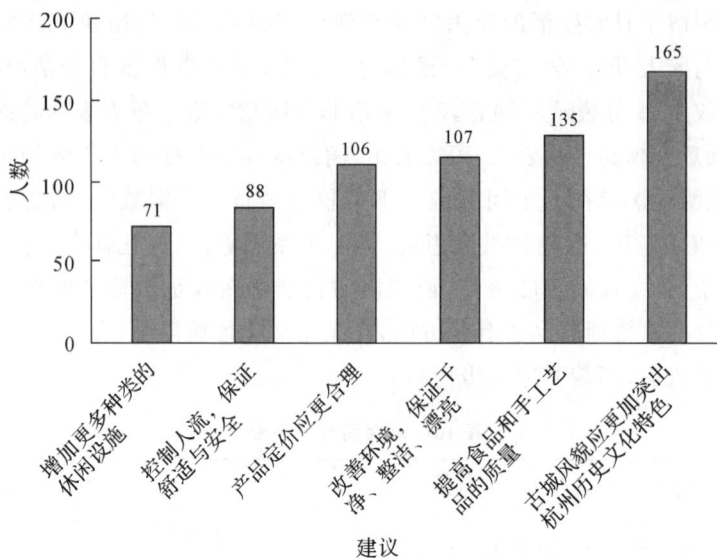

图 7　受访者对河坊街休闲功能的改善建议

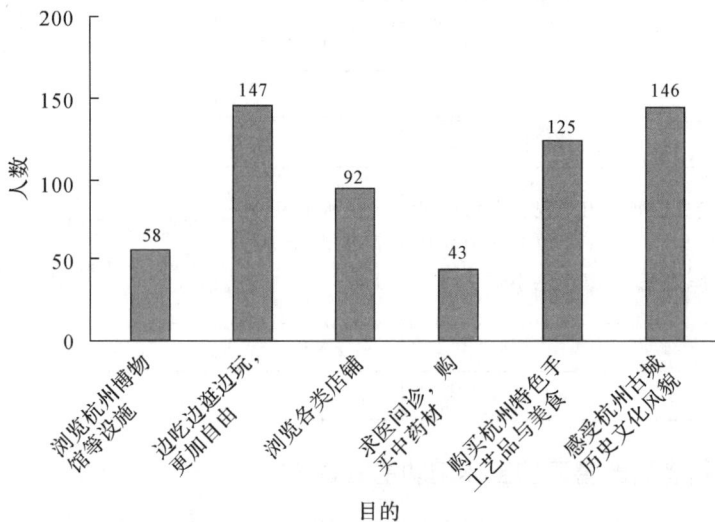

图 8　受访者来河坊街最想做的事情

食",这也与上文分析论证相符合,即游览者来河坊街游玩首要的休闲需求是体验杭州独有的历史文化与自由自主地体验与感受。同时也可看出,游览者普遍关注的重点与需求点在河坊街的休闲环境与休闲产品与服务方面,对休闲设施的关注和需求都较少。

在休闲设施中,受访者普遍关注文化类休闲设施,80%的受访者认为有必要开设或增加更多的文化类休闲设施(见图9),且在四类休闲设施中,选择开设或增加文化类休闲设施的数量最多(见表11),对河坊街现有的文化类休闲设施最为关注的是"胡庆余堂中药博物馆""杭州博

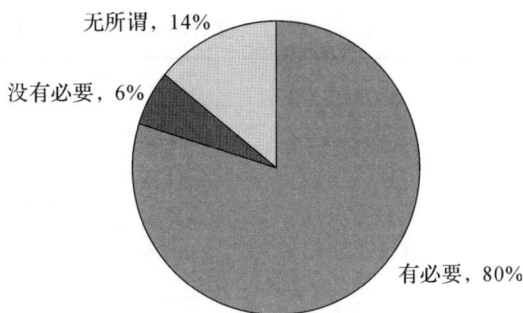

图 9 受访者对文化类休闲设施的态度

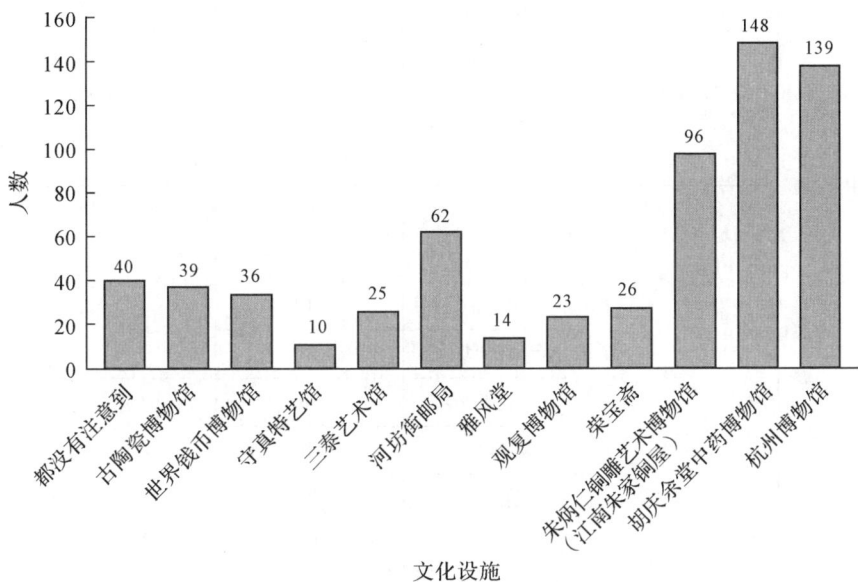

图 10 受访者注意到哪些文化类休闲设施

物馆""朱炳仁铜雕艺术博物馆(江南朱家铜屋)"(见图10),这主要因为这三个博物馆位于河坊街比较显眼的位置,且有较明显的标识,更加吸引游览者注意。对有必要在河坊街开设或增加的休闲设施,选择较多的分别是:博物馆(47%)、美术馆(37.3%)、书店(39.7%)、咖啡厅(38.3%)、茶馆(41.1%)(见表10)。

表 11　受访者认为有必要开设或增加的休闲设施

类　别		名　称	选择数/个	平均数/个
休闲设施	文化类	博物馆	135	83.17
		美术馆	107	
		电影院	65	
		剧院	69	
		音乐厅	46	
		文化活动中心	77	
	体育类	体育馆	31	28.5
		健身馆	44	
		游泳馆	19	
		瑜伽馆	20	
	科技类	科技馆	35	63.5
		图书馆	89	
		书店	114	
		教育培训场所	16	
	娱乐类	酒吧	40	43.14
		咖啡厅	110	
		茶馆	118	
		网吧	12	
		KTV	8	
		舞厅	4	
		SPA 类会所	10	

（四）调研结论

根据调研,可以得出以下结论。

（1）在休闲需求方面,游览者来河坊街游玩最大的需求是文化体验需求和自主权需求。游览者最主要的是想体验独属于杭州的历史文化风貌,感受杭州独有的民俗风情,游览老字号店铺,购买特色手工艺品和美食。其次,特别希望可以没有约束、自由自在地走走逛逛,自主地体验休闲环境、游览休闲设施、购买休闲产品;缓解日常生活的压力,得到放松与娱乐。这与第一章描述的文化商街型城市综合体的两个特征不谋而合,独具文化性和开放性特征的文化商街型城市综合体是满足游览者文化体验需求和自主权需求最好的场所。文化商街型城市综合体应该紧紧抓住自己独有的特征,在这两方面进一步发展完善,提供更好的文化体验服务与自主性体验服务。

(2)在休闲满意度方面,大部分受访者对河坊街整体休闲氛围与整体休闲功能是比较满意的。根据对与休闲需求相对应的五个方面满意度的调查,满意度排名依次为自主权满意度、逃离日常满意度、人际关系满意度、文化体验/身心愉悦满意度。这说明河坊街在满足游览者的自主权需求与逃离日常需求方面略高于其他方面,但在满足文化体验需求、身心愉悦需求、人际关系需求方面,还需要进一步提高。结合休闲需求的调研结果,游览者最高的休闲需求是文化体验需求,但当前游览者对河坊街的文化体验满意度处于较低水平,这是河坊街休闲功能的提升重点。

(3)受访者来河坊街最想做的前三项事情分别是"自由地边吃、边逛、边玩""感受杭州古城历史文化风貌""购买杭州特色手工艺品与美食",这也与上文分析论证相符合,即游览者来河坊街游玩首要的休闲需求是体验杭州独有的历史文化与自由自主的体验与感受。同时,受访者最希望河坊街改善的具体方面,也主要围绕首要休闲需求,即增加河坊街休闲环境的历史文化性;改善河坊街整体休闲氛围,使之更加赏心悦目,获得感官快感。另外,许多受访者希望提高河坊街提供的休闲产品的质量,这也说明游览者普遍关注的重点与需求点在河坊街的休闲环境与休闲产品与服务方面,容易忽略休闲设施。

(4)在对休闲设施的调研中,80%的受访者认为有必要开设或增加更多的休闲设施,且在四类休闲设施中,选择开设或增加文化类休闲设施的数量最多,这主要是因为文化商街型城市综合体的文化性特征与游览者首要的文化体验需求。在河坊街现有的文化类休闲设施中,最受关注的是"胡庆余堂中药博物馆""杭州博物馆""朱炳仁铜雕艺术博物馆(江南朱家铜屋)",主要因为这三个博物馆位于河坊街比较显眼的位置,且有较明显的标识,更加吸引游览者注意。对有必要在河坊街开设或增加的休闲设施,选择较多的分别是博物馆、美术馆、书店、咖啡厅、茶馆。

四、文化商街型城市综合体休闲功能提升路径

由调研结果可知,当前河坊街最主要的问题在于游览者日益增长的文化体验需求和落后的文化服务供给之间的矛盾,因此本课题将主要针对这一矛盾,对河坊街休闲功能提出相关提升建议,帮助河坊街大力提升休闲功能系统的文化服务供给,以满足游览者休闲需求中的文化体验需求。

河坊街曾是古代都城杭州的"皇城根儿",更是南宋的文化中心和经贸中心,在旧城改造时免遭全面拆除的命运,保留了古城历史风貌。杭州希望将其打造成为凝聚杭州最具代表性的历史文化、商业文化、市井文化和建筑文化的商街。因此,河坊街最重要的价值应是体现与传播杭州古城历史文化。这不仅是杭州居民想要留存的共同的文化记忆,也是外地游客想要体验的差异性文化感受。杭州古城的历史文化蕴含着游览者内心最深处的情感记忆,这种情感记忆引发了游览者对于杭州历史、古今文化发展与变迁的思考,从而获得独特的休闲体验与精神感受。因此,在本课题中,休闲功能提升路径的重点则是抓住游览者内心深处对杭州古城历史文化的情感记忆,分析情感记忆带来的休闲需求与精神感受,注重文化精神家园的重构,同时注重文化商街的文化休闲体验和在场参与,为文化商街型城市综合体休闲功能提升指明方向。有鉴于此,本文采用文化记忆相关的理论,指导文化商街型城市综合体休闲功能提升。

文化记忆理论由德国学者扬·阿斯曼在 20 世纪 90 年代提出,扬·阿斯曼在《集体记忆与文化认同》一文中对文化记忆进行了界定:"它是每个社会和每个时代所特有的重新使用的全部文字材料、图片和礼仪仪式……的总和。通过对它们的'呵护',每个社会和每个时代巩固和传达着自己的自我形象。"[1]他从文化传承方式的角度解释文明发展规律。文化记忆以类似于集体灵魂的价值观念体系为核心,经过政治及文化精英的维护处置而外化为文本和仪式,二者在互动中共同塑造一个民族的整体意识和气质。[2] 然而随着研究的发展,文化记忆的载体不仅仅限于文本和仪式,而是一个介于客观文化事物或文化现象(客体)与社会群体或个体(主体)之间的中间存在,通常也被称为"文化记忆场"

---

① 扬·阿斯曼,陈国战.什么是"文化记忆"? [J].国外理论动态,2016(6):18-26.
② 陶成涛.文化乡愁:文化记忆的情感维度[J].中州学刊,2015(7):157-162.

或"文化记忆空间"①。

作为文化记忆载体的文化记忆场,是杭州古城历史文化与记忆主体之间的最为直接的连接,从文化的不同层面对杭州古城历史文化记忆、记忆主体的意识形态产生着有意或无意的影响,在具体的文化记忆场限定下的文化记忆更贴近文化核心②,实现了从"物理空间"到"文化空间"的转换,文化记忆场有着文化构建和身份构建的双重作用③。对于文化记忆而言,尽管其内容包括我们"主动地、间接地、经历过的生活",但并非井然有序的,而是需要我们"基于某种现实情境的需要,有选择的征用、支配和占有哪些材料,使其转化为与我们构建自身主体身份相关联的,有意义的内容"④。因此,河坊街应当建为凸显杭州古城历史文化特性的文化记忆场,以此来满足人们对于杭州古城历史文化的物质需求和精神需求。参照这一思路,本课题粗略地阐述了作为文化记忆场的河坊街应包含的文化载体。

以物质表征的文化记忆场包括建筑、服饰、特色产品和设施。第一,建筑。建筑是最能表达主题和特色的直观外在形象,占据决定游览者第一印象的主导地位,而建筑也是表达杭州古城历史文化最基本的传统载体。从古至今,建筑承载着历史的发展脉络和时代特色,杭州古城历史文化的文化记忆场构建需要以建筑为基础。第二,服饰。如同建筑一般,服饰也是时代的反映。南宋服饰的纹样风格与唐代截然不同,而对明清时期的影响非常明显,从题材到造型手法,几乎都形成了一种程式,服装面料讲究的以丝织品为主,品种有织锦、花绫、纱、罗、绢、缂丝等;花纹有组合型几何纹的八搭晕、六搭晕、盘绦等,突出反映了南宋精湛的做工技艺与精致的审美。作为以物质表征的文化记忆载体,服饰起着重要的作用。因此对于杭州古城历史文化的开发,服饰场景的构建和相关服饰的体验提供不可或缺。第三,特色产品。特色产品可谓是一个地区历史文化传统的活招牌,凡是代代相传保留下来的产品,不仅体现了其独特的使用价值,而且饱含深厚的文化底蕴,成为历史展现的活代表。河坊街上的"老字号"商铺,如孔凤春香粉店、万隆火腿店、宓大昌旱烟店、叶种德中药堂、王顺兴面馆、翁隆盛茶庄等,即使在今天,也依然为杭州人耳熟能详;其提供的产品与服务,受到了本地居民和外地游客的追捧,成为杭城文化的活代表。第四,设施。上

① 陶成涛.文化乡愁:文化记忆的情感维度[J].中州学刊,2015(7):157-162.
② 姚继中,聂宁.日本文化记忆场研究之发轫[J].外国语文,2013(6):13-19.
③ 陶成涛.文化乡愁:文化记忆的情感维度[J].中州学刊,2015(7):157-162.
④ 姚继中,聂宁.日本文化记忆场研究之发轫[J].外国语文,2013(6):13-19.

述的"建筑""服饰"目的在于"仿古",虽然仿古在旅游开发中运用较为广泛,但在文化记忆场乃至任何一个文化商街都不可或缺,而文化商街不仅要仿古,还要"承新"。博物馆、美术馆、书店、咖啡厅、茶馆等现代休闲设施是构建文化记忆场的重要承载物,是古城历史文化与现代文明交合、积淀最渗入式的记忆载体,也是最生活化的文化记忆,其中包含的文化传承和文化演变,是形成一个社会的有力物证,是具有普遍意义的文化特征,是以物质表征的文化记忆场的可变载体,举足轻重。

以社会表征的文化记忆场包括仪式、历史人物、表演和社会关系。第一,仪式。在人类学的研究视野中,仪式被限定为"社会行为",表现的是社会关系。人类学家 Turner 认为,仪式意味着人从一种状态向另一种状态转化的过渡阶段,即中间状态。杭州古城历史文化是特殊的、古代的文化,跟现实有久远的时间差,古城历史文化的文化记忆场的形成需要相关的载体来缩短时间差,增强代入感。如南宋时期的具体仪式、节庆活动、行为、语言等的反复作用会形成、增强、坚固文化记忆,使记忆共同体所拥有的历史知识与当下的生活连为一体,通过象征的仪式内容和具体的仪式活动来保证文化记忆场的稳定性和持续性。第二,历史人物。在历史文化的发展中,一些典型的历史人物发挥着改变历史、影响文化发展路径的作用。如南宋时期的著名抗金名将岳飞,以及奸臣秦桧,他们的事迹已经成为家喻户晓的故事,最能唤起人们内心深处的文化记忆。第三,表演。表演作为一种文化展现形式,其内容更具艺术性、表达力和感染力。表演艺术是通过人的演唱、演奏或人体动作、表情来塑造形象,传达情绪、情感从而表现生活的艺术,其类型包括音乐、舞蹈、曲艺、话剧、杂技、魔术等。对文化商街而言,增加一些文艺表演能快速感染不同文化背景的人群,填补人们文化记忆空白,以更具活力的方式感受杭州古城历史文化,快速、有力地构建社会表征文化记忆场。第四,社会关系。马克思指出,人的本质是一切社会关系的总和。社会关系包括个人之间的关系、个人与群体之间的关系、个人与社会之间的关系等。本文提到的社会关系主要指个人之间、个人和群体之间的关系。如果说上述的"典型历史人物""仪式"是对记忆的一种追溯,那"表演"和"社会关系"是从社会角度对历史文化记忆的一种再现,消除与时间距离的壁垒,通过历史人物体验、南宋文化主题相关活动等进行互动和参与,建立历史文化氛围下的全新社会关系,让人们的文化记忆构建更具真实性,也是衡量"以社会表征的文化记忆场"形成的关键维度。

以精神表征的文化记忆场包括风俗习惯、传统艺术、价值观。第一,风俗习惯。风俗习惯是指个人或集体的传统风尚、礼节、习性,是特定社会文化区域内历代人们共同遵守的行为模式或规范,主要包括民族风俗、节日习俗、传统礼仪等。正是这种社会心理和社会文化因素把某一群体内的社会成员结合并凝聚在一起,并成为这一群体与另一群体的区别性特征。风俗习惯这种无意识的行为方式将文化记忆一代一代传承下来,形成共同的历史记忆。杭州古城历史文化是河坊街彰显与体现的记忆渊源,故探讨文化商街历史文化供给不能将风俗习惯排除在外。第二,传统艺术。艺术是文化最好的体现方式之一,它没有文字做基础,却往往能够让记忆主体更直观地感受到文化中蕴含的意义。中国传统艺术包括绘画、音乐、美食、茶道、剪纸等。这些传统艺术在人民的代代保护和传承中不断发展,使历史文化的文化记忆通过具体的传统艺术文化载体在当下得到体现。南宋在史学、哲学、艺术、文学、艺术方面取得成就之高,文化的普及之广,都是其他朝代难比拟的,出现了大批的画家和诗人,造就了成熟和繁荣的艺术市场,河坊街可以说是艺术市场的展现,精美的文化艺术品与繁茂的商业市场,共同构成了文化记忆。第三,价值观。价值观是基于人的一定的思维感觉而形成的认知、理解、判断或抉择,也就是人认定事物、辨别是非的一种思维或价值取向。价值观是人的生活中一种无意识的存在,当某种习俗、习惯、意识、行为方式、传统等渗透到我们思维意识中,我们就会产生"本来就该这样"的思想和行为,从而形成一种"无意识"。而当人们充当特定角色或遇到特殊情况时,如成为典型英雄人物,遭遇灾难,外部气氛感染时,就会激发人们内心深处的潜在文化记忆,将"无意识"变为"有意识"。可见,这种"无意识"深入骨髓,属于精神层面,存在于文化记忆之中,而激发价值观成为打造"以精神表征的文化记忆场"中最主要的部分,也是历史文化服务供给由"物理空间"向"文化空间"转换的关键。

在文化记忆场的构建中,我们要清楚的是,各个文化记忆场并不是单独的存在,而是层次递进的关系,"以社会表征的文化记忆场"是在"以物质表征的文化记忆场"的基础之上分类和构建的,"以精神表征的文化记忆场"其记忆载体是精神内容,是在结合前述的两层文化记忆场的内容之上的,也是河坊街文化记忆场的最终阶段。明确了各个文化记忆场的文化载体,河坊街的休闲功能系统应增强对文化载体的利用与发挥,提升休闲功能系统的文化体验性,更好满足游览者文化体验需求,具体应从以下几方面进行提升。

(一)休闲环境方面

1.建筑与服饰应突出杭州古城特征

上述以物质表征的文化记忆场的记忆载体中的建筑、服饰、设施这三项内容，是现实层面可触、可感的物质空间，但每一项记忆载体都以独特的文化内涵发挥着不同的文化表现力，记忆载体之间相互交织，形成具有文化内涵的物质文化空间。其中，以物质表征的文化记忆场中的建筑、服饰要素作为基础记忆载体承担游览者的首轮印象和最后印象，是游览者休闲需求中的基础需求，构成了文化商街城市综合体的休闲环境的物质部分，是标识本地特色文化商街的硬条件。许多游览者认为各地文化商街千篇一律，并没有明显区别，因此河坊街应在建筑、服饰这两方面突出杭州古城特征。一方面，可以在街头或街尾对河坊街建筑的流派、特色等进行注解，让游览者更加直观地了解河坊街建筑的特别之处，在游览时可以仔细观察而不是走马观花；另一方面，河坊街上各商铺的工作人员可以针对售卖的商品，选择合适的南宋时期样式的服饰，带来更为直观的历史代入感。

2.营造独具一格的文化休闲氛围

社会表征的文化记忆场主要包括"仪式""典型历史人物""表演""社会关系"这四方面文化载体，主要通过人的互动、情感交流等社会交往活动，创造一种社会临场感，将杭州古城记忆从南宋时期唤至现代，唤至身边，不仅可触摸，而且可参与，可交流，它不再是一种虚无缥缈的记忆，而是现存的生活状态，营造出独具一格文化休闲氛围，增添休闲环境的文化性。具体可以通过仪式带入、典型历史人物交流、历史人物扮演、历史活动体验、南宋故事演艺、南宋主题的相关参与场景等来带动文化记忆的交流，传递和构建，通过人与人之间、人与物的社会关系构建社会临场感，刺激游览者的信任情感，构建文化记忆。以社会表征的文化记忆场使文化记忆不仅落地于物质空间，而且落地于社会交往之中，社会交往是人类文明发源的重要推动力，社会关系也是人与人之间最本质的区别，如果说以物质表征的文化记忆场是为了构建共同记忆的话，那以社会表征的文化记忆场就是构建区别于共同记忆之下的个人专属记忆。需要特别注意的是，文化商街不同于旅游景点，因此在设置时不需要大量的、频繁的、过分占用空间的场景与活动，少量且优质的场景与活动便有助于促使文化商街成为区别其他地区文化商街，标识本地特色的亮点之处。

(二)休闲产品与服务方面

许多游览者都是抱着好玩的心态在河坊街购买各类特色食品、手工艺品等产品,因此河坊街两侧商铺经营的各类产品与服务已超出本身所表现的商品属性,而成为休闲产品与服务,具有鲜明休闲属性,满足游览者的休闲需求。

1.保证产品的卫生与安全

对中国人来说,吃东西是必不可少的休闲活动,无论是过年过节还是庆功祝贺,或者婚丧嫁娶抑或乔迁新居,都能以吃饭、享受美食来实现目的。这种文化特点使得人们不管从事何种休闲活动,都和吃东西分不开。而文化商街城市综合体重点便突出在特色小吃的供应上,全国各地的文化商街都变成了出名的小吃街。特色小吃的卫生与安全变成了人们重点关注的问题。河坊街上的部分店铺存在脏、乱、差等卫生问题以及食品安全问题,因此,加强卫生、安全管理,保证食品卫生与安全,是当前提升休闲产品与服务质量需要解决的最基本的也是最重要的问题。

2.增加特色产品的文化性

特色产品属于以物质表征的文化记忆场的文化载体。特色产品可谓是一个地区历史文化传统的活招牌,凡是在代代相传中保留下来的产品,不仅体现了其独特的使用价值,而且饱含深厚的文化底蕴,成为历史展现的活代表。河坊街上的"老字号"商铺,如孔凤春香粉店、万隆火腿店、宓大昌旱烟店、叶种德中药堂、王顺兴面馆、翁隆盛茶庄等,即使在今天,也依然为杭州人耳熟能详;其提供的产品与服务,受到了本地居民和外地游客的追捧,成为杭城文化的活代表。相关商铺应加大宣传与介绍,将店铺简介与历史、特点放在醒目位置,让来往游览者更容易了解相关历史,了解老字号商铺的文化底蕴,增加特色产品的文化性。

3.大力发展体现当前流行文化的店铺

河坊街上除了一些"老字号"店铺,也有很多体现当前流行文化的现代店铺,如佟小曼手工茶饼坊、一封情酥、远古皂意大利手工皂、风度等,这些独具现代美感的店铺都体现了一种休闲、舒适、自在、风雅、清新的轻文化,是当前慢生活、自在旅行等文化氛围的体现。作为文化记忆场的河坊街,不仅有屹立不倒的百年老店,还有彰显新意的个性店铺,成为杭州历史文化与现代文化传承与交流的桥梁,这种交汇、碰撞有助于游览者形成更加生活化的文化记忆,增强对文化载体的理解,帮助理解杭州文化的文化传承和文化演变,使得河坊街成为杭州文化的有力物证和更加具有普遍意义的文化特征。因此需要继续发展体现当前流行文化的店铺,更好地提供现代化休闲产品与服务,促生更加鲜活、生动的文化记忆场。

(三)休闲设施方面

休闲设施属于以物质表征的文化记忆场的文化载体,同现代店铺相同,休闲设施也是古城历史文化与现代文明交合、积淀最渗入式的记忆载体,最生活化的文化记忆,其中包含的文化传承和文化演变,是形成一个社会的有力物证,具有普遍意义的文化特征。80%的受访者认为有必要开设或增加更多的休闲设施,且在四类休闲设施中,选择开设或增加文化类休闲设施的数量最多。河坊街现有的文化类休闲设施中最受关注的是"胡庆余堂中药博物馆""杭州博物馆""朱炳仁铜雕艺术博物馆(江南朱家铜屋)",这三个博物馆位于河坊街比较显眼的位置,且有较明显的标识,更加吸引游览者注意。对有必要在河坊街开设或增加的休闲设施,选择较多的分别是博物馆、美术馆、书店、咖啡厅、茶馆。根据调研结果,应当从以下三个方面进行提升:一是游览者普遍关注的休闲设施集中在博物馆、美术馆、书店、咖啡厅、茶馆,应更加关注这些休闲设施,提高休闲服务质量,更好地满足游览者的休闲需求。二是应当加大休闲设施的宣传和指引,帮助游览者更方便地找到关注的与希望游览的休闲设施。三是发挥休闲设施文化传承与传播的作用,增强休闲设施的文化性。

(2017年"休闲文化与城市休闲""同城同待遇指数"专项课题)

参考文献:

Curry. Community participation in outdoor recreation and the development of Millennium Greens in England[J]. Leisure studies,2000(1).

Lee et al. The relationship between information use and park awareness : A study of urban park users[J]. Journal of Park and Recreation Administration,2002(1).

Olkusnik. Countryside holiday as a cultural and social phenomenon in Warsaw at the end of the nineteenth century[J]. kwartalnik history kultury material,2001(4).

S. Williams. Recreation in the urban environment[M]. London:Routledge,1995.

陈玉英. 城市休闲功能扩展与提升研究[D].河南大学,2009.

高立. 济南市大型购物中心休闲功能研究[D].山东师范大学,2014.

洪晖. 城市商业综合体内部开放空间设计研究[D].华中科技大学,2005.

黄冠男.图书馆休闲功能研究[D].云南大学,2016.

廖文杰.文化创意产业集聚区旅游休闲功能构建[J].商业经济研究,2015(20):138-139.

林凝.城市综合体的旅游休闲功能研究——以成都市为例[D].四川师范大学,2015.

林燕.浅析香港建筑综合体与城市交通空间的整合[J].建筑学报,2007(6):26-29.

楼嘉军,徐爱萍.上海城市休闲功能发展阶段与演变特征研究[J].旅游科学,2011(2):16-22.

芦冬梅.都市综合体的空间结构特征探究[D].大连理工大学,2008.

罗建兰.城市购物中心休闲功能的研究[D].南昌大学,2007.

孙澄,寇婧.当代城市综合体的文化功能复合研究[J].建筑学报,2014(S1):78-81.

陶成涛.文化乡愁:文化记忆的情感维度[J].中州学刊,2015(7):157-162.

温燕,周国忠.法国小城市发展对我国中小城市休闲功能提升的启示——以维希市为例[J].中南林业科技大学学报(社会科学版),2014(1):52-55.

熊太纯,侯涤,李卫峰,刘海.城市综合体的公共阅读空间建设研究[J].图书馆工作与研究,2017(3):5-9.

徐溶.高校档案馆休闲功能之探析[J].兰台世界,2010(4):36-37.

扬·阿斯曼,陈国战.什么是"文化记忆"?[J].国外理论动态,2016(6):18-26.

杨建军,朱焕彬.城市综合体建设的空间影响效应——以杭州市城市综合体建设为例[J].规划师,2012(6):90-95.

姚继中,聂宁.日本文化记忆场研究之发轫[J].外国语文,2013(6):13-19.

张炳辉.城市综合体开发的经济集聚效应分析与启示[J].社会科学战线,2012(9):68-72.

郑秋瑶.城市园林休闲功能研究——以杭州为例[D].浙江大学,2006.

朱凌波.城市综合体分析[J].现代物业(上旬刊),2011(2):64-68.

旅游综合体现状与开发对策研究

——以杭州市为例

邵　莹 *

杭州以"东方休闲之都"的品牌确立了国际休闲城市的地位。2011 年,中国社会科学院旅游研究中心对外发布了"全球休闲范例城市研究"报告,杭州成为中国唯一一座入选城市。而城市综合体则是近年来中国城市化进程中的一大热点,它既是城市发展到一定阶段的必然选择,也是转变城市发展方式、实施"紧凑发展""精明成长"的必然选择,更是实现城市国际化战略的必然选择。2008 年,杭州市首次提出要打造 20 座"新城"、100 个城市综合体的目标,引爆了一场"城市革命"。同时,城市综合体作为城市休闲的重要节点,也越来越多地受到企业和学术界的关注,甚至已经有学者提出"城市综合体的文化休闲功能开始由配套功能转为主导功能","休闲旅游业之间的竞争,要靠城市综合体决胜负"等看法。因此,对当前杭州城市综合体休闲功能的现状进行调查与分析,进而提出提升的策略就显得十分迫切和必要。

一、城市综合体概念及基本理论

(一)城市综合体的基本概念

从本质上讲,城市综合体是随着城市规模的扩大、文化程度的提高而出现的一种特殊的城市形态,一般可以定义为:由多种都市功能集合形成的与城市有机协同、功能业态间高效集约和互为价值链的建筑、建筑集合体或建筑街区。

* 杭州国际城市学研究中心、浙江省城市治理研究中心。

从形象表征角度来看,城市综合体是在多种都市功能集合基础上形成的高业态复合、高强度开发、高交通可达、高密集活动、高地标魅力、高技术集成的建筑环境体。衡量一个项目是否是城市综合体最根本的条件是"它是否是一个社会的多生态系统,是否具有高效集约的特点"。

(二)历史上的城市综合体

在国外,最早的体现城市功能混合的例子可上溯到古希腊城市的世俗中心——阿索斯广场(ASSOS),广场周边建有神庙,两侧有大尺度、高两层的敞廊可以作商业活动之用。

现代意义的城市综合体出现在二战之后,随着西方发达国家城市扩张速度加快,由小汽车主导的交通模式造成郊区化生活方式大行其道,城市中心出现了衰落,同时出现了诸如城市环境恶化、交通拥挤等一系列问题。为了解决城市中心衰落的问题,许多城市制定了一系列的城市中心复兴计划,对城市中心进行改造和再次开发,城市综合体因其包含商业零售、商务办公、酒店住宿、文化娱乐、会议展览以及交通枢纽等多种城市功能空间,其具有的复合价值逐渐显现并为大众所接受,因而在世界各国和地区广泛出现。现代意义上城市综合体的代表,包括法国巴黎的拉德芳斯,纽约心脏——洛克菲勒中心和东京核心——六本木。

在国内,张择端《清明上河图》中鲜活地展现了北宋都城汴梁汴河两岸的繁华,当时的汴河两岸可以说是我国城市综合体的一个雏形。图中描画了汴河上下人们从早到晚一天的生活场景,河两岸酒肆、当铺、脚店、茶坊等鳞次栉比,官吏、士绅、兵勇、货郎、苦力、卖艺人不一而足,城内街道纵横、楼厦处处,清晰的商业综合体形态跃然纸上。

20 世纪 80 代后期,我国的改革开放和经济发展都得到了一定的深入,我国的城市建筑已无法满足人们的需求,另外城市落后的面貌也需要改善,在这样的背景下,各个城市对旧城进行大力改造,建造了集多功能于一身的综合性建筑,形成了大型商业中心,同时调整城市中心区的功能结构,以满足人们的生活需求,这标志着我国城市综合体开始起步。

到了 20 世纪 90 年代,在经历一段时间的改革开放后,我国国民经济有了较大的发展,城市建设也进入了一个新的历史时期,城市大型开发项目向综合体发展的倾向日益显现,城市综合体率先在北京、上海、广州和深圳等经济实力强大、第三产业发达、市场需求旺盛的一线城市出现。目前,万达、华润、凯德、中粮地产等地产开发企业纷纷把开发城市综合体作为自己重要的发展方向(见表 1)。有的甚至提出只做城市综合体,这些地产开发企业纷纷把自己的成功项目的经验打造成具有一定知名度的品牌,并在其他城市进行复制。今后城市综合体大规模的品牌输出趋势将越来越明显,许多城市都把开发城市综合体、引进知名城市综合体品牌作为城市经营的重要内容,预计在不久的未来将呈现"满城尽是综合体"的局面。

表 1 我国知名综合体品牌及其扩张情况

开发企业	综合体品牌	品牌扩张情况
大连万达集团	万达广场	已经建成 21 个万达广场(大部分只有商业,自从宁波万达广场后,万达广场加入了居住、酒店、办公等功能,万达称其为第三代万达广场)。国内最大的城市综合体开发企业,目前有 24 个在开发的万达广场项目,其中大部分是包含商业、办公、酒店、居住等功能的大型的城市综合体
华润置地	万象城/华润中心	深圳华润中心一期、二期已经全部完成,目前正在开发杭州万象城、大连万象城和沈阳万象城项目
中粮地产	大悦城	中粮地产在北京西单大悦城取得成功后,又规划了北京朝阳大悦城、天津大悦城、沈阳大悦城、北京安定门大悦城、成都大悦城在内的数座大悦城
凯德置地	来福士城	上海来福士是其在大陆的第一个来福士城,此后又建成北京来福士。目前正在开发的是杭州、宁波和成都来福士
裕景地产	裕景中心	大连裕景中心于 2009 年建成,目前分别在开发沈阳裕景中心和厦门裕景中心

(三)当前城市综合体的发展趋势

目前城市综合体呈现出两种趋势:一种是在欧美新城市主义下的实践,强调混合使用和公交、非机动交通模式及街道场所氛围,有些更是利用旧建筑资源进行更新改造,即使在新城建设中也不强调过大的开发强度而注重适当密度,同时在景观中融入城市肌理而不强调地标性。另一种主要是在发展中国家的实践,由于土地等资源条件约束和快速城市化的内在需要,城市综合体在很大程度上是市场行为,而技术进步又使"巨构城市"成为可能。它在具有混合使用、多业态集约、注重环境景观品质的基础上,更注重高强度开发和建筑形象的地标性,从而赋予了推动城市发展的更大意义。

(四)当代城市综合体的生成原理

城市综合体出现的本质在于通过复合、集聚两种手段提高空间效率和空间价值。分开来说,由于功能和业态在小尺度范围内的高度集聚和复合,第一,降低了使用者(个人)的生活、商务成本,相应的赋予、提高了个人的生活品质;第二,同样降低了使用组织(企业)的交易成本,相应的也提高了企业的综合效率和效益;第三,正是由于契合了上述两种空间效率和价值,使泛地产、复合地产、主题房产等综合体出现成为可能,因为提升了物业价值和开发商的开发价值。最后,在城市层面,为应对资源约束强化和众多城市问题,同时产业(如服务业的兴起)、技术(如交通、营建)、经济条件的不断提高和对生活品质要求的提升,集聚在更大层面和更小范围、更多业态和更大规模的城市局部发生成为可能,这就体现了城市综合体的城市价值并保障了它的生成和发展。可以说,城市综合体的出现是城市经济、社会、技术形态发展到一定程度的必然产物。它既是城市的产物,也提升了城市多方面的品质。一方面,具体城市综合体的开发通常是市场行为,它的成功与否取决于综合体与城市的多方面关系和自身的开发水平,如区位、地价、商圈、交通、产业、环境和消费能力等,以及在此基础上对综合体的定位、功能匹配、空间组织、形象特色等众多因素,应该说存在一定的市场风险。另一方面,由于城市综合体对城市发展和布局等方面有较大影响,因此城市也将承担城市综合体开发所带来的收益或风险,这就需要城市规划对其总量、布局、规模、功能、开发强度和建设形象等方面进行适度调控。

(五)城市综合体的社会经济意义

随着经济全球化日益深入,大城市作为本土经济和世界经济纽带的作用日趋明显,国家之间的竞争逐渐演变为城市竞争力的比拼,城市成为国家和地区之间竞争的主战场,城市竞争日益激烈。各级政府迫切希望提高自身城市对全球资源的吸引能力、资源转化能力和市场争夺能力,打造城市的品牌和知名度,最终实现提高居民福利的目的。城市综合体由于占据城市核心区位、超大的规模尺度、巨大的市场前景,往往能够获得资本的青睐,从而吸引到外来投资;城市综合体建成后会对城市空间有效的整合,提高城市运营和组织效率,有利于城市产业和经济的发展。同时,其现代、前卫的形象容易成为城市地标,有助于城市形象的塑造。城市综合体的开发成功能够增加就业机会、增加税收、创造巨大的社会价值,对城市竞争力的提升是全方位的。因此在当下,许多城市把发展城市综合体作为提升城市竞争力的有效途径。

随着城市化的发展,城市的规模日益扩大,单核心发展已经呈现出对城市规模越来越大的不适应:单核心城市产生明显的钟摆式交通、中心区承受巨大的交通和环境压力、居民将大量的时间花费在通勤上、城市运行效率低下等。城市综合体选择城市中心、次中心等核心区位,通过与公共交通协调发展,有助于解决单核心发展所产生的诸多问题,形成多核心发展的空间结构和网络化的城市职能体系,推动城市发展进入"多核"时代。特别是在我国存在大规模新区建设的背景下,城市综合体以其复合价值、空间整合能力、资源和人气的聚集能力,形成有效的人口和就业导入,有助于摆脱新区建设中出现的配套不足、人口导入困难等问题。

城市的高密度发展会导致城市公共空间的匮乏,城市综合体在推动城市集约化发展的同时,将城市公共活动空间引入综合体内部,并与城市空间结合,为人们提供传统街区生活体验。在内部,城市综合体的公共空间与功能使用空间衔接紧密,并共同构成城市综合体的结构系统,这是城市综合体集约化的前提条件,也构成城市综合体城市性的载体。由于体验型消费理念的倡导,城市综合体在商业街、大型购物中心等商业设施中将宜人的尺度空间和宏大空间并置,重新塑造城市公共空间,能够引发更多的不带有明确目的的消费行为以及各种休闲娱乐活动,从而建立了一种全新城市生活模式。此外,由于资本力量的介入,也使得博物馆、图书馆等一些公共机构的开发与运营有了资金的支持,这类公共建筑空间在为居民提供公共服务的同时丰富了综合体的功能,尤其是文化休闲功能。

二、城市综合体与休闲功能

(一)城市的休闲功能

1933 年 8 月,国际现代建筑协会第四次会议上通过了著名的《雅典宪章》,该宪章提出"城市的四大活动:居住、工作、游憩与交通是研究及分析现代城市设计时最基本的分类"。这四大活动实际上就构成了城市的四大功能,即居住功能、工作功能、游憩功能和交通功能。游憩(recreation)是我国台湾地区对"休闲"的称谓,可以直接理解为"休闲"。毋庸置疑,休闲早已被公认为城市的四大功能之一。而从休闲市场的分布和休闲消费的主要客源构成分析来看,城市既是休闲的最大市场,也是最主要的休闲空间依托和公共休闲产品的集中供应场所。

城市的休闲功能,是指城市在国家或地区以及城市内部所承担的满足人类(包括当代和后代)自身生存和发展需要而在提高生活质量、尊重自然、实现自我价值、推动城市提高发展质量中所承担的任务和发挥的作用,以及由于这种作用的发挥而产生的效能。它是城市的基本功能之一,是城市发展质量提高的重要内容,是城市居民生活质量提高的必要组成部分。

城市的休闲功能范畴相当广泛,涉及购物、娱乐、康体健身、文化、餐饮、市内景点(区)等。但它首先满足的是城市居民的日常休闲需要,并与其生活品质和生产质量直接相关,主要通过营利性、非营利性和公益性的一系列设施和服务来实现,详见表2。

表 2　城市休闲功能所提供的休闲设施与服务

类　型	营利性	非营利性	公益性
内　容	剧院、电影院	体育健身场所	社区活动中心
	宾馆、饭店、咖啡厅、酒吧	图书馆、博物馆	
	歌舞厅、夜总会	艺术中心、美术馆	
	旅行社	公园、市民广场	
	健身俱乐部		
	综合购物娱乐中心		

(二)城市综合体的休闲功能

作为"城中之城",或者"未来城市缩影"的城市综合体,更应该发挥城市发展与市民生活质量提高的主要载体的功效,因此,休闲功能的健全与完善也就必然成为城市综合体开发与建设的关键环节。有学者甚至提出了"城市综合体的文化休闲功能开始由配套功能转为主导功能"。当然,城市综合体本身几乎涵盖了所有常见公共建筑的功能,整合了包括办公、酒店、零售、会展、市民及公共设施、停车设施等。因此,休闲功能也必然在与其他功能协同作用中才能得以发挥。

城市综合体的休闲功能和带有休闲性质的功能通过多种具体载体实现,主要有以下九种类型。

1.餐厅、酒吧和咖啡馆

餐厅、酒吧、咖啡馆是城市综合体中最常见的休闲功能载体。它们在夜间和假期会成为城市综合体中吸引客流的主要源头。大量的餐厅可使得项目成为餐饮集中地,并吸引大量回头客,其中高知名度的饭店能成为城市综合体的标志物。

2.电影院

电影院是城市综合体吸引夜间人流的主要载体,也是吸引地域性市场内客源反复光顾的最好工具。当代电影院一直向复合型影院方向发展。每 5~10 分钟就有一部电影开场,吸引着人流源源不断地进入城市综合体。

3.运动(健康)俱乐部

运动(健康)俱乐部是伴随着过去几十年减肥和瘦身而兴起的休闲设施。它们往往被布置在城市综合体下部的非重要位置。运动(健康)俱乐部的门槛较低,可供整个项目的租户、访客和居民使用,因而可以方便地形成经济气候,并激发市场潜力。如上海香港新世界广场的地下三层就是一个运动(健康)俱乐部,不仅为本项目提供服务,也面向社会开放。

4.溜冰场

溜冰场之所以可以在城市综合体中流行起来,主要是因为:溜冰场能够延展项目的活动循环,并吸引特定的客源;它是城市综合体场所营造的重要手段,且能够在公共空间中提供一个视线中心,以带动整个区域氛围。如广州的正佳广场冰河湾真冰溜冰场,其内部设置了一个溜冰中庭,结合周边的商业和休闲功能的布置,成为其一大亮点。

5.竞技场和体育馆

拥有竞技场和体育馆的城市综合体拥有比较独特的个性。虽然竞技场和体育馆很大且必须与整个项目的其他部分若即若离,并会对其他功能形成一定的支配性,但它们能在精心布置和理性设计的基础上,为整个项目带来益处。竞技场和体育馆往往有大量座位,并具有适应各种运动、杂技表演、演唱会等活动要求的弹性,同时也能供本地居民使用,从而为整个城市综合体带来足够的人流。比如美国孟菲斯皮博迪广场就包含一个大型棒球场,杭州的黄龙体育中心和建设中的奥体博览城也包含多项体育运动设施。

6.表演艺术设施

表演艺术设施能为城市综合体创造一个积极的形象,并能够在夜间和周末吸引大量客流。它们在一些关键时间段为整个项目创造活力和兴奋点。同时，它们也是难于模仿的场所氛围营造者。室外的表演艺术设施开始流行起来，虽然它们相比室内设施的成本要低、尺度要小，但是它们同样能够为整个城市综合体增添活力和价值，并吸引大量的人流。如纽约洛克菲勒中心的无线电音乐厅，已经成为了电影首映式和展示表演舞台，在70多年的时间里，每个假期都会上演年度音乐剧、圣诞晚会等传统节目；香港赤柱广场也包含一个名为"闲情坊"的多用途户外表演场地。

7.博物馆

博物馆往往能够在白天，尤其是节假日吸引人流。它在城市综合体中往往处于次要地位。一般来说，小型博物馆和主题博物馆在城市综合体中比较常见，如滨松ACT城就包含一座乐器博物馆和研修交流中心，展出世界各民族不同时代的乐器近2000件，为配合展览还设有表演室、研究室和活动室，又如杭州西溪天堂国际旅游综合体中包括一座中国湿地博物馆，它是全国首个以湿地为主题，集收藏、研究、展示、教育、娱乐于一体的国家级专业性博物馆。

8.公园及相关休闲设施

城市综合体中包含的公园及休闲设施往往是政府参与的结果，主要包括屋顶花园、空中平台及屋顶游泳池等设施，如香港国际金融中心裙楼的屋顶平台被完整地开发成为中环地区稀有的公园，其位于喧嚣的闹市之上，背山面海，成为城市绿洲，又如香港金钟的太古广场在建设过程中，充分利用山体的地貌特色，不仅将其背后的香港公园有机联系起来，还保留了部分山体绿化，使其成为高档写字楼和酒店所围绕的内花园。

9.码头设施

码头设施是沿水开发的城市综合体吸引人流的重要元素。码头可能会包含供游船短暂停留，并为游客提供购物和就餐的功能。同样，码头也可供其他乘坐班船或水上巴士的游客使用。码头设施往往在城市综合体中扮演重要角色，提供适意的环境，创造出独特的场所氛围。比如杭州正在建设中的渔人码头旅游综合体就是围绕三堡码头而建的，其位于钱塘江与运河交汇处，具有观光、休闲、购物、美食、演艺、宾馆等多种功能，整个综合体包括渔人码头商业、超高层酒店及生态公园三个项目。

此外，专门化、生活化和娱乐性的零售业也具有很强的休闲功能。专门化和生活化的零售用一种独特的方式来提供独特的商品。这种店铺销售的往往是只此一件的商品或是有传统特色的商品。他们往往具有以下一些共同点：具有特色的内部装修和诱人的建筑外观；对礼品业和手工艺业的强化，往往具有地方特色的倾向；采用视线开放的设计，以增强视野范围和促进店与店之间的视线吸引；由大量小面积店铺组成(30~200平方米)。比如杭州银泰城，在设计上首创半开放式购物空间，突破传统MALL封闭式结构，但又结合了MALL的大空间布局以及商业外街、广场等场所设计的开放布局，能够更好地带动周边商业区的繁华。结合商业双中庭设计，以及总长近3公里的室内外双商业步行街，让购物不仅仅是一种消费金钱的结果呈现，更成为一种具休闲性和娱乐性的独特体验。

三、杭州城市综合体及其休闲功能的现状

(一)杭州城市综合体的类型

杭州的城市综合体按照不同的定位特征，主要可以分为以下几类：

(1)商业综合体：以发展商业为主要功能的综合体，如银泰城、万象城、嘉里中心、龙湖天街、宝龙城、大悦城、万达广场等。

(2)旅游博览综合体：以旅游业或展览为主要依托的城市综合体，如西溪天堂旅游综合体、大河造船厂国际旅游综合体、城市之星旅游综合体、杭州奥体博览中心综合体等。

(3)交通综合体：以交通枢纽为主要发展定位的综合体，现阶段主要为地铁综合体，如武林广场综合体、七堡车辆段综合体、乔司南站上盖综合体等；也有多种交通方式汇集的换乘枢纽，如铁路东站枢纽综合体、九堡客运站上盖综合体等。

(4)创新创业综合体：主要发展创新型、科技型产业的综合体，如山一村农居SOHO综合体、北部软件园综合体等。

(5)特色产业综合体：发展某种特色产业类型的综合体，如宏丰家居城综合体等。

(二)五类城市综合体及其休闲功能的现状

1.商业综合体

商业综合体，眼下已经成为一个非常热门且受欢迎的词组。杭州商业综合

体的建设,相对其他类型的综合体来说,是相对比较成熟和完备的。回顾商业综合体的发展历程,曾由于资金投入量大、周期长、运营操控不易而使得许多房地产企业望而却步。但随着住宅开发的逐步成熟,政府的供地结构也开始转变,大量商住、商用地陆续出让,商业综合体的建设也渐渐取得了一定的发展。目前,杭州已有万象城、杭州大厦等一系列建成并投入使用的商业综合体范例。而未来,一大批商业综合体文将在杭州崛起,其中有创新创业新天地综合体、嘉里中心综合体、华家池商务综合体、百大绿城西子国际等,一部分已经开建,一部分正在逐步推出地块。

商业综合体的休闲功能,是其多种功能中不可缺少的一环,是效应越来越凸显的一环,甚至是最具有整合意义的一环。因为强大的休闲功能可以留住更多的顾客花更多的时间来消费,就如银泰城所提倡的理念"过一种消费时间的生活"。

在已经投入使用的商业综合体中,万象城可以说是杭州聚集人气的一块新招牌。其出现的"赶集"效应,正说明集购物、娱乐、休闲、餐饮等多种功能于一体的商业综合体,受到了杭州市民的热捧和认可,也从另一个方面说明杭州市民对生活品质的要求正在提高,他们已经不满足于简单地逛商场了。而位于万象城中的百老汇 IMAX 影院和冰纷万象真冰滑冰场两大休闲设施是吸引顾客的最大"利器"。百老汇影城拥有 12 个高标准现代化影厅,座位数达到了 1920个。其中,标志性的 IMAX 影厅,可容纳 464 个观众。IMAX 银幕高 12 米,宽 22 米,是杭州第一家真正意义上的 IMAX 影院,让杭州的百姓不再为不能第一时间观赏到 IMAX 佳片而感到遗憾。杭州冰纷万象滑冰场是东南亚最好的奥林匹克标准的室内真冰滑冰场之一,位于万象城四楼。冰场总面积约 4200 平方米,其中冰面面积 1800 平方米,可举行花样滑冰、速度滑冰以及其他冰上娱乐活动。冰纷万象滑冰场所有的硬件设施均来自处于国际一流水平的项目供应商。如制冷系统采用的是加拿大的 CIMCO 品牌,它是世界上最大的滑冰场制冷系统供应商之一。冰面下铺设了近 18000 米的管道,整个冰面温度可持续控制在零下 14 度左右,给滑冰者提供了良好的冰面条件。但冰场的室内温度可常年保持在 18~20℃,无论在炎炎的夏日还是寒冷的冬日,都将给场内的滑冰者提供舒适宜人的环境。

传统意义上的杭州市中心——杭州大厦综合体,再加上周边的银泰武林店、杭州百货大楼、西湖文化广场等,依然是杭州繁华的标杆与象征。这里的休闲设施也是配置最为齐全的:各类餐厅、咖啡馆、酒吧不计其数,有 IMAX 影院——新远国际影城,有浙江博物馆、浙江自然博物馆、浙江科技馆、浙江文化馆等,有杭州剧院、新远木马剧院,有博库书城,还有武林门码头,这些休闲要素交织融会在一起,使这里成为杭城居民休闲活动最为便利、最为频繁的场所。

此外,已经投入使用的商业综合体还有滨江星光大道、城西银泰城、西溪印象城、西田城等,分别分布在杭州滨江区、拱墅区、余杭区,目前这些商业综合体都已经成为各自区域休闲娱乐活动的"核心阵地"。

相对于其他类型的综合体,杭州商业综合体的休闲设施配置相对完整,休闲功能也得到了很大程度的发挥。未来的主要问题,可能是商业综合体本身在整个杭州空间布局上的不合理,其功能可能会出现某种重叠,从而会导致人流聚集度降低、某些休闲设施闲置的情况。比如武林商圈内已经有杭州大厦综合体、西湖文化广场,还有建设中的武林广场地下综合体;再如杭州城西北5公里距离内,已经投入使用的有西田城、银泰城、北城天地等,短期内还将会建成万达广场,这样的布局密度是不是合理,功能上是不是应该错位,这些问题都需要进一步商榷。

2.旅游博览综合体

在长三角都市圈中,杭州的定位是"一基地四中心",包括高技术产业基地、国际电子商务中心、全国文化创意中心、区域性金融服务中心和国际重要的旅游休闲中心。在公布的《中共杭州市委关于学习贯彻党的十八届三中全会精神全面深化重点领域关键环节改革的决定》中,明确提出了"围绕推进国际重要的旅游休闲中心建设,形成提升城市国际化水平的体制机制","实施'旅游全域化'战略,优化市域旅游产业布局,统筹城乡旅游产业发展。构建以产业融合为核心的城市旅游发展机制,推动旅游与休闲、会展、文化、特色潜力行业等融合发展。"由此可见,在未来的城市综合体建设中,旅游博览综合体的建设和开发或将成为"重中之重"。

从本质上说,旅游博览综合体就是"休闲"的,休闲就是其首要的,也是最根本的功能。在杭州计划建设的100个城市综合体中,以旅游功能为主要依托的综合体有32个,约占总数的1/3。作为一个旅游城市,杭州发展建设需要保有自己的特色,避免综合体的"千城一面"。杭州旅游资源丰富,并不局限于西湖、灵隐,经过几年旅游综合体的建设和宣传,西溪湿地、大运河、萧山的月亮湾、休博园,余杭的良渚、径山、超山,还有桐庐、建德、富阳也渐渐为省内外乃至国内外的游客所熟知,成为吸引大量旅游者涌入的新"磁极",带动了区域经济发展。

"西溪天堂"国际旅游综合体位于杭州西溪湿地东南角,是杭州新近投入运营的最具代表性的旅游博览综合体。素有"杭州之肾"美誉称号的西溪，与西湖、西泠并称为杭州的"三西"。在西溪原生态的旖旎风光背后，西溪也曾面临过时代的考验。早在 2004 年国内外旅游市场发生急剧变化转型之时，单靠优美的环境已不足以满足现代旅游服务的需求，缺乏完整、系统的服务配套，与高品质旅游系统的脱节，让西溪意识到中国旅游业开始迎来国际旅游综合体唱主角的时代。

西溪天堂国际旅游综合体模式的形成，是在整个杭州城市国际化发展的驱动下诞生的，也是中国城市综合体发展的必然趋势之一。杭州作为一个国际化的旅游城市，每年上千万的旅游吞吐量，对高标准、大规模的旅游公共服务配套设施的需求也就越来越迫切。杭州尽管也有很多的城市综合体，但大多还处于初期发展阶段，业态组合也相对分散、孤立，彼此之间缺乏有效的沟通与联动，而以旅游服务定位的城市综合体在杭州乃至中国都还是空白，西溪天堂率先开创了世界级国际旅游综合体的先河。这种全新的模式首先以"世界级"界定了一个硬性标准。它必须符合世界最先进的发展理念，有世界一流的技术、团队和领先的设计作支撑。西溪天堂集合了矶崎新、戴卫·奇普菲尔德、哈韦尔·皮奥兹、马里奥·博塔、斯蒂文·霍尔等五位世界级建筑大师领衔的 60 余家境内外精英团队共同参与设计，保证了西溪天堂可以高标准地将国际旅游综合体的模式付诸实践。

在 11.5 万平方公里的西溪湿地，西溪天堂作为西溪湿地乃至整个杭州的旅游配套综合体，涵盖中国湿地博物馆、国际酒店集群、国际俱乐部、精品商业街(包括电影院、KTV)、旅游公共服务设施、悦居、悦庄等多元业态，令业界惊叹的是这些业态不仅成功实现了与湿地旅游资源的无缝融合，新的业态组合还产生了完整、系统的产业链效应，彼此之间实现了资源整合与互补。中国湿地博物馆作为一条纽带融入西溪湿地，其本身也成为极为重要的旅游资源。而国际酒店集群集合了多种不同定位的酒店，从主打度假的超五星级悦榕庄、偏向商务的喜来登酒店，到曦轩艺术酒店、时尚的布鲁克、背包客们的国际青年旅舍，可以满足不同档次客户人群的旅游需求，弱化了彼此的竞争，实现了资源的共享。这一创新之举是国内任何城市综合体都难以比拟的。

与近年来各地兴起的旅游综合体相比，杭州西溪天堂的国际旅游综合体模式，其创新价值和意义在于：第一，旅游目的地和休闲旅游配套的有机整合。西溪天堂国际旅游综合体作为杭州乃至中国第一个国际旅游综合体，它不仅依托于西溪国家湿地公园的旅游集散中心和配套设施，更成功打造出了中国唯一的国家级湿地博物馆,这一重量级的旅游休闲产品与西溪湿地完美融合,增强了西溪天堂旅游综合体的"含金量",也就是说,西溪天堂不单是旅游配套,还是优质的旅游休闲资源。第二,多种休闲旅游服务功能的有机整合。西溪天堂包含丰富的旅游业态,从旅游、参观,到购物、娱乐、居住等服务,涵盖旅游服务的整个流程;从超五星级的悦榕庄到面对背包客的青年旅舍,满足不同层次的旅游需求。这种有意识打造的有机组合在国内堪称首创,也大大加强了西溪天堂的市场竞争力。第三,在当代文化环境下对本地传统文脉的有机传承。西溪天堂的设计不但延续了传统湿地的自然肌理,更以重现西溪历史上的文化繁荣为己任,为当代新的文化活动提供场所和素材。在建筑形式上,西溪天堂以多元的、现代的设计向中国的传统文化致敬,这一理念贯穿项目开发的始终。归纳以上三个层面,西溪天堂国际旅游综合体是以休闲旅游服务为目的,以高档酒店为载体,以一流的自然人文服务环境为前提,以品质高、功能全的服务内容为根本,集观光、会展、美食、演艺、运动于一体,规模大、功能全、品质高、环境优、服务好的旅游产业集群体。

值得一提的是,已经投入运营的大河造船厂国际旅游综合体——运河天地。大河造船厂建于20世纪六七十年代,见证了杭州运河造船、航运的历史,厂区依运河而建,西至新建的小河路,南距京杭运河杭州段的标志性古桥拱宸桥仅500米,并与杭州市级文保单位"洋关"隔运河相望。该综合体用地面积11万平方米,总建筑面积12万平方米,目前已被打造成集工业遗产保护、运河非物质文化展示、创意产业、休闲旅游、文化娱乐于一体,兼具高品质公共服务内容的旅游商业综合体和环境优美、交通便利、服务完善的多功能综合体。其相关休闲设施包括各式餐饮、咖啡馆、比高电影院、唛蝶KTV等,附近还有运河广场、运河博物馆、刀剪剑博物馆、扇博物馆、伞博物馆等。大河造船厂国际旅游综合体已经成为周边居民休闲娱乐的不二之选。

杭州旅游博览综合体的开发与建设,应该说在国内处于领先地位,在各种城市综合体中最具有杭州"东方休闲之都"的特色。这类综合体面临的问题主要是旅游休闲资源,包括自然风光、历史文化遗产的保护与开发如何实现有机结合。在"保护第一,应保尽保"的前提下,如何使用合理的方式、方法去利用好这些宝贵的旅游休闲资源,是开发者必须面对的一大课题。

3.交通综合体

杭州地铁1号线是杭州市乃至浙江省首条地铁线路。工程于2007年3月开工建设、2012年11月开通运营,历时5年。地铁1号线为连接主城区与江南、临平、下沙三副城的骨干线,全长 53 公里,共设车站 31 座,2 次穿越钱塘江、4 次越过京杭大运河。杭州地铁 1 号线的开通,极大地缓解了城市地面交通的拥堵状况,也极大地改善了居住在滨江、下沙、临平三大副城的居民出行条件,同时地铁的开通也为杭州城市综合体的开发带来了新的模式和契机。目前,杭州地铁 1 号线计划以及正在开发的上盖物业综合体有 8 个,分别为武林广场综合体、九堡客运站上盖综合体、打铁关站综合体、七堡车辆段综合体、滨康站上盖综合体、翁梅站上盖综合体、乔司南站上盖综合体、乔司站上盖综合体。

地铁综合体的物业范围涵盖商业、住宅、酒店、休闲、办公、行政等范畴,不同综合体的主要业态形式不同,体现了地铁综合体的多样性。但综合体的建设进度比地铁工程的进度要缓慢得多,而且这些综合体的投入使用,平均还需要 2~3 年的时间。还有一些综合体项目,本身并不属于地铁综合体的性质,但由于距地铁站点很近,与地铁密不可分,我们也把它们列入此类。如已经部分投入使用的杭州东部国际商务中心(万国 IBC)。万国 IBC 一期作为杭州经济技术开发区的行政中心和市民之家已投入使用,并以专属通道与杭州地铁 1 号线下沙中心站全时连通。另外,还有就是杭州传统闹市区延安路,地铁龙翔桥站的上盖物业——工联大厦以及湖滨银泰二期,目前已经全面投入运营。从规划上来说,工联大厦以及湖滨银泰二期属于湖滨南山路特色街区二期综合体的一部分,但由于当前地铁的巨大效应,我们也将其归为地铁综合体的范畴。

工联大厦是典型的地铁上盖物业,由于其规模较小,功能相对单一,很难称其为综合体,但由于其周边还有湖滨银泰、利星名品等商贸物业的存在,很大程度上已经形成了综合体的集聚效应。而就休闲功能和设施而言,工联大厦本身配置的只有地下和六楼的餐饮及七楼的咖啡网吧,大量物业面积为工联精品服饰城所占。其中餐饮类型,地下美食城与地铁无缝对接,以快餐小吃为主,六楼则是各类特色餐厅,包括日韩料理、港台茶餐厅、东南亚料理、本帮菜等,其他休闲设施几乎没有配置。而与之一街之隔的湖滨银泰,其休闲功能也主要是通过美食来发挥,原来的西湖电影院已被拆除,重建可能还需要数年。由于该区域临近西湖,属于传统的湖滨景区,因此休闲功能更多依托著名的西湖景观资源来实现。

此外,交通综合体也包括铁路东站枢纽综合体。随着铁路东站的全面启用,铁路东站枢纽综合体也会加大建设力度。该项目位于东站枢纽的东、西两侧,东至下宁路,西至环站西路,南至赵家港,北至天城路、新井路,分为东、西两个广场综合体,总用地面积约 40 公顷,总建筑面积约 100 万平方米,总投资约

98 亿元,其中地上面积约 40 万平方米,地下三层总建筑面积 60 万平方米。今年元旦西广场已经投入使用,其重点是招商约 10 多万平方米的大型商业综合体,计划在 2014 年完成,其中相关休闲功能的配置,包括餐饮、文娱等,将会得到一定的保证。

综上可见,杭州的交通综合体建设起步较晚,节奏较缓,与杭州快速城市化的发展趋势并未保持同步。由于硬件建设相对薄弱,加之交通综合体人流出入频繁,逗留时间不足,其休闲功能目前尚无法得到相应的保证。

4.创新创业综合体

人们常常将硅谷作为创新创业或者高科技的园区的一个理想样本:知名企业集聚、毗邻名校、风景优美、远离尘器……杭州开发的多个创新产业综合体也有意效法这一模式,并且经过几年的建设已初具规模,既有浙江大学、中国美术学院等高校的技术依托,也有西溪湿地、玉皇山、钱塘江、白马湖等优秀的生态资源,并且大多地处城郊,建筑开阔,发展空间广。由于有景区资源作为依托,杭州的创新创业综合体先天就带有很浓的休闲色彩。目前创新产业综合体的建设大多已完成或阶段性完成,开始了紧锣密鼓的招商工作。

比如山南国际(建筑设计产业)创意园,位于玉皇山南八卦田景区以东一线,总建筑体量约 25 万平方米。目前该区块附近呈现出典型的城中村、城郊接合部特征,博物馆、宾馆、铁路、工段、仓库、厂房、大型市场、居民和村民住宅混杂其中。拟打造的山南国际创意园定位于以建筑设计为龙头、以产学研结合为格局、以休闲景观为形态的具有产业化、国际化、一体化特征的国家级高端创意园区。其中,南宋官窑博物馆、杭帮菜博物馆,再加上白塔、八卦田、天龙寺等历史文化遗存与江洋畈生态公园就构成了山南国际(建筑设计产业)创意园的主要休闲元素。

5.特色产业综合体

顾名思义,这类综合体业态形式以特色产业为核心,配以住宅、商业、办公等业态模式。特色产业综合体的起步较早,发展时间较长,基本上都已投入使用多年。杭州的特色产业综合体,有四季青服装交易中心综合体、杭州宏丰家居城综合体、浙江亿丰建材城物流综合体、中国纺织采购博览城等。

位于九堡的中国四季青服装交易中心,一期已于 2008 年投入使用,为服装交易区块,用地面积 361 亩,共有 6 幢单体,其中 5 幢为专业市场用房,1 幢为四星级酒店式商务用房,建筑总面积 52.6 万平方米。位于城西的杭州宏丰家居城综合体共占地 300 亩,总建筑面积 50 万平方米,总投资人民币 15 亿元,建成后将成为集家居建材大卖场、特色商业街、生活超市、物流仓储、商务办公、配套公寓于一体的多元家居复合业态。其中,一期为 20 万平方米的家具建材广场,于 2009 年 5 月投入使用。

特色产业综合体正由于其极强的专业性而对区域经济的发展产生了强大的推力,但也正由于这种专业性使其功能趋于单一化。功能单一的特色产业综合体是否需要休闲设施和功能的配置? 需要配置哪些休闲设施与功能? 这是杭州未来发展特色产业综合体需要思考的问题。

四、杭州城市综合体休闲功能发展与提升的优势

(一)杭州城市综合体休闲功能发展与提升的环境优势

1.地理区位环境

随着经济全球化浪潮的快速推进,不仅中国经济与世界经济体系的融合正在加速进行,而且城市功能的国际化日益明显,城市之间更加相互依赖,区域经济整合的趋势更为增强,区域联合发展已成为经济发展的内在要求。

长江三角洲位于我国大陆海岸线中部,自然条件优越,包括上海和江苏、浙江的 15 个地级以上城市,是我国人口最稠密,经济、科技和文化教育事业发达,人民生活最富裕的经济区。自我国改革开放以来,长江三角洲地区以各自长足的发展为基础,形成充满生机、蓬勃发展、繁荣富强的新长三角经济。在全球经济一体化和我国加入 WTO 的新形势下,长江三角洲地区再一次面临新的机遇和挑战,加强合作、共同发展是在新形势下该地区持续繁荣的立足点。

杭州距上海仅 170 公里,两地在城市功能方面历来就有相互依存、相互补充的关系。上海是中国最大的经济中心,也是重要的旅游目的地和客源地。近年来,杭州国际旅游者中有 50% 以上的游客来自上海国际机场。在上海强大经济力量的辐射影响下,杭州发展休闲产业,当然也包括城市综合体的休闲功能,就有了一定的前提条件;同时,杭州休闲产业的发展也有助于丰富上海居民的休闲生活和休闲文化。随着沪杭高铁的建成,两百里沪杭,一小时往返,将使沪杭两地真正实现同城化,从而产生巨大的同城效应。明天的杭州,作为长江三角洲的重要城市、上海的后花园,必将成为真正的"东方休闲之都"。

2.历史文化环境

杭州有 8000 多年文明史、2000 多年建城史,是国家首批命名的重点风景旅游城市和历史文化名城,也是中国七大古都之一。早在距今 800 年前的北宋时期,杭州就有了"人间天堂"的美誉。南宋时期,作为中国的首都,杭州跻身世界十大城市之列,城市人口超过 124 万人,酒肆茶楼、艺场戏院、驿站旅舍布满御街,层楼叠阁、楠木御舟、"西湖十景"点缀西湖,已成为一座典型的休闲城市。马可·波罗把杭州誉为"世界上最美丽华贵的天城",生活在这座"天城"中的杭州人,崇尚休闲生活,追求生活品质。也许是自然山水对生活在杭州的人们的偏爱,也许是杭州人长期生活在这种山水城市之间产生的灵性,历史上上至皇亲国戚下至平民百姓,在杭州似乎都能寻找到适合自己的闲适的生活方式。杭州方言中的"翻六吊桥""划西湖船""坐三轮车",就形象地反映了杭州人悠闲安逸、恬静优雅的生活方式。杭州市民历来有"超山探梅""皋亭观桃""西湖看荷""湖山赏桂""茶坊菊景"的四时赏花习俗。杭州的自然山水为市民清明踏春、端午竞渡、重阳登高、八月十八观大潮等提供了十分有利的自然基础。在杭州历史上,只要社会安定,佛门弟子便在杭州云游众山,建筑寺庙,著名的灵隐寺、净慈寺、径山寺等从历史到现在都产生着巨大的影响。同样,杭州的山水吸引了许多文人墨客,他们流连忘返于山水之间,并留下了大量的诗画,南宋画师由此勾画出西湖四时景——西湖十景,成为闻名天下的景观。富庶的物产,发达的经济,秀丽的山水,长期平静和安逸的生活,造就了杭州人和杭州文化的休闲个性。杭州人喜爱游玩之风隋唐之时已然,至宋时更是集"玩"之大成,以至于在一定程度上可以说杭州的城市文化就是休闲文化。

其中,南宋时期杭州的御街与明清时期的河坊街均可以说是当时的城市综合体,也是现代城市综合体的雏形,充分体现了古人天人合一、和谐自然的造城理念。南宋御街的两旁集中了数万家商铺,临安城一半的百姓都住在附近。"十里"御街可分三段:首段从万松岭到鼓楼,是临安的政治中心,靠近皇宫、朝廷中枢机关,皇亲国戚、文武百官集中,消费与购买力最强,因此,这里的店铺大多经营金银珍宝等高档奢侈品;第二段从鼓楼到众安桥,以羊坝头、官巷口为中心,是当时的商业中心,经营日常生活用品,据《梦粱录》载,这里名店、老店云集,有名可查的多达 120 多家;最后一段从众安桥至武林路、凤起路口结束,是商贸与文化娱乐相结合的街段,这里有都城最大的娱乐中心——北瓦,日夜表演杂剧、傀儡戏、杂技、影戏、说书等多种戏艺,每天有数千市民在这里游乐休闲,可以说是当时著名的城市综合体,其繁华程度在《马可·波罗游记》中有所描述。

而形成于唐、发展于南宋、兴盛于明朝的杭州河坊街,历史上有孔凤春香粉店、宓大昌旱烟店、万隆南肉火腿店、天香斋茶食糖果店、张允升百货店、方裕和南北货商店、瓮隆盛茶号等著名的老字号,无论是居家生活的杭州人,还是匆匆而过的外地游客,这里是他们购物的首选场所。最值得一提的是富可敌国的红顶商人胡雪岩在这里建起了与北京"同仁堂"遥相呼应的"胡庆余堂"中药房;在鼎盛时期集成了药店、茶楼、游玩、餐饮等业态,也是杭州城市综合体的鼻祖之一。

作为一个历史文化名城、我国七大古都之一,杭州因为有一个明媚的西子湖,而少了一些皇者之气和历史的凝重感。这正好孕育了杭州的休闲文化,成为杭州现代社会发展休闲度假旅游的人文根基。杭州人的闲适、风雅,体现在秀丽灵动的优美山水、衣鬓飘香的锦丝华服、绿茶的缥缈清香、咖啡的香气四溢、色泽玉润的美酒佳肴中。从杭州金碧辉煌、高朋满座、食客盈门的酒楼,古色古香、隔帘花影的茶馆,到幽静诗意、烛光曳曳的咖啡馆和酒吧,无不透露出属于这座城市的风土人情。在杭州,无论人们经济条件、社会地位、文化素质和年龄性格多么不同,但人人都能找到自己所需要的不同层次和风格的休闲活动,享受着共同的"天堂"生活,宁静、快乐和幸福,充分体现了杭州的"精致和谐,大气开放"和人本主义精神。

(二)杭州城市综合体休闲功能发展与提升的政策优势

杭州正处于构筑现代化大都市,实现从"西湖时代"走向"钱塘江时代"的新征程中,城市综合体的建设不仅直接拉动着杭州各区域的价值提升,也成为杭州市域网络化大都市建设的加速器。

2002 年初召开的杭州市第九次党代会,提出了"构筑大都市、建设新天堂"的奋斗目标,强调大力实施"城市东扩、旅游西进,沿江开发、跨江发展"战略,加快构筑以市区为中心、县城为依托、中心镇为基础,资源共享、功能互补、协调发展的市域网络化城市,形成"一主三副,双轴六组团,六条生态带""东动西静南新北秀中兴"的城市新格局。2008 年 7 月,中共杭州市委十届四次全会提出了"建设 20 个新城、100 个城市综合体"的战略规划。2010 年 1 月 16 日,市委、市政府召开专题会议,研究部署杭州 2010 年市域网络化大都市和新城、城市综合体建设工作。这次会议强调,要以新城和城市综合体建设为重点,以打造 1 小时半交通圈、旅游圈、经济圈为路径,以"信心足,手笔大,拼命干"为保障,以"同城同待遇"为目标,推动市县联动,壮大郊区经济,实现市域捆绑式发展。

从 2010 年到 2012 年,市委、市政府连续三年发布了《关于做好市域网络化大都市和新城及城市综合体建设工作的意见》(以下简称《意见》),还专门制定了《杭州市城市综合体规划建设管理导则(试行)》,对城市综合体建设给以明确的指导和规范。在《意见》(2010—2012)中,分别提出要"以提高城市综合承载力为着力点,做好城市综合体推进工作";要"提升城市发展内涵,加快城市综合体推进工作";要"以城市综合体建设为支撑点,推进市域网络化大都市转型升级"。其中 2012 年的《意见》中具体涉及城市综合体的休闲功能,尤其是针对国际旅游休闲综合体的打造,其明确提出:"着力打造国际旅游休闲中心,加快旅游类城市综合体建设。打造涵盖西湖、西溪、运河、湘湖、良渚的都市旅游休闲功能区,重点推进'西溪天堂''城市之星'、南宋御街·中山路、龙坞旅游综合体、湘湖商务旅游综合体、良渚'大美丽洲'、径山禅茶文化旅游综合体等城市综合体的建设,充分发挥园林山水、人文古迹、都市景观兼备的优势,进一步提升旅游知名度、完善旅游相关设施,建成一批国际旅游综合体。依托五县(市)丰富的旅游资源,形成以千岛湖风景旅游度假区、天目山自然生态旅游区、新安江—富春江山水文化旅游区等组成的大杭州旅游圈,重点推进千岛湖国际商务度假中心旅游综合体、姜家风情小镇综合体、中国青少年小球培训基地旅游综合体、桐庐潇洒休闲运动公园综合体、桐庐分水江休闲旅游度假综合体、天目山生态旅游综合体等建设,形成溪水度假、高尔夫运动、温泉度假、山地运动等多元化的休闲度假产品体系。"

由此可见,杭州在城市综合体打造尤其是旅游休闲综合体的打造上已经创造了十分优越的政策环境,这将对杭州城市综合体休闲功能的全面提升具有极大的推动作用。

五、杭州城市综合体休闲功能提升的策略

近年来,杭州在城市综合体的建设和开发中已经取得了一定的成就,在城市综合体休闲设施与功能的配置上也具有一定的特色,特别是在旅游博览综合体的开发方面,同时,杭州本身还具备了其他城市难以比拟的、有利于休闲产业发展的环境优势和政策优势。因此,对于杭州的城市综合体来说,其休闲功能的提升还有相当可观的空间。

（一）杭州城市综合体休闲功能提升的总体策略

杭州城市综合体的开发及其休闲功能的提升应该主要着眼于以下几个方面：

杭州城市综合体的开发及其休闲功能的提升要以生活品质提高为根本。休闲需求源于生活，源于人们对高品质生活的追求，那么对休闲需求的满足就是城市发展、城市规划以及城市综合体开发与建设的核心目标。杭州人均 GDP 已接近 10000 美元，正在向 20000 美元迈进，这个阶段正是休闲产业加速发展和结合休闲功能的房地产发展的黄金阶段，具有休闲功能的城市综合体无疑正是这两者最佳结合的重要载体之一。

杭州城市综合体的开发及其休闲功能的提升要以城市布局科学化为指引。科学规划城市空间、合理确定开发边界、控制开发强度、防止"土地城镇化"蔓延和"摊大饼"式扩张、保护生态空间、把城市放在大自然中、把绿水青山保留给城市居民业已成为我国未来城市发展的指引。共建共享与世界名城相媲美的"生活品质之城"是杭州城市的宏伟目标，同时，"一主三副六组团"的城市空间布局，"旅游西进、城市东扩"的战略，未来"网络化都市、城市、新城、城市综合体"的四大涉"城"主题也在不断实践中。杭州城市综合体的休闲功能应以上述这些城市发展目标为指引，融合于城市的科学布局，借助于城市综合体本身的集聚效应来获得提升。

杭州城市综合体的开发及其休闲功能的提升要以城市交通模式的转变为先导。中国都市圈和大城市正在经历向轨道交通和公交优先发展模式的深刻转变，一方面城市综合体天然地与交通条件和设施相联系，另一方面人们休闲活动的数量与质量很大程度上都依赖于便捷的出行。因此，以交通模式转变为先导而开发的城市综合体将会成为城市居民文化休闲活动的主要载体。杭州区域性交通枢纽和轨道交通已开始规划或启动建设，目前地铁 1 号线和铁路东站枢纽已经正式启用，"五位一体"的公交优先也在已逐步落实，黄龙旅游集散中心也早投入使用，未来结合交通枢纽、地铁站点和重要换乘中心的城市综合体必将成为杭州旅游休闲活动的关键节点，同时也将成为杭州其他旅游目的地客源便捷的换乘枢纽。

杭州城市综合体的开发及其休闲功能的提升要与新兴产业发展相互动。中国经济正在进入一个新的调整期，新兴产业正在日益集聚，成为城市新的竞争高地，产业的集聚必然带来人才的集聚，人才的集聚也必然带来品质生活的集聚，而由关联性强、不同功能业态、各种文化休闲设施在小范围内聚合而成的城市综合体,正是与之相匹配的新空间,也是当代城市社会、经济、文化相互交融、有机联系的必然结果。杭州城市良好的第三产业基础正在成为城市发展的主要驱动力,杭州"3+X"的产业目标和文化、创意产业、科教研发、文娱医疗、企业总部、旅游休闲、中国电子商务之都、国际休闲之都、西博会、休博会等目标和品牌已经提出和逐步实施,而城市综合体应该与这些新兴产业互动,其所承载的文化休闲功能也应该由此得到发挥。

杭州城市综合体的开发及其休闲功能的提升要与城市特色形塑相结合。城市综合体由于强大的开发能力,必然对城市自然与人文景观产生强大的冲击,这就要求城市综合体建设应与城市特色的营建相结合,尤其是某些特定功能的城市综合体,比如旅游博览综合体、创新创业综合体本身利用的就是城市的景观资源。杭州城市自然和人文资源条件极为优越,西湖名闻天下,湖、江、河、溪、海"五水共导",城市外围山体连绵,文化资源和历史遗产随处可见;杭州又以国际旅游城市为发展目标,旅游休闲业相当发达。因此,杭州城市综合体的开发及其休闲功能的提升应以杭州宝贵的景观资源保护为前提,在此基础上通过整合其他资源来强化自身特色。

杭州城市综合体的开发及其休闲功能的提升要与市场策划相和谐。城市综合体在很大程度上是在土地资源越来越短缺的背景下出现的地产开发模式,其包含的休闲设施既有营利性的,也有非营利性和公益性的。如何实现投资利润最大化,是市场开发策划和房产商的普遍追求,他们不可能不求回报地去投资建设各种休闲设施。那么,政府在其中既要对城市综合体的休闲设施进行明确的定位,以免使其沦为地产大鳄们纯粹的赚钱工具,又要调控适度、防止过度干预、保证市场配置资源的基础作用。杭州民营经济发达,民资丰裕,政府与市场配合协调,因此在杭州城市综合体的开发及其休闲功能的提升中,要进行不断的规划制度创新、开发模式创新、投融资体制创新和物业管理创新。

(二)杭州城市综合体休闲功能提升的特殊策略

杭州不同类型的综合体的休闲功能的提升策略应该有不同的侧重。

针对商业综合体休闲功能的提升,其策略的重点在于:商业综合体的开发密度必须在一定的空间范围内和一定的人口集聚条件下经过严谨科学地测度。当前商业综合体由于其巨大的收益回报,而集中了城市中最优质的土地资源和最巨额的资金,其所配置的各项休闲设施主要是开发者为了通过吸引人流而达到营利的工具。一旦此类综合体开发过度,这些休闲设施的利用率必然下降,其休闲功能也必然弱化,甚至现在作为城市文化休闲活动的"金字招牌",在不久的将来就会沦为一个个无人问津的城市"黑洞"。

针对旅游博览综合体休闲功能的提升,其策略的重点在于:一是旅游博览综合体必须立足于保护杭州自然景观与文化遗产资源,围绕城市特色的形塑,突出历史文脉的展示,实现旅游博览综合体建设的休闲导向性、功能综合性、产品多元性和空间多维性;二是旅游博览综合体必须强化交通集散能力,必须在公共交通优先战略的指导下,加强交通基础设施建设,特别是兼具观光特色的"水上巴士"的建设与线路开发以及大型停车场的扩建与新建。

此外,交通综合体休闲功能的提升取决于其所依赖的交通设施建设的加快与完备。只有交通设施日益完善,才能保证人流的聚集,其休闲设施才能得到有效的利用。而创新创业综合体和特色产业综合体的休闲功能必须依赖于相关产业人才的集聚,所以只有做大做强产业本身,才能保证其休闲设施的建设与利用,比如可以结合产业特色建立专业性的图书馆(书店)和博物馆(含交流中心、培训教室),开设带有同业公会性质的餐厅、咖啡馆或者酒吧等。

"江南好,最忆是杭州。山寺月中寻桂子,郡亭枕上看潮头,何日更重游?"白居易以此名句为杭州进行了诗意的文化审美定位:秀婉、柔美、清新、自然、艳丽、华贵、精致、典雅……杭州无论是就自然景观而言,还是就人文景观而言,都是以其丰富的、独特的、诗性的文化审美品格,让人们诗意地工作、学习、栖居和生活。而在当前迅猛的国际化与城市化大潮中,杭州这种"诗意"的休闲品格之存续正需要一个崭新的物态载体,这个载体就是城市综合体。我们相信,通过城市综合体不断提升的休闲功能,生活在杭州的人们,其生活品质将会得到进一步提升,其"诗意栖居"的理想也将会得到进一步实现。

(2014年"城市休闲与新型城市化"专项课题)

参考文献:

邓凡.透视城市综合体[M].北京:中国经济出版社,2012.

侯显夫,高燕.论城市综合体的建设与开发——以杭州创新创业新天地综合体开发为例[J].改革与开放,2009(5).

李包相.基于休闲理念的杭州城市空间形态整合研究[D].浙江大学,2007.

吕宁.中国城市休闲和休闲城市发展研究[M].北京:旅游教育出版社,2010.

王国平.城市论[M].北京:人民出版社,2009.

王宁.杭州城市综合体发展策略研究[J].现代城市,2009(2).

王桢栋.当代城市建筑综合体研究[M].北京:中国建筑工业出版社,2010.

地铁上盖综合体对城市品质生活的影响因素分析

——以杭州市为例

郑琳　金阳　李利　房波　郑玲玲　毛春红*

著名的美国建筑师伊利尔·沙里宁认为:"城市的主要目的,是为了给居民提供生活上和工作上的良好设施…… 我们应当把城市建造成为适宜于生活的地方。"这表明了城市发展的本质是满足市民的生活,城市生活品质就是实现这一目标的一个战略选择。城市需要灵魂,没有灵魂的城市就是一座没有生命和灵气的死城。

杭州,这座让古代文人墨客魂牵梦萦的"人间天堂"正在崭新的时代散发出更加耀眼的魅力。2007年,杭州市委、市政府第一次把"生活品质之城"作为杭州的城市品牌,2012年杭州市第十一次党代会上,"全力打造东方品质之城,建设幸福和谐杭州"正式写进了工作报告。至此,杭州作为"东方生活品质之城"已然深入人心。

当前,杭州正经历从"西湖时代"到"钱塘江时代"的重要跨越,她正从一座历史文化名城转变为信息化国际都市。2011年,地铁一号线的运营宣告了杭州交通新时代的到来,交通的升级加速了杭州城市化的发展,共同催生了临平、萧山、下沙、江东等大量"卫星城"和大型城市综合体的出现。在杭州打造20座"新城"、100个城市综合体的口号下,地铁上盖综合体作为城市综合体的一支新生力量,正在这座初尝到地铁的经济甜头的历史名城中异军突起。

---

* 杭州国际城市学研究中心、浙江省城市治理研究中心。

一、基本概念及相关理论

(一)城市生活品质的基本概念

习近平总书记在 2012 年 11 月 15 日第十八届中央委员会第一次全体会议的中外记者见面会上的讲话中说道:"我们的人民热爱生活,期盼有更好的教育、更稳定的工作、更满意的收入、更可靠的社会保障、更高水平的医疗卫生服务、更舒适的居住条件、更优美的环境,期盼着孩子们能成长得更好、工作得更好、生活得更好。人民对美好生活的向往,就是我们的奋斗目标。"这是对美好生活的憧憬,也是对生活品质的期待。

城市生活品质是指人们日常生活的品位和质量,包括经济生活品质、文化生活品质、政治生活品质、社会生活品质、环境生活品质"五大品质"。经济生活品质包含经济结构、经济实力、经济竞争力等;文化生活品质包含文明素质、文化氛围、文化含量等;政治生活品质包含社会民主、社会法治、社会正义等;社会生活品质包含社会活力、社会公平、社会秩序等;环境生活品质包含自然环境、景观环境、设施环境等。"五大品质"多样和谐、互为支撑,形成先进的生活观念、丰富的生活内涵、健康的生活方式、优越的生活环境和健全的生活保障。生活品质体现以人为本、以民为先,它从人们日常的又是根本的需求角度来审视城市发展,把城市发展放到了现实而又是终极意义上去把握,使城市与市民紧紧地连在一起,使经济社会发展与市民日常生活紧紧地贴在一起。而"品质之城"指经济生活品质、文化生活品质、政治生活品质、社会生活品质、环境生活品质这五大品质多样和谐,相辅相成,共同成为杭州这座城市的先进的理念、丰富的内涵、健康的方式、优越的环境和健全的保障;让杭州拥有高品质的城市气质:精致和谐、大气开放、充满活力、富有魅力;让市民拥有品质、和谐、幸福的生活。

(二)地铁上盖综合体

1.基本概念

不同的城市功能被综合布置在大型的建筑物中,成为城市综合体(urban

complex)①。城市综合体的产生主要是由于城市人群需求由物质上升到精神的过程所带来的一种新型城市公共服务产品。② 城市综合体具体是指组合了城市中的居住、商务办公、购物、文化、休闲、娱乐等城市空间,并融合、联系了各个分空间,使各空间互为作用,互成价值链,并形成整体的文化形态且高度集中的建筑群体。城市综合体是城市空间巨型化、城市价值复合化、城市功能集约化的结果,同时,城市综合体通过了各空间的关系,与外部空间有机结合,交通系统有效联系,延展城市的空间价值。③

　　地铁上盖综合体是指将地铁车站主体与车站上部城市综合体有机结合,利用地铁交通网络的便利性、快捷性带来大量人流,且引导人流到综合体消费,促进综合体周边商圈的形成,刺激地铁周边环境的商机涌现。地铁上盖开发是以轨道交通独有的大流量捷运系统为支撑、零距离安排站点上各项活动的总体开发,其最终目的是在减少地面交通的同时满足大流量的商业活动。当城市综合体与地铁上盖开发重合,两者相得益彰,各取所长,最终构成地铁车站上盖的城市综合体,简称地铁车站综合体(见图1)。④

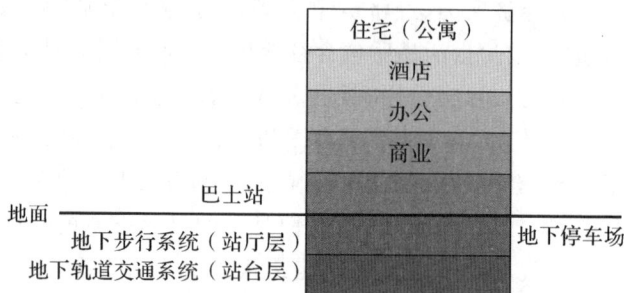

图 1 　典型的轨道交通站点上盖物业构成⑤

2.开发模式

　　目前,地铁上盖综合体开发模式主要分为三类:开发商自主开发、地铁公司自行开发和联合开发。开发商和地铁公司自主开发,是在地铁建设早期存在的一种普遍现象,也是地铁上盖综合体建设的尝试与探索,均有一定的局限性,不利于最大化地利用地铁资源。经过多年的探索与发展,联合开发是地铁上盖综

① 　童林旭.地下空间与城市现代化发展[M].北京:中国建筑工业出版社,2005.

② 　甄冉.城市中心区地铁站域联合开发及商业空间模式研究[D].天津大学,2011.

③ 　郑英.深圳地铁上盖综合体开发优化措施研究[J].都市快轨交通,2012(3).

④ 　甄冉.城市中心区地铁站域联合开发及商业空间模式研究[D].天津大学,2011.

⑤ 　何宁.南京市地铁1号线开通初期客流预测[J].城市交通,2009(7).

合体开发的最佳模式,有利于土地及相关资源价值的最大化,保证各方面的利益。

3.发展特点

地铁上盖综合体在轨道交通高速发展的当今社会,正在被赋予综合的功能,并在城市综合体发展中成为特殊的一支,以地铁建设与发展为契机,综合开发车站周边、上部、地面及地下空间,形成了以交通功能为主导的综合体,表现了强劲的发展潜力。地铁上盖综合体与城市综合体而言,拥有以下几个特点[①]:

有效改善城市交通环境。地铁车站是大量客流的集散中心,因此交通枢纽功能是地铁上盖综合体最基本的功能,其他商业、办公、餐饮等功能是由基本功能衍生开来的辅助功能。为乘客创造方便、快捷和高效的环境是最重要的目的,其次通过便利的交通在一定程度上改变人们的生活方式,提高人们出行次数,刺激消费,促进城市经济发展。地铁上盖综合体的开发,集结了办公、商业、餐饮等各种功能,丰富了人们的活动选择,分散了高峰期拥挤的人群,缓解了地面交通的压力。

综合开发城市地下空间。早期的地铁车站只承担了输送人流的单一的交通功能,只是交通过渡空间。对于人们而言,地铁车站除了是乘坐地铁的场所,没有其他用途。而地铁上盖综合体注重对地下空间的拓展,加强了地下地上空间的联系,通过对地铁上盖综合体的合理规划和综合开发,它不仅是地铁车站,更是生活休闲之地。地铁上盖综合体聚集了来往人流,为站点周边环境的商业活动的繁荣提供了基础,改变了经过区域的城市功能,重塑了高密度城市的空间,为人们构建了现代多元的空间。它是交通转换的重要枢纽,更是地铁周边环境与空间的活化因素,带动了周边地区生活、经济、文化的发展。

提高城市投资综合效益。地铁上盖综合体人流大、聚集性强,相比一般的综合体,有更大的商机。商业、住宅、餐饮、娱乐等功能的完善,功能更加多元化,降低了投资的风险,提高了城市投资的经济效益。地铁上盖综合体除却经济效益之外,更重要是它的社会效益和环境效益。它进一步整合了城市综合体的交通功能与其他各种功能,有机组织,合理分布,多种功能件相互协调,相辅相成,产生了整体功能大于各功能之和的集聚效应。地铁上盖综合体缓解了地铁周边的交通压力,丰富了居民社会生活,拓展了人际交往空间,改善了城市生态环境,提高了人们对城市社会与环境的满意程度,提升了人们对城市生活的

---

① 刘珊珊.地铁车站建筑综合体的开发利用研究[D].天津大学,2007.

幸福感。

4.生成原因

一是城市综合体发展的新生产物。城市综合体的产生主要是由于城市人群需求由物质上升到精神的过程所带来的一种新型城市公共服务产品。它的出现是城市形态发展到一定程度的必然产物。城市综合体与地铁上盖开发重合,两者相得益彰,各取所长,最终构成地铁车站上盖的城市综合体,简称地铁车站综合体,这是城市综合体和地铁结合发展的一种产物。它是有开发潜力且适宜高强度开发的综合空间的集合,具有集居住、交通、商业等功能为一体的混合性用途,地铁上盖综合体趋向于一个立体化、功能全面化、规模庞大化的室内垂直商业区。在某种程度上,地铁上盖综合体的出现改善了城市空间形态,形成了集生活、创业、文化、生态四大功能为一体、开放式、组团式的综合体格局。它的出现对地铁周边环境及人群的生活产生了巨大的影响,切实地从一些方面为人们的出行、生活带来的不同程度的便捷。

二是城市化进程的重要结果。随着社会进一步发展,城市化进程的加速,城市人口的急剧增加,"城市病"的频发,产生了土地资源紧缺、交通拥堵、环境恶化等一系列问题。而城市的高密度以及交通不便给城市人口带来更大的生存和工作压力,阻碍了城市的发展。人们逐渐意识到优先发展公共交通,形成以城市快速轨道交通为主干的综合交通体系是城市发展的必然趋势。地铁成为一种后劲十足的城市公共交通,地铁车站功能的多元化促使了地铁上盖综合体的产生。地铁上盖综合体突破了单一的交通服务功能,发展为集多种功能于一体的城市综合体,满足了城市居民不断增长的物质、文化、生活等方面的需求。

三是城市空间发展的必然趋势。人类社会发展表明城市空间是朝着复杂化、多元化的方向发展的,特别是高科技的发展缩短了时空的距离,增加了多样的交流形式,使得城市需要更加复杂、多元、开放、连续的空间结构。在有限的城市用地上,高度集成各项城市功能有助于减少城市交通负荷、改善工作生活环境、提升工作效率、陶冶市民情操、优化利用城市空间,从而形成符合城市发展的多元化的城市发展空间体系,有效提升城市的活力。

(三) 相关理论

1. TOD 理论

TOD(transit-oriented-development)是"以公共交通为导向"的开发模式。这个概念最早由美国建筑设计师哈里森·弗雷克提出,是为了解决二战后美国城市的无限制蔓延而采取的一种以公共交通为中枢、综合发展的步行化城区。其中公共交通主要是地铁、轻轨等轨道交通及巴士干线,然后以公交站点为中心、以 400~800 米(5~10 分钟步行路程)为半径建立集工作、商业、文化、教育、居住等为一体的城区,以实现各个城市组团紧凑型开发的有机协调模式。TOD 是国际上具有代表性的城市社区开发模式,同时也是新城市主义最具代表性的模式之一。TOD 的本质内涵在于充分运用公共交通运输优势,结合城市设计、城市更新的手段,进行整体城市空间的改造。

2. 紧凑城市理论[①]

紧凑城市的构想是以遏制城市过度扩张为前提,加强对集中设置的公共设施的可持续综合利用,目的是有效减少交通距离、废气排放并促进城市可持续发展。从环境的角度出发,紧凑城市理论立足于不断追求现实城市内在的自然潜力,合理利用其本身资源,通过合适的演变过程,提高城市有限资源的使用效率,促使城市新的结构、形态、功能与其原有状态在内部与外部都能达到和谐。从社会角度出发,紧凑城市可以通过对城市进行细致的设计以及改善城市的活力,促进人类的相互交流、信息及文化传播,从而使社会更加趋于稳定与公平。它旨在通过设计手法尽量在有限的资源下最大限度地提高人们的生活品质,既符合社会发展的动力,也满足可持续发展的需求,从而提升城市生活的品质。

3. 地铁经济

广义的地铁经济一般指 2 公里范围内以地铁站口为圆心,与地铁有物理关联性、价值关联性、理念关联性的经济形态。可以将其分为 500 米半径的核心圈、1000 米半径的内环圈及 1000 米以外至 2000 米的外延圈(见图 2)。区分因地而异,市区内 500 米以内的核心圈才称得上地铁经济,甚至市区多个地铁站的地铁经济可以连成线,称为地铁经济带。狭义的地铁经济定义为:地铁上盖加地铁站口的地铁经济,而比这更狭义的是地铁公司管辖范围内的经济。

---

① 唐欢. 地铁经济城市综合体空间发展研究——以杭州市临平副城地铁经济城市综合体概念规划为例[D]. 西南科技大学,2010.

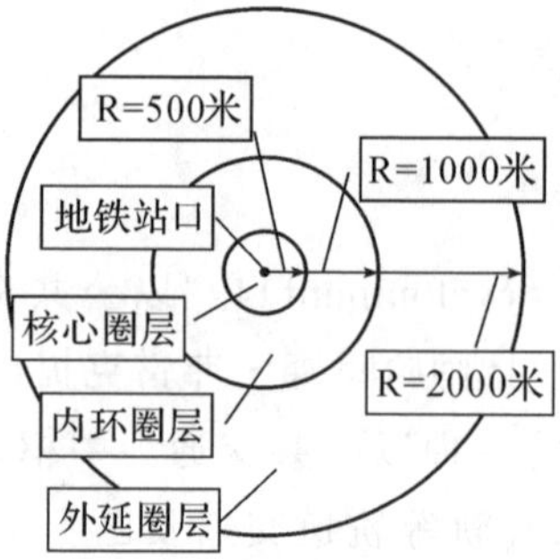

图 2　地铁经济示意

二、城市生活品质与地铁上盖综合体关系

世界上最早的地铁出现在 1863 年的英国伦敦,地铁的开通为伦敦的公共交通事业与城市发展开辟了新的征程。随着全世界城市化发展的进程不断加快,地铁上盖综合体应运而生,正是因为地铁上盖综合体作为一种新型衍生城市综合体,集合了便捷的交通、多元的功能,使得它伴随地铁的开通迅速在世界各地拔地而起,迅猛发展。目前,地铁上盖综合体已经成为发展潜力最大、使用程度最高、城市功能最齐全、抗风险能力最强的城市高效建筑物业。

在我国,1969 年北京开通了国内第一条地铁线,截至 2012 年 12 月 31 日,我国内地有 17 个城市开通了地铁,地铁上盖综合体成为地铁经济研究的主要对象,下文将从经济、文化、社会、环境等四大生活品质方面解读地铁上盖综合体与城市生活品质之间的关系。

(一)从经济生活品质解读地铁上盖综合体:城市商贸综合体

地铁是一个国家和地区经济实力的象征。地铁的建设不仅解决了城市的交通矛盾,更有助于促进城际间互动,为城市经济发展带来新的增长点,并带动相关产业的在发展。地铁上盖综合体作为城市商贸综合体,对城市区域经济发展功不可没。

打造城市立体经济脉络。地铁上盖综合体在空间上进行了立体革命,商业、商务、居住、休闲设施因为轨道交通聚集,形成了大量的"卫星城"和聚居群。

提升周边区域经济效益。地铁的开通与地铁上盖综合体的建成对周边地区经济开发产生波及和促进效应,主要表现为:一是沿线不动产的增值。一方

城市	站点	轨道交通线	典型商业体	目标客群/业态
北京	西直门站	L₂,L₄,L₁₃	西直门嘉茂中心	办分、商业为主,针对城市白领
	东直门站	L₂,L₁₃,机场线	来福士广场、银座百货	走中高端消费路线,重要商业中心
	西单	L₂,L₄	大悦城、君太百货、中友百货等	
	国贸站	L₂,L₁₀	国贸商城、建外SOHO	高档商场名店,针对高端消费人群
广州	体育西路站	L₁,L₃,L₃₋₁	天河城购物广场	
	公园前站	L₁,L₂	广百大厦、新大新大厦	广州知名地铁商业中心,中端消费
	琶洲站	L₂	保利世界贸易中心	以广州会展博览中心的建设为契机
	烈士陵园站	L₁	流行前线名店	时尚、青春、潮流人群
深圳	大剧院站	L₁	华润中心万象城	商务中高端人群,旅游观光人群等
	会展中心	L₁,L₄	新城市购物中心	是深圳唯一政府支援的项目
	科学馆站	L₁	中信城市广场、吉之岛等	地下商场,旅客休闲消费为主
	世界之窗站	L₁	益田假日广场	周边有欢乐谷旅游,以游客、旅客为主
天津	小白楼站	L₁	郎香街	商业街主要针对地铁客流,中低端为主
南京	新街口	L₁,L₂	新街口地铁商业街、莱迪地下商城	中低端,南京重要的商业中心之一

图 3 我国国内主要地铁上盖综合体

项目名称	项目体量/万m²	功能构成	地铁交通	接驳方式
香港太古广场	56	甲级写字楼+顶级购物中心+五星级酒店+顶级公寓	港岛及九龙(荃湾)两条地铁线的交汇点	出口连接(迅速引导人流上1楼)
北京东京广场	94	顶级购物中心+写字楼+五星级酒店+顶级公寓	北京地铁1号线王府井站东北口	出口连接(与商业出口紧密连接)
深圳华润中心	48	顶级购物中心+写字楼+五星级酒店+顶级公寓	深圳大剧院站上盖综合体	地下连接(通过地下行人通道连接)
深圳kkmall	60	顶级购物中心+写字楼+五星级酒店+顶级公寓	深圳大剧院站上盖综合体	地下连接(通过地下行人通道连接)

图 4 我国国内地铁上盖综合体成功案例

面提高沿线居民和企业的可达性,另一方面也吸引更多的居民与企业入驻,增加对该区域房产的需求,使得沿线不动产增值。地铁经济在一线城市已经证明了对其房价上涨的作用可以达到20%。① 二是区域用地的节约。地铁上盖综合体网络兼具餐饮、住宅、休闲、娱乐等功能,在同一空间内高效利用了土地空间,减少了地面建设,节约了土地。三是失业压力减少。地铁上盖综合体提供了众多的就业机会,有利于解决就业问题。

刺激消费促进经济发展。地铁上盖综合体拥有完善多元的功能,以轨道交

---

① 陈伟斌.多个城市蜂拥而上开建地铁,专家称大多捆绑房地产[EB/N].新华网,2011-11-03.

通经营搞活区域经济,有序扩大人们消费范围,丰富消费内容,刺激消费行为的产生,形成经济新集聚点,带动区域经济的发展,促进经济的良好循环,提升综合体的商业价值。

地铁上盖综合体影响着区域商业、物业价值及发展。从经济学角度来说,从吃穿住行到文化娱乐,从学习工作到发展经济,地铁上盖综合体带来的"产业链"无不彰显其独特魅力,体现城市经济最高速的姿态。

(二)从文化生活品质解读地铁上盖综合体:城市地标性建筑

文化对于城市来说是活力也是灵魂。地铁作为城市现代化过程中重要组成部分,作为现代文化的重要载体,自然成为城市文化不可或缺的一部分。可以说,地铁文化①主要包括三个文化层面:一是站容站貌、交通环境、上盖物业等物质文化层面,二是组织机构、法规、标准等制度文化层面,三是思维方式、行为准则、道德观和价值观等意识形态层面。地铁文化蕴含着浓郁的城市文化气息,特别是有悠久历史的城市;它还是城市文化的镜像和补充,具有深刻的历史影响,具体表现如下:

第一,延伸城市文化脉络。一座城市文化是地铁文化建设的依据。伦敦地铁车站不同时代的建筑风格体现了英国 100 多年地铁建筑发展史的巨大成就;巴黎每一个精心设计的地铁站是"展示法国文化艺术的窗口";香港地铁的高度自动化和高效管理印证了高度发达的大都市文化……地铁以及综合体不论是内部视觉设计还是外部整体形象都是一座城市文明的延伸、浓缩、提炼。

第二,塑造城市品牌形象。地铁上盖综合体着重于内部视觉设计,又注重外部整体建筑形象的设计。地铁上盖综合体成为中国城市化的主力引擎和城市形象标志。就像洛克菲勒中心之于纽约曼哈顿、MIDTOWN 之于东京六本木、拉德芳斯之于巴黎,我们看到每一座世界城市都有建筑式的地标综合体。

第三,影响城市布局发展。地铁文化与城市文化是相互交融,共同发展的。地铁及其上盖综合体的发展潜移默化地影响着城市的布局与经济、文化发展。城市地铁地下空间的发展与地上城市文化发展相结合,使得城市文化必将在地铁文化的影响下进一步深化、改变。

(三)从社会生活品质解读地铁上盖综合体:城市交通大枢纽

地铁的开通不仅代表一座城市的经济发展实力,也在一定程度上产生了该

---

① 王伯瑛.地铁文化建设策略探讨[J].城市轨道交通研究,2006(10).

区域社会成员能够享受的效益,即为社会效益。地铁上盖综合体的建成,拓宽了城市的空间,加快了城市的速度,实现了城市功能的多核化,促进了城市的多元化发展,具体表现在以下三个方面:

一是构筑城市立体交通。良好的交通是衡量一座品质生活城市的重要工具。地铁综合体综合了多种交通工具,改善了城市交通,构筑了城市立体交通,让城市的发展从平面转移到空间。

二是减少出行成本效益。地铁的开通缓解了城市交通难的问题,从时间成本上降低了市民出行的成本效益。地铁上盖综合体兼具交通、娱乐、休闲、住宿等多元功能,市民在综合体内就可以完成日常的社会活动,有效减少了在活动场所间的奔波之苦。

三是提供多种就业岗位。地铁上盖综合体的正常运转与经营,依靠物业、商家的共同协作,为城市提供了多种多样的就业岗位,大大减少了城市的就业压力,在一定程度上有利于城市稳定、和谐的发展。

(四)从环境生活品质解读地铁上盖综合体:城市多元化空间

城市是一个巨大的系统,每个子系统都承担了各自的功能,从而组成了城市提供市民衣食住行的多元功能。作为个体的市民是难以具体感受城市宏观、巨大的空间系统与尺度的,但是如果体会不到城市功能、结构与区域内人活动尺度的关系,那么城市功能将会丧失。地铁上盖综合体的出现恰恰填补了这个空白,将城市各功能在综合体空间内部合理分布,把城市宏观、巨大的空间结构微缩到地铁上盖综合体内部,成为一个小型的城市功能系统,让市民在其间就能完成基本的城市活动行为,具体表现为:

一是节约城市土地效益。地铁上盖综合体结合了地下与地面的垂直空间,相对于城市开发过程中"摊大饼"的跃进模式,这种垂直空间的开发模式更适合现代城市化的发展进程。

二是改善城市环境质量。地铁充分利用地下空间,隔绝了地上环境的噪音,杜绝对空气的污染,是一种绿色生态交通。地铁综合体融合了多元城市功能,将原来的几个功能建筑集中在一个建筑中,避免人们在不同功能建筑之间的出行。提高资源利用率,减少了污染排放量,大大地改善了城市环境质量,也刺激了城市居民的消费。

三是拓展城市多元空间。在改善、拓展城市空间功能上,地铁上盖综合体具有独特而显著的作用。城市充满活力的基础条件就是拥有较高的人气与大量人流。地铁上盖综合体依靠发达且形式多样的交通系统,带动周边区域地上、地下空间的开发,以其为中心,辐射状地发展了城市的各项功能,从而联动了城市的各个区域,改善城市的空间结构与形态。

三、地铁上盖综合体对杭州城市生活品质的分析

(一)城市背景分析

从1863年世界上第一条地铁在伦敦投入运营以来,芝加哥、纽约、柏林、巴黎、东京和莫斯科等全球发达城市陆陆续续修建地铁,并借助地铁大力发展了地铁经济,从经济、文化、政治、社会、环境等方面促进了城市的综合发展,推动了城市化的总进程。据统计,世界上30多个国家和地区的80多座城市建有地铁,纽约、巴黎、东京、莫斯科、首尔等大城市的地铁长度均在200公里以上,承担了城市60%以上的客运量。有学者曾经这样理解纽约的地铁:"地铁挽救了纽约,纽约的地铁走向现代化,纽约因此也走向现代化。"

2005年6月国务院批准了《杭州市城市快速轨道交通建设规划》,未来杭州市轨道交通线网由8条线路组成,总长度约278公里。2012年11月24日杭州地铁1号线试运营,这是杭州市乃至浙江省首条地铁线路,工程于2007年03月28日开工建设,一期工程量巨大,其线路长度为48公里,这一长度在世界地铁修建的一期工程中排名前列,并且后期还将继续延伸。杭州地铁1号线位于城市最主要的客流走廊之上,线路途经的大型客流集散点有由武林广场、湖滨构成的旅游商业文化服务中心和主要的商贸区,以及沪杭高铁、杭州东站、杭州站、汽车客运中心站、汽车南站,同时将主城与下沙、临平、江南副城连通。

2006年2月16日,国务院在对《杭州市城市总体规划(2001—2020年)》的批复中进一步明确要求,要有序引导城市空间布局,以杭州主城为中心,以钱塘江为轴线,加强江南、临平、下沙等三个副城和外围组团建设,形成"一主三副六组团"的空间布局。推动杭州城市发展从"摊大饼"向"蒸小笼"转变,建设组团式的城市。这样就更加迫切地需要开通地铁,以促进城市更好的发展。

发展城市轨道交通,是杭州市顺应城市发展规律和生产力发展需求、兼顾眼前和长远而做出的战略决策,是增创发展新优势、完善城市功能、优化发展环境、提升生活品质的重大举措。发展轨道交通是缓解城市"行路难停车难"问

题、提高人民群众生活品质的"民心工程"。杭州市由于"三面云山一面城"的特殊地理条件、受西湖风景区和铁路的限制、"东西短南北长"的城区布局现状等原因,进一步发展地面公交潜力较小,系统地解决城市交通问题已经刻不容缓。发展轨道交通是构建杭州都市经济圈、更好地融入长三角发展的"战略工程"。杭州是浙江省省会和经济文化科教中心、长江三角洲中心城市。通过构建轨道交通,加快杭州经济社会发展,构筑杭州都市经济圈、接轨大上海、融入长三角、打造增长极,不仅是杭州面临的重大历史性机遇,也是杭州重大的历史责任。发展轨道交通是强化主城与副城联系、构建市域网络化大都市的"先导工程"。发展轨道交通是优化经济结构、推进发展转型的"基础工程",可以产生巨大的经济社会效益,对大城市的发展和繁荣有着十分重大的意义。发展轨道交通是保护历史文化名城、打造"宜居城市"的"生态工程"。

最重要的是构建多元化的交通体系,特别是地铁网络,是奠定杭州在长三角的战略地位,增加杭州的城市集聚、辐射和服务功能的重要基础,也是顺应城市化进程与发展规律、提升城市品位和整体形象的迫切需求。

总而言之,我们认为杭州地铁是杭州进一步城市化进程中的必经之路,而地铁上盖综合体是撬动城市发展的"杠杆"。

(二)现状分析

杭州地铁建设引入"人跟线走""地铁＋物业"、城市综合体三大理念,所谓"地铁＋物业"就是借鉴香港的成熟地铁发展模式。在香港,60%以上的购物中心属于地铁上盖物业,地铁商业项目通过地铁口与地上有机结合,依靠巨大客流量,带动周边商业发展,形成一个辐射力很强的商业集聚中心。

1. 杭州地铁上盖综合体概况

杭州按照地铁1号线的规划,计划建成13座地铁上盖综合体(见图4)。目前沿着已经开通的地铁1号线,正在开发或已规划的上盖物业综合体有8个,其中七堡车辆段综合体、临平南翁梅站综合体、客运中心站综合体已开工建设,已经投入使用的有1个,即龙翔桥地铁上盖综合体工联大厦;武林广场站上盖综合体、打铁关(艮山门)站综合体和滨康站综合体已经开工;乔司站物业综合体和乔司南站物业综合体则在规划中,具体建设情况如下。

(1)七堡站综合体:63万平方米的住宅开发量

七堡车辆段综合体建在七堡的车辆基地之上,今后总体量将达到近103万方,是国内最大的地铁上盖综合体之一。以后地铁1号线、4号线车辆的运营

图4　杭州地铁1号线路线及上盖物业站点示意

库、检修库、综合维修大楼和控制中心等地铁功能建筑都会在这里集中。它的最主要的特点是住宅楼,建成以后约有63万平方米住宅、20万平方米的商业酒店和写字楼。预留的绿化面积也十分充足,公园、小区道路都很齐全。今后还会建幼儿园、小学等配套设施,使其成为真正意义上的"地铁房"小区,居住在这里的市民,不用出小区,便可以完成基本的日常活动,包括休闲、娱乐、餐饮、出行等。

地铁车辆基地边上就是七堡地铁站,其地上将会建设5幢高楼。其中2幢是控制中心和运营大楼,将控制所有的地铁线网的调度和管理;另外3幢则开发为写字楼和酒店。

(2)武林广场站综合体:高端购物中心、5层停车场

武林广场站上盖综合体,位于武林广场04号地块,北面是西湖环球文化广场,东面是杭州大厦、武林广场及延安路等传统商业中心区,将来是杭州地铁1号线、3号线的交会点。

建成后的标志会是"双塔",两幢高楼会有高档酒店和写字楼入驻,还将配建裙楼,建成一个高端的购物中心。另外规划建造5层地下停车场。

2012年2月,地铁武林广场站综合体项目招商工作正式启动,它也是8个

未完成的地铁综合体第一个开始招商的项目。有消息称,银泰百货、中粮集团等巨头均有意接手这个项目,预计 5 年之后建成。

(3)翁梅站综合体:余杭发展的新兴力量

翁梅站综合体位于杭海路上,开发模式也是"地铁＋物业"的形态。这个上盖物业在 2012 年开工建设,现在正在开挖地下空间。以后,这里会建起 3 幢住宅楼、1 幢办公商务楼和 1 幢酒店,高度都在 150 米左右。

翁梅综合体在地铁两边布置综合性商场,通过人行天桥将三者连接起来,形成一个集零售、餐饮、娱乐、居住及办公等多功能于一体的商业目的地。它是以地铁为交通枢纽建设城市综合体的 TOD 模式,便民的公共设施和高效的商业、办公、住宅等合为一体,成为杭州前所未有的商业巨无霸。

随着翁梅站站点周边住宅项目的开发,未来将形成一个大型的居住片区。而综合体不仅能辐射 3～5 公里范围内临平副城的居民消费,还将吸引余杭的塘栖、瓶窑乃至海宁的客群。

(4)滨康站综合体

滨康站综合体位于滨江区和萧山区交界处,目前仍处在前期阶段,尚未实质性启动。杭州地铁 1 号线、5 号线将在此交会。总开发面积 70 万平方米,功能定位为住宅、写字楼、商业、酒店。按照早期规划,大致会有 5 幢住宅楼、1 幢办公商务楼和 1 幢酒店。

滨康站综合体目前控规调整方案以及设计招标工作已完成,部分施工图也已完成,预计建设工期为 4～5 年。

(5)乔司站综合体、乔司南站综合体

乔司站物业综合体还在规划中,乔司南站物业综合体已在 2013 年启动设计规划。

(6)九堡客运中心站综合体:购物、换乘一站式服务

九堡客运中心站上盖物业综合体是第一个真正意义上的地铁直接上盖物业综合体,于 2012 年 2 月 28 日开工建设。建成后,地上建筑面积 12.84 万平方米。其中,裙楼约 9 万平方米,将建一个包含超市、影院和餐饮等配套设施齐全的购物中心;塔楼约 3 万平方米,设置可灵活分隔的小型商务办公空间。总之,这个综合体将被打造成为社区配套型的区域商业中心。

综合体的二到五层是一个大型购物中心,将引进众多时尚品牌;购物中心西侧还配有功能齐全的娱乐休闲区域——二至三层是超市;四至五层将引进影院、餐饮、KTV、电玩区;六层以上是办公区和 SOHO 单身公寓,设 300 多间 60

平方米左右的办公房。

该综合体与客运中心无缝连接,是杭州唯一实现多种交通工具无缝衔接的地铁综合体。综合体地下一至二层都设有大型停车场,可满足 327 辆机动车使用。大楼底层,相当于一个架空层,西侧为公交场站,东侧为出租车场站,中间是进出客运中心的人行通道。

凭借高效便捷的交通枢纽优势以及九堡核心商圈的地理优势,该项目将成为九堡区域的重要地标性建筑和区域商贸中心。综合体已于 2013 年结顶,完成招商工作,2014 年计划开张营业。

(7)打铁关站综合体

位于绍兴路和东新路交叉口,功能定位为写字楼、商业、酒店、住宅,将来杭州地铁 1 号线、5 号线在此交会。建成后将有 3 幢住宅楼,总建筑面积 2 万多平方米。还有两三幢写字楼,这里的高楼平均高度为约 100 米。打铁关站综合体城市设计及建设概念设计已通过市政府批复,已完成控规调整方案,目前正在开展设计招标工作。

(8)龙翔站综合体工联大厦

地铁龙翔站上盖物业工联大厦是杭州目前唯一一个已经投入使用的地铁上盖综合体,它是湖滨南山路国际旅游综合体建设重要组成项目,该项目东起延安路、西至吴山路、南起平海路、北至学士路,总设计建筑面积 79215 平方米,其中地下三层、地上九层。

一期工程由地下 3 层和地上 9 层构成。地下 3 层是一个设有 415 个停车位的停车场;地下 2 层与地铁连通,配套有小吃、快餐和饮品连锁店;地下 1 层为包括饰品、配饰、装饰品、工艺品的各类精品百货;地面 1 层到 4 层为服装市场;5 层到 7 层设有各类餐厅、KTV 等娱乐配套设施;8 层到 9 层是办公区域。

该综合体位于延安路城市主轴线,集商贸、餐饮、休闲娱乐、旅游服务、历史文化街区于一体的综合功能将大大提升,地块周边已形成完善的城市干道系统,区域交通便捷,具有较好的交通可达性。项目结合周边服务业的发展,以地铁上盖物业为核心,以公共交通为导向,延续延安路时尚购物街的特性和历史街区的资源,进一步加强商业、文化、餐饮、休闲娱乐、旅游商品等服务功能,突出现代商业的体验型、休闲型,从而形成丰富多彩的多层次旅游休闲商业区(RBD)功能综合体。

目前,杭州地铁上盖综合体发展仍处于起步阶段,具有强大的发展后劲。随着地铁路线的不断开发,地铁上盖综合体也将随之快速发展。科学地借鉴其他城市成功的地铁上盖综合体的经典案例,结合杭州城市发展的自身特色,不盲目跟从"综合体热"的潮流,才能使地铁上盖综合体真正成为杭州经济发展的"杠杆",才能成为杭州城市的地标性建筑和城市形象的金名片。

2．杭州地铁上盖综合体分类及特点

（1）分类

从杭州地铁上盖综合体的规划及现有存量来说,主要有三种类型:商圈型、新兴城区型、交通枢纽型。

商圈型:围绕地铁站周边业已形成的成熟或者具有较大发展前景的商业地带,通过上盖综合体多元功能,集结成具有区域影响力的商贸圈。新兴城区型:相对于主城区与发展成熟的城市区域来说,新兴城区型的上盖综合体往往是新兴城区、大城市卫星城经济、商业发展的重要形式。交通枢纽型:结合地铁与其他重要的交通方式,如出租、公交、铁路、客运等交汇接驳与换乘,同时提供与周围环境方便通达的连接通道。

从已经投入使用与计划使用的9个地铁上盖综合体来说,属于商圈型的有武林广场站、龙翔桥站、打铁关站;属于新兴城市型的有翁梅站、乔司站、乔司南站、客运中心站、七堡站、滨康站;属于交通枢纽型的有客运中心站、武林广场站。从以上地铁上盖综合体的业态上分析,业态功能凸显多元化,除武林广场站和龙翔桥站的上盖综合体没有兼具居住功能之外,其他7个综合体均具有商业、娱乐、居住、出行等多元功能。

新世纪伊始,杭州城市发展开始由"西湖时代"向"钱塘江时代"迈进,2006年杭州城市发展开始以主城为中心,以钱塘江为轴线,加强江南、临平、下沙等三个副城和外围组团建设,形成"一主三副六组团"的空间布局。推动杭州城市发展从"摊大饼"向"蒸小笼"转变,建设组团式的城市。从杭州这个城市发展的趋势来看,未来的杭州地铁上盖综合体将以发展交通枢纽型、新兴城市型上盖综合体为主,通过在副城、城市新兴周边区域的地铁综合体,以主城为中心,带动副城、城市周边区域商业、城市建设的发展,从而真正实现构建具有杭州特色的城市布局,加速杭州城市化的进程,将杭州打造成"生活品质之城"与"东方休闲之都"。

（2）特点

从经济生活品质来看,地铁上盖综合体学习香港成功开发模式,激发杭州城市经济发展的活力。

杭州地铁建设引入"人跟线走""地铁＋物业"、城市综合体三大理念,特别是借鉴香港地铁"地铁＋物业"的开发模式,极大地推动杭州城市的增值,为杭州纳税人增收节支数千亿元资金。不论是城市建设还是地铁建设,都落实了"综合体"的概念,杭州通过综合体建设为"紧凑型"城市发展模式寻找载体,在寸土寸金、资源有限的城市空间里大做文章。杭州计划通过地铁上盖综合体的经济收益来反哺地铁建设,按照目前估算的规划中的地铁上盖综合体的整体收益要远远大于地铁建设的经济投入。而地铁上盖综合体的运营还能刺激市民消费,带动区域经济发展,产生良好社会效应,提升城市品牌形象,一举多得。从翁梅站综合体的开发来看,地铁上盖综合体的建造带动了周边房地产的迅速升温,朗诗街区等中高端楼盘日渐成熟,这为翁梅站周边环境带来人气的同时,大大地加速了该地区经济发展,增强了政府对该地区的财政资助,吸引了更多的商业开发与投资。

从文化生活品质来看,地铁上盖综合体紧密结合历史文化遗产的保护,凸显杭州历史文化名城的风范。

杭州是全国第一个提出保护50年以上老房子的城市,工业遗产、校园遗产等各种文化遗产在杭州得到了很好的保护。这些历史文化遗迹的留存,不仅为杭州现代化的城市发展奠定了浓厚的文化底蕴,同时也为杭州这座千年古城在城市化进程中打出了独树一帜的"文化牌",构建了杭州融古贯今的城市形象。武林广场站上盖综合体建设时,设计公司曾经计划将七八十年代武林广场具有代表性的"一馆一场"(红太阳展览馆和武林广场)拆掉改造,后来经市委市政府决定,保留原汁原味的具有"文革"特色的建筑并复建修葺。因为它们是杭州这座城市发展的"生命链"上不可或缺的一个环节,是传承城市文脉,留住城市记忆的重要的建筑。杭州在进行地铁站内设计时,曾经将极具杭州文化特色的设计效果图进行全民公投,由市民来选取最有杭州代表性的设计,既体现了市政建设的民主,也更好地弘扬了城市文化。

从社会生活品质来看,地铁上盖综合体密切围绕解决城市病问题,攻克杭州城市发展中的"疑难杂症"。

杭州市由于"三面云山一面城"的特殊地理条件、受西湖风景区和铁路的限制、"东西短南北长"的城区布局现状等原因,进一步发展地面公交潜力较小,系统地解决城市交通问题已经刻不容缓。因此,地铁上盖综合体建设提升市民的生活品质,重要体现在缓解市民上下班的"行路难",减少出行时间成本与经济成本。市民通过地铁与其他公共交通的换乘,提高出行正点率与公交分担率。同时,地铁上盖综合体内部完善的服务设施也缓解了市民出行疲劳。九堡客运中心站上盖综合体建成之后，在九堡居住武林广场上班的市民，上班时只要花半小时就可从家门口到达单位，下班后同样花半小时就可回到家里。假如这位市民顺路在综合体内的超市买好菜回家做饭，饭后再到综合体内的电影院看一场电影，看完电影后的时间可能才是晚上9点半。这无疑大大提升了市民的生活品质，用更多的时间去享受生活，而不是"堵"日如年。

从环境生活品质来看，地铁上盖综合体高度融合生态环保理念，重视杭州城市发展的"三大效益"。

杭州是一座"五水共导"的城市，是国家森林城市、国家绿化模范城市、国家园林城市。亲水和绿色是杭州这座城市的标志，是杭州所有城市建筑的标志，也是杭州所有规划设计必须认真研究和解决的大问题。因此，杭州地铁上盖综合体的规划设计融合了"城市有机更新"的理念，不仅仅追求高效的经济效益和社会效益，同时把生态效益摆在与经济、社会效益同样重要的位置，坚持"三大利益"统一高于一切、生态环境保护与利用高于一切的原则，要求经济利益、社会利益、生态利益的最大化。同时，地铁上盖综合体的开发过程中，重视对地下空间的最大化合理利用，为土地资源紧缺的杭州拓展新的城市发展空间，为建设现代化的立体城市奠定基础。如在七堡站地铁上盖综合体设计中引入了"生态社区"的理念，因为七堡段有地铁车辆段，给人们留下居住环境不佳的印象。在这里，只有引入"生态社区"理念，打造一个绿色、安静、宜居的居住环境，才能集聚该区域的人气，吸引人们到这里来生活，刺激该区域的消费。

(三)杭州地铁上盖综合体综合价值及发展建议

1.综合价值[①]

第一，地铁上盖城市综合体建设是拉动投资的"撒手锏"。

杭州地铁上盖综合体的建造能够实现促投资、应需求、促发展，它的建设不仅促进了地铁、市政的相关建设，更拉动了区域经济的发展，刺激了市民的消费，形成了经济发展的良好循环。

第二，地铁上盖城市综合体建设是提升品质的"撒手锏"。

杭州地铁上盖综合体建设从经济、文化、环境、社会等生活品质上着手，注重提高城市品质与市民生活品质，把品质放在最主要的位置，努力将地铁上盖综合体打造成杭州城市的"新地标"。

---

① 王国平.城市怎么办：第三卷（战略篇）[M].北京：人民出版社，2010.

第三,地铁上盖城市综合体建设是节约集约用地的"撒手锏"。

地铁上盖城市综合体的容积率普遍在 5 以上,是以前容积率的 5 倍,有利于实现土地利用效益的最大化。杭州建造地铁上盖综合体是由向地上要空间转变成向地下和空中要发展空间,打造节约利用土地资源的"样板"。

第四,地铁上盖城市综合体建设是缓解交通"两难"问题的"撒手锏"。

地铁不仅能实现"零换乘",而且能实现正点运行,必将大大提高市民出行公交分担率。地铁上盖城市综合体内部完善的服务设施,也有利于缓解交通"两难"。

第五,地铁上盖城市综合体建设是确保地铁建设"资金链"安全的"撒手锏"。

"人跟线走"和"地铁+物业"两大理念为杭州创造的经济效益可达几百亿元以上。如果今后杭州地铁建设的投资能有一半以上来自地铁上盖物业的"反哺",那将大大减轻财政的压力,让地铁上盖综合体成为地铁建设、城市发展的"摇钱树"。

2. 发展建议

一是加强地铁上盖综合体建设选址的把控。地铁上盖综合体不是越多越好,在确定建设之前要在该区域内进行实地调研,调查该区域的经济能力、居民的消费结构和习惯,不能盲目地追赶"综合体热"。要做到有需求的地方精心设计、准确定位,建造一个符合区域发展、符合市民消费能力的上盖综合体。倘若一味地追求综合体的量,就会造成各种资源的极大浪费,反而阻碍经济的发展。就杭州来说,在主城区内要精确选址,建设节点性的地铁上盖综合体,即在有限土地资源的前提下,形成紧凑、高效、有序的功能组织模式,体现资源的最大化利用。通过这样的综合体发展模式,加强与周边商圈的协作,使本区域的发展进一步成熟。针对临平、江南、萧山、下沙等副城的地铁综合体建设,特别要注意选址的准确,要通过科学的调研与计算,在合理范围内有效建造上盖综合体,地铁上盖综合体尽可能靠近与新兴城市的城市综合体、经济政治中心点,以点带面,带动整个区域的全面发展。

二是加强地铁上盖综合体内部慢行交通系统的建设。目前很多城市地铁综合体存在周边步行合理区地下步行系统不发达、与地面接驳点少的问题,从而导致地铁利用低、地铁上盖综合体吸引力范围小等问题。针对这一功能,龙翔站地铁上盖综合体工联大厦的相对薄弱,人们从地铁站出来,很难找到从地面到达地上综合体的连接点。倘若要去六楼吃饭,要出了车站绕出楼外,走到建筑的另一头才能找到上综合体地上空间的电梯。这一点不方便可能会导致一部分人群的流失,从而减少消费活动。只有建设发达的交通系统和地下步行系统、地上地下的接驳点，才能充分激起垂直空间的开发建设，通过交通功能，将城市的休闲、娱乐、商业等其他功能结合在一起，真正发挥综合体的意义。

三是加强地铁上盖综合体内外部设计与文化的结合。要突出地铁上盖综合体的特色，避免与其他城市甚至是杭州其他同类综合体的区别，就是要从建筑外形、内部视觉设计上下功夫，寻找建筑设计与内部空间设计与城市文化相融相通的地方，有时候甚至连颜色设计也是一种文化特色。香港的地铁设计是颇具心思的，中环、尖沙咀虽然都是用马赛克作为主材进行设计，但是通过红与灰两种颜色，将中环与尖沙咀区别开来，让人们读出了中环更具现代化的火红的气息与尖沙咀老城区虽旧却有厚重历史沉淀的韵味。在外形设计上，更要多花心思，避免与其他综合体的雷同。要充分把握杭州历史文化的特色，在综合体建筑外形设计上贴上属于杭州的独特标签。只有拥有文化特色、人文关怀的外形与内部设计才能在众多综合体中脱颖而出、独树一帜，才能加深人们对杭州历史文化的深刻理解。这样的强化会让杭州城市的地下空间成为地上城市的文化地图，成为城市的另类博物馆。

四是加强地铁上盖综合体建筑用材与环保科技的结合。随着科技的发展，建筑材料向环保、生态的方向发展。在龙翔站的工联大厦建造过程中，就融入了"会呼吸的建筑"这样的概念，应用科学技术，挖掘自然的能力，双层幕墙的应用使不同功能要求的房间有不同的采光和通风。武林广场站上盖综合体的整体玻璃幕墙使用的这种高科技的玻璃材质在通风功能上有独到之处。为保持整体外观的美观性，整幢楼是不能开窗的，采用高科技的玻璃材质和科学的通风设计，既达到了美观的要求，也不影响正常使用，可谓一举两得。因此，在今后地铁上盖综合体建设中要多多结合高科技产品，不仅在空间上、环境上走低碳绿色之路，在建筑材料、设计方法上也要注重环保生态。

四、结　语

杭州，这座充满了历史文化与现代发展魅力的"东方生活品质之城"，正在以飞速的发展迈入国际大都市的行列。交通的便捷、文化的厚重、生活的美好、环境的舒适、社会的稳定都将为这座人间天堂增添不少异彩。而城市现代化发展的产物之———地铁上盖综合体，必然将在杭州继续生根发芽，发挥它强大的力量。它来源于城市对交通和生活效率的追求，来源于城市对环境和品质生活的向往,来源于人类对休闲和惬意栖居的憧憬……我们相信,在杭州,地铁上盖综合体将紧紧依靠这座城市的历史为脉、环境特色、经济经络等方面,走具有杭州特色的发展之路。它的发展与成熟将代表城市繁盛与欣荣,它的壮大与强健将为杭州在城市化发展的道路上留下遒劲的印迹做出贡献。

杭州地铁上盖综合体未来的发展,将沿用国际标准化的功能,构建新的城市空间,同时也将涵盖杭州独特的文化特征,延续悠久的历史元素,从而更好地激活城市的发展,加快杭州的城市化进程。未来杭州的地铁上盖综合体不会是国际样式的复制,它将用现代的手法淋漓尽致地设计出拥有文化特色、具有人文关怀的地铁上盖综合体,同时也会传承杭州城市发展中"打造'东方生活品质之城'、共建共享'东方休闲之都'"的真谛。

(2013 年"休闲文化与城市品质提升"专项课题)

参考文献:

[美]凯文·林奇.城市意象[J].北京:华夏出版社,2001.

李睿,王强,曹传明.论地铁文化与城市文化之间的关系[J].沈阳建筑大学学报(社会科学版),2006(3).

林茂德.城市轨道交通与周边物业的一体化开发模式[J].都市快轨交通,2009.

林旭.地下空间与城市现代化发展[M].北京:中国建筑工业出版社,2005.

潘海啸,任春阳.《美国 TOD 的经验、挑战和展望》评介[J].国外城市规划,2004(6).

世联地产.轨道黄金链——轨道交通与沿线土地开发[M].北京:机械工业出版社,2009.

唐欢.地铁经济城市综合体空间发展研究[D].绵阳:西南科技大学,2010.

童林旭.地下建筑学[M].济南:山东科学技术出版社,1994.

童林旭.地下空间与城市现代化发展[M].北京:中国建筑工业出版社,2005.

王伯瑛.地铁文化建设策略探讨[J].城市轨道交通研究,2006(10).

王国平.城市怎么办:第三卷(战略篇)[M].北京:人民出版社,2010.

王腾、曹新健.轨道交通站点地区的城市更新策略——基于中外城市实践的横向比较[J].城市轨道交通研究,2011(11).

徐泽成、李志青.地铁经济——上海经济增长的新热点[J].上海综合经济,2003(6).

许光华.深圳市地铁重点枢纽站交通组织及周边用地模式研究[D].哈尔滨:哈尔滨工业大学,2003:30.

甄冉.城市中心区地铁站域联合开发及商业空间模式研究[D].天津:天津大学,2011.

郑英.深圳地铁上盖综合体开发优化措施研究[J].都市快轨交通,2012(3).